UNGARISCHE BIBLIOTHEK
Für das Ungarische Institut an der Universität Berlin
herausgegeben von ROBERT GRAGGER
Zweite Reihe

1.

Ungarisches Privatrecht

Von

Anton Almási

I. Band

Berlin und Leipzig 1924
Vereinigung wissenschaftlicher Verleger
Walter de Gruyter & Co.
vormals G. J. Göschen'sche Verlagshandlung — J. Guttentag, Verlagsbuchhandlung —
Georg Reimer — Karl J. Trübner — Veit & Comp.

Abkürzungen.

BGB	= Deutsches Bürgerliches Gesetzbuch.
Ehg	= Ehegesetz (Gesetzartikel XXXI, 1894).
EUG	= Entwurf des ungarischen bürgerlichen Gesetzbuches (Fassung des parlamentarischen Sonderausschusses).
EPG	= Einführungsgesetz des Prozeßgesetzes (GA LIV, 1912).
F	= Fall (in den Entscheidungssammlungen)
FG	= Gesetzesartikel XVI, 1876 (über die Formvorschriften der Verfügungen von Todeswegen).
GA	= Gesetzartikel (z. B. XXXI, 1894; Gesetzartikel XXXI, v. J. 1894).
GO	= Grundbuchordnung (österreichische vom 5. XII. 1855).
Grill DT	= (Grill *féle Döntvénytár*) Grillsche Sammlung der obergerichtlichen Entscheidungen).
HG	= Handelsgesetz (GA XXXVI, 1875).
Hji DT	= (*Hiteljogi Döntvénytár*) Sammlung der Entscheidungen des Kreditrechts (herausgegeben von der Redaktion der Fachzeitschrift „*Jogtudományi Közlöny*“).
JKK	= Judexkurialkonferenz.
Jogt.Közl.	= (*Jogtudományi Közlöny*) Rechtswissenschaftlicher Anzeiger (Fachzeitschrift).
K	= Königliche Kurie (z. B. 484/1915 oder 1915 P (oder RP) V 315 oder I. G. 707/1912. Diese Zahl bedeutet die Geschäftszahl der betreff. Entscheidung).
ÖBGB	= Österreichisches Allgemeines Bürgerliches Gesetzbuch (alte Fassung).
MER	= (*Ministerelnöki rendelet*) Verordnung des Ministerpräsidenten.
MT	= *Magánjog Tára* = Archiv des Privatrechts. (Entscheidungssammlung der Zeitschrift *Magyar Jogi Szemle* = Ungarische Rechtsrevue) Bd. II. S. 1. F 1 — Band II, Seite 1. Fall 1.
Mji. Dt	= (Mj. DT.) Bd. X, S. 15, F. 6) (*Magánjogi Döntvénytár*) Archiv privatrechtlicher Entscheidungen, herausgegeben von der Redaktion der Fachzeitschrift *Jogt. Közl.* (Band X, S. 15, Fall Nr. 66).
PG	= Prozeßgesetz GA I, 1921).
REE	= Rechtseinheitsentscheidung der kgl. Kurie.
Strf.	= Strafgesetz (GA V, 1878).
T	= kgl. Tafel (z. B. Budapester Tafel usw.).
TrF	= Trianoner Friedensschluss.
Trip(I.1§2)	= *Werböczys Tripartitum* (Teil I., Titel 1, § 2).
Ü. L.	= (*Ügyvédek Lapja*) Advokatenzeitung (Fachzeitschrift).
V	= Verordnung.
VJM	= Verordnung des Justizministers usw.
VE	= Vollentscheidung der kgl. Kurie.

Inhaltsverzeichnis des ersten Bandes.

Charakteristik des ungarischen Privatrechts.

Das ungarische Privatrecht ist in Deutschland bis in die neueste Zeit wenig beachtet worden, obwohl seine Kenntnis für den zwischenstaatlichen Rechtsverkehr Deutschlands so wichtig ist. Erst die neuen ungarischen Kodifikationsversuche haben eine reichere reichsdeutsche Literatur dazu hervorgerufen, und von gewichtiger Seite [1]) wurde jüngst das geltende und das geplante ungarische Privatrecht auf seine praktische Brauchbarkeit und seine geschichtlichen Zusammenhänge hin geprüft. Das Ergebnis dieser Prüfung war, daß das ungarische Privatrecht zusammen mit dem Rechte des Deutschen Reichs, Oesterreichs, der Schweiz, der nordischen Länder der germanischen Rechtsgruppe angehört, wenn man eine solche der französisch-römischen, anglo-amerikanischen und slawischen gegenüberstellen will; daß es dem deutschen Betrachter sogar als „etwas eigensinnig entwickeltes deutsches Partikularrecht" erscheint; daß es aber bei alledem „sein starkes, mit dem Charakter des ungarischen Volkes zusammenhängendes Eigenleben hat".

Tatsache ist, daß die ungarische Rechtsentwicklung zahlreiche germanische Elemente enthält und seit dem Kodex des heiligen Stephan auch immer enthalten hat. Aber in erster Reihe muß dennoch das starke Eigenleben des ungarischen Rechts betont werden, denn die fremden Elemente sind darin zu neuer nationaler Rechtsform verarbeitet worden.

Was den modernen deutschen Juristen im ungarischen Rechte zunächst heimatlich anmutet, sind schriftliche Geisteserzeugnisse der neueren ungarischen Jurisprudenz: Gesetze einer gewissen, dem unglücklichen Ausgleich des Jahres 1867 unmittelbar folgenden Periode, nach dem Bekanntwerden des Entwurfes des deutschen BGB veröffentlichte Entwürfe oder aber verkehrsrechtliches Sonderrecht, etwa die unter starker deutscher Beeinflussung stehenden Handels-, Wechsel- und Konkursgesetze. Hier sind allerdings auffallende Ähnlichkeiten zu finden. In der Tat glaubte der plötzlich erwachte Kodifikationstrieb der letzten und vorletzten Juristengeneration sich nicht genugtun zu können in mehr oder minder schlechten Nachahmungen guter deutscher Muster. In manchen Rechtsmaterien, hauptsächlich im Handelsrecht, hat Ungarn noch jetzt die üblen Folgen dieser Verirrungen zu tragen. Das nichtgesetzte ungarische Privatrecht aber hat — bei aller Anerkennung der überaus wichtigen germanischen Elemente, die den Grundstock mancher seiner Institutionen bilden — immer seine urwüchsige nationale Eigenart gehabt und behütet.

---

[1]) Ernst Heymann: Das ungarische Privatrecht und der Rechtsausgleich mit Ungarn (Tübingen 1917. S. 92 ff), daselbst auch die bisherige deutsche Literatur über das ungarische Privatrecht.

Und dem war gut so. Denn hätte es das Schicksal anders gewollt wäre Ungarn auch widerstandslos in den Geistesozean des deutschen Rechts versunken wie die es umgebenden übrigen nichtgermanischen westlichen Völker, so hätte es unmöglich seine geschichtliche Mission erfüllen können: das christliche Europa vor dem Ansturm des barbarischen Ostens zu schützen. Nur die innere Kraft eines in das Bewußtsein und in das Gefühlsleben des Volkes tief eingedrungenen eigenen nationalen Gewohnheitsrechtes konnte Ungarn den Schwung verleihen, der für seine Geschichte bis in die Gegenwart hinein charakteristisch ist.

So scheint uns das ungarische nationale Recht und Rechtsbewußtsein, und zwar hauptsächlich auch das auf das Privatrecht bezügliche, geradezu eine Kulturgarantie Westeuropas zu sein. Ja, man ist beinahe geneigt, den beharrlichen instinktmäßigen Widerstand des ungarischen Volkes gegen die Kodifikation — trotz zwanzigjähriger Vorarbeiten der gesamten ungarischen Juristenwelt — als eine besonders glückliche Schicksalsfügung der schwer heimgesuchten Nation zu betrachten, indem die Bewohner der jetzt von Ungarn abgetrennten Gebiete an die Nachbarstaaten unter dem Schutz eines uralten lebendigen Gewohnheitsrechtes angegliedert wurden.

Dies alles will natürlich die große Bedeutung des deutschen Einflusses auf das ungarische Privatrecht weder verleugnen noch herabsetzen. Es mußte aber gesagt werden, um den auffallenden Umstand zu erklären, daß Ungarn durch sein Gewohnheitsrecht einer formellen und materiellen Rezeption des römischen Rechts entgangen ist und daß es, als sich ihm (1849—1861) Gelegenheit bot, ein inhaltlich gutes deutsches Gesetzbuch: das österreichische, anzunehmen, weder durch die zu diesem Behufe mehr denn ein Jahrzehnt lang ausgeübte zentrale Gewalt des absolutistischen österreichischen Kaisers, noch durch die während der Judexkurialkonferenz vorgebrachten rechtspolitischen Erwägungen bewogen werden konnte, sich damit abzufinden.

Hierbei muß sehr wohl beachtet werden, daß dieser Ansturm des österreichischen Rechts Ungarn in einem überaus kritischen Zeitpunkte überfiel, denn das ständische Privatrecht lag damals schon seit dem GA XV v. 1848 in Trümmern und das neue konnte sich unter dem tyrannischen Drucke des oktroyierten ÖBGB nicht entwickeln. Ungarn reagierte aber darauf in derselben Art wie schon wiederholt auch in anderen Zeiten dann, wenn es erkannte, daß seine Entwicklung eine westliche Neuorientierung seiner Rechtsinstitute notwendig mache. Es entnahm nämlich bei solchen Gelegenheiten der es umgebenden deutschen Rechtskultur zwar beileibe keine Kodifikationen, Gesetze oder ganze Rechtsbücher, doch immerhin wichtige allgemeine Rechtsgedanken, die es dann in seinen Gewohnheiten langsam nach seiner Eigenart durchaus umformte.

Ungarn war eben schon seit den Zeiten Stefans des Heiligen nichts mehr, doch auch nichts weniger als ein bescheidener, aber tatkräftiger und selbständiger Mitbildner der westeuropäischen Rechtskultur. Und mag seine Rolle hierbei auch keine allzu auffällige sein — ihre Wichtigkeit und ganz besonders ihre Eigenart kann unbefangene Beobachtung, so scheint es uns, kaum bezweifeln.

Schon der Auftakt des ungarischen Privatrechts: die ganz individuelle und einen besonderen Reiz enthaltende Quellenlehre, die nicht unserem, sondern noch dem Zeitalter vor Werböczy (1514) entsproß, hat es verstanden, die im Verlaufe der ungarischen Geschichte wiederholt notwendig gewordenen, voneinander weitab liegenden außerordentlichen Rechtsquellen, wie: Werböczy (1514), die Judexkurialkonferenz (1861), die gezwungenermaßen beibehaltenen, gleichzeitig jedoch in ihrer Struktur und ihrem Inhalt veränderten Rechtsschöpfungen der österreichisch-absolutistischen Ära unter gemeinsame Gesichtspunkte zu bringen und neue quellenrechtliche Grundsätze zu entwickeln, wie sie unseres Wissens in anderen Rechtssystemen nicht anzutreffen sind. Zwar wurden diese bisher in der Theorie nicht immer genügend erkannt und finden sich in der Weise, wie es in diesem Werke versucht ist, in keinem Lehr- oder Handbuche dargestellt. Doch gilt dies nur für die sie vergleichende und alle erwähnten außerordentlichen Rechtsquellen umfassende Behandlungsart; die sie betreffenden eigenartigen Rechtssätze hingegen sind dem ungarischen Recht und den ungarischen Juristen schon längst geläufig.

Das ungarische Persönlichkeitsrecht[1]) entwickelte sich sozusagen erst vor unseren Augen. Bis zur Judexkurialkonferenz sehen wir noch kaum Spuren desselben. Dann treffen wir es in Spezialgesetzen immer öfter an, und jetzt ist es schon ein mächtiger Baum, der mit seinem Schatten sowohl die Buße wegen Verunglimpfung des Andenkens toter Angehöriger überdacht als auch den privatrechtlichen Schutz der durch Grabinschriften beleidigten Persönlichkeit der Hinterbliebenen oder etwa den Schutz des auf solche Art verunglimpften, Mörder benannten zufälligen Verursachers eines tötlichen Unfalls. Natürlich ist auch hierbei ein gewisses Maß von deutschem Einfluß zu spüren. Wenn aber z. B. die königliche Kurie in einer für sie bezeichnenden freien großzügigen Rechtsfindung auf der Grundlage des Persönlichkeitsrechts des Künstlers eine Änderung des von ihm geschaffenen Kunstwerkes von seiten des hierzu nicht geeigneten Eigentümers hindert, so beweist sie dadurch, daß Ungarn in seiner bewußten Anlehnung an das deutsche Rechtsleben bei derselben, wo es ihm irgend möglich ist, auch gibt indem es nimmt.

Die beiden kodifizierten Grundpfeiler des Familienrechts[2]): das Vormundschaftsgesetz (GA XX v. 1877) und das Ehegesetz (GA XXXI v. 1894) tragen zwar unverkennbare Zeichen ihrer fremden Herkunft, sind doch in dem ersteren die Spuren des österreichischen Gesetzbuches und in dem letzteren die des kanonischen Rechtes und der Entwürfe des DBGB untrüglich nachzuweisen; sie lassen aber die Selbständigkeit und den Bildnertrieb der ungarischen Rechtsentwicklung dennoch nicht in den Hintergrund treten. Besonders das Ehegesetz hat es verstanden, durch elastische Formulierung der Ehescheidungsgründe einer Spruchpraxis den Weg offen zu halten, auf dem die königliche Kurie den Umkreis der familienrechtlichen verbotenen Handlung in durchaus eigenartiger Weise umgrenzt. So wurde das böswillige Verlassen aus einem ausschließlich absoluten Ehescheidungsgrunde dahin umgewertet, daß es mit dieser Rolle nur dann sein Bewenden hat, wenn es dem Verlassenen

---

1) Vgl. E. Heymann a. a. O. S. 19 ff.
2) Vgl. E. Heymann S. 65 ff.

beliebte, gerichtliche Zurückberufung zu erstreben, daß es ihm aber nicht genommen werden darf, den böswilligen Abbruch der ehelichen Lebensgemeinschaft auch ohne diese als bloß fakultativen Scheidungsgrund geltend zu machen.

Das eheliche Güterrecht und das eheliche Erbrecht können nur gemeinsam behandelt und einheitlich verstanden werden. Die Institute derselben sind auf gewohnheitsrechtliche und mit aller Bestimmtheit schon auf König Koloman [1]) zurückführbare Rechtsgedanken basiert. Zwar ist der eine derselben: das Heimfallsrecht, zweifellos deutschen Ursprungs; doch vermochte er sich in dieser Folgerichtigkeit und Einfachheit in keinem andern modernen Recht zu behaupten und zu entwickeln. Das ungarische Gewohnheitsrecht hat nämlich den Gedanken, daß das Vermögen sich in jener Familie vererbe, durch die es zum Erblasser gelangte, eng verknüpft mit jenem modernen andern, daß der Ehegatte und besonders die Gattin nach den Abkömmlingen der allernächste Angehörige des Erblassers sei. Aus der Verbindung dieser beiden dem ungarischen Familiensinn durchaus entsprechenden Ideen wurde ein System des ehelichen Güterrechts und des Erbrechts geschaffen, das urwüchsig national anmutet und — wenigstens dem Gefühl des ungarischen Juristen — gerecht und einfach erscheint.

So kam das ungarische Privatrecht bei einer grundsätzlichen Trennung der Vermögen der Ehegatten zu der Auffassung, daß die Ackerbau, Handel und Gewerbe treibenden Volksklassen kraft Gesetzes einer gemeinerrungenschaftlichen Forderung teilhaftig werden, die den während der Ehe erworbenen Mehrwert zwischen den Ehegatten aufteilt. Die beiden Ehegatten zukommende gemeinerrungenschaftliche Forderung in Verbindung mit der bloß der Gattin gesicherten Treulohnsforderung, sodann die gesetzlichen Erbrechte der Gatten: die sich auf die Errungenschaften des Erblassers beziehende zweiseitige Erbfolge, das Witwenrecht und die Witwenerbfolge der Gattin, das gänzliche Fehlen der Pflicht zur Ausfolgung eines Heiratsgutes, rücken das ungarische eheliche Güterrecht und eheliche Erbrecht von dem österreichischen BGB sowie auch von den Rechten der übrigen germanisch-kontinentalen Rechtssysteme weit ab und verleihen der durch GA XXIII v. 1874 infolge ihrer Ehe als volljährig erkannten ungarischen Frau eine vorteilhafte Rechtslage, wie sie wohl kaum in einem anderen kontinentalen europäischen Rechte genießt.

Im eigentlichen Verkehrsrecht: dem Sachenrecht und dem Schuldrecht [2]), ist der deutsche Einfluß naturgemäß am stärksten fühlbar. Die Ursache ist einerseits eine äußerliche. Wurde doch das Sachenrecht der Grundstücke infolge der während der österreichischen Ära eingetretenen Einführung des Grundbuches laut §§ 21. 145. I. JKK von Regeln des ÖBGB und der damaligen österreichischen Grundbuchordnung geradezu erfüllt.

Die Ursache des bedeutenden Einflusses des deutschen auf das ungarische Verkehrsrecht unter Lebenden ist aber auch eine innerliche, denn besonders auf diesem Gebiet vollziehen sich die vielfachen lebhaften

[1]) Vgl. E. Heymann S. 68 ff.

[2]) Zum Schuldrecht E. Heymann, l. c. S. 31 ff., zum Sachenrecht S. 51 ff.

Berührungen des deutschen und des ungarischen Volkes und ganz besonders seit jener Zeit, als Ungarn ohne seine Schuld, infolge der politischen Ereignisse 1848—1861, kein entsprechendes eigenes Verkehrsrecht besaß.

Das Sachenrecht und das Schuldrecht mußten sich daher als die beiden Pole erweisen, an denen es sich zeigte, ob das nachmärzliche Ungarn trotz des es umgebenden überlegenen deutschen Rechtes — bald kam ja auch der Entwurf des deutschen BGB zur Veröffentlichung — ohne Schaden zu nehmen fähig sei, die nötige geistige Anleihe bei den Deutschen zu machen, d. h. ob es über genügende eigene Kraft verfügte, um darunter nicht zusammenzubrechen und um seiner privatrechtlichen Auffassung und seinem besonderen Rechtsinstinkt auch fürderhin Geltung zu verschaffen.

Das Problem lag daher gar nicht so einfach, wie es in der JKK — bewußt genug — formuliert wurde. Nicht nur ÖBGB oder eigenes Recht, sondern vielmehr: die Abgrenzung des deutschen Einflusses überhaupt oder geistige Hörigkeit im Verkehrsrechte stand in Frage.

Nach einer fünfzigjährigen Erfahrung läßt es sich heute schon überblicken, daß die JKK diese Frage mit glücklichem Gefühl gelöst hat. Man lehnte es ab, das ÖBGB ganz oder teilweise ohne jede weitere Beschränkung zu übernehmen. Doch wollte man hiermit nur die Hemmung der ungarischen Rechtsentwicklung verhindern und keinesfalls die nötige Anschmiegung an das Verkehrsrecht des deutschen Westens versäumen. So fand man denn den Ausweg, die das Grundbuch berührenden Vorschriften des ÖBGB, d. h. die Erwerbs- und Übereignungsarten der gebuchten Grundstücke (I. § 21) sowie die Grundbuchsordnung (I. § 145) der absolutistischen österreichischen Ära beizubehalten, ohne daß man die so übernommenen Rechtssätze des ÖBGB auch einzeln aufzählte.

Hierdurch entstand bezüglich der einschlägigen Rechtssätze des ÖBGB die in der ersten Zeit freilich noch rein äußerliche Auslegungsfrage: welche eigentlich diese Vorschriften seien? Restlos wurde diese Frage bis zum heutigen Tage nicht gelöst. Sie beschützte aber das ungarische Sachenrecht vor der blinden und unserer Ansicht nach immer gefährlichen gänzlichen Übernahme eines fremden Rechts und führte sehr bald auch zur inneren Befreiung des ungarischen Sachenrechts. Und zwar dadurch, daß sie sich in verhältnismäßig kurzer Zeit dahin erweiterte und verinnerlichte, welchen Sinn die so übernommenen Verfügungen des ÖBGB in dem ganz anders gearteten Ungarn annehmen mußten.

So kam denn die Praxis gar schnell zu Ergebnissen, die dem österreichischen Recht ganz fern lagen und prägte in krassem Widerspruch zu § 440 ÖBGB auf dem Umwege des stärkeren Rechts des ersten gutgläubigen Käufers gegenüber dem zweiten, bösgläubigen, jedoch in das Grundbuch gelangten, langsam den im Sachenrecht weiter auszuführenden Grundsatz, daß auf entgeltlicher Grundlage (innerhalb gewisser, durch den guten Glauben an das Grundbuch notwendiger Grenzen) Eigentum und sonstige Rechte an gebuchten Grundstücken auch ohne Einbücherung entstehen können. Betrachtet man die Frage näher, so entwickelte sich sogar hierdurch eine neue mit der Erkundigungspflicht des Bucherwerbers verbundene Gutgläubigkeitslehre, die von dem österreichischen Muster völlig abweicht.

Daß sich die Entwicklung des Sachenrechts hierbei aber nicht etwa von der westlichen Auffassung entfernte, beweist der Umstand, daß es nur durch dieses verhältnismäßige Freibleiben von dem österreichischen Recht ermöglicht wurde, die Grundsätze der dinglichen Übereignung des deutschen BGB, zwar langsam und durch die kausale Auffassung des ungarischen Sachenrechts gemildert, aber immerhin unverkennbar in der ungarischen Praxis einzubürgern [1]). Die neuesten Vorschriften über die zur Übereignung von Grundstücken und Buchrechten nötige Schriftform [2]) sowie das sich ebenfalls an das deutsche Recht anlehnende Institut der Rentengüter [3]), machen den Unterschied zwischen dem ungarischen und dem Recht an Grundstücken des ÖBGB alter Fassung noch erheblicher.

Nur diese selbst unter überaus schwierigen Verhältnissen, ohne jeden Zwang, halb unbewußt, beinahe sogar instinktiv behauptete Bewegungsfreiheit konnte dann auch dahin führen, daß in den Instituten des Schuldrechts und hauptsächlich in den damit zusammenhängenden allgemeinen Fragen der Rechtsgeschäfte nach dem Erscheinen der deutschen Entwürfe und nach dem Inslebentreten des deutschen BGB der deutsche Einfluß sowohl in allen Fassungen der bisher erschienenen Entwürfe des ungarischen bürgerlichen Gesetzbuches, als auch in der wegen Fehlens gesetzter Rechtsquellen durch diese in sehr bedeutendem Maße beeinflußten Praxis sich ebenfalls unverkennbar und bewußt bemerkbar macht. Daß dies wieder nur innerhalb gewisser Grenzen und ohne Aufgabe der eigenen Ideen des ungarischen Rechts erfolgt, ist aus der deutschen Übersetzung des ungarischen Entwurfs sowie auch daraus zu ersehen, daß die ungarische Praxis es auch hier verstand, eigene wichtige Grundsätze zu prägen. So z. B. die Grundsätze der Massenbeeinflussung auf die Gültigkeit der durch sie beeinträchtigten Rechtsgeschäfte) oder die in ihren Folgen eigenartig konstruierten Elemente der englischen undue influence[5]) und der Lehre des estoppel [6]) usw. Kurz: infolge der klugen, vorsichtigen und doch weitblickenden Stellungnahme der Judexkurialkonferenz steht zwar das ungarische Verkehrsrecht unter deutschem Einfluß, läßt diesen auch bewußt auf sich wirken, ohne aber auch nur einen Augenblick lang die

---

[1]) So äußert sich die Kurie über die dingliche Übereignung in einem Urteil folgendermaßen: „Die rechtsgeschäftliche Übertragung der Grundstücke erfolgt, wenn der Übereigner infolge irgend eines ihn zur Übereignung verpflichtenden Rechtsgrundes mit dem Erwerber die Übertragung des Eigentums vereinbart und die Übertragung in das Grundbuch eingetragen wurde." (K. 1920 P. V. 4167 MT. BD. II. 54. F. 36.) Eine Fassung, die nur auf Grundlage des ÖBGB § 431, ohne DBGB § 873 gewiß anders lauten würde.

[2]) Durch § 77. GA XXXVI v. 1920 und VO 4420/1918 ME R.

[3]) GA XXXVI v. 1920 §§ 61 ff.

[4]) Die Praxis der kgl. Kurie betrachtet die unter dem Massenterror der Proletarierdiktatur eingegangenen Rechtsgeschäfte auch dann als nichtig, wenn die Gegenpartei hierbei nicht mitwirkte.

[5]) So K. 1920 P VII 2908. (Bisher noch in keiner Entscheidungssammlung veröffentlicht.) Folge derselben ist nach der Wahl des Beeinflußten alternativ: Ungültigkeit, Rücktrittsrecht oder Modifizierung des Vertrages, alle drei mit Schadenersatz verstärkt.

[6]) Leistet z. B. der Schuldner des Mannes auf Grund einer formell ungültigen Zession in Kenntnis der Ungültigkeit an die Frau, so kann er sich auf die Ungültigkeit der Zession nicht berufen. (Mji Dt. Bd. VII. S. 325. F. 207)

instinktive Betätigung des eigenartigen ungarischen Rechtsbildnertriebes zu vernachlässigen.

Das ungarische Erbrecht[1]) ist ein unumstößlicher Beweis dafür, daß diese Kraft bis in unsere Tage hinein schöpferisch tätig ist. Vermochte sie doch — zwar zum Teil aus germanischen Elementen — ein überaus individuelles, logisches und gerechtes Erbsystem zu errichten, das als überzeugenden Grundgedanken der gesetzlichen Erbfolge die Beteiligung der den Vermögensgegenstand oder Vermögenswert hervorbringenden Familie an demselben erkennt und verwirklicht. Dieser ungarische Rechtsbildnertrieb fügte den Heimfall in das moderne Recht dadurch ein, daß in der JKK der Heimfall von einem selbst gegen Verfügungen von Todeswegen geschützten Erbanfall zu einem nur in Ermangelung einer solchen Verfügung Platz greifenden umgewandelt wurde. Dann kristallisierte er den Heimfall zu einer kraft Gesetzes eintretenden Einzelnachfolge von Todes wegen. Hierdurch, sowie durch die allmähliche Prägung der Errungenschaftsvermutung der Erbschaft und des Nachlasses schaltete er die Beweisschwierigkeiten aus, brachte die Bestimmung des Elternpflichtteils mit dem Heimfall in Verbindung, schuf das konstitutive, in einer Nutznießung kraft Gesetzes bestehende Witwenrecht, glättete die Härten der sich nicht auf alle Volksklassen erstreckenden Gemeinerrungenschaft durch Schaffung der gesetzlichen Einzelnachfolge der Witwe: der successio vidualis; schuf die Gesamtnachfolge der Ehegatten, die eheliche Erbfolge. Sodann prägte er ohne Schwierigkeit die Rechtssätze der Erbunwürdigkeit und des gesetzlichen Erbrechtes der unehelichen Kinder. Im Gegensatz zu dem Ungarn umgebenden österreichischen Rechte entwickelte dieser Trieb den Grundsatz des unmittelbaren, einer besonderen Annahme nicht bedürfenden Erbanfalls[2]), der dinglichen Wirkung des Vermächtnisses[3]), der auf das Erbgut oder den Erbschaftswert beschränkten Haftung gegenüber den Gläubigern des Erblassers[4]). So vollendete er aus eigener Kraft die Umwandlung des ungarischen ständischen vormärzlichen Erbrechts in ein durchaus modernes, aber zugleich durchaus nationales.

Wohl sind gar manche Elemente der erwähnten Rechtsinstitute nur zum kleineren Teile ursprünglich ungarisch, doch wurden sie in solcher Mischung zu einem organischen und logisch durchdachten, urwüchsigen und dennoch modernen Erbrecht nur in Ungarn entwickelt.

Ungarn hat daher — so scheint es uns —, bei dankbarer Anerkennung des deutschen Einflusses, vollen Anspruch darauf, sein Gewohnheitsrecht in Anbetracht seines Inhalts, seiner Entwicklung und seiner Zusammensetzung, ferner in Anbetracht der diesem Recht während eines Jahrtausends gewidmeten geistigen Bildnerarbeit seines Volkes und seiner Rechtsgelehrten durchaus als sein eigenes nationales Geistesprodukt zu betrachten.

Budapest, Anfang Dezember 1921.

Der Verfasser.

---

[1]) Vgl. Zum Erbrecht E. Heymann S. 79 ff.
[2]) Vgl. ÖBGB § 799.
[3]) Vgl. ÖBGB §§ 535. 684. 688.
[4]) ÖBGB §§ 801. 802.

Einleitung.

§ 1. Begriff des ungarischen Privatrechts.

1. Den zahllosen seit dem Ausbruche des Weltkrieges erlassenen Rechtsvorschriften ist die Lehre zu entnehmen: daß der Staatsgedanke und der Staatszweck das ganze Rechtsleben in viel größerem Maße durchdringen als dies vorher angenommen wurde. Zwischen der „singulorum utilitas“ und der „salus reipublicae“ besteht heute kein Gegensatz mehr. Die Verwirklichung des öffentlichen Wohles dient zugleich dem Nutzen der Einzelnen. Dieses ist nun schon klarer als in jenen Zeiten, in denen es noch nicht bewiesen wurde, daß der ganze privatrechtliche Rechtsverkehr, das Entstehen und Vergehen sämtlicher Persönlichkeits-, Familien- und Vermögens-Rechte in letzter Reihe doch nur der Erhaltung des Staates dient.

Diese Erkenntnis führt dahin, die Umgrenzung des Privatrechts durch Heranziehung des öffentlichen Rechts vorzunehmen.

Konnte man sich aber früher damit beruhigen, daß die Rechtsverhältnisse je nach den Lebenskreisen, auf die sie sich beziehen [1]), nach den Verbänden, welche sie regeln [2]), nach dem Vorhandensein oder dem Fehlen einer Verkehrsberechtigung [3]) in das öffentliche oder in das Privatrecht zu verweisen sind, so lehren uns Rechtsgeschichte, vergleichende Rechtswissenschaft sowie tägliche während des Weltkrieges vielfach gesammelte Erfahrung, daß wichtige jetzt und hier als eiserne Bestandteile des Privatrechts angesehene Rechtssätze in anderen Zeiten oder an anderen Stellen ebenso selbstverständlich als öffentliches Recht betrachtet werden.

Dabei muß man keineswegs bloß an nebensächliche Rechtsvorschriften denken. Gleiten doch oft diejenigen Lebensverhältnisse vom öffentlichen in das Privatrecht hinüber, die für den Charakter der betreffenden Rechtsordnung geradezu ausschlaggebend sind, z. B. in Ungarn das Recht der Liegenschaften durch GA XV 1848 [4]), das ehemals in dem Bereiche des Kirchenrechts geregelte Eherecht durch GA XXXI: 1894 usw.

Wenn Privatrecht und öffentliches Recht wirklich b e g r i f f l i c h e Gegensätze wären, wie wäre es zu verstehen, daß gewisse Teile derselben Lebensverhältnisse nach den Grundsätzen des öffentlichen Rechts behandelt werden [5]), andere hingegen nach denen des Privatrechts [6]) ?

---

[1]) *Crome*, Lehrbuch, Bd. I, S. 74.

[2]) *Cosack*, Lehrbuch, 3. Ausgabe, I, S. 1.

[3]) *Kohler*, Lehrbuch I, S. 3.

[4]) Vorher (und seit Erbringung GA XXXVI. 1920 zum Teil wohl heute auch) war das Liegenschaftsrecht ein wichtiger Bestandteil des öffentlichen Rechts, dasselbe gilt auch von dem vormärzlichen ungarischen Erbrechte.

[5]) Z. B. Eigentum an öffentlichen Gewässern und Wassernutzungsrechte an denselben einerseits, Eigentum am Flußbette andererseits GA XXIII. 1885 §§ 1, 4, 5, 10 ff.

[6]) Als anderes Beispiel mag der Satz des Bergrechts dienen, welcher das Eigentum an der Steinkohle dem Grundeigentümer JKK VII § 1, das der übrigen Mineralien hingegen der öffentlich rechtlichen Machtssphäre der Krone zuschreibt. Österr Bergg. 23. V, 1853 § 3 GA VI, 1911 § 2.

Will man die Grenzgebiete und den zeitweiligen Wechsel der Materie in beiden Rechtssystemen nicht ungeklärt lassen, so muß man sich zu der Lösung bequemen, daß darüber, ob ein gewisses Lebensverhältnis[1]) nach den Grundsätzen des öffentlichen oder aber des Privatrechts geregelt werde, Zweckmäßigkeitsgründe und geschichtliche Zufälle entscheiden[2]).

2. Ist es aber nicht der Inhalt der Rechtssätze, der uns über ihre Zugehörigkeit zu dem öffentlichen oder dem Privatrechte belehrt, so kann hierüber bloß die Art und Weise Aufklärung bieten, in welcher die Quellen den juristischen Tatsachen Rechtsfolgen anheften.

Für das Privatrecht ist der Wille des durch die Rechtsfolgen Bevorzugten charakteristisch.

Sind die in den Rechtsfolgen enthaltenen Vorteile grundsätzlich von dem Willen des Bevorzugten abhängig, so hat man es mit privatrechtlichen Rechtsfolgen und demgemäß auch mit ebensolchen Rechtssätzen zu tun.

Äußeres Merkmal der letzteren ist die Möglichkeit, sie vor den Zivilgerichten geltend zu machen.

Das ungarische Prozeßgesetz geht davon aus, daß jeder privatrechtliche Rechtssatz vor den Zivilgerichten durchgesetzt wird[3]). Manche Rechtsfolgen sind zwar nur mittelbar[4]) oder überhaupt nicht[5]) erzwingbar, andere hat unter Umständen auch der Strafrichter[6]) anzuwenden, doch sind selbst diese grundsätzlich der Jurisdiktion der Zivilgerichte unterworfen: der verlassende Ehegatte wird durch das Zivilgericht zurückberufen, das letztere entscheidet auch über das Vorhandensein einer Natural-Obli-

[1]) Seit Großschmids Lehre der Rechtssätze S. 3 gilt bei den ungarischen Autoren die Beschaffenheit der darin geregelten Lebensverhältnisse als einziges Kriterium des Privatrechts. Diese Fassung scheint jedoch unbefriedigend, weil sie eine unbekannte Größe mit einer anderen erklärt.

[2]) So befaßt sich *Frank* (Gesetz der distributiven Gerechtigkeit, Pest, 1845, S. 248 f.) noch mit den vermögensrechtlichen Folgen des Vaterlandsverrates und der Majestätsbeleidigung, während sich die Rechtslehre der Jahre 1861—1914 hierüber ausschwieg und es des Ansporns des Weltkrieges bedurfte, bis man sich im GA XVIII, 1915 § 2 wieder darauf besann, diese mit dem teilweisen Verluste der Vermögensfähigkeit zu ahnden. Vergl. meine „Wirkung des Krieges auf das Privatrecht" (Budapest 1917, S. 41).

[3]) PG § 1, 2, 129, 130 sind nur von diesem Standpunkte aus zu verstehen, sonst müßten sie bestimmen, welche privatrechtlichen Rechtssätze der Gerichtsbarkeit der Zivilgerichte entzogen wurden. Vgl. auch EPG § 8.

[4]) Z. B. Ehegesetz § 77 und Prozeßgesetz § 648 ordnen die gerichtliche Rückberufung des die Ehegemeinschaft verlassenden Ehegatten an. Leistet dieser dem gerichtlichen Befehl keine Folge, so kann er im folgenden Scheidungsprozesse als schuldiger Teil erklärt werden.

[5]) Z. B. Wirtshausschulden über einen festgesetzten kleinen Betrag GA XXV, 1883 § 22.

[6]) GA XXIII, 1896 §§ 5, 6.

gation [1]), und — in den meisten Fällen — über die privatrechtlichen Folgen der verbotenen Handlungen [2]).

Das erwähnte äußere Merkmal der privatrechtlichen Rechtsfolgen ist, bezw. war — so lange Kroatien von den Ländern der hl. Stefanskrone nicht gewaltsam abgetrennt wurde — bei der Abgrenzung des ungarischen Privatrechts überaus wichtig. Das ungarisch-kroatische Ausgleichsgesetz GA XXX: 1868 hat nämlich zwischen Ungarn einerseits und Kroatien, Dalmatien und Slavonien andererseits nur einzelne Teile des Privatrechts als gemeinsame Angelegenheiten erklärt [3]). Dabei fiel die große Masse der privatrechtlichen Rechtssätze und die gesamte Jurisdiktionsnorm in den autonomen Rechtskreis der letzteren Länder.

Somit läßt sich als ungarisches Privatrecht bezeichnen: die Gesamtheit jener ungarischen Rechtssätze, deren Anwendung grundsätzlich dem Willen des durch sie Bevorzugten anheimgestellt ist, und deren Geltendmachung vor den ungarischen Zivilgerichten erfolgt.

§ 2. Geschichte des ungarischen Privatrechts.

1. Das ungarische Privatrecht ist Gewohnheitsrecht. Allerdings ein von manchen schriftlichen Rechtsquellen unterstütztes oder vielmehr durchbrochenes Gewohnheitsrecht, dessen Inhalt und Entwicklung auf Schritt und Tritt durch das wechselvolle Schicksal Ungarns unmittelbar beeinflußt wurde.

Das Privatrecht des XI—XV. Jahrhunderts gehört nun schon ganz der Rechtsgeschichte an. Außer den spärlichen Rechtssätzen, die wir dem Gesetzbuche des hl. Stefan [4]) und dem Decretum maius des Matthias Corvinus [5]) entnehmen, sind wir bezüglich des Inhaltes des letzteren durchaus auf gelegentliche Äußerungen einzelner Gesetze und auf die Forschung des Rechtshistoriker [6]) angewiesen.

Aus dem zur Verfügung stehenden Material ist ersichtlich, daß das ungarische Privatrecht von Anfang an sich als Gewohnheitsrecht entwickelt hat.

Die moderne Epoche des ungarischen Privatrechts beginnt mit dem Erscheinen des weiterhin in der Quellenlehre ausführlicher zu behandelnden „Opus tripartitum juris consuetudinarii inclyti regni Hungariae".

---

[1]) PG § 130 gestattet einen Prozeß über die Feststellung der Existenz eines Rechtsverhältnisses ganz allgemein, daher kann die Naturalobligation ebenfalls gerichtlich festgestellt werden.

[2]) Allemal bei Beweisschwierigkeiten und prozessualen Hindernissen der strafrechtlichen Verfolgung Str. PG. §§ 5, 6.

[3]) Patentrecht, Autorrecht, Bergbaurecht §§ 9—10 GA XXX, 1868.

[4]) Vergl. *Corpus Juris Hungarici* Budapest 1899 *Franklin* I S. 1 ff.

[5]) Ebendaselbst S. 402.

[6]) Von den Rechtshistorikern beschäftigen sich mit dieser Periode die ausführlichen systematischen Arbeiten des *Emerich v. Hajnik*, und *Johann v. Király*, sodann die Monographien des *Josef v. Illés* „Eheliches Güterrecht unter den 'Arpáden", Budapest 1900, „Gesetzliche Erbfolge unter den 'Arpáden", 1904, ferner die Arbeiten des allzufrüh verstorbenen *Felix Schiller* „Das erste ungarische Gesetzbuch und das deutsche Recht" (Festgabe für *Brunner*), „Das Eherecht im Codex des hl. Stephan", (Festgabe für *Großschmid*, Budapest 1912).

Schon die Entstehungsgeschichte dieses einzigen Werkes des Stefan Werböczy läßt die Schwierigkeiten, die sich der Entwicklung des ungarischen Privatrechts entgegenstellen, ahnen. Werböczy bekam den Auftrag das ganze ungarische Recht in Schrift zu fassen. Er löste diese Aufgabe, wie sich aus der späteren Geschichte Ungarns ergab, so glänzend, daß es nur dieser Arbeit zu verdanken ist, wenn Ungarn die lange Epoche der Türkenherrschaft und der Kuruczen-Kriege in ungebrochener politischer und geistiger Kraft zu überwinden vermochte.

Da Werböczy zu der Partei des niederen Adels gehörte und in seiner erwähnten Arbeit einen — natürlich auf den Adel berechneten — freieren Geist verriet, scheint die oligarichsche Partei es verhindert zu haben, daß sein Werk als Gesetz sanktioniert wurde.

Das veranlaßte Werböczy, das Werk als Privatarbeit auf eigene Kosten drucken zu lassen [1]. Er drang ziemlich rasch in die Praxis ein und einige Jahrzehnte nach seinem Erscheinen war die Ansicht, daß das Werböczysche Werk eine vollständige und klassische Zusammenfassung des geltenden ungarischen Rechts sei, schon ganz allgemein. Im 17. und 18. Jahrhundert gilt der Lehrsatz, daß Werböczys Tripartitum bindende Rechtsgültigkeit habe. Diese Ansicht ist noch heute im Privatrechte herrschend.

Spätere Gesetze änderten manches. Es gab sogar eine kräftige Gegenströmung, welche das ganze Werk außer acht lassen oder wenigstens gründlich revidieren wollte. Sie hatte jedoch keinen Erfolg. So gilt denn der gewohnheitsrechtliche Satz, daß das Werböczysche Tripartitum als Ganzes ein Teil des ungarischen Rechts wurde [2].

Späterhin und besonders von der zweiten Hälfte des 19. Jahrhunderts an kann dies vom privatrechtlichen Standpunkte aus allerdings nur cum grano salis verstanden werden. Man läßt eben die Grundsätze Werböczys selbst dann noch gelten, wenn der wörtliche Text derselben schon längst veraltet erscheint [3]. Das ungarische Privatrecht war bis 1848 ein auf das Tripartitum gestütztes, mit wenigen Gelegenheitsgesetzen gemischtes Gewohnheitsrecht [4].

---

[1]) Es erschien zum ersten Male in Wien 1517. Die Kodifikationsgeschichte seit dem Tripartitum schildert in deutscher Sprache *Rich. Zehntbauer,* Einführung in die neuere Geschichte des ungarischen Privatrechts. Freiburg 1916. Vgl. auch *Heymann* a. a. O. S. 9 ff.

[2]) Diese Auffassung fand in *Großschmid* (Rechtssatzlehre S. 543 ff.) ihren kräftigsten und siegreichsten Vertreter. Er schildert auch das klägliche Fiasko der oligarchischen Gegenpartei. Das Produkt dieser Gegenströmung „Quadripartitum" wurde 1798 veröffentlicht, ist jedoch für das ungarische Recht völlig bedeutungslos geblieben.

[3]) Besonders augenfällig ist dies z. B. aus den Gründen der Entziehung des Pflichtteils zu ersehen. JKK, Teil I, § 7 beruft sich hierbei auf Trip I. T 52, 53. Dieselben behandeln aber gänzlich veraltete Tatbestände, welche demzufolge nur als Beispiele der Entziehungsgründe betrachtet werden können; vergl. hierüber meine Arbeit „Die unerlaubte Handlung im Privatrecht", Budapest 1907, S. 196 ff.

[4]) Wichtigere Gesetze sind z. B. die Zinsengesetze GA XXXI, 1868, VII 1877, das Wuchergesetz GA XXV, 1883, die Zinsengesetze GA XXXV und XXXVI, 1895, das Vormundschaftsgesetz XX, 1877, die Novelle VI, 1885, das Ehegesetz XXXI, 1894, das Autorgesetz XVI, 1884 u. s. f.

2. Die Ereignisse des Jahres 1848 erschütterten die Grundlagen des Liegenschafts- und Erbrechts, weshalb der Gesetzesartikel XV des Jahres 1848 die Abschaffung des ständischen Privatrechts anordnete und das Ministerium anwies, einen Entwurf des Bürgerlichen Gesetzbuches dem ungarischen Reichstage vorzulegen.

Es sollte erst viel später an die Erfüllung dieser gesetzlichen Vorschrift geschritten werden. Der GA XV. 1848 wurde durch die Revolution überholt und als man nach Niederwerfen der letzteren daran ging ein neues Recht zu schaffen, geschah dies nicht in nationaler, sondern durchaus in österreichisch-zentralistischer Richtung.

Das kaiserliche Patent vom 29. XI. des Jahres 1852 war dazu bestimmt den Gedanken des selbständigen ungarischen Privatrechts in eine rechtsgeschichtliche Idee zu verwandeln. Es ordnete nämlich an, daß vom 1. Mai 1853 in Ungarn das österreichische allgemeine bürgerliche Gesetzbuch zu gelten habe.

Dieser Zustand dauerte bis zum 23. Juli 1861. Bis dahin war die Unmöglichkeit des zentralistischen Systems bereits erwiesen und, da Ungarn auch nicht in die Verfassung und somit in das Rechtssystem des Oktoberdiploms eingefügt werden konnte, berief der damals noch ungekrönte König von Ungarn am 2. Oktober 1860 eine aus Richtern, Professoren, Politikern und sonstigen Fachmännern bestehende Konferenz, die darüber zu beraten hatte auf welche Art die alten ungarischen Gesetze wiederherzustellen und zu ergänzen seien.

Die Arbeit dieser sogenannten Judex-Kurial-Konferenz, die vom 23. I. bis zum 3. IV. 1861 tagte, wurde von den beiden Häusern des ungarischen Reichstages, der Königl. Kurie und den Munizipien angenommen und von der Praxis in derselben Art als geltendes Recht anerkannt wie einige Jahrhunderte vorher das Werböczysche Tripartitum.

3. Mit Schaffung der JKK war die Krisis des ungarischen Privatrechts überwunden. Ob zwar nun die JKK ihre Aufgabe im großen und ganzen glücklich beendete, verblieben dennoch die Folgen der erwähnten Krisis für absehbare Zeiten, wenn nicht für immer.

Das österreichisch-zentralistische Intermezzo hatte eine bedeutende Beschränkung des Anwendungsgebietes des ungarischen Privatrechts zur Folge. Diese war einmal eine zeitweilige. Trotzdem nämlich Siebenbürgen durch den GA VII, 1848 wieder dem Mutterlande angefügt wurde, womit seine eigene Gesetzgebung [1]) gegenstandslos wurde und das ungarische Privatrecht dieses Gebiet auch wieder ergreifen mußte, unterblieb dies dennoch. Das ungarische Privatrecht erstreckt sich demnach auf Siebenbürgen grundsätzlich nicht.

Ebenso wie Siebenbürgen verblieb auch das ehemalige temeser Banat, das Grenzgebiet, endlich die Stadt und der Bezirk Fiume unter der Herrschaft des ÖBGB [2]).

---

[1]) Dieselbe fungierte in den Jahren 1540—1848 und kam der Kodifikation des Privatrechts mehrfach sehr nahe. Vergl. die in lateinischer Sprache verfaßten Aprobatae constitutiones und die Compilatae constitutiones in dem *Márkus*'schen *Corpus Juris Hungarici*, Siebenbürger Band, S. 31 und 247.

[2]) Vergl. *Desiderius Márkus* „Ungarisches Privatrecht in seiner heutigen Geltung, Budapest 1905, Bd. 1, S. 32—39.

Schwerer als diese zeitweilige Beschränkung kam die d a u e r n d e in Betracht, welche Kroatien, Dalmatien und Slavonien der Machtsphäre des ungarischen Privatrechts vollständig entzog. Man geht wohl nicht fehl, wenn man die psychologische Ursache der privatrechtlichen Autonomie der erwähnten Länder darin sucht, daß das österreichische Fremdrecht auf ihrem Gebiete schon tatsächlich in Geltung war.

Doch selbst im Anwendungsgebiete der JKK konnte die Geltung des ÖBGB nicht einfach ungeschehen gemacht werden. Wurde doch das Grundbuch während der absoluten Aera eingeführt. Dies bewog die JKK dazu, jene Rechtssätze des ÖBGB, „die mit der Grundbuchordnung zusammenhängen und eine grundbücherliche Erwerbsart und Veräußerungsart der eingebücherten Sachen betreffen", auch fernerhin in Geltung zu belassen[1]. Es ist selbstverständlich, daß diese etwas hastig zustande gekommene Neuorientierung zu manchen Wirrnissen führte. Bis zum Tr F gelten in dem größten Teile Ungarns einzelne Vorschriften des ÖBGB, in einigen anderen hingegen das ganze Gesetzbuch, allerdings in seiner 1861 erstarrten Gestalt, und nur insofern, als seine Satzungen nicht durch spätere ungarische Gesetze oder durch das Gewohnheitsrecht abgeändert wurden.

Bei jedem neuen Gesetze mußte daher sorgfältig erwogen werden, ob es für das ganze privatrechtliche Gebiet der hl. Stephanskrone oder nur für einzelne Teile desselben zu gelten habe. Die verborgenen Fäden der miteinander verbundenen Rechtssätze wurden dadurch immer mehr verwickelt und der Einfluß des österreichischen Rechts, der manchmal so groß war, daß man den Inhalt des ÖBGB einfach als richterliche Praxis anwandte, kann bis zum Anfange der 80er Jahre ein überwältigender genannt werden.

Die öffentliche Meinung Ungarns sah sich daher veranlaßt, ernstlich an die Einlösung der Verpflichtung zu schreiten, die sie im GA XV, 1848 auf sich genommen hatte. Das Nationalgefühl verhinderte jede blinde Übernahme eines fremden Gesetzbuches und zwar um so eher, als sich das ungarische Familien- und Erbrecht in einer nur ihm eigentümlichen Richtung kräftig entwickelte[2].

Eine Kodifikationsbewegung entstand, die zu mehreren jetzt schon überholten Teilentwürfen[3] eines bürgerlichen Gesetzbuches, aber auch dazu führte, daß nach überaus heftigen politischen Kämpfen das Ehegesetz als Gesetzesartikel XXXI, 1894 dem Corpus juris Hungarici eingefügt wurde[4]. Schon ein Jahr nach der Sanktion des Ehegesetzes, schritt die Regierung daran, die Vorbereitung des bürgerlichen Gesetzbuches zu organisieren.

Am 16. Oktober 1895 wurde durch königlichen Entschluß eine Kommission errichtet, die aus Redaktoren, beratenden Mitgliedern und Aus-

[1] JKK I §§ 21, 145.

[2] Vergl. das Ehegesetz und den Entwurf des ung. Gesetzbuches §§ 32—85.

[3] Allgemeiner Teil (1871) von *Paul Hoffmann* und (1880) *Alex Győry*, Sachenrecht (1882) von *Andreas Halmosy*, Schuldrecht (1882) von *Stephan Apáthy*, Erbrecht (1882) von *Stephan Teleszky*, Erbrecht (1889) und Verhältnisse der Ehegatten (1891) von *Béni Großschmid (Zsögöd)*, Verhältnis der Eltern und Kinder (1892) von *Lajos Králik*, Vormundschaft und Pflegschaft (1891) von *Ladislaus Sipőcz*.

[4] EUG plant das Ehg unangetastet zu lassen. Dies dürfte jedoch zu Widersprüchen führen.

hilfsmitgliedern bestand. Es kamen Teilentwürfe zustande, welche vom September 1899 bis zum Juli 1900 in 35 Sitzungen durchberaten und als erster Text des Entwurfes des ungarischen bürgerlichen Gesetzbuches samt ihren Motiven veröffentlicht wurden[1]). Nun trat die Kritik an den Entwurf heran. Als Auszug der veröffentlichten Meinungen und der redaktionellen Gegenbemerkungen erschienen in den Jahren 1902 bis 1906 9 Bände eines Hauptreferats[2]). Nach Abflauen der Kritik wurde der Ausschuß im Jahre 1906 reorganisiert und arbeitete unter der Leitung des Staatssekretärs Konrad von Imling ununterbrochen bis zur Fertigstellung des Entwurfes. Die Kommission erledigte die im Hauptreferate aufgeworfenen grundsätzlichen Fragen, worauf einzelne ihrer Mitglieder[3]) den Auftrag erhielten, je einen Teil des Entwurfes zu textieren. Diese Entwürfe wurden noch einmal überprüft, mit einander verglichen und im Mai 1913 als zweiter Text des Entwurfes der Öffentlichkeit übergeben. Um zur Arbeit an der letzten Feilung anzuspornen, forderte der Justizminister Eugen von Balogh viele Korporationen zur Meinungsäußerung auf und betraute einzelne Fachmänner mit der Begutachtung[4]). Kurz nach Erscheinen des Entwurfes wurde dieser dem Reichstage vorgelegt und von dem Justizausschusse — trotz des inzwischen zum Ausbruche gelangten Weltkrieges — vollständig durchberaten und einer ziemlich umfangreichen Umarbeitung unterworfen. Der Entwurf des Justizausschusses[5]) kam samt einer größtenteils von dem Prof. Geheimrat Franz von Nagy stammenden Begründung abermals vor das Plenum des Abgeordnetenhauses. Dieses hatte jedoch keine Gelegenheit ihn durchzuberaten. Konnte es ja Ungarn, das während des Krieges schon sein neues Prozeßgesetz in Kraft treten ließ, keinesfalls wagen die Schwierigkeiten des

[1]) Vergl. die Einleitungen des ersten 1900 und zweiten 1913 erschienenen Entwurfes.

[2]) In den Jahren 1901 und 1902 erschienenen fünf Bände.

[3]) *Konrad v. Imling* für das eheliche Güterrecht und Sachenrecht, *Béla von Szászy* für das Personenrecht, *Ladislaus v. Sipöcz* für den übrigen Teil des Familienrechts, *Louis v. Tirrhing* für das Schuldrecht, *Ignatz Barna* und *Karl v. Szladits* für das Erbrecht.

[4]) Der Verf. begutachtete das Sachenrecht, das Personenrecht und das eheliche Güterrecht.

[5]) Derselbe enthielt verhältnismäßig wenig von dem zweiten Entwurfe Abweichendes. Der zweite Entwurf und somit auch der Gesetzentwurf wurde günstig aufgenommen. Es kann ja nicht geleugnet werden, daß ihm der Einfluß des BGB manchmal vielleicht gar zu sehr anzumerken ist, jedoch war dies doch kaum zu vermeiden und es steht außer Frage, daß bewußte Resignation wenigstens auf dem Gebiete des Verkehrsrechts künstlicher Originalität unbedingt vorzuziehen ist. Der nationale Charakter des ungarischen Privatrechts spiegelt sich in dem Familienrechte und dem Erbrechte wieder. Diese aber sind als aus dem bisherigen Rechte organisch entwickeltes, eigenes Geistesprodukt des EUG zu betrachten. Ja selbst das Verkehrsrecht in dem der überwältigende Einfluß des deutschen Geistes nicht zu verkennen ist, kann keine Kopie genannt werden. Manches Eigene und anderes, das aus der Schweiz, England und Frankreich stammt, verhinderte auch hier sklavische Nachahmung. Vielleicht ist es selbst aus diesem mit der hier gebotenen Kürze gegebenen Abriß der Geschichte des ungarischen Privatrechts ersichtlich, daß die politische Geschichte Ungarns eine langsame stufenweise Umwandlung des avitischen Rechtssystems in ein modernes verhinderte und daß Ungarn gezwungenermaßen und in der kritischsten Zeit seiner Entwicklung in den Bannkreis eines fremden Rechts geriet. So ist es eigentlich noch zu verwundern, daß das ungarische Recht sich verhältnismäßig viel eigenartige Züge erobern konnte. (Vgl. S. I ff).

neuen Prozeßrechts durch Schaffung eines neuen bürgerlichen Gesetzbuches noch zu vermehren. So wanderte der Entwurf abermals in das Ministerium zurück und wird dort jetzt einer hoffentlich letzten Umarbeitung teilhaftig. Dennoch dürfte es noch eine geraume Zeit dauern, bis das heutige ungarische Privatrecht seine Geltung verlieren wird [1].

Der kommissionelle Entwurf des ungarischen Gesetzbuches hat bisher keine Quellenkraft, doch ist sein Einfluß auf die Praxis ganz unverkennbar. Langsam rückt er an die Stelle, welche ehedem das ÖBGB innehatte. Er drückt den obergerichtlichen Urteilen und besonders den Rechtseinheits-, sowie den Vollentscheidungen [2] des obersten ungarischen Gerichtes: der königl. Kurie [3] seinen Stempel auf und bereitet dadurch den Übergang vom alten zu dem neuen nunmehr schon zusehens in den Vordergrund dringenden Recht vor.

4. So schmerzlich es uns auch ist, darüber zu sprechen, können wir dennoch jenen schmachvollen Versuch, der es als sog. Proletarierdiktatur unternahm der Entwicklung des ungarischen Rechts und besonders des ungarischen Privatrechts ein gewaltsames Ende zu setzen, hier leider nicht mit Schweigen übergehen.

Dieser Versuch war nur gewaltsam verübtes Verbrechen, konnte daher keinen einzigen Satz des ungarischen Rechtes und auch nicht für einen Augenblick seiner Kraft entkleiden. Die Geisteserzeugnisse der sogenannten Räteregierung, mögen sie sich noch so sehr Verordnungen, Gesetze ode Kundmachungen genannt haben, können weder als rechtsschöpfende noch aber als rechtliche Tatsachen gelten, was nun auch in dem GA I, 1920 (§ 9) enthalten ist. Ein ähnliches Schicksal wurde in der angeführten Gesetzesstelle auch den „Rechtsschöpfungen" der sogenannten Károlyischen Revolution zuteil.

Den Verordnungen der Károlyischen sowie der sog. Räteregierung kommt demnach nicht einmal jene Kraft zu, die das ungarische Recht jenen Verordnungen zuteil werden ließ, die durch die nicht konstitutionellen, doch das Privatrecht unangetastet lassenden absoluten österreichischen Regierungen der Jahre 1849—1861 erlassen wurden.

[1] Hauptsächlich aus politischen Gründen. GA V, 1915 verlängerte nämlich das schon abgelaufene Mandat des ungarischen Abgeordnetenhauses bis nach Ablauf von sechs Monaten nach Friedensschluß. Es war daher vollständig ausgeschlossen, daß das alte Abgeordnetenhaus eine derartig wichtige Gesetzesvorlage verabschiede. Jetzt ist dies in absehbarer Zeit ebenfalls nicht gut möglich.

[2] Augenfällig ist dies z. B. in der 84. Vollentscheidung, welche den dominus negotii für den durch den seinerseits zur Verrichtung seiner Angelegenheiten Bestellten innerhalb des Wirkungskreises des letzteren verursachten Schaden blos in dem Falle seiner eigenen Culpa in eligendo oder custodiendo haften läßt. Inhalt sowie Regelung der Beweispflicht stimmen fast wörtlich mit dem § 1473 EUG überein.

[3] Laut §§ 54, 55 gibt es in Ungarn drei Instanzen. Als erste Instanzen dienen Bezirksgerichte (Einzelrichter) und Gerichtshöfe (Dreiersenate), als zweite die Appellationssenate der Gerichtshöfe und der königlichen Tafeln (die letzteren urspünglich fünfer, seit der Kriegsordnung 2779/916 ME jedoch Dreiersenate), als dritte die Berufungssenate der königlichen Tafeln (dreier) und die fünfer Senate der königlichen Kurie. PG § 55. Seit Kriegsverordnung 3329/1920 MER gehen die Gerichtshöfe in den meisten Fällen erstinstanzlich ebenfalls als Einzelgerichte vor.

Die Wiederherstellung der Rechtskontinuität im Sommer 1919 räumte nur die tatsächlichen Hindernisse weg, die die Anwendung der ungarischen Rechtssätze mehrere Monate hindurch erschwerten. Die Geltung des ungarischen Rechts war aber keine Sekunde lang unterbrochen. Dies ist die Ursache dessen, daß nur jene Verordnungen und Verfügungen der ungesetzlichen Regierungen als zu Recht bestehend angesehen werden dürfen, denen eine Rechtsquelle des ungarischen normalen Rechts diese Kraft, sei es ausdrücklich, sei es mittelbar, zuschreibt (GA I, 1920, § 9).

§ 3. Literatur des ungarischen Privatrechts.

1. In Ermangelung eines Handbuches der Geschichte der ungarischen Rechtsliteratur ist es erklärlich, wenn auch nicht ganz entschuldbar, daß die allgemein verbreiteten Lehr- und Handbücher des ungarischen Privatrechts sich mit einer mehr oder minder vollständigen, trockenen Aufzählung der bisher veröffentlichten systematischen Werke begnügen.

Umfang und Zweck dieser Arbeit müssen vor der Nachahmung dieses Vorgehens, aber auch vor der Aufstellung neuer literaturgeschichtlicher Theorien bewahren. Vielleicht ist der deutschen Öffentlichkeit eher mit einigen, wenn auch notgedrungen etwas skizzenhaften Bemerkungen gedient, aus denen erhellt, daß die ungarische privatrechtliche Wissenschaft sich so bald und intensiv zu Worte meldete, als es die Folgen der Jahrhunderte währenden Türkenherrschaft erlaubten.

Die geistige Richtung der dem Tripartitum vorangegangenen Zeiten war der unserer Tage so entgegengesetzt, daß die Behandlung ihrer literarischen Erzeugnisse der Rechtsgeschichte überlassen werden muß.

Das Tripartitum Werböczys ist, von seiner quellenrechtlichen Bedeutung ganz abgesehen, ein Markstein der ungarischen privatrechtlichen Literatur. Gibt es uns doch den ersten Versuch einer wirklich systematischen Darstellung des ungarischen Rechts und — kraft seiner durchaus anerkannten Überlegenheit bis zum Ende des lateinisch schreibenden Zeitalters — zugleich die eigentliche Grundlage der literarischen Behandlung des Rechtsstoffes.

Werböczys unmittelbare Nachfolger begnügten sich mit der Umschreibung und Vertiefung seiner Lehr- und Rechtssätze. Sie sind von Kitonich abgesehen, dessen „Centum dubietates" und „Directio methodica processus judiciarii" (1618) scharfen, kritischen Geist verraten, keiner besonderen Erwähnung wert.

Die der jetzt üblichen schon verhältnismäßig nahestehende wissenschaftliche Behandlung des ungarischen Privatrechts hebt mit Stephan Husztys „Jurisprudentia practica seu commentarius novus in jus Hungaricum" (1745) an, kommt ihrem vormärzlichen Höhepunkte in Alexander Kövys verschiedenen Arbeiten: „Elementa jurisprudentiae hungariae" (1800, 1804, 1814, 1823, 1830, 1836), „Summarium elementorum jurisprudentiae hungariae" (1822), „Magyar polgári törvény" („Ungarisches bürgerliches Recht"[1]) (1822) nahe und erreicht diesen in den markig individuellen, kraftstrotzenden Werken des Ignatz Frank: „Principia

[1]) Eigentlich „Gesetz" doch ist das Wort noch im altungarischen Sinne der Rechtsordnung gebraucht.

Juris civilis hungarici" (1829) und „Közigazság törvénye Magyarhonban" (Recht der gemeinen Gerechtigkeit im Ungarlande" 1845).

Anfang und Ende des neuzeitlichen ungarischen ständischen Privatrechts bezeichnet demnach je ein durchaus individuelles Werk: das „Tripartitum" Werböczys und das „Recht der gemeinen Gerechtigkeit" Franks.

Für das Tripartitum als Literaturwerk ist die scharfe Fassung der materiellrechtlichen Vorschriften charakteristisch. Franks Werk hingegen ragt durch den Aufbau und Ausbau des Systems, durch das Hervorheben der logischen Zusammenhänge, durch die Verknüpfung der einzelnen Rechtssätze und Institutionen, endlich durch eine nationalangehauchte Genialität empor, die man höchstens noch in den Monographien des Budapester Universitäts-Professors Béni Großschmid findet.

Weniger bedeutend, doch in Einzelheiten noch immer bemerkenswert sind die Werke des Paul Szlemenics [1], Elias Geörch [2], Imre Kelemen [3], ferner des Alexander Dósa [4].

2. Die Ereignisse des Jahres 1848 brachten das vollständige Durchdringen der ungarischen Rechtssprache mit sich. Nach Wiederherstellung der ungarischen Verfassung pulsiert das neuerweckte wissenschaftliche Leben, abgesehen von einigen überaus seltenen Ausnahmen, ausschließlich in ungarischer Sprache.

Literarische Namen finden wir ja auch in diesem Zeitalter genug, doch fehlen ihm vor dem Anfange der achtziger Jahre des vorigen Jahrhunderts hervorragende, kernige Persönlichkeiten.

Die lückenhafte Art, in welcher die JKK die wichtigsten Rechtsmaterien kurz erledigen mußte, führte in dem Vermögensrechte unter Lebenden zu einer Nachahmung der österreichischen Grundsätze, welche die Selbständigkeit der ungarischen Theorie und Praxis schon ernstlich bedrohte. Ein Gegengewicht bildete bloß das sich eigenartig entwickelnde Familienrecht und Erbrecht. Die literarischen Arbeiten dieser Periode zeigen deutlich die Spuren eines inneren Kampfes zwischen halb unbewußtem Nachahmungstrieb und beginnender Individualität des langsam zu Tage geförderten modernen ungarischen Privatrechts.

Dieser Kampf spiegelt sich in vielen Werken wider: so in denen des Ökrös [5], Suhajda [6], Wenczel [7], Knorr [8], Herczegh [9], Katona [10], ja

---

[1]) *Elementa juris civilis hungarici* 1817, 1829, 2 Bde, *Közönséges törvényszéki polgári törvény* (Gemeines gerichtliches Privatrecht 1823)

[2]) *Honny törvény* (Vaterländisches Recht 1804).

[3]) *Institutiones juris privati hungarici* 1814, 1818.

[4]) *Erdélyhoni jogtudomány* (Siebenbürgische Rechtswissenschaft 1861).

[5]) *Magyar polgári magánjog* (Ungarisches bürgerliches Privatrecht 1862, 1865).

[6]) *A magyar polgari anyagi magánjog rendszere* (System des ungarischen materiellen Privatrechts 1862, 1864).

[7]) *Gustav v. Wenzel: Magyar erdélyi magánjog rendszere* (System des ungarischen Privatrechts 1863, 1872, 1879).

[8]) *Magyar magánjog különös tekintettel a gyakorlati élet igényeire is* (Ungarisches Privatrecht mit besonderer Beachtung der Erfordernisse der Praxis 1873).

[9]) *A magyar magánjog mai érvényében* (das ungarische Privatrecht in seiner heutigen Geltung 1880, 1885, 1892).

[10]) *A mai érvényű magyar magánjog* (das heute geltende ungarische Privatrecht 1899).

sogar in dem von dem budapester Universitätsprofessor Johann Reiner durchgesehenen und vielfach umgearbeiteten, sehr bemerkenswerten Werke Imre Zlinszkys, [1]), das 8 Auflagen erlebt hat.

Das letztere war um die Mitte des vorigen Jahrzehnts durchaus das gangbarste Handbuch. Seither wird ihm dieser Rang durch das von dem Kurialrichter Armin Fodor [2]) redigierte und von mehreren Autoren verfaßte, groß angelegte, fünfbändige „Ungarische Privatrecht" ziemlich streitig gemacht.

Mehr dem Schulgebrauche dienen: das Lehrbuch des Professors Bálint von Kolosváry [3]), das kurzgefaßte, doch sehr genaue Werk des durch seine Kodifikationsarbeiten rühmlich bekannten budapester Professors Karl von Szladits [4]), sowie die Arbeiten Franz von Raffays [5]) und Julius Zachárs [6]), schließlich Ludwig Tóths [7]).

Als deutsche Bearbeitungen des ungarischen Privatrechts seien die Handbücher Johann Jungs [8]), Dauschers [9]), Füger von Rechtsborns [10]) und Karl Putz [11]) genannt. Eine Übersicht gibt neuestens E. Heymann und R. Zehntbauer a. a. O.

Den Rohstoff des Privatrechts sammelte und ordnete der verstorbene Kurialrichter Desider Márkus [12]), ähnliche Zwecke verfolgen die Arbeiten der Senatspräsidenten bezw. Kurialrichter Staud [13]) und Lallosevits-Lányi [14]), sowie die verschiedenen Quellenregister [15]).

---

[1]) *A magyar magánjog mai érvényében* (das ungarische Privatrecht in seiner heutigen Geltung 1880—1902).

[2]) I. Bd., S. 549, 1905, allgemeiner Teil. Mitarbeiter: *Motitz Kiss, Alexander Kolosváry, Karl v. Szladits, Anton Almási, Luis Bozóky, Wilhelm Gaár.* II. Bd, S. 824. Sachenrecht, Mitarbeiter: *Moritz Katona, Bartolomeus Lányi, Konrad Imling.* III. Bd. 904 S., Schuldrecht, Mitarbeiter: *Moritz Katona, Moritz Kiss, Johann Reiner.* IV. Bd. *Familienrecht* 1009 S., Mitarbeiter: *Armin Fodor, Georg Jancsó, Ladislaus Sipőcz, Wilhelm Gaár.* V. Bd., 724 S., Erbrecht, Mitarbeiter: *Bálint Kolosváry, Theodor Kern, Béla Baranyay, Armin Fodor, Karl Szladits, Johann Reiner.*

[3]) *A magyar magánjog tankönyve* (Lehrbuch des ungarischen Privatrechts, bisher drei Auflagen, die erste Auflage erschien 1904).

[4]) *A magyar magánjog vázlata* (Abriß des ungarischen Privatrechts, bisher drei Auflagen 1902—1917)

[5]) *A magyar magánjog kézikönyve* (Handbuch des ungarischen Privatrechts, 2 Bde., 1903, 1905, 1908).

[6]) *A magyar magánjog alaptanai* (Grundlehren des ungarischen Privatrechts 1912).

[7]) *Magyar Magánjog* (Ungarisches Privatrecht) Heft I. Debreczen 1914. — 167 S.

[8]) Darstellung des ungarischen Privatrechts, 4. Bde., Wien 1818.

[9]) Das ungarische Zivil- und Strafrecht nach Beschlüssen der JKK, Wien 1862.

[10]) Das alte und das neue Privatrecht in Ungarn, Nagyszeben 1858, Wien 1865.

[11]) System des ungarischen Privatrechts, Wien 1870.

[12]) *A magyar magánjog mai érvényében* (das ungarische Privatrecht in seiner heutigen Geltung, 3. Bde., 1902).

[13]) *A magyar magánjog tételes szabályainak gyüjteménye* (Sammlung der geltenden Rechtssätze des ungarischen Privatrechts 1913).

[14]) *A magyar magánjog kézikönyve* (Handbuch des ungarischen Privatrechts 1911, 1913).

[15]) Z. B. *Hármas Mutató, a magyar igazságügyi jog forrásairól* (Dreifaches Register aus den Rechtsquellen des ungarischen geschriebenen Rechts 1908, von der Redaktion des „*Igazságügyi Közlöny*", Justizieller Anzeiger, offizielles Blatt

3. Der Schwerpunkt der ungarischen Rechtsliteratur liegt seit den achtziger Jahren des vorigen Jahrhunderts in den immer zahlreicher veröffentlichten und von Jahr zu Jahr auch inhaltlich wertvolleren Monographien. Die Professoren Béni Großschmid, Franz von Nagy, Gustav von Szászy-Schwarz in Budapest, Alexander von Kolosváry und Moritz Kiss in Koloszvár schufen sehr wertvolle eigene Werke und erzogen durch unermüdliches und eifriges Anspornen eine jüngere Generation, deren Arbeiten das hohe Niveau der deutschen Rechtswissenschaft zu erreichen trachten.

Die Vorträge sowie die Monographien des genialen Großschmid [1]), die glänzend geschriebenen kritischen und dogmatischen Werke des allzufrüh gestorbenen Szászy-Schwarz[2]) mußten zu dem Aufschwung führen, der die ungarische privatrechtliche Literatur unserer Tage unleugbar kennzeichnet. Möglich wurde dieser allerdings durch gleichzeitige, andauernde, doch für die Rechtswissenschaft siegreiche Vorarbeit der Fachzeitschriften [3]), der Fachvereine und vor allem des unter der Leitung des Geheimrats Franz von Nagy mächtig emporblühenden ungarischen Juristenvereins [4]).

Rechtsquellen.

I. Nichtgesetztes Recht.

§ 1. Gewohnheitsrecht.

Verbindliche Erscheinungsformen der Rechtssätze (Rechtsquellen) sind entweder Handlungen oder schriftliche Geistesprodukte.

Rechtssätze erschaffende Handlungen bilden Gewohnheitsrecht, ebensolche schriftliche Geistesprodukte gesetztes Recht.

---

des ungarischen Justizministeriums. Ein ähnliches Register veröffentlichte auch der Staatssekretär *Julius v. Térfy*.)

[1]) *Öröklött és szerzett vagyon* (Ererbtes und erworbenes Vermögen), 1879, 1897 *Magánjogi tanulmányok* (Privatrechtliche Studien), 2 Bde., 1901. *Fejezetek kötelmi jogunk köréből*, (Kapitel aus unserem Schuldrecht) 1 Bd., 1898, 823 S., 2. Bde. 1899, 1900 insgesamt 1313 S. *Jogszabálytan* (Lehre der Rechtssätze, 963 S.) Es kann nicht genug bedauert werden, daß die Lebensarbeit *Großschmids*, die sich meiner Ansicht nach der *Werböczys* und *Frankes* würdig anreiht, der Sprachschwierigkeiten wegen der deutschen Öffentlichkeit nicht zugänglich ist.

[2]) *Magánjogi fejtegetések* (Privatrechtliche Studien 1890); *Ujabbi magánjogi fejtegetések* (Neue privatrechtliche Studien 1901), *Uj irányok a magánjogban* (Neue Richtungen im Privatrechte 1911); *Parerga* 1912, *A jogi személy magyarázata* (Erklärung der juristischen Person, auch deutsch erschienen, 1906) usw.

[3]) Besonders seien erwähnt: *Jogállam* (Rechtsstaat), *Jogtudományi Közlöny* (Rechtswissenschaftlicher Anzeiger); *Ügyvédek Lapja* (Advokatenblatt); *Büntető Jog Tára* (Archiv des Strafrechts), *Magyar Jogi Szemle* (Ungarische Rechtsrevue); *Magyar Jogélet* (Ungarisches Rechtsleben); *Kereskedelmi Jog* (Handelsrecht) usw.

[4]) Die Verlagsunternehmung des ungarischen Juristenvereins — jetzt unter der Leitung des Budapester Professors *Géza v. Magyary* — bemüht sich schon seit Jahren das Publikum der rechtswissenschaftlichen Monographien zu vergrößern. Welche Schwierigkeiten hierbei zu überwinden sind, kann in Deutschland heute schon schwer begreiflich gemacht werden.

Die privatrechtliche Kultur der heutigen Juristengeneration Ungarns ist jedoch durch die Schulung *Großschmids* und *Szászy-Schwarz* derartig vervollkommnet, daß die Schwierigkeiten jetzt schon beinahe als beseitigt betrachtet werden können.

Die kontinentale Auffassung führt jeden geltenden Rechtssatz auf eine Rechtsquelle zurück. Es ist daher zu fragen: welche Rechtsquellen kennt das ungarische Privatrecht?

In Ermangelung eines bürgerlichen Gesetzbuches und in Anbetracht der verhältnismäßig geringen Zahl privatrechtlicher Einzelgesetze ist die Gewohnheit die wichtigste und daher in erster Reihe zu behandelnde Rechtsquelle des ungarischen Privatrechts.

Der Tatbestand der Gewohnheit ist gegeben bei allgemeiner, ständiger[1]) und in rechtlicher Überzeugung[2]) vorgenommener Ausübung juristischer Handlungen.

Ehemals verlangte man eine ganze Kette solcher Handlungen und wollte sogar die Zeitdauer bestimmen vor deren Ablauf die Gewohnheit keinen neuen Rechtssatz hervorbringen kann[3]). Nun gibt es aber in der ungarischen Rechtsgeschichte und besonders der Geschichte des Privatrechts wiederholt unzweideutige Beispiele dafür, daß die Gewohnheit auch mit einem Male neues Recht zu schaffen vermag u. a.: die gewohnheitsrechtliche Annahme des Werböczyschen Tripartitums und der JKK, die Einführung der erbrechtlichen Unwürdigkeit[4]), die Anerkennung des gesetzlichen Erbrechts des unehelichen Kindes innerhalb der mütterlichen Familie[5]) usw. Dieses Erfordernis ist demnach dahin zu modifizieren, daß aus der ständigen Ausübung der juristischen Handlungen die ihnen zugrunde liegende rechtliche Überzeugung klar werden muß.

Inhaltlichen Beschränkungen unterliegt der Tatbestand der Gewohnheit nicht. Der Richter hat daher weder die Pflicht noch auch das Recht zu untersuchen, ob ihr Inhalt keinem allgemeinen Rechtsgrundsatze widerspricht[6]).

Ist der Tatbestand einer Gewohnheit vorhanden, so treten ihre Rechtsfolgen ipso jure ein. Ob eine behauptete Gewohnheit wirklich ausgeübt wird, kann vor Gericht bewiesen werden, soll es auch, soweit es sich um besondere oder örtliche Gewohnheiten handelt[7]), gehört jedoch im übrigen zu den Tatbeständen des objektiven Rechts, welche das Gericht zu kennen oder aber von Amts wegen zu erforschen hat[8]).

Je nach dem Umfange der Anerkennung sind Landes- und örtliche Gewohnheiten, je nach den sie aus-

---

[1]) Trip, Prol Tit 10, 7: Requiritur frequentia actuum.

[2]) *Werböczy* spricht noch von dem Consensus populi.

[3]) *Werböczy ibid.* § 5, erfordert *„ut sit praescripta, habeat tempus debitum et per cursum illius temporis ad praescriptionen requisiti firmetur"*.

[4]) K 988/1886 *Grill* Dt Bd. III. S. 35.

[5]) K 8964/1893 *Grill* Dt Bd. III, S. 79. 2488/914 P Mji Dt Bd. X/33 usw.

[6]) *Werböczy ibid* § 3 erforderte noch *„ut sit rationabilis"* doch GA IV 1869 § 19 verpflichtet den Richter zur Anwendung des Gesetzes und der mit Gesetzeskraft versehenen Gewohnheit in gleicher Weise, woraus zu ersehen ist, daß die Gewohnheit ebenso wenig einer inhaltlichen Schranke unterworfen ist, als das Gesetz.

[7]) Z. B. Handelsgewohnheiten, denen nach UHG § 1 allerdings eine schwächere Quellenkraft innewohnt.

Die Beweispflicht beruht auf PG § 269.

[8]) Der an letzter Stelle zitierte Rechtssatz bevollmächtigt das Gericht dazu, doch ist dies eine Pflicht und kein bloßes Recht des Gerichts vergl. Anmerkung 6.

übenden Menschengruppen allgemeine oder — gewöhnlich nach Lebenskreisen — gesonderte Gewohnheiten zu unterscheiden. Die sogenannten Usancen enthalten keine Rechtssätze, sondern bloß Ergänzungen rechtsgeschäftlicher Bestimmungen [1]).

Die Intensität der Recht bildenden Wirkung der Gewohnheit war in Ungarn lange Zeit hindurch streitig.

Werböczy maß ihr Gesetzeskraft zu und behauptete [2]), daß sie neues Recht schaffen, altes abändern oder außer Acht lassen und bestehendes authentisch erklären könne.

Nach manchen Zweifeln bezüglich der Tragweite und der Geltung der Werböczyschen Grundsätze [3]) haben sich die letzteren in vollem Maße behauptet und Ungarn besitzt trotz des kurzen Intermezzos des § 10 ÖBGB [4]) Gewohnheiten die Gesetze ergänzen [5]), sie authentisch erklären [6]) und über sie hinwegschreiten [7]).

---

[1]) Ausdrückliche Ergänzungen finden sich z. B. im § 2 der Budapester Börsen-Usancen, laut welchen „diese Gewohnheiten auch auf jene Warengeschäfte anzuwenden sind, welche außerhalb der Budapester Waren und Effektenbörse mit Berufung auf diese Börsengewohnheiten geschlossen werden". Stillschweigend werden alle an der Budapester Börse zustande gekommenen Warengeschäfte auf Grund § 1 der Börsengewohnheiten mit den Bestimmungen der letzteren ergänzt.

[2]) Trip. Prol. Tit. 11 § 3. „Consuetudo autem triplicem habet virtutem scilicet interpretativam est enim legum interpres optima..... secundo habet virtutem obrogatoriam, quia derogat legi, quando est contra legem, tertio habet virtutem imitativam, quia imitatur legem, ubi deficit lex".

[3]) Man behauptete, daß *Werböczy* hier unter lex das römische und kanonische Recht, unter consuetudo hiergegen das ungarische Recht verstand. Dies ist zwar nicht wahrscheinlich aber auch nebensächlich, da die Praxis die angeführte Stelle *Werböczys* unbedenklich auf das ungarische Gesetzes- und Gewohnheitsrecht anwendet. Anders bliebe z. B. die 63. Vollentscheidung der K, welche die zahlreichen ungarischen Gesetze der toten Hand als veraltet ausschaltete, unverständlich.

Gegen die authentische Auslegung der Gewohnheit wurde GA XII, 1790 vorgebracht. Laut diesem „*leges ferendi, abrogandi, interpretandi potestatem in regno hoc Hungariae partibusque ei annexis, ... legitime coronato principi et statibus ac ordinibus regni at comitia legitime confluentibus communem esse, nec extra ille exerceri posse*". Dieser GA wollte jedoch bloß die Rechtsbildung durch königliche Patente (Verordnungen) ausschließen, keineswegs aber die Macht der Gewohnheit schwächen. Übrigens verlieh § 75 des GA LIV, 1912 der königlichen K das Recht, jeden Rechtssatz, also auch die gewohnheitsrechtlichen authentisch auszulegen, womit der ganze Streit entschieden erscheint. Vergl. über die Quellenkraft der Gewohnheit, wie überhaupt über die meisten Rechtssätze des Quellenrechts die grundlegende Arbeit *Groß-schmids* Lehre der Rechtssätze S. 211—543.

[4]) Laut diesem hat die Gewohnheit nur insoweit Kraft, als sich ein Gesetz auf sie beruft.

[5]) Z. B. die gewohnheitsrechtliche Einführung der Erbunwürdigkeit, der gesetzlichen Erfolge des unehelichen Kindes (Vollentscheidung Nr. 79).

[6]) Z. B. Rechtseinheitsentscheidung Nr. 1 erklärt authentisch, daß § 2 GA VIII, 1877 unter den akzessorischen Verpflichtungen, auf welche sich die 8 prozentige Zinsenschranke bezieht, die Stornoverpflichtung nicht versteht Mji Dt Bd. VII 184.

[7]) Z. B. 63 Vollentscheidung der K G *Grill* Dt Bd. I/134, welche die GA LV, LXV, 1498, XVII, 1644, XVI, 1715 und die siebenbürgischen „Aprobatae constitutiones" Tit. I, Art. 10, Tit. 6, Art. 2 als außer Kraft gesetzt und den rechtsgeschäftlichen Grunderwerb der toten Hand als gültig erklärt. Die hierdurch eingeführte *consuetudo obrogatoria* erregte lebhaften — wohl auch berechtigten — Widerspruch, konnte sich aber bisher dennoch behaupten.

Selbstverständlich kann diese Wirkung nur Landesgewohnheiten zukommen. Bloß örtliche Rechtsüberzeugung und -Ausübung vermag es nicht, die ihr an Kraft überlegene, zentrale Rechtsbildung zu bezwingen [1]).

§ 2. Dezisionen.

Der Richter hat laut GA IV, 1869, § 19 nach den Gesetzen, der mit Gesetzeskraft versehenen Gewohnheit und den auf gesetzlichem Wege entstandenen Verordnungen zu urteilen.

Diese Vorschrift geht von der Annahme aus, daß das Privatrecht teils in den Quellen des gesetzten, teils in denen des ungesetzten Rechts vollständig enthalten ist. Es wird heute schon kaum bezweifelt, daß diese Annahme selbst in jenen Staaten eine Fiktion ist, deren Privatrecht in ein bürgerliches Gesetzbuch gefügt wurde [2]). Daß sie in Ungarn, dem klassischen Lande des privatrechtlichen Gewohnheitsrechtes ganz unhaltbar ist, dürfte auf der Hand liegen. Ein sich sprunghaft entwickelndes lückenhaftes Gewohnheitsrecht macht es eben zur Pflicht des Richters, neue Grundsätze zu finden und so in der Maske der Anwendung fiktiver alter viel neue Rechtssätze zu bilden.

Das Bewußtsein der richterlichen Rechtsschöpfung wurde denn auch so stark, daß schon Maria Theresia eine Sammlung der grundsätzlichen Kurialentscheidungen zusammenstellen ließ [3]), deren Inhalt seither der richterlichen Praxis dauernd den Weg wies.

Die neueste Gesetzgebung [4]) versah die königl. Kurie mit dem Rechte der Erbringung grundsätzlicher Entscheidungen, Rechtseinheits- und Voll-Entscheidungen. Die letzteren waren früher auch schon üblich [5]).

Die grundsätzlichen Entscheidungen sind nach außen hin einfache Urteile, welche aber die einzelnen Senate der Kurie bis zur Schaffung einer abweichenden Rechtseinheits- oder Plenar-Entscheidung einzuhalten haben [6]).

Die Rechtseinheits- und Vollentscheidungen hingegen haben von dem 15. Tage nach ihrer Verlautbarung im Amtsblatte bindende Kraft [7]). Den Worten des Gesetzes gemäß beschränkt sich diese zwar bloß auf die Gerichte, doch unterliegt es keinem Zweifel, daß die Voll- und Rechtseinheitsentscheidungen in allen materiellrechtlichen Beziehungen, auch

---

[1]) *Werböczy* Trip. Prol. Tit. 12 § 2 war noch anderer Meinung, diese läßt sich jedoch heute wegen der ganz veränderten Verhältnisse kaum aufrecht erhalten.

[2]) Vergl Schweiz ZGB § 1 Abs. 2.

[3]) „*Planum Tabulare sive decisiones curiales per Exc Deputationem a piae memoriae Imperatice et regina Hungariae Diva Maria Theresia eatenus ordinatam collectae in ordinem redactae anno* 1769." Sie wird kurz als Planum tabulare angeführt.

[4]) EPG §§ 70—79.

[5]) GA LIX, 1881 § 4.

[6]) EPG § 72; ist die Absicht einer Abweichung vorhanden, so hat der Senat die Entscheidung zu suspendieren und den Präsidenten der K behufs des Weiteren zu verständigen.

[7]) EPG § 75.

sofern diese nicht vor Gericht anhängig werden [1]), als gültige Rechtssätze zu behandeln sind.

Zweck der Rechtseinheits- und Vollentscheidungen ist die Erhaltung der einheitlichen Rechtspflege [2]). Ihre Vorbedingung bildet einmal das Vorhandensein widersprechender, grundsätzlicher Entscheidungen der königl. K., eventuell einer solchen Praxis der Untergerichte, ferner die Iniative des Präsidenten der königl. K. oder des Justizministers, sodann auch der Wunsch eines Senates der K. oder einer Zweidrittel-Majorität der Vollsitzung einer königl. Tafel, von irgend einer Rechtseinheits- oder Vollentscheidung abzuweichen.

Die grundsätzlichen-, Reichtseinheits- und Vollentscheidungen werden amtlich gesammelt [3]) und veröffentlicht [4]).

Man mag sich noch so sehr an den Wortlaut des EPG klammern: es kann nicht geleugnet werden, daß der königl. K. durch die angeführten Rechtssätze die Möglichkeit verliehen wurde, aus dem Anlasse einzelner Prozesse, den Bestand und den Inhalt der bei ihrer Entscheidung in Frage kommenden Rechtsvorschriften mit bindender Kraft festzustellen, also wenigstens im Bereiche der richterlichen Praxis gesetztes und ungesetztes Recht authentisch auszulegen.

Es ist klar, daß eine derartige authentische Auslegung, ob zwar sie sich bloß als Anwendung einer schon bestehenden Gewohnheit gibt [5]), oft inhaltlich neues Recht schafft.

Die Dezisionen der königl. K. wurden demnach infolge ihrer gesetzlichen Anerkennung zu Mitteln der authentischen Auslegung und so zu Rechtsquellen.

Sie bilden als solche eine der wichtigsten Äußerungen des Gewohnheitsrechts.

§ 3. Werböczys [6]) Tripartitum [7]).

Stephan Werböczys „Tripartitum opus juris consuetudinarii inclyti regni Hungariae" erschien zuerst als Privatarbeit des Verfassers in Wien 1517. Seither wurde es in fast 40 Auflagen derartig in das Rechtsbewußtsein Ungarns verankert, daß man ihm für das vormärzliche und das heutige ungarische Privatrecht eine äußerst bedeutende Rolle zusprechen muß.

---

[1]) Handelt es sich z. B. um ein außergerichtlich geltend zu machendes, etwa ein handelsrechtliches Pfandrecht HG § 306, so kann der Verpflichtete nicht behaupten, daß das bedungene Storno trotz der REE Nr. 1 außergerichtlich unter die Zinsenschranken falle.

[2]) EPG § 70. Der Rechtseinheitssenat besteht aus dem Präsidenten und 10 Mitgliedern der K. Es wurden 4 Rechtseinheitssenate aufgestellt und jedem ein gesetzlich bestimmter Rechtsstoff zugewiesen.

[3]) EPG § 78 Abs. 1—3. Die Sammlung bewerkstelligt ein innerhalb der K aufgestellter Ausschuß.

[4]) Eben daselbst Abs. 4. Die Veröffentlichung besorgt der Justizminister, die Sammlung selbst ist jedoch eine amtliche Ausgabe der K.

[5]) z. B. 63. VE.

Sie erklärt sich aus der Entstehungsgeschichte des Werke

Das Tripartitum wurde auf Anregung des GA VI. 1498, der die Aufzeichnung der alten Gewohnheiten des Landes anordnete, verfaßt. Werböczy erhielt einen hierauf bezüglichen königlichen Auftrag, kam demselben nach und brachte die Arbeit vor den Reichstag des Jahres 1514. Hier wurde sie einer Kommission überwiesen, die sie überprüfte und der königlichen Sanktion unterbreitete. Der König bestätigte das Werböczysche Werk, dasselbe wurde jedoch weder mit dem königlichen Geheimsiegel versehen, noch auch als königliches Dekret veröffentlicht. Die Gründe, weshalb dies unterblieb, sind nicht ganz geklärt. Wahrscheinlich sind sie auf eine Gegenströmung des Hochadels zurückzuführen, dem die in erster Reihe den Mitteladel beachtende politische und juristische Gedankenrichtung Werböczys allzu fortgeschritten und für die Zukunft auch wohl gefährlich dünkte..

Diese Privatarbeit Werböczys galt jedoch — und zwar, wie es scheint, gleich nach ihrer Veröffentlichung — trotz des Wegbleibens der königlichen Sanktion, als vollständige schriftliche Zusammenfassung des geltenden ungarischen Rechts[1]) und wurde von den Gerichten in der Praxis auch als solche behandelt[2]).

Eine Gegenströmung führte zu der Abfassung eines „Quadripartitums" konnte jedoch keinen praktischen Erfolg aufweisen.

Aus dem bisher Gesagten ist ersichtlich, daß das Tripartitum als Gesetzentwurf gedacht war. Die kulturellen Zustände der Zeit Werböczys machen es begreiflich, daß es dennoch oder vielleicht eben deshalb auch viel von einem Lehrbuche an sich hat. Die rechtsgeschichtliche Hauptmission des Werkes bestand darin, daß es die Einheitlichkeit des nationalen Rechts während der Türkenherrschaft und der Stürme der Gegenreformation verwirklichte. Für die neueste Zeit können wir die Wirkung des Werböczyschen Werkes daraus ersehen, daß Ungarn mittelst seiner Hilfe davor bewahrt blieb, von fremden Gesetzbüchern überschwemmt zu werden.

---

[6]) *Werböczy* (geboren zwischen 1460—1470) war der hervorragendste Jurist des ungarischen Mittelalters. Er gehörte dem Mitteladel an, dessen politische und Rechtsanschauungen auch sein Tripartitum wiederspiegelt. Seine Laufbahn führte rasch von der bescheidenen Stellung eines Notars an der kön. Kurie bis zu der Höhe des Palatins von Ungarn. Der Hochadel stürzte ihn jedoch bald und er starb um 1542 als Oberrichter der unter türkische Herrschaft gelangten Ungarn.

[7]) Das Tripartitum enthält die Widmung, die Einleitung der königlichen Bestätigung, das Vorwort (16 Titel), die drei Teile (der erste besteht aus 134, der zweite aus 86, der dritte aus 36 Titeln), das Schlußwort des Autors, die Schlußklausel der königlichen Bestätigung endlich den Gruß des Autors an den Leser. Jeder Titel ist in den neueren Ausgaben in §§ eingeteilt. Ganz pünktlich wurde die quellenrechtliche Stellung des Tripartitums — wie auch die der JKK — erst von *Großschmid* (Lehre der Rechtssätze 543—713 und 838—870) festgestellt.

[1]) Das Werk bezeichnet sich selbst als die unveränderte Zusammenfassung der „*Consuetudines et leges municipales*" (Lectoribus Salutem vorletzter Absatz).

[2]) In Siebenbürgen wurde das Trip. durch das Leopoldische Diplom 1691 Punkt 3 bestätigt, galt daher dort als Gesetz. Einzelne Titel werden auch in den ungarischen Gesetzen angeführt.

Bezüglich des Tripartitums gilt der Grundsatz, daß jede privatrechtliche Norm, deren Wurzel auf dasselbe zurückführt, zu Recht besteht.

Hierher gehören unter vielen anderen z. B. die Grundsätze bezüglich der Rechtsquellen [1], zahlreiche Vorschriften des Familienrechts wie die, die den Rang der Abkömmlinge [2], die Wirkungen der putativen Ehe [3], die Miterrungenschaft [4], den Treulohn [5] betreffen, manche Vorschriften über das gesetzliche Erbrecht der Geschwister [6], und der Gattin [7], über die Entziehung des Pflichtteils [8] ,über die Grenzberichtigungen [9], die Verjährung [10] usw.

Die Geltung der durch neue Gesetze oder Gewohnheiten noch unangetasteten Teile des Tripartitums beruht auf gewohnheitsrechtlicher Grundlage.

Der Tatbestand der Gewohnheit ist hier ebenfalls die allgemeine und ständige Vornahme juristischer Handlungen, doch anders wie sonst bei der privatrechtlichen Gewohnheit, keine Vornahme privatrechtlicher, sondern öffentlichrechtlicher Handlungen. Die letzteren bestehen darin, daß die Gerichte ein Geistesprodukt, dem ursprünglich keine quellenrechtliche Kraft innewohnte, beständig so behandeln und anwenden, wie wenn es mit einer solchen versehen gewesen wäre.

Der Vorgang ist mit dem der privatrechtlichen Gewohnheit identisch. Ein Unterschied zeigt sich bloß darin, daß die rechtliche Überzeugung der bindenden Kraft sich hier nicht auf einen, sondern auf viele, in einem ursprünglich nicht verbindlichen Geistesprodukte zusammengefaßte Rechtssätze erstreckt.

Der erwähnte Vorgang ist selbstverständlich eine Ausnahme, doch keineswegs eine alleinstehende Ausnahme. Er wiederholt sich vielmehr bei der quellenrechtlichen Einfügung der JKK, sowie der Rechtsschöpfungen des absoluten österreichischen Zeitabschnitts [11].

---

[1] Trip. Prol. Tit. 6—16.
[2] I. Tit 6, 7, 8.
[3] I. Tit. 106—107.
[4] I. Tit. 48, 102.
[5] I. Tit. 93, 103—105.
[6] I. Tit. 41, 42, 44, 47.
[7] I. Tit. 48, 98, 99—102.
[8] Infolge JKK I. § 7 gelten hierfür die Tatbestände des Trip. I. Tit. 53, 52.
[9] I. Tit. 84.
[10] I. Tit. 78, 79, 82.
[11] Sollte der Weltkrieg bez. dessen Wirkungen das Gesetzwerden des EUG für längere Zeit verhindern, so kann sich derselbe Vorgang auch bei dem letzteren anspinnen. Die Neigung hierfür ist vorhanden, denn die Praxis betrachtet den Entwurf als Fundgrube der allgemeinen und anwendbaren Rechtsgrundsätze.

§ 4. Judex-Kurial-Konferenz.

Die staatsrechtlichen Folgen des Jahres 1848 schufen — wenn auch aus anderen Gründen — in Ungarn um das Jahr 1861 eine ähnliche Rechtsunsicherheit, wie einst in dem Zeitalter Werböczys.

In der zweiten Hälfte des 19. Jahrhunderts konnte man natürlich nicht mehr mit der Approbatio des Tripartitums über Gewalt und Unbotmäßigkeit der führenden Klassen klagen, doch fand sich der Zweifel darüber, was eigentlich Rechtens sei, in vollem Umfange wieder. Hatte doch die Abschaffung der Ständeverfassung die Wurzel des Privatrechts, das gesammte Sachenrecht und Erbrecht betroffen und war ja die vormärzliche privatrechtliche Rechtsordnung in einen Schutt- und Trümmer-Haufen verwandelt. Der GA XV. 1848 wies zwar die Regierung an, ein neues BGB auszuarbeiten. Bevor es aber auch nur zu den Anfängen dieser Arbeit kam, fegte der Sturm der Revolution jede Möglichkeit einer verfassungsmäßigen Rechtsentwicklung hinweg und die beiden kaiserlichen Patente vom 29. November 1852 [1]) oktroyierten in Ungarn das österreichische Recht.

Dieser Zustand dauerte bis 1860. Inzwischen ergab es sich, daß Ungarn seine Unabhängigkeit weder auf dem Gebiete des öffentlichen, noch auf dem des Privatrechts aufopfern wollte.

Der König berief daher eine unter die Leitung des Judex Kuriae gestellte Konferenz, welcher die Aufgabe zuteil wurde, die Wiederherstellung der verfassungsmäßigen Rechtsordnung vorzubereiten. Die Konferenz tagte vom 23. I. bis zum 4. III. 1861 und verfertigte in 18 Sitzungen ein Elaborat [2]), welches den beiden Häusern des Reichstages zugesandt, von diesen als „vorläufiges Aushilfs- und Orientierungsmittel" angenommen und von dem noch ungekrönten Könige bestätigt wurde. Daraufhin beschloß die Vollsitzung der königlichen Kurie, das Elaborat sofort in allen Rechtsstreitigkeiten anzuwenden. Der Judex Kuriae schickte je ein Exemplar desselben an sämtliche Munizipien Ungarns, die letzteren fügten sich alle den Beschlüssen des Herrschers, des Reichstages und der Kurie und erklärten die Vorschriften der JKK auch ihrerseits als gültig anzuerkennen.

Seither bilden die Normen der JKK eine der wichtigsten Quellen des ungarischen Privatrechts und besonders des Erbrechts, des formellen und materiellen Grundbuchrechts und des Bergbaurechts.

Die Natur dieser Rechtsquelle entspricht der des Tripartitums. Die JKK ist kein Gesetz, weil sie als solches nicht sanktioniert, sondern von dem ungekrönten Könige [3]) bloß bestätigt wurde. Sie kann auch nicht als

---

[1]) In Siebenbürgen besorgte dies das kaiserliche Patent vom 29. Mai 1853.

[2]) Es besteht aus 8 Teilen, welche das Privatrecht (I. §§ 1—23), das Prozeßrecht (§§ 24—180), den Strafprozeß (II. § 1—9), das Wechselrecht (III. § 1—6), das Konkursrecht (IV. § 1—27), das Handelsrecht (V. § 1—4), das Urbarialrecht (VI. § 1—4), das Bergbaurecht (VII. §§ 1—72) und die Rechtsregeln über die Advokatur und das öffentliche Notariat (VIII. § 1—8) behandeln.

[3]) Der König kann laut des ungarischen Staatsrechts vor seiner Krönung keine Gesetze sanctionieren.

Verordnung betrachtet werden, weil sie als solche nicht veröffentlicht wurde und auch kaum die Kraft hätte, das bisherige Gewohnheitsrecht abzuändern.

Sie kann daher bloß als ein durch die Gewohnheit für verbindlich anerkanntes, doch ursprünglich unverbindliches Geistesprodukt angesprochen werden. Die JKK erlangte ihre Quellenkraft ebenfalls durch eine öffentlich-rechtliche juristische Handlungskette ihrer beständigen allgemeinen Anwendung. Diese erstreckte sich jedoch nicht auf das ganze Gebiet des ungarischen Privatrechts und zwar weder auf Fiume, noch auf das ehemalige Siebenbürgen[1]), Grenzgebiet und temeser Banat.

Die JKK hat in der ungarischen Quellenlehre eine wichtige Rolle inne. Sie ist als eine instinktive Äußerung der rechtbildenden Kraft der ungarischen Nation zu bewerten. Einmal, weil nur sie es ermöglichte, das Land so weit es eben ging, von dem aufoktroyierten Fremdrechte zu befreien und dadurch die Kontinuität[2]) der ungarischen Rechtsentwicklung zu sichern, sodann, weil sie bewies, daß die letztere, selbst wenn sie vor eine solche schwierige Aufgabe gestellt wird, wie es der plötzliche Übergang von dem mittelalterlichen in das moderne Privatrecht ist, doch keineswegs gezwungen ist, sich fremde Rechtsgedanken anzueignen, sondern —und wenn es sein muß, sogar in ganz kurzer Zeit —brauchbares Eigenes zu schaffen vermag.

§ 5. Rechtsschöpfungen der österreichischen Aera.

Die JKK[3]) stellte fest, daß die vormärzlichen Gesetze zu Recht bestehen und nur der dort ausgeführten Ergänzungen bedürfen. Damit ist der Standpunkt angedeutet, daß die Rechtsschöpfungen der absoluten Aera, welche jeder öffentlichrechtlichen Grundlage entbehrten, als null und nichtig zu betrachten sind.

Dieser unanfechtbare Standpunkt konnte jedoch ohne schwere Schädigungen der erworbenen Rechte nicht ganz konsequent durchgeführt werden. Besonders war es das während dieser Zeit eingeführte Grundbuch, welches nur sehr behutsam angetastet werden durfte.

Die JKK I §§ 21, 145 ordneten daher die Beibehaltung der österreichischen Grundbuchordnung und des materiellen Grundbuchrechts des ÖBGB, JKK I §§ 19, 20 hingegen die einzelner Verfügungen des Avizitätspatentes[4]) an.

Da außerdem zur Zeit der Annahme der JKK von dem Gebiete des ungarischen Privatrechts Siebenbürgen, das temeser Banat, und Fiume tatsächlich eigene, aus der Zeit der absoluten Aera stammende

---

[1]) Dasselbe war auf dem ungarischen Reichstage 1861 auch nicht vertreten.

[2]) z. B. I. § 16, welcher die Normen des Witwenrechts wiederherstellt, doch daß Beschränkungsrecht ausschließlich den Abkömmlingen verleiht.

[3]) JKK I. § 1.

[4]) Kais. Patent vom XI. 29. 1852

Justizverwaltung und Justizpflege besaßen, verblieben die österreichischen Rechtsschöpfungen in Wirklichkeit hier dennoch in ihrem ganzen Umfange in Geltung.

Als formelle Grundlagen hierfür dienen: bezüglich Siebenbürgens eine Verordnung des ungarischen Gesamtministeriums [1]) und späterhin die stillschweigende Duldung des tatsächlichen Zustandes von seiten des Gesetzes über die Einverleibung Siebenbürgens in das Mutterland [2]), bezüglich des Grenzgebietes eine königliche Verordnung [3]) und deren gesetzliche Anerkennung [4]), bezüglich Fiumes eine Verordnung des Justizministers [5])

Die Verweisungen der §§ 19, 20, 21, 145 JKK sind nun eigentlich bloß in einem ursprünglich unverbindlichen Geistesprodukte enthaltene Wünsche, andere ebenso unverbindliche Geistesprodukte, nämlich fremde Gesetze, Patente und sonstige Verordnungen als Rechtsquellen zu betrachten. Einer Notrechtsquelle kann aber unmöglich die Kraft zugesprochen werden, neben sich noch eine ganze Reihe anderer ebenfalls regelwidriger Rechtsquellen zu statuieren.

Die erwähnten übrigen Vorschriften hingegen konnten die Geltung der österreichischen Rechtsschöpfungen schon wegen der unüberwindlichen stofflichen Schranken der Quellenkraft der Verordnungen nicht begründen.

Die österreichischen Rechtsschöpfungen wurden vielmehr ebenfalls durch ihre ständige Anwendung d. h. durch eine Gewohnheit zu Rechtsquellen, welche bewirkte, daß ihr Inhalt sich aus unverbindlichen fremden Geistesprodukten in geltende ungarische Rechtssätze verwandelte.

II. Gesetztes Recht.

1. Gesetz.

Ungarisches Gesetz in formellem Sinne ist jeder von dem gekrönten Könige Ungarns als Gesetz sanktionierte und veröffentlichte, verfassungsmäßige, übereinstimmende Beschluß der beiden Häuser des ungarischen Reichstages [6]).

Für die Zeit der Nichtausübung der königlichen Gewalt gilt jetzt auf Grund § 13 GA I, 1920 als Gesetz formell der als solches von dem Reichsverweser veröffentlichte Beschluß der ungarischen Nationalversammlung.

Materielles Gesetz ist jenes, welches eine Rechtsnorm enthält.

---

[1]) V. vom 27. VI. 1867 Punkt 14 Absatz 3,
[2]) GA XLIII, 1868 § 12 Abs. 2.
[3]) V. vom 9. VI. 1872.
[4]) GA XXVII. 1873 § 2 Punkt c
[5]) V. vom 14. IX. 1871 § 11.
[6]) GA XII, 1790.

Das materielle Gesetz ist die Willensäußerung des Staates darüber, was als Rechtsnorm zu gelten habe. Das Zustandekommen des materiellen Gesetzes unterliegt den Vorschriften des Verfassungsrechts.

Für die Zeit vor dem 31. Oktober 1918 gilt hierfür folgendes:

In Ungarn muß ein Gesetzentwurf dem Abgeordnetenhause und zwar entweder von der Regierung oder von einem Mitgliede des Hauses selbst unterbreitet werden. Der Entwurf gelangt erst vor einen Ausschuß, dann vor das Plenum, wird nach Annahme dreier Lesungen dem Oberhause zugesandt, von diesem ebenfalls durchberaten und angenommen. Hierüber wird das Abgeordnetenhaus mittels Zuschrift verständigt. Darauf tritt ein gemischter, aus Mitgliedern der beiden Häuser sowie der Regierung bestehender Konzertations-Ausschuß zusammen, der darauf zu achten hat, daß dem Könige zur Sanktion der beiderseitig angenommene Text unterbreitet werde. Dann erfolgt die Unterbreitung zur Sanktion durch den ungarischen Minister-Präsident, die Sanktion und die Veröffentlichung in der Landesgesetzsammlung, die in der Form eines königlichen Dekretes vorgenommen wird.

Heute, insolange die Gesetzgebung nicht anderes vorschreibt, hat die Nationalversammlung alle jenen Agenden zu versehen, die vor der Oktoberrevolution den beiden Häusern des Reichstages zukamen, während der Reichsverweser hierbei den Machtkreis der Krone ausfüllt (GA I, 1920, §§ 12 ff.).

Während der Zeit seiner Unabhängigkeit — also in den Jahren 1540 bis 1848 — erbrachte Siebenbürgen ebenfalls eigene Gesetze, welche in privatrechtlicher Hinsicht vielfach den ungarischen nicht nur ebenbürtig, sondern auch überlegen waren [1]. Seit dem GA VII, 1848 und XLIII, 1868 erstreckten sich die ungarischen Gesetze auch auf Siebenbürgen.

Jedes Gesetz ist mit einer jährlich neu beginnenden, fortlaufenden Ordnungszahl versehen [2]. Die Sprache der Gesetze ist seit 1836 ungarisch, es erscheinen aber auch offizielle Übersetzungen in den übrigen gebräuchlichen Landessprachen [3]. Bis 1832 waren die Gesetze lateinisch, in den Jahren 1832—1836 hingegen lateinisch und ungarisch verfaßt.

Vor 1867 gab es keine amtliche Sammlung der Gesetze. Allgemeine Verbreitung fanden die als „Corpus juris hungarici" bekannten Mosóczyschen und Telegdyschen Ausgaben [4]. Der Kurialrichter Desider Márkus begründete eine sehr sorgfältige durchgesehene Ausgabe sämtlicher Gesetze, welche er ebenso betitelte und welche jetzt von dem Staatssekretär Julius von Térfy fortgesetzt wird.

Die Geltung des Gesetzes beginnt, soweit dies selbst nicht anders verfügt, an dem 15. Tage nach seiner Veröffentlichung [5].

---

[1] Sie wurden in die „*Approbatae constitutiones*", „*Compilatae constitutiones*" und „*Articuli novellares*" zusammengefaßt.

[2] GA LXVI, 1881 § 6.

[3] Daselbst § 9.

[4] Decreta constitutiones et articuli inclyti regum regni Hungariae ab A. D. 1035 ad annum 1503 publicis comitiis edita cum rerum judica copiosa. I. A. Tirnaviae 1584. II. A. 1682. III. A. 1779. IV. A. 1822. V. A. 1844.

[5] I. A, LXVI, 1881 § 4.

Trotzdem es noch nicht zur Schaffung eines ungarischen bürgerlichen Gesetzbuches kam, sind die besonders seit 1867 immer zahlreicheren Einzelgesetze sehr wichtige Quellen des Privatrechts. Das privatrechtliche Gesetz ist keiner inhaltlichen Beschränkung unterworfen. Als solche konnte vor dem Friedensschluß höchstens die verfassungsmäßige Grenze der Autonomie Kroatiens, Dalmatiens und Slavoniens betrachtet werden. Diese führte denn auch dazu, daß manche Rechtssätze zweifach normiert werden mußten, einmal für das privatrechtliche [1]), dann noch einmal besonders für das handelsrechtliche Gebiet der Länder der hl. Stephanskrone. Ein Beispiel hierfür sind die Verfügungen über den gesetzlichen Zinsfuß GA XXXV und XXXVI, 1895.

§ 2. Verordnung.

Verordnungen sind veröffentlichte Erlasse der Krone oder der Regierung.

Die königlichen Verordnungen sind mit der Gegenzeichnung eines Ministers oder des ganzen Ministeriums [2]) versehen. Seit 1867 werden die Verordnungen allgemeinen Inhalts in der amtlichen Verordnungssammlung veröffentlicht [3]). Jedes Ministerium läßt außerdem seine Verordnungen in besonderen amtlichen Blättern veröffentlichen. Die Verordnungen werden nach Zahl, Datum und Ressort der verordnenden Behörde angeführt.

Die Verordnungen kommen im Privatrechte bloß als geduldete Rechtsquellen in Betracht. Sie vermögen nur ausnahmsweise, etwa auf Grund einer gesetzlichen Vorschrift oder einer Gewohnheit — und selbst dann bloß in nebensächlichen Materien — neues Recht zu schaffen. Sie sind ursprünglich dazu berufen die Lücken des Gesetzes und der Gewohnheit auszufüllen und haben ihre verhältnismäßig wichtige Rolle in dem ungarischen Privatrechte dem zufälligen Umstande zu verdanken, daß es wegen des Fehlens eines bürgerlichen Gesetzbuches eben viele solcher Lücken gibt. Daher die auffallende Erscheinung, daß z. B. das Recht der Fideikommisse [4]), das gesetzliche Erbrecht des katholischen niederen [5]) sowie des Hochklerus [6]), ja eine Zeitlang sogar das persönliche Eherecht der Angehörigen einzelner Konfessionen [7]) in Verordnungen geregelt war.

Daß die Verordnung dennoch nur eine geduldete Rechtsquelle des Privatrechtes ist, wird daraus klar, daß der Richter bei der Erbringung des Urteils über ihre Gesetzmäßigßeit [8]) d. h. auch darüber zu entscheiden hat, ob die in der Verordnung enthaltene Norm nicht die der Quellenkraft der Verordnungen gezogenen Schranken übersteigt.

Nur auf die beschränkte Quellenkraft der Verordnungen ist es zurück-

---

[1]) Dasselbe umfaßte Kroatien, Dalmatien und Slavonien nicht.

[2]) § 2. GA III, 1848 § 3.

[3]) GA XX, 1901 § 31.

[4]) *Hof* Verordnung NO 15 742 vom 9. X. 1862.

[5]) V. des Unterrichts- und des Justizministers vom 19. VI. 1904, T. 107/15.

[6]) Das Kolonich'sche Konkordat, welches als eine „an *Se Eminenz Leopold von Kolonich*" gerichtete königliche V. vom 15. VI. 1703 erlassen wurde.

[7]) Z. B.: Die Ehe der Juden vor dem GA XXXI, 1894 durch die HofV 15 940 vom 2. XI. 1863.

[8] GA IV. 1869 § 19.

zuführen, daß z. B. die Kriegsgesetzgebung es für angebracht hielt, der Regierung die besonders hervorgehobene Vollmacht zu erteilen [1], die wegen des Krieges etwa notwendige Regelung der privatrechtlichen Verhältnisse mittels Verordnungen vorzunehmen. Wohl geschah dies in erster Reihe um die Gültigkeit der den Gesetzen widersprechenden Kriegsverordnungen anzuerkennen. Immerhin ist daraus auch die Auffassung zu entnehmen, daß Verordnungen überhaupt nicht dazu bestimmt sind, privatrechtliche Verhältnisse zu regeln.

§ 3. Statuten.

Statuten sind Vorschriften der Selbstverwaltungs-Körperschaften, die gesetztes Recht enthalten

In dem modernen Ungarn kommt das Recht, Statuten zu erlassen, den Munizipien [2] zu, d. h. den Komitaten, den Städten mit Munizipalrecht, den Städten mit geordnetem Magistrate [3], ferner den Gemeinden [4]. Das vormärzliche Recht hingegen hatte noch manchen privatrechtlichen Satz aus den Statuten mehr oder minder selbständiger Teile des Landes wie z. B. aus denen Siebenbürgens [5], Kroatiens, der 16 Zipser Städte [6], der 6 freien Hajdu-Städte [7], des Turmezöer Bezirkes [8], weiterhin aus den Statuten der mit Selbstverwaltungsrecht versehenen öffentlichen Körperschaften etwa aus denen der siebenbürgischen Sachsen [9], der Székler [10], endlich der Jazyger und Kumanier [11] zu schöpfen. Die letzteren Statuten spielen im Familienrechte und Erbrechte noch heute eine gewisse Rolle. Ja, diese hat sogar an Wichtigkeit zugenommen, denn die erwähnten Statuten werden in neuester Zeit von der königlichen Kurie nicht als persönliche [12], sondern als Teritorial-Statuten auf alle Einwohner jenes Gebietes angewendet, innerhalb dessen die Jazyger und Kumanier zur Zeit ihrer Entstehung hausten [13].

Aus alledem ist ersichtlich, daß die vormärzlichen Statuten privatrechtliche Rechtsquellen waren, weshalb Werböczy sich des öfteren mit ihren Erfordernissen und ihrer Quellenkraft befaßt [14]. Einzelne dieser Statuten konnten sich kraft Gewohnheitsrechts bis heute behaupten.

---

[1] GA L. 1914 § 14, GA LXIII, 1912 § 16.
[2] § 3. GA XXI, 1886 § 11 für Budapest GA XXXVI 1872 § 6.
[3] GA XXII, 1886 § 22.
[4] GA XXII, 1886 § 21.
[5] *Werböczys* Trip. III, 2 behandelt die Statuten Siebenbürgens, Dalmatiens Kroatiens und Slavoniens.
[6] Um das Jahr 1370.
[7] Statut von 1791 und 1820.
[8] 1560 und 1582.
[9] 1583 Statuta jurium municipalium Saxonum in Transsylvania.
[10] Das ältere Statut stammt aus dem Jahre 1451, andere folgten.
[11] Trip. prol. 8. 9. III. 2., die Statutensammlung aus dem Jahre 1799 gilt noch heute.
[12] MJi Dt Bd. X/285 Nr. 173 K Nr. P I 2683/1916.
[13] Ein Teil des heutigen Pester und Jász-Szolnoker Komitats.
[14] Prol. Tit. 8. 9. 12. II. Tit. 3. 5. III. Tit. 2. usw.

Das moderne Recht erfordert zur formellen Gültigkeit der Statuten ihre Erbringung[1], ihre ausdrückliche oder stillschweigende Genehmigung seitens der Oberbehörde[2], also in letzter Reihe des Ministers[3] und ihre Veröffentlichung[4].

Die Quellenkraft der heutigen Statuten beschränkt sich hauptsächlich auf solche privatrechtlichen Rechtssätze, welche das Gesetz ihnen zuweist. So wurde z. B. die Regelung der Mietsverhältnisse den Statuten der Munizipien, der Städte mit geordnetem Magistrate[5], die Maximierung des Wirtshauskredits innerhalb von 4—16 Kronen denen der Munizipien[6] vorbehalten. Sowohl diese als auch andere Rechtssätze, welche in modernen Statuten zu finden sind, etwa in Bauordnungen versteckte Regeln des Nachbarrechts und dergleichen andere mehr, können ihren örtlichen Charakter nicht verleugnen.

Dieser örtliche Charakter, ferner die Umstände, daß der Inhalt eines Statuts dem Gerichte von Amtswegen nicht bekannt sein muß[7], daß er dort bewiesen werden kann[8] und dem eines Statuts höheren Ordnung oder einer Regierungsverordnung nicht widersprechen darf, endlich, daß das Gericht — u. zw. nicht bloß das Straf- und Verwaltungsgericht, denen dieses Recht ausdrücklich verliehen wurde[9], sondern — eadem ratione — offenbar auch das Zivilgericht — die Macht hat, aus Anlaß der einzelnen Rechtsstreitigkeiten, die Gesetzmäßigkeit des in Frage stehenden Statuts zu überprüfen, beweisen zur Genüge, daß die privatrechtliche Quellenkraft der Statuten nicht einmal an die der Verordnungen heranreicht.

Das Statut ist demnach im Privatrechte eine Rechtsquelle, die nur innerhalb enger Grenzen und selbst da bloß partikulares Recht zu schaffen vermag.

§ 4. Privilegien.

Privilegien sind[10] formelle[11], schriftliche Begünstigungen, die von dem gekrönten Könige Ungarns verliehen sind.

Ihre Quellenkraft beschränkt sich auf das vormärzliche Recht. In unseren Tagen verblieb ihnen bloß die Wirkung, daß einzelne Gesetze sie — vorausgesetzt, daß sie schon früher erworben waren — auch weiter-

---

[1] GA XXI, 1886 § 3, XXXVI, 1872 § 6, XXII, 1886 § 21a.

[2] Für Budapest ist diese nicht notwendig GA XXXVI, 1872 § 6 vergl. übrigens die letzthin angeführten Gesetzesstellen.

[3] Die Zustimmung kann auch durch Erbringung eines Statutes der Oberbehörde oder einer Verordnung des Ministers zurückgenommen werden.

[4] GA XX, 1901 § 33 Absatz 3, GA XXXVI, 1872 § 7.

[5] EPG § 102. Erfordert wird die Genehmigung des Ministers des Innern sowie des Justizministers, ferner die Veröffentlichung im Amtsblatte.

[6] GA XXV, 1883 § 22.

[7] PG § 268.

[8] Eben daselbst.

[9] Hinsichtlich der in Statuten festgestellten Übertretungen GA XL, 1879 § 10, hinsichtlich der Verwaltungsstatuten GA XXVI, 1896 § 134 Absatz 2.

[10] GA III, 1790 letzter Satz.

[11] *Werböczy* Trip. II. Tit. 7—14.

hin dulden, z. B. u a. GA I, 1890, § 80, die Fähre-Privilegien, § 92 die Maut-Privilegien usw

In dem ständischen Privatrechte galten die Privilegien als Quellen des objektiven Rechts, bei Werböczy sogar in dem Maße, daß er sie an Wichtigkeit den Gesetzen gleichstellt und ihr Wesen, ihre Arten, ihre Entstehung, ihren Untergang, sowie ihre Wirkung sehr ausführlich behandelt [1]. Seine Ausführungen beanspruchen nunmehr bloß geschichtliches Interesse.

Dieses aber um so mehr, als die Privilegien dem Begünstigten zwar immer eine Ausnahme von dem gewöhnlichen Rechte, nicht aber zugleich eine von den allgemeinen Grundsätzen des objektiven Rechts gewährten.

Das will besagen: der durch ein Privilegium Begünstigte kam zwar in eine vorteilhaftere Lage, welche ihm nach den Vorschriften gewöhnlichen Rechts sonst nicht zugefallen wäre, doch keineswegs in eine solche, die nach den allgemeinen Grundsätzen des objektiven Rechts als eine nie dagewesene oder wenigstens regelwidrige zu betrachten war.

Diese Auffassung erklärt die beiden durch Werböczy betonten Hauptschranken der Privilegien: das Erfordernis ihrer Übereinstimmung mit den Gesetzen [2], sowie mit den erworbenen subjektiven Rechten anderer [3].

Die Verleihung der Privilegien war eigentlich bloß eine besondere Art der Entstehung subjektiver Rechte.

Nun kam es aber in dem vormärzlichen Gewohnheitsrechte Ungarns mehrfach dazu, daß in der Form von Privilegien subjektive Rechte verlichen wurden, denen die objektive Grundlage fehlte, daß also die letztere nachträglich durch Gewohnveit doch auf nur dem Wege der Privilegien geschaffen wurde. In dieser Weise entwickelte sich im vormärzlichen Sachenrechte z. B. das ganze Donations-System.

So konnten die Privilegien auf mittelbarem Wege als Personalprivilegien einzelne Rechtssätze abändern, umformen oder überhaupt zum Leben erwecken, ja kraft der persönlichen gesetzgeberischen Gewalt des Herrschers, deren Spuren nicht vollständig verloren gingen, als Stadtprivilegien sogar ganze Institutionen in einem vom allgemeinen Rechte abweichenden Sinne regeln.

Rechtssätze.

§ 1. Arten.

---

[1] Eben daselbst.
[2] Trip. II. Tit. 8.
[3] Trip. II. Tit. 10.

streckenden Grundsätze der Tatbestände und Rechtsfolgen.

Die Arten der Rechtssätze beruhen auf der Verschiedenheit der Tatbestände und Rechtsfolgen.

2. Die Verschiedenheit der Tatbestände begründet einmal den Gegensatz des allgemeinen und des Sonderrechts, sodann den des generellen und individuellen Rechts.

Das allgemeine Recht enthält Rechtssätze, welche die Folgen aller ihm aus besonderen Gründen nicht entzogenen Tatbestände regeln, während das Sonderrecht aus Rechtssätzen besteht, welche bloß die Folge der als eigenartig hervorgehobenen Tatbestände feststellen.

Der Grund dieser Sonderstellung liegt in dem Unterschiede der rechtlich in Betracht kommenden Tatbestände und ihrer Voraussetzungen. Die Besonderheit erstreckt sich bald auf ein engeres, bald auf ein weiteres Gebiet, sie sichert jedoch den Tatbeständen des Sonderrechts immer eine gewisse Eigenart ihrer Behandlung, welche sich hie und da sogar bis zur Verschiedenheit der Kraft der sie beherrschenden Rechtsquellen steigert. Ein Beispiel hierfür ist die Sonderstellung der bloß mit Ergänzungskraft der Gesetzeswirkungen versehenen, also contra legem nicht in Betracht kommenden handelsrechtlichen Gewohnheit HG § 1.

Sonderrecht ist zu finden u. a. in dem HG GA XXXVII, 1875, dem Wechselgesetze GA XXVII, 1876, dem Konkursgesetze XVII, 1881, in der Zwangsvergleichs-Verordnung 4070/1915 MER usw.

Sind die Tatbestandselemente nach allgemein gehaltenen Kennzeichen bestimmt, so entsteht generelles, in entgegengesetztem Falle hingegen individuelles Recht. Ganz gleichgültig ist, ob diese Bestimmungsart sich auf die in dem Tatbestande erwähnten Personen, Sachen oder Ereignisse bezieht. Generelles Recht enthält z. B. die Verpflichtung, Zug um Zug zu leisten HG § 335, individuelles, die sich nur auf gewisse Volksschichten beziehende Vorschrift über den gesetzlichen Miterrungenschafts-Anspruch [1]).

3. Die meisten übrigen Arten der Rechtssätze beruhen auf der Verschiedenheit der Rechtsfolgen.

Geht man von dem Gebiete aus, innerhalb dessen sie wirken, so gelangt man zu dem Unterschiede des gemeinen und des Partikular-Rechts.

Das gemeine Recht enthält Rechtssätze mit Rechtsfolgen, die auf dem ganzen Gebiete des Staates wirken. Das Partikularrecht hingegen enthält Rechtssätze mit bloß auf einzelne Teile des Gebietes beschränkten Rechtsfolgen.

Als gemeines Privatrecht des modernen Ungarns können bis zum Friedensschluß von Trianon eigentlich nur jene wenigen Rechtssätze angesprochen werden, welche durch GA XXX, 1868 § 9 der privat-

---

[1]) Adeligen Ehegatten kommt derselbe nicht zu. Vergl. GrDt Bd. II, 238, K 4409/1899, 549/906 usw.

rechtlichen Autonomie Kroatiens, Dalmatiens und Slavoniens entzogen wurden, also z. B. das Patentrecht, das Autorenrecht, das Bergrecht.

Es bleibt das Verdienst Großschmids gezeigt zu haben [1], daß die Rechtsordnung der JKK zum gemeinen Privatrechte Ungarns in engerem Sinne wurde. Das ÖBGB gilt daher in Siebenbürgen, in Fiume, in dem ehemaligen Grenzgebiete und temeser Banate bloß als Partikularrecht.

Das Partikularrecht ist aus dem allgemeinen zu ergänzen. Hieraus folgt logisch [2], daß die allgemeinen Lehren, soweit es eben angeht, auch auf dem ungarischen Anwendungsgebiete des ÖBGB nach den Grundsätzen der JKK behandelt werden. Daher ist es zu erklären, daß die Praxis sich in Siebenbürgen über § 10 ÖBGB leicht hinwegsetzen konnte. Allerdings wird dieser Grundsatz nicht immer folgerichtig durchgeführt. Sonst wäre es wohl kaum zu verstehen, daß z. B. K [3]) dem unehelichen Kinde nach seinen mütterlichen Großeltern, den entfernteren mütterlichen Vorfahren und Seitenverwandten auf dem Anwendungsgebiete des ÖBGB kein gesetzliches Erbrecht verleiht, ob zwar ein solches auf dem Gebiete der JKK nun schon längst anerkannt wurde [4]. K begründet diese Entscheidung zwar mit den §§ 754, 756 ÖBGB, doch schließen sie das gesetzliche Erbrecht des unehelichen Kindes kaum energischer aus als I § 9 JKK, welche die Erbfolge der g e s e t z l i c h e n Abkömmlinge und nur diese regelt.

Es ist fraglich, ob Fiume bis zum erwähnten Zeitpunkt auch privatrechtlich ein corpus separatum sacrae regni coronae bildet.

Tatsache ist, daß die Autonomie Fiumes gesetzlich gesichert wurde, daß dort das ÖBGB gilt, daß manche späteren Gesetze [5] sich auf Fiume s t i l l s c h w e i g e n d erstrecken, in anderen hingegen die Erstreckung besonders hervorgehoben wird [6], ferner, daß einzelne Verordnungen [7] „die bestehende gesetzliche Praxis" Fiumes erwähnen. Doch könnte dies höchstens das Dasein eines eigenartigen fiumaner Privatrechts, wenn ein solches vorhanden wäre, erklären, genügt jedoch unserer Ansicht nach keineswegs dazu, e i n solches schlechthin anzunehmen. Die „bestehende gesetzliche Praxis" Fiumes ist daher als Partikularrecht zu verstehen [8] und gegebenen Falles aus dem gemeinen Rechte der JKK zu ergänzen. Daraus ergibt sich von selbst die Schlußfolgerung, daß ungarische Gesetze sich im Zweifel auch auf Fiume erstrecken mußten.

4. A u f d e r W i r k u n g s k r a f t d e r R e c h t s f o l g e n b a u e n s i c h a u f : e i n e r s e i t s d i e G e g e n s ä t z e d e s z w i n g e n d e n u n d e r m ä c h t i g e n d e n , a n d e r e r s e i t s d i e d e s o r d n u n g s m ä ß i g e n u n d o r d n u n g s w i d r i g e n R e c h t s.

---

[1]) Lehre der Rechtssätze S. 925.
[2]) *Grosschmid* a. a. O.
[3]) MJDt X/325 K 1916 P I 4130.
[4]) MjgDt IX/33 K 1914 P I 2488.
[5]) Z. B. GA XXXV, 1895 über die Bestimmung des gesetzlichen Zinsfußes.
[6]) Etwa durch Ermächtigung der Regierung, das Gesetz in Fiume mittels einer Verordnung ins Leben treten zu lassen § 50 GA VII, 1886.
[7]) Z. B.: Die Verordnung über die Ehematrikel Nr. 2022/1895 MRE II. 1. 2. 3. 6.
[8]) *A. A. Grosschmid*, Lehre der Rechtssätze 927 ff.

Zwingende Rechtssätze sind solche, deren Folgen ihren Tatbeständen von den Rechtsquellen in inhaltlich unabänderlicher Weise angeschmiegt werden. Die Folgen der ermächtigenden Rechtssätze hingegen treten nur insoweit ein, als sie nicht durch den Willen der hierbei interessierten Parteien zur Seite geschoben werden.

Das Schuldrecht ist den zwingenden Rechtssätzen nicht hold. Für die übrigen Teile des Privatrechts hingegen kann dies kaum behauptet werden. Ist ja der Inhalt des Sachenrechts [1]), des Familienrechts [2]), des Immaterialrechts [3]) und gar wichtiger Teile des Erbrechts [4]) in zwingenden Rechtssätzen bestimmt.

Der Inhalt eines zwingenden Rechtssatzes muß jedoch gewöhnlich nicht ohne oder gar wider Willen des Berechtigten angewendet werden. Zwingendes Recht und Privatrecht bedeuten daher keineswegs Gegensätze.

5. Der Tatbestand der ermächtigenden Rechtssätze geht von der Möglichkeit einer abweichenden Willenserklärung der interessierten Parteien aus. Bleibt es bloß bei dieser Möglichkeit, so werden die Folgen in ergänzenden Rechtssätzen [5]) festgelegt.

Tritt hingegen die Willenserklärung wirklich ein, und verbleibt bloß ihr Inhalt zweifelhaft, so erfolgt die Beseitigung des Zweifels durch Auslegungsrechtssätze [6]).

6. Während der Gegensatz des zwingenden und nicht zwingenden Rechts auf der Beziehung der Rechtsfolgen zu dem Adressaten des Rechtssatzes beruht, baut sich der des ordnungsmäßigen und ordnungswidrigen Rechts auf dem Verhältnisse der Folgen des einen Rechtssatzes zu denen anderer auf. Ordnungsmäßiges Recht schaffen Rechtssätze, deren Folgen einem allgemeinen Rechtsgrundsatze entsprechen, ordnungswidriges hingegen solche, deren Folgen einem allgemeinen Rechtsgrundsatze widersprechen oder wenigstens von einem solchen bedeutend abweichen.

Sonderrechtliche Tatbestände mit ordnungswidrigen Rechtsfolgen führen zu günstigen oder ungünstigen Privilegien im objektiven Sinne.

Das ordnungswidrige Recht ist oft eine Vorstufe der schrittweisen Einbürgerung eines ordnungsmäßigen Rechtssatzes. Als z. B. ein Eisen-

---

[1]) Hinsichtlich des materiellen Grundbuchrechts im OEBGB, hinsichtlich des übrigen Sachenrechts in dem Gewohnheitsrechte.

[2]) GA XXXI, 1894, XX, 1877, VII, 1886 usw.

[3]) Im Autoren-, Patent-, Schutzmarkengesetz, in dem Gesetze über den Schutz der Ehre GA XLI, 1914 usw.

[4]) I, § 7. JKK.

[5]) Ein ergänzender Rechtssatz bestimmt den gesetzlichen Zinsfuß GA XXXV, 1895 § 1. Absatz 1.

[6]) Ein auslegender Rechtssatz ist die Bestimmung der Verzugszinsen in der Höhe der Vertragszinsen GA XXXV, 1895 § 1. Absatz 2.

bahn-Unglück den Anlaß zur Erbringung des GA XVIII, 1874 bot, war der darin erhaltene Grundsatz, dem gemäß ein dem öffentlichen Verkehre dienendes oder hierfür bestimmtes Eisenbahn-Unternehmen auf objektiver Grundlage für die innerhalb seines Betriebes erfolgten Beschädigungen haftet, ein ordnungswidriger Rechtssatz, welcher jedoch im Verlaufe der späteren Entwicklung allmählich zu einem ordnungsmäßigen umgewandelt wurde. Wir wählten dieses Beispiel, weil es die stufenweise Umwandlung plastisch erkennen läßt. Erst erstreckte die Praxis die objektive Haftung auf den Betrieb elektrischer Bahnen [1]. Heute ist es wohl schon kaum zweifelhaft, daß diese gegebenen Falles auch bei Betriebs-Unfällen der Dampfschiffahrts-[2] und Luftschiffahrts-Unternehmungen[3] anzuwenden sind. Ist ja die objektive Grundlage der Auto-Schäden ebenfalls bereits festgestellt [4].

Die stufenweise Anerkennung des gesetzlichen Erbrechts der unehelichen Kinder [5] kann die Auffassung, daß das ordnungswidrige Recht die Fähigkeit besitzt, sich zum ordnungsmäßigen umzuwandeln, nur erhärten. Es ist daher keineswegs der Ansicht beizupflichten, daß ordnungswidrige Rechtssätze einer erweiternden Auslegung und Entwicklung nicht fähig seien.

7. Bringt man die Rechtsfolgen nicht zu den Folgen, sondern zu den Tatbeständen anderer Rechtssätze in Beziehung, so gelangt man zu den Begriffen der privatrechtlichen Vermutungen und Fiktionen.

Werden die Rechtsfolgen des einen Tatbestandes entsprechend auf die eines anderen angewandt [6], so haben wir es bloß mit einer kürzeren, doch wegen ihrer elastischen Fassung ziemlich unsicheren Verweisung zu tun, welche als technisches Äußerungsmittel hier keiner weiteren Erörterung bedarf.

Erweckt jedoch die Verwirklichung eines Tatbestandes, welcher das Eintreten eines anderen wahrscheinlich macht [7], die Rechtsfolgen dieses letzteren, dann liegt eine Vermutung vor. Die Vermutung ist eine einfache, wenn die Wahrscheinlichkeit des Eintretens des vermuteten Tatbestandes widerlegt werden kann und eine praesumtio juris et de jure, wenn dies ausge-

[1] K 1902 Nr. 321 (Gr. MjDt Bd. 3, S. 1113).

[2] So K. 1918 P VI. 2709 (Mji Dt Bd, XIII. S. 25).

[3] Vgl. mein Referat im Protokoll der Budapester Luftrechtskonferenz (Budapest 1918) S. 261 ff.

[4] Mjdt Bd. X/278 1915 RP VI 8705 K.

[5] Erst erhielten uneheliche Kinder überhaupt keinen mütterlichen Erbteil, dann wurde ihr gesetzliches Erbrecht nur in dem Falle anerkannt, wenn keine gesetzlichen Abkömmlinge vorhanden waren. K 1893 Nr. 8964. *Grill* MjiDt Bd. III 79, jetzt wird es ihnen schon unbeschränkt und nach allen mütterlichen Verwandten verliehen K 1914 P 2488 (MjiDt Bd. IX S. 33).

[6] EUG § 855 erstreckt z. B. die Rechtssätze der Kündigung auf alle adressierten, einseitigen Rechtsgeschäfte.

[7] Anderer Meinung doch nur mit Hinweis auf ziemlich seltene Ausnahmen *Alexander Plósz*: „Die Natur der gesetzlichen Vermutungen“ *Jogállam* XI. Jahrg., S. 97.

schlossen erscheint. Ist es sicher, daß der verwirklichte Tatbestand, die Basis der Vermutung nicht die Verwirklichung des vermuteten Tatbestandes bedeutet, so wurde der Rechtssatz in die Form einer Fiktion gefaßt.

8. Auf Besonderheiten des Tatbestandes und der Rechtsfolgen gründet sich der Unterschied zwischen dem strengen und billigen Recht.

Ist der Tatbestand oder die Rechtsfolge ausschließlich nach abstrakten Kriterien und ohne Rücksicht auf den einzelnen Fall bestimmt, so entsteht strenges Recht, sonst billiges Recht.

Strengen Rechts sind u. a. einzelne Ehescheidungsgründe, z. B. die Nichtbefolgung der gerichtlichen Rückberufung[1]), die körperliche schwere Verletzung[2]), der Ehebruch sowie die widernatürliche Unzucht und die wissentliche Bigamie[3]). Billiges Recht ist in dem Beschränkungsrecht des Witwenrechts[4]) sowie in den bedingten Kündigungsgründen der Arbeitsverträge[5]) enthalten.

§ 2. Kritik.

1. Kritik der Rechtssätze ist die Feststellung des Tatbestandes der Rechtsschöpfung, d. h. die Beantwortung der Frage: wie wurde die Rechtsnorm geprägt und was wurde in dieselbe aufgenommen. Je nach den Rechtsquellen bedeutet die Kritik daher die Feststellung dessen, welches Geistesprodukt, oder welche Handlungen den Rechtssatz enthalten.

Beim gesetzten Recht fällt diese Beantwortung meistens mit der Untersuchung der Erbringung und der Veröffentlichung des Rechtsatzes zusammen. Da jedoch die vormärzlichen Gesetze Ungarns nur in Privatsammlungen veröffentlicht wurden, tritt bei ihnen noch oft genug die Frage hinzu, ob das Gesetz in seiner authentischen oder in seiner überlieferten, verstümmelten Form zum Bestandteile des ungarischen Rechts wurde. Mit anderen Worten: bei den vormärzlichen Gesetzen hat die Kritik auch darüber zu entscheiden, ob die Rechtsschöpfung mit der Erbringung des Gesetzes ihr Ende erreichte oder noch einer gewohnheitsrechtlichen Fortsetzung teilhaftig wurde. Besonderes Gewicht ist darauf zu legen, ob die amtlich veröffentlichten Rechtssätze auf konstitutioneller Grundlage beruhen, oder wenn nicht, ob sie trotz der fehlerhaften Veröffentlichung dennoch von der Nation als gültiges, gesetztes Recht anerkannt wurden. Die schon erwähnte Verfügung des GA I, 1920 (§ 9), durch die die Ungültigkeit der Verfügungen der sog. Károlyischen und der Räteregierung klar wurde, ist eigentlich eine in dem Gesetze enthaltene Kritik.

2. Eine Skizzierung der Grenzen der Kritik ist in dieser Frage nicht immer leicht. Besonders dann nicht, wenn z. B. die Gesetzgebung etwa

---

1) GA XXXI, 1894 § 77.
2) § 78 eben daselbst.
3) § 76 eben daselbst.
4) JKK I. § 16.
5) z. B. GA XIII. 1876 § 52 II. b)-d) usw.

infolge der Nichteinhaltung der Beratungsregeln in eine Zwangslage versetzt wurde, was bei der Niederringung der sog. Obstruktion der Fall war. In zweifelhaften Fällen muß hier wohl die Gesetzgebung selbst einschreiten. Im übrigen gilt aber folgendes.

Die in der amtlichen Gesetzsammlung veröffentlichten modernen Gesetze Ungarns liefern mit der schon erwähnten Ausnahme der Kritik nur die Fragen, ob sie auf verfassungsmäßigem Wege in die amtiche Sammlung gekommen sind [1]), ferner ob sie keine Druckfehler z. B. falsche Zahlen oder Verweisungsirrtümer enthalten. Hat die Kritik in dem Tatbestande der Rechtsschöpfung einen wesentlichen Fehler entdeckt, so ist damit zugleich klargestellt, daß der Rechtssatz auf Grund der kritisch untersuchten Quelle keinen Bestand haben kann [2]).

Wurde hingegen ein unwesentlicher Fehler zu Tage gefördert, so hat die Kritik die Aufgabe, die Auslegung des Rechtssatzes durch tunlichst scharfe Umschreibung desselben sowie durch die Aufklärung der Möglichkeiten seiner Verbesserung vorzubereiten [3]).

§ 3. Auslegung.

1. Unter Auslegung versteht man die Klarstellung des Inhalts der Rechtssätze.

Die Auslegung hat die Frage zu beantworten, mit welchem Inhalt der Rechtssatz erlassen ist. Wichtig hierfür ist jene Zeit, die bei der Entscheidung des in Frage stehenden Rechtssatzes in Betracht kommt. Grundsätzlich fällt diese mit der Verwirklichung des Tatbestandes oder dem letzten Teile des Tatbestandes zusammen, welcher einer Beurteilung zugeführt werden soll. Die Auslegung fördert daher den Inhalt des Rechtssatzes zu Tage, den er zu jener Zeit hatte, die bei der Entscheidung der die Auslegung hervorrufenden Rechtsfrage maßgebend ist.[4]) Möglicherweise doch keineswegs immer ist bei der Auslegung die Frage zu beantworten, welchen Inhalt der Rechtssatz bei seiner Erbringung hatte [5]).

Dieser Grundsatz ist bei der authentischen Auslegung anerkannt, daher ist auch die Rückwirkung der letzteren zu erklären. Er gilt aber auch bei der wissenschaftlichen Auslegung, denn niemand vermag Rechtssätze anders zu verstehen, als sie sich seiner Zeit und den in demselben zu lösenden Rechtsfragen darbieten, als sie von dieser verstanden und angewendet werden.

Schon wegen des im Verlaufe der Zeit wechselnden Inhaltes der Rechtssätze, muß es als vollständig verfehlt betrachtet werden, wenn man an

---

[1]) Die Kritik hat sich hierbei rein auf die äußerlichen Vorgänge der Rechtsschöpfung zu beschränken, sie kann daher nicht so weit gehen die Gesetzmäßigkeit der Hausordnungen des Reichstages zu überprüfen (die Gesetze der Obstruktionszeit sind daher als gültige zu betrachten).

[2]) Es ist jedoch nicht ausgeschlossen, daß er auf Grund einer anderen Rechtsquelle z. B. der Gewohnheit doch in das Rechtsleben eindrang.

[3]) Dies hat die sogenannte Konjekturalkritik zu besorgen.

[4]) Besonders klar bei der Erbfolge der unehelichen Kinder. K. 531/1916 MT. Bd. I, F 3 XVIII.

[5]) ÖBGB will die „klare Absicht des Gesetzgebers" für alle Zeiten gelten lassen. Das Leben ist jedoch über diesen Grundsatz hinweggeschritten.

dem Willen des Gesetzgebers herumtüftelt und diesen um jeden Preis aus den Materialien des gesetzten Rechts herauszuklügeln trachtet.

Unter vielen anderen beweist es das Erbrecht des unehelichen Kindes, daß man Rechtssätze des gesetzten Rechts[1] in gewissen Zeiten anders verstehen will und muß als vorher. Vor der 79. Vollentscheidung der königlichen Kurie [2]) wurden unter den Abkömmlingen des I. § 9 ff. JKK ausschließlich gesetzliche Abkömmlinge verstanden und war diese Auffassung so allgemein, daß K in der angeführten Vollentscheidung behaupten konnte, daß es in der JKK keine einzige Vorschrift gäbe, auf welche das gesetzliche Erbrecht der unehelichen Kinder mit noch so weiter Gesetzesauslegung basiert werden könnte. Seither erstarkte jedoch die entgegengesetzte Auffassung in dem Maße, daß man jetzt schon keinen Anstand nimmt, das uneheliche Kind innerhalb der mütterlichen Familie des gesetzlichen Erbrechtes teilhaftig werden zu lassen. [3])

2. Die Auslegung ist entweder authentische oder private (wissenschaftliche) Auslegung.

Authentische Auslegung bedeutet Auslegung durch einen Rechtssatz. Sie enthält eigentlich eine neue Rechtsschöpfung, welche nach GA XII, 1790 ausschließlich der Gesetzgebung vorbehalten wurde. Die Praxis des XIX. Jahrhunderts ließ jedoch die eben angeführte Vorschrift insofern außer Acht, und umdeutete sie bloß dahin, als Patente und Verordnungen keine Kraft der authentischen Auslegung besitzen.

EPG § 75 verlieh der Kurie die Macht für die Gerichte verbindliche Rechtseinheitsentscheidungen und Vollentscheidungen zu treffen. Enthalten diese Auslegungen einzelner Rechtssätze — und dies ist nicht allzu selten[4]) —, so kommen sie als eine die Untergerichte verpflichtende authentische Auslegung in Betracht, welche auf die Entscheidung des in Frage stehenden Falles[5]), ja unter Umständen[6]) auch auf die schon früher entschiedenen Rechtsstreitigkeiten rückwirken.

Authentische Auslegung kommt grundsätzlich nur einer solchen Rechtsquelle zu, welche den ausgelegten Rechtssatz auch erbringen konnte.

---

[1]) Wir betrachten hier das auf Grund einer Gewohnheit anerkannte JKK als Quelle des gesetzten Rechts, da ja die in ihr enthaltenen Vorschriften in jener Form, die sie dort erlangten und mit jenem Inhalte gelten, welcher ihnen zuteil geworden war. Anders in der Quellenlehre.

[2]) Wendepunkt ist die Erbringung der 79. Vollentscheidung.

[3]) Vgl. den in der S. 32. Anmerkung [4]) angeführten Fall, ferner K 1918 P I 4787 (Mji. Dt Bd. XIII. S. 57 F. 48).

[4]) So enthält z. B. die 1 REE (MjgDt VII, S. 184) die authentische Auslegung des § 2 GA VIII, 1877 darüber, ob die Ausbedingung des Storno unter die 8 prozent. Zinsenbeschränkung des Gesetzes falle, oder die 8 REE über die Unübertragbarkeit der Sicherheitshypothek auf die Schuld eines von dem ursprünglichen verschiedenen Schuldners. Die REE erreicht dieses Resultat auf dem Wege der authentischen Auslegung der §§ 65, 104 GrO.

[5]) EPG § 72 die Entscheidung wird durch den Präsidenten des Senates bis zur Erbringung der REE oder VE suspendiert.

[6]) Z. B. bei der gesetzlichen Erbfolge des unehelichen Kindes, welche nachträglich auch für solche Rechtsfälle maßgebend wurde, die ursprünglich schon im Sinne der älteren entgegengesetzten Praxis entschieden waren vergl. K 1916 P VII 531 „die jetzt geltende Praxis wirkt auf den Zeitpunkt der Delation der Erbschaft zurück".

Ausnahmezustände, z. B. ein Krieg, können die in der Hierarchie der Quellenkraft enthaltenen Garantien zeitweilig vermindern[1]), doch keineswegs überwinden.

3. Private (wissenschaftliche) Auslegung ist die unverbindliche Feststellung dessen, mit welchem Inhalt der auszulegende Rechtssatz in das Rechtsleben eingedrungen ist

Die wissenschaftliche Auslegung erfolgt auf dem Wege der Klarstellung des grammatischen und logischen Sinnes der Rechtssätze des gesetzten, ferner des logischen Sines der rechtsschöpferischen Handlungen des nichtgesetzten Rechts.

Die Technik der privaten Auslegung entwickelte sich hauptsächlich innerhalb des Rahmens des gesetzten Rechts. Demgemäß weist sie eine gewisse Einseitigkeit auf und läßt die Auslegung des nicht gesetzten Rechts sozusagen ganz außer acht. Ein weiterer Mangel der jetzt allgemein verbreiteten wissenschaftlichen Auslegung besteht darin, daß sie beständig bloß die Anfänge, nicht aber die weitere Entwicklungsgeschichte des ausgelegten Rechtssatzes in Betracht zieht. Wird die letztere auch nicht vernachlässigt, so kann — trotz des ziemlichen verderblichen und neuerdings auch in zahlreichen Kuiialentscheidungen wiederkehrenden Materialien-Kults — dennoch wenig daran ausgesetzt werden, daß der Inhalt der Rechtssätze unter anderen auch durch ihre Geschichte und ihre systematische Einfügung in die Rechtsordnung klargestellt werden.

Die logische Auslegung, der die grammatische vorangeht,[2]) ist eher eine künstlerische denn eine wissenschaftliche Aufgabe. Ihre Grundsätze sind daher kaum darlegbar. Statt dieser begnügt sich die Rechtsanwendung mit der kürzeren oder längeren Behandlung einiger Hilfsmittel, deren sich die logische Auslegung bedient. Diese sind: der Umkehrschluß (argumentum a contrario), das argumentum a majori, und das argumentum a minori.

Der Umkehrschluß folgert aus der Regelung des einen Falles die entgegengesetzte Regelung eines anderen[3]). Das argumentum a majori wendet die Rechtsfolgen eines weiteren Tatbestandes auf einen in demselben enthaltenen engeren an[4]).

---

[1]) Z. B. GA LXIII, 1912 § 16, GA L 1914 § 14 verleihen den Kriegsverordnungen Gesetzeskraft, diese haben daher auch die Macht, Rechtssätze authentisch auszulegen.

[2]) So betreffs der Rechtsgeschäfte K 1920 P VI 4350 (MT. Bd. II, S. 128. F 86). Dasselbe gilt eadem ratione bei den Rechtssätzen.

[3]) Z.B. aus der im GA XX, 1897 § 59 (Schadensersatzverpflichtung des Staates für den Schaden, welchen ein mit Vermögensverwaltung betrauter Beamter verursachte), GA VIII, 1871 § 19 (Schadensersatz wegen amtlicher Unterschlagungen der Richter und der richterlichen Beamten) geregelten Schadensersatzverpflichtung wurde durch Umkehrschluß gefolgert, das der Staat für den durch den Fehler des Grundbuchführers verursachten Schaden nicht verantwortlich gemacht werden könne. K 1916 P. V 7403/11.

[4]) Z. B. die Folgerung der Ungültigkeit der dinglichen Leistung wegen der Ungültigkeit der sie begründenden Verpflichtung vergl. die (Kriegs-) Verordnung 454/916 MER 448/916, MER 1250/1916 MER, welche den Kauf des alten Eisens, der Lederwaren, der Wolle für ungültig erklären.

Geht dieselbe Schlußfolgerung umgekehrt von den Rechtsfolgen eines engeren Tatbestandes aus, so bedient sich die wissenschaftliche Auslegung des argumentum a minori ad majus. Andere Mittel der wissenschaftlichen Auslegung sind: die Klarstellung des Zweckes und der Veranlassung des Rechtssatzes.

Das Ergebnis der Auslegung ist eine unzweideutige Feststellung des Inhalts des Rechtssatzes.

Bei Rechtssätzen des gesetzten Rechts kann sich hierbei ergeben, daß das Rechtsleben den gewöhnlichen, einen engeren oder einen weiteren Sinn des Rechtssatzes anwendet. Ersteren Falles hat man es mit deklarativer, in den beiden letzteren Fällen hingegen mit abändernder Auslegung zu tun. Die abändernde Auslegung kann entweder über den gemeinläufigen Sinn des Rechtssatzes hinausgehen[1]) (erweiternde Auslegung) oder aber den letzteren einengen[2]) (beschränkende Auslegung).

§ 4. Weiterbildung.

1. Es ist eine notwendige Annahme des sich täglich weiter entwickelnden Rechtslebens, daß jede neuauftauchende Rechtsfrage in den allgemeinen Grundsätzen des gesetzten oder des nicht gesetzten Rechts ihre Entscheidung findet. Dadurch, daß PG §§ 129—130 dem entscheidenden Richter die Möglichkeit entzieht, die Lösung einer Rechtsfrage von sich abzuwälzen und der Gesetzgebung zuzuschieben, drängt es ihn dem ausdrücklichen Befehle des GA IV/1869 § 19 entsprechend auch dazu, Rechtssätze als in den Gesetzen oder in den gesetzmäßigen Gewohnheiten enthalten anzunehmen, welche denselben tatsächlich fern liegen. Das ÖBGB § 7 und Schweiz. ZivGB Art. I erheben die Weiterentwicklung des Rechts geradezu zur Pflicht des Richters und man geht wohl nicht fehl, wenn man eine derartige Entwicklungspflicht auch in den Rechtskreis des deutschen Richters einbezieht.

Daß die Pflicht des Richters, das Recht weiter zu entwickeln, in einem Rechtssystem, welches auf nicht gesetztem Rechte beruht, noch viel stärker in den Vordergrund tritt, ist selbstverständlich. Die Entscheidungen der ungarischen Obergerichte wimmeln denn auch von Analogien und neuen Rechtsfindungen.

2. Die Analogie beruht darauf, daß die Rechts-

---

[1]) Z. B. GA XVIII, 1874 § 1 begründet die Schadensersatzansprüche der Eisenbahnen für Betriebsunfälle. Die Praxis unterzog die erwähnte Gesetzesstelle einer erweiternden Auslegung und wandte den Rechtssatz auch auf Pferdebahnen, Bahnen elektrischen Betriebes ja später sogar auf Autobusse an.

[2]) Besonders bedürfen die kodifikatorischen Klauseln einzelner Gesetze einer solchen, wenn z. B. § 143 und § 148 Ehegesetzes mit dem Tage des Inkrafttretens sämtliche Vorschriften des Eherechts und des Verlöbnisrechts, welche nicht in dem GA XXXI 1894 enthalten sind, für erloschen erklärt, so hat es dabei sowohl die Erfordernisse und die Rechtswirkung des Verlöbnisses, welches in §§ 1—5 nur höchst mangelhaft geregelt wurde, gerade so übersehen, wie auf *Werböczy* fußende und in der heutigen Rechtsordnung keinesfalls zu missende Wirkungen der putativen Ehe. Die neuere Praxis wendet diese im Gegensetze zu Ehg §§ 46 Abs. 2, 67 Abs. 2 sogar in verstärktem Maße an (S. Erbrecht).

vorschriften auf theoretischem Wege in Gedankenketten d. h. in logisch geordnete Begriffe aufgelöst werden. Es liegt auf der Hand, daß hierbei eine gewisse Verschiebung des Rechtsstoffes nicht zu umgehen ist, welche unter anderen auch zu der schon einmal erwähnten Annahme führt, daß die in logischem Zusammenhange stehenden Rechts-Institute für jeden im Rechtsleben vorkommenden Tatbestand grundsätzlich ausreichen.

Nun entspricht diese Annahme aber den tatsächlichen Verhältnissen nicht, weshalb man um die Lücken des Rechts auszufüllen zu dem Hilfsmittel der Analogie greift.

Die Analogie wird also nur durch die Voraussetzung möglich, daß jede Rechtsvorschrift die eine, vernünftige Verwirklichung eines weiteren oder engeren Grundsatzes darstellt. Kann ein in den Rechtsquellen ungeregelter Tatbestand als ein anderer Einzelfall desselben Prinzips aufgefaßt werden, so wendet man die Rechtsfolgen des geregelten Tatbestandes auch auf den ungeregelten an, d. h. das objektive Recht wird auf dem Wege der Gesetzesanalogie weiter entwickelt.

Als Beispiel der Gesetzesanalogie mag die letzthin erbrachte Entscheidung K[1]) dienen, welche auf Grund dessen, daß das Wassergesetz[2]) bei manchen der in ihm enthaltenen Beschränkungsfällen des Grundeigentümers eine gesetzliche Schadenersatzpflicht zuläßt, in anderen hingegen dieselbe ausschließt, folgert, daß in allen gesetzlich ungeregelten Fällen wasserrechtlicher Beschränkungen des Eigentümers eine nach den allgemeinen Grundsätzen des Privatrechts zu bestimmende Ersatzverpflichtung vorliegt.

3. *Während die Gesetzesanalogie schon eingebürgerte Rechtsfolgen auf bisher in den Rechtsquellen ungeregelte Tatbestände erstreckt, ist das Wesen der Rechtsanalogie in der Entdeckung der gänzlich ungeregelten Rechtsfolgen bisher ebenfalls ungeregelter Tatbestände zu erblicken.*

Die Gesetzesanalogie ist eine Etappe der Entwicklungsgeschichte eines Rechtsgedankens, die Rechtsanalogie hingegen die Auffindung eines neuen Rechtsinstituts. Vorsicht ist bei Anwendung der einen, sowie der anderen ebenso notwendig wie praktischer Überblick und Kenntnis der inneren Natur des zu entwickelnden Rechtsstoffes. Je nach dieser und besonders je nach den Zufällen der Gesetzgebung ist es leicht möglich, daß derselbe

---

1) K 1916 PV 4773/16.

2) GA XXIII, 1885. Das Ersatzrecht des Grundeigentümers wird in den §§ 30, 65, 66, I, 55: ausgeschlossen und in den §§ 29, 31, 32, 59, 61, 67, 66 II zugestanden. Der besprochene Fall bezog sich auf die gesetzlich nicht geregelte Schadensersatzpflicht wegen Erteilung eines Schutzgebietes für Heilquellen, welche letztere laut § 16 des Gesetzes Ausgrabungen auf Grundstücken innerhalb des Schutzgebietes verhindert. Aus dem Gesetze ist nicht zu entnehmen ob der hierdurch behinderte Eigentümer zum Ersatz des auf diesem Wege erlittenen Schadens berechtigt ist oder nicht.

Tatbestand in verschiedenen Zeiten bald zu einer Gesetzesanalogie bald wieder zu einer Rechtsanalogie führt. Besonders charakteristisch hierfür sind derartige Fälle, für welche innerhalb einer kurzen Zeitspanne erst überhaupt keine, dann aber nur exemplifikative Vorschriften aufzufinden sind. So enthielt das ungarische Recht vor PG EPG überhaupt keine Regelung darüber, ob die Verursachung einer materiell unrichtigen richterlichen Entscheidung zum Schadensersatz verpflichtet, weshalb K dies unter dem Deckmantel der ständigen richterlichen Praxis in einer Rechtsanalogie aussprach[1]. PG §§ 389, 572, 579, EPG § 38 hingegen sehen die Verpflichtung zum Schadensersatz vor: wegen materiell unrichtiger vollstreckbarer, nachher aber erfolgreich angefochtener Urteile, wegen unrichtiger Urteile aus Grenzstörungen, wegen unbegründeter Vornahme von Zwangsversteigerungen. Es wäre daher auf die ungeregelten Rechtsfälle ähnlicher Art, soweit dieselben nach den Grundsätzen des neuen Rechts zu entscheiden sind, nunmehr schon keine Rechtsanalogie, sondern bloß eine Gesetzesanalogie anzuwenden.

In dem sich sprunghaft entwickelnden und demzufolge notgedrungen lückenhaften Gewohnheitsrechte Ungarns spielt die Rechtsanalogie eine bedeutende Rolle. So fanden unter anderen die Rechtsinstitute der Erbunwürdigkeit, ferner des gesetzlichen Erbrechts der unehelichen Kinder auf dem Wege der Rechtsanalogie Eingang.

Die Rechtsfolgen der Rechtsanalogie lehnen sich an die jener Fälle an, die ihrem Tatbestande nahe sind. So wohl die Gesetzes- als auch die Rechtsanalogie führen zu einer weiteren Anwendung der Rechtsfolgen, also auch zu einer Entwicklung der Rechtssätze. Diese Entwicklung ist des öfteren extensiv, manchmal auch intensiv. Dann nämlich, wenn durch die Analogie ordnungswidrige Rechtsfolgen zu ordnungsmäßigen umgewandelt werden. Ein sehr lehrreiches Beispiel hierfür ist die Anerkennung des gesetzlichen Erbrechts der unehelichen Kinder, welche von der vollständigen Negation vor allem zu dem Erbrechte nach der Mutter führte u. z. selbst zu diesem nur in dem Falle, wenn dieselbe keine gesetzlichen Abkömmlinge hinterließ[2]. Der nächste Schritt war das dem der gesetzlichen Abkömmlinge gleichgestellte[3], doch noch immer auf die Mutter beschränkte Erbrecht. Dann wurde ihnen das Repräsentationsrecht[4] zuerkannt, endlich kamen sie innerhalb der mütterlichen Familie sowohl aktiv als auch passiv als gesetzliche Erben zur Geltung[5].

Die Basis der Gesetzesanalogie ist die Ähnlichkeit eines ungeregelten und eines in den Rechtsquellen geregelten Tatbestandes, die der Rechtsanalogie der Zusammenhang und die Gleichmäßigkeit der Grundgedanken mehrerer Rechtsinstitute.

4. Ist weder eine Basis der Gesetzes-, noch die einer Rechtsanalogie vorhanden, so hat der durch GA IV/1869 § 19 und PG §§ 129, 130 zur Ent-

---

[1] 1917 PV 1900/12. Der entschiedene Fall wurde nach den Regeln des früheren Rechts beurteilt.

[2] Gr MJG Dt, Bd. III, S. 79, K 1893, Nr. 8964.

[3] 79 Vollendscheidung der kön. K.

[4] K 1911, 2892 Mgj Dt Bd. VI. S. 41.

[5] K 1914 P 2488 Mjg Dt Bd. IX, S. 33. K. 1916 P 531 (MT. Bd. I. F 3 XVIII) K. 1918 P I 4787 (Mji Dt Bd XIII S. 57 F. 48) usw.

scheidung berufene Richter nach sorgfältigem Ermessen in dem Sinne vorzugehen, in welchem der zu entscheidende Rechtsfall auf gesetzgeberischem Wege zu lösen wäre [1])

§ 5. Geltungsgebiet.

1. Das Geltungsgebiet des ungarischen Privatrechts ist, bezw. war vor dem Friedensschlusse wie schon ausgeführt wurde, keineswegs mit dem Gebiete des ungarischen Staates konform. Für das ganze Gebiet Ungarns gelten daher bis zu diesem Zeitpunkte eigentlich nur jene wenigen privatrechtlichen Rechtssätze, welche der Autonomie Kroatiens entzogen wurden [2]).

Das Fehlen eines gemeinen ungarischen Privatrechts macht bezw. machte sich dadurch fühlbar, daß in der Aera vor Beendigung des Weltkrieges selbst das eigentliche Ungarn kein einheitliches Rechtsgebiet ist, sondern in die bei der Entwicklung des partikularen Rechts schon erwähnten Rechtsgebiete der JKK und des ÖBGB zerfällt. Diesen inneren Riß des ungarischen Privatrechts könnte erst das Zustandekommen eines allgemeinen ungarischen bürgerlichen Gesetzbuches heilen, er wird nur wenig dadurch verdeckt, daß die auf dem Gebiete der JKK entwickelten Grundsätze zugleich als allgemeine Lehren des Privatrechts des ungarischen Anwendungsgebietes des ÖBGB gelten.

Der Umstand, daß bis zur Beendigung des Weltkrieges ungarische Staatsbürger eigentlich drei privatrechtlichen Gebieten angehören, bewirkt es, daß die Frage der Kollision privatrechtlicher Rechtssätze in vielen Rechtsstreitigkeiten wiederkehrt.

2. Aus verschiedenen Einzelvorschriften wie z. B. aus der im § 20 PG enthaltenen Wohnungsfiktion für ungarische Staatsbürger mit Gemeindezuständigkeit auf dem Geltungsgebiete des erwähnten Gesetzes, aus § 147 Ehg, welches die Gemeindezuständigkeit der Angehörigen der ungarischen und kroatischen privatrechtlichen Rechtsgebiete hervorhebt, aus § 10 des GA XXXI/1891 [3]), der die Anwendung der Rechtsvorschriften der verschiedenen ungarischen Rechtsgebiete von der Gemeindezuständigkeit der interessierten ungarischen Staatsbürger abhängig macht, ist der Grundsatz zu entnehmen, daß für Angehörige des ungarischen Staates hinsichtlich der Entscheidung der inneren Kollisionsnormen die Gemeindezuständigkeit maßgebend ist. [4])

Soweit in den Gesetzen keine abweichende Vorschrift enthalten ist, gelten daher — auch wenn ausschließlich ungarische Staatsbürger in Betracht kommen — hinsichtlich der Gemeinzuständigen anderer Rechtsgebiete dieselben Grundsätze wie für Angehörige fremder Staaten.

3. Das Anwendungsgebiet des ungarischen Privatrechts umfaßt — selbstverständlich je nach seinen schon erörterten verschiedenen Rechtsgebieten — das Festland des ungarischen Staates, die ihn überdachende

---

[1]) Vgl. Schweizerisches ZB Art. 1, II. OEBGB § 7.
[2]) Vergl. § 9 GA XXX, 1868.
[3]) Derselbe behandelt die Konsulargerichtsbarkeit.
[4]) Vgl. auch TrFr Art 56, 61.

Luftschicht, und umfasste bis zum Friedensschluß nach allgemein anerkannten völkerrechtlichen Grundsätzen den diesem gleichgestellten, angrenzenden, der Staatsoberhoheit des ungarischen Staates unterworfenen Teil des Meeres, es umfaßt endlich das Gebiet der Kriegsschiffe und der ausschließlich dem öffentlichen Dienste gewidmeten Staatsschiffe.

Handelsschiffe, welche sich auf offenem Meere oder auf internationalen Flüssen [1]) befinden, vergrößern das Geltungsgebiet des ungarischen Privatrechts, vorausgesetzt, daß sie in ein ungarisches Schiffsregister eingetragen sind und das Recht, sowie die Pflicht besitzen, unter der ungarischen Flagge zu segeln [2]). Diese Handelsschiffe gehören dem Gebiete des Mutterhafens an, von welchem aus ihre Fahrten betrieben werden [3]). Der Mutterhafen muß unseres Erachtens demzufolge auch für die Bestimmung des Rechtsgebietes maßgebend sein. Entgegengesetzten Falles wäre man nämlich ausschließlich auf die Gemeindezuständigkeit des Eigentümers, bezw. auf den Niederlassungsort oder den Betriebsort der betreffenden Schifffahrts-Unternehmung angewiesen.

4. Innerhalb des Geltungsgebietes des ungarischen Privatrechts haben die Gerichte gewöhnlich das inländische Recht anzuwenden. Werbóczy [4]) scheut sich nicht, diese Vorschrift ohne jede weitere materielle Beschränkung auszusprechen, doch auch § 19 GA IV/1869 befiehlt dem Richter, nach Gesetz und mit Gesetzeskraft versehener Gewohnheit zu urteilen, worunter kaum etwas anderes, als das u n g a r i s c h e Gesetz und die u n g a r i s c h e Gewohnheit zu verstehen ist. Ja selbst § 268 PG läßt bloß die Möglichkeit offen bewiesene oder von Amtswegen festzustellende ausländische Rechtssätze anzuwenden, ohne sich näher darüber auszusprechen, wann dies stattzufinden habe.

Trotzdem darf Werböczys Satz, daß das inländische Recht sich auch auf Ausländer erstreckt, soweit diese innerhalb der Grenze Ungarns weilen, nicht kurzerhand für veraltet erklärt werden [5]). Allerdings kann man ihm heute nicht mehr jene ausschließliche Geltung zusprechen, welche ihm bei Werböczy [6]) zukam. Faßt man ihn jedoch bloß als Leitmotiv der Kollisionsnormen des inländischen Rechts auf, so gilt er noch ebenso wie früher. Die Frage der Kollisionsnormen ist von dem Standpunkte des inländischen Rechts aus immer nur die: in welchen Ausnahmefällen und in welchem Umfange wird ein ausländischer Rechtssatz angewandt, und worin besteht dieser Rechtssatz.

Die Grundlage der Anwendung fremder Rechtssätze bildet jedoch immer das e i n h e i m i s c h e Recht und so ist denn das Hauptthema

---

[1]) Vgl. Tr. F. Art 275 ff. (Donau usw.)

[2]) Notwendig ist $^2/_3$ des Eigentums des Schiffes. GA XVI, 1879 § 2. Das Recht und die Pflicht unter ungarischer Flagge zu segeln ist im § 1 des erwähnten Gesetzes enthalten. Es heißt, daß diesbezüglich eine neue gesetzliche Regelung bevorsteht.

[3]) Arg. § 4 des erwähnten G.

[4]) Trip. II. 5 „constitutiones et decreta ligant principem, omnes jurisdictionis eius subjectos et non solum illos set etiam quoscumque forenses in hoc regno degentes".

[5]) *Fodor*, Privatrecht, Bd. I, S. 138.

[6]) Dies erhellt daraus, daß *Werböczy* am a. O. den Fremden drei Monate Schonfrist bewilligt, innerhalb welcher sie das ungarische Recht zu erlernen haben. Dieser Teil der Vorschrift ist jedenfalls schon veraltet.

des sogenannten internationalen Privatrechts vom Standpunkte des ungarischen Rechts: inwieweit läßt das letztere fremdes Recht durch seine Gerichte auf Rechtsverhältnisse, die sonst innerhalb seines Geltungsgebietes entschieden werden, anwenden.

Da das ungarische Privatrecht ein Rechtssystem ungesetzten Rechts ist, müssen die in Betracht kommenden Grundsätze gelegentlichen Äußerungen der Rechtsquellen entnommen werden. Man geht hierbei vielleicht am sichersten von dem Grundsatze aus, daß jeder Staat dem fremden Rechte ebenso viel Zugeständnisse machen will, als er von anderen Staaten für das eigene fordert.

Wenn demzufolge ungarische Gesetze, seien diese nun Inkorporationen internationaler Verträge[1]) oder rein inländischer Rechtsvorschriften mit einigen wenigen Ausnahmen die Staatsangehörigkeit der interessierten Parteien für die Rechtsfähigkeit, Handlungsfähigkeit, für die Familienrechte und zwar die väterliche Gewalt, die Vormundschaft, Pflegschaft[2]), die vermögensrechtlichen Wirkungen des Familienbandes[3]) die Testierfähigkeit, das gesetzliche[4]) und rechtsgeschäftliche Erbrecht an Fahrnissachen, für den Pflichtteil, die Schenkungen und Verfügungen von Todes wegen[5]) als maßgebend erklären, so ist aus diesen, sowie aus ähnlichen Vorschriften der Grundsatz zu entnehmen, daß das ungarische Privatrecht, auch soweit der erwähnte Rechtsstoff- sei es in bezug auf gewisse Staaten, sei es hinsichtlich gewisser offen gebliebenen Einzelheiten — keine eingehenden Regeln enthält, auf alle diese auch seinerseits das Heimatsrecht der interessierten Parteien anwenden will. Hingegen gilt die lex rei sitae für die Form der Eheschließung[6]), gewissermaßen für die Form der Verfügungen von Todeswegen[7]), für das Erbrecht an Grundstücken[8]) usw.

Schwierigkeiten bereiten jene Rechtsmaterien, welche überhaupt keiner Regelung teilhaftig wurden, bezüglich welcher also selbst eine den bisher angeführten Beispielen ähnliche, andeutungsweise Richtschnur fehlt. Für diese muß man sich einesteils mit den Tatbeständen des Entstehens oder der Veränderungen der in Frage stehenden Rechte, anderntteils aber mit dem Inhalt dieser Rechte selbst auseinandersetzen.

Wird das Entstehen und die Veränderung sowie der Inhalt der zu entscheidenden Rechte in dem inländischen Privatrechte durch zwingende Vorschriften geregelt, so muß eine Tendenz vorliegen, das inländische

---

1) Jetzt vielfach TrFr. z. B. Art. 54—59 usw.

2) GA XXIII, 1911, Art. 1. GA LII, 1912, Art. 1. TrF. Art 217 Punkt 23.

3) Arg. GA XXXI, 1891, § 10, welcher die Konsulargerichte anweist, hinsichtlich des angeführten Rechtsstoffes die Gemeindezuständigkeit der ungarischen Rechtsuchenden als maßgebend zu betrachten. Bezüglich der Eheschließung § 1. GA 21, 1911. Hinsichtlich der Miterrungenschaft Mji Bt Bd X S. 87. F 50, der Pflicht eine Mitgift zu geben Mji Dt Bd. XII S. 1. F. 1 usw.

4) Vgl. die zwar den letzten Wohnort des Erblassers betonenden Entscheidungen Mji Dt Band XI S. 289. F. 203, Bd. XII. S. 86. F 89 usw.

5) Bezüglich des Mobiliarerbrechts Art. 2, II, GA II, 1912, bezüglich der Testierfähigkeit ebendaselbst Art. 1, I, des gesetzlichen Erbrechts, des Pflichtteils und des rechtsgeschäftlichen Erbrechts, sowie der Verfügungen von Todeswegen Art. 2, IV. ebendaselbst.

6) Ehg § 113, GA XXI, 1911, Art. 5.

7) GA XVI, 1876 § 34; es genügt aber auch die ungarische Form.

8) GA II, 1912, Art. 2, Abs. II.

Recht anzuwenden. Im entgegengesetzten Falle aber besteht kein Hindernis, nach den nun schon allgemein anerkannten Grundsätzen des internationalen Privatrechts, jene Rechtsvorschriften als maßgebend zu erachten, auf deren Geltungsgebiete das zu entscheidende Recht entstanden oder der zu entscheidende juristische Tatbestand seiner Vollendung entgegengereift ist, d. h. innerhalb dessen der letzte Teil des Tatbestandes verwirklicht wurde. Weitere Einzelheiten darüber, ob und wann die leges loci contractus; solutionis, fori, delicti comissi [1]) oder rei sitae anzuwenden seien, wären müßige Spekulationen, deren wir uns hier enthalten. All diese Fragen vermag nur die Praxis schrittweise zu lösen. Hierbei dürfte sie davon ausgehen, daß das Fremdrecht samt seinen Verweisungsvorschriften anzuwenden sei, die Verweisungen sind daher als Gesamtverweisungen zu verstehen [2]).

5. Die Anwendung des Fremdrechts findet nicht statt: a) wenn sie die Anerkennung eines Rechts oder Rechtsverhältnisses bedeuten würde, welchem das ungarische Privatrecht aus Gründen der öffentlichen Sicherheit, der Moral [3]) oder weil dieses dem Zwecke eines ungarischen Gesetzes widerstreiten würde [4]) die Anerkennung versagt, b) wenn der Staat, dessen Recht nach den Kollisionsnormen anzuwenden wäre, ungarischen Staatsbürgern gegenüber sein eigenes Recht oder wenigstens nicht das ungarische Recht als maßgebend erachtet [5]). In dem letzteren Falle unterbleibt die Anwendung des Fremdrechts aus Gründen der Vergeltung. Die Kriegsnormen weisen ziemlich zahlreiche Beispiele solcher Vergeltungsfälle auf. Aus dem ungarischen Privatrechte sind zu erwähnen: die Zahlungsverbote an Angehörige feindlicher Staaten [6]), die Beschränkung der Patentrechte [7]) usw.

Überall, wo die Vergeltungsmaßregel in Betracht kommt, hat das Gericht die Gegenseitigkeit d. h. den Umstand, ob der fremde Staat gegebenen Falles ungarische Staatsangehörige dem ungarischen oder seinem eigenen Rechte unterwirft, von Amtswegen zu prüfen. Treten Zweifel auf, so ist die Aufklärung des Justizministers einzuholen [8]). Das Gericht hat sie zu befolgen.

---

[1]) Arg. PG § 29, welcher die Zuständigkeit des Gerichtes bestimmt auf dessen Gebiete der außerkontraktliche Schaden erfolgte.

[2]) Vergl. *Enneccerus*, Lehrbuch (9—11. Aufl.), Bd. I, S. 143.

[3]) Arg. GA XLII, 1914, Art. 11, PG § 414 P 3, EPG § 33, Abs. 2, aus welchen zu entnehmen ist, daß die Exekutierbarkeit des ausländischen Urteils aus diesen materiellrechtlichen Gründen versagt ist, wenn der betreffende ausländische Staat sie auf dem Wege der internationalen Rechtshilfe zu erreichen strebt. Hieraus folgt selbstverständlich, daß ein ungarisches Gericht ein derartiges Urteil unter keinen Umständen erbringen darf.

[4]) Arg. PG § 414 P 3, EPG § 33, 3. Abs. Die Schlußfolgerung ist dieselbe, wie in der vorigen Anm.

[5]) PG 414 § P 6, EPG §§ 33, Abs. 2. Die Schlußfolgerung entspricht der der vorigen Anmerkung.

[6]) 8268/914 MER.

[7]) 2716/916 MER. All diese wurden allerdings durch TrF. Art. 232 ff. wieder abgeändert.

[8]) PG § 414 letzter Absatz.

§ 6. Geltungszeit.

1. Das gesetzte Recht bestimmt den Anfang und das Ende seiner Geltungszeit entweder selbst [1]) oder aber durch die allgemeine Regel, daß das Gesetz am 15. Tage seiner Veröffentlichung in Kraft tritt. Diese besagt nämlich [2]) mittelbar auch, daß das alte Gesetz nur bis zu jener Zeit gilt, von welcher an die Vorschriften des neuen in Kraft treten.

Derselbe Grundsatz wird übrigens bei allen Rechtsquellen angewendet. Allerdings nur mit der selbstverständlichen Beschränkung, daß ein abändernder Rechtssatz nur einer Rechtsquelle entstammen kann, welche mindestens mit solcher Kraft zu wirken vermag, wie jene, der der ursprüngliche Rechtssatz entsproß.

2. Jede neue Rechtsvorschrift trifft Lebensverhältnisse an, die schon unter der Herrschaft der alten zur Entstehung gelangten. Es ergibt sich daher oft die Frage, wie beeinflußt sie diese, ergreift sie sie oder aber werden die alten Rechte und Rechtsverhältnisse auch für die Zukunft nach dem alten Rechtssatz beurteilt?

Diese viel umstrittene Frage der sogenannten Rückwirkung der Rechtssätze ist wohl schwerlich nach einheitlichen Grundsätzen zu lösen. Immerhin muß man von der Voraussetzung ausgehen, daß neues Recht für die Zukunft und nicht für die Vergangenheit wirken will. Es ist nebensächlich ob man dies als einen kategorischen Imperativ der gesetzgeberischen Ethik oder aber so auffaßt, daß das Gesetz sich selbst stillschweigend die Schranke setzt nicht rückwirken zu wollen [3]).

Zahlreiche Ausnahmen sind in keinem Rechtssystem zu umgehen und schwerlich in irgend einem vollständig aufzuzählen. Im ungarischen Privatrecht gilt kraft Rechtssatzes mehr oder minder starke Rückwirkung u. a. für die Rechtsvorschriften des Friedensprivatrechts, sobald die Geltungszeit des Kriegsprivatrechts zu Ende geht [4]), für die authentische Auslegung durch Kurialdezisionen [5]), die Ungültigkeitserklärungen einzelner Rechtsgeschäfte in den Kriegsverordnungen [6]), für das Verlöbnis [7]), für die gesetzlichen Zeitfristen des Eherechts [8]), die Ehefähigkeit [9]), die Gültigkeit [10]) und Auflösung der Ehe [11]), für die privatrechtlichen Wirkungen einzelner Kriegsdelikte [12]), für die Zinsen-

---

[1]) Z. B. EPG § 1. Ebenso kann das Ende der Geltungszeit etwa durch Zeitbestimmung oder durch eine Bedingung festgesetzt sein z. B. GA LXIII, 1912 § 1 bestimmt die Geltungszeit des Kriegsrechts.

[2]) Vergl. GA. LXVI, 1881, § 4.

[3]) So zutreffend *Grosschmid*: Lehrsätze S. 949 ff.

[4]) GA LXIII, 1912 § 3.

[5]) EPG § 72, der zu entscheidende Fall ist schon nach der neuen Auslegung zu beurteilen.

[6]) Z. B. 454/916 MER betreffs Verkaufes alten Eisens, 449/916 MER Verkauf gewisser Sorten von Leder usw.

[7]) Ehegesetz § 148.

[8]) Ehg § 145.

[9]) Ehg § 140.

[10]) Ehg § 138.

[11]) Ehg §§ 139, 141, 142.

[12]) GA XIX, 1915, § 25.

schranken [1]), die Form der Verfügungen von Todeswegen [2]), für das gesetzliche Erbrecht der unehelichen Kinder [3]) u. a. m.

Die Rückwirkung wird hingegen ausgeschlossen: bei der Handlungsfähigkeit der Minderjährigen [4]), bei dem ehelichen Güterrechte [5]), hinsichtlich der statutarischen Gütergemeinschaft der Sachsen in Siebenbürgen: — vor der Geltungszeit des ÖBGB begründete statutarische Gütergemeinschaft verblieb auch nach Inkrafttreten des ÖBGB [6]) —, hinsichtlich des Miterrungenschaftsrechts: nach Wegfall des ÖBGB entsteht von dem Zeitpunkte der Geltung der JKK, doch nur von diesem, an ein gesetzlicher Miterrungenschaftsanspruch [7]) usw.

Diese Beispiele können gewiß noch bedeutend vermehrt werden. Ein brauchbares Grundprinzip bezüglich der zeitlichen Kollisionsnormen zu suchen, ist vergebliche Mühe. Die Rechtsquellen und besonders das Gesetz haben eben die Möglichkeit, jede Rechtsvorschrift mit Rückwirkung zu versehen. Daß hierbei erworbene Rechte kein unüberwindliches Hindernis bilden, beweisen die rückwirkenden privatrechtlichen Rechtsverluste des Kriegsprivatrechts z. B. die im GA XIX/1915 §§ 25, 17, 18 geregelte, rückwirkende Verpflichtung zur Zurückgabe des schon geleisteten Teiles des Kaufpreises, ferner rückwirkender Wegfall der noch nicht getilgten Kaufpreisforderung, rückwirkender endgültiger Verlust des Eigentums der kontraktwidrig gelieferten Waren, rückwirkender Rücktritt des Fiskus von dem noch ungetilgten Teile der Lieferungsverträge sowie von ähnlichen Lieferungsverträgen usw.

Sucht man aber einen rechtspolitischen Leitfaden de lege ferenda, so dürfte dieser darin zu finden sein, daß die privatrechtliche Rechtsordnung dann am wenigsten leidet, wenn neue Rechtssätze schon bestehende alte Rechte und Rechtsverhältnisse möglichst unberührt lassen. Im Zweifel ist denn auch dem Gesetze sowie allen übrigen Rechtsquellen eine diesem entsprechende Deutung zu geben. Würde diese jedoch der Moral, der öffentlichen Sicherheit oder dem Zwecke eines neuen Gesetzes widersprechen, so ergreift der neue Rechtssatz auch die alten Rechte und Rechtsverhältnisse. Hauptsächlich wird dies bei den erlaubten Rechten und Rechtsverhältnissen [8]) der Fall sein, also in Großem und Ganzem innerhalb jenes Rechtsstoffes, auf welchen hinsichtlich der Kollisionsnormen des internationalen Privatrechts die Anwendung des inländischen Rechts als wünschenswert bezeichnet wurde.

---

[1]) GA VIII, 1877, § 8.

[2]) GA XVI, 1876, § 37.

[3]) K 1916 P VII 531.

[4]) GA XX, 1877, § 7.

[5]) Ehg § 134.

[6]) 19. Vollentscheidung der K Grill Dt Mjg II, 1, S. 285.

[7]) K 3758/1891 Gr Dt Mjg II, 1, S. 243. Die Ehe wurde 1856 geschlossen. Ebenso K 1920 P I 2320 (MT Bd. II, S 44).

[8]) Hierüber s. weiter.

Subjektive Rechte.

§ 1. Begriff und Arten.

1. Subjektives Recht ist die günstige Lage eines Rechtssubjekts hervorgerufen durch: a) eine in dessen Interesse erlassene und ein Gebot oder Verbot enthaltende Schutznorm, b) eine für der Fall ihrer Übertretung dem Bevorzugten verliehene Anwartschaft auf einen Anspruch behufs Verwirklichung des durch die Schutznorm Gebotenen oder Wiederaufhebung des durch sie Verbotenen[1]).

Aktiver Adressat der Schutznorm — der durch sie Bevorzugte — ist der Berechtigte, passiver — derjenige, dem die Schutznorm etwas gebietet oder verbietet — der Verpflichtete. Die Beziehung des Berechtigten zum Verpflichteten und zu dem Objekte der Schutznorm wird Rechtsverhältnis genannt[2]).

Die Arten der subjektiven Rechte bestimmen sich nach dem Inhalte der Schutznorm.

Hinsichtlich dieses Inhalts der Schutznorm sind maßgebend: in erster Reihe ihr Objekt, sodann die Art und Weise in welcher sie in den Rechtsquellen enthalten ist, endlich ihre Elemente.

2. Das Objekt der Schutznorm ist das Rechtsgut, welches dem Berechtigten durch das subjektive Recht zugeführt wird. Demnach gelangen in den Machtbereich des Bevorzugten: Sachen, Naturkräfte, Personen[3]), Geistesprodukte, Rechte und Rechtsverhältnisse. Gewöhnlich unterscheidet man: Sachenrechte, Persönlichkeitsrechte, Immaterialrechte, Familienrechte, Schuldrechte und sekundäre Rechte[4]).

Sachenrechte sind subjektive Rechte, deren unmitelbaren Gegenstand eine körperliche Sache bildet. Man unterscheidet: das Eigentum, das Pfandrecht, die Hypothek, die Servituten, das Erbbaurecht, die Reallasten. Der Besitz wird gewöhnlich auch im Sachenrechte behandelt, ÖBGB § 308 zählt ihn sogar unter den Sachenrechten auf, es ist jedoch zweifelhaft, ob er — soweit

---

[1]) Unter den verschiedenen viel umstrittenen Bestimmungen des subjektiven Rechts scheint uns die von *August Thon* (Rechtsnorm und subjektives Recht 1878, S. 218) angeregte und von Gustav *v. Szászy-Schwarz* (Neue Richtungen im Privatrecht 1911, S. 373. *Parerga* 1912, S. 399) entwickelte und in das Bewußtsein der jüngeren ungarischen Juristengeneration erfolgreich eingeimpfte als diejenige, welche die Lage des Berechtigten am schärfsten kennzeichnet und auch nicht den Zusammenhang zwischen dem allgemeinen und dem besonderen Teile des objektiven Privatrechts vernachlässigt.

[2]) Vergl. *Andreas v. Tuhr* „Der allgemeine Teil des deutschen bürgerlichen Rechts", Bd. I, S. 125.

[3]) Vergl. *Tuhr* ebenda, I, 133.

[4]) Vergl. *Tuhr* ebenda, I, 159. Über all diese, sowie über den Zusammenhang zwischen Objekt und Inhalt der Rechte s. weiter.

er überhaupt ein Recht ist [1]) — zu den Sachenrechten gezählt werden kann. Dem Eigentum ähnlich ist das außerhalb des Rahmens des Privatrechts zu behandelnde Bergwerksrecht [2]). Dingliche Aneignungsrechte sind: das Jagdrecht [3]), das Fischereirecht [4]), das Expropriationsrecht [5]), welche ebenfalls in den Bereich der Sonderrechte gehören und hier somit bloß erwähnt werden.

Personen können den Gegenstand des subjektiven Rechts in verschiedener Art bilden. Einmal ist es möglich, daß die Person des Berechtigten zugleich der Gegenstand des Rechts ist. Dann nämlich, wenn die Schutznorm die ungestörte körperliche, geistige und moralische Betätigung des Berechtigten betrifft: Persönlichkeitsrecht und Immaterialrechte. Sodann kommt es vor, daß der Berechtigte in eine bevorzugte Stellung gelangt, deren Gegenstand die Person des Verpflichteten bildet und zwar dauernd und mehr oder minder intensiv, dann ist sie das Objekt der Familienrechte, oder aber vorübergehend, dies ist bei den Schuldrechten der Fall.

Die sekundären Rechte haben Rechte und Rechtsverhältnisse zu Objekten. Sie sichern den Berechtigten die Möglichkeit, den Kreis der subjektiven Rechte anderer zu vergrößern oder zu vermindern. Hierher gehören: die Gestaltungsrechte, die Machtbefugnisse, die negativen Rechte [6]) u. a.

Bisher wurde das Erbrecht, welches das ÖBGB § 308 auch unter den Rechten aufzählt, außer Acht gelassen, weil es kein besonderes Recht ist, sondern nur in einer oder vielmehr in mehreren eigentümlichen Arten der Rechtsnachfolge besteht [7]).

Die mit Geldwert versehenen Sachen und Rechte des Berechtigten sind Teile seines Vermögens [8]). Alle Rechte mit Objekten von Geldwert sind subjektive Vermögensrechte.

3. Die Schutznorm kann in den Rechtsquellen verschiedenartig enthalten sein. Werden die Arten und der Inhalt eines subjektiven Rechts in den Rechtsquellen durch zwingende Rechtssätze bestimmt, so entstehen erlaubte Rechte. Setzen hingegen die Rechtsquellen bloß einzelne Hindernisse des subjektiven Rechts fest d. h. begnügen sie sich mit der Umschreibung und Normierung der negativen

---

[1]) Hierüber mehr im Sachenrecht.

[2]) In Ungarn ist auf Grund JKK VII Kapitel IV § 15 das österreichische Bergwerksgesetz vom 23. V. 1854 in Geltung.

[3]) Vergl. GA XX, 1883 das ungarische Jagdgesetz, dessen § 1 das Jagdrecht als einen Bestandteil des Grundeigentums erklärt.

[4]) Vergl. GA XIX, 1888 das ungarische Fischereigesetz, dessen § 1 das Fischereirecht ebenfalls als Bestandteil des Flußbetteigentums erklärt.

[5]) GA XLI, 1881 Expropriationsgesetz.

[6]) Vergl. *Tuhr* a. a. O. I 159, 172, 161, 164. Über diese ist an geeigneten Stellen mehr zu sagen.

[7]) Das Nähere hierüber findet sich im Erbrecht.

[8]) Vgl. hierüber Artur Meszlény: Das Vermögen im schweizerischen ZGB (Bern 1908).

Erfordernisse des subjektiven Rechts, so enthalten sie freie Rechte. Freie Rechte sind bloß die vertraglichen Schuldrechte[1]), während die auf einseitigen Rechtsgeschäften beruhenden, sowie die nichtrechtsgeschäftlichen Schuldrechte, die Sachenrechte, das Persönlichkeitsrecht, samt allen seinen Ausstrahlungen, die Immaterialrechte, die Familienrechte als erlaubte Rechte anzusprechen sind.

Die Unterscheidung der freien und der erlaubten Rechte ist in den gangbaren Lehr- und Handbüchern der modernen Privatrechte nicht zu finden. Trotzdem ist sie schwer zu umgehen, denn sie erklärt vom theoretischen Standpunkte aus den Zusammenhang der Struktur und des Inhalts der subjektiven Rechte und wirft auf verschiedene praktische Unterschiede einzelner Typen ein scharfes Licht. Sowohl die rechtsgeschäftlichen als auch die verbotenen und sonstigen Handlungen, also die Hauptfaktoren des rechtlichen Verkehrs, stehen den erlaubten Rechten anders gegenüber, als den freien. Die Lehre der Handlungen, sowie des Schutzes und der Kollision der subjektiven Rechte ist nur mittels der hier besprochenen Unterscheidung zu überblicken. Und daß die letztere nicht bloß de lege lata, sondern auch de lege ferenda wichtige Dienste zu leisten vermag, ist daraus zu ersehen, daß Inhalt und Umfang des Grundeigentums, welches von dem Standpunkte des jetzt praktisch werdenden Luftrechts unbedingt zu revidieren ist, einen ganz anderen Anblick bieten, wenn man davon ausgeht, daß das erlaubte Eigentumsrecht an Grundstücken eigentlich ja auf eine privatrechtliche Abzweigung der Staatssouveränität zurückzuführen ist, daß daher der Luftraum nicht in den Machtbereich des Eigentümers, sondern des ihn nicht überlassenden suveränen Staates gehört. Hieraus folgt, daß die Grundeigentümer für die Benutzung des Luftraumes ebensowenig Entschädigungen zu fordern haben, als z. B. die Ufereigentümer wegen Benutzung des Flußbettes[2]). Sodann erklärt diese Unterscheidung auch die Struktur und die Arten der juristischen Personen. *Sie ist daher bei der Klarstellung der subjektiven Rechte, der Rechtsträger und der rechtsbewegenden Tatsachen unentbehrlich.*

4. Das subjektive Recht stützt sich nach dem bisher Gesagten hauptsächlich auf die im Interesse des Berechtigten erlassene Schutznorm. Diese hat einen positiven und negativen Kern. Der positive Kern enthält den Vorzug des Berechtigten, den ihm gesicherten Genuß oder die ihm verliehene Macht. Der negative Kern ist ein Gebot, dem Berechtigten den ihm gesicherten Vorzug nicht zu schmälern, denselben weder zu hintertreiben, noch zu beeinträchtigen. Behauptet man dagegen, daß das Schuldrecht keinen solchen negativen Kern besitze, so ist bloß daran zu erinnern, daß der Zedent die Forderung selbst nach der Zession eintreiben kann[3]), daß

[1]) Vgl. EUG § 712 „Zur rechtsgeschäftlichen Begründung einer Obligation oder zur rechtsgeschäftlichen Begründung ihres Inhalts ist, soweit das Gesetz nicht anderes vorschreibt ein Vertrag erforderlich."

[2]) Vergl. GA XXIII, 1885 § 19. Dasselbe Prinzip ist auch dem § 12 GA LXIII 1912 zu entnehmen, welch letzterer die Einstellung des Luftverkehrs für Kriegszeiten ohne weitere Entschädigung ermöglicht, woraus a contrario folgt, daß die Benützung des Luftraums in Friedenszeiten ohne privatrechtliche Schranken gestattet ist.

[3]) So K 4196/1895 Gr Dt Mj II, 2, S. 739 und EUG § 993.

man den Anstifter des Kontraktbruches mit dem Schuldner gemeinschaftlich zum Ersatze des Schadens verurteilt [1]), daß wissentliches oder schuldhaftes Erwerben eines sonst fehlerlosen Sachenrechts einem früheren schuldrechtlichen Gläubiger gegenüber entkräftet wird [2]) usw. Da es — unseres Erachtens — keineswegs feststeht, daß das Schuldrecht oder eine andere — z. B. familienrechtliche — Beziehung zwischen mehreren Personen [3]) durch Dritte nicht beeinträchtigt werden kann, müssen wir annehmen, daß jedes subjektive Recht der Gefahr ausgesetzt ist, daß Unbefugte den Berechtigten in dem Genusse und in der Ausübung seines Rechts hindern.

Besteht die günstige Lage des Berechtigten nur in der gesetzlichen Bestimmung des Inhalts des subjektiven Rechts und in dem Gebote, daß jeder Dritte sich von dem Objekte desselben fern zu halten habe, so ist das letztere ein absolutes Recht. Umfaßt die Bevorzugung des Berechtigten außer dem Gebote an Dritte, der Ausübung des Rechts kein Hindernis entgegenzustellen, auch noch ein positives und ohne Rücksicht auf die tatsächliche Sachlage [4]) erlassenes Gebot an einen oder mehrere Verpflichtete, ihrerseits die Ausübung des Rechts zu ermöglichen und das zu diesem Zwecke Erforderliche herbeizuführen, so ist das Recht ein relatives.

Relative Rechte sind: die Schuldrechte, gewisse, die relativen Familienrechte [5]), absolute Rechte hingegen: das Persönlichkeitsrecht, gewisse absolute Familienrechte, die Sachenrechte, die Immaterialrechte.

5. Ist der Tatbestand eines subjektiven Rechts im Entstehen begriffen, so entwickelt er sich zu Anwartschaften.

Die hauptsächlichen Anwartschaften sind die sogenannten An-

---

[1]) Z. B. Bei Anstiftung zur Verletzung der Kriegslieferungsverträge (GA XIX, 1915, §§ 17—22 sprechen ganz allgemein von demjenigen der die in §§ 1—5 des erwähnten Gesetzes umgeschriebenen Handlungen „verübt"). Hierauf beruht auch die Duldungspflicht der Eintreibung aus dem vom kontraktbrüchigen Schuldner böswillig wenn auch auf entgeltlicher Grundlage erworbenen Vermögen K 1913 P I, 3790 Mji Dt Bd. III, S. 177.

[2]) Vergl. z. B. 1915 RP V 6843, MJG Bd. IX, 339 S und die im Sachenrechte zu besprechende überreiche Praxis des zweimaligen Verkaufs von Grundstücken, bei dem letztere den zweiten bösgläubigen Käufer selbst dann zur Überlassung seines Eigentums verpflichtet, wenn sein Sachenrecht vom grundbücherlichen Standpunkte aus laut § 440 OEBGB unanfechtbar wäre.

[3]) Wäre dies unmöglich, so müßte man den Ehebrecher trotz § 76 Ehg vom familienrechtlichen Standpunkte aus nicht als Täter einer verbotenen Handlung betrachten.

[4]) Bei absoluten Rechten ist der einzige Zweck des Anspruchs die Wiederherstellung des gestörten Zustandes, welchen das subjektive Recht erfordert. Der Verpflichtete eines relativen Rechts hingegen hat die Ausübung desselben von allem Anfange her und ohne Rücksicht darauf, ob der tatsächliche Zustand dem Gebote noch nicht entspricht oder schon widerspricht, durch eigene Tätigkeit herbeizuführen und zu ermöglichen.

[5]) Über absolute Familienrechte s. weiter S. 100.

eignungsrechte z. B. Jagdrecht, Fischereirecht, Fund usw., doch entsprechen den Arten der Rechte eben so viele Arten von Anwartschaften [1]).

§ 2. Wichtigkeit des Begriffes des subjektiven Rechts.

Der Begriff des subjektiven Rechts ist der Krystallisierungspunkt der Rechtslehre, das Mittel, welches die Unmasse der rechtlichen Gebote und Verbote den Anforderungen des praktischen Lebens entsprechend in die Gedankenkette eines logischen Rechtssystems auflöst. Sowohl der allgemeine, als auch der besondere Teil des Privatrechts gruppiert sich um diesen Begriff. Beide erklären die Erfordernisse u. z. einmal die subjektiven, sodann die objektiven Voraussetzungen, die Tatbestände, den Verkehr d. h. die Entstehung, Veränderung und den Untergang, sowie die Ausübung der subjektiven Rechte. Der allgemeine Teil nehr von dem Standpunkte der Einheit aus, indem er die gemeinsamen Grundsätze der Erfordernisse, der Tatbestände und der Folgen der subjektiven Rechte aus den verschiedenen Rechtsnormen abstrahiert. Der besondere Teil nimmt die einzelnen Haupttypen der subjektiven Rechte vor, fügt sie zu Rechtsinstituten und hebt die Abweichungen von den allgemeinen Grundsätzen sowie die innerhalb eines gewissen Kreises der subjektiven Rechte gemeinsamen Prinzipien hervor.

Da das ganze System des Privatrechts eigentlich ein Ausbau der Begriffe und des Zusammenhanges der einzelnen subjektiven Rechte bedeutet, müssen sowohl ihre Voraussetzungen, als auch ihre übrigen Lebenserscheinungen genauer geprüft werden.

Voraussetzungen der subjektiven Rechte.

§ 1. Rechtsfähigkeit.

1. Erstes Erfordernis der subjektiven Rechte ist die Rechtsfähigkeit, d. i. die Möglichkeit, Rechte zu erwerben und mit Pflichten belastet zu werden[2]). Rechtsfähig sind Menschen[3]) und juristische Personen[4]). Menschen von dem Momente ihrer Geburt bis zu ihrem Tode. Die Leibesfrucht ist vor ihrer Geburt bedingt rechtsfähig, d. h. nur dann, wenn sie lebend geboren wird[5]). Es wird daher erst mit der Geburt sicher, ob bis dahin ein rechtsfähiger Mensch vorhanden war. Die Rechtsfähigkeit der juristischen Person beginnt mit dem Momente ihres Entstehens und dauert bis zu ihrem Untergange. Für die der Entstehung vorangehende

---

1) Vergl. *Tuhr* a. a. O. Bd. I, S. 181; *Szászy-Schwarz*: Parerga S. 410.

2) PG § 70 nimmt an, daß die Prozeßfähigkeit und die privatrechtliche Rechtsfähigkeit den gleichen Rechtssubjekten zusteht. Da nun PG außer den Menschen noch öffentlichen Anstalten, Korporationen, Vereinen, Stiftungen, Bergwerksvereinen (§ 25) dem Fiskus (§ 23), den in staatlicher Verwaltung stehenden Fonds (§ 23), den sonstigen Vermögensmassen (§ 25) den Munizipien und Gemeinden (§ 24) durch Verleihung eines Gerichtsstandes Prozeßfähigkeit verleiht, muß man diesen auch privatrechtliche Rechtsfähigkeit zuzusprechen.

3) S. weiter unten.

4) So jetzt schon ohne Fiktion EUG § 1, Abs. 2.

5) Das moderne Recht kennt keine monstra.

Schwebezeit ist eine Analogie der erwähnten die Leibesfrucht betreffenden Vorschrift kaum abzuweisen[1]). Ist daher die juristische Person schon vorhanden, so wird sie bis auf den Moment zurückbezogen, in welchem die ersten sie herbeiführenden Schritte unternommen wurden[2]).

Der Mensch erfreut sich einer allgemeinen Rechtsfähigkeit, d. h. seine Rechtsfähigkeit umfaßt die gesamten freien und erlaubten Rechte sowie Pflichten.

Die Rechtsfähigkeit der juristischen Personen beschränkt sich nur auf jene Rechte und Pflichten, die ihrer Natur nach nicht ausschließlich dem Menschen zustehen[3]) [4]). In den neueren Gesetzen finden sich aber dennoch Vorschriften, die die Erwerbsfähigkeit der juristischen Personen von speziellen behördlichen Zustimmungen abhängig machen und demzufolge deren Rechtsfähigkeit selbst innerhalb des Vermögensrechts beschränken. So schreibt der § 88 GA XXXVI/1920 vor, daß landwirtschaftliche Grundstücke von einzelnen Ausnahmen abgesehen seitens der juristischen Personen nur auf Grund einer Einwilligung des Landbesitzgerichts käuflich erworben und gepachtet werden dürfen.

Es ist unbestimmt, welche Rechte und Pflichten den juristischen Personen abgesprochen werden müssen. Familienrechtliche Befugnisse sowie erbrechtliche Verfügungen stehen zwar außer Frage[5]), doch ist es zweifelhaft, ob Ehre, Reputation, Kredit[6]) und ähnliche Rechtsgüter, deren Verletzung mit eigenartigen privatrechtlichen Folgen verbunden ist, in ihren Machtbereich fallen. Die Annahme einer allgemeinen Rechtsfähigkeit der juristischen Personen spricht für die möglichste Ausdehnung ihres privatrechtlichen Rechtskreises.

---

[1]) Dies wird bei dem Stiftungsgeschäfte praktisch, etwa bei Stiftungen zugunsten zugünftiger Religionsgemeinden (*Marosvásárhelyer* Tafel 406/912 Mjg Dt Bd. VII, S. 47), ferner bei der Gültigkeit der durch die Gründer der Aktiengesellschaft abgeschlossenen Rechtsgeschäfte, bei den Rechtsgeschäften des von der Regierung noch nicht genehmigten Vereines VMI 1508/1875 usw.

[2]) Die Vorschrift des § 9 GA LXIII, 1912 ermächtigt das Ministerium wahrend der Kriegsdauer das Errichten von neuen Vereinen zu verbieten und die Tätigkeit der alten, wenn es nottut, zu suspendieren. Diese Regel, welche *eadem ratione* auch auf die anderen Arten der juristischen Personen auszudehnen ist, bedeutet eine Schmälerung der Rechtsfähigkeit der letzteren, die jedoch laut § 3 des erwähnten Gesetzes in dem Endigungsmonemte des Ausnahmerechts wegfällt. Für Vereine, deren Statuten bis zum Ende desKrieges nicht genehmigt wurden, gelten daher dieselbenVorschriften, wie im Privatrechte des Friedens, d. h. ihre schwebenden Rechtsgeschäfte werden durch die nachträgliche Genehmigung, sei diese nun ausdrücklich oder stillschweigend, gültig.

[3]) EUG § 15.

[4]) Ausnahmen gibt es spärlich, z. B. die in der 63 VE der K als veraltet erklärten Gesetze der toten Hand, ferner das manchen fremden juristischen Personen versagte Recht Grundstücke zu erwerben, vergl. GA XX, 1893, Art. II, GA XIX, 1897, Art. I usw.

[5]) Eine Analogie der letzteren weisen jedoch die für den Fall der Auflösung oder der Fusion der juristischen Personen vorgesehenen Bestimmungen ihrer Statuten auf.

[6]) Nach dem Wortlaut des Gesetzes über den Schutz der Ehre GA XLI, 1914 § 1, kann das passive Subjekt der Ehrenbeleidigung, sowie der Kreditbenachteiligung (§ 24) „jemand" sein, das der Verläumdung hingegen ein „anderer". Die juristische Person könnte eigentlich nur in den letzteren farbloseren Ausdruck hineininterpetiert werden. Trotzdem dürfte die Praxis weiter gehen.

3. Die Rechtsfähigkeit erscheint in einzelnen Rechtsverhältnissen differenziert. So finden sich in den Gesetzen die Ausdrücke: Wechselfähigkeit[1]), Prozeßfähigkeit[2]), Ehefähigkeit[3]) usw. Diese und ähnliche sind einzelne, zu bestimmten Zwecken hervorgehobene Fälle der Rechtsfähigkeit, die, wenn das Gesetz nicht anders verfügt[4]), den allgemeinen Regeln unterstehen und soweit es nötig ist auch aus denselben ergänzt werden.

4. Die Rechtsfähigkeit wird durch zwingende Rechtssätze bestimmt, die letzten Endes[5]) wohl dem öffentlichen Rechte angehören. Sie kann daher durch Rechtsgeschäfte überhaupt nicht[6]) durch andere Tatsachen[7]) hingegen nur insofern geändert werden, als dies nach den Grundsätzen des jus publicum zulässig erscheint.

Demzufolge kommt den Ordensgelübden der katholischen Geistlichen eine die Rechtsfähigkeit beschränkende Wirkung nur dann zu, wenn es sich um einen gesetzlich anerkannten Orden handelt[8]). Und selbst in diesem Falle besitzen sie diese Wirkung nur solange, als der Geistliche nach dem Kirchenrechte Ordensmitglied bleibt[9]). Bis zu diesem Zeitpunkte verliert der Ordensgeistliche seine Vermögensfähigkeit ganz oder teilweise[10]).

Die zwingende Wesensart der Vorschriften über die Rechtsfähigkeit ist auch der Grund dessen, daß das Ehegesetz[11]) sich dazu bequemen mußte, die eherechtliche Wirkung des Zölibatsgelübdes zu normieren.

5. Die Rechtsfähigkeit ist von der Staatsangehörigkeit unabhängig[12]). Beschränkungen dieses Grundsatzes sind selten und entspringen eher politischen als juristischen Erwägungen. Wenn daher Ausländer, besonders in Kriegszeiten aus Vergeltungsgründen hinsichtlich der Rechtsfähigkeit

---

[1]) GA XXVII, 1876 § 1 und Aufschrift des ersten Kapitels.

[2]) GA I, 1911 § 70.

[3]) GA XXXI, 1894 § 127 ff.

[4]) So erlangt z. B. eine durch Eingehung der Ehe großjährig gewordene Frau ihre Wechselfähigkeit erst nach Vollendung ihres 24. Lebensjahres. WG § 1 Abs. 2.

[5]) EUG § 16 Abs. 2 gibt dies zwar bloß für den Fiskus, die öffentlichen Korporationen und Anstalten zu, doch gilt dasselbe auch für die übrigen juristischen Personen, sowie für den Menschen.

[6]) Ausnahmen sind in den Quellen besonders erwähnt, z. B. Ordensgelübde, Zölibatsgelübde usw.

[7]) Etwa durch eine ministerielle Verordnung, anders in Kriegszeiten vgl. § 9 GAL XVIII: 1912 und meine Wirkung des Krieges auf das Privatrecht S. 61—73.

[8]) Dies folgt schon daraus, daß einzelne Gesetze gewisse geistliche Orden mit oder ohne Vermögensfähigkeit: capacitas bonorum possidendorum, z. B. GA XLIII, 1765 anerkennen, so unter anderen GA CII, 1715 § 2, XCVI, 1723, L, 1729, LXV, 1741 XLII, 1765 usw.

[9]) Nach der gültigen Ausschließung des Ordensgeistlichen. K 1918 RP I 5626 (MT Bd. II S. 18) K 4494, 1914, Mjg Dt Bd. X, S. 161, K 1916 RP I 966, Mjg Dt Bd. X, S. 270, entfällt sie daher.

[10]) Die Vermögensrechte des Ordensgeistlichen fallen ipso jure dem Orden zu (vergl. den an letzter Stelle angeführten Fall). Diese Beschränkung gilt jedoch nicht für Vermögenswerte, welche der ausgeschlossene oder sonst anderweitig verwendete Geistliche mit Einwilligung seiner geistlichen Obrigkeit etwa als Katechet oder als Hilfsgeistlicher erworben hat. K 1915, RP I 160, Mjg Dt Bd. IX, S. 246.

[11]) Ehg § 25.

[12]) Anders das englische Recht, welches für die Rechtsfähigkeit („Capacity of parties") eines „lawful citizen" bedarf. (*Pollock*, Contracts S. 50.)

anders behandelt werden als Staatsangehörige, so ist dies eigentlich kein Satz des geltenden *inländischen Privatrechts*.

§ 2. Tatsachen, die die Rechtsfähigkeit des Menschen beeinflussen.

1. Anfang, Wirkungszeit und Ende der Rechtsfähigkeit des Menschen fallen mit den wichtigsten Tatsachen seines Lebens, mit seiner Empfängnis, seiner Geburt, seinem Tode zusammen.

Gegebenen Falles sind diese laut § 269 PG zu beweisen, doch gibt es ausführliche Vorschriften, welche einen solchen Beweis bedeutend erleichtern.

Hinsichtlich der Empfängnis sollen diese im Familienrechte ausgeführt werden.

Die Geburt sowie der Tod des Menschen[1]) werden in staatlich geführten, öffentlichen[2]) Matrikeln registriert[3]). Diese sowie die ihnen entnommenen Auszüge sind öffentliche Urkunden, deren vollständige, sich auf das Vorliegen der erwähnten Tatsachen[4]) erstreckende Beweiskraft zwar widerlegt werden kann[5]), doch bis zu ihrer Widerlegung unbeschränkt wirkt. Darüber, auf welche Art die Beweiskraft der Matrikel entkräftet werden kann, entscheidet die hiervon abhängende Rechtsfrage[6]).

2. Der geschlossene Rechtskreis, dessen Mittelpunkt der Mensch ist, kann — wenn auch nur mit schwächerer Wirkung — schon durch die *gerichtlich festgestellte Wahrscheinlichkeit des Todes* gemindert werden. Dies erfolgt durch die Todeserklärung[7]). Die Todeserklärung ist die gerichtlich ausgesprochene Vermutung, daß der für tot Erklärte zu der im Urteil[8]) bestimmten Zeit gestorben sei[9]).

Die Todeserklärung hat konstitutive Wirkung insofern, als das Gericht durch sie feststellt, daß und von welchem Zeitpunkte an die Rechtsfähigkeit des für tot Erklärten als erloschen gilt. Diese Vermutung kann zwar widerlegt werden, doch bis zu ihrer Widerlegung treten zeitweilig die Folgen des Todes des für tot Erklärten ein und zwar im Vermögensrechte, sowie in allen vermögensrechtlichen Fragen des Familienrechts und Personenrechts unbeschränkt, in den rein persönlichen des Eherechts hingegen etwas abgeschwächt[10]).

Voraussetzung der Todeserklärung ist Verschollenheit, und zwar einfache oder Gefahrverschollenheit.

---

[1]) Ebenso auch die Ehe und die Ehelichkeitserklärung. §§ 1, 41, GA XXXIII, 1894. Die staatlichen Matrikel wurden durch GA XXXIII, 1894 eingeführt und gelten seit dem 1. Oktober 1895 (2020, 1895 MER).

[2]) § 33 des angeführten Gesetzes.

[3]) §§ 1, 5, 12 ebendaselbst.

[4]) § 28 ebendaselbst.

[5]) § 316 PG § 28, GA XXXIII, 1894. MER 28000/1919 § 17.

[6]) Ist diese eine vermögensrechtliche, so entscheiden die Beweisregeln des vermögensrechtlichen Prozesses, sonst die Vorschriften der Statusprozesse Arg. §§ 669, 696, 716, 720, 731 PG. Bei Verschollenheit während des Weltkrieges MER 28000/1919 §§ 17, 18.

[7]) Die Todeserklärung vermindert den Rechtskreis des Toterklärten nicht etwa in der Art eines singulären Rechtsüberganges, sondern als eine teilweise, zeitweilige Aufhebung seiner Rechtsfähigkeit, welche selbst durch ihr nachträgliches Außerkraftsetzen nicht vollständig ungeschehen gemacht werden kann. MER 28000/1919 § 14.

[8]) Bei Kriegsverschollenheit im Beschluß MER 28000/1919 § 14.

[9]) § 734 letzter Absatz PG. MER 28000/1919 § 4.

[10]) Vgl. Ehg §§ 73, 61, Punkt c.

Verschollen ist, wer ohne Hinterlassung von Nachrichten seinen Aufenthaltsort verlassen hat[1]).

Bei der einfachen Verschollenheit genügt, je nach dem der Verschollene sein dreißigstes Lebensjahr vollendet, doch sein siebzigstes noch nicht erreicht, oder aber das letztere schon überschritten hatte, eine zehn- bezw. fünfjährige Dauer seiner Abwesenheit[2]).

Hängt die Verschollenheit mit einer Gefahr zusammen, die der Verschollene tatsächlich[3]) oder wenigstens wahrscheinlich[4]) überstehen mußte, so wird eine dreijährige Dauer der Abwesenheit erfordert. Gefahren, welche zu einer Todeserklärung wegen Gefahrverschollenheit führen, sind: Teilnahme an einem Kriege[5]), wirklicher oder vermuteter Schiffbruch[6]) oder sonstige Umstände, unter denen Menschen nach dem gewöhnlichen Lauf der Dinge ihr Leben einbüßen[7]).

Die Zeitdauer der Verschollenheit beginnt mit dem Ende des Jahres, in welchem der einfach Verschollene den eingegangenen Nachrichten gemäß noch lebte[8]), bei Gefahrverschollenheit hingegen mit dem Ende des letzten Kriegsjahres, mit dem Ende des Jahres des wirklichen Schiffbruches, mit dem Zeitpunkte des vermuteten Schiffbruchs, bezw. mit dem Ende einer sonstigen Lebensgefahr[9]).

Der Zeitpunkt eines vermuteten Schiffbruchs ist das Ende desjenigen Jahres, in welchem den eingegangenen Nachrichten gemäß das Schiff noch vorhanden war[10]). Der Eintritt eines Schiffbruchs wird vermutet, wenn das Schiff seit einem Jahre verschollen ist[11]).

Die Todeserklärung bestimmt die Zeit des vermuteten Todes des Verschollenen. Diese hat das Gericht in dem Zeitpunkte festzusetzen, in welchem der Eintritt des Todes nach den Daten des Verfahrens wahrscheinlich erscheint[12]). Haben sich im Verlaufe des Verfahrens keine anderen Daten ergeben, so gilt als Todeszeitpunkt bei einfacher Verschollenheit

---

[1]) PG § 733 Abs. I.

[2]) § 733, P 1, 2.

[3]) § 733 PG P 3, 4, 5. Bei Verschollenheit während des Weltkrieges genügt einfaches Verschwinden. MER 28000/1919 § 1.

[4]) So beim vermuteten Schiffbruche. PG § 733 vorletzter Abs.

[5]) Maßgebend hierfür sind jetzt die Ausführungen der Ministerialverordnung MER 28000/1919, laut welchen als Kriegsteilnehmer zu betrachten sind: Mitglieder der Armee (der Marine, der Landwehr, des Landsturms, der Gendarmerie, der Finanzwache), ferner diejenigen, welche zur amtlichen Dienstleistung der Armee im Felde zugeteilt wurden, Begleiter, Kriegsgefangene, Geiseln, diejenigen, die freiwilligen Kriegssanitätsdienst versehen oder sonst aus irgend einem Grunde bei der Armee im Felde waren. Gegebenenfalles müssen auch solche Individuen als Kriegsteilnehmer behandelt werden, welche sonstigen freiwilligen Hilfsdienst versehen, z. B. Mitglieder freiwilliger Radfahrer-, Luftfahrer-, Telephon-, Telegraphen- und ähnlicher Abteilungen. Endlich Personen, die in Verbindung mit den Ereignissen des Weltkrieges zwischen den 24. VII. 1914 — 1. I. 1917 verschollen sind. Arg. § 1 der angef. Verordnung.

[6]) § 733 P 4, ferner Abs. 3.

[7]) § 733 P 5 letzter Absatz.

[8]) PG § 733 Abs. 1, 2, P 1.

[9]) PG § 733, P 4, 5, vorletzter und letzter Absatz.

[10]) P.G § 733 vorl. Abs.

[11]) Ebenda, § 734 PG.

[12]) PG § 734 Abs. 1. Bei Kriegsverschollenheit während des Weltkrieges im Zweifel den 1. I. 1917. MER 28000/1919 § 3.

das Ende des Tages, welcher demjenigen folgt, an dem die Voraussetzungen der Verschollenheit eingetreten sind[1], bei Gefahrverschollenheit hingegen ist — insofern sich nichts anderes ergibt — als Todeszeit das Ende des Tages anzunehmen, an welchem die Gefahr endgültig aufhörte. Als diesen betrachtet das Gesetz bei Kriegsverschollenheit den letzten Tag des letzten Kriegsjahres, bei sonstiger Gefahrverschollenheit hingegen den letzten Tag der Gefahr[2], ist dieser nicht bestimmt, so hat man wohl auch hier klarzustellen, wann die Gefahr unter allen Umständen endigen mußte[3].

Die Todeserklärung ist insofern deklarativ, als nicht die Zeit ihrer Erbringung, sondern die sich aus dem bisher Ausgeführten ergebende, also eine gesetzlich festgesetzte Zeit als Zeitpunkt des Todes gilt[4]. Doch ist sie insofern auch konstitutiv, als angenommen werden muß, daß der Verschollene bis zu dem Tage bezw. bis zum Ende des Tages des vermuteten Todes gelebt hat, ferner daß er an diesem Tage und, sofern nichts anderes festgestellt wurde, in der letzten Sekunde desselben verstorben sei[5].

Die letztere Vermutung ist in dem Gesetz deutlich ausgesprochen, doch muß auch die erstere daraus gefolgert werden, daß § 748 PG das Eintreten des Todes als eine unbedingt zu beweisende Tatsache hinstellt, daß § 733 PG die Todeserklärung jeder Person unter dreißig Jahren n u r wegen Gefahrverschollenheit zuläßt. Immerhin hat diese Lebensvermutung eine gewisse natürliche Grenze, die man etwa nach dem Fingerzeige der Todeserklärungsvorschriften in dem vollendeten achtzigsten Lebensjahre erblicken dürfte.

Da das PG hierüber schweigt, ist von einer Vermutung des Zeitpunktes des Todes gleichzeitig verschwundener oder einer gemeinsamen, wirklichen oder vermuteten Gefahr ausgesetzter Personen in dem heutigen[6] ungarischen Privatrechte nichts bekannt.

Die Todeserklärung ist vor dem Gerichtshofe, bei dem der Verschollene seinen allgemeinen Gerichtsstand hatte, anhängig zu machen[7]. Der Gerichtshof entscheidet in einem Urteile[8].

3. Außer dem Dasein sind die Rechtsfähigkeit des Menschen am tiefsten beeinflussende Tatsachen: das Geschlecht, das Alter und die Gesundheit.

Die ärztliche Theorie kennt keine Hermaphroditen. Demzufolge mußte auch die Rechtswissenschaft diesen Begriff fallen lassen und unter-

---

[1]) Ebenda Abs. 2. Hinsichtlich der Voraussetzungen ist der Zeitpunkt des Ansuchens maßgebend. So für das alte Verfahren K 1915 RP III 472 (Mji Dt Bd. IX, S. 89), hieran dürfte wohl PG auch nichts geändert haben.

[2]) Ebendaselbst.

[3]) Das Gesetz spricht dies bloß bei dem Anfange der Zeitrechnung der Verschollenheit aus (§ 733 PG letzter Absatz).

[4]) § 734 Abs. I PG.

[5]) § 734 PG vorl. und letzter Abs.

[6]) Vor dem Inkrafttreten PG war der Einfluß des 25 § ÖBGB derartig stark, daß die Gerichte unwillkürlich von der Vermutung ausgingen, daß alle einer gemeinsamen Gefahr Ausgesetzten gleichzeitig verstorben seien.

[7]) PG § 735. Bei Verschollenheit wegen des Weltkrieges vor einem Bezirksgerichte. Maßgebend hierfür ist der letzte inländische Wohnort, bezw. der ständige Aufenthaltsort, endlich der Ort in dem Vermögen des Verschollenen vorhanden ist. MER 28000/1919 § 5.

[8]) PG § 743. Das Verfahren erfolgt nach den Grundsätzen der Statusprozesse. Anerkennung, Eingeständnis und Versäumnis-Urteil sind daher ausgeschlossen

scheidet heute bloß zwischen Männern und Frauen[1]). Zweifelhafte Fälle sind dem überwiegenden Geschlechte zuzuzählen.

Bei der Betrachtung der rechtlichen Bedeutung des geschlechtlichen Unterschiedes muß vor allem der allgemein verbreiteten Ansicht entgegengetreten werden, daß das moderne Privatrecht die Frau dem Manne grundsätzlich gleichstellt. Zwar kann man dem ungarischen Rechte schwerlich den Vorwurf machen, daß es der Frau gegenüber engherziger sei, als die übrigen europäischen Privatrechte, doch wenn auch die Frau darin verhältnismäßig günstiger behandelt wird, kann nicht geleugnet werden, daß sie in dem heutigen ungarischen Privatrechte dem Manne ebensowenig gleichgestellt ist als im öffentlichen.

Diese Ungleichheit bedeutet aber keineswegs eine völlige Unterordnung. Besitzt ja die Frau im Persönlichkeitsrechte und Erbrechte Begünstigungen, die dem Mann nicht gewährt wurden.

So erlangt die Frau ihre Volljährigkeit auch vor Vollendung des 24. Lebensjahres durch Eingehung einer Ehe und zwar selbst durch Eingehung einer ungültigen Ehe[2]), so sind ihr im gesetzlichen Erbrechte das Witwenrecht[3]) und die Witwenerbfolge[4]) gesichert, welche dem Manne versagt blieben. Hingegen ist ihr Namensrecht nicht so vollständig wie das des Mannes, da sie verpflichtet ist, den Namen ihres Ehegatten zu führen[5]) und gewöhnlich selbst nach seinem Ableben denselben zu behalten[6]). Der wichtigste Teil des Persönlichkeitsrechts, das Selbstbestimmungsrecht, ist der Frau geschmälert: sie ist als Ehegattin verpflichtet, den Aufenthaltsort ihres Mannes zu nehmen, der Ehegattin fehlt demnach das Ortsbestimmungsrecht[7]) bezw. sie hat es nicht in dem Maße, wie es dem volljährigen Manne verliehen wurde.

---

§ 740 PG. Bei Verschollenheit während des Weltkrieges in einem Beschlusse. MER 28000/1919 § 14.

[1]) Arg. GA XXXIII, 1894 § 38 P 10, welcher anberaumt, daß das Geschlecht des Kindes in das Geburtsregister einzutragen ist. Diese Eintragung ist für das privatrechtliche und öffentlichrechtliche Schicksal des Kindes ausschlaggebend. Hiernach bestimmt sich bis auf weiteres: der Name, der Rang, der eheliche oder uneheliche Familienstand, in letzter Reihe wohl auch das Erbrecht, der Unterhaltsanspruch, die Staatszugehörigkeit usw. Es scheint nun ganz unmöglich, davon auszugehen, daß das Gesetz geschwiegen hätte, wenn es die Hermaphroditen, welche, wenn überhaupt irgendwo, dann eben in diesen Fragen einer besonderen Behandlung bedürfen, auch rechtlich anerkannt haben wollte.

[2]) GA XXIII, 1874 § 2, welcher sowohl der gerichtlich geschiedenen, als auch der aufgelösten Ehe diese Wirkung zuschreibt. Da die Eingehung einer ungültigen Ehe laut §§ 46, 67 Abs. 1 Ehg sämtliche Wirkungen einer gültigen Ehe ins Leben ruft, so ist es trotz der Abs. 2 dieser §§ kaum anzunehmen, daß die Ungültigkeitserklärung der Ehe die durch ihre Eingehung einmal schon erworbene Volljährigkeit der Frau nachträglich entkräfte. Daß die richterliche Praxis der personenrechtlichen Wirkung der Eingehung einer Ehe einen umso größeren Umfang zu verleihen trachtet, ist auch daraus zu ersehen, daß K 1909 G 108 selbst jene Frau durch Eingehung einer Ehe volljährig werden läßt, die durch ihre Heirat eine fremde Staatsbürgerin und zwar Staatsangehörige eines solchen Staates wurde, der diese Wirkung der Ehe nicht kennt (Österreich).

[3]) JKK 1 § 16 TRip I Tit. 67 § 2 I, Tit. 98 GA VIII 1840 § 16.

[4]) Trip I Tit. 99, JKK I § 15.

[5]) EUG 24 GA XXXIII, 1894 § 44, GA XXXI, 1894, § 94, Abs. 2.

[6]) GA VIII, 1840 § 16, Trip. I Tit. 67 § 2.

[7]) Vergl. EUG § 22 und K 1913 P III 3066 (Mjg Dt VIII S. 980). „Obzwar das Recht den Wohnsitz zu wählen dem Ehegatten zusteht . . .“ usw.

Die Gleichberechtigung der Frau ist im heutigen Privatrecht nur auf dem Gebiete des Vermögensrechts errungen.

Allerdings muß dazu bemerkt werden, daß, wenn die Frau im Persönlichkeitsrechte weniger und im Vermögensrechte ebenso viel Rechte erlangte wie der Mann, sie sich im Erbrechte bis zu der Höhe einer dem Manne überlegenen Rechtsfähigkeit emporgeschwungen hat.

Die persönliche Lage der Frau im Familienrechte kann noch immer dadurch gekennzeichnet werden, daß die verheiratete Frau ein Familienmitglied bleibt, daß sie weder ihrem Ehegatten[1]) noch ihren Kindern gegenüber[2]) die Stellung eines Familienoberhauptes zu erlangen vermochte. Wurde ihr doch, von wenigen Ausnahmen abgesehen, sogar das Recht eine Vormundschaft und Pflegschaft zu führen versagt[3]).

Hinsichtlich der vermögensrechtlichen Wirkungen der Ehe hingegen ist zu bemerken, daß die Frau durch Eingehung der Ehe ihre vermögensrechtliche Unabhängigkeit nicht verliert, ja daß sie durch Erlangung des Rechts des Unterhalts[4]), des Treulohnes[5]) und der Miterrungenschaft[6]) sogar in eine bedeutend bessere Rechtslage gelangt. Kurz die Frau ist mit dem Manne verglichen in dem vermögensrechtlichen Teile des Familienrechts sowie in dem Erbrechte eine Mehrberechtigte, auf dem Gebiete des reinen Personenrechts und Familienrechts eine Minderberechtigte und nur in dem Vermögensrechte eine Gleichberechtigte.

4. Das Alter der natürlichen Person spielt bei den Vorschriften der Geschäftsfähigkeit — mittelbar aber auch bei denen der Rechtsfähigkeit eine wichtige Rolle. Jeder Mensch ist bis zur Vollendung seines 24. Lebensjahres minderjährig[7]), hernach[8]) volljährig.

Minderjährige erreichen das gesetzliche Alter[9]) mit der Vollendung ihres 12. Lebensjahres. Minderjährige unter dem gesetzlichen Alter vermögen selbständig keine Rechtshandlungen vorzunehmen[10]). Minderjährige gesetzlichen Alters können durch eigene Handlungen Rechte er-

---

[1]) Vergl. EUG § 22, welcher eine Folgepflicht der Ehefrau, wenn auch etwas verhüllt, enthält. Die Folgen dieser Vorschrift sind in den Ehescheidungsgründen der §§ 77, 80a des Ehg zu finden.

[2]) Den Kindern gegenüber erscheint die Frau als Familienmitglied, weil ihr keine elterliche Gewalt über das eheliche Kind zusteht, sondern höchstens unter Umständen eine gesetzliche und natürliche Vormundschaft. Das Fehlen der elterlichen Gewalt ist umso auffallender, da die Mutter verpflichtet wird, für den Unterhalt ihrer Abkömmlinge zu sorgen. §§ 2, 10 Abs. 1, 11, Abs. 3, 35. GA XX, 1877. Die Frau kann mit Ausnahme der Mutter und der zur Pflegschaft zugelassenen Gattin auch kein Vormund sein. Vmg § 43.

[3]) GA XX, 1877 § 43 Punkt a: Ausnahmen sind die Mutter, die Ehefrau und die an Kindesstatt Annehmende.

[4]) GA XXXI, 1894 § 90.

[5]) Vergl. EUG §§ 74—76.

[6]) Derselben wird auch der Ehegatte teilhaftig. Vergl. das hierüber im Familienrechte Gesagte.

[7]) GA XX, 1877 § 1, Trip. I Tit. 112. Es sei denn, daß er früher auf andere Weise volljährig wurde (S. weiter).

[8]) Sofern seine Minderjährigkeit nicht verlängert wurde.

[9]) Trip. I Tit. 111 § 3. *Werböczy* benutzt den Ausdruck noch im prozeßrechtlichen Sinne, doch ist er diesem schon längst entwachsen.

[10]) GA LXVIII, 1715 § 10, XVII, 1792 § 1, XXI, 1802 § 2, welche durch § 7 GA XX, 1877 aufrecht erhalten wurden.

werben, rechtsgeschäftliche Pflichten aber bloß mit Zustimmung — sei diese nun nachträgliche Genehmigung oder schon bei der Vornahme der Handlung vorhandene Einwilligung — ihres gesetzlichen Vertreters auf sich nehmen[1]). Ausnahmen werden in den einzelnen Gesetzen besonders erwähnt. Hierher gehören: das Verfügen über Vermögensstücke, welche durch eigene Arbeit erworben wurden[2]), die Prozeßfähigkeit hinsichtlich solcher Vermögensstücke[3]), die Ehefähigkeit[4]), das Recht, bei der Vormundschaftsbehörde einen Antrag zu stellen, eine andere Berufsart zu ergreifen als die von dem Vater bestimmte[5]), die Testierfähigkeit[6]) usw. Die Verantwortungsfähigkeit der Minderjährigen[7]) untersteht einer besonderen Behandlung.

Minderjährige gesetzlichen Alters, die das 18. Lebensjahr vollendet haben, kann die Vormundschaftsbehörde für volljährig erklären und zwar unmittelbar durch einen Volljährigkeitsbeschluß, aber auch mittelbar durch eine von dem gesetzlichen Vertreter erteilte und von der Vormundschaftsbehörde bestätigte Erlaubnis, ein selbständiges Gewerbe zu betreiben[8]).

Minderjährige, die ihr zwanzigstes Lebensjahr vollendet haben, werden mittelbar auch dadurch volljährig, daß der die väterliche Gewalt ausübende Vater mit Einwilligung der Vormundschaftsbehörde dem Minderjährigen die Erlaubnis erteilt einen selbständigen Haushalt zu gründen oder über sein ihm überlassenes Vermögen frei zu verfügen[10]).

Die Minderjährigkeit hört mit der Erreichung der Volljährigkeit auf, doch ausnahmsweise verbleiben einzelne ihrer Wirkungen auch dann, wenn der Minderjährige für volljährig erklärt wurde[11]). So verbleibt der für volljährig Erklärte hinsichtlich seiner passiven Wechselfähigkeit den Vorschriften über die Minderjährigkeit unterworfen[12]).

Einzelne Gesetze enthalten besondere Stufen der Minderjährigkeit

---

[1]) GA XX, 1877 § 7, LXVIII, 1715 § 10, XVII, 1792 § 5, XXI, 1802 § 2.

[2]) PG § 71 Abs. 2, GA XX, 1877 § 3 bestimmt hierfür als Altersgrenze das vollendete 14. Jahr. Erfordert wird, daß der Minderjährige seinen Unterhalt selbst bestreite.

[3]) PG § 71 Abs. 1 unterscheidet diese beiden von einander.

[4]) Ehg §§ 6, 127, 128.

[5]) GA XX, 1877 § 26 dieses Recht kommt dem Minderjährigen zu, der sein 16. Lebensjahr vollendet.

[6]) GA XVI, 1876 § 21. Solange sie ihr 18. Lebensjahr nicht überschritten haben, vermögen Minderjährige gesetzlichen Alters bloß öffentliche Testamente zu errichten.

[7]) Vergl. das über die Geschäftsfähigkeit Gesagte.

[8]) GA XX, 1877 § 4. Die Gültigkeit des Beschlusses beginnt — in dem Falle seiner Rechtsgültigkeit — mit dem Momente seiner Erbringung. Maßgebend hierfür ist das Datum. K 183/1891 Gr Dt Bd. I, S. 13, K 172/1905, *Staud* S. 81.

[9]) GA XX, 1877 § 5.

[10]) § 6 ebendaselbst.

[11]) Hierüber weiter.

[12]) GA XXVII, 1876 § 1 Abs. 2, 3 verleihen die passive Wechselfähigkeit nur dem selbständig Gewerbetreibenden. Volljährig Erklärte, sowie Frauen, die ihre Volljährigkeit durch Eingehung einer Ehe erlangt haben, gewinnen daher diese ipso jure nicht.

wie das entwickelte Alter des Ehegesetzes[1]), doch haben diese Kategorien meist nur innerhalb gewisser Rechtsinstitute Bedeutung.

Nach Erlangung der Volljährigkeit beeinflußt das Lebensalter die Rechtsfähigkeit nur selten. Ganz kann man diesen Einfluß kaum leugnen, wenn man bedenkt, daß das vollendete 60. Lebensjahr zur Zurückweisung oder Zurücklegung der Vormundschaft berechtigt[2]), daß zwischen dem Alter des Annehmenden und des an Kindesstatt Angenommenen ein sechzehnjähriger Altersunterschied[3]) vorliegen muß usw.

5. Die Volljährigkeit tritt zwar wie schon erwähnt mit der Vollendung des 24. Lebensjahres[4]) von selbst ein, doch kann dies durch ein die Verlängerung der Minderjährigkeit aussprechendes gerichtliches Urteil zeitweilig verschoben werden[5]).

Um das Wohl des Minderjährigen zu fördern, erfolgt die Verlängerung der Minderjährigkeit auf Grund körperlicher oder geistiger Gebrechen, welche die selbständige Führung der Geschäfte verhindern. Sie erfolgt ferner wegen beträchtlicher Schulden des Minderjährigen, endlich wegen seines lasterhaften Lebenswandels[6]).

Antragsberechtigt sind die Eltern, bei deren Abwesenheit oder Fehlen die Großeltern und in letzter Reihe Seitenverwandte des Minderjährigen einschließlich des Kusins, der Anwalt des Waisenamtes, der Vormund des Minderjährigen und der gesetzliche Vertreter seiner minderjährigen Kinder[7]). Der Antrag ist vor dem Gerichtshofe zu stellen, in dessen Bezirk die Vormundschaftsbehörde des Minderjährigen ihren Sitz hat[8]). Das Verfahren beruht auf dem Prinzip der Offiziosität[9]). Die Zeit, innerhalb welcher der Antrag zu stellen ist, bestimmt das Gesetz insofern, als es grundsätzlich nur solche Anträge als rechtzeitige anerkennt, welche vor der Vollendung des 23. Lebensjahres des Minderjährigen gestellt werden[10]). Immerhin werden in dem Gesetze und in der Praxis begründete Ausnahmen zugelassen[11]).

Die Wirkung der Verlängerung der Minderjährigkeit beginnt unter Umständen schon mit der Antragstellung. Dann nämlich, wenn es sich

---

[1]) Das vollendete 18. Lebensjahr des Mannes und das vollendete 16. der Frau Ehg § 7. Grund der Anerkennung des entwickelten Alters ist die leichtere Handhabung der Rechtsvorschriften über die Anfechtbarkeit der Ehe, vergl. §§ 7, 51 Ehg.

[2]) GA XX, 1877 § 49 a usw.

[3]) So Verordnung des Justizministers 15 839/1890 (*Staud* 57 S.)

[4]) § 1 GA XX, 1877 und Trip. Tit. I 112. Einleitung.

[5]) EUG setzt die Zeitdauer der Verlängerung der Minderjährigkeit auf drei Jahre fest (§ 5). Die heutige Praxis stemmt sich nur dagegen, die Wirkung der Verlängerung für u n b e s t i m m t e Z e i t anzuerkennen und hierdurch den durch sie geschaffenen Übergangszustand zu perpetuieren. K 8110/1904 P (*Staud* S. 83).

[6]) § 8 GA XX, 1877.

[7]) PG § 703. Das Gesetz vergaß hier den Ehegatten: den Gatten der Frau, deren Minderjährigkeit verlängert wurde, die Gattin des Minderjährigen zu erwähnen. Anders bei der Entmündigung des Volljährigen sowie bei der vorwirkenden Entmündigung des Minderjährigen. PG §§ 719, 721.

[8]) PG § 702.

[9]) PG §§ 709 u. 716.

[10]) GA XX, 1877 § 9. Abs. 2.

[11]) Ebendaselbst, z. B. wenn der Verlängerungsgrund erst nach diesem Zeitpunkte eingetreten ist. Andere Gründe z. B. K 7234/1886 Gr Dt Bd. I. S. 1. (Entschuldbares Versäumnis) usw.

um ein körperliches oder geistiges Gebrechen des Minderjährigen handelt[1]. In diesem Falle gestattet das Gesetz, den Minderjährigen — sofern dies zwecks der längeren Beobachtung seines Geisteszustandes notwendig erscheint und seine Beobachtung nicht anders erfolgen kann —, auf die Dauer von sechs Wochen in eine Heilanstalt zu bringen[2]. Obzwar die diesbezügliche gerichtliche Verfügung erst nach ihrer rechtskräftigen Bestätigung durchgeführt werden kann[3], erscheint diese Vorschrift doch als eine derartig einschneidende Beeinträchtigung der Freiheit, daß man sie auf privatrechtlicher Grundlage anders, als eine durch das Verfahren verursachte Beschränkung der Rechtsfähigkeit kaum zu erklären vermag.

Die Verlängerung der Minderjährigkeit wird durch das Gericht in einem Urteil ausgesprochen[4]. Seine Wirkung besteht darin, daß das Eintreten der Volljährigkeit verhindert wird, der Minderjährige daher bis zur gerichtlichen Beendigung[5] der Verlängerung auch weiterhin in der väterlichen Gewalt verbleibt. Die Beendigung der Verlängerung kann auch der Minderjährige selbst verlangen[6]. Sowohl er wie die übrigen hierzu Befugten dann, wenn die Grundlage der Verlängerung in Wegfall geraten ist. Das Verlängerungsurteil wirkt von dem seiner Veröffentlichung folgenden Tage an[7]. Die Verlängerung wird auch ins Grundbuch eingetragen, doch hat diese Eintragung bloß deklarative Wirkung[8]. Die Beendigung wirkt von dem der Rechtskraft des Urteils folgenden Tage an[9].

Sind bei dem Minderjährigen die schwersten Tatbestände der Entmündigung, d. h. Geisteskrankheit oder Taubstummheit mit Verständigungsunfähigkeit vorhanden, so kann seine Entmündigung schon vor der Volljährigkeit mit der Wirkung ausgesprochen werden, daß sie erst mit dem Eintritt der Volljährigkeit beginnt[10] (vorwirkende Entmündigung).

Antragsberechtigt sind der Ehegatte, Verwandte in gerader Linie, Seitenverwandte einschließlich des Kusins, die gesetzlichen Vertreter des Antragsberechtigten, endlich der Fiskal des Waisenamtes. Das Verfahren ist dem der Verlängerung der Minderjährigkeit gleich und unterscheidet sich von dem letzteren bloß darin, daß das Gericht bei der Wahrscheinlichkeit der Entmündigung und auf Grund des Antrages eines hierzu Befugten, gegebenen Falles aber auch von Amtswegen berechtigt ist.

---

[1] PG § 711.

[2] PG § 712.

[3] PG § 712. Abs. 3.

[4] PG § 713. In begründeten Fällen kann dies jedoch vorläufig — d. h. bis zur Rechtskraft des gerichtlichen Urteils — auch durch einen vormundschaftlichen Beschluß erfolgen GA XX, 1877 § 9. Abs. 3. Dieser muß jetzt wohl nach Analogie PG §§ 712, 713 veröffentlicht werden.

[5] Hierzu ist ein Urteil erforderlich PG § 717. Abs. 3. GA XX, 1877 § 8. Abs. 3.

[6] PG § 717.

[7] PG § 713, 712. Abs. 3.

[8] PG § 713. GO § 104,

[9] PG § 717. Abs. 3.

[10] PG § 719, und der darin angeführte § 1. GA VI, 1885.

die Sperre über das Vermögen und über die Verfügungsmacht[1]) des Minderjährigen anzuordnen[2]) und dieselbe auch in das Grundbuch eintragen zu lassen. (Geschäftsfähigkeitssperre.)

Diese Sperre ist im Amtsblatte zu veröffentlichen und beschränkt die Geschäftsfähigkeit des Minderjährigen, vorausgesetzt, daß die Entmündigung später durch ein das Verfahren beendigendes gerichtliches Urteil ausgesprochen wird[3]), von dem der Veröffentlichung folgenden Tage an.

Die Beschränkung der Geschäftsfähigkeit des Minderjährigen kann also selbst nach dem Zeitpunkte seines 24. Lebensjahres und zwar sogar auf zweierlei Art vorhanden sein: entweder als Verlängerung der Minderjährigkeit, oder als eine vorwirkende Entmündigung.

Die Wirkungen der beiden Beschränkungsarten sind grundverschieden. Einmal von dem Standpunkte des in seiner Geschäftsfähigkeit Beschränkten. Bleibt dieser nämlich minderjährig, so steht er weiter unter der Hauszucht und der Folgepflicht, mit anderen Worten die väterliche Gewalt belastet ihn auch fernerhin[4]), Von dem Standpunkte des Vaters erscheint die Verlängerung der Minderjährigkeit insofern günstiger, als mit der väterlichen Gewalt zugleich das Recht des Vaters, das Vermögen des Minderjährigen ohne Rechnungsablegungspflicht zu verwalten[5]), ferner den Überschuß des Einkommens für seine Zwecke zu verwenden, verbleibt[6]), während diese mit der Volljährigkeit des in seiner Geschäftsfähigkeit Beschränkten trotz der Entmündigung erlöschen.

6. Wie aus dem bisherigen ersichtlich, ist das Lebensalter eigentlich eine eher die Handlungsfähigkeit als die Rechtsfähigkeit beeinflussende Tatsache. Trotzdem muß sowohl das Lebensalter wie auch der eine ähnliche Bedeutung besitzende körperliche und besonders der geistige Gesundheitszustand in diesem Zusammenhange behandelt werden, da sie mittelbar auch die Möglichkeit, an dem Rechtsverkehre teilzunehmen, beeinflussen. Diese dadurch, daß der in seiner Geschäftsfähigkeit Beschränkte die häufigsten Rechtsbegründungen und -änderungen nur mittels eines Vertreters vornehmen kann, welcher Umstand auf die Rechtsfähigkeit um so eher einwirkt, als die Handlungsfähigkeit ja eigentlich bloß die engere, einigen juristischen Tatsachen angepaßte Fassung, der Rechtsfähigkeit ist. Die Rechtsfähigkeit bestimmt die persönlichen Erfordernisse aller juristischen Tatsachen und aller Rechte, die Hand-

---

[1]) Sie beeinflußt auch die Ehefähigkeit, Ehg § 127 Punkt b) und c) sind zwar nicht ganz klar, doch bildet laut § 14 Ehg die Sperre selbst schon ein aufschiebendes Ehehindernis. Daraus folgt, daß die durch das Urteil bekräftigte Sperre, welche laut § 7 GA VI, 1885 die ganze Geschäftsfähigkeit der Entmündigten ergreift, mit denselben Wirkungen versehen wird, wie die Entmündigung selbst. Ähnliches muß auch für die Testierfähigkeit, die Annahme an Kindesstatt und ähnliche nicht vermögensrechtliche Rechtsgeschäfte gelten.

[2]) GA VI, 1885 § 5. Abs. 1.

[3]) GA VI, 1885 § 7.

[4]) § 10. GA XX, 1877 doch nur insoweit, als der Minderjährige nicht für seine eigenen Unterhalt sorgt.

[5]) GA XX, 1877. § 15. Abs. 3.

[6]) Ebendas. § 16. Abs. 2.

lungsfähigkeit hingegen nur die eines engeren Kreises der juristischen Tatsachen: der berechtigenden und verpflichtenden menschlichen Handlungen. Hierauf ist es zurückzuführen, daß die Grenzen der Rechtsfähigkeit und der Handlungsfähigkeit bei einzelnen juristischen Handlungen und zwar bei denen, die ausschließlich persönlich vorzunehmen sind, ineinander übergehen [1]).

7. Der Rechtsverkehr und zwar sowohl der vermögensrechtliche, als auch der sonstige Verkehr d. h. die Begründung, die Änderung und der Untergang der Persönlichkeits- und Immaterialrechte bedingt einen geistigen Zustand des Menschen, welcher diesen dazu befähigt, den hohen Anforderungen des Rechtslebens genüge zu leisten. Ist dieser Normalzustand nicht vorhanden, so erfolgt eine Verminderung der Rechtsfähigkeit insoweit, als höchstpersönlich auszuübende Rechte und ebenso zu begründende Pflichten dem geistig nichtnormalen Menschen nicht zukommen, oder wenigstens in viel beschränkterem Maße zukommen, als dem Normalen [2]). Der Einfluß des geistigen Zustandes tritt bei der Handlungsfähigkeit noch viel schärfer hervor, als bei der Rechtsfähigkeit [3]), doch erfordert es der vorhin schon angedeutete Zusammenhang zwischen den beiden: das Grenzgebiet der Handlungsfähigkeit und Rechtsfähigkeit, daß die rechtlichen Wirkungen der geistigen Abnormität hier behandelt werden.

Geistige Abnormitäten, welche die Rechtsfähigkeit und Handlungsfähigkeit beeinflussen, führen zur Entmündigung des Volljährigen.

Solche Abnormitäten sind: Geisteskrankheit, sowie Taubstummheit mit Verständigungsunfähigkeit [4]), Geistesschwäche, oder Taubstummheit mit Verständigungsmöglichkeit, vorausgesetzt, daß die beiden letzteren die Führung der Vermögensangelegenheiten des Abnormen verhindern [5]), endlich Verschwendungssucht [6]), d. h. den Prinzipien einer ordnungsmäßigen Wirtschaft widersprechendes und den Verschwender, sowie seine Familie dem materiellen Ruin aussetzendes [7]) Verhalten.

Eigentümlicherweise kennt das heutige ungarische Privatrecht [8]) die Entmündigung wegen Trunksucht nicht, doch füllt die Praxis diese Lücke damit aus, daß sie das Ansuchen der Entmündigung wegen Alkoholismus

---

[1]) Z. B. bei der Testierfähigkeit GA XVI, 1876. § 21, bei der Eingehung der Ehe § 127. GA XXXI, 1894. Ganz nebensächlich ist hierbei, wie das Gesetz die betreffende Fähigkeit benennt. Ehg spricht von Handlungsunfähigkeit, es könnte jedoch ebenso die Rechtsunfähigkeit erwähnen.

[2]) Wichtig bei der Verantwortungsfähigkeit, Ehefähigkeit, Testierfähigkeit usw.

[3]) Aus § 74. Abs. 4. GA XXXVI/1920, ferner aus Abs. 3. § 4 VO 5560/1920 MER, die geistig Anormale aus dem Eigentum an unteilbaren Familienheimstätten und an Heldengrundstücken ausschließen, ist ersichtlich, daß es sich hier eigentlich doch nur um die Rechtsfähigkeit handelt.

[4]) GA XX, 1877. § 28 Punkt a.

[5]) Ebendas. Punkt b.

[6]) Ebendas. Punkt c. Dieselbe kann auch in der Vernachlässigung der wirtschaftlichen Tätigkeit bestehen. So K. 1919 P. 190 (MT Bd I. Fall 22).

[7]) K 1916 P 5366 entmündigte wegen Verschwendung, weil der Verschwender sein 1040 Kronen betragendes jährliches Einkommen nicht seiner Frau und seinen Kindern zuwandte, sondern in Wirtshäusern vertrank. (Mjg Dt Bd. XI. S. 11.)

[8]) EUG § 6 P 4 sieht auch die Entmündigung wegen Trunksucht vor.

nicht bloß als eine Abart des Antrages auf Entmündigung wegen Verschwendung [1], sondern auch als eine solche des Antrags auf Entmündigung wegen Geisteskrankheit [2] betrachtet.

Antragsberechtigt sind bei Entmündigung wegen Geisteskrankheit und Taubstummheit dieselben, wie bei der vorwirkenden Entmündigung Minderjähriger [3], bei den übrigen Fällen hingegen sowohl der zu Entmündigende selbst, als auch dessen Verwandte gerader Linie, sein Ehegatte, der gesetzliche Vertreter der Berechtigten, sowie der Fiskal des Waisenamtes [4]. Das Verfahren ist vor dem Gerichtshofe anhängig zu machen, bei welchem der zu Entmündigende seinen allgemeinen Gerichtsstand hat. Das Gericht ordnet die Entmündigung in einem Urteile an, ein Beschluß ist ausnahmsweise nur dann zulässig, wenn der Antrag von dem zu Entmündigenden stammt [5].

Ist Gefahr vorhanden, so kann auf Antrag schon während des Verfahrens vor dem Gerichtshofe [6], wurde hingegen eine Berufung gegen das erstinstanzliche entmündigende Urteil eingebracht, dann selbst ohne Gefahr später eine Sperre über das Vermögen und die Verfügungsmacht des zu Entmündigenden angeordnet werden, für welche die bei der vorwirkenden Entmündigung des Minderjährigen angeführten Vorschriften gelten [7].

Wird die Entmündigung ausgesprochen, so bestellt auf Ersuchen des Gerichtes die Vormundschaftsbehörde dem Entmündigten einen Pfleger [8]. Die Entmündigung wird durch gerichtliches Urteil beendigt [9], durch Beschluß nur dann, wenn sie auf Antrag des Entmündigten selbst angeordnet wurde [10].

Die Entmündigung vermindert die Rechtsfähigkeit und die Geschäftsfähigkeit des Entmündigten. Näheres hierüber ist bei der Geschäftsfähigkeit auszuführen.

8. Körperliche Gebrechen und Krankheiten sind mehr tatsächliche Hindernisse der Anwendung sonst allgemeiner Rechtssätze [11]. Ausnahmsweise und hauptsächlich im Familienrechte und im Erbrechte finden sich aber auch Spuren der Auffassung, daß gewisse Krankheiten oder körperliche Gebrechen zu einer Art Rechtsminderung und hie und da auch wohl

---

[1] So die ältere Praxis, welche den nicht verschwendenden Trunkenbold nicht entmündigte. Vergl. K 707/1891 Gr Dt Bd. I. S. 16. K 551/1891 ebendas. K 5094/1902 Gr Dt Bd. II 1. S. 408.

[2] K 1916 P 5366 MjiDt. Bd. XI. S. 1.

[3] PG § 719.

[4] § 731. Nur bei Gefahr dessen, daß der Verschwender in Ermangelung hierzu Verpflichteter der Gemeinde zur Last fallen könnte. So Mji Dt Bd XII. S. 73.

[5] §§ 722, 723.

[6] §§ 5, 6. GA VI, 1885.

[7] Ebendas. § 7.

[8] A XX, 1877. § 31. Abs. 4.

[9] § 725 PG.

[10] § 728 PG.

[11] Z. B. bei der Unterfertigung von Urkunden, für welche GA VII, 1886 § 21 P. c. bei Blindheit, gewissen Fällen von Taubheit und Taubstummheit mittelbar (durch Einschränkung der Beweisregeln) öffentlich-notarielle Urkunden erfordert.

zur Rechtsentziehung führen. Hierher gehören : § 54 PC/Ehg; welcher das Verschweigen oder das Nichtkennen der dauernden Impotenz des Ehegatten, ferner § 55 des Ehg, welcher die arglistige Täuschung in bezug auf wichtige persönliche Eigenschaften, also vor allem in bezug auf die Gesundheit des anderen Ehegatten als Anfechtungsgründe anerkennt, hierher § 24 GA VII/1886, welcher die Wechselerklärungen der Blinden an die Form einer öffentlich-notariellen Urkunde knüpft, ferner § 50 GA XX/1877, welcher körperliches Gebrechen oder Krankheit als Enthebungsgrund der Vormundschaft statuiert. Diese und ähnliche Beispiele sind wohl auf den Grundgedanken zurückzuführen, daß gewisse Arten von Rechtsgeschäften und Rechten eigentlich nur körperlich und geistig gesunden Individuen erlaubt sein dürften. Zunächst äußert sich dieser Gedanke, besonders im Verkehrsrechte, zwar noch sehr schüchtern [1], immerhin kann es auf Grund der Bestimmungen des Familienrechts nicht geleugnet werden, daß die Rechtsordnung davon ausgeht, daß man im Zweifel eine Ehe nur mit einer gesunden Person eingehen will. Es bleibt der Zukunft anheimgestellt, ob dieser fromme Wunsch nicht zu einem kategorischen Imperativ erstarken wird.

§ 3. Die Rechtsfähigkeit des Menschen beeinflussende Umstände.

1. Den bisher erörterten die Rechtsfähigkeit des Menschen beeinflussenden Tatsachen gleichen gewisse Umstände, welche das Individuum in der Rechtsordnung vorfindet und welche seine Rechtsfähigkeit mehr oder weniger berühren. Diese sind: die Staatsangehörigkeit, die Religion, der Stand, sowie die bürgerliche und die Berufsehre.

Im Vermögensrechte [2] ist das Fehlen der Staatsangehörigkeit kein Grund einer Rechtsminderung. Im Familienrechte hingegen folgt aus dem Grundsatze, daß ungarische Gerichte in Ehesachen Fremder nur dann zu urteilen haben, wenn ihr Urteil in dem Staate der Ehegatten wirksam ist, daß das ungarische Eherecht sich im Zweifel auf Fremde nur insoweit erstreckt, als dies durch internationale Verträge festgelegt wurde [3].

Im Verkehrsrechte aber ist die grundsätzliche Gleichheit der Staatsbürger und der Fremden schon seit *Werböczys* Zeiten anerkannt [4].

2. Die Zugehörigkeit zu einer Religion und zwar zu einer der gesetzlich anerkannten Religionen ist laut GA XXXII/1894 [5] und GA XLIII/1895 bis zu dem Alter von achtzehn Jahren eine gesetzliche Pflicht. Bis dahin findet demnach eine öffentlich-rechtliche Beschränkung des Religionsbestimmungsrechts statt, welche bloß dadurch gelindert

---

[1]) Vergl. aber K 1920 P VII 2908 und § 751, EUG, welcher nach dem Fingerzeige der englischen undue influence die geistige Beeinflussung des rechtsgeschäftlichen Gegners in viel größerem Maße beachet.

[2]) Anders im Privatrecht des Krieges und im englischen Rechte, welches die Rechtsfähigkeit nur einem englischen Bürger zuspricht und den Staatsangehörigen eines feindlichen Staates davon ausschließt. Vgl. jedoch TrF Art. 58 ff.

[3]) Vergl. 116 § Ehg und GA XXI, 911 und XXII, 1911. Vgl. jedoch TrF Art. 217.

[4]) Trip. II. Tit. 5. Jetzt TrF Art. 58, 212.

[5]) §§ 1, 2. Maßgebend ist der öffentlich-rechtliche formelle Vertrag der Verlobten, eventuell das Geschlecht der Kinder. Uneheliche Kinder folgen der Religion ihrer Mutter § 5.

wird, daß Verlobte vor Eingehung ihrer Ehe die Religion ihrer zukünftigen Kinder auf rechtsgeschäftlichem Wege von vornherein bestimmen dürfen [1].

Nach Vollendung des 18. Lebensjahres ist das Religionsbestimmungsrecht in privatrechtlichem Sinne frei und das Individuum berechtigt, eine Religionsgenossenschaft zu verlassen, ohne in eine andere eintreten zu müssen. Der Inhalt des Religionsbestimmungsrechts ist einmal positiv: jedem ist es erlaubt, innerhalb der Grenzen der öffentlichen Moral, seine Religion zu bekennen und zu befolgen [2], sodann negativ: es ist anderen, sowohl unter privatrechtlicher als auch unter strafrechtlicher Sanktion verboten, die Ausübung irgend einer religiösen Handlung zu hindern [3], oder jemand zu der Ausübung einer religiösen Handlung zu zwingen, welche seiner Überzeugung widerspricht [4].

Das Gesetz hat die Ausübung der Privatrechte von der Religion unabhängig gemacht, und dieser Satz erstreckt sich sowohl auf die Rechtsfähigkeit, wie auch auf die Handlungsfähigkeit des Menschen. Der Gegenwert, den das Individuum hierfür zu leisten hat, besteht darin, daß bei einer Kollision der gesetzlichen und religiösen Pflichten, welcher die Rechtsordnung übrigens nach Möglichkeit ausweicht, von dem Standpunkte des Rechts aus die gesetzlichen den Vorzug haben.

Das Gesetz schweigt darüber, was Rechtens sei, wenn ein gesetzliches Recht mit einer religiösen Pflicht kollidiert [5], ferner ob und welche Wirkungen die religiösen Handlungen im Privatrechte haben. Praktisch werden diese Fragen bei Entscheidung der Rechtsfähigkeit der geistlichen Orden und Ordensmitglieder [6], bei den familienrechtlichen Wirkungen [7] der Wegtaufen, bei den in Ungarn ziemlich oft wiederkehrenden Sezessionsfragen [8] der serbischen und rumänischen Kirchengemeinden usw.

Eine allgemeine Antwort ist schwer zu finden. Aus dem Gesetze über die freie Ausübung der Religion [9] ist aber deutlich genug der Grundsatz herauszulesen, daß nicht bloß die Satzungen der Religion von denen des Rechts, sondern auch die des Rechts von denen der Religion unabhängig seien.

3. Die Zeit des Einflusses der Rang- und Standesunterschiede auf die Rechtsfähigkeit ist heute beinahe ganz vorüber. Der Adel bedeutet

---

[1] GA XLIII, 1895 § 23 und GA LIII, 1868 § 1, 2.

[2] GA XLII, 1895. § 1.

[3] GA V, 1878 §§ 190, 191.

[4] GA XLIII, 1895 § 1. Abs. 2.

[5] § 4 GA XLIII, 1895 schließt zwar religiöse Strafen aus, welche der Ausübung eines bürgerlichen Rechts schaden würden, schweigt jedoch über die Wechselwirkung der religiösen und rechtlichen Normen.

[6] z. B. hinsichtlich der vermögensrechtlichen Erwerbsfähigkeit nach deren Austritt K 1918 RP II S. 5626 (MT Bd II S. 18).

[7] Vergl. §§ 13—15, 17. GA LIII, 1868, wichtig besonders bei Personen die vor Einführung der staatlichen Matrikel geboren wurden.

[8] Es wurden schon verschiedentlich Millionenprozesse entschieden, welche darauf basierten, daß der Austritt der Mehrheit einer Kirchengemeinde zugleich das Vermögen oder einen Teil desselben auf die neue Kirchengemeinde überträgt.

[9] GA XLIII, 1895 § 2, 3. Auf demselben Gedanken beruht es, daß das Gesetz gewissen religiösen Handlungen etwa dem Zölibatsgelübde eine Rechtswirkung und zwar eine schwächere d. h. eine andere und selbständige Wirkung zuschreibt, als die Religionsvorschriften, z. B. § 25 Ehg.

dem Privatrechte nunmehr bloß eine Nuance der Bezeichnungsrechte. Die Führung des Titels und des Wappens [1], die dem Könige vorbehaltene Entscheidung über Namensänderungen [2], Annahmen an Kindesstatt [3], Rangübertragungen [4] der Adeligen, sowie die Möglichkeit der Errichtung von Fideikommissen [5] scheinen nun schon die letzten Reste der ständischen Rechtsfähigkeit zu sein.

Trotzdem sind aus dem bis 1848 vollständig ständischen ungarischen Privatrechte alle Spuren der mittelalterlichen Rechtsgedanken noch nicht geschwunden. Besonders im Familienrechte und Erbrechte finden wir mehrfach die Tendenz, verschiedene Stände einer verschiedenen rechtlichen Behandlung zu unterziehen. So kommt ein gesetzlicher Miterrungenschaftsanspruch ausschließlich den früheren Hörigen [6], den städtischen Bürgern [7] nicht aber den Adeligen [8] und den ihnen gleich erachteten Honoratioren [9] zu, die Höhe des gesetzlichen Treulohnes [10] wechselt nach dem Stande des Ehegatten, die Witwenerbfolge [11] findet nur in den Fällen Anwendung, in welchen der gesetzliche Miterrungenschaftsanspruch ausgeschlossen erscheint, Ordensgeistliche sind nicht verpflichtet, eine Vormundschaft anzunehmen [12], den weiblichen Angehörigen des Fideikommissars kommt ein Jungfernrecht zu [13] usw.

Moderne Gesetze, welche Privatrechte und Pflichten auf Standesunterschiede gründen, sind überaus selten, wenn nicht ganz ausgeschlossen. Fälle, welche diesem Grundsatze zu widersprechen scheinen: etwa die Verpflichtung des berufsmäßigen Sachverständigen, ein gerichtliches Gutachten abzulegen stehen an der Grenze des öffentlichen Rechts oder haben dieselbe gar schon überschritten.

4. Die Verminderung der Rechtsfähigkeit bedeutet eine Beschränkung des Rechtssubjekts innerhalb eines weiteren oder engeren Kreises des Rechtsverkehrs, worunter hier jedoch nicht bloß die Begründung, Änderung und Aufhebung der Vermögensrechte, sondern die aller subjektiven Rechte zu verstehen ist.

In diesem Sinne war es eine Eigentümlichkeit der mittelalterlichen Rechtsauffassung, daß das Ausüben bestimmter Beschäftigungen mehr oder

---

1) Vergl. § 55 des Strafgesetzes.
2) Allgemein übliche Praxis.
3) Trip. I. Tit. 8.
4) Ebendas.
5) VO 15742/1862 I KK I. § 3.
6) GA VIII. 1840. § 8.
7) Die Praxis erstreckte die vorhin angeführte Vorschrift auch auf diesen Stand.
8) Trip. I. Tit. 18 ferner K 9701, 1906 (Stand S. 73).
9) JKK I. § 13. K 7650/1906 Jogt. Közl. Dt Bd. 101. S. 289 usw.
10) Die Praxis behielt die Höhe von 800 Kronen bei dem Hochadel, 400 Kronen bei dem niederen Adel und den Bürgern und 80 Kronen bei dem Volke. Die Summen waren ursprünglich in dem alten nunmehr schon außer Kraft gesetzten Konkursgesetze GA XXII, 1840 (§ 85 P b) enthalten.
11) Diese findet nur dort statt, wo kein gesetzlicher Miterrungenschaftsanspruch vorhanden ist, d. h. nur bei gewissen Volksklassen, s. S. 197 ff.
12) GA XX, 1877 § 43 P d.
13) Vergl. JKK I § 3. Abs. 2. Dieses besteht aus dem Rechte der weiblichen Mitglieder der Familie auf Unterhalt und Mitgift.

minder rechtlos mache. So wurde die Ausübung der verachteten Berufe der Grund einer Beschränkung oder Entziehung der Rechtsfähigkeit. Hierauf beruhten die Rechtlosigkeit des Scharfrichters, der Henkersknechte, der Schauspieler, der Prostituierten und der Verbrecher.

Das moderne Privatrecht weist die letzten Spuren dieser Auffassung in den Verminderungen auf, welche weiter unten bei dem Einflusse der Ehre auf die Rechtsfähigkeit behandelt werden. Eigentümlicherweise entwickelte sich aber in dem heutigen Privatrechte eine dem vorhin Angedeuteten geradezu entgegengesetzte Auffassung, nämlich daß dem alltäglichen Getriebe des Rechtsverkehrs entrückte Berufe dem Verkehr so fern stehen, daß die sie Ausübenden in dem vermögensrechtlichen und familienrechtlichen Verkehr eine besondere Stellung einnehmen, die sich äußerlich als Beschränkung der Rechtsfähigkeit kundgibt.

Hierher gehören: der niedere, sowie der Hochklerus der katholischen Kirche, die Ordensgeistlichen und Nonnen. Die familienrechtliche Rechtsfähigkeit dieser ist dadurch beschränkt, daß ihnen die Ehe auch rechtlich verboten ist [1], das sie demzufolge unfähig sind, ein Verlöbnis einzugehen [2], daß es ihnen versagt bleibt, andere an Kindesstatt anzunehmen [3] oder eine Vormundschaft zu führen [4].

Im Vermögensrecht bewirkt das feierliche Gelübde der Ordensgeistlichen und Nonnen eine Aufhebung oder wenigstens eine Beschränkung der vermögensrechtlichen Rechtsfähigkeit [5] unter Lebenden und eine wesentliche Verminderung ihrer Testierfähigkeit [6].

Nachlässige Ausübung eines Berufes kann zu dem gerichtlichen Verbote dieser Ausübung, hierdurch zu einer bedeutenden Beschränkung des Selbstbestimmungsrechts und so mittelbar auch der Rechtsfähigkeit führen [7].

5. Das moderne Privatrecht betrachtet die Ehre als eine besondere Ausstrahlung des subjektiven Rechts der Persönlichkeit. Hierdurch wurde die Auffassung, daß die Ehre ebenfalls ein Umstand sei, welcher die Rechtsfähigkeit des Menschen beeinflußt, eigentlich beiseite geschoben. Besonders gilt dies für das ungarische Privatrecht, das in dem GA XLI, 1914 den Schutz und zwar den privatrechtlichen Schutz der Ehre beträchtlich erweiterte. Immerhin finden sich noch einzelne Spuren dessen, daß das Fehlen und die Minderung der bürgerlichen oder der Berufsehre auch die privatrechtliche Rechtsfähigkeit beeinflußt. Zwar kennt das

---

[1] Ehg § 25.

[2] Arg. das vor Eingehung der Ehe vollauf wirksame Verbot des § 25 Ehg, und demzufolge auch die Anwendung der §§ 1—5 Ehg auf solche Verlöbnisse, welche als unsittliche Handlungen nicht in Betracht kommen, ausschließt.

[3] Vergl. *Kolosváry* Bd. II. S. 354. *Fodor* Bd. I. S. 374. Eine ministerielle Entscheidung konnte ich nicht finden.

[4] *Vmg* § 43, Punkt d.

[5] *Kurie* 1916 RP I. 966. MjiDt Bd. X. 277 betrachtet das feierliche Ordensgelübde der Armut als Verzicht der Geschäftsfähigkeit zugunsten des Ordens.

[6] *Kolonich*'sches Konkordat Punkt 4. Verordnung des Justiz und Unterrichtsministers T 107/15 vom VI./10. 1904.

[7] Strfg. § 291.

ungarische Privatrecht keine Aberkennung der bürgerlichen Ehre und betrachtet die Reflexwirkungen des zeitweiligen Amtsverlustes mehr vom strafrechtlichen [1]) als von dem Standpunkte des Privatrechts aus. Demzufolge kommt auch die Verübung gewisser strafbarer Handlungen im Privatrechte nur dort in Frage, wo es sich um das Erlangen oder den Verlust einer quasi öffentlich-rechtlichen Betrauung, oder wenigstens um das Versehen einer mehr oder minder öffentlich-rechtlichen Tätigkeit[2]) handelt.

So z. B. in besonders schweren Fällen der Verfassungsverletzungen, bei denen die sie verübenden Minister laut § 15 GA X, 1920 mit den vermögensrechtlichen Folgen des Vaterlandsverrats belastet werden, ferner bei den Preistreibereien, die laut (§ 3) GA XV, 1920 auch privatrechtlich und zwar mit der Konfiskation des ganzen Vermögens, mit der Entziehung der Gewerbelizenz (§ 1 das.), mit der Entziehung der Aufenthaltsbewilligung in ganz Ungarn, oder wenigstens in einer anderen als der Heimatsgemeinde des Verübers (das.) bestraft werden.

Außer diesen gibt es auch im Familienrechte und Erbrechte Fälle, in denen ein ehrloses Handeln mit Rechtsverlust bestraft wird. Hierher gehören: das Verüben gewisser Handlungen, welches die Auflösung der Ehe des Missetäters zur Folge haben kann [3]), das Führen eines unsittlichen Lebenswandels, welches außer der letzterwähnten Rechtsfolge auch mit einer Verlängerung der Minderjährigkeit [4]) und mit Erbunwürdigkeit [5]), also unzweifelhaft mit Rechtsverlusten bezw. mit der Einschränkung der Rechtsfähigkeit geahndet wird. Die Kriegsgesetzgebung entwickelte den Einfluß der Ehrlosigkeit auf die privatrechtliche Rechtsfähigkeit bei dem Landesverrate, während der Kriegszeit sogar zu dem Verluste eines beträchtlichen Teiles der ganzen vermögensrechtlichen Rechtsfähigkeit[6]) und bei der Verletzung von Kriegslieferungsverträgen zu dem Verluste der schon gelieferten Waren und schon erworbenen Rechte [7]). Ebenfalls muß man als eine mit dem Verluste der beruflichen Ehre zusammenhängende Rechtsfähigkeitsminderung auch die Tatbestände ansehen, welche die berufliche Ungeschicklichkeit, den beruflichen Leichtsinn [8]), den Verrat eines beruflichen Geheimnisses mit dem Verbote, diesen Beruf weiter auszuüben, bestrafen [9]).

---

[1]) GA V, 1878 (Strafgesetz) §§ 55—58. Vom Standpunkte des Privatrechts aus ist die Aufhebung der politischen Rechte nebensächlich und der Amtsverlust nur insofern von Bedeutung, als er den privatrechtlichen Entgelt eines öffentlichen Amtes, die Ausübung eines amtlichen oder amtsähnlichen bürgerlichen Berufes, der Vormundschaft und Pflegschaft sowie der persönlichen Titel, Würden und Auszeichnungen hindert.

[2]) Z. B. PG § 312 P. 3. GA XVI, 1876 § 2 usw. aber auch bei dem Verluste der Eherechte. Ehg §§ 79. 80 Punkt d. (Schwere Delikte als Scheidungsgründe.)

[3]) Ehg § 79, 76.

[4]) GA XX, 1877 § 8.

[5]) S. näheres im Erbrecht. S. 245.

[6]) GA XVIII, 1915 § 2. Das Gesetz verballhornt diesen Rechtsverlust in die Form einer Gesamtrechtsnachfolge des Staates in das Vermögen des Verräters.

[7]) GA XIX, 1915 §§ 17—22.

[8]) Strf. §§ 291 f.; 310 (bei fahrlässiger Tötung und schwerer Körperschädigung).

[9]) Z.B. bei dem Richter, dem Arzte, der Hebamme oder bei dem Advokaten; vergl. auch GA VIII, 1871 § 20 P. b, § 21. GA XXXIV, 1874 § 68 P. b und die Aufzählungen des § 69.

§ 4. Rechtsfähigkeit der juristischen Personen.

1. Juristische Personen des Privatrechts sind zu erlaubten Zwecken selbständig organisierte Vermögen.

Seit den vollkommen überzeugenden Ausführungen Gustav von Szászy-Schwarz[1]), ist es klar, daß die Rechtsfähigkeit den einzelnen Menschen aus denselben Gründen und sogar auf demselben Wege verliehen wurde wie den juristischen Personen. Während aber die Rechtsordnung alle Zwecke des Individuums — soweit dieselben nicht verboten erscheinen — schlechthin billigt und dem Menschen die rechtliche Möglichkeit verleiht, diese durch Erlangung von Rechten und Pflichten im großen und ganzen nach seinem eigenen Gutdünken zu verwirklichen, ist sie bei der Absonderung organisierter Vermögen viel vorsichtiger und behält sich die Entscheidung darüber vor, ob der in Frage stehende Zweck es verdient durch Verleihung der Rechtsfähigkeit verwirklicht und gefördert zu werden.

Wohl kann der ursprüngliche und Hauptzweck der juristischen Person von dem Vermögensrechte oder gar von dem Privatrechte überhaupt weitab liegen. Für das Privatrecht kommen diese aber dennoch hauptsächlich nur als Teilnehmer am vermögensrechtlichen Verkehr in Betracht und sind daher von diesem Standpunkte aus zu bestimmen. Zweckvermögen, welche aus dem Vermögen Einzelner ausgeschieden und des Zweckes halber, den sie zu fördern berufen sind, mit Rechtsfähigkeit versehen wurden, d. h. juristische Personen, können im ungarischen Privatrechte auf zweierlei Art entstehen.

Einmal wird nämlich für gewisse Arten juristischer Personen die gesetzliche Anerkennung verlangt. Hierher gehören die religiösen Stiftungen[2]), kulturelle und religiöse Körperschaften[3]) und unseres Erachtens auch alle übrigen juristischen Körperschaften des öffentlichen Rechts, sofern sie am privatrechtlichen Verkehr teilnehmen.

In die Kategorie der öffentlich-rechtlichen Körperschaften müssen alle jene juristischen Personen eingereiht werden, welche das Individuum oder einen gewissen Kreis von Individuen zwangsmäßig ergreifen, wobei es ganz gleichgültig bleibt, ob der Eintrittszwang schon bei oder erst nach der Begründung[4]) der juristischen Person[5]) vorliegt.

Da die gesetzliche Anerkennung zugleich eine mehr oder minder scharf umrissene Duldungsnorm bedeutet, muß man die ihrer bedürftigen juristischen Personen als solche betrachten, die der Förderung erlaubter Zwecke dienen. Begnügt sich hingegen die Staatsgewalt damit, einzugreifen, wenn die Absonderung organisierter Vermögen ver-

---

[1]) In seinem Buch „Die Erklärung der juristischen Person". Budapest 1907 (auch deutsch erschienen).

[2]) Z. B. GA XXII, 1790 XXVI, 1790 § 10, CII, 1715 § 2 usw.

[3]) So Schulstiftungen GA XXX, 1883 § 48, dann (GA XLIII, 1895 § 9) rezipierte Religionsgenossenschaften usw.

[4]) Z. B. GA XIV, 1884 § 26. Eintrittszwang der bestehenden Flußregulierungsgesellschaften in die Theisstalgesellchaft usw.

[5]) Z. B. Eintritt eines Mitglieds in eine gesetzlich rezipierte Religionsgenossenschaft und hierdurch zugleich in die durch dieselbe geschaffene religiöse Körperschaft als öffentlich-rechtliche und privatrechtliche juristische Person GA XLIII, 1895 § 9, P. 3 und 4.

botenen oder wenigstens unerwünschten Zwecken dient, ist mit anderen Worten der Schwerpunkt der Rechtsfähigkeit der juristischen Person nicht so sehr in der Erlaubnis ihres Daseins, wie in dem Fehlen eines Hinderungsgrundes ihrer Entstehung zu suchen, so kommen wir zu dem Begriffe der freien juristischen Person.

Erlaubte juristische Personen sind — wie schon angedeutet — die öffentlich-rechtlichen Körperschaften und Stiftungen, die privatrechtlichen Vereine, die durch normative Rechtsvorschriften geregelten juristischen Personen des Handelsrechts[1]), sowie der übrigen Sonderrechte[2]) und Sondergesetze[3]), welche hier bloß erwähnt werden.

Demgegenüber sind die privatrechtlichen Stiftungen, hinsichtlich derer die Praxis trotz des zweifellos vorhandenen und gesetzlich mehrfach anerkannten[4]) Aufsichtsrechts des Königs feststellte, daß die gültige Errichtung derselben keiner staatlichen Genehmigung bedarf[5]), als freie juristische Personen anzusprechen.

Der Unterschied zwischen erlaubten und freien juristischen Personen kann ungefähr mit dem der freien und erlaubten Rechtsgeschäfte und Rechte verglichen werden. Das bedeutet mit anderen Worten, daß eine rein privatrechtliche Stiftung für jeden eines rechtlichen Schutzes bedürftigen Zweck errichtet werden kann, wohingegen neue, in den Quellen wenigstens ihrer Art nach nicht erwähnte, juristische Personen der ersteren Klasse keine Rechtsfähigkeit erlangen.

Eine Übersicht der juristischen Personen, wie sie in den meisten Handbüchern[6]) zu finden ist, scheint uns zwecklos. Einigermaßen ist der Grundgedanke der Rechtsfähigkeit der juristischen Personen aus den Bestimmungen des PG[7]) erkennbar, welche mit nachdrücklichem Hinweis auf die Vorschriften des Pri atrechts den Korporationen, Vereinen, Bergwerksvereinen, dem Fiskus, den in staatlicher Verwaltung stehenden Fonds, den sonstigen Vermögensmassen, den Munizipien und Gemeinden Prozeßfähigkeit verleihen, woraus mittelbar auch ersichtlich ist, daß sie in dem heutigen ungarischen Privatrecht als juristische Personen zu betrachten sind[8]). Ausdrücklich muß jedoch bemerkt werden, daß das ungarische Recht eine ähnliche Kategorie wie die der nicht rechtsfähigen Vereine des BGB nicht kennt.

2. Wie schon erwähnt, erstreckt sich die Rechtsfähigkeit der juristischen Personen auf alle Rechte und Pflichten, welche ihrer Natur nach nicht ausschließlich dem Menschen zukommen. Dies bedeutet hauptsächlich

1) Aktiengesellschaft (HG §§ 147 f.) Genossenschaft (HG 223 f.).

2) Z. B. Berggemeinden GA XII, 1894. § 61 f. usw.

3) Z. B. Grundhypothekanstalt der Kleingrundbesitzer GA XXXIX, 1879.

4) Z. B. GA XXI, 1751, XXIII, 1790 usw.

5) Z. B. K 1857/1912 MjgDt Bd. VII. S. 132 und viele andere.

6) Z. B. *Fodor*: Privatrecht Bd. I. S. 385—394.

7) Vergl. §§ 25, 23, 24, 70 PG. Eigentümlich ist es, daß das angeführte Gesetz die diesbezüglichen privatrechtlichen Vorschriften als sichere Basis betrachtet. Dennoch wird das ungeschriebene Privatrecht in Verbindung mit den angeführten und sich als mit dem Privatrechte konform gebenden Vorschriften des PG seine Zuflucht seinerseits zu dem letzteren, als einer sicheren, geschriebenen Rechtsquelle nehmen.

8) Vergl. das in der vorigen Anmerkung Gesagte.

eine vermögensrechtliche Rechtsfähigkeit, ohne jedoch jene Folgen der Immaterialrechte, welche im Rechtsverkehr einen mittelbaren Vermögenswert darstellen, auszuschließen. Kredit[1]), Reputation[2]), Ehre[3]), Autorrecht[4]), das Recht ein Gewerbe zu betreiben[5]), sowie ähnliche Ausstrahlungen des Persönlichkeitsrechts sind daher aus dem Rechtskreis der juristischen Personen keineswegs ausgeschlossen, wenn sie auch nur insoweit anerkannt werden dürften, als dies zur Verfolgung ihrer freien oder erlaubten Zwecke notwendig erscheint.

Innerhalb des Vermögensrechts kann, seitdem K[6]) in einer allgemein bekämpften, doch jetzt schon[7]) langsam durchdringenden Vollentscheidung den Standpunkt einnahm[8]), daß die Gesetze der toten Hand veraltet seien, kaum ein subjektives Recht gefunden werden, welches den juristischen Personen entzogen wäre. Hingegen finden sich einzelne Privilegien, welche gewissen Rechten und besonders Hypotheken eine größere Kraft zusprechen, wenn sie bestimmten juristischen Personen zustehen[9]). Selbstverständlich verleiht eine derartige Bevorzugung den bevorzugten juristischen Personen eine Rechtsfähigkeit weiteren Umfanges.

Als privilegia odiosa, welche sich dem Grundgedanken der toten Hand überaus nähern, K in der Erbringung der 63 VE aber dennoch nicht zu hindern vermochten, seien die Vorschriften des GA XLIII, 1895 erwähnt. Diese beschränken die Rechtsfähigkeit der anerkannten Religionsgenossenschaften hinsichtlich des Erwerbs von Grundstücken insoweit, als die Religionsgenossenschaften ausschließlich solche Grundstücke erwerben dürfen, welche Kultus-, Erziehungs-, Unterrichts-, Friedhofs-, Wohltätigkeitszwecken dienen, oder für Wohnungen ihrer Kirchen- und Anstaltsangestellten bestimmt sind. Ohne verwaltungsbehördliche Bescheinigung dieses Zweckes, kann eine Eintragung des Eigentums ins Grundbuch zu Gunsten der anerkannten Religionsgenossenschaften nicht vorgenommen werden[10]).

---

[1]) Vergl. GA XLI/1914. § 24. Das Delikt der Kreditschädigung kann offenbar nicht nur Menschen, sondern auch juristischen Personen gegenüber verübt werden.

[2]) §§ 22, 23, welche die Reputation des Verstorbenen schützen, ferner §§ 1—2 des erwähnten Gesetzes, welche ausdrücklich von natürlichen Personen handeln, schließen zwar eine strafrechtliche Ahndung aus, doch scheinen sie genügenden Hinweis darüber zu geben, daß die privatrechtlichen Folgen dieser verbotenen Handlungen auch den durch sie beschädigten juristischen Personen zugute kommen.

[3]) Vergl. das in der vorigen Anmerkung hinsichtlich der §§ 1, 2 GA XLI, 1914 Gesagte.

[4]) AG XVII, 1884 § 3.

[5]) GA XVI, 1884 §§ 15, 45, 55, 65, 67.

[6]) 63. Vollentscheidung.

[7]) Nach Erbringung des § 75 GA LIV, 1912, welcher K das Recht verlieh, den Inhalt der gewohnheitsrechtlichen Rechtssätze authentisch auszulegen, stemmt sich die Literatur gegen die von Seiten K beharrlich vertretenen Auffassung, der 63. VE vergebens.

[8]) Fraglich ist ob ihnen manche Verpflichtungen zugesprochen werden müssen. Hinsichtlich der Schadenshandlungen der Organe der juristischen Personen ist die 84. VE anzuwenden.

[9]) Z. B. GA XXIII, 1898 § 23. Das Anwachsen der Rechtsfähigkeit besteht hier in der größeren Kraft der Hypothek. Privilegien in objektivem S. berühren die Rechtsfähigkeit.

[10]) § 9 Abs. 2—4 des angeführten Gesetzes. Die Bescheinigung erteilt der erste

Hie und da schließen internationale Verträge ausländische juristische Personen von dem Erwerbe der Grundstücke ebenfalls aus[1]. Fehlt eine derartige die Rechtsfähigkeit der ausländischen juristischen Person beschränkende Vorschrift, so gelten für die letzteren ebenfalls die allgemeinen Grundsätze der Rechtsfähigkeit.

Diese bieten aber besonders hinsichtlich der Verantwortungsfähigkeit der juristischen Personen Schwierigkeiten. Die juristischen Personen handeln nämlich niemals selbst, sondern immer bloß durch ihre Organe oder Bevollmächtigten. Daher fragt sich, ob und inwiefern die Ausgleichs- und Nachteilsfolgen der verbotenen Handlungen der Organe und der Bevollmächtigten die juristische Person belasten. Es muß daher erörtert werden, ob die juristischen Personen durch Rechtshandlungen ihrer Organe und Bevollmächtigten der Rechte und Pflichten aus verbotenen und sonstigen Handlungen teilhaftig zu werden vermögen?

Bezüglich der Rechte muß die Frage nur aufgeworfen werden, um sofort mit einem entschiedenen Ja beantwortet zu werden. Sind die juristischen Personen Teilnehmer des Rechtsverkehrs, so kommen ihnen auch alle Rechte aus verbotenen oder sonstigen Rechtshandlungen ohne weiteres zu[2].

Man muß sich aber auch dazu bequemen die juristischen Personen mit den Folgen der verbotenen Handlungen ihrer Bevollmächtigten und Organe zu belasten.

Die Praxis stellte schon bisher die vermögensrechtliche Verantwortung des Staates hinsichtlich der verbotenen Handlungen der Organe der gerichtlichen Hinterlegungsstelle, des Übereifers der mit Brachialgewalt vorgehenden Soldaten[3], die Verantwortung der Gemeinde wegen der Unterlassungen der Aufsichtsorgane der Gemeindewege[4] und wegen culpa in eligendo ihres Bauunternehmers[5], die Verantwortung der Postunternehmung wegen des durch unregelmäßiges Kutschieren verursachten Schadens[6], ferner grundsätzlich die Verantwortung einer juristischen Person für die Usurpation des Autorrechts[7] fest. Sie lehnt hingegen die Verantwortung dort, wo gesetzliche Vorschriften dieselbe auf ein gewisses Gebiet beschränken, ab. K folgert z. B. daraus, daß GA VIII, 1871[8] die Verantwortung des Staates bloß für die amtlichen Unterschlagungen der Richter und richterlichen Beamten feststellt, durch Umkehrschluß,

---

Verwaltungsbeamte des Munizipiums und als Berufungsinstanz in letzter Reihe der Unterrichtsminister.

[1]) Z. B. GA XIX, 1897 bezüglich der bulgarischen juristischen Personen (Deutsche sind nicht ausgeschlossen).

[2]) Freilich wird dies oft zweifelhaft sein. Kann z. B. eine Stiftung groben Undank verzeihen, oder ist ihr Gläubiger vielmehr berechtigt, den undankbaren Destinatär auf Rückgabe des Empfangenen zu verklagen? Vermag die Stiftung die Verschacherung einer Rechtsübung des Stifters oder seiner Rechtsnachfolger als unsittlich anzufechten? Es scheint, daß diese und ähnliche Klagen zugunsten der juristischen Person zu beantworten sind. K 229/907, Mj Dt Bd. II S. 113.

[3]) K 276/1909 P ebendaselbst S. 32.

[4]) K 1914/G 365 ebendaselbst Bd. IX S. 134.

[5]) K 915 RP VI 3307 ebendaselbst Bd. X S. 109.

[6]) K 1916 P VI 3142 ebendaselbst Bd. XI S. 168.

[7]) So das aus anderen Gründen abweisende Urteil K 2541/1902 Gr Dt Bd. I S. 696.

[8]) §§ 1, 19, 66, 73.

daß diese bei anderen Unregelmäßigkeiten des gerichtlichen Exekutors[1]) sowie bei schuldhaften Unterlassungen des Grundbuchführers[2]) nicht vorliegt.

Hierbei betrachtet das Obergericht ein gesetzliches Festlegen der Verantwortung der juristischen Person für die verbotenen Handlungen ihrer Bevollmächtigten und ihrer Organe bald als Ausnahmeregel, bald — wie z. B. bei der Vorschrift betreffs der Verantwortung der Munizipien und Gemeinden[3]) als exemplifikativen Rechtssatz. Die Praxis schwankt demnach. Trotzdem ist in Ermangelung gegensätzlicher Gerichtsauslegung eine die Verantwortung der juristischen Person enthaltende Gesetzesstelle dahin zu erklären, sowie überhaupt grundsätzlich anzunehmen, daß die juristische Person für die verbotenen, sowie die sonstigen Rechtshandlungen ihrer Vertreter, Organe und Bevollmächtigten verantwortlich ist. De lege lata ist übrigens die Verantwortung der juristischen Person für die verbotenen Handlungen ihrer Organe bereits der allgemeinen Fassung der 84. VE zu entnehmen.

Die letztere zieht nämlich jeden, der einen anderen zur Verrichtung seiner Angelegenheiten bestellt, für culpa in eligendo und custodiendo zur Verantwortung, wenn der hierzu Bestellte innerhalb seines Wirkungskreises widerrechtlichen Schaden verursacht[4]). Hieraus erhellt die vermögensrechtliche Verantwortungsfähigkeit der juristischen Person in zweifacher Weise.

Einmal dadurch, daß die Vollentscheidung in Widerspruch mit dem § 31 des deutschen BGB eine unbedingte Verantwortung der juristischen Person für ihren Vorstand und ihre sonstigen Vertreter stillschweigend ablehnt und die juristische Person hier dem Menschen gleichstellt. Sodann aber auch dadurch, daß die Möglichkeit einer objektiven Verantwortung wegen Gefährlichkeit bezw. wegen des Umfanges oder der Natur des Betriebes oder der Beschäftigung des Geschäftsherrn hinsichtlich der juristischen Person ebenso wenig beantwortet wurde[5]), wie hinsichtlich des Menschen.

Ob die vermögensrechtlichen Folgen der verbotenen Handlungen der Vertreter und Organe, sowie der Bevollmächtigten der juristischen Person wegen Fehlens der Handlungsfähigkeit der ersteren als solche der die verbotenen Handlungen betreffenden passiven Rechtsfähigkeit der juristischen Personen, oder aber als eine ihnen auferlegte besondere Gesetzespflicht anzusehen sind, bleibt zweifelhaft. Jedoch ist dies in der Praxis von Bedeutung weil hiervon[6]) die Anwendung der Nachteilsfolgen der verbotenen Handlungen: Rechtsverluste, der zu Ungunsten der juristischen Person erfolgte Eintritt potestativer auflösender Bedingungen und dergleichen mehr abhängen.

---

1) K 1914 P V 5885 Mgj Dt Bd. IX S. 231.

2) K 1916, P V 7403 Mgj Dt Bd. XI S. 150.

3) GA XXI: 1886 § 91.

4) Mgj Dt Bd. XI S. 65, VE 84 Abs. 1. Beweispflichtig ist der Besteller, trotzdem stellt die VE grundsätzlich bloß dessen schuldhafte Haftung fest.

5) 84 VE Abs. 2.

6) Z. B. Rechtsverluste und Rücktrittsrechte aus fehlerhaften Kriegslieferungen §§ 17—22 GA XIX, 1915, Rückforderung der unentgeltlichen Zuwendungen wegen groben Undankes usw.

Die unumgängliche Notwendigkeit besonders prägnanter Nachteilsfolgen, wie z. B. die Auflösung eines Vereins wegen zweckhindernden oder staatsgefährlichen Vorgehens[1]) oder das gegenüber sie verletzenden juristischen Personen ebenfalls auszuübende Recht zum Rücktritt von Kriegslieferungsverträgen und ähnliche kaum abweisbare Rechtsfolgen lassen die Ansicht, gemäß der juristische Personen, wenn auch nicht im Sinne der Handlungsfähigkeit, doch in dem der Rechtsfähigkeit verantwortungsfähig seien, als richtiger erscheinen. Und zwar dies umsomehr, weil die entgegengesetzte Auffassung in Anbetracht dessen, daß die Praxis Handlungsunfähige und beschränkt Handlungsfähige für die verbotenen Handlungen ihrer gesetzlichen Vertreter nicht verantwortlich macht[2]), gezwungen wäre, die entsprechende Verantwortlichkeit der juristischen Personen überhaupt abzulehnen, was zu unerträglichen Weiterungen führt.

Die verbotenen Handlungen der Organe und Vertreter der juristischen Personen rufen daher sowohl Ausgleichs- als auch Nachteilsfolgen verbotener Handlungen hervor. Ebenso werden die juristischen Personen durch andere Rechtshandlungen ihrer Organe, Bevollmächtigten und Vertreter belastet.

Die Rechtsfähigkeit der juristischen Person beginnt mit der Vollendung des letzten Teiles ihres Begründungstatbestandes. Wird dieser vollendet, worüber weiter unten mehr auszuführen ist, so muß die Rechtsfähigkeit der juristischen Person auf jenen Zeitpunkt zurückgeführt werden, in dem die ersten sie herbeiführenden Schritte unternommen wurden[3]).

Obzwar der Staat vor der Verleihung der Rechtsfähigkeit der juristischen Person sich auch darüber Sicherheit verschafft, ob sie keine verbotenen Zwecke verfolgt, erleiden Umfang und Inhalt ihrer Rechtsfähigkeit dennoch sofort eine Beeinträchtigung, wenn die Gefährdung eines Staatszweckes die sorgfältigere Überwachung der Organisation des Privatrechts notwendig macht.

Daher ist es zu erklären, daß der Krieg sowohl die subjektiven, als auch die objektiven Bestandteile der Rechtsfähigkeit der juristischen Personen bedeutend vermindert. Dies äußert sich darin, daß während des Kriegszustandes — ob zwar das Gesetz dies bloß für die Vereine und Zweigvereine ausspricht[4]) — die Gründung neuer juristischer Personen im Interesse des Staates durch ministerielle Verordnung verboten werden kann, ferner daß alle schon bestehenden juristischen Personen aus eben diesem Grunde in gesteigertem Maße suspendiert, oder soweit es die Staatsräson erfordert, auch gänzlich aufgelöst werden dürfen[5]). Im privatrechtlichen Verkehr hat dies insoweit Wirkung, als die Rechtshandlungen der in ihrer Rechtsfähigkeit geschmälerten oder ihrer zeitweilig beraubten juristischen Person nur insoweit Geltung haben, als sie unumgänglich notwendig sind.

4. Der Zweck, dem das dem Rechtskreis einzelner entzogene organi-

---

[1]) Artikel IX der VMJ 1508/1875. Noch kräftiger kommt dieser Grundsatz in den Kriegsgesetzen zum Ausdruck. § 9 P 2 GA LXIII, 1912 usw.

[2]) So lehnte K 1915 RP II 8105 die Verantwortlichkeit des Minderjährigen für culpa in contrahendo seines gesetzlichen Vertreters ab. Vergl. auch EUG § 793.

[3]) Vergl. das hierüber bei der Rechtsfähigkeit des Menschen Gesagte.

[4]) GA LXIII, 1912 § 9.

[5]) Ebendaselbst P 2 und 3.

sierte Vermögen dient, kann auf verschiedene Art erreicht werden. *Die Vorschriften, welche bestimmen, wie dies erfolgt, enthalten die Organisation der juristischen Person.*

Je nach ihrer Organisation unterscheidet man im Privatrechte die Vereine, die Körperschaften und die Stiftungen.

Erstrebt die juristische Person einen verbotenen Zweck, so hat der Staat ohne Rücksicht auf ihre Organisation ein Hinderungsrecht[1]). Die Organisation hat dann bloß auf die Kraft dieses Rechts sowie auf das Schicksal des Vermögens der juristischen Person Einfluß.

5. *Vom privatrechtlichen Standpunkte aus ist der Verein ein durch Gründungsvertrag von Mitgliedern unbestimmter Zahl zu frei gewähltem Zwecke selbständig organisiertes Vermögen.*

Jeder Verein darf nur einen erlaubten Zweck verfolgen[2]), z. B. einen wirtschaftlichen, betrieblichen, politischen, humanistischen, kulturellen[3]) oder innerhalb der Schranken des Gesetzes, der öffentlichen Ordnung und der Moral einen beliebigen.

Demnach dürfen privatrechtliche Vereine auch politische Zwecke verfolgen[4]). Jedoch nur dann, wenn dies nicht auf der Basis der Nationalitätenpolitik geschieht[5]). Die Betätigung der Nationalitätenvereine ist auf literarische, wirtschaftliche und kulturelle Zwecke beschränkt[6]).

Der Verein kommt durch einen Vertrag der Gründer zustande. Obwohl in der Praxis auch das Gegenteil behauptet wurde, ist davon auszugehen[7]), daß der Gründungsvertrag nur dann gültig ist, wenn er als Vereinssatzungsentwurf in Schrift gefaßt und der Regierungsbehörde uzw. sofern nichts anderes bestimmt ist[8]) durch Vermittelung des betreffenden Munizipiums dem Minister des Innern zwecks Genehmigung unterbreitet wird[9]).

Rechtsfähigkeit erlangt der Verein mit der unmittelbaren oder mittelbaren Genehmigung der Regierungsbehörde. Mittelbare Genehmigung ist bis auf weiteres anzunehmen, wenn innerhalb 40 Tagen keine entgegengesetzte: eine Änderung, bezw. Ergänzung erheischende, oder aber eine das Verbot des Vereins enthaltende regierungsbehördliche Verfügung erlassen wurde[10]).

---

1) Vergl. GA LXIII, 1912 § 9 Art. IX VMJ 1508/1875. Die letztere will den Satz in die Vereinssatzung aufgenommen haben. Er dürfte wohl aber auch von dieser unabhängig gelten.

2) Darüber weiter.

3) Vergl. VMJ 1508/1875 II.

4) Ebendaselbst III Abs. 1.

5) Arg. das II Abs. 2.

6) Daselbst. Jetzt auch V 4044/1919 MER § 14.

7) Mji Dt Bd. IX S. 162, Bpester Tafel 1914 G 1388 nimmt sowohl von der schriftlichen Form, als auch von der regierungsbehördlichen Genehmigung Abstand.

8) Etwa bei Jugendvereinen die Genehmigung des Unterrichtsministers.

9) VMJ 1394/1875 Abs. 5, 8., VMJ 1336/1898, Beil. VMJ 1508/1875 I Abs. 1.

10) Eben daselbst Abs. 2. Die Frist beginnt mit dem Anlangen des Statutenentwurfes an die Regierungsbehörde. VMJ 1508/1875 Abs. 3. Die Vereinshandlungen sind von diesem Zeitpunkte an wirksam, wenn auch erst nach der Genehmigung endgültig. Arg. VMJ 1136/1898 Abs. 1.

Vereinsregister werden zwar von der Regierung geführt [1]), die Eintragung ist jedoch ein rein interner Verwaltungsakt, ohne jede privatrechtliche Wirkung [2]). In das Firmenregister sind die Vereine nicht einzutragen.

Die Errichtung von Zweigvereinen ist den politischen und Arbeitervereinen nicht gestattet [3]), anderen hingegen nicht verwehrt, muß jedoch immer von der Regierung neu bestätigt werden. Erfolgt dies, so entsteht hiermit nach denselben Grundsätzen, wie denen des Muttervereins, die neue juristische Person des Zweigvereines [4]), deren Verhältnis zu dem Muttervereine in der Satzung festzustellen ist.

Die Fähigkeit, Mitglieder eines Vereines zu werden, besitzen hinsichtlich der nicht politischen Vereine, sowohl ungarische, als auch fremde Staatsbürger [5]). Die letzteren allerdings nur dann, wenn es ihnen die Regierung besonders gestattet [6]). Politische und Arbeitervereine dürfen nur ungarische Staatsbürger unter ihre Mitglieder aufnehmen [7]). Juristische Personen sind zwar nicht gehindert, Vereinsmitglieder zu werden, doch kann den Körperschaften des öffentlichen Rechts in der Mitgliederversammlung keine Stimme verliehen werden [8]).

Wohnsitz des Vereines ist im Zweifel der Ort seiner Geschäftsführung, welcher auch seinen allgemeinen Gerichtsstand bestimmt [9]).

Hauptorgane des Vereines sind: die Mitgliederversammlung, welcher die Gesamtheit der Vereinsrechte zusteht, ferner der den Verein vertretende und dessen Geschäftsführung besorgende Vorstand.

Die Rechtsverhältnisse des Vereines zu seinen Mitgliedern, sowie die auf der Mitgliedschaft beruhenden Verhältnisse der letzteren untereinander [10]) werden in der Vereinssatzung geregelt. Die Vereinssatzung muß den Zweck [11]), den Namen [12]), den Wohnsitz [13]), den Wirkungskreis [14]), sowie die Art und Weise der Beschlußfassung [15]) des Vereines enthalten. Ob zwar eine solche sich auf alle Vereine erstreckende gesetzliche Vorschrift nicht vorhanden ist, muß die Vereinssatzung ferner Vorschriften über den Eintritt und Austritt der Mitglieder, über den rechtlichen Inhalt der Mitgliedschaft d. h. über die mit derselben verbundenen Rechte, Pflichten, Sonderrechte und Sonderpflichten, über die Vertretung und die Geschäfts-

---

1) VMJ 1394/1873 Abs. 10, 11 P 2, 3.

2) Die erwähnten Verordnungen verpflichten bloß die Verwaltungsbehörden zur Unterbreitung des Registers.

3) Beilage 1508/1875 IV Abs. 1.

4) Ebendaselbst Abs. 2 vergl. auch Budapester Tafel P IV 3442/1915 Perjogi Dt Bd. II S. 28.

5) Beil. VMS. 1508 1875 III.

6) VMJ Beilage 1508/1875 III Abs. 1.

7) Ebendaselbst Abs. 2.

8) Ebendaselbst VIII.

9) PG § 25.

10) Vergl. PG § 31 Abs. 1.

11) Beilage VMI 1508/1875 IX.

12) Arg. ebendaselbst II und VI (Verbot der Einfügung des Wortes „National" in den Namen des Vereines.)

13) Arg. PG § 25.

14) Beilage VMI 1508/1875 IX.

15) A. a. O. wird zwar bloß das in der Vereinssatzung bestimmte Verfahren erwähnt, doch kann dies nur in dem oben dargelegten Sinne verstanden werden.

führung des Vereines, ferner über die Fälle seiner Suspendierung [1]), Auflösung [2]), des sonstigen Aufhörens seiner Rechtsfähigkeit [3]) sowie über deren vermögensrechtliche Folgen vorsehen.

Die Schaffung der Vereinssatzung ist ebenso, wie die Gründung des Vereines, ein Vertrag der Mitglieder [4]), welchen ein späterer mit Genehmigung der Regierungsbehörde erbrachter [5]) Mehrheitsbeschluß abzuändern vermag.

Eine derartige Änderung darf jedoch bereits erworbene Sonderrechte nicht schädigen.

Bezüglich der Rechtsverhältnisse des Vereines sind vor allem die etwa vorhandenen zwingenden Vorschriften des objektiven Rechts [6]) zu beachten. Hernach kommt die Vereinssatzung in Betracht und nur in letzter Reihe etwaige dispositive Rechtssätze, welche die Praxis oft benötigt. Sie werden besonders in den Fragen der Folgen eines Auflösungsbeschlusses [7]), der Minderung [8]) der Mitgliederrechte [9]), der Grenzen der erlaubten Verfolgung des Vereinszweckes [10]), sowie der damit verbundenen Verantwortung der Vereinsmitglieder nach Auflösung des Vereines [11]), hinsichtlich der Vertretung des Vereines [12]) und dergleichen mehr praktisch. Sie stellen in Ungarn wegen des Fehlens eines bürgerlichen Gesetzbuches sowie eines Vereinsgesetzes sowohl die Rechtslehre als auch die Gerichte vor zahllose ungelöste Fragen. Diesen kann man nur mit einem Hinweis auf das Handelsgesetz als Analogiebasis begegnen. Hierbei bleibt es natürlich zweifelhaft, ob die Analogie sich gegebenenfalls auf die Vorschriften der Aktiengesellschaft oder aber auf die jetzt schon vielfach geänderten und modernisierten Regeln der Genossenschaft [13]), stützen soll. Da nun die Genossenschaft dem Vereine bedeutend näher steht als die Aktiengesellschaft, sind u. E im Zweifel wohl die Regeln der ersteren anzuwenden. Selbstverständlich nur insoweit, als diese nicht mit der Verant-

---

[1]) Arg. ebendaselbst IX.

[2]) Ebendaselbst.

[3]) Z. B. durch Beschluß der Mitgliederversammlung *Grill* Dt Bd. I S. 27. K 1899 IG 386. Die Rechtsfähigkeit hört mit der Erbringung des Beschlusses auf.

[4]) Mgj Dt Bd. IV S. 152.

[5]) Diese muß ebenso, wie bei der Gründung erfordert werden.

[6]) Z. B. GA XVI, 1900, XIV, 1902 über die Leutehilfskassen usw.

[7]) Wirken diese von der Erbringung oder Veröffentlichung an?

[8]) Besonders wichtig ist dies bei den schwebenden Prozessen und Rechtsfragen. Eine Regelung der Liquidation der Vereine wäre durchaus zu wünschen.

[9]) K 1901 IG 196 Gr Dt Bd. I S. 28 erlaubt diese.

[10]) Nicht widerrechtlich ist die Aufforderung eines behufs Förderung der gemeinsamen gewerblichen Interessen errichteten Vereines an Fremde, keine Waren zu liefern. Mgj Dt Bd IV S. 85.

[11]) Diese beschränkt sich auf die durch Verteilung des Vereinsvermögens erfolgte Bereicherung. Mjg Dt Bd. IV S. 263. Vor der Auflösung sind die Mitglieder den Gläubigern nicht verantwortlich.

[12]) Diese ist dem gesetzlichen Vertreter oder Vorstand zugewiesen Arg PG § 160. Weitere Einzelheiten sind in die Vereinssatzung aufzunehmen. Fehlen sie, so muß auf die Vertretungsvorschriften der Genossenschaften zurückgegriffen werden.

[13]) Durch den GA XVII, 1884 § 147, welcher auf die durch Körperschaften begründeten Vereine die Vorschriften des HG anwendet, den GA XXI, 1876 betreffend die ungarische Bodenkreditanstalt, §§ 6—13 GA XXXIX, 1879, betreffs der Landeskreditanstalt der Kleingrundbesitzer, GA XXII, 1898 betreffs wirtschaftlicher und gewerblicher Genossenschaften, die Novelle desselben GA XXX, 1920 usw.

wortlichkeit der Mitglieder oder damit zusammenhängen, daß die Genossenschaften den Pflichten des Kaufmannes unterworfen sind und seine Privilegien genießen.

Trotzdem die Rechtslage der Vereine demnach keineswegs eine durchaus geklärte zu nennen ist, sind die Zweifel betreffs der Eintritts- und Austrittsformalitäten [1]), der Mitgliederrechte [2]), des Wirkungskreises und der Einberufung der Mitgliederversammlung [3]), der Vertretungsmacht [4]), Verantwortung [5]), sowie der Organisation des Vorstandes oder der Direktion [6]), der Liquidation [7]) und dergleichen mehr dennoch mittels Analogie zu lösen.

Die Rechtsfähigkeit des Vereines endigt mit dem Ereignisse, welchem die Vereinssatzung eine solche Wirkung zuschreibt, dann, und zwar selbst in dem Falle, wenn sich die Satzung hierüber ausschweigt, durch Auflösungsbeschluss der Mitgliederversammlung [8]), durch Wegfall aller Mitglieder [9]), durch Konkurs [10]), endlich durch rechtskräftigen Beschluß der Regierungsbehörde [11]). Suspendiert diese den Verein, so wird hierdurch seine Rechtsfähigkeit auf die Vornahme der unumgänglich notwendigen Rechtshandlungen beschränkt. Daher der Grundsatz, daß der Suspendierungsbeschluß [12]) der Regierung ebenso zu veröffentlichen ist, wie der Auflösungsbeschluß.

Die Suspendierung oder die Auflösung eines Vereines kann auf dem Beschwerdewege von der Verwaltungsbehörde beantragt werden [13]), wenn der Zweck, Wirkungskreis, oder die Organisationsvorschriften nicht ein-

---

[1]) Erfordert wird schriftliche Anmeldung und Abmeldung. Arg. HG § 224 Abs. 2, GA XXIII, 1898 §§ 3—9, GA XXX: 1920 § 11 ist eine Ausnahme.

[2]) Analogiebasis ist § 237 HGB und soweit möglich §§ 8—24 GA XXIII, 1898. Allerdings fehlt hier die Verantwortlichkeit der Mitglieder für die Verpflichtung des Vereines.

[3]) Richtunggebend sind §§ 240, 176—181 HGB; §§ 25—29 GA XXIII, 1898.

[4]) Vertretungsberechtigt ist im Zweifel jedes Mitglied des Vorstandes Arg. HGB §§ 241, 185—188. Innerhalb der Geschäftsführung muß Mehrheitsbeschluß des Vorstandes gefordert werden Arg. HGB § 241, 189. Die in der Vereinssatzung enthaltenen Grenzen der Vertretungsmacht sowie der Geschäftsführung gelten auch Dritten gegenüber, da der öffentliche Glaube des Firmenregisters, welcher die ratio legis des § 190 HGB bildet, fehlt.

[5]) Z. B. Mjg Dt Bd. III S. 257 K 707/1909 P. Bei Unterlassung der entsprechenden Kontrolle des Geldeinnehmers usw.

[6]) Der Name: Präsidium, Direktion, Ausschuß usw. ist nebensächlich. Die Die Verantwortung erstreckt sich auch auf die Anmeldung des Konkurses Arg 241, 187 §§ HGB.

[7]) Arg. §§ 250, 203 HGB.

[8]) Arg. HGB 247 P 2.

[9]) Es entfällt die organisierte Absonderung des Gesellschaftsvermögens und mit ihr zugleich die Rechtsfähigkeit der juristischen Person. Erforderlich erscheint aber ein negatives Feststellungsurteil, einesteils im Interesse der Gläubiger, anderenteils wegen der Förmlichkeiten der Vereinsgründung, welche ein ebenfalls förmliches oder wenigstens unzweifelhaftes Aufhören der juristischen Persönlichkeit erfordern.

[10]) Ungeklärt, doch m. E. unabweisbar.

[11]) Maßgebend ist die Zeit seiner Erbringung Arg. eadem ratione das in dem Falle eines Selbstauflösungsbeschlusses erbrachte Urteil K 4/1899 IG 386, Gr Dt Bd. I S. 27.

[12]) Arg. § 249 Abs. 2, HGB. Die Suspendierung bewirkt hinsichtlich der Rechtsfähigkeit eine capitis deminutio, deren Außerachtlassung eine Übertretung verwirklicht, vergl. VMJ 1136/1898.

[13]) Arg. VMJ 1394/1873 Abs. 7 P 4 und Beilage VMI 1508/1875 IX.

gehalten werden, ferner, wenn ein weiteres Wirken des Vereines die Interessen des Staates oder die Vermögensinteressen der Mitglieder gefährden würde. Da der Verein im ungarischen Recht nur mittelst Genehmigung des Vereinszweckes durch die Regierungsbehörde zustande kommt, kann die Feststellung dessen, ob der Vereinszweck schon in dem Maße erreicht oder aber in dem Maße unmöglich wurde, daß ein weiteres Bestehen die umschriebenen Interessen gefährden würde, ebenfalls bloß auf behördlichem Wege erfolgen. Hierbei scheint es gleichgültig, ob dies durch einen verwaltungsbehördlichen Beschluß, oder aber durch ein gerichtliches negatives Feststellungsurteil [1]) klar wird.

Alle vor dem Erbringen eines entsprechend zu veröffentlichenden [2]) Urteils oder Beschlusses vorgenommenen Rechtsgeschäfte bezw. Rechtshandlungen des Vereines sind u. E. gültig [3]). Dies ist auch dann anzunehmen, wenn das regierungsbehördliche Verbot des Vereines nach Ablauf der 40 tägigen Wartefrist erbracht oder veröffentlicht, ferner wenn die Ungültigkeit des Gründungsgeschäftes erst später festgestellt wurde.

Eine Konfusion verschiedener Vereine ist ausgeschlossen [4]). Wird sie von der Regierung dennoch gestattet, so entsteht ein neuer Verein.

Den Fall des Konkurses ausgenommen, ist das Vermögen des aufgelösten Vereins — selbstverständlich nach vorheriger Befriedigung der Gläubiger — unter den Mitgliedern aufzuteilen. Dies erfolgt durch Liquidation [5]), doch ist kein Grund vorhanden, entgegengesetzten Vorschriften der Vereinssatzung die Geltung zu versagen [6]). Die Vereinsmitglieder sind in diesem Falle Einzelnachfolger des Vereins und den Gläubigern desselben Kraft des Gesetzes nur nach der Auflösung und bloß bis zu der Höhe ihrer Bereicherung [7]) verantwortlich.

7. Die zur Erlangung der Rechtsfähigkeit des Vereines nötige regierungsbehördliche Genehmigung, sowie der eine Entziehung derselben herbeiführende behördliche Auflösungsbeschluß lassen trotz der allgemein verbreiteten entgegengesetzten Ansicht keine andere Deutung zu, als daß im ungarischen Rechte die privatrechtlichen Vereine nicht f r e i e, sondern bloß e r l a u b t e juristische Personen sind.

Anders verhält es sich mit der rein privatrechtlichen Stiftung.

D i e p r i v a t r e c h t l i c h e S t i f t u n g i s t e i n d u r c h e i n s e i t i g e s R e c h t s g e s c h ä f t d e s S t i f t e r s z u f r e i g e w ä h l t e m Z w e c k e s e l b s t ä n d i g o r g a n i s i e r t e s V e r m ö g e n [8]).

Das Stiftungsgeschäft muß enthalten: die Bestimmung des Zweckes,

---

[1]) Konstitutives Auflösungsurteil des Gerichtes ist wegen des diesbezüglichen Rechtes der Verwaltungsbehörden ausgeschlossen.

[2]) Arg. Beilage VMJ 1508/1875 Abs. 2.

[3]) Arg. eadem ratione Ehg § 133.

[4]) Arg. Beilage VMJ 1508/1875 II.

[5]) Arg. Hg § 252.

[6]) Arg. GA XVI, 1900 § 27 Abs. 2 u. 4.

[7]) Arg. Mji Dt Bd. IV S. 263.

[8]) *Marosvásárhely*er Tafel 406/1912 P Mgj Dt Bd. VII S. 47. „Solch eine Stiftung ist ein Zweckvermögen, welches betreffs des Zweckvermögens klagbar werden kann, zu dessen Gunsten der Richter Rechte zu urteilen und dem zu Lasten er Pflichten erkennen kann."

welchen der Stifter innerhalb der Grenzen des Gesetzes, der öffentlichen Ordnung und der Moral frei wählen darf [1]), die Zuwendung eines wenigstens bei Vornahme des Geschäftes aktiven Vermögens [2]) endlich die, wenn auch ganz allgemein gehaltene, doch schließlich schlimmsten Falles durch die beaufsichtigende Regierungsbehörde ohne weiteres zu verwirklichende Organisation [3]) der Stiftung.

Das Stiftungsgeschäft ist ein einseitiges [4]), nicht empfangsbedürftiges [5]) und von Seiten des Stifters unentgeltliches [6]) Rechtsgeschäft, welches mit der nach außen hin erkennbaren beabsichtigten Willensäußerung abgeschlossen erscheint. Re integra — also solange auf Grund des Stiftungsgeschäftes weder Rechte erworben [7]) noch eine sonstige Realisierung der Stiftung stattgefunden hat [8]) — kann es widerrufen werden. Eine Förmlichkeit wird für das Stiftungsgeschäft nicht erfordert, doch ist Schriftform und, besonders bei den überaus häufigen Stiftungen von Todeswegen, Testamentform [9]) gebräuchlich An dem Wesen des Stiftungsgeschäftes ändert die Form ebensowenig wie der Umstand, ob die Errichtung einer Stiftung etwa als Leistung eines Vertrages dem Geschäftsgegner [10]) oder Dritten [11]) versprochen wurde. Hierbei ist es allerdings möglich, daß in dem Vertrage zugleich der Kreationsakt: das Stiftungsgeschäft enthalten sei. Kann ja doch der Zweck eines einseitigen Rechtsgeschäftes auch durch einen Vertrag erreicht werden.

Die Zweckbestimmung steht dem Stifter zu. Er wird hierbei weder durch positive Schranken des objektiven Rechts, noch — wie dies nach einem harten Kampfe in der Praxis nunmehr festgestellt erscheint — [12])

---

[1]) K 2574/1912 Mjg Dt Bd. VI S. 258.

[2]) Ebendaselbst. Das Vermögen muß aktiv sein, weil es dem Gesetz nicht zugemutet werden kann, die Gläubiger und Begünstigten der Stiftung schon von allem Anfang an einer ständigen Gefahr aussetzen wollen.

[3]) Ebendaselbst.

[4]) So besonders scharf Mjg Dt Bd. VI S. 179 K 5740/1911 P. „Die Stiftung kommt ohne Vorlegung des Stiftungsbriefes und ohne Genehmigung der Regierungsbehörde durch die Verfügung des Stifters selbst zum Dasein."

[5]) So anerkannte K 5740/911 P Mjg Dt Bd. VI S 179 die in einem Testament, also in einem nicht empfangsbedürftigen, einseitigen Rechtsgeschäfte erhaltene Errichtung einer Stiftung. Fernere Arg. bilden GA IX, 1687 Einleitung, GA LX, 1723 § 1, welcher allerdings Verträge (fassiones) erwähnt, sich jedoch auch mit einseitigen Verfügungen von Todeswegen begnügt. Genügen diese für Fideikommisse, d. h. Stiftungen, welche einer besonderen gesetzlichen Behandlung teilhaftig wurden und einer königlichen Genehmigung bedürfen, so muß es auch für die freien Stiftungen hierbei bleiben.

[6]) Dies ist bei Anfechtung in dem Konkurse des Stifters gegenüber dessen früheren Gläubigern, dann bei schnödem Undanke (?), oder bei gänzlicher Verarmung des Stifters wichtig.

[7]) Arg. § 11 der Hofverordnung 15 742/1862 betreffs der Fideikommisse, eadem ratione.

[8]) Etwa eine durch die Stiftung errichtete wissenschaftliche Anstalt hat bereits ihre Tätigkeit begonnen.

[9]) Vergl. K 2574/1912 a. a. O.

[10]) K 5698/901 Gr Dt Bd. I S. 31 anerkennt sogar einen in dem Stiftungsgeschäfte enthaltenen besonderen Vertrag des Stifters und des Pflegers der Stiftung zugunsten Dritter (Auszahlung einer Jahresrente).

[11]) Vergl. die vorige Anmerkung.

[12]) K entschloß sich erst nach langem Zaudern diesen Standpunkt einzunehmen, tat dies jedoch mit einer ausführlichen und überzeugenden auf die Verfügungen der

durch den Zwang, die Genehmigung der Regierungsbehörde einzuholen, eingeengt. Jeder eines rechtlichen Schutzes würdige Zweck kann daher als Stiftungszweck gelten: die Stiftung ist mit sehr wenigen Ausnahmen [1]) keine erlaubte, sondern eine freie juristische Person. Es ist Aufgabe der Regierung kraft des königlichen Aufsichtsrechts[2]) darüber zu wachen, daß die Stiftungen ordnungsmäßig verwaltet und das Stiftungsvermögen seinem Zwecke zugeführt werde. Erfolgt dies nicht, so muß dem Staate, welcher das königliche Aufsichtsrecht hauptsächlich durch die Direktion der öffentlichen Stiftungen [3]) ausübt, sowohl die verwaltungsrechtliche [4]), als auch die privatrechtliche [5]) Wiederherstellung in den vorigen Stand, endlich, für den schlimmsten Fall wohl auch, ein Auflösungsrecht [6]) der Stiftung zugesprochen werden. Hingegen steht dem Staate ein Recht, den Zweck der Stiftung abzuändern, unseres Erachtens nicht zu [7]).

Die Frage, ob die Einräumung eines Änderungsrechts dem Stifter und dessen Nachfolgern verweigert werden muß, ist innerhalb der Grenzen des Widerrufsrechts zu verneinen. Außerhalb derselben kann der Stifter zwar kleinere Änderungen — etwa eine Erhöhung der Vermögenszuwendung zu gunsten der Stiftung [8]) — vornehmen, doch dürfen diese die Identität der juristischen Persönlichkeit der Stiftung nicht berühren.

Die Zweckbestimmung kann der Annahme von Seiten der Stiftung oder der mit ihrer Verwaltung betrauten juristischen Person bezüglich einzelner Organe derselben wohl entraten [9]). In dem letzteren Falle ver-

---

GA LXXIV, 1715, LXX, 1723, XIII und XXVI, 1790 gestützten Begründung vergl. Mjg Dt Bd IV S. 161 VS. 39, 179, 368, VI S. 258, 259, VII S. 132 usw.

[1]) Z. B. die Fideikommisse GA IX, 1687, LX, 1723 usw.

[2]) Das Aufsichtsrecht des Königs erstreckt sich nach dem Wortlaute der GA LXXIV, 1715 § 1 LXX, 1723 XX, XXIII, 1790 (P 10), XXX, 1883 (§ 48 letzter Absatz) usw. bloß auf gewisse Stiftungen der Religionsgenossenschaften und besonders auf die humanistischen, religiösen und Unterrichtszwecken dienenden Stiftungen. Trotzdem ist dem ungarischen Gesetze ein allgemeines, allerdings dem Patronatsrechte des Königs entstammendes Aufsichtsrecht über sämtliche Stiftungen der anerkannten Religionsgenossenschaften nicht unbekannt. GA XXI, 1751, XLIII, 1895 § 20 Abs. 1 und Verordnung und Unterrichtsministers 10 165/1867 erstreckt den Wirkungskreis der Direktion der öffentlichen Stiftungen auf alle sowohl kirchliche als auch weltliche öffentliche Stiftungen (§ 1). Nun ist in dem modernen Rechte eigentlich das Interesse, daß die Vermögen der Stiftungen ausschließlich ihren Zwecken zugewendet werden, ein ganz allgemeines, wenn man es so nennen will, ein öffentliches. Man ist daher gezwungen ein Aufsichtsrecht des Königs an allen Stiftungen anzunehmen.

[3]) Aus prozessuellen, doch kaum überzeugenden Gründen anders Budapester Tafel 1917 P III 1690 *Perjogi* Dt Bd. III S. 199.

[4]) Etwa durch einen Regierungskommissar.

[5]) Auf dem Wege des Prozesses und eines Urteils.

[6]) Arg. eadem ratione GA LXIII, 1912 § 9 und die bei der Auflösung der Vereine angeführten Quellen.

[7]) Ein solch tiefer konstitutiver Eingriff in die privatrechtliche Rechtssphäre könnte nur auf Grund positiver Vorschriften anerkannt werden. Die Auflösung ist eine öffentlichrechtliche Handlung der Regierung.

[8]) Mjg Dt Bd. V S. 39 hält hierfür einen neuen Stiftungsbrief für überflüssig.

[9]) Mjg Dt Bd. III S. 44 Pozsonyer Tafel 1907 G 131 erfordert zwar z. B. für katholische religiöse Stiftungen die Genehmigung des Bischofs, doch ist dies kein privatrechtliches, sondern ein kirchenrechtliches Erfordernis. Privatrechtlich

mag jedoch eine Ablehnung der Verwaltung, da der Staat die Autonomie der öffentlichrechtlichen Körperschaften diesbezüglich zu respektieren hat, das Dasein der Stiftung mittelbar doch dadurch zu gefährden, daß sie die Organisation der Stiftung hindert.

Die Gesetze erwähnen öfters Stiftungen, welche „in der Hand und in der Verwaltung“ [1]) öffentlicher Körperschaften „bei ihnen [2]) vorhanden sind“. Aus dem betreffenden materiellen [3]), und prozessualen [4]) Vorschriften ist unzweifelhaft zu entnehmen, daß die Betrauung einer schon bestehenden juristischen Person mit der Verwaltung keineswegs zugleich auch den Verlust der rechtlichen Selbständigkeit der Stiftung bedeutet. Vielmehr behält diese ihren selbständigen Zweck auch noch dann, wenn ihre Organisation sich an die eines anderen Zweckes anlehnt, oder gar in die letztere eingefügt wird[5]). Die Grenze, deren Verwischung eine Benachteiligung der Gläubiger der Stiftung oder der sie verwaltenden juristischen Person bedeutet, muß in der Praxis sorgfältig eingehalten werden.

Fehlt ein selbständiger Zweck, so kann wohl keine Stiftung doch innerhalb des Vermögens der juristischen Person ein Fonds, d. h. eine Art Sondervermögen, entstehen, für welches gewisse prozessuale [6]) und materielle Vorschriften gelten, welches aber den Gläubigern der verwaltenden juristischen Person, wenn auch mit Hindernissen [7]), irgendwie dennoch zugänglich bleibt. Solche dem Vermögen der Sammler lose angegliederten Fonds sind auch die Beträge der öffentlichen Sammlungen.

Allgemein wird angenommen, daß das Stiftungsvermögen durch das Stiftungsgeschäft ganz oder teilweise verkehrsunfähig werde. Bedenkt man jedoch, daß die ungarischen Zwangsversteigerungsgesetze [8]) das Vermögen der Stiftungen unter den der Zwangsversteigerung entzogenen Sachen und Gütern nicht erwähnen, so muß man sich zu der Ansicht bequemen, daß — sofern das Gesetz oder die Organisation der Stiftung nichts anderes vorschreiben [9]) — wenn notwendig auch das Stammvermögen dem Stiftungszwecke geopfert werden muß, also daß dieses innerhalb der Verwirklichungsmöglichkeiten des letzteren dem Verkehr ziemlich erhalten bleibt.

---

kommen diese Stiftungen im Verweigerungsfalle der bischöflichen Genehmigung wegen des Fehlens der lebensfähigen Organisation nicht zustande.

1) GA XXVI, 1790 P 10 PG §§ 23, 24.

2) GA XLIII, 1895 § 20 Abs. 1.

3) Königliches Aufsichtsrecht.

4) Gerichtsstand.

5) Mjg Dt Bd. VI S. 258 K 2577/1912 P: „Es ist notwendig, daß die Stiftung in die Organisation einer juristischen Person eingefügt werden könne . . . .“ usw.

6) Gerichtsstand §§ 23, 24 PG.

7) In erster Reihe sind wohl die mit dem besonderen Zwecke zusammenhangenden Verpflichtungen zu berücksichtigen.

8) GA LX, 1881, XLI, 1908.

9) So z. B. bei den Familienfideikommissen, deren Stiftungscharakter ihre dem ÖBGB entnommene Konstruktion des geteilten Eigentums (§ 12) m. Er. nicht beeinträchtigt § 18—25 Hofverordnung 15 742/1862, ferner laut der 94 die grundbücherliche Durchführung der Exekution u. zw mit Berufung auf ihren Stiftungscharakter und die öffentlichrechtlichen Schutzvorschriften verweigernden Vollentscheidung bei den der Grundstücken der römischen und griechisch-katholischen Kirche usw.

Die Zweckbestimmung läßt mit der Organisation zugleich auch das Vermögen der Stiftung zum Entstehen gelangen. Enthält das Stiftungsgeschäft eine Zuwendung unter Lebenden, so besteht ihr Vermögen vorerst bloß aus einer Forderung und die Stiftung hat die ihr zugebrachten Vermögensstücke nach den Vorschriften der Einzelnachfolge in ihren dinglichen Machtbereich zu ziehen [1]). Ist jedoch das Stiftungsgeschäft eine Verfügung von Todeswegen [2]), so tritt mit dem Kreationsakte [3]) zugleich eine Gesamtnachfolge ein. Nach ungarischem Erbrechte geht daher in diesem Falle z. B. das Eigentum des Erblassers an der Fahrnis ohne Übergabe, das an Grundstücken hingegen ohne Eintragung im Grundbuch [4]) auf die Stiftung über.

Die Zweckbestimmung soll zwar, muß aber weder einen Namen [5]) noch einen Sitz [6]) der Stiftung enthalten. Der erstere ist im Zweifel dem Aufenthaltsort und der Zeit des Stiftungsgeschäftes zu entnehmen [7]) und durch die Organe der Stiftung oder durch die Aufsichtsbehörde zu bestimmen [8]) Der letztere kann im Notfalle aus den ergänzenden Vorschriften des PG [9]) entnommen werden.

Die Zweckbestimmung setzt das Vermögen, sowie das Ziel fest, welchem die Stiftung dient. Die Organisation hingegen hat sich darauf zu erstrecken, wie dieses Ziel zu erreichen ist, in welcher Art seine Verwirklichung zu sichern ist, und besonders, welchen Personen dies obliegt. Die Stiftung muß demnach einen Vorstand haben. Besteht dieser aus mehreren Mitgliedern und enthält das Stiftungsgeschäft keine abweichenden Vorschriften, so müssen besonders hinsichtlich der Vertretung [10]), der Geschäftsführung, der Liquidation, des Konkurses hier wieder die Vorschriften des HGB herhalten. Allerdings diesmal in Anbetracht dessen, daß bei der Stiftung die persönliche Betätigung der Begünstigten [11]) fehlt,

---

[1]) Arg. eadem ratione HG § 69, welcher Fahrnis-Uebergabe auch bei einer offenen Gesellschaft fordert, dann die sachenrechtlichen, zwingenden und von der Person des Berechtigten vollständig unabhängigen Vorschriften der Ubergabe und Einbücherung.

[2]) Z. B. Mgj Dt Bd. VI S. 97 K 5740/1911 P.

[3]) Diesem steht auch der Umstand nicht entgegen, daß die Stiftung einer vorerst noch nicht existierenden juristischen Person zugute kommen soll. Mjg Dt Bd. VII S. 47 *Marosvásárhely*er Tafel 406/1912 P.

[4]) Daher berührt es den Stiftungscharakter der Grundstücke nicht, wenn das Bucheigentum an Stiftungsgrundstücken nicht dem Stiftungsbriefe entspricht. Mjg Dt Bd. VI S. 345 K 1750/1912 P.

[5]) Ein solcher muß aber schon wegen der Klagbarkeit der Stiftung vorhanden sein. PG § 129 P 2.

[6]) Diese dürfte auch darüber entschieden haben, ob die Stiftung als eine inländische oder fremde zu betrachten sei. Arg GA XIX, 1897 Art. 1 „die auf dem Gebiete der einen Partei befindlichen Stiftungen usw." Vgl. auch Tr. F. Art. 232 III.

[7]) Diese sind als die ihrer Entstehungsgeschichte entnommenen Daten zur Bezeichnung der Stiftung durchaus geeignet und individualisieren dieselbe vollständig.

[8]) Arg. „Die Aufsicht darüber, daß die Absicht und der Wille des Stifters pünktlich erfüllt werden." GA XXI, 1751, GA LXXIV, 1715 und LXX, 1723 enthalten auch Vorschriften über die im Verkehr notwendige Bezeichnungsrechte.

[9]) PG § 25 Sitz ist im Zweifel der Ort der Geschäftsführung.

[10]) Vertreter ist der Vorstand Arg. eadem ratione die Zustellungsvorschrift § 160, ferner § 73 PG. In letzter Reihe kann die Stiftung durch die Direktion der öffentlichen Stiftungen vertreten werden.

[11]) Es gibt keine Mitgliedschaft bei der Stiftung.

eher die Regeln über die Direktion usw der Aktiengesellschaft als die Genossenschaftsvorschriften.

Die Begünstigten der Stiftung haben kraft Gesetzes keinen unmittelbaren Rechtsweg, welcher ihnen einen Anspruch auf Verwirklichung des Stiftungszweckes zusichert. Mittelbar werden sie wohl zu dem königlichen Aufsichtsrechte Zuflucht nehmen und ihre Interessen durch Gesuche um ordnungsmäßige Verwaltung zu wahren versuchen. Ist ihnen jedoch eine Stiftungsbegünstigung — etwa Geld, Naturalien, Wohnung, Erziehung usw. — der Organisation der Stiftung gemäß schon endgültig zugesprochen, so erlangen sie eine privatrechtliche Forderung, die hinsichtlich ihrer Erstehung unseres Erachtens nach der Analogie der Auslobung zu behandeln ist. Dem Stifter, doch nicht der Stiftung gegenüber ist diese Forderung eine unentgeltliche. Eine widerrechtliche Beeinträchtigung derselben verpflichtet sowohl die Stiftung, als auch die sie verübenden Organe zu Schadensersatz [1]).

Die Rechtsfähigkeit der Stiftung endigt durch Ereignisse, denen diese Wirkung durch das Stiftungsgeschäft zugesprochen wurde [2]), ferner durch Konkurs [3]), durch Auflösungsbeschluß der Regierung. Die Gründe des letzteren sind dem Ermessen der Regierung vorbehalten. Wegfall des Vermögens der Stiftung, Unmöglichkeit oder Untunlichkeit ihres Zweckes, endlich Staatsraison sind die häufigsten.

Aus wichtigen Gründen kann dem Staate auch ein Suspendierungsrecht der Stiftungen nicht versagt werden [4]). Wird dieses ausgeübt, so gilt entsprechend das hierüber bei der Lehre von den Vereinen Ausgeführte.

Endigt die Rechtsfähigkeit der Stiftung ohne Konkurs, so hat, sofern das Stiftungsgeschäft keine anderen Vorschriften enthält, eine Liquidation stattzufinden. Eine Konfusion verschiedener Stiftungen schließt das oben über das Änderungsrecht des Stifters, sowie über die Rechte der Regierungsbehörde Gesagte aus.

Endigt die Rechtsfähigkeit der Stiftung, so fällt, mit Ausnahme abweichender Vorschriften des Stiftungsgeschäftes, sowie des Konkurses, das Stiftungsvermögen in die Rechtssphäre des Stifters oder seiner Nachfolger zurück [5]). Ist diese nicht mehr zu ermitteln, was übrigens nur selten und bei sehr alten Stiftungen der Fall sein dürfte, so muß das Anfallsrecht des Staates [6]) in Anwendung kommen.

8. Die Körperschaften sind selbständig organisierte Vermögen, die auf Grund objektiver Rechtsvorschriften zu erlaubten öffentlich-rechtlichen Zwecken gebildet werden.

Die Basis der Körperschaft kann sowohl das Gesetz [7]), als auch eine

---

[1]) So zu entnehmen dem wegen Fehlens einer widerrechtlichen Handlung oder Unterlassung abweisenden Urteil des obersten Gerichtshofs 655/1880. Márkus Privatrecht Bd. I S. 90.

[2]) Z. B. wegen der mit solcher Wirkung ausgestatteten gegenüber dem Stifter verübten Rechtsverletzungen: oberster Gerichtshof 4803/1878. Gr Dt Bd. I S. 29.

[3]) Arg eadem ratione HG § 201 P 4.

[4]) Z. B. aus Kriegsinteresse Arg. eadem ratione GA LXIII, 1912 § 9 P 2,3.

[5]) Diese Auffassung ist dem Urteil 5650/1884 Gr Dt Bd. I S. 29 zu entnehmen.

[6]) Teils nach Vorschrift JKK I § 18 teils auf Grund einer Analogie.

[7]) Z. B. hinsichtlich der Religionsgenossenschaften GA LIII, 1868 § 24 GA. XLIII, 1895 § 9 Abs. 1.

Gewohnheit[1]) oder eine andere Rechtsquelle[2]) bilden, doch ist diese — anders als bei den Vereinen und Stiftungen — immer ein Privileg im objektiven Sinne, welches als vermögensrechtliche Folge der öffentlich-rechtlichen Anerkennung des Wirkens der Körperschaft zu betrachten ist: Staat[3]), Stadt[4]), Gemeinde[5]), Kirche[6]), Religionsgenossenschaft[7]), Kapitel[8]), Konvent[9]), geistliche Orden[10]) und andere Körperschaften[11]) kommen zwar als organisierte Vermögen in Betracht, doch eigentlich erst in zweiter Reihe und nur deshalb, weil sie sonst nicht im Stande wären, ihre wichtigsten im öffentlichen Rechte anerkannten Ziele zu erreichen[12]). Die privatrechtliche Rechtsfähigkeit der Körperschaften ist daher grundsätzlich bloß das Mittel, ihre öffentlich-rechtlichen Zwecke zu ermöglichen, wohingegen Vereine und Stiftungen[13]) vor allem privatrechtlichen Zwecken dienen.

Die Körperschaft entsteht entweder (unmittelbar) durch einen Rechtssatz[14]) oder durch einen im objektiven Rechte umschriebenen und auch hinsichtlich seiner Hauptwirkungen geregelten Willensakt[15]). Sie erlangt ihre Rechtsfähigkeit mit dem Entstehen und behält diese solange, als sie ihr laut dem Gesetz bezw. laut ihren demselben angepaßten Satzungen zukommt. Dem Gesetz und den Satzungen ist es auch zu entnehmen, ob Konkurs, Verlust des Vermögens, Wegfall aller Mitglieder usw. die Rechts-

---

[1]) Z. B. betreffs der Kapitel und Konvente Trip II 46, 50 § 5.

[2]) Etwa königliche Verordnungen. Z. B. die die Organisation der griechisch-rumänischen oder der griechisch-serbischen Kirche betreffende königliche Verordnung vom 8. 10. 1868, bez. VG 28. 5. 1869 usw.

[3]) Vertreter des Fiskus sind: die Direktion für Rechtssachen. VJM 49 240/1883 die fiskalischen Anwaltschaften und die vom Fall zu Fall betrauten Vertreter des Militärfiskus.

[4]) GA XXI, 1886 §§ 1 ff., GA XXXV, 1872 §§ 1 ff.

[5]) GA XXII, 1886 §§ 1, 2.

[6]) Anerkannte Kirchen sind: die römisch- und griechisch-katholische, die griechisch nicht unierte, die evangelisch-reformierte, die Augsburger reformierte, die unitarische. Anerkannt ist ferner die israelitische Konfession. Einzelne Organe der katholischen Kirche sind kraft Gewohnheit als besondere juristische Personen anerkannt so z. B. Pfarrschaften bezw. deren Vermögen K. 1918 S. 1 1130. Ü. L. Nr. 36. 1918. usw.

[7]) Durch regierungsbehördliche Genehmigung des Organisationsstatuts kann jede Religionsgenossenschaft die Anerkennung erlangen § 9 GA XLIII, 1895.

[8]) Trip II 50 § 5, II 53 § 3.

[9]) Z. B. GA CII/1715 §§ 2, usw.

[10]) Die Gewohnheit hat auch die Rechtsfähigkeit solcher Orden anerkannt, deren Mitglieder kein feierliches Ordensgelübde ablegen. MJG Dt Bd. VI S. 33, K 3305/1911 P.

[11]) Z. B. Handelskammern GA VI, 1868 Advokatskammern GA XXXIV, 1874 §§ 17—33, Notariatskammern §§ 26—32, GA XXXV, 1874 §§ 10—32, GA VII, 1886.

[12]) Z. B. Advokatskammern, Notariatskammern usw.

[13]) Bei Erforschung dieser darf man sich aber von Äußerlichkeiten keineswegs irreführen lassen. So ist meines Erachtens die im GA XIV, 1916 neu errichtete Geldinstitutszentrale trotz der Genossenschaftsform (§ 1) wegen ihres öffentlich-rechtlichen Zweckes, Sanierung der auf genossenschaftlicher Basis wirkenden Provinz-Finanzinstitute (§ 1) eine Körperschaft.

[14]) Z. B. gesetzliche Anerkennung der betreffenden Kirche.

[15]) Z. B. Beschluß der israelitischen Einwohner eines Ortes, eine organisierte Gemeinde zu bilden.

fähigkeit der Körperschaft beendigen, ob im Falle einer solchen Beendigung außerhalb des Konkurses eine Liquidation einzutreten hat [1], ob dem Staate ein Auflösungsrecht [2] oder in zwingender Not ein Suspendierungsrecht [3] bezüglich der Körperschaft zusteht oder nicht.

Alle diese, sowie die übrigen ungeklärten Fragen betreffend die Rechtsverhältnisse der Körperschaften, ihre Vertretung, Geschäftsführung u. a. sind nicht bloß Auslegungsfragen der Satzung, sondern in jedem Falle auch solche der objektiven Duldungsnorm, mit welcher die Satzung in Einklang zu bringen ist.

Sonst kann, abgesehen von einem unübersichtlichen Gewirr prozessualer [4] und verwaltungsrechtlicher [5] Vorschriften, meines Erachtens nur noch gesagt werden, daß die Stiftungen ihren privatrechtlichen Charakter noch nicht dadurch einbüßen, daß ihre Verwaltung einer Körperschaft anvertraut wurde. Hierbei entsteht die in der Praxis von Fall zu Fall zu lösende Frage, wie die Sachlage ist, wenn die Stiftung der Körperschaft so eng angegliedert wurde, daß sie, trotz der Beibehaltung ihrer juristischen Persönlichkeit, zu einer öffentlichrechtlichen Stiftung wurde, auf welche die Vorschriften der Körperschaften mehr oder minder abfärben.

Inhalt und Umfang der Rechtsfähigkeit der Körperschaften müssen trotz einzelner Privilegien derselben [6], denen der übrigen juristischen Personen gleich erachtet werden.

9. Anstalten [7] sind meistens ihrem Umfange und ihrer Organisation nach kompliziertere juristische Personen, also entweder Vereins- oder Stiftungs- oder Körperschaftsanstalten. Gemischte Gebilde [8] sind, je nachdem, wohin ihre Organisation hinneigt, entweder der einen oder der anderen Gruppe zuzufügen [9].

§ 5. Handlungsfähigkeit.

1. Die Rechtsfähigkeit ist ein allgemeines Erfordernis aller subjektiven Rechte, die Handlungsfähigkeit hingegen ein besonderes einzelner, nämlich jener welche durch menschliches Handeln begründet, geändert oder aufgehoben werden.

Die Handlungsfähigkeit ist demnach beträchtlich enger als die Rechtsfähigkeit. Während sich die letztere auf alle Arten des Rechts-

[1] Z. B. § 63 GA XIV, 1916.

[2] Gesetzlich anerkannten Religionen gegenüber kann ein solches schwerlich angenommen werden.

[3] Z. B. im Fall eines Krieges Arg. ex eadem ratione GA LXIII, 1912 § 9.

[4] Inhalt und Grenze der Vertretung vor Gerichten.

[5] Innere Organisation.

[6] Z. B. privilegierte Verjährungszeit (100 Jahre) gegen den Fiskus Trp I 23 § 1, gesetzliche Pfandrechte GA LX, 1881 § 189. Anfallsrechte JKK I § 19 usw.

[7] Der Ausdruck dient auch zur (ungenauen) Bezeichnung des größeren Umfanges einer Industrie- oder andersartigen Unternehmung. In diesem Sinne hat er mit der Rechtsfähigkeit der juristischen Personen natürlich nichts gemein.

[8] Z. B. die Budapester Universität, welche aus dem Pázmány'schen Fonds erhalten wird.

[9] Analogie aus der Vorschrift betreffs der Hermaphroditen.

erwerbes und des Pflichtenzuwachses erstreckt, beschränkt sich die Handlungsfähigkeit nur auf jenen, der durch menschliches Tun und Lassen erfolgte. Dies ist der Grund dessen, daß die Rechtsfähigkeit allen Rechtssubjekten, die Handlungsfähigkeit hingegen bloß dem Menschen zusteht. Sowohl die Rechtsfähigkeit, als auch die Handlungsfähigkeit sind Eigenschaften der Rechtssubjekte.

Handlungsfähigkeit ist die Möglichkeit, durch eigenes Tun und Lassen Rechte zu erwerben und mit Pflichten belastet zu werden.

Die Handlungsfähigkeit umfaßt: die Geschäftsfähigkeit, d. h. die Möglichkeit, durch eigenes Tun und Unterlassen die Folgen von Rechtsgeschäften herbeizuführen, die Verantwortungsfähigkeit, das ist die Möglichkeit, Nachteilsfolgen verbotener Handlungen durch eigenes Tun und Unterlassen herbeizuführen, endlich eine dritte bisher mit keinem technischen Namen bezeichnete Fähigkeit, die es ermöglicht, durch — weder rechtsgeschäftliche noch verbotene — Handlungen Rechte zu erwerben oder mit Pflichten belastet zu werden.

Wie oben schon erwähnt, verschwimmen die Grenzen der Handlungsfähigkeit und Rechtsfähigkeit dann, wenn ein subjektives Recht ausschließlich auf dem Wege des persönlichen Handelns begründet, geändert oder aufgehoben werden kann. Sie sind vielleicht dennoch daran zu erkennen, daß ein späterer, der Begründung des subjektiven Rechts folgender Wegfall der Rechtsfähigkeit das betreffende subjektive Recht gänzlich aufhebt, während eine Änderung der Handlungsfähigkeit bloß die weitere Ausübung des betreffenden Rechts beeinflußt. Daher ist es zu erklären, daß z. B. das spätere Eintreten eines Umstandes, welcher die eherechtliche Handlungsfähigkeit des Ehegatten beeinträchtigt, die Gültigkeit der Ehe nicht berührt [1]), während ein Kriegslandesverrat dem Rechtskreise des Verräters alle diesem schon angegliederten Vermögensrechte entreißt [2]).

2. Die Handlungsfähigkeit ist die privatrechtliche Anerkennung der geistigen Reife des Menschen. Dies erklärt ihre verschiedenen der durchschnittlichen geistigen Entwicklung angepaßten Stufen: die unbeschränkte Handlungsfähigkeit, die beschränkte Handlungsfähigkeit und die Handlungsunfähigkeit das ist das gänzliche Versagen derselben.

Für das Gebiet des Verkehrsrechts gilt folgendes: Unbeschränkt handlungsfähig sind geistig normale nicht entmündigte Menschen, die ihr 24. Lebensjahr beendigten und deren Minderjährigkeit nicht verlängert wurde[3]), dann solche, die vor Erlangung dieses Alters volljährig wurden: Frauen durch Eingehung einer Ehe[4]) oder diejenigen Personen, die durch vormundschaftsbehördlichen Beschluß unmittelbar oder mittelbar für volljährig erklärt wurden [5]).

---

[1]) Vergl. Ehg § 127.
[2]) § 2 GA XVIII, 1915. Vergl. meine „Wirkung des Krieges auf das Privatrecht". S. 18 ff.
[3]) GA XX, 1877 § 1 und § 8.
[4]) GA XXIII, 1874.
[5]) GA XX § 4—6.

Beschränkt handlungsfähig sind beschränkt Geschäftsfähige, und beschränkt Verantwortungsfähige.

Beschränkt Geschäftsfähige sind: wegen Geisteskrankheit, Geistesschwäche, Taubstummheit oder Verschwendung entmündigte Volljährige [1], ferner Minderjährige gesetzlichen Alters [2]. Beschränkt Verantwortungsfähig sind nur die letzterwähnten [3], sofern sie ihr 18. Lebensjahr nicht vollendeten [4].

Handlungsunfähig sind: Geisteskranke, Geistesschwache, in momentaner Geistesstörung Befangene, Bewußtlose [5], endlich Kinder unter 12 Jahren.

Handlungsunfähige vermögen keine wirksamen Rechtshandlungen vorzunehmen also weder Rechtsgeschäfte abzuschließen, noch sich mit den Folgen verbotener Handlungen oder anderer Rechtshandlungen zu belasten. Beschränkt Handlungsfähige hingegen haben die Macht, alle rechtlich vorteilhaften Handlungen vorzunehmen und mit der Einwilligung oder der nachträglichen Genehmigung ihres gesetzlichen Vertreters [6] auch sie verpflichtende Willenserklärungen abzugeben und entgegen zu nehmen [7].

Die Folgen der verbotenen Handlungen belasten die Handlungsunfähigen nicht [8], die beschränkt Handlungsfähigen hingegen dann, wenn sie die zur Erkenntnis ihrer Verantwortlichkeit erforderliche Einsicht zu jener Zeit besaßen, welche für die Nachteilsfolgen der verbotenen Handlungen in Betracht kommt [9].

Die Entmündigung der Handlungsunfähigen befördert die letzteren wenigstens hinsichtlich der Rechtsgeschäfte zu beschränkt Geschäftsfähigen. Die gerichtliche Praxis sprach sich schon dahin aus, daß Geisteskrankheit, sowie Geistesschwäche, sofern sie dessen Abschluß beeinflußte, selbst vor der Entmündigung die Ungültigkeit des Rechtsgeschäfts zur Folge habe [10],

[1] Vergl. GA XX, 1877 § 28 Punkt a—c und § 33; GA VI, 1885.

[2] GA XX, 1877 § 7. Trip. I. 111.

[3] Arg. Strf. § 82.

[4] Arg. § 16. GA XXXVI, 1908.

[5] Vollständige Trunkenheit Mji Dt Bd. IX s. 2, ebend. S. 247.

[6] Arg. GA XX, 1877. § 33. Abs. 3, welcher zwar ausschließlich die Rechtsgeschäfte erwähnt, doch zweifellos auch auf andere Rechtshandlungen anzuwenden ist. Dies gilt jedoch nur für die belastenden Folgen der verbotenen Handlungen. Steht eine Unterlassung des Handlungsunfähigen in Frage, so kann er sich auf diese Rechtsregel nicht berufen, sofern er im Stande war die Bedeutung der Unterlassung zu erkennen. So wurden Minderjährige mit Unterhaltsansprüchen aus dem erwähnten Grunde abgewiesen: MjiDt Bd. X. S. 105, Bd. X. S. 376 Bahnunfälle usw.

[7] Ohne Zustimmung sind gültig dem Alter, dem Stande und dem Vermögen des beschränkt Geschäftsfähigen angemessene Lebensnotwendigkeiten betreffende Rechtsgeschäfte (MjiDt Bd. II. S. 335. Bd. VIII. S. 167), nicht aber z. B. die Kosten einer Amerikareise Bd. IX, S. 111 usw. Beweist der gesetzliche Vertreter, daß er seinen Schützling diesbezüglich gehörig versorgte, so ist das Geschäft ungültig (Mji Dt VIII. S. 167).

[8] Arg. GA V, 1878 § 83, 82, welche in Ermangelung einer anderen Rechtsquelle auch für das Privatrecht gelten müssen, vergl. auch EUG § 1469.

[9] Arg. GA XXXVI, 1908 § 16. Die angeführte Stelle der Strafgesetznovelle behandelt zwar bloß die strafrechtliche Verantwortlichkeit, ist jedoch eadem-ratione auch für die privatrechtliche zu verwenden. Vergl. § 1469 EUG.

[10] K 4785/1905 (Jogt. Közl. Dt Bd. 101, S. 82), K 3835/1910 (MjiDt. Bd. V; S. 49), K 1770/1907 (MjiDt Bd. II, S. 97) kennt jedoch die Gültigkeit des durch den

mit anderen Worten, daß sie Handlungsunfähigkeit statuiere. Die ganz bestimmte Fassung des Vormundschaftsgesetzes [1]) läßt andernteils keinen Zweifel daran, daß der gerichtlich Entmündigte mit der Entmündigung, aus welchem Grunde immer diese auch erfolge, eine beschränkte Geschäftsfähigkeit erlange. So bleibt die Frage der Gültigkeit der vor der Entmündigung vorgenommen rechtlichen Handlungen beschränkt Geschäftsfähiger, eigentlich offen. Lag eine Handlungsunfähigkeit vor, so können sie nachträglich für ungültig erklärt werden (materielle Ungültigkeit), doch hat das Vorliegen des Ungültigkeitsgrundes derjenige zu beweisen, der sich auf ihn beruft [2]). Von dem Zeitpunkte an hingegen, welcher für die Wirksamkeit der Entmündigung maßgebend ist, wird der Entmündigte beschränkt-geschäftsfähig und zw. ganz ohne Rücksicht darauf, ob der zur Entmündigung führende Tatbestand: die Geisteskrankheit, die Geistesschwäche, die unverständliche oder verständliche Taubstummheit usw. tatsächlich auch vorlag oder nicht (eventuelle formelle Ungültigkeit).

Die Regeln der vermögensrechtlichen Handlungsfähigkeit sind, soweit keine besondere Rechtsquelle vorliegt [3]), aus dem Vormundschaftsgesetze [4]) zu entnehmen.

Außerhalb des vermögensrechtlichen Verkehrs stehen wir hingegen bei der Frage, wer eigentlich in diesem Umkreise beschränkt handlungsfähig oder gar handlungsunfähig sei, zweifelnd vor dem Ehegesetze [5]).

Die Unterschiede zwischen den hier wiederholt angeführten beiden Hauptquellen: dem GA XX, 1877 und dem GA XXXI, 1894 sind groß genug und praktisch wichtig. So gelten entmündigte Geisteskranke sowie Personen, deren Minderjährigkeit wegen Geisteskrankheit verlängert wurde, im Ehegesetze als handlungsunfähig, im Vormundschaftsgesetze als beschränkt handlungsfähig [6]), entmündigte Verschwender hingegen [7]) im VMG als beschränkt handlungsfähig, im Ehg als unbeschränkt handlungsfähig, endlich durch den die Ausübung eines selbständigen Gewerbes gestattenden Beschluß der Vormundschaftsbehörde für volljährig Erklärte [8]) im VMG als unbeschränkt handlungsfähig, im Ehg nicht.

Bei der Entscheidung ist darauf zu achten, daß das Personenrecht, sowie die übrigen [9]) Rechtsgeschäfte des Familienrechts und des Immaterialrechts ebensowenig der plutokratischen [10]) Auffassung des Vormundschaftsgesetzes unterordnet werden können, wie die Eingehung der Ehe. Das moderne Privatrecht schätzt die persönlichen Rechtsgüter des Men-

---

Geistesschwachen abgeschlossenen Rechtsgeschäftes an, wenn seine geistige Abnormität den Willensentschluß in concreto nicht beeinflußte.

[1]) GA XX, 1877 § 33 Abs. 3.

[2]) PG § 269.

[3]) Eine solche findet sich z. B. für die Wechselfähigkeit § 1 GA XXVII, 1876 vor.

[4]) § 33.

[5]) §§ 127, 128 Ehg.

[6]) Ehg § 127 Punkt b und c, d und e. Vmg § 28 Punkt a.

[7]) § 28 Punkt c Ehg. § 130 Vmg § 5, Ehg § 130.

[8]) Vmg § 5.

[9]) Nicht die Eingehung einer Ehe betreffenden, auf letztere beschränkt sich nämlich das Ehg § 127 expresiss verbis.

[10]) Ausschließlich die vermögensrechtliche Rechtsfähigkeit beachtenden.

schen höher, als die vermögensrechtlichen und mindestens ebenso hoch, als seine Ehefähigkeit. Die Praxis zeigt es bei den für die Testierfähigkeit erforderten Voraussetzungen [1], daß sie selbst Vermögensrechte je nach Zweckmäßigkeitsgründen bald in weiterem bald in engerem Maße den Handlungen des beschränkt Handlungsfähigen unterwirft. Ist aber der Grundgedanke der Handlungsfähigkeit selbst innerhalb des Vermögensrechtes kein starrer, so kann er es außerhalb desselben noch viel weniger sein.

Der Gegenüberstellung der ehegesetzlichen und der vermögensrechtlichen Handlungsfähigkeit ist zu entnehmen, daß die Handlungsfähigkeit und deren Abstufungen von dem Inhalte der Rechtsbegründungen, Rechtsänderungen und Rechtsaufhebungen abhängen, welche die Handlung bewirkt. Somit kann es sich in unserer Frage nur darum handeln, welche Vorschriften anzuwenden sind, wenn das Gesetz für eine Handlung die die Handlungsfähigkeit betreffenden Rechtsvorschriften nicht enthält.

In dieser Fassung scheint es angezeigt, die Frage dahin zu beantworten, daß personenrechtliche Handlungen, sowie die Handlungen des reinen Familienrechts am ehesten den Voraussetzungen des Ehegesetzes entsprechen. Man geht daher vielleicht nicht fehl, wenn man im Zweifel auf die Fragen der Handlungsfähigkeit des Vermögensrechts unter Lebenden die Grundsätze des GA XX, 1877, auf die des Vermögensrechts mortis causa, sowie auf den Rechtsstoff der nichtvermögensrechtlichen Handlungen des Personenrechts, des Immaterialrechts, des Familienrechts hingegen die Vorschriften des GA XXXI, 1894, §§ 127, 128 anwendet. Findet sich also auf irgend eine Rechtshandlung, sei diese nun Rechtsgeschäft, verbotene Handlung, oder aber eine solche, die weder in die erste, noch in die letztere Kategorie einzuteilen ist, in den Quellen keine besondere Vorschrift, so hat man vor allem den Inhalt des durch sie bewegten subjektiven Rechts oder Rechtsverhältnisses zu betrachten und hernach, dem bisher Ausgeführten gemäß, die Erfordernisse der Handlungsfähigkeit bezw. die Stufen der unbeschränkten sowie der beschränkten Handlungsfähigkeit und der Handlungsunfähigkeit zu bestimmen.

Außerhalb des Vermögensrechts sind daher nicht die vorhin angegebenen, sondern, nach dem Fingerzeige des Ehegesetzes [2], folgende Stufen der Handlungsfähigkeit zu unterscheiden. Handlungsunfähig sind: Kinder unter 12 Jahren, Geisteskranke, ihres Verstandes sonst Beraubte während der Zeit ihrer geistigen Abnormität, dann wegen Geisteskrankheit und Taubstummheit mit Verständigungsunmöglichkeit Entmündigte, oder vorwirkend Entmündigte Volljährige, endlich jene, deren Minderjährigkeit aus denselben Gründen verlängert wurde. Demgegenüber gelten in diesem Rechtsstoffe als beschränkt handlungsfähig nicht Handlungsunfähige, dann jene Minderjährige, deren Minderjährigkeit wegen Geistesschwäche oder Taubstummheit mit Verständigungsmöglichkeit verlängert wurde, endlich aus denselben Gründen entmündigt Volljährige [3].

---

[1] Ein Dreizehnjähriger kann mortis causa über sein Vermögen verfügen. Vergl. GA XVI, 1876 § 21.

[2] GA XXXI, 1894 § 127.

[3] Ebendaselbst § 128.

§ 6. Gegenstände der Rechte.

Rechtsfähigkeit und Handlungsfähigkeit sind die subjektiven Erfordernisse der Rechte d. h. Begleiterscheinungen dessen, daß die Dogmatik die Rechte natürlichen oder künstlichen Rechtsträgern zuschreibt. In objektiver Beziehung erfordern die Rechte das Vorhandensein eines Gegenstandes, auf den sie sich beziehen und an dem sie ausgeübt werden.

Gegenstände der Rechte sind: Sachen, Naturkräfte, Menschen, Geisteserzeugnisse, Rechte und Rechtsverhältnisse.

I. Sachen.

1. Sachen sind körperliche Gegenstände[1]) d. h. physisch[2]) oder rechtlich[3]) abgegrenzte Stücke der Natur.

2. Rechtliche Eigenschaften der Sachen sind solche, welche zu eigenartigen Rechtsfolgen führen. In diesem Sinne sind vor allem die sachenrechtlichen, d. h. die im Sachenrechte häufigsten und daselbst mit eigenartigen Folgen versehenen Eigenschaften zu behandeln. Auf ihnen beruhen: Aufbau, Inhalt und Wesen der Sachenrechte.

Sachenrechtliche Eigenschaften sind: die Beweglichkeit bezw. die Unbeweglichkeit, die Einheitlichkeit und Teilbarkeit der Sachen. Hingegen sind Verbrauchbarkeit, Vertretbarkeit, Ertragsfähigkeit und Verkehrsfähigkeit auch (oder ausschließlich) in den übrigen Teilen des Rechtssystems zu beachten.

3. Unbewegliche Sachen sind Grundstücke. Alle übrigen Sachen, deren sachenrechtliches Schicksal nicht eng mit dem eines Grundstückes verbunden ist, sind beweglich.

Die beweglichen Sachen sind in größerem Maße und in vollerem Umfange Gegenstände der Sachenrechte, als die Grundstücke. Dies gilt vor allem für das Eigentum. Erstrecken sich doch die Herrschaftsmöglichkeiten am Fahrnis auf das Wirkenlassen und die Benutzung der an ihnen möglichen Naturkräfte[4]), während die Nutzungsarten an den Grundstücken in den Quellen, wenn auch etwas verhüllt, doch einzeln umschrieben, also eigentlich in taxativer Weise aufgezählt und daher genau genommen erlaubte Rechtsausübungen sind[5]). Die Fahrnissache gelangt ihrem ganzen Umfange nach

---

[1]) EUG § 334 Abs. 1.

[2]) Physisch abgegrenzt sind Fahrnissachen.

[3]) Die Selbständigkeit der Grundstücke wird durch ihre rechtliche in das Grundbuch eingetragene Abgrenzung anerkannt.

[4]) Die Nutzungsarten an Fahrnis sind gesetzlich nicht vorgeschrieben. Das Fahrniseigentum untersteht bloß den allgemeinen Schranken der Rechtsausübung: dem Verbot der schikanösen, unmoralischen, die öffentliche Ordnung gefährdenden Ausbeutung des Rechtsgegenstandes.

[5]) Die Quellen, z. B. GA XII, 1894 gehen äußerlich davon aus, daß das Grundeigentum grundsätzlich ebenso frei ist, wie das Eigentum an beweglichen Sachen

das Grundstück hingegen eigentlich blos hinsichtlich seiner Verkehrsoberfläche[1]) in den Machtbereich des Eigentümers. Das Souveränitätsrecht des Staates über Luftraum[2]) und Erdinnere[3]) beschränken den Machtbereich des Eigentümers sowohl nach oben, als auch nach unten hin ganz bedeutend.[4])

Es ist augenscheinlich, daß ein solcher Unterschied bei sämtlichen Sachenrechten zur Geltung kommen muß, was im Sachenrechte auszuführen ist. Hier sei nur erwähnt, daß das Nutzungspfand an beweglichen Sachen anerkannt ist[5]), dagegen nicht an Grundstücken [6]), daß der Pfandgläubiger sich unter Umständen aus beweglichen Sachen selbst befriedigen kann [7]), dagegen der Hypothekengläubiger nicht ohne Einwilligung des Schuldners [8]), daß Reallasten an Grundstücken erlaubt [9]), an Fahrnissachen verboten [10]) sind. Rechtsgeschäftlicher Erwerb, Änderung und Verlust der Sachenrechte an Fahrnissachen unterstehen ganz anderen Grundsätzen, als jene an Grundstücken [11]) usw. Der tiefgehende Unterschied

und betrachten die sich aus dem Nachbarrechte, aus den Vorschriften über Fabrikbetriebe, aus Bauordnungen, Polizeivorschriften, Mietsstatuten, aus landwirtschaftlichen Vorschriften ergebenden Einengungen als Ausnahmen. Die Zahl, Wichtigkeit und Ausdehnung der letzteren einerseits, die unleugbar weniger starre Richtung des neueren Privatrechts und das Souveränitätsrecht des Staates anderseits zwingen jedoch zu der im Texte enthaltenen Auffassung. Jetzt augenscheinlich aus dem GA XXXVI: 1920 § 1.

[1]) Cun grano salis! Ich verstehe hierunter den zur üblichen Benützung nötigen Teil des Grundstücks, der sowohl hinsichtlich der städtischen wie auch der ländlichen Grundstücke durch den Verkehr schon genügend festgelegt wurde, demnach: den Bau- und Anbaugrund. S. Sachenrecht.

[2]) Entwurf des ungarischen Aerobundes über das Luftverkehrsrecht § 1. (1917) Tr. Fr. Art. 260 enthalten zwar diesbezüglich scharfe internationale Beschränkungen. Immerhin ist ihnen zu entnehmen, daß der Luftraum in den Machtbereich des Staates und nicht des Eigentümers gehört. Vgl. auch das in deutscher Sprache veröffentlichte Protokoll der budapester Luftrechtkonferenz (Budapest 1918.) S. 24—187 und S. 328 Punkt I. II.

[3]) Dem Staate stehen zu: das Ausbeutungsrecht der Mineralien, (nicht aber auch der Steinkohle, Bergwerksgesetz vom . V. 23. 1853. § 1. IKK § 1.) ferner das Ausbeutungsrecht der Kalisalze (Ga. VI: 1911 § 1), der Erdgase und Erdöle (§ 2 das.) usw.

[4]) Vgl. EUG. § 391. Dieser entspricht noch der schroff individualistischen Auffassung des römischen Rechts, die jedoch heute blos hinsichtlich der Fahrnisse zutrifft. Lehrreich ist GA. XII: 1894, der im § 1 die allgemeine Ausbeutungsfreiheit der landwirtschaftlichen Grundstücke durch den Eigentümer verkündet, diese jedoch durch die ausführlichen Bestimmungen über den landwirtschaftlichen Betrieb wieder zertrümmert (§§ 2—92 des Gesetzes). Jetzt schon viel entsprechender GA XXXVI: 1920, der es im § 1 ganz merklich zum Ausdruck bringt, dass der eigentliche Inhalt des Eigentums an landwirtschaftlichen Grundstücken deren gesetzlich vorgeschriebene fachgemäße Bewirtschaftung ist. Vgl. meinen Aufsatz über das „Eigentum an landwirtschaftlichen Grundstücken (Jogállam 1921 Maiheft).

[5]) Hierzu ist aber Einwilligung des Schuldners erforderlich, Kassaer Tafel 1899 *Grill* Dtár Bd. I S. 601 K.

[6]) JKK I § 2, Aviticitätspatent § 19.

[7]) HG § 306 WG § 93. Er muß zu keinem Urteil Zuflucht nehmen.

[8]) Arg. GO §§ 66 und 130, vgl. EUG § 69.

[9]) Anders bei Zubehören S. weiter.

[10]) Das folgt schon daraus, daß Reallasten erlaubte Rechte sind, welche nur auf Grund quellenmäßiger Belege zugelassen werden.

[11]) Vgl. auch GA XLI, 1881 § 10.

zwischen beweglichen und unbeweglichen Gütern äußert sich zwar auch auf anderen Gebieten, so kommt Verbrauchbarkeit, Vertretbarkeit und Zubehöreigenschaft bloß Fahrnissachen zu, so wird das Gebiet der Handelsgeschäfte [1]), sowie der Handelsprokura [2]) der Wirkungskreis des gesetzlichen Vertreters der beschränkt Geschäftsfähigen [3]), die Grenzen der Vollmacht der Ehegatten [4]), ja sogar mancher nichtprivatrechtlichen Rechtsfolgen [5]) durch dieses Kriterium abgegrenzt. Immerhin kommt ihm eine überwiegende, nahezu organische Wirkung nur im Sachenrechte zu.

Wird es bei einer Auslegung einer Quelle gesetzten [6]) oder ungesetzten Rechts, sowie eines Rechtsgeschäfts fraglich ob eine Sache den Fahrnis- oder Grundstücksvorschriften unterworfen sei und besonders, ob gewisse Rechte z. B. Forderungen, Hypotheken usw. den Grundstücken oder Fahrnissachen gleichgestellt seien, so gelten zwar die allgemeinen Vorschriften, doch ist der Zweifel anzunehmen, daß im Grundbuch eingetragene Rechte den Grundstücken gleich erachtet werden.

4. Im rechtlichen Sinne einheitlich ist eine Sache, die ausschließlich aus ihren Bestandteilen zusammengefügt ist.

Bestandteile der Sache sind solche, welche ohne Vernichtung, unverhältnismäßige Beschädigung, Gebrauchs-oder Zwecksänderung der Sache von ihr nicht getrennt werden können [7]) [8]).

Nicht wichtig ist hierbei, ob der Bestandteil nach der Trennung der Muttersache gleichartig bleibt oder nicht: die Haut des Pferdes gilt ebenso als Bestandteil wie der durch grundbuchliche Austragung und neue Eintragung zu einer neuen der Muttersache gleichartigen Sache verselbständigte Parzellenteil eines Grundstücks [9]).

Bestandteile eines Grundstückes sind: einmal Sachteile, wie die Teile der einzelnen Parzellen, doch nicht die Parzellen selbst [10]), Gebäude [11]), eingebaute Maschinen [12]), Einrichtungen [13]), die nicht abgesonderten Früchte [14]) und Erzeugnisse [15]) des Grundstücks,

---

[1]) HG § 262.

[2]) HG § 38.

[3]) GA XX, 1877 §§ 20 Punkt c, d, 113 Punkt 7 und 9.

[4]) GA VII, 1886 §§ 22—24.

[5]) PG §§ 39—40.

[6]) Viele Schwierigkeiten verursachen diesbezüglich: HG, VG, VN, WG und die Zwangsversteigerungsgesetze.

[7]) EUG § 388. Anders, doch unrichtig Exekutions G § 149. K, 1901 I G 690 *Grill* Dtár Bd. I S. 143.

[8]) Vor der besonderen Einbücherung sind die Parzellen teile Bestandteile.

[9]) Diese sind selbständige Grundstücke Arg. GO § 55.

[10]) G. O. §§ 55—56 betrachten diese als selbständige Grundstücke

[11]) Hierauf beruhen: K 1906 IG 257 (Mjgi Dt Bd. I S. 212), K 3588/1896 ebendaselbst S. 212 K 1914, PV 2039, K 8816/1893 (*Grill* Dt Bd. I S. 142).

[12]) Z. B. Mühlsteine: Debrecener Tafel 1895 G 5.

[13]) z. B. elektrische Beleuchtungs- und Hausglockenvorrichtungen K 1905 G 115 (*Lallosewits Lányi* Bd. I S. 176).

[14]) So K 1897 I *Grill* Dt Bd. I S. 145; ferner: Arg. Hofverordnung 15 742. 1862 § 37 dann EUG § 339.

[15]) Etwa Lehm, nicht abgesonderte dem Eigentümer zustehende Mineralien usw.

der ausgesäte Samen[1]) u. dgl., vorausgesetzt, daß all diese dem Grundstücke mit der Absicht einer ständigen Verbindung eingefügt werden.[2]) Sodann aber auch Nutzungs- und Aneignungsrechte, wie die sogenannten kleineren Regalien[3]), das Steinkohlenausbeutungsrecht[4]), das Jagdrecht[5]), das Fischereirecht[6]), das Nutzungsrecht[7]) des Ufereigentümers an dem Ufer und Boden der dem öffentlichen Verkehr dienenden Gewässer[8]) usw. Ist der Bestandteil ein organisches Erzeugnis der Muttersache[9]) oder wurde er derselben durch Naturkraft eingefügt[10]) so wird er in den Quellen wiederholt „Accessorie" genannt.

Die einheitliche Sache erleidet, soweit das Gesetz keine Ausnahmen[11]) gestattet, ein einheitliches sachenrechtliches Schicksal. Dies gilt vor allem hinsichtlich der sachenrechtlichen Eigenschaften. Der Bestandteil ist je nach der Beschaffenheit der Muttersache beweglich oder unbeweglich.

Die weitere Folge dieser Abhängigkeit ist aber auch, daß die dinglichen Rechte an der Muttersache sich ipso jure auf jeden Bestandteil derselben erstrecken. Dieser Umstand macht einen selbständigen dinglichen Erwerb der Bestandteile unmöglich und, solange die Verbindung mit der Muttersache andauert, auch unnötig[12]).

Hie und da wirkt der Grundsatz, nach dem die Einheitlichkeit der Sache auch schon den Umfang der sie betreffenden dinglichen Rechte bestimmt so stark, daß das Gesetz eine Trennung der Bestandteile von der Muttersache überhaupt ausschließt[13]). An solchen untrennbaren Bestandteilen sind selbständige dingliche Rechte nicht anerkannt. Fehlt aber auch ein derartiges Trennungsverbot, so ist dennoch davon auszu-

---

[1]) Fraglich ist, ob der Samen schon durch das Aussäen zum Bestandteil wird? ÖBGB § 420 erfordert zwar mehr (Wurzeltreiben?), doch scheint dies nach Neuorientierung auf Grund des BGB § 94 und EUG § 393 Abs. 2 schon überholt.

[2]) So besonders K 1901/G 690 *Grill* Dt Bd. I S. 143 K 1901 IG 509 (*Lallosevits-Lányi* Bd. I S. 176).

[3]) Z. B. Fährebefugnis (40 VE) usw. diese können jedoch von der Muttersache getrennt werden, desgl. Urbarialnutzungen, welche an ein Grundstück gebunden sind wie Weidrechte, Schilfnutzungsrechte GA LIII, 1873 § 56 usw.

[4]) JKK VII § 1 Mjgi Dt Bd. VII S. 41.

[5]) § 1 GA XIX: 1888.

[6]) GA XX, 1883 § 1. Das Gesetz gebraucht wie so manche andere das Wort „Zubehör".

[7]) Es war ehemals eine der kleineren königlichen Regalien K 4878/1903 (*Staud* S. 34 3).

[8]) §§ 4, 5, 6, GA XXIII, 1885.

[9]) Graß, Früchte, Bäume, ein Tierembryo usw.

[10]) Z. B. durch Alluvio, Avulsio usw.

[11]) Ausnahmen sind z. B.: selbständiges Eigentum an der Avulsio während des ersten Jahres § 8 GA XXIII, 1885, dann Dienstbarkeit an der Wohnung, welche sich auf einen bestimmten Teil des Grundstückes bezieht K 2649/1884 (*Grill* Dt Bd. I S. 578). Eine besondere Ausnahme bildet auch getrenntes Eigentum an einzelnen räumlich gesonderten Teilen des Hauses (Stockwerkseigentum), welches in manchen Gegenden z.B. Fiume, Kassa usw. geduldet wird. Vergl. VJM 11 866/1893, 9000/1912 MjiDt Bd. XI S. 136 K 1916 Rp V 3320 beschäftigt sich mit der Veräußerung allerdings schon zu besonderen Parzellen verselbständigter Teilhäuser.

[12]) So MjgDt Bd. 9 S. 48 K 2039/1914.

[13]) Z. B. hinsichtlich des Ufers und Bodens der öffentlichen Gewässer § 5 Gesetzartikel XXIII, 1885, des Fischereirechts § 1 GA XIX, 1888, des Jagdrechts § 1 GA XX, 1883.

gehen; daß der besondere Besitz[1]) an Fahrnissachen, ferner besonderes Eigentum[2]), Pfandrecht[3]), eine besondere Hypothek[4]), die meisten besonderen Dienstbarkeiten sowie alle Reallasten an einzelnen räumlich oder sonst individualisierten Bestandteilen der einheitlichen Sache grundsätzlich ausgeschlossen sind.

Abweichende Vorschriften[5]) sind als Ausnahmen zu betrachten.

5. Teilbar ist eine Sache, welche, ohne unverhältnismäßige Beschädigung, in mehrere der Muttersache gleichartige Sachen zerlegt werden kann[6]).

Die teilbare Sache ist einem einheitlichen sachenrechtlichen Schicksal unterworfen. Kommt sie in den dinglichen Machtbereich mehrerer, so kann die sie betreffende Rechtsgemeinschaft durch Naturalteilung beendigt werden.

6. Der Zweck, welchem sie dienen, kann mehrere selbständige Sachen verschiedenartig verbinden. Fördern sie koordiniert einen gemeinsamen Zweck und ist ihre Eignung hierfür eine gleiche, so kann bei scharfer Betonung der Gemeinsamkeit[7]) eine Sachgesamtheit entstehen.

Die Sachgesamtheit ist mit keinen sachenrechtlichen Folgen verbunden. Scheinbare Ausnahmen, wie Nießbrauch oder Pfandrecht an Herden[8]), Bibliotheken schuf bloß die Zweckmäßigkeit. Diese hindern jedoch weder selbständige Sachenrechte an einzelnen der Gesamtheit zugehörigen Sachen[9]) noch begründen sie ein die Gesamtheit umfassendes einheitliches dingliches Recht. Sie genügen höchstens dazu eine Art dinglicher Austauschbarkeit an den einzelnen der Gesamtheit zugehörigen Sachen zu schaffen[10]) und die Erwerbshandlungen an neuen in die Gesamtheit kraft dinglicher Vertretbarkeit eintretenden Sachen überflüssig zu machen.

---

[1]) PG § 1 Punkt 1 d und § 6 Punkt 1, welche von Prozessen wegen Besitzes eines Teiles von Sachen sprechen, schließen die Annahme, daß Teilbesitz der Grundstücke nicht erlaubt sei, vollständig aus.

[2]) Ein diesem widersprechender dinglicher Vertrag ist ungültig, so MjgDt Bd. I S. 101 KG 257/1906 ebendaselbst S. 212 K 358/906 ebendaselbst Bd. IX S. 48 usw.

[3]) Für die Fahrnissachen folgt dies aus dem bei ihnen erforderlichen Pfandbesitz, für die Hypothek aus GO § 55.

[4]) Argumentum GO § 55 vergl. auch EUG § 699.

[5]) Z. B. GA XXIII, 1885 § 8, GA LX, 1881 § 211—212, GA XIX, 1888 § 2.

[6]) Besonders wichtig und häufig sind die Naturalteilungen der Grundstücke, welche mit Ausnahme der Einwilligung sämtlicher Teileigentümer ausschließlich auf dem Prozeßwege zu erlangen sind. Vergl. Mjgi Dt Bd. VII S. 368. Ist Naturalteilung nicht zu bewerkstelligen, so wird das Grundstück gerichtlich versteigert und die Teileigentümer teilen den Erlös.

[7]) Etwa gemeinsamer Name, welcher jedoch keinesfalls nötig ist.

[8]) Nießbrauch der Witwe an den in dem Nachlaß des Ehegatten verbliebenen Herden.

[9]) Besondere rei vindicatio usw.

[10]) Ebenfalls Zweckmäßigkeitsgründe führen zu Zugehörigkeitsvermutungen. So betrachtet K die Katalogisierung eines Werkes als Vermutungsbasis, aus welcher dessen Zugehörigkeit zu der katalogisierenden öffentlichen Bibliothek gefolgert werden kann. MjgiDt Bd. X S. 250 K 1915 RP I 8299.

Ein räumliches Verhältnis, welches dem gemeinsamen Zwecke der Sachgesamtheit entspricht und diesen zum Ausdruck bringt, pflegt meistens vorhanden zu sein [1] [2]. Mit dem Wegfall des gemeinsamen Zweckes [3] hat auch die Sachgesamtheit ihr Ende erreicht.

7. Auf demselben — nicht spezifisch sachenrechtlichen — Gebiete bewegt sich auch der Unterschied zwischen Hauptsache und Zubehör. Dieser beruht ebenfalls auf wirtschaftlichen Zwecken, welchen die Sachen dienen, spiegelt jedoch keine einen gemeinsamen Zweck fördernde Koordination sondern das Überhandnehmen des Zweckes der einen Sache über den der anderen wieder.

Hauptsache ist diejenige Sache, deren wirtschaftlicher Zweck der Verkehrsauffassung gemäß den anderer ihr räumlich nicht vorübergehend angefügter [4] beweglicher Sachen (des Zubehörs) beherrscht. Die Zubehöreigenschaft dauert solange das Zubehör dem Zwecke der Hauptsache dient, d. i. von dem Zeitpunkte der Anfügung bis zu dem der dauernden Entfernung.

Zubehörsachen sind u. a.: Wasser-, Rohr-, Drahtleitungen [5], dem Boden lose angefügte Kornspeicher [6], Geschäftsportale [7], Badezimmer- und Klosetteinrichtungen [8], Fabrikseinrichtungen [9], die zur ordnungsmäßigen Bearbeitung landwirtschaftlicher Grundstücke nötigen, von dem Boden getrennten Bodenerzeugnisse [10], Tiere [11], Dünger [12], Klavierdecken [13] usw.

Während die Einheitlichkeit der Sache den gesetzlichen Umfang der Sachenrechte bestimmt, erlangt die Zubehöreigenschaft bei der Auslegung der Rechtsgeschäfte unter Lebenden und von Todeswegen Bedeutung. Die Rechtsfolgen dieses allgemein vermögensrechtlichen Unterschiedes bestehen darin, daß Rechtsgeschäfte über die Hauptsache sich im Zweifel auch auf das Zubehör erstrecken [14].

Da die geltenden Vorschriften [15] einer hiervon abweichenden Auffassung keine Grundlage bieten, andererseits aber der rechtsgeschäftliche

---

[1] Z. B. Bibliothek, Gemäldesammlung usw.

[2] Z. B. fundus instructus des Pächters, welcher sich oft auf verschiedenen von einander weit entfernten Pachtgütern befindet.

[3] Hiermit entfällt der Kern der Sachgesamtheit.

[4] Vorbereitung genügt nicht (Rebenstöcke) K 1920, P VII 4263 (MT Bd. II S. 125).

[5] Hauptsache ist das Grundstück, dessen wirtschaftlichen Zweck sie fördern. GA XXIII, 1885 § 2.

[6] K 1905 GI 157, 145 (*Lallossevits-Lányi* Bd. I S. 176).

[7] Samt den dazugehörigen Lampen K 936/1904 ebendaselbst.

[8] Budapester Tafel 1898 I G 176, *Grill* Dt Bd. I S. 145.

[9] K 1901, 509 (*Lallossevits-Lányi* Bd. I S. 177).

[10] Vgl. EUG § 342 Punkt 1. Jetzt auch einigermaßen den Vorschriften GA XLI, 1908 zu entnehmen.

[11] EUG § 342 Punkt 1, jetzt GA XLI, 1908 § 2 Punkt 17—18.

[12] Vgl. EUG § 342 Punkt 2.

[13] K. 1920 P III. 3870 (MT Bd. II. S. 95 F. 65).

[14] So Budapester Gerichtshof 1899 E 113 (*Lallossevits-Lányi* Bd. I S. 177) K 1920 P III 3870 (M T Bd. II S. 95 F. 65).

[15] Anders EUG § 656, DBGB §§ 926, 1120.

Erwerb und Verlust dinglicher Rechte ebenso zwingenden Vorschriften untersteht, wie der Inhalt derselben, muß angenommen werden, daß dingliche Rechte am Zubehör nicht schon durch Übereignung der Hauptsache erworben werden. Dies ist um so eher zu betonen, als ja das Zubehör durch seine wirtschaftliche Unterordnung und Anfügung an die Hauptsache keineswegs auch deren sachenrechtliche Eigenschaften annimmt. Demnach entsteht kein Eigentum am Zubehör ohne Übergabe desselben, erfolgt keine Erstreckung der Hypothek auf den beweglich gebliebenen fundus instructus des Pächters[1]) auch kein Erlöschen des Eigentums und der übrigen dinglichen Rechte an dem Zubehör durch dessen Anfügung an die Hauptsache, sowie keine Erstreckung rechtsgeschäftlicher Pfandrechte auf das Zubehör, oder auf den Erlös seiner Zwangsversteigerung.

8. Auf dem wirtschaftlichen Zweck beruht auch die Verbrauchbarkeit der Sachen.

Verbrauchbar sind Sachen, deren wirtschaftlicher Zweck hauptsächlich in dem Verbrauch oder der Veräußerung besteht[2]).

Die Zweckbestimmung ergibt sich entweder objektiv aus der verkehrsüblichen Verwendung der Sache, oder subjektiv aus ihrer Einreihung in eine zur Veräußerung bestimmte Sachgesamtheit[3]).

Die Verbrauchbarkeit ist keine sachenrechtliche Eigenschaft. Von allen Sachenrechten ist blos dasPfandrecht und selbst dieses nur bedingungsweise dazu bestimmt, die verpfändete Sache aus den dinglichen Machtbereich des Berechtigten zu entfernen. Hingegen kann man die Rechtsinstitute der Leihe[4]), des Darlehns[5]), der Miete[6]), ja sogar des Kaufes[7]) an beweglicher Sache — trotzdem die Quellen diese durch andere Kriterien verdecken, oder überhaupt unerwähnt lassen — eigentlich alle auf die Verbrauchbarkeit zurückführen. Sie bewirkt, daß die Übergabe einer verbrauchbaren Sache im Zweifel als dingliche mit einer Rückgabepflicht verbundene Übereignung gedeutet wird.

9. Vertretbar sind bewegliche Sachen, welche im Verkehr gewöhnlich ihrer Zahl, ihrem Gewichte oder ihrem Maße nach bestimmt werden.

Jedes Sachenrecht bezieht sich auf eine individuell bestimmte Sache. Die Vertretbarkeit ist demnach noch viel weniger eine sachenrechtliche Eigenschaft als die Verbrauchbarkeit. Ihr entspricht die Gattungs-

---

[1]) Der bewegliche Teil desselben ist eigentlich eine Sachgesamtheit von Zubehörstücken des Grundstückes. Mjgi Dtár Bd. III S. 281 K 1406/1909 schließt das gesetzliche Pfandrecht des Verpächters an dem Erlös einer Dreschmaschine aus, welche kein Zubehör des landwirtschaftlichen Grundstückes bildete. Hierbei ist aber die im Urteile betonte Zubehöreigenschaft, welche GA LX, 1881 § 72 gar nicht erwähnt, nebensächlich. Ausschlaggebend bleibt vielmehr, ob der Pächter durch das Einbringen der Maschine Besitzer derselben wurde. So K 1916 P V 7140.

[2]) Vgl. EUG § 337 Abs. 1.

[3]) Ebendaselbst Abs. 2.

[4]) EUG 1083 betont zwar die Vertretbarkeit.

[5]) EUG läßt es unerwähnt, daß die geliehene Sache unverbrauchbar ist, hebt jedoch die individuelle Rückgabe der Sache hervor, was dasselbe bedeutet.

[6]) EUG § 1267 spricht ebenfalls von der Rückgabe des Sachindividuums.

[7]) Vgl. EUG § 1114. Die Übergabe des Eigentums bedingt in den meisten Fällen Verbrauchbarkeit.

schuld, ohne daß es jedoch ausgeschlossen wäre, vertretbare Sachen zu einem Gegenstande der individuellen und unvertretbare zu einem solchen der Gattungsschuld zu machen [1].

Das Darlehn[2], die Möglichkeit der Aufrechnung[3] der Sachleistungen, mannigfaltige Geschäfte des Handels-[4] sowie des Geldverkehrs [5], stehen mit der Vertretbarkeit der Sachen in solchem engen Zusammenhange, daß man in der Vertretbarkeit kühn das rechtliche Mittel sehen kann, welches die Sachen ihren wirtschaftlichen Zwecken zuführt. Es ist daher keineswegs zu verwundern, daß die Vermutung der dinglichen Übereignungskraft der Übergabe vertretbarer beweglicher Sachen ebenso kräftig zu Worte kommt, wie der verbrauchbaren [6].

10. Ertragsfähig sind Sachen, deren ordnungsmäßiger Gebrauch Nutzungen ergibt.

Nutzungen sind dem ordnungsmäßigen Gebrauch der Sache entstammende und ihre Ertragsfähigkeit ganz oder verhältnismäßig unberührt lassende Vermögensvorteile. Eine wichtige Art der Nutzungen bilden die Früchte, d. h. organische Erzeugnisse[7], sowie sonstige sich in Sachen verkörpernde Ausbeute[8] (natürliche Früchte[9]) dann Erträge, welche die Sache kraft eines Rechtsverhältnisses gewährt (rechtliche Früchte).

Die Ertragsfähigkeit ist keine sachenrechtliche Eigenschaft der Sachen, sondern eine solche der Rechte. Gewöhnlich gelten bloß Vermögensrechte als vertragsfähig, doch finden sich auch im Persönlichkeitsrechte[10], sowie im Familienrechte[11] Erscheinungen, welche in letzter Reihe ebenfalls auf die Ertragsfähigkeit zurückzuführen sind.

Die Ertragsfähigkeit ist wesentlich für den Inhalt des Eigentums [12], des Nießbrauchs [13], des Gebrauchs [14], des Darlehns [15], der Miete[16], der

---

[1]) Vgl. EUG § 1083.

[2]) Die Gleichartigkeit des § 1035 EUG bedeutet bei Sachleistungen Vertretbarkeit.

[3]) Die Massenartikel des Handelsverkehrs sind sozusagen ohne Ausnahme vertretbare Fahrnisse. Handelsrechtliche Anweisungen müssen auf vertretbare Fahrnissachen lauten usw.

[4]) Die Tauschkraft des Geldes beruht größtenteils auf der Vertretbarkeit desselben.

[5]) Vgl. HG § 69.

[6]) Dem EUG §§ 344 346 ist dieser Begriff zu entnehmen, er scheint mir auch für das heutige Recht verwendbar.

[7]) So hinsichtlich des Nutznießungsrechts. Budapester Tafel 1909 G 231 (Mjgi Dtar Bd. III S. 317).

[8]) So z. B. Ausbeutung gewisser Waldungen, welche laut 17 § GA XXXI, 1879 planmäßig zu erfolgen hat.

[9]) Vgl. EUG § 344 Abs. 2.

[10]) Z. B. das Ausbeutungsrecht des Autors GA XVI 1884 § 4 A, B S. 1 und 4.

[11]) X. B. GA. XX: 1877 §§ 16. 35. usw.

[12]) Vgl. EUG § 391 welcher mit dem beliebigen Gebrauch der Sache vor allem deren Ertragsfähigkeit betonen will.

[13]) Vgl. EUG § 530.

[14]) Vgl. EUG 574, welcher jedoch die Wichtigkeit der Ertragsfähigkeit kaum gebührend einschätzt.

[15]) Vgl. EUG § 1088.

[16]) EUG § 1231.

Pacht [1]), einzelner Arten des Besitzes [2]), der väterlichen [3]) und mütterlichen Nutznießung an dem Vermögen des minderjährigen Kindes, des Rechtes des Ehemannes an dem Mitgiftsgut [4]), des Witwenrechts [5]), gar mancher Vermächtnisse, des Rechts der Vorerben, der meisten Stiftungen [6]) usw.

Es wird daher oft fraglich: wie der Nutzungsberechtigte an den Früchten Eigentum erlangt, inwiefern ein Nutzungsrecht den Zugriff der Gläubiger des Eigentümers der ertragsfähigen Sache hindert [7]) und wem die Früchte bei Eintritt einer Herausgabepflicht der ertragsfähigen Sache zufallen.

Hier gilt folgendes: die Nutzungen kommen in den Machtbereich des Eigentümers bezw. des Nutzungsberechtigten, wobei hinsichtlich der Früchte [8]), doch nicht der sonstigen Sachausbeute [9]) auch die Grundsätze des gutgläubigen Sacherwerbs angewendet werden. Die stehenden d. h. nicht fälligen bezw. nicht getrennten Früchte fallen dem zur Zeit ihrer Fälligkeit [10]) Berechtigten zu. Die Gläubiger des Eigentümers der ertragsfähigen Sache haben sich mit dem Verfügungsrechte desselben [11]), mit dem guten Glauben [12]), sowie mit der entgeltlichen Grundlage des Rechtes des Nutzungsberechtigten [13]) abzufinden.

II. V e r k e h r s u n f ä h i g [14]) sind Sachen, d i e d e m R e c h t s v e r k e h r g a n z o d e r t e i l w e i s e e n t z o g e n s i n d.

Hieraus folgt, daß die Verkehrsunfähigkeit nur dann eine sachenrechtliche Eigenschaft ist, wenn die entziehende Rechtsvorschrift sich auf das Sachenrecht beschränkt. Dies ist äußerst selten der Fall und hat gewöhnlich öffentlichrechtliche Gründe [15]).

Im allgemeinen ist davon auszugehen, daß die Rechtsordnung die Sachen dem Rechtsverkehr freigibt, jedoch durch Bestimmungen bezüglich des Gehaltes der Nutzungsrechte darüber entscheidet, auf welche Art diese den Verkehr zu fördern haben [16]). So gilt eigentlich in dem Bereiche der Rechtsträger, wo schon das bloße Dasein — wenigstens dem

---

[1]) EUG § 1284 hebt die Ertragsfähigkeit hervor.

[2]) Z. B. des gutgläubigen Besitzes.

[3]) GA XX, 1877 § 16 Abs. 2. § 35 Abs. 2.

[4]) Z. B. Mjgi Dt Bd. VII S. 57 K 2194/1912.

[5]) GA VIII § 1840 § 18 Mjgi Dtar Bd. VI S. 5.

[6]) Will ja der Stifter das Kapital gewöhnlich unberührt lassen.

[7]) Ausschlaggebend ist der gute Glaube und die Entgeltlichkeit des Erwerbs des Nutzungsberechtigten, vgl. ÖBGB § 1102 usw.

[8]) Vgl. EUG § 442. K 3851/1884, 6873/1890, 1898 G 414 *Grill* Dt Bd. I S. 58, K 1899 I G 357, ebendaselbst S. 357 usw.

[9]) Vgl. EUG § 446.

[10]) Vgl. EUG § 345, K 1060/1891 *Grill* Dt Bd. I S. 311.

[11]) Dasselbe besteht bis zur Zwangsversteigerung der stehenden Früchte Mjgi Dtár Bd. VII S. 353 K III REE.

[12]) Vgl. EUG § 444.

[13]) Der unentgeltliche Erwerber bleibt den Gläubigern subsidiär verantwortlich (S. Schenkung).

[14]) Die üblichen Kategorien der res religiosae, sacrae, sanctae wurden als überflüssig vermieden.

[15]) Vgl. GA XIV, 1868 § 1, XLIV, 1887 § 1.

[16]) Die Bestimmung ist bei beweglichen Sachen negativ, bei Grundstücken aber — wie schon oben erwähnt — verhüllt positiv.

Menschen — Rechtsfähigkeit verleiht, größere Freiheit, als in dem der Rechtsgegenstände und besonders in dem der Rechte an Sachen. Hieraus ist es auch zu erklären, daß der Krieg sowie sonstige Gefahren zu viel tiefgreifenderen Beschränkungen der Rechte, als der Rechtssubjekte führen [1].

Die Entziehung der Verkehrsfähigkeit der Sache kann bedeuten: einmal die Abgrenzung des öffentlichrechtlichen Machtbereichs von dem privatrechtlichen, so bei d e n d e m G e m e i n g e b r a u c h g e w i d m e t e n S a c h e n: den öffentlichen Wegen [2], Straßen [3], Gassen [4], Plätzen [5], welche den behördlichen Verfügungen des Staates [6], der Munizipien oder der Gemeinden [7] unterstehen, jedoch kein dem Zugriff der Gläubiger derselben offenes Vermögen bilden. Nebensächlich ist, daß sie unter Umständen und auf Grund eines Beschlusses der Behörden in das Vermögen der betreffenden öffentlichrechtlichen Körperschaft einbezogen werden können [8]. Bei Grundstücken ist diese Art der Verkehrsunfähigkeit, d. h. die Zugehörigkeit zu dem öffentlichrechtlichen Machtbereich einer Körperschaft daraus zu erkennen, daß sie in dem Grundbuche nicht enthalten sind [9].

Die Entziehungsvorschrift kann aber auch ein Verbot enthalten, die Sache überhaupt [10], oder solange sie einem gewissen Zwecke dient [11], oder sich in einem gewissen Zustande befindet [12], in den Rechtsverkehr [13] gelangen zu lassen [14]. Dies ist u.a. der Fall bei d e n a l l e n g e m e i n s a m e n S a c h e n, dem Meer [15], der Luft [16], dem fließenden Wasser [17] usw. welche, der heutigen Auffassung nach, kraft zwingender Rechtsvorschriften außerhalb des privatrechtlichen Verkehrs stehen. In beschränkterem Umfange zwar, doch immerhin die Verkehrsfähigkeit vermindernde Vorschriften sind auch diejenigen, die die Belastung und Veräußerung gewissen Zwecken dienender Grundstücke erschweren oder

---

[1]) Vgl. meine „Wirkung des Krieges auf das Privatrecht" (ung.) S. 61—73 und 93—103.

[2]) GA I, 1890 § 1.

[3]) Ebendaselbst Punkt 4—6.

[4]) Ebendaselbst §§ 10 ff.

[5]) Mjgi Dtár Bd. IV S. 213 und S. 42.

[6]) Die Wege sind zu registrieren und unterstehen verwaltungsrechtlichen Vorschriften.

[7]) GA I, 1890 §§ 36 ff.

[8]) Der Beschluß muß dem § 47 GA XXI, 1886 sowie dem § 109 GA XXII, 1886 gemäß erbracht werden.

[9]) Vgl. § 63 VGM 23. VII. 1854, 2784/1867 § 5, 19 665/1893 § 20.

[10]) So bei den Krongütern GA III/1514 § 4 XXVI/1790, V/1868, XXV/1869. XXV 1877 usw.

[11]) So zu entnehmen Mjgi Dtár Bd. III S. 75 K 2915/1908 und Bd. IV. S. 213.

[12]) So z. B. Tabak und Salz, solange sie nicht der Monopolbehandlung teilhaftig wurden.

[13]) Vergl. GA XI, 1868 § 7. XLIV, 1887 § 15.

[14]) z. B. von dem Feinde gekauftes Kriegsmaterial, das betreffende Rechtsgeschäft ist nichtig. K 1920 P II 2153 (M T Bd. II S. 33)

[15]) Nur bezüglich seiner Oberfläche; der Meergrund kann zu Kabel-, Tunnel- und wissenschaftlichen Zwecken auch dem privatrechtlichen Machtbereich einbezogen werden.

[16]) Hier herrscht das Suveränitätsrecht des Staates.

[17]) Arg. GA XXIII, 1885 § 19.

gar ausschließen, also außer den Rechtssätzen über die tote Hand auch noch die über eine mehr oder minder kräftige und umfangreiche Verhinderung der Belastung und Veräußerung der gegen öffentlichrechtliche Verpflichtungen staatlich verliehenen Heldengrundstücke (GA XXXVI, 1920 § 77 VO 66/1920 MER § 2), der Rentenschuldgrundstücke (GA XXXVI, 1920 § 68) und der mit Einwilligung des Landbesitzgerichtes als solchen erklärten Familienheimstätten (das. § 70 Abs. 3, §§ 71, 72) und unteilbaren Heimstätten (das. § 74) usw.

Die bisher erwähnten Arten der Verkehrsunfähigkeit verkörpern die Schranken, welche dem Inhalt der Rechte an und auf Sachen aus Gründen der öffentlichen Ordnung oder durch gesetzliche Verbote auferlegt wurden.

Hingegen ergibt sich eine tatsächliche Unmöglichkeit Gegenstände der Rechte zu sein für jene Sachen, welche den Gesetzen der Natur nach dem Machtbereich der Menschen ganz entzogen sind, wie: Sonne, Mond, Sterne usw.

Es ist der Kraft und dem Inhalte der Entziehungsvorschrift zu entnehmen, also gegebenen Falles eine Auslegungsfrage, ob an den verkehrsunfähigen Sachen dennoch einzelne und welche Rechte erworben werden können [1].

II. Naturkräfte.

1. Naturkräfte, d. h. den Zwecken des Verkehrs nutzbar gemachte gebundene Energien sind Gegenstände der Vermögensrechte.

So selbstverständlich dieser Satz auch klingt, ist seine Geltung [2] und besonders sein Umfang dennoch kein zweifelloser. Das ungarische Recht ist eben noch heute [3] weit davon entfernt die Verkehrsfähigkeit der gebundenen Naturkräfte so klar auszusprechen, wie es das schweizerische Zivilgesetzbuch wagte [4]. Daß ihm aber dieser Grundsatz dennoch innewohnt, beweist die Vorschrift G III, 1907 § 2, laut welcher der erzeugte elektrische Strom, sowie jede andere für technische Zwecke verwertbare Kraft (Energie) den strafrechtlichen Schutz genießt, wie er den beweglichen Sachen zuteil geworden ist.

Nun scheint ja die besondere Betonung des Strafrechts eine Einschränkung des privatrechtlichen Schutzes zu enthalten. Nichts wäre jedoch verfehlter als eine solche Annahme. Denn wenn man auch darüber hinwegkommen muß die privatrechtlichen Begriffe blindlings in das Strafrecht zu verpflanzen, kann man sich dennoch einen Dieb-

---

1) So kann laut MjgiDt Bd. VI, S. 277 K 5065/1911 eine Religionsgenossenschaft einen Friedhof besitzen, doch laut Bd. III, S. 75 K 2915/1908, Bd. IV, S. 313 und 301 nicht ersitzen. Hingegen ist es möglich, daß eine behördliche Verfügung über verkehrsunfähige Sachen (öffentliche Plätze) die Privatrechte der Anrainer schädigt MjgiDt Bd. III, S. 119 K 4975/1908.

2) GA III, 1907 § 2 erwähnt bloß technische Zwecke, dies scheint zu eng. Anders EUG § 334, Abs. 2.

3) Klar, doch unnötigerweise in der Form einer Fiktion EUG a. a. O.

4) § 713.

stahl [1]), einen Raub [2]), eine Beschädigung [3]) der gebundenen Naturkräfte ohne Besitz und ohne dingliches Vollrecht [4]) an denselben ebenso schwer vorstellen, wie eine Unterschlagung des elektrischen Stromes oder der Kraft eines Wasserfalles [5]) ohne Forderung auf Herausgabe.

Übrigens beweisen es zahlreiche Vorschriften des Wasserrechts [6]), Waldrechts [7]) ferner die vertraglichen Bestimmungen der verschiedensten Ausbeutungsmöglichkeiten und Bindungen der Naturkräfte und nicht am wenigsten das reiche Material des Schadensersatzrechts [8]), daß die Naturkräfte einen wichtigen Gegenstand des Verkehrsrechts bilden und von dessen Standpunkte aus ebenso allgemeine Beachtung verdienen wie die Sachen selbst.

2. Diese Auffassung muß jedoch von einer Fiktion, der EUG nicht widerstehen konnte, freibleiben: die gebundenen Naturkräfte sind r e c h t l i c h ebensowenig Sachen, wie p h y s i s c h. Es kann vielmehr nur davon die Rede sein, daß bezüglich ihrer rechtlichen E i g e n s c h a f t e n sowie der an ihnen ausgeübten R e c h t e für beide Arten der Rechtsgegenstände ä h n l i c h e Grundsätze gelten.

Die erste Frage beantwortet sich nach dem der GA III, 1907 von selbst. Das Gesetz will augenscheinlich die gebundenen Naturkräfte überall, wo es angeht, den Fahrnissachen gleichstellen. Kommt aber den Naturkräften die Haupteigenschaft der letzteren, deren B e w e g l i c h k e i t zu, so wurde damit auch die Möglichkeit der rechtlichen Verbrauchbarkeit, Vertretbarkeit und der Zubehöreigenschaft [9]) zugestanden und das Problem ihrer Einheitlichkeit, Teilbarkeit sowie ihrer Einfügung in eine Sachgemeinschaft aufgeworfen. Dem Arbeitsprogramm dieses Werkes gemäß könnten diese Fragen nur auf Grund pragmatischer Belege im bejahenden Sinne entschieden werden. Wenn aber auch solche bis nun in der ungarischen Praxis fehlen, so muß diese Lösung dennoch schon aus Zweckmäßigkeitsgründen, dann wegen der physischen Eigenschaften der Naturkräfte angenommen werden.

Die Ertragsfähigkeit der letzteren tritt uns tagtäglich entgegen, ein Beweis dieser massenhaft vorkommenden Eigenschaft kann füglich erlassen werden.

Verfänglicher scheint die Frage der Verkehrsfähigkeit der Naturkräfte. Diese soll zwar nicht angezweifelt werden, wäre ja ein dem Angeführten entsprechender strafrechtlicher Schutz ein Luxus, wenn ihn

---

[1]) Strfg. § 333 bedingt Besitz.

[2]) Das. § 344.

[3]) Das. § 418.

[4]) Zu diesem muß schon die mit dem Begriffe des Besitzes gegebene Ersitzung der Kraft führen.

[5]) Etwa von seiten des bisherigen Pächters desselben nach Ablauf der Pachtzeit.

[6]) Z. B. §§ 10, 20, 21, 25, 27, 42 GA XXIII, 1885.

[7]) Erwerb und Verlust des Holztriebrechts GA XXXIX, 1879 § 2 usw.

[8]) Ein durch Ausbeutung (z. B. der Wasserkraft MjgiDt Bd. IV, S. 46,) des elektrischen Starkstromes Bd. X, S. 279 K 1915 P. VI 6743, der leicht explosiven Chemikalien Bd. VI, S. 279 usw.) oder Mißbrauch der Naturkräfte verursachter Schaden hat gewöhnlich objektive Verantwortung zur Folge.

[9]) Vergl. EUG § 334 Abs. 2. GA XXIII, 1885 behandelt das Verfügungsrecht über den Abfluß der Privatwasser als Bestandteil des Grundstückes.

der privatrechtliche Verkehr nicht notwendig erscheinen ließe. Ist aber die Grundlage und die Art des Verkehrsschutzes hier ebenfalls dieselbe, wie bei den beweglichen Sachen?

Das angeführte Gesetz treibt zur Bejahung. Dieser stehen jedoch mehrfache Gründe entgegen. Einmal die lex lata, welche die wichtigsten und praktischsten Nutzungen der Naturkräfte: die Inanspruchnahme der Wasserkraft [1]), der elektrischen Kraft [2]), das Ausbeuten der den Erdgasen innewohnenden Kräfte [3]), bald von einer behördlichen (öffentlichrechtlichen) Erlaubnis abhängig macht, bald dem Privatverkehr in gewisser Hinsicht überhaupt entzieht. Sodann führen aber auch rechtspolitische Erwägungen dazu, die Verkehrsfähigkeit der Naturkräfte dem Staate sowie den übrigen Vertretern der öffentlichen Gewalten zu überlassen.

Den Naturkräften wohnen nämlich Ausbeutungsmöglichkeiten inne deren Maß, Umfang und Wirkung und besonders die mit ihrer Ausbeutung der Gesamtheit möglicherweise erwachsenden Gefahren die Sphäre, die den Personen des privatrechtlichen Verkehrs zugewiesen ist, weitaus übersteigt.

Die angeführten Beschränkungen sind daher als einzelne Äußerungen eines allgemeinen Prinzips anzusehen, welches die Verkehrsfähigkeit der Naturkräfte, ungleich der der Fahrnissachen [4]) nur auf Grund einer gesetzlichen Erlaubnis anerkennt.

Demnach ist die wirtschaftliche [5]) Ausbeutung der Naturkräfte nach Art, Inhalt und Umfang grundsätzlich von einer gesetzlichen und von den kraft öffentlichen Rechts vorgehenden Behörden zu kontrollierenden Erlaubnis abhängig.

3. Ist diese einmal vorhanden, so sind Vermögensrechte an Naturkräften innerhalb des anerkannten Inhaltes derselben erlaubt. Vollrecht (Eigentum), Pfandrecht, Dienstbarkeiten und besonders Gebrauch und Nießbrauch, Schuldrechte und Erbrechte an ihnen können daher nach den Grundsätzen des Fahrnisrechts begründet, geändert und aufgehoben werden [6]). Einzelne Abweichungen hiervon hat in Ungarn die Praxis erst festzustellen.

III. Menschen.

Menschen sind unmittelbare Objekte gewisser Ausstrahlungen des Persönlichkeitsrechts ferner der Familienrechte, mittelbar auch Objekte der übrigen Rechte.

---

[1]) §§ 25, Abs. 2, ferner 45 GA XXIII, 1885.

[2]) Die Telegraphie darf nur durch den Staat ausgeübt werden GA XXXI, 1888 § 1, desgleichen der Fernsprechbetrieb ebendas., Bahnunternehmungen, welche in letzter Reihe ja auch bloß eine planmäßige Ausbeutung der Naturkräfte darstellen, erheischen staatlichen Betrieb, oder wenigstens staatliche Genehmigung. (Arg. schon GA XXV, 1836, § 8 und GA XXX, 1848, § 1, jetzt GA XXXI, 1880, § 1; GA IV, 1888 § 1. usw.)

[3]) GA VI, 1911.

[4]) Sie ähneln diesbezüglich den Grundstücken.

[5]) Die wissenschaftliche ist frei.

[6]) Arg. GA III, 1907 § 2. Vergl. EUG. 335, Abs. 3.

Das Recht auf Freiheit, Gesundheit und Leben, welches strafrechtlich durch Bestrafung der Beschädigung und Beeinträchtigung, öffentlichrechtlich durch Gewährung der Freizügigkeit, sowie durch gewisse Vorschriften des Verwaltungsrechts [1]) geschützt wird, erlangt hierdurch auch einen privatrechtlichen Inhalt. Objekt dieser Rechte ist der Körper des Berechtigten, Gegenstand und Träger des Rechts sind daher hier bloß gedanklich zu unterscheiden.

Dies ist übrigens ein allgemeiner Charakterzug all jener Tatbestände, in denen es zugelassen ist, daß Menschen Objekte von Rechten seien [2]).

Im Familienrechte ist der Mensch Objekt sowohl absoluter Rechte z. B. das Kind [3]) Objekt der elterlichen [4]) und vormundschaftlichen Rechte, als auch relativer Rechte z. B. Ehegatten [5]) in ihrem persönlichen Verhältnisse zueinander. In beiden Fällen wird der Mensch Objekt des Rechts nur insofern, als das Recht ein zweiseitiges ist d. h. daß jeder Berechtigte zugleich auch Verpflichteter des betreffenden Familienrechts ist. In dieser Beziehung gibt es zwischen den sogenannten absoluten und relativen Familienrechten bloß Nuancenunterschiede: der Vater ist ebenso Verpflichteter [6]) seines elterlichen Rechts [7]) wie das Kind, in dessen Interesse es besteht [8]). Zwischen den Ehegatten sind die Rechte und Pflichten sogar nicht bloß zweiseitig [9]), sondern im gewissen — natürlich nicht vermögensrechtlichen Sinne — sogar entgeltlich [10]).

2. Das Persönlichkeitsrecht umfaßt die gesamten Lebensäußerungen des Menschen, die Familienrechte [11]) sowie die Schuldrechte hingegen [12]) und schließlich die Immaterialrechte [13]) bloß einzelne derselben. Über diese

[1]) Wie die Zwangsimpfungs-, Epidemie- sowie andere die Hygiene betreffende Polizeivorschriften usw.

[2]) Allerdings mehr von dem Standpunkte des Verpflichteten.

[3]) GA XX, 1877 § 14 gewährt die actio de liberis ducendis. Der Anspruch ist vor der Vormundschaftsbehörde geltend zu machen. Daß das Kind Gegenstand der elterlichen Rechte ist, erhellt aus §§ 95—97 Ehg.

[4]) GA XX, 1877 §§ 2, 15, 16, 35 usw. Dieselben Grundsätze gelten, sofern nicht anderes ausbedungen wurde bei der Annahme an Kindesstatt zu Gunsten des Annehmenden. GA XX, 1877 § 36, Abs. 2 und VJM 3546/1884 V.

[5]) Vergl. Ehg § 55 und das ohne diese Auffassung ganz unverständliche System der Ehescheidungsgründe.

[6]) GA XX, 1877 § 2.

[7]) Vergl. EUG § 162. „Es ist Recht und Pflicht der Eltern das minderjährige Kind zu betreuen, besonders für das Kind zu sorgen, es zu erziehen und es zu beaufsichtigen (elterliches Recht)." Vergl. auch § 22. VMG, welches die Pflichtverletzungen des Vaters mit dem Verluste der elterlichen Gewalt bestraft.

[8]) Dies ist aus dem Inhalte des GA XX, 1877 klar, vergl. § 30 desselben.

[9]) Hierauf beruht auch die zweiseitige Schuld der Ehescheidungen § 85 Ehg.

[10]) Daher das Recht auf den Namen des Gatten (Ehg § 94), der Unterhaltsanspruch (§ 90 ebendas.), sowie der als Belohnung (Trip I. 93, 105) gedachte Treulohn der ihren Pflichten nachgekommenen Frau.

[11]) Einmal körperliche: das *debitum conjugale*, sodann gemischte: Arbeitspflicht des Kindes und Schlüsselpflicht der Frau, endlich auch rein geistige wie Folgepflicht des Kindes usw.

[12]) Der zugelassene Inhalt der Obligation: Geben, Tun und Unterlassen ist in letzter Reihe auch nur Lebensäußerung irgend eines Menschen. Positiv wird der Inhalt bei den erlaubten Rechten, negativ bei den freien bestimmt.

[13]) Vergl. unter IV.

Grenze hinaus [1]) kann der Mensch nicht Gegenstand der Rechte werden. Dies ist auch der Grund dessen, weshalb Rechte durch unmittelbaren Zwang des Verpflichteten nur selten verwirklicht werden können [2]).

IV. Geisteserzeugnisse.

1. Geisteserzeugnisse sind Gegenstände der Immaterialrechte und der Vermögensrechte.

Als Gegenstände der Immaterialrechte reihen sie sich dem geschlossenen Kreise der erlaubten Rechtsgegenstände in doppelter Weise an. Einmal sind nämlich die Arten der Geistesprodukte festgelegt, welche als verkörperte Ausstrahlungen des Persönlichkeitsrechts zu besonderen Rechtsgütern wurden. Diese sind: Schrift- [3]) und Tonwerke [4]), Erzeugnisse der bildenden Künste: Zeichnungen, Gravierungen, Bilder, Skulpturen [5]), Lichtbilder [6]), patentierte Erfindungen [7]), Schutzmarken- sowie Warenzeichen [8]). Sodann wird aber auch der Inhalt und Umfang [9]) des den Geistesprodukten gewährten privatrechtlichen, absoluten und dem der dinglichen Rechte ähnlichen [10]) Schutzes in grundsätzlich zwingenden Vorschriften quellenmäßig bestimmt.

Die ausführliche Darstellung muß dem Immaterialrechte überlassen werden. Hier ist nur zu bemerken, das während die Gegenstände des Sachenrechts durch das Eigentum einer de lege zeitlich unbegrenzten Rechtsherrschaft entgegengeführt werden, das Vollrecht des Immaterialberechtigten nur für eine gesetzlich bestimmte, verhältnismäßig kurze Zeit [11]) verliehen wird. Nach Ablauf derselben steht die Ausbeutung der verkörperten Geistesprodukte jedermann frei.

Die Geistesprodukte sind daher Rechtsgüter, die kraft Gesetzes zeitlich begrenzt und nach Ablauf der Schutzzeit der Öffentlichkeit zur Verwertung freigegeben werden.

2 Sind diese Rechtsgüter jedem zugänglich geworden, so fragt sich, ob sie die übrigen Eigenschaften der Sachen: wie Beweglichkeit, Einheitlichkeit, Teilbarkeit, Vertretbarkeit, Verbrauchbarkeit, Ertragsfähigkeit u. a. erhalten?

---

[1]) Vergl. die die Sklaverei und den Mädchenhandel verhindernden Gesetze.

[2]) Vergl. das hierüber bei dem Geltendmachen der Rechte Gesagte.

[3]) Plakate? Vgl. Meszlény: „Plakatrecht". (Jogt. Közl 1921 Nr. 15.)

[4]) Die Immaterialrechte sind in gewisser Hinsicht Vermögensrechte. Sie müssen als Ergebnisse des positiven Kerns des Persönlichkeitsrechts betrachtet werden.

[5]) GA XVI, 1881 § 1 und 45. Ehg § 60.

[6]) Vgl. K 1920, P II 495 (Mji. Dt. Bd. XIII. S. 95).

[7]) PatG § 1.

[8]) Mustergesetz § 1.

[9]) Dieser und besonders die zugelassenen Arten der Ausbeutung sind in den Quellen AuG § 1. MG § 1. PatG § 2 gesetzlich festgelegt.

[10]) Die Usurpationsklagen sind actiones negatoriae. Die Immaterialrechte verleihen absolute Ausbeutungsrechte, vergl. AuG § 1, Abs. 1. PatG § 8. MG § 2, welche die Ausschließung jedes anderen betonen.

[11]) Für Schrift-, Ton- und Werke der bildenden Kunst 50 Jahre von dem Tode des Autors bezw. von dem Erscheinen an, AuG §§ 11, 14, 15, für Photographien 5, AUG § 70, für Patente 15 (PatG § 17), für Warenzeichen usw. 10 Jahre MG § 16.

Die Antwort ist spärlich verstreuten Vorschriften zu entnehmen: z. B. denen, die als Folge der Teilbarkeit die getrennte Ausbeutung einzelner Teile der Schrift-[1]) und Tonwerke[2]), sowie der patentierten Erfindungen[3]) zulassen, oder über die Ausbeutung untrennbarer Geistesprodukte[4]) Vorsorge treffen, oder gewisse Geistesprodukte als untrennbare Bestandteile von Unternehmungen der besonderen Übertragung entziehen[5]). Einheitlichkeit, Teilbarkeit und Bestandteilseigenschaft sind daher — trotzdem die Praxis der genauen Umschreibung dieser Eigenschaften kaum entraten kann —, bei den Geistesprodukten verschiedenartig zu beurteilen. Die Möglichkeit der Zubehöreigenschaft ist — wenigstens hinsichtlich einer Sachgesamtheit — mit ihrer Übertragbarkeit gegeben. Daß Geistesprodukte im allgemeinen nach den Vorschriften über die beweglichen Sachen behandelt werden[6]), ist — ebenso wie ihre Unverbrauchbarkeit, Ertragsfähigkeit und Unvertretbarkeit — nicht zu bezweifeln.

3. Die Immaterialrechte an Geisteserzeugnissen sind erlaubte Rechte mit quellenmäßig festgelegtem Inhalte.

Innerhalb der Schutzzeit bilden sie aber auch Gegenstände sonstiger Vermögensrechte: Gegenstände der Schuldrechte[7]) ohne besondere Beschränkungen, Gegenstände der S a c h e n r e c h t e hingegen und zwar unseres Erachtens nach den Grundsätzen des Fahrnisrechts, soweit dies gesetzlich nicht ausgeschlossen erscheint[8]).

Dies ist hinsichtlich des Eigentums an Geistesprodukten der Fall[9]), welches durch das Vollrecht an ihnen gegenstandslos wird[10]). Besitz an Geisteswerken kommt hingegen in den Quellen des öfteren vor[11]). Ein Pfandrecht an ihnen ist innerhalb der Grenzen des reinen Privatrechts[12]) und nach der neuesten Stellungnahme der königlichen Kurie[13]) auch

---

[1]) AUG § 1 Abs. 3.

[2]) § 45 ebendas.

[3]) PatG § 11 Abs. 1, Satz 2 und Abs. 2.

[4]) § 1 Abs. 2 AUG, Pat G§ 11 Abs. 2 kennt sogar relative, im Verhältnisse der gemeinsam Berechtigten untereinander zu beachtende Teilbarkeit, der eine U n t e i l b a r k e i t des Patentes Dritten gegenüber entspricht.

[5]) Trotzdem sie gewöhnlich — den Grundstücken gleich — in öffentlichen Registern gebucht werden. Dies beeinflußt aber höchstens die Übereignungsformen und den gutgläubigen Rechtserwerb an Geisteswerken.

[6]) Vergl. AUG § 4 Abs. 2, § 5.

[7]) PatG § 10 Abs. 2, 3 usw.

[8]) AUG § 3 Abs. 1. PatG § 10 Abs. 2, 3. MUSTG §§ 9, 20. Miete, Pacht, Leihe usw., an denselben ist, soweit das Gesetz es nicht verbietet — erlaubt.

[9]) Vergl. AUG §§ 3, 4 (Abs. 1). PatG § 10 Abs. 1.

[10]) JKK I. § 23 sprach noch von geistigem Eigentum. AUG § 1 lautet schon ganz anders.

[11]) Wenn auch etwas verhüllt z. B. Besitz eines Patentrechtes durch Ausübung (PatG § 12), eines Patentes oder eines Warenzeichenrechts durch Ausstellen GA XI, 1911 § 1, eines Patentes durch Überlassung der Benutzung PatG § 10 Abs. 2 und 3 usw.

[12]) Rechtsgeschäftliche Verpfändung eines noch nicht veröffentlichten Manuskriptes ist trotz § 4 AUG gültig, da eine solche Verfügung nicht verboten wurde. Die Zwangsversteigerung beruht hier auf dem bei der Verpfändung geäußerten Willen des Berechtigten. Vergl. die vorige Anmerkung.

[13]) Die 11 REE ermöglicht die erlaubte Ausbeutung der Patente, Autorrechte usw. durch einen in dem Verlaufe der Zwangsvollstreckung bestellten Pfleger.

außerhalb derselben nicht ausgeschlossen. Einem Nießbrauch oder Gebrauch an Geisteswerken steht — soweit die letzteren dem Verkehr überhaupt zugänglich gemacht wurden [1]) — nichts entgegen.

Faßt man Schuldrechte und quasi sachenrechtliche Rechte an Geisteswerken als beschränkte, konstitutive Übertragungen auf, so entfällt die Notwendigkeit der Annahme eines besonderen schuldrechtlichen und sachenrechtlichen Verkehrs an denselben. Uns scheint jedoch diese Annahme mehr logisch, denn zweckmäßig [2]) und übersichtlich.

V. Rechte.

Übertragbare Vermögensrechte sind Gegenstände nachgebildeter Sachenrechte.

Der Grundtypus der Sachenrechte ist das Eigentum und alle übrigen Rechte an Sachen sind eigentlich bloß konstitutive Abzweigungen desselben.

Die Abzweigungsmöglichkeit geht jedoch über den geschlossenen Kreis der Sachenrechte hinaus und setzt sich selbst innerhalb desselben insoweit fort, als manche selbständig übertragbaren Sachenrechte ihrerseits zu Stammrechten und hierdurch zu Gegenständen weiterer an ihnen zugelassener, nachgebildeter Sachenrechte werden. So entstehen Pfandrechte an Pfandrechten und Hypotheken an Hypotheken.

Ja eine derartige Potenzierung der Rechte ist sogar auch außerhalb des Sachenrechtes gestattet. Eine Anwendung dieses Grundsatzes zeigt sich in der Schaffung einer ganzen Reihe uneigentlicher Sachenrechte: des Besitzes[3]), Pfandrechts[4]) und Nießbrauchs[5]) an Geisteserzeugnissen,[6]) weiterhin in dem im ungarischen Privatrechte auf breiter Grundlage anerkannten Rechtsbesitz [7]), sowie beim Pfandrecht an Schuldrechten [8]).

Schließlich sind jene entwicklungsfähigen Fälle zu erwähnen, in denen Besitz [9]) und Nießbrauch [10]) an Vermögen zugelassen und mit eigenartigen Rechtsfolgen versehen werden [11]).

Die Erklärung dieser Erscheinungen hat nämlich davon auszugehen, daß das Vermögen d. h. die Gesamtheit der den

---

[1]) AUG § 4.

[2]) Übrigens spricht AUG § 4 und PatG § 10 schlechthin von den Rechten (Erbrechten!) der Erben.

[3]) Z. B. K 1915 RP IX, 1124. Mji. Dt Bd. IX, S. 298. PatG § 10 Abs. 2, 3 („Gebrauch") GA XI, 1911 § 1 („Ausstellen der patentierten Sache").

[4]) Auf Grund rechtsgeschäftlicher Verpfändung, welche § 4 PatG nicht hindert.

[5]) Z. B. der Witwe kraft Witwenrechts.

[6]) PatG § 10.

[7]) So auf Grund GA XXII, 1802, § 1, K 5779/1886. Grill Dt Bd. I, S. 101.

[8]) Z. B. K 4641/1914 Mji. Dt Bd. IX, S. 164.

[9]) Z. B. Besitz des gutgläubigen Erben, welcher laut § 104 GA XVI, 1894 oder Besitz des vermeintlichen Erben eines Todeserklärten, welcher auf Grund PG § 743 zugleich als gutgläubiger Besitz des vermeintlich geerbten Vermögens in Betracht kommt.

[10]) Vergl. GA XX, 1877 § 17 Abs. 3 und § 16 (Nießbrauch des Vaters an dem Vermögen des minderjährigen Kindes).

[11]) Der Vater, sowie die kraft ihres Witwenrechts zu einem Nießbrauch an einem Vermögen berechtigte Witwe erlangen ihr Recht durch das Gesetz, demzufolge ist eine Übergabe der einzelnen Fahrnissachen nicht notwendig. Zahlungen an den Besitzer des Vermögens sind unter Umständen gültig usw.

Zwecken des Berechtigten dienenden[1]) geldwerten Rechte[2]) als Rechtsgesamtheit zu einem Gegenstande weiterer Rechte wurde.

Mag man diese Erscheinungen auch als konstitutive Übertragungen und Verminderungen des Mutterrechts betrachten[3]), so kann dennoch nicht in Abrede gestellt werden, daß die ihnen innewohnende Vervielfältigung der Rechte die letzteren zu selbständigen Gegenständen weiterer Rechte umwandelt.

Die Mannigfaltigkeit derartiger umwandlungsfähiger Rechte schließt es aus, daß hinsichtlich der rechtlichen Eigenschaften der Rechte allgemeine Grundsätze entwickelt werden.

So viel kann jedoch immerhin bemerkt werden, daß die Rechte keineswegs freie, sondern bloß erlaubte d. h. quellenmäßig festzulegende Gegenstände weiterer Rechte sind. Dies gilt — insoweit dies eben in einem Gewohnheitsrechte möglich ist — schon wegen des eigentümlichen Auftretens der Rechte als Rechtsobjekte sowohl hinsichtlich der Fähigkeit der Rechte überhaupt als Rechtsgegenstände zu dienen, als auch in bezug auf den Umfang der letzteren Fähigkeit.

VI. Rechtsverhältnisse.

Unter Rechtsverhältnis versteht man die einem subjektiven Rechte entstammende Beziehung des Berechtigten zu einer Person oder zu einer Sache[4]).

Das privatrechtliche Rechtsverhältnis untersteht grundsätzlich dem Willen des Berechtigten. Es gibt jedoch Fälle, in denen auch andere auf dasselbe einzuwirken vermögen. Verleiht die Rechtsordnung eine solche Möglichkeit, so wird das Rechtsverhältnis zu einem Gegenstande eines neuen Rechts. Dies ist bloß eine abermalige Weiterentwicklung der im vorigen Abschnitte behandelten Vervielfältigung der Rechtsgegenstände, welche die durch die deutsche Wissenschaft erst in unseren Tagen entwickelten[5]) Gestaltungsrechte zum Entstehen gelangen läßt.

Die letzteren sind: Begründungsrechte[6]),

---

[1]) Die schon angeführte Auffassung *Gustav v. Szászy-Schwarz* über das Verhältnis zwischen Vermögen und juristischer Person leistet hier auch vorzügliche Dienste.

[2]) Vergl. *v. Tuhr*: Allgemeiner Teil des BGB Bd. I, S. 313. Reines Vermögen sind die nach Abzug der geldwerten Verpflichtungen verbleibenden Werte.

[3]) So *v. Tuhr* Bd. I, S. 157.

[4]) PG § 130 läßt den Feststellungsprozeß bezüglich des „Bestehens oder Nichtbestehens eines Rechtes oder Rechtsverhältnisses" zu. Hieraus muß gefolgert werden, daß das Rechtsverhältnis mit dem Rechte zusammenhängt, doch etwas von ihm Verschiedenes sei. Von den verschiedenen bei *v. Tuhr* a. a. O., S. 125 Bd. III) sehr klar unterschiedenen Bedeutungen des Wortes scheint die im Texte gegebene als die praktisch anwendbare.

[5]) Vergl. die sehr gediegenen und lehrreichen Ausführungen *v. Tuhr* a. a. O., (S. 161.

[6]) Z. B. Einrede der Verjährung.

Änderungsrechte[1]) und Aufhebungsrechte[2]), je nachdem sie Dritten die Möglichkeit verleihen, das einem subjektiven Rechte entstammende Rechtsverhältnis mit einem neuen Inhalt zu versehen, dessen Kraft bloß abzuschwächen, oder auch ganz zum Erlöschen zu bringen.

Rechtsverhältnisse sind ebenfalls bloß erlaubte Gegenstände der Rechte, deren rechtliche Eigenschaften sich denen des Objektes des Mutterrechts anschmiegen[3]).

Bewegungstatsachen der subjektiven Rechte.

§ 1. Juristische Tatsachen.

1. Juristische: sind die mit Rechtsfolgen versehenen Tatsachen. Unter juristischen Tatbestand versteh man eine zusammenhängende und mit einheitlichen Folgen versehene Kette von Tatsachen.

Das Wesen der subjektiven Rechte kann vielleicht darin gefunden werden, daß zu Gunsten der Berechtigten Normen entstehen, welche den Gegenstand des Rechts in den Machtbereich des Berechtigten gelangen lassen. Das hierzu erforderliche Mittel sind die rechtlichen Tatsachen. Das Vorhandensein der sie bewegenden Tatsachen ist daher ebenso Voraussetzung der subjektiven Rechte wie das Dasein der Rechtsträger. Diese Voraussetzung gehört dem materiellen Rechte an. Es ist daher keineswegs bloß behufs Vorbereitung der Verhandlung[4]), sondern auch zum Zwecke der materiellen Begründung[5]) des subjektiven Rechts erforderlich, daß die rechtsbegründenden Tatsachen dem über das Recht entscheidenden Gerichte vorgelegt werden.

2. Rechtsbewegende Tatsachen sind: a) menschliche Handlungen, d. h. bewußtes menschliches Verhalten, oder b) von diesem verschiedene Ereignisse wie Geburt, Tod, Zeitablauf, Erbringung einer konkreten Rechtsvorschrift[6]) usw.

Handlungen sind: 1. Rechtsgeschäfte, 2. verbotene Handlungen, dann 3. Rechtshandlungen im engeren Sinne d. h. solche, welche weder den ersteren noch den letzteren zugezählt werden können.

3. Was das Entstehen und das Erlöschen der subjektiven Rechte betrifft, so sind über sie hier nicht viele Worte zu verschwenden. Eine Änderung des subjektiven Rechts liegt vor, wenn dessen Inhalt eine Wandlung erleidet ohne daß

---

[1]) Z. B. Einrede des Zurückbehaltungsrechts, der Vorausklage usw. Vgl. meine Gegenrechte (Bpest. 1900 77 S. ung.)

[2]) Aufrechnung, Anfechtung usw.

[3]) Vergl. *v. Tuhr* a. a. O.

[4]) PG § 129 hebt bloß diesen Zweck hervor.

[5]) So richtig PG § 269.

[6]) Das Erbringen der ein Privileg im objektiven Sinne schaffenden Rechtsvorschrift ist sowohl öffentlich rechtliche, als auch privatrechtliche Tatsache, die Handlungskette der Gewohnheit ist ebenfalls ein rechtlicher Tatbestand einer solchen zwiefachen Art.

nach Auffassung des Verkehrs seine Identität verloren geht[1]).

Betrifft die Änderung die Person des Berechtigten oder des Verpflichteten, so ist ein Rechtsübergang oder eine Rechtsnachfolge eingetreten. Der neue Berechtigte oder Verpflichtete ist Rechtsnachfolger des alten. Ist mit dem Rechtsübergange zugleich eine andere, inhaltliche Änderung verbunden, so wird die Rechtsnachfolge eine konstitutive genannt [2]). Teilbare Rechte und Sachen können auch Gegenstände einer nach Bruchteilen bestimmten Rechtsnachfolge, unteilbare unter Umständen bloß die einer konstitutiven Rechtsnachfolge werden.

Bezieht sich die Rechtsnachfolge bloß auf ein oder mehrere Rechte, so ist sie Einzelnachfolge, betrifft sie hingegen das ganze Vermögen des Berechtigten, einen Bruchteil desselben, oder ein in seinen Machtbereich fallendes Sondervermögen[3]), so tritt Gesamtnachfolge ein. Die Gesamtnachfolge macht gewöhnlich den Gesamtnachfolger den Gläubigern seines Rechtvorgängers gegenüber haftbar[4]).

Ist die Begründungstatsache des Rechts nicht das Glied einer Kette ähnlicher Tatsachen — d. h. hängt sie mit keinem Rechtsübergange zusammen — so ist der Rechtserwerb ein ursprünglicher, sonst ein abgeleiteter. Bei jenem liegt daher keine Rechtsnachfolge, sondern das Entstehen eines neuen Rechts vor. Es gibt jedoch Mischgebilde, bei denen der ursprüngliche Rechtserwerb in den Formen der Rechtsnachfolge zum Entstehen gelangt [5]).

I. Rechtsgeschäfte.

§ 1. Begriff.

1. Das Rechtsgeschäft ist ein die Begründung, die Änderung oder die Aufhebung eines Rechtes oder Rechtsverhältnisses bezweckender Tatbestand, dessen wirkende Haupttatsache in einer

---

[1]) Bei manchen Rechten z. B. bei Familienrechten oder höchstpersönlichen Vermögensrechten ist hierzu schon eine Änderung in der Person des Berechtigten oder Verpflichteten genügend.

[2]) Dieselbe beruht gewöhnlich auf Rechtsgeschäft, doch kann sie auch kraft Gesetzes eintreten, z. B. Nießbrauchsrecht des Vaters auf Grund seiner väterlichen Gewalt GA XX, 1877 § 16, 17, der Witwe kraft Witwenrechts GA VIII, 1840 §§ 16, 18 usw.

[3]) Etwa ein ganzes Unternehmen vergl. GA LVII, 1908 § 1. (Geschäftsübernahme).

[4]) So die Erben bis zur Höhe des ererbten Vermögens K 997/1890 Grill DT Bd. I, S. 495, der Übernehmer eines Geschäftes GA LVII , 1908 § 1.

[5]) Z. B. bei Zwangsversteigerung, welche jedoch trotzdem wegen Bösgläubigkeit des Käufers rückgängig gemacht werden kann 3 REE. K. Mji Dt Bd. VII. S. 353 ferner bei gutgläubigem Sacherwerb HG §§ 299 und 300, hinsichtlich Grundstücke K 1915 RP V. 258, Mji Dt Bd. IX, S. 341.

oder mehreren erlaubten Willenserklärungen besteht.

Willenserklärungen bewirken rechtliche Folgen entweder zufällig, von dem Willen des Erklärenden unabhängig z. B. Schadensersatz wegen des durch grundlose gegen ein Urteil eingelegte Berufung verursachten Schadens[1], ja sogar im Gegensatze zu demselben, so bei der vorsätzlich verübten, verbotenen Handlung[2], oder aber in der Weise, daß die Rechtsänderungen eben durch die Willenserklärungen hervorgerufen werden (Rechtsgeschäfte).

Die Willenserklärung ist demnach die Ursache der rechtsgeschäftlichen Wirkungen, diese werden nur ihretwegen anerkannt. So umgrenzen die Rechtsgeschäfte jenen Teil der Rechtsvorschriften, der der privatrechtlichen Autonomie vorbehalten blieb.

Das Verhältnis der einzelnen subjektiven Rechte zu den Rechtsgeschäften hängt davon ab, in welcher Art die ersteren in den Quellen anerkannt werden. Ist die Anerkennungsvorschrift eng (erlaubte Rechte), etwa eine Aufzählung, so kann das betreffende subjektive Recht durch gesetzlich nicht besonders anerkannte Rechtsgeschäfte unmittelbar wenig oder gar nicht berührt werden. Wird hingegen der Inhalt des subjektiven Rechts durch nachgiebige Rechtsvorschriften bestimmt, erwähnen die Quellen dasselbe nur beispielsweise (freie Rechte), so schaffen sie für das subjektive Recht einen Rahmen, der ganz oder teilweise mit Rechtsgeschäften ausgefüllt werden kann. Daher die Erscheinung, daß die schuldrechtlichenRechtsgeschäfte sowohl ihrer Form[3], als auch ihrem Inhalte nach grundsätzlich frei sind.

Dingliche Rechte sind hingegen nach Art und Inhalt zwingenden Rechts, weshalb auch die Arten der dinglichen Rechtsgeschäfte in den Quellen einzeln aufgezählt werden und eine Abweichung von denselben nicht erlaubt ist. Ähnliches gilt von den Familienrechten, Immaterialrechten, den Rechten an Naturkräften und von den Ausstrahlungen des Persönlichkeitsrechts. Hierin ist auch der Grund der mannigfaltigen, wenn auch in der Theorie stark vernachlässigten Strukturabweichungen zu suchen, welche die schuldrechtlichen Rechtsgeschäfte von den dinglichen, den familienrechtlichen, den erbrechtlichen und von den Rechtsgeschäften unterscheiden, welche die Immaterialrechte und die rechtliche Herrschaft an den Naturkräften unmittelbar berühren.

2. Die Willenserklärung ist die wirkende Haupttatsache des rechtsgeschäftlichen Tatbestandes. Dies will besagen, daß allgemeine Grundsätze nur für diesen Bestandteil des rechtsgeschäftlichen Tatbestandes gelten, ferner, daß sich die eigentümlichsten Wirkungen der Rechtsgeschäfte den Willenserklärungen anschmiegen, endlich, daß das gänzliche oder teilweise Versagen der Rechtswirkungen ebenfalls die Folge der Tatbestandsfehler der Willenserklärungen bildet.

Die Willenserklärung kann die einzige wirkende Tatsache des

---

[1] Bpester Tafel G 481/1911 Mji Dt Bd. VI, S. 76.

[2] Strfg. §§ 292, 311.

[3] Vorschriften wie die für die schuldrechtliche und dingliche Übereignung der Grundstücke die Schriftform vorschreibenden der MER 4420/1918, § 77 GA XXXVI sind Ausnahmen.

Rechtsgeschäftes sein (reine Willenserklärung). In diesem Falle decken sich die Begriffe der Willenserklärung und des Rechtsgeschäfts. Es ist aber auch möglich, daß für das letztere, außer der Willenserklärung, auch noch andere Tatsachen erforderlich sind (gemischtes Rechtsgeschäft) Die Willenserklärung verbleibt jedoch auch dann die hauptsächlich wirkende Tatsache.

Innerhalb des rechtsgeschäftlichen Tatbestandes sind auch mehrere Willenserklärungen möglich, was weiterhin auszuführen ist.

3. Die Willenserklärung kann die rechtsgeschäftlichen Wirkungen entweder in schaffender oder in verwirklichender Weise hervorrufen. Die Willenserklärung ist schaffend (kreativ), wenn schon die bloße Äußerung des Willens die erwünschte Änderung der Rechtslage hervorruft, sie ist verwirklichend (real) wenn hierzu die Herbeiführung eines tatsächlichen Zustandes welcher der zu ändernden Rechtslage entspricht, erforderlich ist.

Schaffende Willenserklärungen enthalten: die Rechtsgeschäfte des Schuldrechts, Familienrechts, Erbrechts, Personenrechts, verwirklichende — von einzelnen Ausnahmen abgesehen — die Geschäfte des Sachenrechts.

5. Die rechtsgeschäftlichen Wirkungen werden bloß durch fehlerlose Willenserklärungen hervorgerufen. Die letzteren sind fehlerlos, wenn sie den persönlichen und sachlichen Erfordernissen entsprechen d. h., wenn sie von dem Standpunkte des Erklärenden, des Erklärungsempfängers und der Erklärung den gesetzlichen Vorschriften genügen. Die Wirkungen der fehlerhaften Willenserklärungen treten entweder überhaupt nicht ein, oder sie treten zwar vorläufig ein, können jedoch später rückwirkend entkräftet werden (Ungültigkeit, Nichtigkeit, Anfechtbarkeit).

§ 2. Arten.

1. Die Arten der Rechtsgeschäfte gliedern sich nach der Struktur, nach dem Inhalte und nach den Wirkungen der Willenserklärungen.

Auf der Struktur der Willenserklärungen beruhen die Unterschiede der durch Zahl, Richtung und Willensäußerungshandlung verschiedenen Rechtsgeschäfte.

Nach der Zahl der zur Wirkung erforderlichen Willenserklärungen sind die Rechtsgeschäfte entweder einseitige oder zweiseitige (Verträge).

Maßgebend ist ausschließlich der Umstand, ob die Wirkung des Rechtsgeschäfts begrifflich eine alleinstehende, oder mehrere einander gegenüberstehenden Willenserklärungen — erfordert. Gleichgültig bleibt ob die Willenserklärung mit einem Schlage oder stufenweise erfolgt. Nebensächlich ist auch, ob die Willenserklärung von einer oder mehreren Personen vorgenommen wurde.

Das zweiseitige Rechtsgeschäft (Vertrag) ist die praktisch wichtigste rechtliche Tatsache und als solche in allen Teilen des Rechtssystems anzutreffen. Für das einseitige Rechtsgeschäft gilt dies zwar ebenfalls, doch immerhin in beschränkterem Maße.

Der Vertrag ist einseitig, wenn er zu Lasten einer Partei und zweiseitig, wenn er zu Lasten aller einander gegenüberstehenden Parteien Verpflichtungen begründet.

2. Nach der Richtung der Willenserklärung sind die Rechtsgeschäfte empfangsbedürftige und nichtempfangsbedürftige.

Das empfangsbedürftige Rechtsgeschäft (Anerklärung) erfordert, daß die Willenserklärung gegenüber einer bestimmten Person oder Behörde vorgenommen werde. Der Tatbestand der Anerklärung erstreckt sich außer auf die Willenserklärung auch noch auf den Zugang derselben, während das nichtempfangsbedürftige Rechtsgeschäft mit der Willenserklärung seinen Abschluß findet. Maßgebend ist die Notwendigkeit der Anerklärung, nicht aber die Tatsache, ob eine solche auch wirklich erfolgte. Eine nicht empfangsbedürftige Willenserklärung kann daher doch als Anerklärung vorgenommen werden.

Eine Anerklärung ist erforderlich, wenn ihre Folgen unmittelbar in den Rechtsbereich eines anderen eingreifen. Dies ist der Grund, weshalb jeder Vertrag, sowie jene einseitigen Rechtsgeschäfte Anerklärungen sind, welche zwischen dem Berechtigten und Verpflichteten ein rechtliches Band knüpfen [1]).

3. Die Art der Willenserklärung ist in den Quellen entweder durch zwingenden Rechtssatz vorgeschrieben (förmliche Rechtsgeschäfte) oder dem Belieben der Parteien anheimgestellt (formlose Rechtsgeschäfte).

Für das Schuldrecht gilt — allerdings nur mit der durch MER 4420/1918 § 1 und GA XXXVI: 1920 § 77 hinsichtlich der Übertragung von Grundstücken geschaffenen wichtigen Ausnahme — grundsätzlich die Formfreiheit der Rechtsgeschäfte. In den übrigen Teilen des Rechtssystems schwindet diese mit der Nähe des jus publicum mehr und mehr.

Die Willenserklärung des formlosen Rechtsgeschäfts ist entweder eine unmittelbare oder eine mittelbare. Die unmittelbare Willenserklärung verfolgt den Zweck den Willen erkennbar zu machen. Die mittelbare dient in erster Reihe anderen Zwecken, ist jedoch auch dazu geeignet, daß ihr die rechtsgeschäftliche Absicht des Erklärenden entnommen werde[2]). Die mittelbare Willenserklärung kann sowohl in einem Schweigen[3]), als auch in einem anderen sinngemäßen Verhalten bestehen.

4. Der Inhalt der Willenserklärung ist die eigentliche Ursache der besonderen rechtsgeschäftlichen Wirkungen.

Nach dem Inhalte der durch das Geschäft unmittelbar berührten Rechte und Rechtsverhältnisse unterscheiden wir Rechtsgeschäfte des Personen-Immaterialrechts, Familienrechts, Erbrechts, Schuldrechts und

---

[1]) Vergl. meine (ungarisch Budapest 1913 erschienene) Arbeit, das einseitige Rechtsgeschäft S. 44 ff., 66 ff.

[2]) So sehr scharf K. 1921 P V. 85 (MT. Bd. II. S. 107 F. 72).

[3]) Z. B. HG § 320.

Sachenrechts. Mit Ausnahme des familienrechtlichen beziehen sie sich regelmäßig auf Vermögensrechte [1], werden daher auch vermögensrechtliche genannt.

5. Der Inhalt des durch das Rechtsgeschäft berührten Rechtes bezw. Rechtsverhältnisses übt auch auf die Struktur und den Inhalt des Rechtgeschäftes eine Rückwirkung aus.

Der Inhalt des subjektiven Rechts beeinflußt die rechtsschöpfende Kraft des bewegenden Rechtsgeschäftes auf zweierlei Art.

Einmal bestimmt er den Umfang dieser rechtsschöpfenden Kraft selbst d. h. den Umstand, inwiefern ein subjektives Recht gewissen Inhalts eine rechtsgeschäftliche Änderung überhaupt erträgt. Sodann ist er aber auch für die Art der Rechtsfolgen maßgebend: die Struktur des Rechtsgeschäftes und der Inhalt des durch dasselbe bewegten Rechtes stehen in engem Zusammenhange.

6. Der Umfang der rechtsschöpfenden Kraft des Rechtgeschäfts dient zur Grundlage der Unterscheidung der freien und der erlaubten Rechtsgeschäfte.

Freie Geschäfte bewegen freie Rechte, dasselbe gilt entsprechend für den Zusammenhang der erlaubten Rechte und Rechtsgeschäfte Eigentlich kann jedoch der erwähnte Unterschied in dem heutigen Rechte nur hinsichtlich der Verträge gemacht werden, da die Anerkennung der einseitigen Rechtsgeschäfte nicht auf dem Inhalte derselben, sondern auf besonderen gesetzlichen Vorschriften [2] beruht.

Von dem Standpunkte des heutigen Rechts ist demnach das einseitige kein freies, sondern ein erlaubtes Rechtsgeschäft.

Freie Verträge sind die schuldrechtlichen [3], erlaubte die dinglichen, die familienrechtlichen, die erbrechtlichen, die Verträge des Personenrechts, ferner die Immaterialrechte, sowie die Naturkräfte unmittelbar betreffenden Rechtsgeschäfte. Dies hängt mit der Art der Anerkennung der durch sie berührten subjektiven Rechte zusammen. Die gesetzliche Anerkennung der Schuldrechte ist eine exemplifikative. Dem Entstehen neuartiger in den Quellen nicht erwähnter Schuldrechte steht außer den Grenzen des Gesetzes, der Moral und der öffentlichen Ordnung kein Hindernis entgegen.

Die quellenmäßige Anerkennung der Personenrechte, der dinglichen, der Familien-, der Immaterialrechte, der Rechte an Naturkräften hingegen ist eine Aufzählung (Taxation, Nomination). Der Inhalt der erwähnten Rechte ist daher genau so streng umschrieben, wie die Möglichkeit und der Inhalt der sich auf sie beziehenden Verträge.

Die Anerkennung der einseitigen Rechtsgeschäfte ist aber von dem Inhalte der durch sie berührten subjektiven Rechte ebenfalls nicht ganz unabhängig. Im Schuld- und Sachenrechte muß sich das einseitige Rechtsgeschäft mit einer verhältnismäßig geringeren Rolle begnügen als der

---

[1]) Z. B. Übertragung des Autorrechts AutG § 3 oder eines Patentes PG § 10.
[2]) Vergl. EUG § 712. Mji Dt Bd. I, S. 334. K 613/1906 (Auslobung) usw.
[3]) EUG § 712.

Vertrag. Dennoch gibt es mehrere oder alle Forderungsarten umspannende einseitige Rechtsgeschäfte allgemeinen Inhaltes, welche fast ebenso häufig wie Verträge vorkommen, z. B. Zahlung [1]), Anfechtung [2]), Vorbringen der Verjährung [3]), Aufrechnung [4]), Kündigung [5]), Ausübung des Rücktrittsrechts [6]). Ähnliche einseitige Rechtsgeschäfte mehr allgemeiner Tendenz sind auch im Sachenrechte zu finden, z. B. Auflassung [7]), Vormerkung [8])

In dem Familienrechte ist das einseitige Rechtsgeschäft eine an rechtsschöpfender Kraft dem Vertrage gleiche rechtliche Tatsache, was auch daraus erhellt, daß manche einseitigen Rechtsgeschäfte dieser Art durch Verträge überhaupt nicht ersetzt werden können [9]).

Das Personenrecht und das Erbrecht weisen dem einseitigen Rechtsgeschäfte sogar eine wichtigere Rolle zu als dem Vertrag. Daher die verhältnismäßige Seltenheit der Erbverträge, sowie die auffällige Erscheinung, daß die meisten Immaterialrechte durch einseitige Rechtsgeschäfte absolute Wirkung erlangen [10]).

7. Die objektive Wirkung der rechtsgeschäftlichen Willenserklärung besteht in der Begründung, der Änderung und Aufhebung von Rechten und Rechtsverhältnissen. Betrachtet man diese Wirkung von der subjektiven Seite aus d. h. in bezug auf die in den Rechtskreisen der handelnden Personen hervorgerufenen Veränderungen, so ergibt sich der Unterschied der rechtsmehrenden und rechtsmindernden Rechtsgeschäfte. Rechtsmindernd (rechtlich nachteilig) ist das Geschäft, wenn es den Rechtskreis der geschäftsschließenden Partei einengt, rechtsmehrend, (rechtlich vorteilhaft), wenn es eine Erweiterung desselben zur Folge hat. Stehen mehrere Rechtskreise einander gegenüber, so kann dasselbe Geschäft auch entgegengesetzte Wirkungen herbeiführen d. h. den Rechtskreis der einen handelnden Person vergrößern, den der anderen hingegen vermindern (übergreifendes Rechtsgeschäft). Die Zuwendung ist ein vermögensrechtliches, übergreifendes Rechtsgeschäft.

---

[1]) Daher die Möglichkeit der Hinterlegung Mji Dt Bd. IX, S. 230. K 6162/1914 unter Umständen des Rücktritts ebendaselbst Bd. X, S. 347. K 1916. RP 2292 usw.

[2]) Z. B. GA XVII, 1881 §§ 26, 27, 28 Ehg § 67 usw.

[3]) Mji Dt Bd. VII, S. 211. K 318/1912 erfordert hierzu noch immer eine Klage, doch meines Erachtens ohne Grund, viel präziser ebend. Bd. X S. 249. K 1915. RP 8299.

[4]) Mji Dt Bd. VI, S. 234., Kurie G 120/1912. PG §§ 389, 412.

[5]) Mji Dt Bd. I, S. 139. K 3791/1905 das. 298. K 6589/1905 usw.

[6]) Z. B. HG § 353.

[7]) GO § 68.

[8]) GO § 68. In den Fällen GO § 87 ist die Vormerkung einseitiger, rechtsgeschäftlicher Eingriff in die Machtsphäre des sie Erleidenden, daher der Bücherrang und die Ausschließung der Grundsätze des gutgläubigen Rechtserwerbs K 1917 P V 241/43.

[9]) Z. B. Anfechtung der Ehe (Arg Ehg §§ 46. 67), der Ehelichkeit des Kindes (Arg PG § 696 ff. K 1919 P III. 1386 MT. Bd. II. S. 55. F 37).

[10]) Vgl. AuG § 7. 13. 65. und mein einseitiges Rechtsgeschäft S. 26 ff.

Ist die Verminderung des eigenen und die Vergrößerung des gegenüberstehenden Rechtskreises der in dessen Tatbestande zum Ausdruck gelangte, einzige Zweck eines Rechtsgeschäftes, so nennt man das letztere abstrakt. Bei dem konkreten Rechtsgeschäfte hingegen ist die Zuwendung der in dem Tatbestande zum Ausdruck gelangte eine, aber keineswegs auch der einzige Zweck des Geschäftes. Die Zuwendung erscheint vielmehr hier als das Mittel zur Erreichung eines in dem Tatbestande des Geschäftes ebenfalls zum Ausdrucke gelangten zweiten, weiteren Zweckes: der Kausa.

Die Kausa kann bestehen: in der Begründung oder Aufhebung einer Forderung, in der Unentgeltlichkeit der Leistung, in einem Entgelt usw. Gewisse Geschäfte sind nur als kausale anerkannt z. B. Übertragung des Eigentums[1]), andere erzielen ihre Wirkungen auch als abstrakte[2]). Unentgeltlich ist die kausale Zuwendung, wenn ihr zweiter in dem Tatbestande des Rechtsgeschäftes zum Ausdrucke gelangter Zweck in der Vergrößerung des Vermögens des Erwerbers und in der Verminderung des Vermögens des Rechtsvorgängers besteht. Besteht hingegen dieser zweite Zweck in dem Erlangen einer anderen Zuwendung entgegengesetzter Richtung, so liegt ein entgeltliches Rechtsgeschäft[3]) vor.

8. So viel über die endgültigen Zuwendungen. Es ist jedoch auch möglich, daß die Zuwendung bloß dazu dient, daß der Erwerber, im Interesse des Zuwendenden gewisse rechtliche Handlungen vornehme, welche dieser persönlich nicht vornehmen will oder kann[4]), was sowohl auf Bequemlichkeitsgründen, als auch darauf beruhen kann, daß ein Recht des Erwerbers gesichert, oder ein anderer erlaubter Zweck hierdurch erreicht werde[5]). Rechtsgeschäfte deren erster Zweck in der Verringerung des Vermögens des Zuwendenden, deren zweiter hingegen in der später einzutretenden rückwirkenden Beendigung dieser Verringerung gesucht wird, sind fiduziarische Zuwendungen. Die fiduziarischen Zuwendungen sind eigentlich mit auflösenden Bedingungen verbundene Kommissionsaufträge. Dies ist wichtig bei der Entscheidung der Gültigkeit der durch den Erwerber im Innenverhältnis — in unrechtmäßiger Weise vorgenommenen Übertragungen[6]).

---

[1]) Vergl. EUG §§ 368, 467. So K. 1929 P V 4167 (MT. Bd. II. S. 54. F. 36).

[2]) Z. B. Anerkennung und Verzicht arg. PG § 390.

[3]) Der Unterschied ist wichtig in Anwendung des HG § 335 EUG §§ 916 bis 918 usw.

[4]) Z. B. Inkasso, Klage usw.

[5]) Etwa Sicherung des Vermögens gegen unberechtigte Angriffe formeller Gläubiger K 1917 P V 1010.

[6]) Vergl. HG § 368, 374.

9. Eine Zuwendung von Todeswegen liegt vor, wenn das Gesetz oder die Parteien ihre Wirkungen von dem Tode des Zuwendenden abhängig machen. Jede andere Zuwendung ist eine unter Lebenden. Die beiden Arten der Zuwendungen unterscheiden sich durch die Form, sowie dadurch, daß die Geschäfte von Todeswegen nicht freie, sondern erlaubte Geschäfte sind, endlich durch die ihnen anhaftende Bedingung des Todes des Zuwendenden [1]).

10. Ein Rechtsgeschäft, dessen unmittelbare Wirkung in der Verminderung eines Rechtskreises besteht, ist eine Verfügung. Hierbei ist es gleichgültig, ob die Verminderung in einer konstitutiven oder translativen Übertragung oder in der Aufhebung eines subjektiven Rechts besteht. Erforderlich ist jedoch, daß die Rechtsminderung unmittelbar durch die Willenserklärung erfolgt. Die Übertragung einer Forderung ist daher eine Verfügung, die hinsichtlich der Übereignung eines Grundstückes zustande gekommene, doch durch kein Buchgeschäft verstärkte Einigung nicht [2]).

§ 3. Erfordernisse.

Erfordernisse der rechtsgeschäftlichen Wirkungen sind: gehöriger Ursprung, Form, Vollendung, sowie entsprechender Inhalt der Willenserklärung.

Gehörigen Ursprunges ist die Willenserklärung, wenn sie von einer hierzu geeigneten Person abgegeben wurde. Den Formvorschriften genügt bei formellen Rechtsgeschäften die in quellenmäßig vorgeschriebener Weise erfolgte, bei formlosen die den Geschäftswillen auch nur irgendwie erkennbar machende Willenserklärung.

Die Vollendung der Willenserklärung tritt ein: bei den empfangsbedürftigen Rechtsgeschäften mit dem Zugehen an den Erklärungsempfänger [3]), bei den übrigen mit der Abgabe [4]).

Der Inhalt der Erklärung ist ein entsprechender, wenn dieselbe mit dem sie bewegenden Willen in einem gewissen harmonischen Verhältnisse steht.

Dies ist nicht der Fall, wenn die Willenserklärung fehlerhaft war. Zu beachten ist hierbei besonders, daß der Inhalt der freien Rechtsgeschäfte zulässig ist, wenn er den Quellen nicht widerspricht, der der erlaubten hingegen nur dann, wenn er den positiven Vorschriften der Quellen entspricht.

§ 4. Geschäftsfähigkeit.

1. Gehörigen Ursprunges ist eine Willenserklärung, welche unmittelbar, oder durch einen Bevollmächtigten usw. mittelbar von einer hierzu befugten Person abgegeben wurde.

---

[1]) Vergl. das hierüber im Erbrecht Gesagte.
[2]) Arg. GO § 81 ÖBGB § 431 EUG § 368.
[3]) Arg. Bpester Tafel 1899 IG 138 Grill Dt Bd. II 2, S. 465.
[4]) Dies ist der erste Zeitpunkt, in welchem es klar wird, daß ein Geschäftswille vorhanden ist.

Zu der Abgabe von Willenserklärungen befugt sind je nach dem Inhalte derselben [1]) Geschäftsfähige und beschränkt Geschäftsfähige.

Die oben [2]) schon behandelte Geschäftsfähigkeit enthält die Erklärungsfähigkeit (aktive Adreßfähigkeit) d. i. die Möglichkeit, Willenserklärungen abzugeben, ferner die Annahmefähigkeit (passive Adreßfähigkeit) d. h. die Möglichkeit, solche entgegenzunehmen.

Hier gilt der Grundsatz, daß Geschäftsunfähige weder Abgabe- noch Annahmefähigkeit [3]) [4]), beschränkt Geschäftsfähige hingegen beide betreffs der ihre Rechte mehrenden, nicht aber auch der rechtsmindernden [5]) Geschäfte besitzen.

Hierbei ist es gleichgültig, ob die betreffende Willenserklärung eine vertragliche, oder aber Teil eines einseitigen Rechtsgeschäfts war [6]).

Die von oder an einen beschränkt Geschäftsfähigen unbefugt abgegebene Willenserklärung ist aber — ungleich der von und an einen Geschäftsunfähigen abgegebenen — nicht nichtig, sondern bloß von seiten des beschränkt Geschäftsfähigen anfechtbar [7]). Dem Geschäftsgegner ist diese Anfechtung versagt [8]) und in Anbetracht des Fehlens einer anderen positiven Vorschrift verbleibt ihm um Gewißheit zu erlangen, nur der etwas kostspielige Weg einer Feststellungsklage [9]).

Die Kategorien der Geschäftsunfähigkeit sowie der beschränkten Geschäftsfähigkeit wurden schon behandelt. Mehr ist über sie bei einzelnen Geschäften zu sagen [10]).

2. Die Geschäftsunfähigkeit ist materiell [11]), wenn sie durch den tatsächlichen Zustand des Geschäftsunfähigen bestimmt wird und formell, wenn sie von äußeren Merkmalen abhängt [12]). Die materielle Geschäftsunfähigkeit läßt einen Beweis dessen zu, daß zur Zeit der Vornahme des Geschäftes dennoch eine verständige Willenserklärung vorlag [13]),

---

[1]) Siehe weiter unten.

[2]) In dem Rahmen der Handlungsfähigkeit. S. 85.

[3]) Anders EUG §§ 714—725—727.

[4]) Arg. GA XVII, 1792 § 1. GA XXI, 1802 § 2.

[5]) Arg. GA XX, 1877 § 33 Abs. 3. Rechtsminderung kann sowohl durch Abgabe, als durch Annahme einer Willenserklärung erfolgen; es geht daher in Ermangelung einer diesbezüglichen Gesetzesstelle nicht an die beiden Arten der Geschäftsfähigkeit verschiedenartig zu behandeln.

[6]) Arg. ebendaselbst „Verpflichtung, Verzicht und Rechtserwerb" sind auch durch einseitige Rechtsgeschäfte zu erreichen. Vergl. PG § 390.

[7]) Mji Dt Bd. IV, S. 193, Bd. V, S. 366.

[8]) Ebendaselbst Bd. IV, S. 260.

[9]) PG § 130.

[10]) Z. B. bei der Eingehung der Ehe usw. Vgl. S. 55, 84 ff.

[11]) Geisteskrankheit Mji Dt Bd. VIII, S. 161, 162. Geistesschwäche ebendas. Bd. V, S. 49. K. 3885/1019, vollständige Trunkenheit Bd. X, S. 8. K 245/1914, S. 247. K 1979/1914. Ebenso wohl auch Hypnose, Schlaf, Anfall von Epilepsie usw. Vergl. auch Ehg § 127.

[12]) So Ehg § 127 Punkt a (Alter unter 12 Jahren) e, c (formelle Entmündigung wegen Geisteskrankheit usw.) *Werböczy* Trip. I. 112.

[13]) Arg. Mji Dt Bd. VIII, S. 162. *Kolozsvárer* Tafel 1913 G 389/3.

während ein solcher bei dem Vorhandensein der formellen Geschäftsunfähigkeit [1]) ausgeschlossen ist.

Die Folge der Geschäftsunfähigkeit ist die Nichtigkeit [2]) des Rechtsgeschäfts. Eine nachträgliche, offenkundige oder stillschweigende Bestätigung ist zwar nicht ausgeschlossen [3]), jedoch sowohl hinsichtlich der Form als auch des Inhaltes als neue Vornahme des Rechtsgeschäftes anzusehen.

3. Die beschränkte Geschäftsfähigkeit ist de lege lata [4]) eine formelle Kategorie mit einzelnen materiellen Ausnahmen. Die letzteren verleihen dem beschränkt Geschäftsfähigen innerhalb eines gewissen Kreises Geschäftsfähigkeit, ohne jedoch die etwa vorliegende materielle Geschäftsunfähigkeit zu heilen.

Demnach vermögen: a) für ihren eigenen Unterhalt sorgende beschränkt Geschäftsfähige über ihren Erwerb sowohl innerhalb eines Prozesses [5]), als auch außerhalb desselben [6]) frei zu verfügen, b) beschränkt Geschäftsfähige für die ihr gesetzlicher Vertreter in dieser Beziehung nicht sorgt [7]) Geschäfte vorzunehmen, welche ihr standesgemäßer d. h. der ihrem Range, Alter und Vermögen [8]) angemessene Unterhalt [9]) notwendig macht.

Die fehlende volle Geschäftsfähigkeit des beschränkt Geschäftsfähigen wird durch die folgende Einwilligung oder nachträgliche Genehmigung des gesetzlichen Vertreters [10]) in einzelnen Fällen [11]) der Vormundschaftsbehörde ersetzt. Unentgeltliche Rechtsminderungen vermag er jedoch selbst mit Genehmigung des gesetzlichen Vertreters oder der Vormundschaftsbehörde nicht zu bewirken [12]). Hingegen kann der beschränkt-

---

[1]) PG §§ 713, 720, 725. GA VI, 1885 § 7.

[2]) Vergl. GA XVII, 1792 § 1. XXI, 1802 § 2.

[3]) So bezüglich der Trunkenheit Mji Dt Bd. VIII, S. 165. K 3718/1913 S. 166. K 3885/1913.

[4]) Anders EUG § 752, welcher die Fälle der „undue influence" des englischen Rechts und eine Art von materieller beschränkter Geschäftsfähigkeit entwickelt. Ähnlich doch hinsichtlich der Rechtsfolgen noch etwas schwankend K 1920 P VII. 2908.

[5]) PG § 71.

[6]) GA XX: 1877 § 3. z. B. Ausbedingung eine Vertragsstrafe Mji Dt Bd. II, S. 28. K 7370/1907.

[7]) Der Beweis obliegt dem gesetzlichen Vertreter das. Bd. VIII, S. 167 Bpester Tafel 1914 G 265 Bd. II, S. 335. Bpester Tafel 1908 I G 633.

[8]) Abschluß von Verträgen, doch nicht von Kreditverträgen das. S. 335 Bpester Tafel 1914 G 264/2, keine Verträge über Gewinne der durch den Minderjährigen gekauften Lose das., S. 337 K 25/1908, keine weite Reisen betreffenden das. Bd. IX, S. 117. *Marosvásárhelyer* Tafel 1914 G 264/2 usw.

[9]) Argumentum K 1426/1919 (MT Bd. I F. 21), ferner GA XX, 1877 § 16.

[10]) Ebendaselbst §§ 20, 35, Abs. 2, 113.

[11]) §§ 20, 113.

[12]) Ausgenommen sind bloß die landesüblichen Gelegenheitsgeschenke, nicht aber Erbvergleiche, welche entgeltlose Rechtsminderungen (Mji Dt Bd. I, S. 147, K 5889/1906 ebendaselbst Bd. II, S. 24, K 7102/1006) oder die Eingehung einer unbeschränkten Haftung für die Schulden des Erblassers enthalten (ebendaselbst Bd. X, S. 301, K 1916 P VII 1816). Das Gericht hat diesbezüglich auch darüber zu entscheiden, ob die Rechtsminderung gegen entsprechenden Entgelt erfolgte Mji Dt Bd. X, S. 272 K 1915, PR I, 10 721. So auch Mji Dt Bd. XII, S. 278, F 201 Ist

Geschäftsfähige naturgemäß beweisen — und gegebenenfalls muß er es auch [1]) — daß sein zur Zeit der Vornahme des Geschäftes vorhandener Geisteszustand einen freien Willensentschluß unmöglich machte [2]).

Das durch den beschränkt Geschäftsfähigen vorgenommene rechtsmindernde Geschäft ist von seiner Seite anfechtbar [3]). Ausnahmen, welche die Nichtigkeit [4]) oder Gültigkeit [5]) des Rechtsgeschäftes zur Folge haben, sind in den Quellen einzeln geregelt.

4. Die volle Geschäftsfähigkeit ist, abgesehen von sehr wenigen gesetzlichen Ausnahmen ebenfalls eine formelle Kategorie. Es verschlägt daher nichts zu beweisen, daß der oder die Volljährige gegebenen Falles der geistigen Reife ermangelte und demzufolge das vorgenommene Rechtsgeschäft nicht vollständig zu überblicken vermochte [6]) oder daß die 23 jährige Frau im Gegenteil wirtschaftlich vorbedacht handelte, als sie z. B. einen Wechsel unterfertigte [7]).

§ 5. Form.

1. Wird die Art der Willenserklärung quellenmäßig vorgeschrieben, so ist das Geschäft ein förmliches sonst ein formfreies.

Grundsätzlich formlos sind Geschäfte, welche freie Rechte berühren [8]). Eigentlich gilt also die Formfreiheit bloß für das schuldrechtliche Geschäft [9]), ja nach Erbringung des GA XXXVI, 1920, das betreffs der vertraglichen und überhaupt der rechtsgeschäftlichen Übereignung der Grundstücke Schriftzwang einführt, bloß in einem Teile des Schuldrechts. Familienrechtliche, personenrechtliche, erbrechtliche, sowie die Geschäfte des Sachenrechts erfordern gewöhnlich eine gesetzlich festge-

---

die Genehmigung der Vormundschaftsbehörde auch erforderlich, so kommt der Vertrag doch mit dem Zeitpunkte der Einwilligung des gesetzlichen Vertreters zustande, K 1917, P V 241 (Ü. L. 1917, Nr. 26).

[1]) Mji Dt Bd. IV, S. 193, S. 261.

[2]) Arg. die bei der vorigen Anmerkung an letzter Stelle erwähnte Entscheidung.

[3]) Vergl. Ehg § 56 und die hierfür oben angeführten Entscheidungen.

[4]) So GA XX, 1877 §§ 20, 113 letzter Absatz.

[5]) Ebendas. § 3.

[6]) So betreffs des Ehevertrages ein ihr 12. Lebensjahr kaum überschrittenen Frau Mji Dt Bd. X, S. 274. K 1916 RP III, 1869.

[7]) Vgl. GA XXVII: 1876 § 1 Abs. 3.

[8]) Vergl. die weiter unten angeführten Quellenstellen.

[9]) HG § 311 gilt für das Privatrecht nur in diesem Umfange. EUG § 740 Abs. 1 sowie § 713 stehen unter dem Einfluß einer optischen Täuschung, die dem durchaus schuldrechtlichen Ausgangspunkte des Entwurfes entstammt. Sogar im Schuldrechte selbst sind von dem Grundsatze der Formfreiheit gar wichtige Ausnahmen zu beachten, so z. B. die Veräußerungen der Liegenschaften § 77 GA XXXVI, 1920 die privatrechtlichen Verfügungen über den Prozeßgegenstand (Protokollzwang PG §§ 3, 390, 244, Punkt 1), die Prozeßvollmacht PG (§ 100 Schriftlichkeit), der Honorarbrief des Rechtsanwalts (GA XXXIV, 1874 § 54, doch nur wenn er die Rechte desselben vergrößert Mji Dt Bd. VIII, S. 301. K 1417/1914 P) das Sammeln der gewerblichen Bestellungen von seiten reisender Kaufleute, für welches die Praxis in erweiternder Auslegung des GA XX, 1900 § 1, Abs. 2 vorherige schriftliche Hinbeordnung des Reisenden erfordert, die wichtigsten landwirtschaftlichen Arbeitsverträge (Schriftform und Abschluß vor der Ortsbehörde GA II, 1898 §§ 8, 13,) Arbeitsvertrag des gewerblichen Lehrlings (Schriftform GA XVII, 1884 § 6) usw.

legte Form. Der Grund liegt — wie schon mehrfach erwähnt — darin, daß die Quellen die erlaubten Rechte zwar dem privatrechtlichen Verkehr zugänglich machen, deren inhaltlichen Ausbau aber den Parteien überhaupt nicht oder doch bloß innerhalb sehr enger Grenzen überlassen. Man setzt sich daher mit der wirklichen Rechtslage in heftigen Widerspruch wenn man trotz der Form für die einseitigen Rechtsgeschäfte des Autoren-, Patent-, Marken-, und Musterrechts[1]), der Eheschließung[2]), der Annahme an Kindesstatt[3]), der Rechtsgeschäfte des ehelichen Güterrechts[4]), der Anfechtung der Ehe[5]) behauptet, daß das allgemeine Prinzip die Formlosigkeit sei und die aufgezählten Fälle bloß als Ausnahmen zu betrachten seien. Tatsächlich ist vielmehr die Formfreiheit der Geschäfte in dem ganzen Gebiete der erlaubten Rechte gar nicht oder nur ganz ausnahmsweise anerkannt.

Der praktisch wichtigste Teil der dinglichen Geschäfte: die Buchgeschäfte sind durch das Erfordernis der buchgemäßen Willenserklärung förmlich. Die dinglichen Geschäfte des Fahrnisrechts sind zum größten Teil Verwirklichungsgeschäfte, welcher Umstand sie den förmlichen Geschäften überaus nahe bringt. Es ist daher klar, daß die Formlosigkeit nicht einmal innerhalb des Verkehrsrechts uneingeschränkt gilt.

2. Die Geschäftsabsicht kann bei den nicht förmlichen Geschäften in jeder erkennbaren Weise offenbart werden[6]). Gleichgültig ist, ob dies durch unmittelbare oder mittelbare Willensäußerung erfolgt. Die mittelbare Willenserklärung kann sowohl in einem passiven Verhalten[7]) als auch in der Vornahme einer frühere Willenserklärungen bedingenden Handlung, z. B. in dem Verbrauche der übersandten Waren bestehen.

Die mittelbare Willenserklärung schafft nur dann rechtsgeschäftliche Wirkungen, wenn sie bewußt ist, wenn die Absicht des Erklärenden aus den Umständen deutlich zu erkennen war endlich, wenn eine unmittelbare Willenserklärung nach der Auffassung des Verkehrs nicht notwendig erschien[8]). Ist eine Unterlassung mit unbedingten Folgen versehen, so können diese nicht als rechtsgeschäftliche Folgen angesehen werden[9]).

3. Die Form des Rechtsgeschäftes kann bestehen: in der quellenmäßigen Bestimmung a) des Mittels, oder b) der Richtung der Willenserklärung, c) in der Feststellung der bei der Abgabe derselben mitwirkenden Nebenpersonen.

---

[1]) Vgl. GA XVI § 1884 § 13 (Schriftlichkeit, Druck) GA II, 1898 § 13 (Anmeldung und Registrierung des Warenzeichens) GA XXXVII, 1895 § 17 (Anmeldung des Patentes) usw.

[2]) Ehg § 39.

[3]) VJM 3546/1884 VIII; EUG § 127.

[4]) Vgl. GA VII, 1886 §§ 21—23.

[5]) Ehg § 68.

[6]) Vgl. EUG § 740. Arg. Mji Dt Bd. VIII S. 165 K 3718/1913 und S. 166 K 3885/1913.

[7]) So folgert die das Wesen der mittelbaren Willensäußerung scharf erfassende Entscheidung K 1921, P V 85 (MT. Bd. II, S. 107 F. 72) Verzicht aus Schweigen und Nichtgeltendmachen eines Rechts usw.

[8]) HG § 320 Abs. 1 (Schweigen als Annahme des Antrags eines Geschäftsfreundes) enthält keine rechtsgeschäftliche Willenserklärung, sondern eine Fiktion.

[9]) Vgl. EUG § 736 Abs. 1, 2.

Das Mittel der förmlichen Willenserklärung ist entweder das Wort oder die Schrift.

Mündliche Willenserklärung ist bloß für die mündliche Verfügung von Todeswegen [1]) und für die Eingehung der Ehe [2]) vorgeschrieben.

Zweifelhaft erscheint, ob die Form der mündlichen Willenserklärungen durch Zeichensprache ersetzt werden kann. Die Frage ist jedoch u. E. sowohl für die Eingehung der Ehe [3]), als auch für das mündliche Testament zu bejahen [4]).

Die schriftliche Form zeigt sich entweder in einer öffentlichen oder einer Privaturkunde. Eine öffentliche Urkunde ist eine über die Willenserklärung von seiten der hierzu befugten Amtsperson innerhalb ihres Wirkungskreises in der gesetzlich festgelegten Weise ausgefertigte, schriftliche Erklärung [5]). Als Privaturkunde kommt eine die wesentlichen Teile der Willenserklärung enthaltende Schrift der geschäftsschließenden Parteien in Betracht [6]). Die öffentliche Urkunde bedeutet einen höhere Stufe der Förmlichkeit als die private, sie kann daher die letztere ersetzen [7]).

Die näheren Erfordernisse der öffentlichen Urkunde bestimmen sich nach dem öffentlichen Rechte z. B. die des gerichtlichen Vergleichs nach § 244 PG, die der Notariatsurkunde nach GA XXXV, 1874, VII, 1886 usw. Eine Privaturkunde muß von den geschäftsschließenden Parteien oder von deren Bevollmächtigten gefertigt sein. Sie ist jedoch schon dann von ihnen gefertigt, wenn die des Schreibens und des Lesens kundige Partei den Text unterschreibt, die dessen unkundige hingegen nach Kenntnis des Inhaltes demselben ihr durch zwei Zeugen beglaubigtes Handzeichen anfügt [8]).

Eine Vertragsurkunde enthält gewöhnlich die in eine gemeinsame Schrift gefaßte Erklärung beider geschäftsschließenden Parteien. Es steht nichts entgegen jede Willenserklärung in eine besondere Urkunde zu fassen. Im Zweifel kann daher der schriftliche Vertrag auch auf dem Wege eines Brief- oder Telegrammwechsels oder durch eine Kombination von Briefen und Telegrammen zustande kommen [9]). Dasselbe dürfte wohl auch für die einseitigen Rechtsgeschäfte gelten [10]).

Formelle Willenserklärungen können zwar ebenfalls nur durch ebensolche ergänzt werden, doch ist hierdurch — besonders bei freigewählter

[1]) GA XVI, 1876 §§ 15 ff.

[2]) Ehg § 39, u. U. kann diese jedoch selbst hier umgangen werden. (S. weiter Ehen der Taubstummen oder Stummen.)

[3]) Arg. Ehg 127, welches bloß die Stummen mit Verständigungsunfähigkeit von der Eingehung der Ehe ausschließt.

[4]) Arg. GA XVI § 1876, § 21 Abs. 2.

[5]) PG § 315.

[6]) Arg. die eben angeführte Stelle und daß das auf ihr beruhende Verhältnis zwischen den Erfordernissen der beiden Urkundearten. Vgl. auch EUG § 741 Abs. 3.

[7]) Vgl. EUG § 741 Abs. 3.

[8]) Arg. PG § 317 Punkt 1 und HG 313.

[9]) Arg. GA XXXV, 1874 § 102, vgl. auch EUG § 742.

[10]) Vgl. Mji Dt Bd. I S. 335, K 613/1906, etwa eine Kombination von Zeitungsannoncen, Lichtbildern und Plakaten bei der Auslobung.

Form — eine Auslegung der formellen durch gleichzeitige oder vorherige formlose Erklärungen nicht ausgeschlossen [1] [2]).

Dem Inhalte des Geschäftes ist es zu entnehmen, ob die Parteien eine freigewählte Form als Gültigkeitserfordernis oder bloß als Beweismittel des Geschäftsabschlusses beabsichtigten [3]).

2. Die Richtung der Willenserklärung ist als Förmlichkeit zu betrachten bei Geschäften, welche vor einer Behörde oder auch sonst öffentlich abzuschließen sind. Hieher gehört z. B. die Eingehung der Ehe [4]) und die Auslobung [5]). Die Förmlichkeit besteht in den besprochenen Fällen in dem gesetzlich erforderten gleichzeitigen Erscheinen der Parteien vor der Behörde, und in der der letzteren gegenüber so abzugebenden Erklärung bez. in der öffentlichen empfangsbedürftigen Erklärung in incertam personam.

Bei den formlosen Rechtsgeschäften bedeutet die Anerklärung ein Mittel die Geschäftsabsicht bemerkbar zu machen, ferner ergibt sie den Zeitpunkt der Vollendung der Willenserklärung. Ihre hier besprochene zu einer Förmlichkeit angewachsene Bedeutung wird klar, wenn man bedenkt, daß eine Eheerklärung nicht dadurch gültig wird, daß sie der nicht hinhorchenden oder tauben Partei später von der Gegenpartei mitgeteilt wird, während ein von den Parteien an die mündliche Form gebundener Kaufvertrag auf diese Weise nachträglich wirksam gemacht werden kann [6]).

3. Die bei der Mitteilung der Willenserklärung mitwirkenden Personen sind: der Erklärende und, wenn das Geschäft in die Sphäre eines anderen übergreift, der Anerklärte, d. i. der Empfänger der Willenserklärung. Bei den förmlichen Rechtsgeschäften erweitert sich der Kreis der Mitwirkenden durch Zuziehung: a) der Zeugen und b) mancher Behörden.

Zeugen sind die zur Beobachtung und zum Beweise des Geschäftsabschlusses zugezogenen Personen. Ihre Zahl, sowie die hierbei erforderlichen Eigenschaften (Zeugnisfähigkeit) sind gesetzlich festgelegt.[7]) Wird die Zahl der vorgeschriebenen Zeugen überschritten, so übt dieser Umstand weiter keine Wirkung aus.

Die behördliche Mitwirkung kann bestehen: einmal in einer der Zeugenschaft ähnlichen Beobachtung und Bescheinigung, welche jedoch hier in der Aufnahme einer öffentlichen Urkunde besteht [8]). Sie kann aber

---

[1]) So Mj iDt Bd. II S. 192 K 1145/1907, Bd. VII S. 285 K G 1 109/1913.

[2]) Vergl. daselbst III S. 134 K 5708/1908, Bd. VIII S. 277 K 1913 G 275, bei welchen Fällen es sich ergab, daß der Wille der Parteien auf anderes gerichtet war, als auf das schriftlich Festgelegte.

[3]) So betrachtet Mji Dt Bd. II S. 277 K 3314/1907 die besprochene Schriftlichkeit bei dem Abschlusse eines Pachtvertrages größerer Dauer und Wertes im Zweifel als Gültigkeitserfordernis. HG § 312 läßt die Frage offen. Vgl. EUG § 740 Abs. 3.

[4]) Ehg § 39.

[5]) Mji Dt Bd. I S. 335 K 613/1906.

[6]) Arg. daselbst VIII S. 41 K 5093/1013. Die hier erforderte Förmlichkeit der Genehmigung formeller Geschäfte bedeutet den Ausschluß einer solchen dort, wo die Richtung der Erklärung ein wichtiger Teil des Tatbestandes ist. S. z. B. Ehg § 43. Ausnahmen bezwecken den Schutz der Gläubiger, so Mji Dt Bd. V S. 125 F 72.

[7]) Z. B. Ehg §§ 39, 40 GA XVI, 1876 § 2 usw.

[8]) Beispiele: GA XXXV, 1875 § 2 (Aufnahme eines notariellen Testamentes)

auch auf die feierliche Feststellung dessen gerichtet sein, daß das Geschäft vollendet wurde [1]).

Oft enthält das Erfordernis der behördlichen Mitwirkung mittelbar auch das einer Förmlichkeit des Erklärungsmittels. Dann nämlich, wenn eine vor der betreffenden Behörde abzugebende Erklärung auch sonst eine bestimmte Form erheischt [2]).

Eine Häufung der bisher behandelten Förmlichkeit ist nicht ausgeschlossen [3]).

Die Folgen der Formfehler hängen sowohl hinsichtlich ihrer Stärke, als auch ihres Umfanges von der Kraft der sie vorschreibenden Rechtsquelle ab.

Das Fehlen einer gesetzlich vorgeschriebenen oder einer frei gewählten Form führt zur endgültigen Nichtigkeit des Geschäftes [4]). Ausnahmen bilden die gesetzlich mit besonderen Folgen versehenen Formfehler [5]).

Hinsichtlich des Umfanges der Wirkung sei soviel bemerkt, daß die gesetzlich vorgeschriebene Form für das ganze Rechtsgeschäft erfordert wird, die auf dem Willen der Parteien beruhende hingegen bloß für jene Teile derselben, welche die Parteien nicht formlos schaffen wollten. Daher kommt die in die als gesetzliche Form vorgeschriebene Urkunde nicht aufgenommene Vereinbarung nicht in Betracht [6]), während sie einer auf Parteiwillen beruhende Urkunde gegenüber u. U. in voller Geltung bleibt [7]). Immerhin gilt dies bloß für die Vollendung, nicht aber auch für die Auslegung der Willenserklärungen. Ist es doch keineswegs zu umgehen, daß der wahre Sinn und Inhalt einer förmlichen Willenserklärung nur aus einer ganzen Kette der rechtlichen Tatsachen bisweilen auch aus formlosen Willenserklärungen zu ermitteln ist.[8]) In diesem Falle steht nichts entgegen die formlose Willenserklärung, wenn es die Umstände erfordern, bei der Auslegung der Urkunde mit heranzuziehen.

Erfordert wird bloß die Förmlichkeit der wirkenden Willenserklärung, nicht aber die der übrigen mit ihr verbundenen Handlungen [9]).

GA II, 1890 § 13 (öffentliche Kundmachung der Anmeldung von Firmen- und Warenzeichen usw.)

[1]) Z. B. bei der Eingehung der Ehe GA XXXI, 1894 § 39 Abs. 2. Kenntnisnahme des gerichtlichen Vergleiches PG § 423 Abs. 1 usw.

[2]) So eine dem Gerichte (PG §§ 244, 129, 133 ff.), oder der Grundbuchbehörde gegenüber (GO § 82) abzugebende Erklärung.

[3]) Beispiel: die mündlich in Gegenwart der Gegenpartei und zweier Zeugen vor einer Behörde abzugebende Eheerklärung.

[4]) Vgl. Mji Dt Bd. VIII S. 41, K 5093/1913, EUG § 740 Abs. 2.

[5]) Z. B. das durch die einjährige eheliche Lebensgemeinschaft heilbare Fehlen der Zeugen bei Eingehung der Ehe, Ehg § 43. Die Heilung des Tatbestandes erfolgt auf dem Wege des auf dem Gedanken der Erfüllung beruhenden Wegfalles des versagenden Rechtssatzes.

[6]) Vgl. die Entscheidungen über den Verkauf von Grundstücken bezweckende Honorarbriefe, Optionen MT Bd. II, S. 49, F 34 usw.

[7]) Vgl. EUG § 744 Abs. 1 Mji Dt Bd. II S. 192 K 1145/1907 VII S. 285 K 1913 G 109, VIII S. 277 1913, G 275 Bd. III S. 134, K 5708/1908.

[8]) Arg eadem ratione die über ein formloses Rechtsgeschäft handelnde Entscheidung K 1918 P I 1724 (Mji Dt XII S. 270 F 196).

[9]) Arg. Mji Dt Bd. VI S. 18, wo die erweiternde Auslegung der Förmlichkeit abgelehnt wurde.

§ 6. Vollendung.

Die Willenserklärung wirkt dann, wenn sie formell und materiell vollständig ist.

Formelle Vollständigkeit tritt ein: bei den nicht empfangsbedürftigen Erklärungen mit ihrer Abgabe, bei den empfangsbedürftigen mit dem Zugehen an den Geschäftsgegner d. h. einem Anwesenden gegenüber sofort [1]), einem Abwesenden gegenüber mit dem Zeitpunkte in welchem die Erklärung in dessen Machtbereich gelangt [2]).

Die Anerklärung schließt den Geschäftsgegner in den rechtsgeschäftlichen Tatbestand ein. Er muß es dulden, daß die (gegnerische) Erklärung des Kontrahenten in seine Machtsphäre eindringe. Bei den einseitigen, rechtsmehrenden Geschäften bildet dieses Dulden eine Pflicht des Anerklärten, deren Außerachtlassung zu Nachteilsfolgen führt [3]) und durch behördliche Mitwirkung ersetzbar ist [4]).

Die formell unvollständige Willenserklärung kann rückgängig gemacht werden, doch muß der Widerruf dem Anerklärten spätestens gleichzeitig mit der ursprünglichen Erklärung zugehen [5]). Die wenn auch formell unvollständige, doch nicht widerrufene Erklärung wird ipso jure weder durch den Tod noch durch den nachherigen Wegfall der Handlungsfähigkeit des Erklärenden berührt [6]).

Ist das Geschäft aus mehreren Willenserklärungen zusammengefügt, so erlangt es die formelle Vollständigkeit mit der Abgabe sämtlicher nicht empfangsbedürftigen und mit mit dem Zugehen aller empfangebedürftigen Erklärungen. Dies vorausgesetzt, treten die Wirkungen des Geschäftes unter Abwesenden gewöhnlich mit dem Zeitpunkte der letzten Anerklärung [7]) ein. Unter Anwesenden ist hiefür der Zeitpunkt der Abgabe der Erklärung maßgebend [8]).

Materiell vollständig ist die Willenserklärung, wenn sie inhaltlich all jenen Anforderungen entspricht, die das Gesetz für die fragliche Geschäftsart und die Parteien für das einzelne geschlossene Geschäft aufstellen.

§ 7. Verträge.

1. Verträge sind mehrseitige Rechtsgeschäfte, die sich aus gegenüberstehenden Willenserklärungen der mit gegensätzlichen Interessen versehenen Parteien zusammensetzen.

Die freien Verträge entstehen aus dem Ineinandergreifen des Antrages und der Annahme, die

---

1) Arg. HG 314 Abs. 2.

2) HG § 316, vgl. EUG § 731 Abs. 1, 3.

3) PG § 620, vgl. EUG § 852.

4) PG § 150, GA XXXV 1874 § 102 usw.

5) Arg. HG § 316. Vgl. Eug 731 Abs. 1, 3.

6) Arg. HG § 289, welcher auch für den privatrechtlichen Verkehr gilt, vgl. EUG § 731 Abs. 1, 3.

7) Arg. HG § 318 vgl. EUG §§ 731—737.

8) Arg. HG § 314, vgl. EUG § 730. Bei Offertverhandlungen die Annahmeerklärung K 1916, P II 7000 (Mji Dj Dt Bd. XII. S. 19 F 15).

erlaubten aus dem Zusammenhange anderer Rechtsgeschäfte.

2. Der Antrag ist eine die wichtigen Bestandteile des beabsichtigten Vertrages enthaltende empfangsbedürftige, verpflichtende, die geplante Rechtsänderung umschreibende Anfrage des Antragstellers an seine Gegenpartei.

Er setzt sich aus zwei Teilen zusammen. Der erste besteht in der eigenmächtigen, d. h. innerhalb der Rechtssphäre des Antragenden verbleibenden, endgültigen, wenn auch von der Annahme abhängigen Selbstbestimmung [1]) der eigenen vertraglichen Rechtslage. Der zweite ist eine in den Machtbereich der Gegenpartei eingreifende, vorläufige Umgrenzung der vertraglichen Rechtslage des Gegners [2]).

Die Annahme ist eine einseitige gewöhnlich [3]) empfangsbedürftige Erklärung des Gegners, welche die in dem Antrage enthaltene bindende Frage im bejahenden Sinne löst. Sie fügt sich ebenfalls aus einer Selbstbestimmung und einer in den Machtbereich des Antragenden eingreifenden Erklärung zusammen. Eigenmächtig ist das Festhalten des eingreifenden Teiles des Antrags, die Umwandlung der in demselben enthaltenen vorläufigen Umgrenzung der Rechtslage des Annehmenden in eine endgültige, rechtsgeschäftliche Bestimmung [4]). Eingreifend ist jener Teil der Annahme, welcher die von der gesetzlichen Bedingung abhängende Selbstbestimmung des Antragenden ihrer Bedingtheit entkleidet und zu einer unbedingter [5]) oder zu einer anders bedingten [6]) stempelt.

Sowohl der Antrag als auch die Annahme müssen u. E. als einseitige Rechtsgeschäfte angesehen werden [7]).

3. Der Antrag bedarf der für das Rechtsgeschäft vorgeschriebenen Form [8]).

Der Antrag bindet den Antragenden, wenn dieser seine bindende Kraft vorher bez. gleichzeitig sei es offen [9]), sei es stillschweigend [10]) nicht

---

[1]) Daher die durch den Antrag hervorgerufene Bindung, vgl. EUG § 730.

[2]) Dies der Grund der Bedingtheit der Bindung.

[3]) Ausnahmen werden entweder durch den Antrag oder durch den Verkehrsgebrauch begründet, vgl. HG § 320 EUG § 736.

[4]) Z. B. bei dem Kauf ist Selbstbestimmung des antragenden Käufers: die Verpflichtung hinsichtlich der Zahlung des Kaufpreises, eingreifende Ungrenzung der Verpflichtung des Verkäufers: die Umschreibung des Kaufgegenstandes. Vgl. HG § 336 usw.

[5]) So beim Barkauf.

[6]) Kreditkauf, wo bloß die gesetzliche Bedingung der Annahme gegenstandslos wird, die Bedingung der Kreditgewährung hingegen bleibt.

[7]) Dies kann weder durch die Bedingtheit, noch durch das Ineinandergreifen von Antrag und Annahme gehindert werden.

[8]) Vgl. EUG § 741.

[9]) Arg. HG 314, vgl. EUG § 730.

[10]) Dies scheint durchaus nicht ausgeschlossen.

ausgeschlossen, oder wenn er ihn nachher nur unmittelbar [1]) nicht widerrufen hatte. Ein Aufruf zur Stellung eines Antrages [2]), ferner der offenkundig mehreren gegenüber gestellte Antrag ist nicht bindend.

Die bindende Kraft des Antrages beginnt mit seiner formellen Vollendung und dauert unter Anwesenden bis zum Abschlusse der Verhandlungen [3]), unter Abwesenden hingegen bis zum Ablauf der gesetzlich festgestellten oder durch den Antragenden bestimmten Empfangszeit [4]). Gesetzliche Empfangszeit ist die verkehrsübliche Antwortszeit [5]). Nachträglich anlangende, doch rechtzeitige abgesandte Empfangserklärungen sind wirkungslos, wenn der Antrag schon vorher oder mit ihnen gleichzeitig [6]) widerrufen wurde.

Erfordert der Antrag ausnahmsweise keine Annahme [7]), so muß er innerhalb der Empfangszeit zurückgewiesen werden. Die Dauer derselben hat man in diesem Falle den Umständen und der Verkehrsauffassung zu entnehmen [8]).

Die Zurückweisung des Antrages ist eine einseitige empfangsbedürftige Willenserklärung, die nach den Vorschriften des Antrages beurteilt wird.

4. Die Annahme bedarf ebenfalls der für das ganze Geschäft vorgeschriebenen Form. Sie hat eine vollständige Bejahung des Antrages zu enthalten [9]), andernfalls gilt sie als neuer Antrag [10]). Gewöhnlich ist sie die zweite dem Antrage folgende Willenserklärung, doch ist dies keineswegs notwendig. Sie kann vielmehr auch in einem Zurückgreifen, oder einer Wiederholung des Aufrufes zur Antragstellung bestehen [11]).

Der Vertrag kommt mit dem rechtzeitigen, d. h. innerhalb der verkehrsüblichen Antwortszeit erfolgten Anlangen der Antwort zustande [12]). Die Annahme wirkt jedoch in diesem Falle bis zur Zeit ihrer Absendung zurück [13]). Nachträgliche Annahme ist zurückzuweisen, wenn sie innerhalb der verkehrsüblichen Antwortszeit abgesandt wurde [14]), sonst gilt der Vertrag als rechtzeitig abgeschlossen.

Wurde eine Annahmeerklärung in dem Antrage ausgeschlossen [15]),

---

[1]) Arg. HG § 316, der wohl keine andere Deutung zuläßt. Ein stillschweigender Widerruf wäre zu unsicher.

[2]) HG § 316, vgl. EUG § 732.

[3]) Vgl. EUG § 738. Mji Dt Bd. XII, S. 238, Fall 175.

[4]) Arg. HG § 315, EUG § 733. Fraglich erscheint, ob dies auch für Kriegszeiten gilt?

[5]) Arg. HG § 336 Abs. 2.

[6]) HG § 316.

[7]) HG § 317, 320, EUG § 736.

[8]) Vgl. EUG § 736.

[9]) Mji Dt VIII S. 233 K 3549/1913.

[10]) HG § 319.

[11]) Z. B. Zuschlag des Exekutors bei dem Zwangsverkaufe GA LX, 1881 § 107. Ergänzungserklärung des Antragenden etwa durch Hinterlegung der Kaution, wenn die Gegenpartei ihre Absicht den Antrag anzunehmen schon geäußert hat Mji Dt Bd. XII. S. 19 F 15 usw.

[12]) Arg. HG § 316.

[13]) HG § 318.

[14]) Arg. HG § 315.

[15]) Dies ist erlaubt, vgl. EUG § 730, Arg. HG § 316 Abs. 2.

oder ist eine solche nicht verkehrsüblich [1]), so kann der Vertrag auch durch eine stillschweigende nicht empfangsbedürftige Willensäußerung entstehen. Er ist in diesem Falle mit der Abgabe der letzteren abgeschlossen [2]).

Im übrigen gelten für die Annahme die sich auf den Antrag beziehenden Vorschriften.

5. Die erlaubten Verträge fügen sich aus zwei einseitigen eigenmächtigen Selbstbestimmungen zusammen.

Diese sind bei Zuwendungen unter Lebenden: die Auflassung [3]) einer Rechtslage und ihre Ergreifung [4]). Die Auflassung entfernt den Berechtigten von seiner bisher innegehabten günstigen Stellung, die Ergreifung setzt den Rechtsnachfolger in dieselbe [5]). Die Auflassung ist ein empfangsbedürftiges Rechtsgeschäft [6]), die Ergreifung nicht immer [7]). Beide hängen loser zusammen als Antrag und Annahme. Sie bilden keine durch das Verschmelzen einer rechtlichen Frage und Antwort hervorgerufene begriffliche, sondern eine auf dem Wege des inhaltlichen Zusammenhanges zweier Selbstbestimmungen gegensätzlichen Inhaltes künstlich zusammengeschweißte Zweckmäßigkeitseinheit [8]).

Erlaubte vermögensrechtliche Verträge von Todeswegen, sowie erlaubte nicht vermögensrechtliche Verträge entstehen ebenfalls durch den gewollten Zusammenhang zweier Selbstbestimmungen, doch sind die letzteren nicht gegensätzlichen Inhaltes, sondern vielmehr parallele rechtsmindernde oder rechtsmehrende Willenserklärungen, also parallele Auflassungen oder Ergreifungen. Parallele Auflassungen sind: die Eingehung der Ehe [9]),

---

1) HG § 320.

2) Ein anderer Zeitpunkt wäre schwer zu fixieren. Vgl. EUG § 736 Abs. 2.

3) Übergabe K 1589/1886 *Grill* Dt I S. 302, Ausstellung und Übergabe der Einbücherungsurkunde GO § 68.

4) Übernahme K 2997/1883 *Grill* Dt I S. 301, Antrag an die Grundbuchbehörde, die Eintragung im Grundbuch vorzunehmen GO § 60 Abs. 1. Der Rechtsvorgänger kann hierbei als Bevollmächtigter des Rechtsnachfolgers vorgehen. Vgl. GO §§ 119, 120.

5) Bis zur Ergreifung haben jedoch die gutgläubigen Gläubiger des Rechtsvorgängers die Möglichkeit, sich an die Sache heranzuwagen. Der Erwerber des gerichtlichen Pfandrechts ist jedoch bloß dann gutgläubig, wenn er gehörige Sorgfalt angewendet hat die wahre Rechtslage zu erfahren. Mji Dt X S. 223, K 1915 RP V 3314.

6) Ist sie es nicht, so liegt kein Vertrag, sondern Aufgabe des erlaubten Rechtes vor, welche nicht ohne Ausnahme gestattet ist.

7) Der Antrag der Eintragung ins Grundbuch ist an die Grundbuchbehörde zu stellen, also empfangsbedürftig, wenn auch nicht unmittelbar an den Empfänger gerichtet (GO § 60), die Übernahme der Fahrnissachen ist nicht empfangsbedürftig. Anders bei Rechten an Sachen, weil bei diesen ein Teil der dinglichen Rechtssphäre bei dem Rechtsvorgänger verbleibt.

8) Daher ist es z. B. hinsichtlich des dinglichen Vertrages gleichgültig, ob die vervollständigende Selbstbestimmung des Erwerbers der eröffnenden des Vorgängers sofort folgt, oder erst nach einer kürzeren oder längeren Zeit (im ungarischen Grundbuchverkehr oft erst nach Jahren oder Jahrzehnten) vorgenommen wird.

9) Ehg § 39. Jede Partei erklärt, daß sie mit der anderen die Ehe eingeht, d. h. daß sie ihren status familiae zu Gunsten der anderen verengt und mit Pflichten belastet.

die Annahme an Kindesstatt [1], der Erbvertrag [2]. ebensolche Ergreifungen: die vertragliche Auflösung des letzteren [3], soweit dieselbe zugelassen wird.

Erlaubt sind Verträge, welche unmittelbar Sachenrechte, Immaterialrechte, Familienrechte und Erbrechte berühren [4]. Die erlaubten Verträge gelangen durch das gewollte Nacheinander zweier reinen, die freien durch die Verschmelzung zweier mit Eingriffen in den Machtbereich der Gegenpartei vermischten Selbstbestimmungen zum Entstehen.

Hinsichtlich der erlaubten Rechte bleibt es also der Partei versagt, die gewünschte Änderung der Rechtssphäre des Gegners wirksam vorzubereiten. Daher auch die auffallende Erscheinung, daß der einen erlaubten Vertrag vorbereitende Antrag entweder überhaupt keine Bindung hervorzurufen vermag [5], oder wenigstens nicht der Eigenart und dem Inhalte des bewegten Rechtes entsprechende [6] strengere [7], sondern bloß eine der Verkehrsfähigkeit des betreffenden Rechts entstammende schuldrechtliche Bindung. Diese Eigentümlichkeit der erlaubten Verträge führt zu wichtigen vermögensrechtlichen Folgen [8] und verwischt sich bloß in einzelnen Ausnahmetypen derselben [9].

6. Die den erlaubten Vertrag eröffnende Selbstbestimmung entstammt entweder einem freien Entschlusse des Erklärenden oder einer ihm obliegenden Verpflichtung. Ihre Erfordernisse sind denen des Antrages gleich, doch ist hierbei zu beachten, daß die erlaubten Verträge grundsätzlich [10] förmliche Rechtsgeschäfte sind.

Die Wirkung der nicht geschuldeten eröffnenden Selbstbestimmung ist in dem Bereiche des Vermögensrechts unter Lebenden eine dem Antrage der freien Verträge gleiche widerrufbare, schuldrechtliche Bindung [11]. Auf dem Gebiete des Ver-

---

[1] Vgl. EUG § 121, 127. Die Erklärung geht hier auf eine ähnliche Verengung des eigenen Rechtskreises, wie bei der Eingehung der Ehe.

[2] Der Erblasser vermindert seine eigene Testierfähigkeit wobei es gleichgültig bleibt, ob dies zu Gunsten der Gegenpartei oder im Hinblick auf dieselbe zu Gunsten Dritter erfolgt. Mji Dt II S. 237 K 52 511/1907.

[3] Vgl. daselbst X S. 241, K 1916 RP I 9999, EUG § 143 ff.

[4] Hingegen sind die schuldrechtlichen Rechtsgeschäfte betreffs der erlaubten Rechte z. B. vertragliche Verpflichtung eine Dienstbarkeit aufzuheben oder zu begründen, freie Rechtsgeschäfte.

[5] So bei der Eingehung (arg. Ehg § 1) und der Aufhebung der Ehe, K 1916 P III 6576 (Mji Dt XI S. 166) erkennt eine diesbezügliche Verabredung der Parteien als unmoralisch nicht an. Dasselbe gilt wohl auch für die Bindungskraft des Antrages einer Annahme an Kindesstatt oder eines Erbvertrages.

[6] Also keine dingliche, familienrechtliche oder erbrechtliche.

[7] Besonders keine absolute.

[8] Unter anderen zu der Zugriffsmöglichkeit der Gläubiger des antragenden Rechtsvorgängers.

[9] Hierüber mehr bei den Ausnahmetypen der dinglichen Geschäfte im Sachenrecht.

[10] Ausnahmen z. B. bezüglich des Autorrechts GA XVI, 1884 § 3, doch nicht betreffs des Patentrechts PatG §§ 9, 10, 17 und des Musterrechts GA II, 1890 § 20.

[11] Ausnahmen sind zulässig.

mögensrechts von Todeswegen sowie auf dem der nichtvermögensrechtlichen erlaubten Verträge ist demselben jede Wirkung versagt[1]).

Die geschuldete eröffnende Selbstbestimmung ist Leistung einer Schuld, also grundsätzlich[2]) nicht widerrufbar. Ihre Wirkungszeit, sowie der Ort derselben bestimmen sich nach den Vorschriften der empfangsbedürftigen Willenserklärungen.

7. Die den Vertrag vervollständigende Selbstbestimmung ist gewöhnlich[3]) empfangsbedürftig, braucht es jedoch nicht zu sein, wenigstens nicht in dem Sinne, daß sie unbedingt an die Gegenpartei zu richten wäre[4]). Sie kann ebenfalls dem freien Entschlusse des Erklärenden oder einer Verpflichtung des letzteren entstammen. Die Erfordernisse der vervollständigenden Selbstbestimmung entsprechen — gleichwie die Vollendung derselben — denen des Antrages. Sie hat der Form des erlaubten Vertrages zu genügen[5]).

Die Wirkung der vervollständigenden Selbstbestimmung ist das Entstehen des erlaubten Vertrages[6]), sofern hierzu keine weiteren Tatsachen erfordert werden[7]), sonst diejenigen Folgen, welche die geschäftsschließenden Parteien hervorrufen können[8]).

War die vervollständigende Selbstbestimmung nicht geschuldet, so sind hinsichtlich ihrer Rücknahme, Verspätung und Zurückweisung die Vorschriften der Annahme anzuwenden[9]), wobei jedoch nicht außer acht gelassen werden darf, daß der erlaubte Vertrag grundsätzlich[10]) durch zwingende Vorschriften geregelt wird, demnach ein Erlassen der zweiten Selbstbestimmung[11]) nicht stattfinden kann.

Die Wirkung tritt ein: mit der Abgabe der nicht empfangsbedürftigen und mit dem Zugang der empfangsbedürftigen, vervollständigenden Selbstbestimmung[12]).

Die Wirkung der geschuldeten Selbstbestimmung tritt endgültig mit ihrer Abgabe ein. Verspätung und sonstige Fragen regeln sich nach den Grundsätzen der geschuldeten Leistungen.

Abweichungen von den hier gegebenen Regeln sind ausführlicher bei den Ausnahmetypen einzelner erlaubten Verträge zu besprechen.

§ 8. Einseitige Rechtsgeschäfte.

1. Einseitig[13]) sind Rechtsgeschäfte mit ausschließlich einseitigen Willenserklärungen, die

---

[1]) S. Anmerkung 5 S. 127.

[2]) S. ebendaselbst S. 124 Anmerkung 9—10, S. 125 Anmerkung 1—2.

[3]) Nicht bei der Übernahme von Fahrnissachen.

[4]) Z. B. GO § 60. Empfänger der Willenerklärung ist die Grundbuchbehörde.

[5]) Z. B. Ehg § 39. Mündlichkeit.

[6]) Der dingliche Vertrag betreffs Überganges des Grundeigentums wird daher gewöhnlich (Ausnahmen s. im Sachenrechte) erst mit dem Einbücherungsantrage des Rechtsnachfolgers auf Eintragung im Grundbuch perfekt. Demzufolge verbleibt bis dahin auch die Zugriffsmöglichkeit des Gläubigers des Rechtsvorgängers.

[7]) Z. B. Tod des Erblassers bei Erbverträgen.

[8]) Z. B. erbrechtliche Gebundenheit, Verlust der Verfügungsfähigkeit von Todeswegen innerhalb des Rahmens gültiger Erbverträge usw.

[9]) Eadem ratione.

[10]) Vgl. § 3 dieses Kapitels.

[11]) Vgl. EUG § 736.

[12]) Vgl. das von den freien Verträgen Gesagte.

[13]) Vgl. mein einseitiges Rechtsgeschäft (ung. Budapest 1913).

als hauptsächlich wirkende rechtliche Tatsachen in Betracht kommen.

Sie bezwecken und erreichen — den Verträgen gleich — sowohl die Begründung [1]) als auch die Änderung [2]) und die Aufhebung [3]) von Rechten und Rechtsverhältnissen. Sie sind bald empfangsbedürftig, bald nicht. Im ersteren Falle gelten für ihre Vollendung mit den weiter auszuführenden Ausnahmen die bei dem Antrage behandelten Grundsätze, im letzteren tritt die Vollendung mit der Erkennbarkeit der Willensäußerung ein.

Im Gegensatze zu den Verträgen, welche seit dem justinianischen Rechte auf breiter Grundlage anerkannt sind, steht das einseitige Rechtsgeschäft am Anfang seiner Entwicklung. Daher ist es zu erklären, daß es selbst heute durchaus als eine bloß erlaubte, nicht aber als eine grundsätzlich freie juristische Tatsache betrachtet wird. Sowohl im Schuldrechte [4]) als auch in den übrigen Teilen des Privatrechts sind nur jene einseitigen Rechtsgeschäfte und bloß mit solchen Wirkungen anerkannt, welche die Rechtsquellen unzweifelhaft enthalten. Anerkennung [5]), Zahlung [6]), Verzicht [7]), Aufrechnung [8]), Anfechtung [9]), Ausstellung von Wertpapieren [10]), rechtsgeschäftliche Ausübung sonstiger Gegenrechte [11]) beweisen es hinlänglich, daß der Ansatz zu einseitigen Rechtsgeschäften allgemeineren Inhaltes im Schuldrechte dennoch vorhanden ist. Im Familienrechte ist die Rolle der Verträge und der einseitigen Rechtsgeschäfte eine gleichwertige [12]), im Erbrechte [13]) überwiegen sogar die letzteren. Auf dem Gebiete der Immaterialrechte werden die meisten Verträge durch einseitige Rechtsgeschäfte von relativen zu absoluten Rechten verdichtet[14]).

Grundsätzlich ist das einseitige Rechtsgeschäft Selbstbestimmung. Treten doch seine Wirkungen gewöhnlich in dem Rechtskreise des Erklärenden ein. Ist dies ausnahmsweise nicht der Fall, ergreift also das einseitige Geschäft die Machtsphäre anderer, so ist es empfangsbedürftig[15]). Besonders sind alle einseitigen Rechtsgeschäfte schuldrechtlichen Inhaltes empfangsbedürftig.

2. Jedes spontane einseitige Geschäft ist nach den Grundsätzen des Antrages widerrufbar. Das nicht empfangsbedürftige einseitige

---

[1]) Zum B. Auslobung. Vgl. mein „einseitiges Rechtsgeschäft" (ung. 125 S. Budapest 1913) S. 30 ff.

[2]) Z. B. Leistungsverweigerung auf Grund eines Zurückbehaltungsrechts GH § 309.

[3]) PG § 390. (Verzicht.)

[4]) Auslobung. Mji Dt Bd. I S. 335 K 613/1906, Anerkennung, Verzicht PG § 390, Wandlung Mji Dt Bd. X S. 347 K 1916 RP IX 2292.

[5]) HG § 287, PG § 390.

[6]) Daher die tilgende Kraft der gerichtlichen Hinterlegung an zahlungsstatt Mji Dt X S. 109 K 1915 RP II 7022.

[7]) § 390 PG.

[8]) §§ 389, 412.

[9]) Ehegesetz § 68 usw.

[10]) Wechsel, kaufmännische Anweisung, Scheck GA 58 (88LVIII § 1 usw.).

[11]) Z. B. HG 335.

[12]) Anfechtung der Ehe, der Ehelichkeit des Kindes, der Annahme an Kindesstatt usw. sind ebenso streng geregelt wie die Eingehung der Ehe selbst.

[13]) Das Grundgeschäft des Erbrechts: das Testament ist ein einseitiges.

[14]) Vgl. AUTG §§ 7, 13, 65, PatG §§ 8, 17, GA II, 1890 §§ 2, 13 usw. Vgl. mein „einseitiges Rechtsgeschäft" S. 27.

[15]) Z. B. Anerkennung, Verzicht, Aufrechnung, Rücktritt usw.

Rechtsgeschäft kann aber — vorausgesetzt, daß der Widerruf keine erworbenen Rechte berührt — selbst nach dessen Vollendung [1]) widerrufen werden.

Für die Tatbestandsfehler der einseitigen Rechtsgeschäfte gelten die weiter unten auszuführenden allgemeinen Grundsätze.

§ 9. Willensfehler.

1. Die Rechtsordnung geht davon aus, daß die Willenserklärung dem sie bewegenden Willen in allem entspricht [2]). Trotzdem versagen die Wirkungen der Rechtsgeschäfte nicht bei jeder, sondern nur bei einzelnen Abweichungen der Willenserklärung vom Willen: beim gänzlichen Fehlen und fehlerhaften Entstehen des rechtsgeschäftlichen Willens.

2. Der Geschäftswille enthält das Bewußtsein [3]) und die Absicht des Geschäftsabschlusses [4]).

Das Bewußtsein des Geschäftsabschlusses besteht aus der Vorstellung, die Absicht desselben aus dem Wunsche: a) der Willenserklärung, b) der Folgen des Rechtsgeschäftes.

Ohne Vorstellung der Willenserklärung ist das Geschäft — soweit das Gesetz nichts anderes bestimmt [5]) — nichtig. Daher die Nichtigkeit der während der Trunkenheit [6]), des Schlafes, der Hypnose, der vollständigen geistigen Umnachtung [7]) usw. geschlossenen Geschäfte.

Die Vorstellung der Rechtsfolgen wird bei geschäftsfähigen Personen unwiderleglich vermutet [8]). Sie muß sich nicht auf alle Einzelheiten erstrecken, es genügt vielmehr, daß sie dem durchaus allgemeinen Bewußtsein entspreche, welches sich über den fraglichen Geschäftstyp in dem Laienpublikum gebildet hat. Ein Beweis darüber, daß die Vorstellung der Rechtsfolgen eine falsche war, ist nur bei dem Irrtum sowie bei der arglistigen Täuschung zugelassen und führt zur Anfechtung des Rechtsgeschäfts.

Das Fehlen der Absicht einer Willenserklärung

---

[1]) Arg. Fideikommißverordnung vom 10./9. 1862 § 11, Widerrufbarkeit der Testamente GA XVI, 1876 § 35 usw. vgl. mein „einseitiges Rechtsgeschäft" S. 95ff.

[2]) So schon GA XVII, 1486 § 1.

[3]) Arg. Mji Dt Bd. V S. 49 K 3885/1910, „die Gültigkeit des Geschäfts hängt davon ab, ob der Betreffende zur Zeit des Geschäftsabschlusses hinsichtlich des Wesens und der Folgen des Geschäftes über die gehörige Einsicht verfügte".

[4]) Arg. Mji Dt Bd. IX S. 2 K 245/1914 P S. 247, K 1979/1914 P, Bd. VIII S. 162, Kolozsvárer Tafel 1913 G 389/3 „das durch einen Geisteskranken vorgenommene Geschäft ist nur dann nichtig, wenn der Kranke seines Wollens und seines Bewußtseins beraubt war", VIII S. 166, K 3885/1913 P „Bestätigung des in Trunkenheit vorgenommenen Geschäftes ist dann zulässig, wenn der Bestätigende zur Zeit der Bestätigung in seinem freien Willensentschlusse nicht behindert war" usw.

[5]) Ehg § 54 Punkt ab bestimmt z. B. Anfechtbarkeit.

[6]) Mji Dt IX S. 2, K 245/1914 P.

[7]) Daselbst VIII S. 162, Kolozsvárer Tafel 1913 G 389/3.

[8]) Daselbst Bd. IX S. 247 K 1979/1914 P. Arg. auch Dt Bd. X. S. 274. F 163, ferner die die Frauen betreffende Vorschrift GA XXVII: 1876 § 1 als arg. a contrario.

bewirkt gewöhnlich Nichtigkeit [1]) des Geschäftes, manchmal eine besondere Form derselben [2]), ausnahmsweise wohl auch Anfechtbarkeit [3]).

Das Fehlen der Absicht, die Rechtsfolgen des Geschäftes herbeizuführen, beeinflußt die Gültigkeit des Rechtsgeschäftes nur in den weiter zu besprechenden Fällen des mangelnden Ernstes der Willenserklärung, des vorgetäuschten Geschäftes, des Irrtums, der arglistigen Täuschung und des Zwanges [4]). Hingegen bleibt der geheime Vorbehalt, d. h. die dem Gegner ohne dessen Schuld nicht erkennbare Absicht des Erklärenden die Folgen des Geschäftes nicht eintreten zu lassen (Scheingeschäft), ohne Erfolg [5]).

Nichternstlich sind die ohne rechtliche Absicht z. B. zu Übungs- [6]) oder Lehrzwecken abgegebenen Willenserklärungen [7]). Der Ernst mangelt entweder bloß bei dem Erklärenden bezw. bloß bei dem Gegner, oder aber bei beiden Parteien. Auf beiden Seiten mangelnder Ernst führt zur Nichtigkeit des Geschäftes. Ausnahmen bilden bloß: die Eingehung der Ehe [8]), die Annahme an Kindesstatt [9]), der gerichtliche Vergleich [10]) und andere behördlich genehmigten Rechtsgeschäfte.

Einseitiger von dem Gegner erkannter Mangel an Ernst macht das Geschäft zu einem nichtigen [11]) nicht erkannter hingegen zu einem anfechtbaren [12])

Ist der Mangel an Ernst kein vollständiger, sondern bezieht er sich bloß auf die Art des Geschäftes (vorgetäuschtes Geschäft) [13]), so entsteht das wirklich gewollte, verheimlichte Geschäft.

Die Folgen des verheimlichten Geschäftes treten demnach zwar ein,

---

[1]) S. weiter unten.

[2]) Vgl. die in den letzten Anmerkungen angeführten Fälle. So physischer Zwang zur Nichtexistenz der Ehe, welche übrigens aus dem Ehegesetze ohne zureichenden Grund (§ 148) ausgelassen wurde.

[3]) Z. B. Ehg § 54 Punkt a.

[4]) Z. B. das Geschäft wurde aus Furcht vor den Verfügungen oder Organen der Proletardiktatur offenkundig in einer Zwangslage geschlossen. K 1920 P II 4057. Solche Geschäfte sind auch dann ungültig, wenn die Gegenpartei selbst keinen Zwang ausübte K 1921 P II 14 (Hji Dt Bd. XIV. S. 20 F 15).

[5]) Vgl. EUG § 773, Mji Dt IX 252 K 5902/1914, S. 54 K 1914 G 12, das. II. 110 S. K 9379/1906 läßt demzufolge eine Wiederherstellung der vorherigen Buchlage eintreten.

[6]) Auf der Schreibmaschine.

[7]) Auf der Bühne, im Lehrsaal usw.

[8]) Ehg schweigt wohl über die Eingehung der Scheinehe, sowie über die Folgen einer Vortäuschung einer Eheschließung. Hieraus folgt aber auf Grund § 148 Abs. 3, daß diese auch keine Ungültigkeitsgründe sind.

[9]) Es ist unmöglich anzunehmen, daß die Parteien, die hierzu erforderliche behördliche Genehmigung ausspielen könnten.

[10]) Arg. PG § 411, 423, Abs. 2 und das vielberedte Schweigen des § 564 PG, welcher von einem solchen Anfechtungsgrunde nichts erwähnt, ferner hinsichtlich der gerichtlichen Anerkennung PG § 390, der gerichtlichen Aufrechnung §§ 389, 412 usw., doch nur zu Gunsten der Verkehrsgläubiger, der Pflichtteilsberechtigten, nicht auch der gesetzlichen Erben. Kurie 1920 P I 3534 (MT. Bd. II S. 103. F 69).

[11]) Vgl. EUG § 775, Mji Dt VIII S. 233, K 3549/1913.

[12]) Arg. eadem ratione daselbst X 341, K 4419/1916.

[13]) Besonders häufig sind die unter Verwandten zur Schädigung der Gläubiger vorgetäuschten Geschäfte. Hieraus entstammt eine Vermutung der Vortäuschung der Entgeltlichkeit solcher Rechtsgeschäfte, vergl. Mji. Dt XI, S. 160. K 1916. RP III, 6801, das. IV, 208, IX, 124, 125 usw.

doch darf weder die Vornahme des Scheingeschäftes [1]) noch die Verheimlichung eines Geschäftes [2]) Dritten zum Schaden gereichen. In einzelnen Fällen führt dies zu denselben Ergebnissen wie die Gültigkeit des scheinbar vorgenommenen oder vorgetäuschten Geschäftes [3]).

4. Fehlerhaft ist der irrtümliche und der unbefugt beeinflußte Wille.

Der Irrtum ist eine den Tatsachen nicht entsprechende unrichtige Vorstellung. Der Irrtum beeinflußt die Gültigkeit des Rechtsgeschäftes, wenn er die Voraussetzungen, den Tatbestand oder die Folgen desselben umfaßt. Ferner, wenn er erkennbar, wesentlich, auf die Gegenpartei zurückführbar und nachteilig ist.

Irrtümliche Voraussetzungen sind unrichtige Vorstellungen über die bei der Geschäftsart [4]) oder bei dem einzelnen Geschäftsfalle [5]) wesentlichen Eigenschaften der Parteien, sowie des Gegenstandes des Rechtsgeschäftes [6]). Der Tatbestandsirrtum bezieht sich entweder auf den Wortlaut, oder auf den wesentlichen Inhalt der Willenserklärung. Der Wortlautsirrtum kann am Anfange [7]), oder während des Verlaufes [8]) des Anerklärens, also noch in dem Machtbereiche des Erklärenden, oder schon in dem des Erklärungsempfängers eintreten. Der Inhaltsirrtum betrifft den Eintritt [9]) oder den Sinn der Erklärung[10]). Er ist daher eine unrichtige Vorstellung darüber, ob die Willenserkärung erfolgt und über ihre Bedeutung.

Der Rechtsfolgeirrtum besteht in einer unrichtigen Vorstellung über die Wirkungen des Geschäftes [11]).

Wesentlich ist der gesetzlich als solcher[12]) anerkannte Irrtum, dann der den Gegenstand und die nach der Verkehrsauffassung [13]) oder Parteiabrede[14]) wichtigen Bestimmungen des Geschäftes betreffende Irrtum. Hierher gehört u. a. bei den nicht vermögensrechtlichen[15]) sowie bei den unentgeltlichen vermögensrechtlichen [16]) Geschäften auch der

---

[1]) Arg. eadem ratione Ehg § 133, ferner die dingliche und schuldrechtliche Haftung der vortäuschenden Verwandten in den vorhin angeführten Fällen, vergl. auch EUG § 774.

[2]) Vergl. das über den gutgläubigen Rechtserwerb in dem Sachenrechte Gesagte.

[3]) Besonders in dem Falle des gutgläubigen Sacherwerbes.

[4]) Z. B. Identität Ehg § 54 b).

[5]) Verkehrsfähigkeit der verkauften Sache Mji Dt Bd. I, S. 374. K 7164/1906. Die Abweisung der Klage erfolgte wegen Fehlens der Zurückführbarkeit des Irrtums auf die Gegenpartei.

[6]) Vergl. die vorige Anmerkung.

[7]) In der Machtsphäre des Erklärenden: Versprechen, Verschreiben.

[8]) Verstümmelung des Telegrammes, des Briefes während des Transportes, etwa durch den Kriegszensor eines feindlichen Staates usw. Vergl. EUG § 774.

[9]) Ehg § 54, Punkt a.

[10]) Arg. Mji Dt X, S. 341. K 1916. RP 4419.

[11]) Arg. das. VIII, S. 233. K 3549/1913.

[12]) So der hinsichtlich der Vornahme, des Sinnes, des Inhaltes der Eheerklärung der Person des Ehegatten, seiner Potenz, des Todes des früheren Ehegatten § 54 Ehg usw.

[13]) So über das Maß der zu leistenden Advokatursarbeit Mji Dt VIII, S. 75. K 1349/1913.

[14]) Eadem ratione.

[15]) Vergl. EUG 729. Soweit das Gesetz nicht anders bestimmt, z. B. Ehg § 148. Abs. 3 schließt dies bei Eingehung der Ehe indirekt aus.

[16]) Z. B. bei erbrechtlichen Geschäften Mji Dt IV 63, 123 usw.

Irrtum betreffs der Motive. In gewissen Fällen [1]) ist der Irrtum schon dann wesentlich, wenn angenommen werden kann, daß der Irrende bei voller Kenntnis der wahren Sachlage das Geschäft nicht abgeschlossen hätte [2]).

Auf die Gegenpartei [3]) zurückführbar ist der unmittelbar oder mittelbar durch ihr Verhalten verursachte Irrtum. Das Verhalten kann in einem Tun oder Unterlassen bestehen. Als Unterlassen gilt schon das Außerachtlassen der bemerkbaren Zeichen des Irrtums der Gegenpartei [4]). Den Erklärungsempfänger belastet demnach eine den Irrtum des Gegners betreffende Erkennungs- [5]) und Anzeige- [6]), doch keine solche Ermittlungspflicht [7]).

Nachteilig ist der Irrtum, wenn das Geschäft einen rechtlichen oder unverhältnismäßigen wirtschaftlichen Nachteil [8]) des Irrenden enthält.

Die Wirkung des Irrtums äußert sich in der weiter ausführlich zu besprechenden Anfechtbarkeit und nach der Anfechtung in der Ungültigkeit des Geschäftes ferner unter Umständen in der Verpflichtung den hierdurch verursachten Schaden zu ersetzen [9]).

5. Unbefugt beeinflußt ist der durch arglistige Täuschung und rechtswidrige Drohung hervorgerufene, ferner der durch Ausbeutung mißbrauchte Wille.

Arglistige Täuschung ist die absichtliche Verursachung eines die Gültigkeit des Geschäftes beeinflussenden Irrtums [10]).

Sie bewirkt die Anfechtbarkeit des Rechtsgeschäftes, wenn sie a) auf die Gegenpartei [11]) zurückführbar d. h. durch sie verursacht [12]), erkannt [13]), schuldhaft nicht erkannt [14]) wurde oder b) wenn die Gegenpartei durch das Geschäft einen rechtlichen oder unverhältnismäßigen wirtschaftlichen Vorteil erlangte [15]), c) von Ausnahmen abgesehen [16]), dann, wenn die Täuschung

---

[1]) Ehg § 54a (bemakeltes Vorleben des Ehegatten) vergl. auch EUG §§ 1716, 1717, 1852, ferner Mji Dt VIII, S. 137. K 3552/1913.

[2]) Diese Fälle sind jedoch Ausnahmen.

[3]) Als solche gilt auch der durch das Geschäft einen unmittelbaren Vorteil Erlangende.

[4]) Die erforderliche Sorgfalt bestimmt sich nach dem Inhalte des betreffenden Geschäftes. Vergl. EUG § 908.

[5]) Arg. Mji Dt I, 374. K 7167/1906 usw. vergl. EUG § 776.

[6]) Arg. Mji Dt VIII B, S. 137. K 3552/1913.

[7]) Eine solche liegt aber manchmal wie z. B. bei dem gutgläubigen Rechtserwerb dennoch vor. Hierüber im Sachenrechte mehr.

[8]) Arg. die bisher angeführten Fälle und Mji Dt III, S. 370. K 2418/1909.

[9]) Hierüber später.

[10]) Vergl. Trip. I, 71, § 1. II 8, 3§ 5.

[11]) Oder auf deren Bevollmächtigten (Advokaten), eine gemeinsame Vertrauensperson der Parteien (öffentlicher Notar) Mji Dt IV, S. 164. Die Gegenpartei kann auch eine juristische Person sein (Körperschaft, Stadtgemeinde) das. VII, S. 289. K 3801/1912.

[12]) Trip. I. 71 § 1, II. 83, § 5. Mji Dt VIII, S. 137. K 1349/1913. K 1918 P 6465 (MT. Bd. I F 48). Hierbei hat der Getäuschte die durch den Inhalt des Geschäftes gebotene Sorgfalt zu beachten das. IV, S. 96.

[13]) Arg. das. S. 64 und der schon angeführte Fall 3801/1913.

[14]) Arg. a majore das. VIII, S. 137. K 3552/1913, ferner eadem ratione K 1919, P 1094 (MT. Bd. I. F. 11).

[15]) Vergl. die betreffs der vorgetäuschten Geschäfte der Verwandten angeführten Fälle und EUG § 776.

[16]) Nach Ehg § 55 genügt die bloße Wahrscheinlichkeit einer solchen Annahme, dasselbe gilt auch für die unentgeltlichen vermögensrechtlichen Geschäfte Mji Dt IV, S. 96.

die getäuschte Partei tatsächlich zum Abschlusse des Geschäftes bewogen hatte [1]).

Die Folgen der arglistigen Täuschung sind: Anfechtbarkeit [2]) und nach der Anfechtung Ungültigkeit des Rechtsgeschäftes, ferner die Verpflichtung des Täuschenden zum Ersatze des verursachten Schadens [3]), endlich die zu ungunsten des Täuschenden eintretenden sonstigen Nachteilsfolgen der verbotenen Handlung.

6. Eine widerrechtliche Drohung liegt vor bei der unerlaubten Ankündigung eines Nachteiles.[4])

Unerlaubt kann sein die Äußerung der Drohung [5]) d. h. die ihr innewohnende Beeinflussung, dann das Mittel das ist der in Aussicht gestellte Nachteil [6]), endlich der durch die Drohung angestrebte Zweck[7]). Bedroht muß die Gegenpartei sein, doch kann dies auch mittelbar erfolgen und zwar in der Art, daß die Nachteile ihren Angehörigen in Aussicht gestellt werden [8]).

Im übrigen gelten für Voraussetzungen [9]) und Folgen [10]) der widerrechtlichen Drohung die Grundsätze der arglistigen Täuschung.

7. Unter Zwang versteht man entweder zu dem Zwecke der Abgabe der Willenserklärung angewandte rohe Kraftentfaltung (physischer Zwang) oder widerrechtliche Drohung (psychischer Zwang). Er erledigt sich daher bald nach den soeben ausgeführten, bald wieder nach den für das Fehlen des geschäftlichen Willens geltenden Grundsätzen [11]).

8. Mißbrauch des Willens liegt vor, wenn geistige Zurückgebliebenheit,[12]) Unerfahrenheit, Leichtsinn, rechtliche, wirtschaftliche oder moralische Abhängigkeit der einen Partei dazu ausgebeutet werden, um der maßlosen Selbstsucht der anderen dienstbar gemacht zu werden [13]).

Geht der Mißbrauch so weit, daß er den Inhalt des Geschäftes zu einem unmoralischen stempelt, so ist das letztere nichtig[14]). Im entgegengesetzten

---

1) Daselbst S. 64. K 1918 P 6465 (MT. Bd. I F 48).

2) Arg. Mji Dt X, S. 341. K 1916. RP I, 4419.

3) Dritten gegenüber hat der Getäuschte den Schaden zu tragen Bd. IV, S. 96.

4) Arg. K 1919 P 1094 MT. Bd. I F 11.

5) Die rechtliche Beeinflussung des Willens überhaupt z. B. bei Eingehung der Ehe, Verlobung, Annahme an Kindesstatt usw.

6) Z. B. grundlose Verweigerung einer Baulizenz von seiten der Stadtbehörde Mji Dt Bd. VII 289. K 3801/1912. Dies ist jedoch weder bei der Ankündigung eines begründeten Prozesses (das. 253 K 1765/1912) noch einer sicherungsweisen gerichtlichen Pfändung das. (I, S. 344, K 3651/1906) noch einer Strafanzeige (das. X, 377, K 361/1916) der Fall.

7) Z. B. ein unrechtmäßiger Vermögenszuwachs Mji. Dt VII, S. 370.

8) So gegen den Ehegatten gerichtete Ehrenbeleidungen Mji. Dt Bd. VII, S. 338.

9) Verursachung, Erkennbarkeit, Beeinflussung usw.

10) Anfechtbarkeit, Anfechtung, Schadensersatz, Nachteilsfolgen der verbotenen Handlungen usw.

11) Siehe oben Punkt 2.

12) Etwa wegen Altersschwäche K 1920 P VII. 2908, wegen der überlegenen Fachkenntnisse der einen Partie K 1920 P 1762 (MT. Bd. I F 105) usw.

13) Vergl. EUG § 751. Etwa Ausbeutung der Rechtsunkenntnis und des Vertrauens des Laienklienten von seiten seines Advokaten (Perji Dt Bd. VI S. 54 F 50) K 1920 P V 1762.

14) Siehe weiter.

Falle kann der Ausgebeutete das Geschäft unseres Erachtens nach den für den psychischen Zwang geltenden Grundsätzen anfechten [1]).

§ 10. Inhaltsfehler.

1. Liegt eine die Gültigkeit des Rechtsgeschäftes beeinflußende Abweichung zwischen Wille und Willenserklärung nicht vor, so treten die Wirkungen der letzteren ein. Bei den freien Geschäften genügt hierbei, daß ihr Inhalt den gesetzlichen Schranken nicht widerspricht, bei den erlaubten ist außerdem erforderlich, daß er den gesetzlichen Geboten entspricht.

Inhaltsschranken der Rechtsgeschäfte sind: Unmöglichkeit, gesetzliche Verbote und Unsittlichkeit. Verstößt ein Rechtsgeschäft gegen diese Schranken, so ist es nichtig.

Wegen Unmöglichkeit nichtig sind: die nach den bei ihrem Abschlusse erkannten Natur- oder Erfahrungsgesetzen [2]) auf unerfüllbare Leistungen gerichteten Rechtsgeschäfte. Es steht jedoch nichts entgegen Rechtsgeschäfte welche eine aufschiebende Bedingung zulassen, für den Fall ihrer Möglichkeit oder der Aufhebung des sie betreffenden gesetzlichen Verbotes bedingungsweise abzuschließen. Ist die Leistung teilbar [3]) oder enthält das Geschäft mehrere Leistungen von denen bloß eine zu erfüllen ist [4]), so treten die Folgen der Unmöglichkeit nur in bezug auf den unmöglichen Teil oder die unmöglichen Leistungen ein.[5])

Sowohl den Erklärenden als auch den Erklärungsempfänger belastet der Gegenpartei gegenüber innerhalb ihrer eigenen Machtsphären hinsichtlich der Unmöglichkeit der Leistung eine Ermittlungs- und Anzeigepflicht [6]), deren absichtliche oder schuldhafte [7]) Verletzung zum Ersatze des durch den Abschluß des Rechtsgeschäftes entstandenen Schadens

---

[1]) Vergl. EUG § 751, welcher Nichtigkeit vorschreibt, die Praxis hält sich jedoch an die Anfechtbarkeit so z. B. wenn der Advokat die Aufregung und Unerfahrenheit seines Klienten dazu mißbrauchte, um sich ein unverhältnismäßig hohes Honorar zu sichern Mji Dt Bd. IX, S. 90; K 2736/1914, oder wenn der Bräutigam sein Jahre hindurch wiederholtes Heiratsversprechen dem gefügig gemachten Mädchen gegenüber nur gegen Unterfertigung eines ihm günstigen Ehevertrages einlösen wollte, also die moralische Abhängigkeit des Mädchens zur Erlangung vermögensrechtlicher Vorteile mißbrauchte, daselbst S. 62, K 1563/1914 usw. Bei dem in Anmerkung 12 S. 134 angeführten Fall Nr. 1 anerkannte K. als Rechtsfolgen alternativ und von dem Willen des Benachteiligten abhängend (etwas schwankend): relative Nichtigkeit, Auflösung des Vertrages oder Ersatz des verursachten Schadens.

[2]) Vergl. EUG §§ 746, 748 Abs. 2 z. B. chemische Herstellung von Fleisch, Lieferung der wegen Kriegssperre nicht verfrachtbaren Ware Mji Dt Bd., VIII, S. 289 K 1915. P. IV, 9770 (Blausäure), ebendaselbst Bd. X, S. 120, K 1915 P. IV, 9124 (rumänischer Mais) usw. Die Praxis erachtet diesbezüglich die subjektive und objektive Unmöglichkeit gleich Mji Dt Bd. IV, S. 154.

[3]) Vergl. EUG § 791. Arg. eadem ratione.

[4]) Z. B. bei der Wahlschuld vergl. GA L, 1914 § 1 Abs. 3.

[5]) Arg. K 1918 P 3251 (MT. Bd. I F. 34).

[6]) So hinsichtlich der Unmöglichkeit Hji Dt Bd. X, S. 214. K 1915, P. IV, 11 003. Die Vorschrift dürfte eadem ratione auch für die übrigen Schranken der Rechtsgeschäfte gelten.

[7]) K a. a. O. der Maßstab der Schuld hängt von der Entgeltlichkeit oder Unentgeltlichkeit des Rechtsgeschäftes ab.

verpflichtet [1]), bezw. die Gegenpartei von einer solchen Verpflichtung befreit [2]).

Ein gesetzliches Verbot versagt die Wirkung des Geschäftes bald offen [3]), bald stillschweigend dadurch, daß es dessen Vornahme verbietet [4]) und zugleich irgendwie die Absicht verrät [5]), seine Folgen überhaupt nicht zu dulden. Dabei gibt es aber auch unwirksame Verbote d. h. solche, die zwar eine Mißbilligung der Vornahme des Geschäftes enthalten, sich aber mit seinem Abschluß abfinden.

Es bildet daher eine Auslegungsfrage [6]), ob eine gewisse Quellenstelle mit dem Verbote der Vornahme des Geschäftes zugleich auch dessen Ungültigkeit meint oder nicht. Im Zweifel dürfte diese Frage wohl zu bejahen sein [7]). Ein wirksames Verbot umfaßt auch das Verbot der Scheingeschäfte d. h. solcher, welche die Folgen des verbotenen Geschäftes auf Umwegen [8]) zu erreichen trachten.

Werden Rechtsgeschäfte wohl aus Gründen der Moral, doch durch eine besondere bloß auf moralischer Grundlage beruhende Rechtsvorschrift verboten — so z. B. die wucherischen d. h. die Notlage, den Leichtsinn oder die Unerfahrenheit des Verpflichteten zu Gunsten des Berechtigten oder Dritter übermäßig ausbeutenden [9]) — so sind diese nach den Grundsätzen der verbotenen [10]) und nicht der unsittlichen [11]) Rechtsgeschäfte zu behandeln.

Unsittlich sind die der Moral widersprechenden Rechtsgeschäfte. Es wäre wohl vergebliches Beginnen, feststellen zu wollen, in welchen Fällen dies eintreten kann. Bewirkung oder Förderung des sittlich Verbotenen [12]), Hinderung des sittlich Gebotenen [13]), Beeinflußung einer sittlich freizubleibenden Handlung oder Unterlassung [14]) durch

---

[1]) K a. a. O. erkannte bis zur Höhe des positiven Interesses. EUG §§ 747, 748 machen die schuldhafte Partei bloß für das negative haftbar.

[2]) Vergl. EUG § 747, Abs. 3.

[3]) Z. B. GA XLV, 1907 § 7, Abs. 2 „Verboten und nichtig ist der (wirtschaftliche) Dienstvertrag, wenn die Dienstzeit" usw.

[4]) Z. B. GA IV, 1916 § 2 und IX, 1916 §§ 1, 2 durch Bestrafung der Anschaffung von Massengebrauchsartikel.

[5]) Vergl. z. B. GA, L 1914 § 1, Abs. 3, welcher die den Maximalpreis übersteigende Zahlung für unwirksam erklärt usw.

[6]) So enthalten z. B. Mji. Dt Bd. IX, S. 147, K 484/1915, ferner Bd. IV, S. 95 trotzdem sie kein Wort darüber verlieren Auslegungen des § 128. GA XL 1879, daselbst Bd. I, S. 77, K 437/1906 (Gültigkeit des entgeltlichen auf Widerruf der Strafanzeige und Mitwirken an der Einstellung des Verfahrens gerichteten Versprechens) eine Auslegung Strfg. § 116 usw.

[7]) Vergl. EUG § 748 Abs. 1.

[8]) Vergl. eadem ratione EUG § 748, Abs. 1.

[9]) Vergl. GA XXV, 1883 § 1. So z. B. K 1920 P VII 2908 usw.

[10]) Unrichtig Mji Dt Bd. IV, S. 95 und Bd. IX, S. 147 K 484/1915.

[11]) Der Unterschied ist, daß die Frage des Verbotes eine Rechtsfrage, die der Unsittlichkeit eine Tatsachenfrage demnach nach PG 534 nur in beschränkterem Maße revisionsfähig ist.

[12]) Z. B. Versprechen von Protektion vor Behörden zu dem Zwecke der Erlangung von Erwerbsquellen (Trafik) Mji Dt Bd. IV, S. 286, Bd. VI, S. 171 oder sonstiger Vermögensvorteile z. B. der Erlangung eines behördlich ausgeschriebenen Wettbewerbs Mji Dt Bd. X, S. 180, K 1915, P. VIII, 10 841 usw.

[13]) Hinderung der wahrheitsgemäßen Prozeßführung der Scheidungsprozesse Mji Dt Bd. IX, S. 171, K 1914/157.

[14]) Entgeltliches Überspielen einer Amtsstelle (Postmeister) Mji Dt Bd. IV,

Versprechen eines Entgelts [1]) usw. verursachen zwar die Unsittlichkeit des Geschäftes, doch kann die letztere unseres Erachtens noch auf zahllosen anderen Gründen beruhen z. B. auf der Beziehung der Parteien zueinander [2]) oder zu Dritten [3]), auf deren Berufen [4]), auf der unerwünschten Beeinflußung Dritter [5]), auf der Bereitwilligkeit, wenn auch zu sittlich erlaubten Zwecken an der Verübung einer verbotenen Handlung teilzunehmen [6]) usw. Unsittlich sind auch die der öffentlichen Ordnung widersprechenden Geschäfte [7]).

Die Frage, ob eine inhaltliche Schranke des Rechtsgeschäftes vorliegt, ist hinsichtlich der Unmöglichkeit und Unsittlichkeit eine Tatfrage [8]) die nach den allgemeinen Vorschriften bewiesen werden muß [9]) und kann [10]). Die Entscheidung darüber hingegen, ob die Unsittlichkeit des Geschäftes einen solchen Grad erreichte, daß sie dasselbe für den Rechtsverkehr unbrauchbar macht, ist eine reine Rechtsfrage demnach gegebenen Falles durch das Gericht von Amtswegen aufzustellen und zu beantworten [11]).

2. Erlaubte Rechtsgeschäfte müssen in den Quellen sowohl hinsichtlich des unmittelbar berührten Rechtes als auch des Inhalts der beabsichtigten Änderung ausführlich geregelt sein. Bezüglich der Einzelheiten sind bei manchen von ihnen Abweichungen möglich [12]), während der Inhalt anderer ganz unverrückbar [13]) festgelegt [14]) wurde. Dies ändert jedoch nichts daran, daß innominate Rechtsgeschäfte weder die erlaubten noch — mit ähnlichen Folgen — die innominaten Rechte unmittelbar bewegen können. Wird ein solcher Versuch dennoch gewagt, so tritt entweder die Nichtigkeit des Geschäftes [15]) oder aber eine bloß schuldrechtliche Bindung des betreffenden Rechts ein [16]).

S. 33, Bd. V, S. 68, KG 258/1910, Entgeltlichkeit des Übereinkommens behufs gegenseitiger Versetzung von Richtern (daselbst Bd. VIII, S. 134, K 1915, RP I, 9131) usw.

[1]) Daher scheint Mji. Dt Bd. I, S. 109, K 5753/1905, welches das entgeltliche Versprechen eines jüdisch rituellen Scheidungsbriefes (get) mittelbar als wirksam anerkannte, bedenklich.

[2]) Z. B. Annahme an Kindesstatt einer früheren Geliebten.

[3]) Z. B. Verlöbnis einer verheirateten Frau Mji. Dt Bd. IX, S. 7, K 845/1914.

[4]) Siehe oben das hinsichtlich der Versetzung der Richter Gesagte.

[5]) So betont der angeführte Fall Mji. Dt Bd. VI, S. 171 zu Unrecht die Entgeltlichkeit. Eine unentgeltliche Beeinflussung der Behörde könnte auch nicht wirksam versprochen werden.

[6]) Etwa die Verabredung der Verwandten des Schuldners an der Zwangsversteigerung der gepfändeten Sachen des Schuldners teilzunehmen und das Ergebnis der Versteigerung nach Möglichkeit herabzudrücken.

[7]) GA L, 1545 § 2 „nemo enim ad impossibilia cogi debet et propter privatum commodum respublica et totum regnum perdendum non est". An dem Grundsatze ändert es wenig, daß er aus dem Anlasse einer finanzpolitischen Verfügung betont wurde.

[8]) PG § 269.

[9]) Experten, Soziologen, Etnographen usw. scheinen auch anwendbar zu sein.

[10]) Arg. Mji. Dt IX, S. 147, K 484/1915, welches Urteil übrigens besser von einem verbotenen Geschäfte gesprochen hätte.

[11]) K. entscheidet denn auch hierüber im Berufungswege sehr oft z. B. MT. Bd. I. Fall 106, 107 usw.

[12]) So bei den Geschäften des Sachenrechts, sowie des Immaterialrechts.

[13]) Z. B. die Geschäfte des Familienrechts.

[14]) Vergl. z. B. Ehg §§ 76—79.

[15]) So führt die Eingehung einer bloß vor dem Geistlichen geschlossenen Ehe zur Nichtexistenz des Ehebundes. Arg. Ehg §§ 41, 123 usw.

[16]) Die Gründung einer Societé anonyme führt in Ungarn zur Begründung einer privatrechtlichen Gesellschaft usw.

§ 11. Ungültigkeit und Unwirksamkeit.

1. Fehlerhaft sind Rechtsgeschäfte, deren Tatbestand mit persönlichen oder sachlichen Mängeln behaftet ist. Das objektive Rechht versagt den fehlerhaften Rechtsgeschäften die beabsichtigte Wirkung (Ungültigkeit). Ist die Versagungsvorschrift ein zwingender Rechtssatz, so führt der Tatbestandsfehler zur Nichtigkeit, sonst zur Anfechtbarkeit des Geschäftes.

Ungültigkeitsgründe sind nur als solche quellenmäßig anerkannte persönliche und sachliche Mängel der Willenserklärungen. Als Nichtigkeitsgründe gelten: das Fehlen der Rechtsfähigkeit [1], die Geschäftsunfähigkeit [2], das Fehlen der Einwilligung des gesetzlichen Vertreters [3], der Form, [4] des freien unbeeinflußten Willens [5], des möglichen, zulässigen, gesetzlich erlaubten [6] oder vorgeschriebenen Inhaltes [7] der Willenserklärung.

Manche Tatbestandsfehler wirken auf dem Gebiete der vermögensrechtlichen Verkehrsgeschäfte als Nichtigkeits- [8], auf anderen Gebieten hingegen bloß als Anfechtungsgründe [9].

Die Nichtigkeit bewirkende Versagungsvorschrift ist entweder eine vorläufige [10], oder eine endgültige [11]. Vorläufige Nichtigkeit kann durch spätere rechtliche Tatsachen z. B. durch die eine gewisse Zeit andauernde eheliche Lebensgemeinschaft [12] oder durch bestärkende Rechtsgeschäfte beseitigt werden (Konvaleszenz des Geschäftes).

Die Verstärkungstatsache fügt sich dem Tatbestande des Geschäftes ein und verwandelt die bisherige Nichtigkeit desselben rückwirkend in Gültigkeit. Die Verstärkungstatsache erfordert nicht die Form des ursprünglichen Rechtsgeschäftes [13].

Die endgültige Nichtigkeit hindert das Entstehen der geschäftlichen Folgen. Diese Hinderung tritt gewöhnlich von selbst ein. In einigen Ausnahmefällen aber und zwar besonders bei den behördlich kontrollierten vermögensrechtlichen [14], sowie bei den nicht vermögensrechtlichen [15] — also im großen und ganzen auf dem Gebiete der erlaubten Geschäfte — wird eine besondere Nichtigkeitsklage erfordert [16].

---

[1] So ist z. B. das von seiten einer bulgarischen juristischen Person vorgenommene Einbücherungsgeschäft auf Grund GA XIX, 1897 Art. 1 ungültig.

[2] Z. B. Ehg §§ 6, 44.

[3] Argumentum GA XX, 1877 § 33 letzter Absatz.

[4] Z. B. Ehg § 39.

[5] Siehe das hierüber an anderer Stelle Gesagte. (§ 9).

[6] Hinsichtlich der erlaubten Geschäfte.

[7] Hinsichtlich der strengeren Abarten derselben. (§ 10).

[8] Z. B. Fehlen der Zustimmung des gesetzlichen Vertreters des beschränkt Geschäftsfähigen, welches bei schuldrechtlichen Geschäften zur Nichtigkeit, bei Eingehung der Ehe hingegen unter Umständen zur Anfechtbarkeit führt, Ehg § 44 Abs. 5.

[9] Buchgeschäfte unterstehen auch in dieser Beziehung anderen Regeln worüber mehr im Sachenrechte ausgeführt ist.

[10] Späterhin ipso jure oder durch ein neues Geschäft endigende.

[11] Z. B. Formfehler des Testamentes GA XVI 1876 § 1.

[12] U. U. Ehg § 44 Abs. 3.

[13] Ebendaselbst Abs. 2.

[14] S. Anmerkung 16.

[15] Angef. Stelle Ehg. § 44 Abs. 3; § 46.

[16] Vgl. den hinsichtlich der Anfechtbarkeit und Nichtigkeit nicht unterschei-

Die Versagung der Rechtsfolgen der e i n e n Geschäftsart bedeutet jedoch keineswegs immer zugleich das Wegbleiben der geschäftlichen Folgen ü b e r h a u p t. Das versagte Geschäft kann vielmehr den Tatbestand eines anderen vollauf [1]) oder unter Umständen selbst den des gewollten Geschäftes wenigstens teilweise [2]) auf erlaubtem Wege verwirklichen. Liegt eine derartige Konversion des Rechtsgeschäftes vor, so tritt die Nichtigkeit bloß hinsichtlich des e i n e n versagten Geschäftstypus oder des e i n e n versagten Teiles des Geschäftes ein. Allerdings kann davon nur dann die Rede sein, wenn vorausgesetzt werden darf, daß die Absicht der geschäftsschließenden Parteien eine derartige Konversion nicht ausschließt.

3. Anfechtungsgründe sind: bisweilen Geschäftsunfähigkeit [3]), ferner nicht erkannter mangelnder Ernst der Willenserklärung [4]), Irrtum [5]), arglistige Täuschung [6]), widerrechtliche Drohung [7]), manche Fälle des widerrechtlichen Zwanges [8]).

Erfordernis des Geltendmachens der Anfechtungsgründe ist, außer ihrem Vorliegen, die Anfechtungserklärung. Dieselbe ist gewöhnlich [9]) eine formlose, manchmal aber die Form einer Klage [10]) erheischende, einseitige, unbedingte und unbefristete [11]) Anerklärung [12]). Anerklärter ist der Geschäftsgegner [13]), das Gericht [14]), oder der durch das angefochtene Geschäft unmittelbar Berechtigte.

Mit der Abgabe der Anfechtungserklärung übt der Anfechtende ein Gestaltungsrecht aus, welches auch durch Zeitablauf [15]) oder durch rechtsgeschäftliche Verfügung [16]) zum Erlöschen kommen kann. Die Anfechtung räumt die bis dahin eingetretenen Geschäftsfolgen rückwirkend aus dem Wege, verwandelt daher die bisherige Gültigkeit des Geschäftes durch die nunmehr eintretende Wirkung der Versagungsvorschrift in Ungültigkeit. Ist die Anfechtung einmal erfolgt, so gelten bezüglich der Folgen dieselben Grundsätze wie bei der Nichtigkeit [17]).

4. V e r f ü g u n g e n, d e r e n G e g e n s t a n d n i c h t d e m

---

denden § 148 GO, welcher praktisch zu einer Gleichstellung der Nichtigkeits- und Anfechtungsgründe der Buchgeschäfte führt.

1) Konversion. So K 585/1898 *Grill* Dt Bd. II 2 S. 589.

2) Etwa bei einem alternativen Schuldrechte oder bei teilbaren Forderungen.

3) Z. B. bei Buchgeschäften.

4) Ehg § 54 Punkt a.

5) Vgl. Ehg § 54.

6) Daselbst § 55.

7) Daselbst § 53.

8) Ehg § 53.

9) Vgl. EUG § 787.

10) Z. B. Ehg § 68.

11) Es liegt natürlich kein Hindernis vor, die Anfechtungserklärung innerhalb eines Vertrages abzugeben, in welchem Falle sie so weit es der Gegenstand des angefochtenen Rechtes erlaubt, mit Einwilligung der Gegenpartei auch bedingt oder befristet erfolgen kann.

12) Argumentum Ehg § 69, HG § 354, PG § 163 usw.

13) Vgl. EUG. § 787.

14) Z. B. Ehg § 68 Abs. 1.

15) So ist die Anfechtungsfrist der Eingehung der Ehe ein Jahr Ehg § 57.

16) Verzicht.

17) Sehr plastisch aus der Parallele der §§ 46, 67 Ehg zu entnehmen.

Rechtskreise des Verfügenden angehört, sind unwirksam. Diese Versagungsvorschrift ist eine zwingende, tritt von selbst ein, kann jedoch durch eine Bestärkungstatsache aus dem Wege geräumt werden. Dies erfolgt dann, wenn der Verfügende den Gegenstand der Verfügung innerhalb der Verjährungszeit erworben hat [1]). Mit diesem Erwerb kommt der Gegenstand der Verfügung — die Äußerlichkeiten des etwa nötigen dinglichen Rechtserwerbes vorausgesetzt — trotz der Unwirksamkeit der Verfügung zugleich in den Rechtskreis seines Nachfolgers [2]).

§ 12. Mitwirken Dritter.

1. Das Mitwirken Dritter hat bei den Rechtsgeschäften Bedeutung, wenn deren Wille den Inhalt des Geschäftes unmittelbar beeinflußt. Dies ist bei der befugten Vertretung der Fall.

Die Vertretung ist ein Recht auf die im Namen und im Interesse anderer erfolgende Vornahme erlaubter rechtlicher Handlungen.

Sie kann beruhen: auf Gesetz [3]) oder Rechtsgeschäft [4]). Manches Geschäft z. B. Eingehung der Ehe [5]), Annahme an Kindesstatt [6]), elterliche Bewilligungen [7]), Verfügungen von Todeswegen [8]), Anerkennung der Ehelichkeit usw. [9]) dulden keine Vertretung (höchstpersönliche Geschäfte).

Als Vertreter können bloß natürliche Personen auftreten [10]) und zwar auch dann, wenn sie beschränkt geschäftsfähig sind [11]). Inhaltsfehler der Rechtsgeschäfte werden meistens nach der Person des Vertreters [12]) zu Ungunsten des Vertretenen — besonders bei rechtsgeschäftlicher Vertretung — aber auch nach der Person des letzteren beurteilt.

Die Ausübung der befugten Vertretung bedeutet die Verwirklichung eines Gestaltungsrechts durch welches der Vertreter die Folgen seiner Willenserklärungen dem Rechtskreise des Vertretenen zuführt [13]). Hierzu ist notwendig, daß es offenkundig oder wenigstens aus den Umständen

---

[1]) Vgl. ÖBGB §§ 366, 824. K. 764/1919 (MT Bd. I F. 61) verdunkelt den Rechtsatz zwar etwas, läßt ihn aber trotzdem noch klar genug erkennen.

[2]) Anders auf dem Gebiete des Kriegsprivatrechts, vgl. meine „Wirkung des Krieges auf das Privatrecht", S. 73—77.

[3]) So Vertretung des Vaters GA XX, 1877 § 15 Abs. 3, des Vormundes und Pflegers ebendaselbst § 87.

[4]) Vollmacht, Organisation der juristischen Person usw.

[5]) Anders während des Krieges bezügl. der Militärpersonen, vgl. Verordnung des gesamten Ministeriums 3984/1916.

[6]) Argumentum die in der Anmerkung 5 angerufene Verordnung.

[7]) Argumentum Ehg § 9.

[8]) Arg. GA XVI: 1876, vgl. auch EUG § 1567.

[9]) Vgl. EUG § 98 Abs. 1.

[10]) Der Vertreter muß handeln, Handlungen aber können bloß natürliche Personen vornehmen.

[11]) Vgl. EUG § 795, HG § 48, welcher auch Lehrburschen umfaßt. Die letzteren müssen aber bloß das 12. Lebensjahr überschritten haben (GA XVII, 1884 § 60) sind demnach bloß beschränkt geschäftsfähig. Die angeführte Gesetzesstelle schließt übrigens selbst Geschäftsunfähige nicht unbedingt aus.

[12]) Vgl. EUG § 796

[13]) Argumentum HG § 49 Abs. 1.

erkennbar sei, daß der Vertreter im Namen des Vertretenen handelt [1]). Ist dies nicht der Fall, so treten die Folgen nach außen in dem Rechtskreise des Vertreters ein, was jedoch nicht hindert, daß in dem Verhältnisse des Vertreters zu dem Vertretenen und unter Umständen auch zu dessen Gläubigern [2]) dennoch der letztere Rechte erlange [3]).

Manche gesetzliche Vorschrift bestimmt den Umfang der Vertretung auch nach außen hin in zwingenden oder beinahe zwingendenRechtssätzen [4]), macht also die Folgen derselben Dritten gegenüber von dem inneren Verhältnisse des Vertreters und Vertretenen unabhängig.

Selbstkontrahieren des Vertreters ist ohne Einwilligung des Vertretenen ausgeschlossen [5]). Überschreiten des Umfanges der Vertretung erfolgt bald auf Gefahr des Vertretenen [6]), bald auf die des Geschäftsgegners [7]).

Die Wirkung der Vertretung äußert sich darin, daß die Folgen der betreffenden rechtlichen Handlungen zugunsten und grundsätzlich [8]) auch zu ungunsten des Vertretenen eintreten.

2. Gesetzliche Vertretung kommt zu u. a.: dem Vater [9]), der Mutter [10]), dem Großvater [11]), dem an Kindesstatt Annehmenden [12]), dem Vormunde [13]) des beschränkt Geschäftsfähigen [14]) und des Geschäftsunfähigen [15]), den Organen der juristischen Personen [16]), dem gerichtlich [17]) oder behördlich bestellten Vertreter [18]) usw

Umfang, Inhalt, Anfang, Änderung und Ende der gesetzlichen Vertretung hängen von den Tatsachen ab, welche sie notwendig machen.

Die gesetzliche Vertretung ist entweder eine ausschließliche d. h. die Vornahme gewisser rechtlichen Handlungen ist dem gesetzlichen Machtkreise des Vertretenen zugunsten des Machtkreises des Vertreters entzogen oder — im entgegengesetzten Falle — eine aushelfende. Immerhin hindert es selbst die ausschließliche gesetzliche Vertretung keinesfalls, daß der Vertretene die Handlung auf Grund einer rechtsgeschäftlichen Rückverweisung also einer vorherigen Einwilligung oder

---

1) Argumentum ebendaselbst.
2) Z. B. HG § 374.
3) Vgl. daselbst.
4) Z. B. HG § 38 Prokuravollmacht PG § 104 Prozeßvollmacht.
5) Argumentum GA XX, 1877 § 30; vgl. EUG § 707.
6) Z. B. HG § 38 PG § 104 usw.
7) Z. B. HG § 52 Jogt. Közl. Dt Bd. C I S. 91 K 1340/1905.
8) Argumentum HG § 49 PG §§ 72, 73, ferner 84 VE der kgl. Kurie.
9) VMG § 15 Abs. 3.
10) Als natürlichem und gesetzlichem Vormunde falls kein gesetzlicher Vater und kein ernannter Vormund vorhanden (das. § 5), eventuell kommt die gesetzliche Vormundschaft dem väterlichen, dann dem mütterlichen Großvater, dann den Seitenverwandten bis einschließlich des Kusins zu (§ 39 ebendaselbst).
11) Daselbst § 36.
12) Arg. VMG § 36.
13) §§ 87, 88 ebendaselbst.
14) § 87 Abs. 1 ebendaselbst.
15) Ebendaselbst.
16) PG § 160.
17) GA XX, 1877 § 31 Abs. 5.
18) Ebendaselbst Abs. 4.

nachträglichen Genehmigung des gesetzlichen Vertreters, gewissermaßen als Vertreter seines Vertreters vornehme.

Sowohl die Einwilligung als auch die Genehmigung sind einseitige, formlose an die Gegenpartei oder an den Vertretenen gerichtete Geschäfte[1]. Die Genehmigung wirkt bis auf die Vornahme des Geschäftes zurück.

3. Rechtsgeschäftliche Vertretung setzt eine sie begründende Vollmacht voraus. Die Vollmacht beruht auf einem einseitigen, gewöhnlich[2] doch nicht immer[3] formlosen empfangsbedürftigen Rechtsgeschäfte. Die Tatbestandsfehler des letzteren können zu ungunsten des gutgläubigen Geschäftsgegners nur in beschränktem Maße geltend gemacht werden[4].

Hierbei ist die Grenzlinie vorderhand zweifelhaft. Eine gewisse Erkundigungspflicht muß aber dem Geschäftsgegner unbedingt aufgebürdet werden.

Die Vollmacht endigt mit dem sie begründenden Rechtsverhältnisse, also oft mit dem Tode des Vertretenen[5] usw. dann aber auch — ohne Rücksicht auf die Begründung durch einseitiges Beendigungsgeschäft des Vertreters (Rücktritt)[6] oder des Vertretenen (Entziehung)[7]. Erheischt die Vollmacht eine gewisse Form oder ist sie eine öffentliche, so hat gutgläubigern Geschäftsgegnern gegenüber nur jene Entziehung Wirkung, welche den Formvorschriften der Vollmacht entspricht[8].

§ 13. Beschränkungen.

1. Der rechtsgeschäftliche Wille kann durch Bedingungen oder Befristungen beschränkt werden.

Die Bedingung ist eine Beschränkung, welche die Folgen des Rechtsgeschäftes von einer künftigen unbestimmten Tatsache abhängig macht. Wird hierdurch der Anfang der rechtsgeschäftlichen Folgen unbestimmt, so ist die Bedingung eine aufschiebende, betrifft die Ungewißheit hingegen das Ende derselben, dann handelt es sich um eine auflösende Bedingung.

Bedingungstatsache kann jede rechtliche Tatsache sein. Demnach Handlungen[9] sowie Unterlassungen[10] und zwar ganz oder teil-

---

[1]) Ausnahmsweise können dieselbe auch an eine Behörde gerichtet sein, z. B. Genehmigung einer von seiten des Übertragenden ohne Auftrag vorgenommenen Übereignung des Grundstücks: an die überschreibende Grundbuchbehörde usw.

[2]) So z. B. die wichtigsten dem Ehegatten verliehenen förmlichen Vollmachten GA VII, 1886 § 23.

[3]) Manche Vollmacht ist bloß an die Öffentlichkeit gerichtet. Allgemeine Vollmacht eines Advokaten PG § 102 (gerichtliche oder notarielle Beglaubigung).

[4]) Argumentum eadem ratione die Überschreitung des Umfanges der Vollmacht, welche u. U. gutgläubigen Dritten gegenüber außer Acht bleibt. K 1340/1905, Jogt. Közl. Dt. Bd. CI S. 91.

[5]) Argumentum e contrario HG § 289 PG § 106.

[6]) Z. B. GA XXXIV 1874 § 41 Abs. 2.

[7]) Ebendaselbst § 42.

[8]) So hinsichtlich des Prokuristen HG § 42. Auf demselben Gedanken beruhen auch die Förmlichkeiten der Entziehung der Prozeßvollmacht PG § 107 usw.

[9]) Positive Bedingung.

[10]) Negative Bedingung.

weise [1]) von dem Willen des Berechtigten [2]), des Verpflichteten [3]), oder Dritter [4]) abhängige aber auch von ihnen unabhängige Ereignisse. Zur Zeit der Vornahme des Geschäftes schon erfüllte oder gescheiterte Bedingungen bewirken zwar den Schein eines bedingten Geschäftes, ändern jedoch nichts daran, daß tatsächlich ein unbedingtes [5]) oder aber überhaupt kein Rechtsgeschäft zum Entstehen gelangte [6]).

Die Bestimmung der Bedingung ist ein Teil der geschäftlichen Willenserklärung. Sie erfordert. daher dieselben Voraussetzungen [7]) sowie auch dieselbe Form [8]) wie das Geschäft selbst.

Dasselbe gilt im allgemeinen auch bezüglich der Inhaltsfehler doch gibt es besonders unter den erlaubten einzelne Geschäfte — wie die Eingehung der Ehe [9]), Anerkennung der ehelichen Abstammung [10]), Annahme an Kindesstatt [11]), Aufrechnung [12]) sowie überhaupt die in die Machtsphäre Dritter übergreifenden einseitigen Geschäfte [13]) welche bedingsungsfeindlich sind und durch Einfügung einer Bedingung der Nichtigkeit verfallen.

Verbotene, unsittliche, unmögliche Bedingungen führen je nach der Teilbarkeit des Gegenstandes des Geschäftes bald zu teilweiser bald zu gänzlicher Nichtigkeit [14]). Hierbei wird besonders zugunsten unentgeltlicher Zuwendungen [15]) und zwar sowohl solcher unter Lebenden als auch von Todeswegen [16]) die Teilbarkeit im weiteren Sinne ausgelegt [17]).

Folge der Bedingung ist die Einbeziehung der Bedingungstatsache in den Tatbestand des Rechts-

---

[1]) Gemischte Bedingung.

[2]) Potestative Bedingung. Etwa Ausstellung einer Urkunde (Erklärung) K 1917 P II. 6418 (Mji Dt Bd. XII. S. 150).

[3]) [4]) Siehe die vorige Anmerkung.

[5]) Falls die Scheinbedingung eine aufschiebende war.

[6]) Im entgegengesetzten Falle.

[7]) Handlungsfähigkeit, Gegenstand usw. Arg. GA II 1898, § 6. XLI, 1899, § 3, XXIX, 1900, § 2. XLV, 1907, § 4. XIII, 1876, § 12 usw.

[8]) Vergl. jedoch: formlose (stillschweigende) gegenseitige Voraussetzung der Erbeinsetzung bei den gleichzeitigen, doch besonderen Testamenten der in wilder Ehe Lebenden. Mji Dt Bd. IV, S. 18. Hierbei handelt es sich aber eigentlich um einen Irrtum im Motiv und nicht um formlose Bedingung eines förmlichen Geschäftes.

[9]) Ehegesetz § 39, Abs. 1.

[10]) Argumentum GA XXXIII, 1894, § 41, welcher über die Bedingung schweigt, dann die bedingungsfeindliche Form des Geschäftes, endlich die der Eingehung der Ehe ähnliche ratio legis.

[11]) Arg. JMV 3546/1882 V und GA XX, 1887, § 15, A. 2, aus welchen der gesetzlich allein zulässige Inhalt des Annahmevertrages klar ersichtlich ist, vergl. auch EUG § 127, Abs. 2.

[12]) Arg. PG §§ 389, 412, die sonst unverständlich bleiben. Ausgenommen ist bloß die für den Fall der Verurteilung bedingungsweise vorgebrachte prozessuale Aufrechnung.

[13]) Z. B. Rücktritt HG § 353: „einfacher Rücktritt“ schließt jede Bedingung aus.

[14]) Z. B. Mji Dt Bd. XI S. 87 K 1916 RP III 6794, ferner GA XLV, 1907 § 4 Abs. 2, XLI 1899 § 3, II 1898 § 6 Abs. 2, XIII 1876 § 14.

[15]) Im Handelsrechte gilt der Grundsatz für jedes Handelsgeschäft, Argumentum § 266 HG.

[16]) Vgl. EUG 1611.

[17]) Daher die Gültigkeit mancher die Grenzen der Unsittlichkeit hart streifenden Rechtsgeschäfte, vgl. Mji Dt Bd. IV S. 338.

geschäftes. Vor Erfüllung der letzteren tritt ein Schwebezustand ein, d. h. bis dahin sind sowohl der rechtsgeschäftliche Tatbestand als auch seine Rechtsfolgen unvollkommen.

Schwebt die aufschiebende Bedingung, so verbleibt das veräußerte oder verminderte Recht noch dem Veräußernden und der Erwerber erlangt bloß eine Anwartschaft [1]). Diese ist zwar unseres Erachtens verkehrsfähig [2]) und gegen widerrechtliche Eingriffe [3]) gewissermaßen geschützt, verwandelt sich jedoch erst mit der Erfüllung der Bedingung in ein volles subjektives Recht. Hieraus folgt, daß der vor der Erfüllung eingetretene Wegfall von Willens- [4]), oder Inhaltsfehlern [5]) das Geschäft zu einem fehlerlosen stempelt.

Während der Schwebezeit der auflösenden Bedingung scheidet hingegen das veräußerte oder verminderte Recht zwar aus dem Machtkreise des Verpflichteten aus, doch verbleibt demselben für den Fall der Erfüllung der Bedingung eine Anwartschaft auf dasselbe welche ebenso verkehrs- und schutzfähig ist wie die Anwartschaft des unter einer aufschiebenden Bedingung Berechtigten.

Die Erfüllung der aufschiebenden Bedingung bringt die Folgen des Geschäftes zu ungehindertem Entstehen. Die während der Schwebezeit den Gegenstand desselben betreffenden und von dem Verpflichteten stammenden Verfügungen werden kraftlos [6]) und sind dem Berechtigten gegenüber bloß nach den Grundsätzen des gutgläubigen Rechtserwerbs [7]) geltend zu machen.

Wird die auflösende Bedingung erfüllt, so tritt von diesem Zeitpunkte an der vorherige Zustand ein [8]). Bezüglich der während der Schwebezeit vorgenommenen Verfügungen des Berechtigten gilt das eben Ausgeführte entsprechend.

Die Erfüllung der aufschiebenden oder auflösenden Bedingung wirkt kraft Gesetzes nicht zurück. Die geschäftsschließenden Parteien vermögen jedoch, ohne Schädigung der Rechte Dritter und insoweit der Anfang oder das Ende der Wirkungszeit durch Willenserklärungen überhaupt beeinflußt werden können, auch anderes zu vereinbaren [9]).

Der Ausfall der aufschiebenden Bedingung schließt den Eintritt, der der auflösenden hingegen die Aufhebung der geschäftlichen Folgen aus. Wird er jedoch durch eine schuldhafte wider-

---

1) Der positive Kern des subjektiven Rechts fehlt.

2) Sie kann unter Umständen übertragen und gepfändet werden, der Verpflichtete muß bei ihrer Gefährdung Sicherheit, für schuldhafte Beschädigung hingegen Schadenersatz leisten usw. Vgl. EUG 763.

3) Doch sind dieselben bloß gegen die Anwartschaft nicht aber gegen die Ausübung des subjektiven Rechts gerichtet.

4) Z. B. Aufklärung des Irrtums.

5) Wegfall des Verkehrsverbotes usw. EUG § 762.

6) Im Konkurse können sie auf Grund KG §§ 27, 28 angefochten werden, vgl. EUG § 764.

7) Argumentum HG §§ 299, 300, die von der Rechtslage des Veräußerers ganz schweigen.

8) Vgl. EUG § 760 Abs. 2.

9 Vgl. EUG § 761

rechtliche Handlung der Partei, die dadurch einen Vorteil erlangt, verursacht [1]), so treten zu ihren Ungunsten die Folgen der Erfüllung ein. Die Weigerung, eine potestative Bedingung zu erfüllen, bewirkt die Folgen ihres Ausfalles [2]).

2. Die Befristung ist eine Beschränkung des Rechtsgeschäftes, welche dessen Folgen von einem zukünftigen Zeitpunkte abhängig macht [3]). Der Anfangstermin bestimmt den Eintritt, der Endtermin hingegen die Aufhebung der geschäftlichen Rechtsfolgen [4]). Meistens erfolgt die Befristung durch kalendermäßiges Bestimmen des Zeitpunktes [5]), der letztere kann aber auch mittelbar [6]) festgesetzt werden.

Manches Rechtsgeschäft duldet keine Befristung z. B. Eingehung der Ehe [7]), Annahme an Kindesstatt [8]), Anerkennung der Ehelichkeit [9]), Aufrechnung [10]). Andere erfordern sie wieder wie: die Ausstellung eines Wechsels [11]), gewisse Arbeitsverträge [12]) usw. Maßgebend ist der Inhalt des durch das Geschäft bewegten Rechtes, das auch darüber entscheidet, welche Wirkung der vorschriftswidrigen Einfügung [13]), oder dem vorschriftswidrigen Wegfall der Befristung zukommt.

Der Anfangstermin wird nach der Analogie der aufschiebenden [14]), der Endtermin nach der der auflösenden [15]) Bedingung behandelt. Unterschiede — etwa die fiktive Fälligkeit des mit einem Anfangstermin befristeten Geschäftes im Konkurse [16]) — ergeben sich daraus, daß das Eintreffen des Termins sicher, die Erfüllung oder der Ausfall der Bedingung hingegen ungewiß sind. Daher auch die Eigentümlichkeit, daß die durch Anfangstermin befristete Forderung kaum mehr als Anwartschaft, sondern beinahe in jeder Beziehung schon als nicht fälliges Schuldrecht betrachtet wird [17]).

---

[1]) Vgl. EUG § 765. Manchmal genügt hierzu schon eine schuldhafte Verzögerung K 1918 P 4201 Mji Dt Bd. XIII S. 40, F. 34.

[2]) Vgl. EUG § 766. So K. 1917, P II. 6418 (Mji Dt Bd. XII S. 150. F. 117).

[3]) *Grill* Dt Bd. II 2 S. 583 Budapester Tafel 1897 IG 74, Györer Tafel 1897 G II 87 ebendaselbst.

[4]) EUG § 769.

[5]) Z. B. im Monat September 1898, siehe den ersten Fall der Anmerkung 3.

[6]) Z. B. am Krönungstage König Karls des IV.

[7]) Ehg § 39 Abs. 1.

[8]) Argumentum das beredte Schweigen des Punkt IV, VJM 3546/1882; vgl. EUG § 127.

[9]) Argumentum § 41 GA XXXIII, 1894, vgl. EUG § 106 Abs. 3.

[10]) PG § 390, welcher bloß prozeßrechtliche Beschränkungen zuzulassen scheint und daher u. E. eine endgültige jeden Endtermin ausschließende Ordnung der Rechtsverhältnisse erheischt, ebenso WG § 94.

[11]) Vgl. WG § 3 Punkt 4.

[12]) Z. B. Arbeitsvertrag des Tabakgärtners GA 29, 1900 § 3

[13] Die Eingehung der Ehe wird z. B. ungültig § 41 Punkt b Ehg.

[14]) Vgl. EUG. § 769.

[15]) Ebendaselbst.

[16]) GA XVII, 1881 § 14.

[17]) Budapester Tafel 1897 IG 74 (*Grill* Dt Bd. II 2. S. 583) betrachtet das befristete Rechtsverhältnis als entstanden und schiebt bloß dessen Geltendmachen auf die dem Anfangstermine folgende Zeit.

§ 14. Auslegung der Rechtsgeschäfte.

1. Unter Auslegung der Rechtsgeschäfte versteht man die Klarstellung des Inhaltes der innerhalb derselben wirkenden Willenserklärungen.

Der für die Auslegung maßgebende Zeitpunkt ist die Abgabe bezw. bei Anerklärungen der Zugang der auszulegenden Erklärung. Inhalt und Sinn der geschäftlichen Willenserklärung wird — dem der Rechtssätze gleich — auf dem Wege der grammatischen und logischen Auslegung gewonnen.[1] Die letztere bedient sich hierbei auch hier des Umkehrschlusses, des argumentum a majore und a minore [2]), auch sind die feststellende, die beschränkende oder erweiternd abändernde Auslegung den Geschäften ebensowenig fremd wie den Rechtssätzen [3]).

2. Gegenstand der Auslegung ist jede innerhalb des geschäftlichen Tatbestandes vorkommende Willenserklärung, wobei es ganz gleichgültig bleibt, ob man es mit einer mittelbaren oder unmittelbaren, einer förmlichen oder formlosen zu tun hat.

Zweck der Auslegung ist hinsichtlich der freien Geschäfte die Feststellung dessen, welche Rechtsänderung die Parteien bezweckten und in welcher Weise sie diese herbeiführen wollten, hinsichtlich der erlaubten, oft nur das erstere [4]).

Die Mittel der Auslegung der Rechtsgeschäfte sind bei unmittelbaren Willenserklärungen denen der Auslegung des gesetzten, bei mittelbaren hingegen denen der Auslegung des Gewohnheitsrechtes ähnlich. Stützpunkte der Auslegung der Rechtsgeschäfte bilden u. a. die Zeit [5]), der Ort [6]) des Geschäftsabschlusses, der Zweck des Geschäftes [7]), der Personenkreis, welchem die geschäftsschließenden Parteien angehören [8]), ihr Verhältnis zueinander oder zu Dritten [9]), örtliche Gewohnheiten [10]).

Anerklärungen und besonders solche des vermögensrechtlichen Verkehrs sind nach dem gewöhnlichen, das heißt dem Sinne auszulegen [11]), in welchem sie der Erklärungsempfänger nach reiflicher Abwägung der Umstände verstehen mußte. Von dieser allgemein gültigen Auffassung des Wortsinnes ist nur dann abzugehen, wenn es sicher erscheint, daß die Parteien dies bei Abschluß des Geschäftes beabsichtigten.

---

[1]) Die grammatische geht vor, die logische folgt wenn die erstere Zweifel aufkommen läßt. K 1920 P VI. 4350 (MT. Bd. II, S. 128. F. 86).

[2]) Siehe Auslegung der Rechtssätze. S. 32 ff.

[3]) Ebendaselbst.

[4]) Dann nämlich, wenn deren Inhalt durch zwingende Vorschriften ein für allemal bestimmt ist, z. B. Ehg § 39.

[5]) Z. B. HG §§ 327, 29.

[6]) Daselbst §§ 323, 325.

[7]) Besonders bei Zuwendungen, vgl. Mji Dt Bd. II S. 328 wo für die Auslegung von Verfügungen von Todeswegen der wahre Zweck und Wille des Erblassers als maßgebend bezeichnet wird.

[8]) Vgl. Usancen der Budapester Böise § 1.

[9]) Vgl. die in die Zuwendungen der Verwandten hineininterpretierte Unentgeltlichkeitsvermutung Mj Dt Bd. IV S. 208 VI S. 32 VIII S. 236, und die Abgrenzung ihres Personenkreises (Ausschluß der Pflichtteilsberechtigten) K 1620 P I 3534 (MT. Bd. II, S. 103 F. 69).

[10]) Z. B. GA XLV, 1907 § 12 Abs. 2.

[11]) HG § 266 Abs. 1, K 1899 S. 466, 1900 S. 11 (*Grill* Dt Bd. II 2 S. 584) K 975/1890 (eben daselbst S. 586) usw.

Ob man nun von dem gewöhnlichen oder von einem besonderen Sinne der geschäftlichen Willenserklärungen ausgeht, so bleibt die der Gültigkeit des Geschäftes günstige Auslegung die bevorzugte[1]).

Dies führt oft zu einer Umdeutung der Rechtsgeschäfte[2]) und zu einer Vernachlässigung jener Bestimmungen der unentgeltlichen Geschäfte, welche ihre Wirkung sonst eigentlich hemmen würden[3]).

II. Verbotene Handlungen.

1. Innerhalb des Privatrechts[4]) versteht man unter verbotenen Handlungen solche pflichtwidrigen menschlichen Handlungen, die ein geschütztes Interesse anderer widerrechtlich verletzen.

Die persönlichen Voraussetzungen der verbotenen Handlungen sind: die Verantwortungsfähigkeit und die Schuld des Täters. Der Tatbestand derselben wird durch die pflichtverletzende Beeinträchtigung eines rechtlich geschützten Interesses des Verletzten verwirklicht.

Verantwortungsfähigkeit ist die Möglichkeit des Erkennens der durch die verbotene Handlung verübten Rechtswidrigkeit. Die Verantwortungsfähigkeit ist eigentlich eine besondere Art der Handlungsfähigkeit. Hieraus folgt, daß Handlungsunfähige die privatrechtlichen Folgen der verbotenen Handlungen[5]) ebensowenig zu tragen haben wie die strafrechtlichen der Verbrechen, Vergehen und Übertretungen. Da jedoch das Strafrecht die 12 bis 18 jährigen beschränkt Handlungsfähigen — vorausgesetzt, daß sie bei Verübung der Tat geistig und moralisch genügend reif waren[6]) — zur Verantwortung zieht, kann dem Privatrecht schwer zugemutet werden, die gelinderen Folgen seiner verbotenen Handlungen an strengere Voraussetzungen zu knüpfen.

Besitzen daher die beschränkt Handlungsfähigen genügende geistige und moralische Reife — was der Verletzte behaupten und beweisen muß[7]) — so sind die Nachteilsfolgen der verbotenen Handlungen auch ihnen gegenüber anzuwenden. Im entgegengesetzten Falle bleibt dem Verletzten bloß die Möglichkeit von dem unverantwortlichen Verletzer kraft Ge-

---

[1]) Namen der Rechtsgeschäfte werden beiseite geschoben, maßgebend bleibt ausschließlich ihr Inhalt, K 8985/1892, 7494/1912, *Grill* Dt II 2 S. 585. Gültigkeit eines als „Ehevertrag" bezeichneten Testaments K 1919 P 188 (M T. Bd. II. S. 121 Fall 80).

[2]) Außerachtlassung der unverständlichen, unmöglichen unmoralischen und gesetzwidrigen auflösenden Bedingungen. Arg. K 6246/1886 *Polgári Törvénykezés* Bd. XII S. 13.

[3]) Vgl. ÖBGB §§ 697—700.

[4]) Vgl. meine (ungarisch erschienene) Habilitationsschrift „die verbotene Handlung im Privatrechte" (303. S. Budapest 1907).

[5]) Kraft Gesetzes können ihnen den Ausgleichsfolgen der verbotenen Handlungen ähnliche Billigkeitsfolgen auferlegt werden. So Mji Dt Bd. IX S. 3, K 1914 P VI 849, das. Bd. VIII S. 202 K 773, 1914, EUG § 1489.

[6]) Arg. GA XXXVI, 1908 §§ 15 ff.

[7]) Mj Dt VIII 268, K 849/1914, „daß zur Zeit der Verletzung der minderjährige Beklagte die fragliche Einsicht gehabt hätte, wurde von seiten des Klägers gar nicht vorgebracht".

setzes und nach Billigkeit die Wiederherstellung des vorigen Zustandes zu verlangen. Ist die Verantwortungsfähigkeit einzelner verbotenen Handlungen besonders geregelt[1]), so gelten in erster Reihe diese Vorschriften [2]).

S c h u l d i s t d i e V o r a u s s i c h t d e r F o l g e n d e r v e r b o t e n e n H a n d l u n g e n (A b s i c h t) o d e r d e r u n e n t s c h u l d b a r e M a n g e l e i n e r s o l c h e n (F a h r l ä s s i g k e i t). Unentschuldbar scheint der letztere dann, wenn die Voraussicht nach der Auffassung des Lebens unter den gegebenen Umständen von einem anständigen Menschen zu erwarten war [3]).

Die absichtliche Verübung bringt sämtliche Folgen der verbotenen Handlungen zum Entstehen, die fahrlässige nur die in den Quellen ausführlich bestimmten[4]). Manche verbotene Handlung erfordert unbedingt Absicht, so die schwersten Fälle der familien-[5]) und erbrechtlichen[6]) verbotenen Handlungen, manche verbotenen Handlungen des Verkehrsrechts [7]) usw.

2. Das Privatrecht ist den verbotenen Handlungen gegenüber empfindlicher als das Strafrecht, was s u b j e k t i v die Einheitlichkeit der Täterschaft, o b j e k t i v die des Tatbestandes zur Folge hat.

Täter im privatrechtlichen Sinne sind alle, die aus eigenem Antriebe an der pflichtverletzenden Beeinträchtingung des fremden geschützten Interesses irgendwie mitgewirkt haben [8]).

D e m V e r l e t z t e n g e g e n ü b e r ist es daher nebensächlich, ob der Verletzer sich bei der Verübung der verbotenen Handlung als Täter, Anstifter oder als Gehilfe betätigt hat. Sind aber die vermögensrechtlichen Folgen der verbotenen Handlung — und nur diese — auf eine besondere Tätigkeit des Verletzers zurückzuführen, so trifft die Schadensersatzverpflichtung [9]) bloß ihn. Im übrigen haben die Teilnehmer alle Folgen der verbotenen Handlung gemeinsam zu tragen [10]).

Die Teilnahme an einer verbotenen Handlung ist demnach von dem Standpunkte des Privatrechts aus eine besondere Art der verbotenen Handlung selbst, was weder dem Verletzten noch den übrigen Teilnehmern gegenüber ohne Folgen bleibt.

Ersterer kann gewöhnlich gegen alle Teilnehmer gemeinsam vorgehen[11]). Die letzteren sind vermögensrechtlich einander gegenüber nach dem Maßstabe ihrer Schuld verantwortlich [12]).

G e s c h ü t z t e I n t e r e s s e n sind: sowohl subjektive Rechte [13])

---

[1]) So z. B. Verletzung der Kriegslieferungsverträge GA XIX, 1915 usw.

[2]) Die weiter zu entwickelnden allgemeinen nur in zweiter Reihe. Vgl. meine „Wirkung des Krieges auf das Privatrecht", S. 34 ff. (Budapest 1917).

[3]) Vgl. EUG § 906 Abs. 1.

[4]) Besonders lehrreich ist diesbezüglich das Beispiel GA XIX, 1915 § 17 Abs. 2. (Auf Billigkeit beruhende gerichtliche Abschwächung der privatrechtlichen Straffolgen aus der Verletzung der Kriegslieferungsverträge.)

[5]) Arg. Ehg § 80 Punkt a.

[6]) Vgl. *Werböczy* Trip I 52, 53 und die Fälle der Erbunwürdigkeit.

[7]) Vgl. das über die Täuschung, den Zwang, widerrechtliche Drohung, unrechtmäßige Beeinflussung Gesagte.

[8]) Arg. Jogt. Közl. Dtár I. Folge Bd. XVII Nr. 44.

[9]) Argumentum *Grill* Dt II 2, S. 637, K 4340/1886.

[10]) K 4393/1896 ebendaselbst.

[11]) Siehe den in der Anmerkung 8 angeführten Fall.

[12]) Siehe Anmerkung 9.

[13]) Auch Immaterialrechte, vgl. GA XL 1914 § 28, XIV, 1884 §§ 39, 43 usw.

— und zwar trotz der gegenteiligen, durch die Kriegsgesetzgebung übrigens schon überholten [1]), Auffassung auch Schuldrechte — als auch Anwartschaften, Ausbeutungsmöglichkeiten[2]) u. dgl. Die Beeinträchtigung kann in einem Tun oder in einem Unterlassen bestehen. Sie verwirklicht jedoch immer die Verletzung eines gesetzlichen Gebotes, welches ein dem tatsächlich befolgten entgegengesetztes Verhalten vorschreibt. Das Gebot kann sich auch auf den Abschluß [3]) sowie auf die Abwicklung[4]) eines Rechtsgeschäftes beziehen, mit a. W. Eingehung und Lösung eines Rechtsgeschäftes vermögen ebenso eine verbotene Handlung zu verwirklichen wie Verletzung der Leistungsvorschriften.

Eine verbotene Handlung liegt nicht vor, wenn die Beeinträchtigung durch den stärkeren Schutz der Rechte des Verletzers, des Verletzten oder Dritter begründet wird. Derartige Gründe sind: zugunsten des V e r l e t z e r s die von seiner Seite nicht schikanös vorgenommene Rechtsausübung [5]), erlaubte Selbsthilfe [6]) Verteidigung in Notwehr [7]) oder sonstiger eigener Notstand [8]); zugunsten des V e r l e t z t e n seine wirksame [9]) Einwilligung, zugunsten D r i t t e r ihr Notstand, d. i. die unmittelbare Gefährdung ihrer Person oder ihres Vermögens [10]).

Bezüglich der verbotenen Handlungen des Verkehrsrechts hat der Richter die Beeinträchtigung bloß festzustellen, bei denen des Persönlichkeits-, des Erb- und des Familienrechts, hingegen hat er oft auch darüber zu entscheiden, ob sie einen solchen Grad erreicht, daß die Inanspruchnahme der Folgen der verbotenen Handlungen als genügend begründet erscheint [11]).

3. Das Verüben der verbotenen Handlung bringt zuungunsten des Täters [12]) privatrechtliche N a c h t e i l s f o l g e n zum Entstehen. Diese sind: A u s g l e i c h s f o l g e n , d. h. solche, welche die Wiederherstellung des beeinträchtigten Interesses bezwecken, dann materielle S t r a f f o l g e n , die dem Täter zur Vergeltung seiner Tat mit p r i v a t r e c h t l i c h e n Benachteiligungen belasten. Beeinträchtigungen der Verkehrsrechte sind in großem und ganzem herstellbar, während die Beeinträchtigungen der Persönlichkeits-, Familien- und Erbrechte derartig empfindliche Interessen treffen, daß sie, wenn einmal gestört, sozusagen niemals wieder ganz hergestellt werden können. Daher die auffallende Erscheinung

---

[1]) Vgl. GA XIX, 1915 §§ 17 ff.

[2]) Z. B. Verletzungen des Steinkohlenausbeutungsrechts des Eigentümers JKK VII § 1.

[3]) Z. B. Ehg § 55.

[4]) Z. B. volle Leistung an den einen Geschäftsgegner, obzwar wegen teilweiser Unmöglichkeit des Leistungsgegenstandes die Leistung nur in beschränkterem Maße vorzunehmen war V des ges. Min. 2996/1916 § 2.

[5]) Jogt. Közl. Dt IV F. B. VI S. 244 K 1920/1905.

[6]) Argumentum Trip III 22, GA XVI, 1492, VIII (I), 1405, XXII, 1802 § 4, XII, 1894 § 89, XXXI, 1879 § 146 usw.

[7]) Trip I 68, GA V, 1878 § 79.

[8]) Ebendaselbst § 77.

[9]) Insofern es sich über verfügbare Rechtsgüter handelt.

[10]) Vgl. StrfG § 79.

[11]) Argumentum Ehg § 80 letzter Absatz, ferner die Praxis der Enterbungsgründe (S. Erbrecht).

[12]) Hierunter sind nach dem oben ausgeführten auch Anstifter, Mittäter und Gehilfen zu verstehen.

daß bei den verbotenen Handlungen des Verkehrsrechts die Ausgleichs-, bei denen der übrigen aufgezählten Rechtsgebiete hingegen die Straffolgen vorherrschen [1]).

Grundsätzlich entsteht jedoch mit der Verübung einer jeden verbotenen Handlung die allgemeine Ausgleichsfolge d. h. der gesetzliche an den Täter gerichtete Befehl, von der Beeinträchtigung abzulassen [2]) und den vorherigen Zustand wieder herzustellen [3]). So fügt sich die im Schuldrechte näher auszuführende Schadensersatzlehre bloß als eine [4]) — wenn auch die wichtigste — Art der Ausgleichung den Folgen der verbotenen Handlung ein [5]).

Straffolgen der vermögensrechtlichen verbotenen Handlungen sind: die Rückforderung der dem Täter von seiten des Verletzten zugekommenen unentgeltlichen Zuwendungen [6]), in besonders schweren Fällen wohl auch Rechtsverluste [7]), teilweise Kraftloserklärungen der dem Verletzer günstigen Rechtsgeschäfte [8]), zuungunsten des Verletzers auszuübende Rücktrittsrechte des Verletzten [9]) usw.

Straffolge der nichtvermögensrechtlichen verbotenen Handlungen ist der zugunsten des Verletzten eintretende Verlust gewisser Familien- und Erbrechte ohne daß dem Täter die denselben entsprechenden Pflichten erlassen würden [10]). Dies bedeutet eigentlich einen teilweisen Verlust der Familien-, bezw. der erbrechtlichen Rechtsfähigkeit des Täters, also eine capitis deminutio, welche in einzelnen Fällen des Kriegsrechts sogar zu einer — wenn auch unglücklicherweise etwas verballhornten — Minderung der vermögensrechtlichen Rechtsfähigkeit entwickelt wurde [11]).

III. Rechtshandlungen in engerem Sinne.

1. Rechtsgeschäfte und Delikte sind die beiden Pole der rechtlichen Handlungen. Zwischen ihnen liegt eine ganze bisher noch vielfach unent-

---

1) Vgl. jedoch §§ 17 folgende GA XIX, 1915.

2) Z. B. GA XIV, 1914 § 20 ff.

3) Besonders klar wird dies bei den verbotenen Handlungen des Besitzrechts GA XXII, 1802 §§ 1, 2, GA XIII, 1807 §§ 1 und 8.

4) Die herrschende Lehre betrachtet sie als Haupt-, wenn nicht als einzige Folge der verbotenen Handlungen.

5) Eine ähnliche Rolle fällt zu: der Wiederherstellung der ehelichen Lebensgemeinschaft Ehg § 77, der behördlich zu veranlassenden Rückkehr des weggelockten Kindes in das väterliche Heim. GA XX, 1877 § 14 usw.

6) Typische Folgen des groben Undankes, K 1915, RP I 7424 Mj Dt Bd. X S. 115, K 1916 P I 1219 eben daselbst S. 247 usw.

7) GA XIX, 1915 § 17. Verletzung der Kriegslieferungsverträge.

8) Ebendaselbst.

9) Ebendaselbst.

10) Vgl. Ehg §§ 90, 94. Verlust des Pflichtteils usw. Ähnliche Erscheinungen sind ferner: der Verlust des Heldengrundstückes wegen Trunksucht, Arbeitsscheu oder einer den Berechtigten der allgemeinen Mißachtung aussetzenden moralischen Verfehlung (VO 6650/1920 § 6), die Ablösung des landwirtschaftlichen Grundstückes wegen Umgehung oder Verletzung der Vorschriften des Bodenreformgesetzes (GA XXXVI, 1920 §§ 96—98) usw."

11) GA XVIII 1915 § 2. Sie wird gesetzlich — doch keineswegs zutreffend — als Gesamtnachfolge des Staates in das Vermögen des Landesverräters konstruiert, vgl. mein angeführtes Werk S. 39 ff.

deckte Welt erlaubter Handlungen, welche weder der einen noch der anderen Hemisphäre zugezählt werden können (Rechtshandlungen i. e. S.).

2. Bezüglich des Tatbestandes dieser Rechtshandlungen kann vorläufig wohl kaum mehr gesagt werden als es Peter Klein in Weiterbildung der Manigkschen Lehre bereits getan hat.

Demnach gibt es Rechtshandlungen, welche einen rein äußeren Erfolg herbeiführen [1]), dann mit einer inneren Tatsache verstärkte [2]), ferner die Vervollständigung einer erheblichen inneren Tatsache (einer Gesinnung, Überzeugung oder eines Wollens) darstellende [3]), endlich die Mitteilung einer inneren Tatsache (einer Vorstellung [4]) oder eines Willens [5])) enthaltende Rechtshandlungen. Sind die Voraussetzungen, der Tatbestand und die Folgen dieser erlaubten Handlungen schon in kodifizierten Rechten zweifelhaft, so herrscht bezüglich der bei ihnen erforderlichen Geschäftsfähigkeit, dann darüber, ob und inwiefern in ihrem Umkreise Tatbestandsfehler wirken, endlich hinsichtlich der bei ihnen möglichen Willensbeschränkungen im ungarischen Privatrechte sozusagen noch vollständige Dunkelheit.

Vielleicht kann diese von dem Standpunkte der Folgen der rechtlichen Handlungen aus einigermaßen zerstreut werden. Wie mannigfaltig nämlich auch die letzteren sein mögen, kann man doch davon ausgehen, daß sie sich in der Praxis und in der Theorie in zwei Richtungen voneinander abzusondern beginnen.

Irgendwie wird jede rechtliche Handlung den Handelnden immer berechtigen oder verpflichten. In dieser Beziehung dürften sich die Rechtshandlungen im engeren Sinne weder von den verbotenen Handlungen, noch von den Rechtsgeschäften unterscheiden. Eher schon darin, daß bei manchen [6]) Rechtshandlungen engeren Sinnes die den Rechtskreis des Handelnden vergrößernden, bei anderen [7]) hingegen die denselben vermindernden Folgen in den Vordergrund treten. Innerhalb der Rechtshandlungen im engeren Sinne gibt es daher sowohl berechtigende als auch verpflichtende. Es liegt nun auf der Hand, daß die erwähnten berechtigenden Handlungen Verkehrszwecken [8]), die verpflichtenden hingegen größtenteils Ausgleichszwecken [9]) dienen.

---

1) Vgl. die Ausführungen Manigks: „Wille und Willenserklärung" (1907) und Peter Kleins: „Rechtshandlungen im engeren Sinne" (1912). Man muß den angeführten sehr verdienstvollen Werken die Anerkennung zuteil werden lassen, dieses vernachlässigte Gebiet der Rechtslehre zugänglich gemacht zu haben, dabei ist es nebensächlich, ob man ihren Ausführungen in allem beistimmen kann oder nicht. Rein äußere Handlungen sind z. B. Anwesenheit der Ehegatten bei dem gerichtlichen Versöhnungsversuche PG § 646.

2) Endgültiger oder vorläufiger Aufenthalt §§ 21, 22 PG, Führen der Wirtschaft § 28 PG, Miteinanderleben als Ehegatten § 43 Ehg, Wiederherstellung der ehelichen Gemeinschaft § 77 Ehg usw.

3) Zustimmung zur Verletzung der ehelichen Pflichten § 81 Ehg, Verzeihung § 82 ebendaselbst.

4) Z. B. Anzeige des erfolgten Verkaufes einer Sache HG §§ 306, 356, Punkt 1 usw.

5) Z. B. der Absicht von einem Rechtsgeschäfte zurückzutreten oder Schadensersatz zu fordern HG § 354.

6) Z. B. HG § 354.

7) Z. B. HG § 306.

8) Daher ihre Häufigkeit im Handelsverkehr vergl. Anmerkungen 5—7.

9) Z. B. Schadensersatz aus Notstandshandlungen vergl. K 5129/1892 Grill. DT II 2, S. 632.

Hiermit rückt die erstere Gruppe von selbst in die Nähe der Rechtsgeschäfte, die zweite in die der verbotenen Handlungen. Dies kann — soweit es die hier in erster Reihe in Betracht kommenden Zweckmäßigkeitsgründe zulassen, — unter Umständen auch bezüglich ihrer Voraussetzungen, ihres Tatbestandes sowie der Fehler und Beschränkungen desselben endlich hinsichtlich der Fehler der Beschränkungen zur Richtschnur dienen.

IV. Ereignisse.

1. Unter Ereignissen versteht man rechtliche Tatsachen, die nicht menschliche Handlungen sind.

Die Mannigfaltigkeit der rechtlichen Ereignisse übertrifft sogar die der rechtlichen Handlungen. Dennoch kann man bloß wenige Ereignisse aufzählen, welche alle oder beinahe alle Rechte beeinflussen, weshalb bisher auch keine allgemeine Lehre der rechtlichen Ereignisse vorhanden ist, und die Praxis sowie die Rechtslehre sich mit der Aufzählung einzelner[1]) Folgen gewisser juristischer Ereignisse begnügen.

Einigermaßen anderes gilt für den Zeitablauf, welcher als eines der wichtigsten rechtsbegründenden[2]) und rechtsaufhebenden[3]) rechtlichen Ereignisse zu betrachten und deshalb hier etwas eingehender zu behandeln ist.

2. Die privatrechtliche Zeitrechnung erfolgt nach dem gregorianischen Kalender[4]), doch begeht Ungarn beharrlich die Doppelfeiertage trotz der in den letzten Jahren erschienenen päpstlichen Bullen, welche dieselben abschaffen. Nationalfeiertage[5]) gelten den gregorianischen Sonn- und Feiertagen gleich. Im Zweifel müssen die geschuldeten, doch nicht an einem kalendermäßig bestimmten Tage vorzunehmenden vermögensrechtlichen Leistungen sowie überhaupt die nicht dringlichen rechtlichen Handlungen an Sonn- und Feiertagen nicht vorgenommen werden[6]). Die Wochen und Monate sind kalendermäßig[7]), der Tag nach 24 Stunden, die Stunde nach 60 Minuten, die Minute nach 60 Sekunden zu berechnen.

Ist eine rechtliche Handlung am Anfang, Ende oder in der Mitte des Monates vorzunehmen, so muß sie am ersten, letzten bezw. am 15. Tage desselben vorgenommen werden[8]).

Sind Fristen in Monaten oder Wochen bestimmt, so endigen sie mit dem Tage, welcher seiner Berechnung oder seiner Zahl nach dem Anfangstage entspricht, eventuell[9]) mit dem letzten Tage des letzten Monates.

Bei der Umrechnung sind in erster Reihe die ganzen, sodann die Bruchteile der Monate zu zählen[10]).

---

[1]) Z. B. der rechtsbegründenden Folgen der Anlandungen, des Entstehens der Insel und des Verlassens der Flußbette GA XXIII, 1885 §§ 5, 8, 9.

[2]) Z. B. Ersitzung.

[3]) Z. B. Verjährung.

[4]) Arg. PG § 449 Abs. 4.

[5]) Stefanstag GA XIII, 1891, der Tag der Sanktionen der 48 er Freiheitsgesetze (11. April) GA V, 1898 § 1.

[6]) Arg. PG § 449 Abs. 4, HG § 329.

[7]) Arg. HG § 329, Punkt 2.

[8]) Arg. HG § 328, Abs. 2.

[9]) Arg. HG § 329, Punkt 2. Wenn ein solcher Tag im letzten Monat fehlt.

[10]) Arg. ebendaselbst Punkt 3.

Bei Fristen, welche in Tagen bestimmt sind, wird der erste nicht gerechnet[1]). Würde die Frist mit einem halben Tage endigen, so ist dennoch der ganze Tag in dieselbe einzubeziehen[2]).

Ausübung der Rechte.

§ 1. Grenzen.

1. Die dem subjektiven Rechte innewohnende Schutznorm gibt dem Berechtigten die gesetzlich gewährleistete Möglichkeit, auf den Gegenstand des Rechtes, je nach dem Inhalte des letzteren einzuwirken.

Hierbei hat er bloß jene allgemeinen negativen Grenzen des rechtlichen Handelns einzuhalten deren Übertretung — wie schon erwähnt — die wichtigsten Folgen der Rechtsgeschäfte verwischt, die der verbotenen Handlungen hingegen erweckt: die Ausübung des subjektiven Rechts darf weder gegen das Gesetz, noch gegen die Moral oder die öffentliche Ordnung verstoßen.

Tut sie es dennoch, so zerschellt der Inhalt des einzelnen subjektiven Rechts an den Grundpfeilern der menschlichen Gesellschaft und die Folgen der unrechtmäßigen[3]), ja unter Umständen der verbotenen[4]) Handlung treten ein.

2. Dies ist besonders bei dem Schikaneverbote[5]) zu beachten, welches einen Fall der unmoralischen[6]) Rechtsübung verhindern will. Das subjektive Recht ist nämlich ein Mittel, die schutzwürdige Wirksamkeit der Rechtsträger zu fördern. Dient die Ausübung des subjektiven Rechts aber ausschließlich der übermäßigen Herrschsucht und dem grenzenlosen Egoismus des Rechtsträgers, so versagt die Rechtsordnung ihr die Schutznorm und macht den Berechtigten sogar für den durch die unbefugte Rechtsausübung verursachten Schaden verantwortlich[7]).

3. Die Rechtsordnung kümmert sich aber sonst wenig darum, wie die Rechtsträger ihre subjektiven Rechte ausüben. Abgesehen von den erwähnten Ausnahmen bleibt das Privatrecht dem freien Wettstreite der Rechtsträger überlassen und steckt nur die äußeren Grenzpfähle der Rechtsausübung ab. In Zeiten wirtschaftlicher, staatlicher Massengefahren aber tritt es klar zutage, daß die öffentliche Ordnung sowohl einen gemäßigten, das öffentliche Wohl beachtenden Rechtsverkehr, als auch eine ebensolche Rechtsausübung erheischt.

So bewirkt der verstärkte Druck der öffentlichen Ordnung, daß in Zeiten der Gefahr das Verbot einer gegen die öffentliche Ordnung

---

1) Arg. PG § 449, Abs. 1.

2) Arg. ebendaselbst, Abs. 3.

3) Vergl. Jogt. Közl. Dt IV. Folge, Bd. VI, S. 244, K 1920/1905.

4) Vergl. EUG § 1463, welcher das Schikaneverbot innerhalb der verbotenen Handlungen regelt.

5) Vergl. den in Anmerkung 3 angeführten Fall, ferner K 1918 P 3231 (MT Bd. I F. 34). Auf dem Schikaneverbote beruht in letzter Reihe auch die Abweisung der zur Sicherung der Rechtslage des Klägers „unnötigen" Präjudizialklagen PG § 130, Abs. 1.

6) Anderes Beispiel ist der Mißbrauch der elterlichen Gewalt durch Vernachlässigung der Erziehung des Kindes GA XX, 1877 § 22 usw.

7) Arg. K 1918 P 3231 (MT Bd. I F. 34).

verstoßenden, sich zu dem Gebote einer dem öffentlichen Wohle entsprechenden und es fördernden Rechtsausübung entwickelt[1].

4. Stößt die Rechtsausübung auf Widerstand, so muß der Berechtigte gewöhnlich bei dem Staate Hilfe suchen. Ausnahmsweise ist es ihm jedoch in den Fällen des Notstandes unbenommen, das Hindernis der Rechtsausübung selbst zu beseitigen.

Notstand liegt vor: bei den Tatbeständen der Selbsthilfe, der Notwehr und der Abwendung einer drohenden Gefahr.

5. Selbsthilfe ist das eigenmächtige, ein Geltendmachen des subjektiven Rechtes bezweckende Vorgehen des Berechtigten[2].

Die Voraussetzungen der erlaubten Selbsthilfe sind: einmal die rechtswidrige, unmittelbare Gefährdung des Rechts, sei dieses nun ein Vermögens-[3] oder ein Immaterialrecht[4], sodann das Fehlen der Möglichkeit, der drohenden Gefahr durch staatlichen, behördlichen Rechtsschutz[5] zu begegnen.

Die Selbsthilfehandlung hat grundsätzlich der Berechtigte vorzunehmen. Sie kann aber auch durch seinen gesetzlichen Vertreter oder Bevollmächtigten vorgenommen werden[6]. Sie ist Rechtshandlung in engerem Sinne und erfordert keine Handlungsfähigkeit. Sie muß absichtlich sein und verwirklicht kein Gestaltungsrecht des Handelnden, welcher durch ihre Vornahme bewußt die Gefahr der Verübung einer verbotenen Handlung auf sich nimmt.

Mittels der Selbsthilfe vermag der Berechtigte alle rechtlich[7] und tatsächlich[8] erzwingbaren subjektiven Rechte geltend zu machen. Bei fälligen und endgültig erzwingbaren Rechten besteht sie in der eigenmächtigen Befriedigung[9], bei den noch nicht zum Anspruche gediehenen[10] und den nicht unmittelbar erzwingbaren hingegen in der eigenmächtigen Sicherung[11] des gefährdeten Rechts.

---

[1] Daher die zahllosen Kriegseinschränkungen betreffs der Ausübung der Rechte. Vgl. meine Wirkung des Krieges auf das Privatrecht S. 83—140.

[2] Arg. Trip. I. 68 III, 22, GA XVI, 1492, VIII, 1405, XXII, 1802 § 4, XII, 1894 § 89, XXXI, 1879 § 146 usw.

[3] Z. B. Eigentum.

[4] Oder ein Familienrecht z. B. das elterliche Recht am Kinde, dessen widerrechtliche Entfernung bezweckt wird. GA XX, 1877 § 14.

[5] Arg. K 4913/1884 Grill Dt Bd. I S. 88.

[6] Ist ja dieser befugt, alle Schutzhandlungen im Namen des Vertretenen vorzunehmen.

[7] Nicht aber solche, welche grundsätzlich nur auf dem freien Willen des Verpflichteten beruhen. So ist die Erzwingung des debitum conjugale keine Selbsthilfe, sondern — wenn auch nicht strafbare — Gewalt. Die Sanktion der Pflichtverletzung von seiten der ungehorsamen Gattin liegt mehr darin, daß sie auf Grund ihrer Weigerung ihrer Familienrechte verlustig werden kann (Ehg § 80 a) Scheidungsgrund.) Arg. (eadem ratione) K 1918 P. III 3971 (Mji Dt Bd. XIII. S. 34. F. 27): Abstinenz des Mannes als Scheidungsgrund.

[8] Z. B. Besitz Trip. I. 68, III. 22 § 2.

[9] Vergl. EUG § 1466.

[10] Man kann in weiterem Sinne von nicht fälligen Rechten sprechen.

[11] Z. B. GA XII, 1894 § 89 (eigenmächtige Pfändung bei Felddiebstahl und Feldbeschädigung).

Die erlaubte Selbsthilfe verpflichtet weder zum Ersatze des hierdurch verursachten Schadens [1], noch ist sie mit den übrigen Ausgleichs- und Straffolgen der verbotenen Handlungen [2] verbunden. Hingegen verbleiben die berechtigtenden Folgen der Selbsthilfe endgültig, höchstens müssen sie ganz ausnahmsweise durch ein nachträgliches behördliches Verfahren bekräftigt werden [3].

6. Notwehr ist die geger einen unmittelbaren, rechtswidrigen Angriff gerichtete Verteidigung [4]. Fällt dem Angriff irgend [5] ein subjektives Recht zum Opfer, so tritt die Notwehr in den Dienst der Rechtsausübung.

Voraussetzung der Notwehr ist die Rechtswidrigkeit [6] des Angriffs. Vermeintliche Rechtswidrigkeit genügt hierzu nicht immer [7]. Unter einem Angriff versteht man eine agressive [8] Tätigkeit, niemals ein Unterlassen, weshalb Notwehr nur dort Platz greift, wo die Rechtsverletzung in einem Tun besteht [9].

Keine Voraussetzung ist ein gewisses Wertverhältnis zwischen dem angegriffenen und dem durch die Notwehrhandlung betroffenen oder zerstörten Rechte [10]. Immerhin darf die Notwehr das zur Abwehr des Angriffs unbedingt erforderliche Maß nicht überschreiten.

Ein unmittelbarer ist der schon begonnene Angriff. Vor diesem Zeitpunkte kann das Recht wohl gefährdet sein, die Gefahr kann sich sogar bis zur Notwendigkeit der Selbsthilfe steigern, die privatrechtlichen Folgen der Notwehr treten jedoch unseres Erachtens nicht ein. Die Notwehrhandlung bezweckt die Herstellung der dem angegriffenen Rechte entsprechenden Sachlage [11]. Manchmal kann diese in vollem Maße nur behördlich vorgenommen werden [12].

Die Notwehrhandlung ist Rechtshandlung i.e.S., sie erfordert Absicht doch keine Handlungsfähigkeit [13] und läßt auch Vertretung [14] und besonders Beihilfe zu [15].

---

[1]) Arg. Strfg. § 80.

[2]) Ebendaselbst eadem ratione und die S. 154 in Anmerkung 8 und 11 angeführten Fälle.

[3]) Z. B. GA XII, 1894 § 89.

[4]) Arg. Strfg. § 79.

[5]) Strfg. a. a. O. hebt die Person und das Vermögen hervor, schützt also die Verkörperung aller Vermögens- und Immaterialrechte.

[6]) Vergl. Strfg. a. a. O.

[7]) Dann nicht, wenn der in Notwehr Handelnde fälschlich annahm Berechtigter des angegriffenen Rechts zu sein. Sonst kann gutgläubiger Irrtum bei der Rechtsausübung ebensowenig schaden wie bei dem Erwerbe der Rechte, vergl. HG §§ 299 bis 300.

[8]) Unterlassen ist kein Angriff.

[9]) So z. B. bei Hinderung der Ausübung einer Wegedienstbarkeit.

[10]) Arg. Strfg. § 79, welcher von der Abwägung der beiden Rechte selbst von dem Standpunkte der schärferen strafrechtlichen Folgen absieht.

[11]) Augenfällig bei eigenmächtiger Rücknahme des Kindes GA XX, 1877 § 14.

[12]) Z. B. Vernichtung der zu dem Angriffe benutzten Sachen, vergl. GA XVI, 1884 § 26, II, 1890 § 52, XXXVII, 1895 usw.

[13]) Arg. Strfg. § 79—83 sowie GA XXXVI, 1908 § 15 folgende, welche die Zurechnungsfähigkeit als ein von den übrigen Gründen der Ausschließung der Strafe ganz unabhängiges Erfordernis betrachten. Dasselbe muß auch für das Privatrecht gelten.

[14]) Innerhalb der Grenzen der Rechtsausübung, deren Abart sie bildet.

[15]) Der Handelnde muß aber bewußt vorgehen.

Die Notwehrhandlung ist, sofern ihre Grenzen eingehalten werden, keine verbotene Handlung.

7. Die dritte Art der Notstandshandlungen besteht in der zu dem Zwecke der Erhaltung des eigenen Rechts aus Anlaß einer unmittelbaren, zufälligen Gefahr[1]) vorgenommenen Vernichtung oder Beeinträchtigung eines fremden Rechtes. (Gefahrabwendungshandlung.)

Voraussetzung ist die Absicht, das eigene Recht zu erhalten, welche jedoch bloß tatsächliche Willensfähigkeit erfordert[2]), ferner die Unmittelbarkeit sowie die Unabwendbarkeit der drohenden Gefahr und besonders das Fehlen der Möglichkeit eines rechtzeitigen[3]) und rechtmäßigen[4]) behördlichen Eingriffes, endlich ein gewisses Wertverhältnis des aufgeopferten und geretteten Rechtes.

Genau ist dies zwar kaum festzustellen, jedoch kann den Grundgedanken des heutigen Privatrechts so viel entnommen werden, daß Persönlichkeits-, Familien- und Immaterialrechte den Vermögensrechten im Range vorgehen ferner, daß innerhalb des Gebietes der letzteren der Vermögenswert als Gradmesser zu dienen hat. Natürlich ist der letztere insoweit ungenau, als er nur auf besonders große Wertunterschiede reagiert.

Geschütztes Recht ist jedes die Person oder das Vermögen des Handelnden betreffende absolute Recht[5]). Geopfert hingegen darf nur ein Recht an Sachen werden, was unzweifelhaft ein wenig zu engherzig erscheint und wodurch der Kreis des privatrechtlichen Notstandes enger gezogen wird als der des strafrechtlichen.

Die Abwendungshandlung ist Rechtshandlung i. e. S., sie erfordert keine Handlungsfähigkeit, läßt keine Vertretung, doch immerhin Beihilfe zu. Ihre Folgen gipfeln darin, daß das durch sie erreichte Ergebnis nicht auf unrechtmäßigem Wege zustande kam. Dies ändert jedoch nichts daran, daß der Handelnde den durch seine Handlung verursachten Schaden nach den allgemeinen Grundsätzen des Schadensrechtes zu vergüten hat[6]).

§ 2. Geltendmachen.

1. Das subjektive Recht kann von seiten des Verpflichteten auf Widerstand stoßen[7]). Dieser besteht darin, daß der Verpflichtete entweder

---

1) Sonst liegt einer der übrigen vorhin behandelten Tatbestände vor.

2) Siehe S. 155, Anmerkung 13.

3) Es geht nicht an in Gegenwart der hilfsbereiten Behörde rechtsausübend gewalttätig zu handeln. Arg. K 4913/1884 (Grill Dt. Bd. I S. 88. F. 169).

4) Zu achten ist ausschließlich auf die formelle Richtigkeit der behördlichen Handlung, liegt diese nicht vor, so kann die Notwehr frei ausgeübt werden, ist ja gegen eine derartige behördliche Handlung ebenfalls Notwehr gestattet

5) Strfg. § 80 spricht bloß von Personen, doch müssen die Sachen auch desselben Schutzes teilhaftig werden. Hinsichtlich der Schuldrechte fehlt jede Grundlage.

6) Die Abwehrhandlung ist Selbsthilfe wegen unverschuldeter Gefahr, auf welche aber u. U. der in Anmerkung 7 S. 155 angeführte Grundsatz gilt.

7) Hierauf beruht der dem Privatrechte verliehene Gerichtsschutz. Vergl. PG § 1, EPG § 8 wo dieser Grundsatz augenfällig ausgedrückt ist.

die ihn beengende Schutznorm oder aber die für ihn nachteilige Übertretungsnorm außer acht läßt[1]).

Nun ist aber der Berechtigte — von den in dem vorigen Abschnitte erörterten Grenzgebiete abgesehen — nicht befugt, den Widerstand des Verpflichteten eigenhändig zu brechen. Er hat sich vielmehr zu diesem Zwecke an die staatlichen Gerichte zu wenden, denen es obliegt, die dem subjektiven Rechte entsprechende Rechtslage zu umgrenzen und — so weit es eben geht — auch zu verwirklichen.

2. Die erste Stufe des staatlichen Rechtsschutzes ist der Feststellungsschutz, daß heißt der gerichtliche Ausspruch dessen, ob zugunsten des Klägers und zu Lasten des Beklagten die ein bestimmtes subjektives Recht begründende, verändernde oder aufhebende Schutznorm[2]) [3]) vorhanden ist.

Voraussetzung des Feststellungsschutzes ist seine von Amtswegen zu prüfende und die Sicherheit der Rechtslage des Klägers bezweckende Notwendigkeit[4]). Demnach kann der erwähnte Schutz nicht mehr gewährt werden, wenn die Voraussetzungen der zweiten, stärkeren Stufe der staatlichen Rechtshilfe: des Leistungsschutzes schon vorhanden sind[5]). Die Folgen des Feststellungsschutzes bestehen in der Rechtskraft der gerichtlichen Entscheidung hinsichtlich des Daseins der von dem Kläger behaupteten Schutznorm.

3. Leistungsschutz wird dem Berechtigten zu teil, wenn der Verpflichtete die das subjektive Recht umgrenzende Schutznorm verletzt.

Voraussetzung des Leistungsschutzes ist der Anspruch, d. h. die dem Berechtigten verliehene Möglichkeit, von den Verletzten das Unterlassen des im Sinne des subjektiven Rechtes Verbotenen oder das Tun des im Sinne desselben Gebotenen zu fordern[6]).

Der Anspruch kann auf dem Prozeßwege verfolgt werden, ist jedoch begrifflich von dem Prozesse unabhängig. Sein Inhalt schmiegt sich dem des subjektiven Rechts an, welchem er entstammt.[7]) Kann der Berechtigte kraft des letzteren von den Verpflichteten eine Unterlassung verlangen, so geht der Anspruch auf ein Tun[8]). Und zwar entweder auf Herstellung oder auf Wiederherstellung der demselben entsprechenden und durch den Verpflichteten gestörten Rechtslage[9]). Ansprüche aus Vermögensrechten sind selbstständig übertragbar[10]).

---

[1]) Vergl. das über den Begriff des subjektiven Rechts Gesagte. S. 44.

[2]) Arg. PG §§ 130, 269 die nur bei dieser Auffassung übereinstimmen.

[3]) PG § 130: betreffs des Bestehens oder Nichtbestehens eines Rechtsverhältnisses oder Rechtes.

[4]) Vergl. das über den Begriff des subjektiven Rechts Gesagte.

[5]) Der Anspruch bringt jedes Recht in die Nähe des Schuldrechts. Dies diene zur Entschuldigung des plastischen dem Schuldrechte entnommenen Ausdruckes.

[6]) Arg. PG § 129, Punkt 3, welcher das Geltendmachen des subjektiven Rechts und § 131, welcher dessen Fälligkeit betont.

[7]) Daher die inhaltlichen Unterschiede der Ansprüche aus Immaterial-, Familien-, Sachen-, Schuld- und Erbrechten.

[8]) So bei auf Unterlassungen gerichteten Schuldrechten, ferner bei absoluten Rechten.

[9]) Plastisch z. B. bei Klagen auf Herstellung der Buchlage GO § 148 folgende usw.

[10]) Dies folgt aus der Vorschrift, welche die Rechtsnachfolge während des Prozesses erlaubt. Arg. eadem ratione PG § 465, Abs. 6.

4. Der staatliche Rechtsschutz wird mittels gerichtlicher Klage geltend gemacht [1]). Die Klagbarkeit ist ein wichtiges, doch keineswegs das einzige Rechtsschutzmittel. Gibt es ja eine ganze Reihe solcher Rechte, denen sie versagt bleibt [2]). Allen anderen aber wurde sie verliehen und sie ist wohl als letzte und stärkste Folge des gesetzlichen Inhaltes der subjektiven Rechte anzusehen.

Der Erfolg der begründeten Klage ist bei manchen Vermögensrechten, so bei den auf Hingabe einer Sache [3]), auf Abgabe einer rechtsgeschäftlichen Erklärung [4]), auf Gewährung der Eintragung ins Grundbuch [5]) oder Löschung [6]) eines Buchrechtes gerichteten Ansprüchen — unter Umständen [7]) — ein unmittelbarer. Das will besagen, daß das Urteil [8]) oder im ungünstigsten Falle die Zwangsvollstreckung [9]) — hier mit ganz seltenen Ausnahmen [10]) — jene Rechtslage herstellt, welche durch die freiwillige Leistung entstanden wäre.

Die übrigen Vermögensansprüche können gerichtlich gegen den Willen des Verpflichteten wegen der im ungarischen Privatrechte überaus gehüteten persönlichen Freiheit, die nach ungarischem Empfinden den zu dem Zwecke des Geltendmachens eines subjektiven Privatrechts ausgeübten unmittelbaren Zwang ausschließt [11]), nur mittelbar durch Eintreibung ihres Wertes oder des durch ihre Verletzung verursachten Vermögensschadens geltend gemacht werden.

Die Immaterialrechte genießen nahezu vollständigen rechtlichen Schutz. Die ihnen entstammenden Ansprüche sind grundsätzlich auch dazu geeignet, durch unmittelbare gerichtliche Tätigkeit verwirklicht zu werden [12]).

Die den absoluten Familienrechten entstammenden Ansprüche können auf dem Wege des behördlichen Zwanges [13]) geltend gemacht werden. Ansprüche aus relativen Familienrechten [14]) hingegen sind gerichtlich überhaupt nicht erzwingbar. Ihr Schutz ist nur insoweit möglich, als

---

1) Grundsätzlich auf dem Wege der Zivilklage, vergl. EPG § 8, welcher in dem Sinne unserer Umgrenzung des Privatrechts und des öffentlichen Rechts gehalten ist.

2) Klaglose Rechte verleihen: die Naturalobligationen, die meisten Familienrechte usw.

3) GA LX, 1881 § 214.

4) Vergl. a. a. O. § 220. Denselben Erfolg hat hinsichtlich schuldrechtlicher Geschäfte die Erbringung eines Urteils.

5) Siehe vorige Anmerkung.

6) Vergl. EPG § 49 Abs. 4 und GO §§ 148 ff.

7) Dann nämlich, wenn der Beklagte Buchberechtigter ist, oder wenn die Klage im Grundbuche vermerkt wurde GA LX, 1881 § 220, Abs. 2, GO § 104.

8) Z. B. hinsichtlich der rechtsgeschäftlichen Willenserklärungen.

9) Z. B. bei den Buchänderungen hinsichtlich der Grundstücke.

10) Dann nicht, wenn dies während des Prozesses tatsächlich unmöglich wurde.

11) Die ungarische Zwangsvollstreckung kennt keine Leibesdurchsuchung. Vgl. auch EPG § 49. Abs. 1.

12) Hierher gehört die behördliche Vernichtung der zur Beeinträchtigung des Autorenrechts dienenden Platten, Bilder, Bücher usw. Strfg. § 62, Aut. G. § 29 Berichtigung der auf dem Preßwege verbreiteten ehrenrührigen Behauptungen GA XIV, 1914 § 32 folgende usw.

13) Z. B. actio de liberis ducendis GA XX, 1877 § 14, welche unnötigerweise der Vormundschaftsbehörde überlassen wurde.

14) Siehe weiteres im Familienrechte.

ihre Verletzung zu einer mit mannigfaltigen Nachteilsfolgen versehenen familienrechtlichen verbotenen Handlung gestempelt wird [1].

Klagbare Ansprüche entstehen bei erzwingbaren Rechten d. h. solchen deren Leistung [2] schon fällig [3] ist oder die verletzt [4] [5] wurden. Die Fälligkeit oder die Verletzung des Rechts verleihen demselben die Klagbarkeit [6].

Ausnahmsweise können auf wiederkehrende Vermögensleistungen, ferner auf Rückgabe eines Grundstückes, einer Wohnung oder einer sonstigen Räumlichkeit gerichtete Rechte auch schon vor dem erwähnten Zeitpunkte gerichtlich geltend gemacht werden [7].

5. Die Erhebung der Klage übt auf das klagweise geltend gemachte Recht eine Rückwirkung aus und verändert gewissermaßen auch dessen Inhalt.

So werden Geldschulden durch Erhebung der Klage verzinsbar [8]. Das Recht auf Zinseszinsen entsteht in Ermangelung einer anderen Verabredung erst mit diesem Zeitpunkte [9]. Geht der Anspruch auf Herausgabe einer ertragsfähigen Sache, so ist dieselbe samt ihren seit der Klagerhebung sich ergebenden Nutzungen herauszugeben [10]. Gewisse Vermögensrechte: wie Rückforderungen der Geschenke der Verlobten [11] sind erst von der Erhebung der Klage an übertragbar [12], die Klageerhebung unterbricht die Verjährung [13] usw.

6. Noch weiter gehen die privatrechtlichen Wirkungen der Klagezustellung, welche PG [14] von denen derKlageerhebung scharf unterscheidet.

Hier sind zu erwähnen: die Klagezustellung macht die Rechtsverletzung des Beklagten zu einer bewußten, hat daher die Wirkung einer Mahnung [15]. Sie bewirkt die Beendigung der Gutgläubigkeit des Besitzes [16], sie verpflichtet den Beklagten zur sorgfältigen Behütung der Streitsache,

---

[1]) Sie werden mittelbar dadurch erzwungen, daß der Verpflichtete wegen Nichtleistung seine Familienrechte verwirkt, vergl. Ehg § 77—80 usw.

[2]) D. h. das, was der Verpflichtete kraft des Rechts vorzunehmen hat.

[3]) In dem Stadium des Anspruchs zeigt jedes subjektive Recht schuldrechtliche Züge, dies ist der Grund des schuldrechtlichen Ausdrucks.

[4]) Fälligkeit wird bei Schuldrechten, Verletzung hingegen bei absoluten gefordert.

[5]) Arg. PG § 131, Abs. 1 a contrario.

[6]) PG § 131.

[7]) Ebendaselbst.

[8]) K 10 184/1893, 1897 IG 271, 1898 IG 91, 1901 IG 120, Grill DT Bd. II 2 700 usw.

[9]) GA XXXI, 1868 § 4.

[10]) Arg. Bpester T. 11 786/1886 Grill DT Bd. I, S. 61.

[11]) Ehg § 4.

[12]) Ebendaselbst § 89, Abs. 3.

[13]) Jogt. Közl. Dt neue Folge Bd. XXVI, Nr. 15, III. Folge Bd. XV, Nr. 108, Bd. XVI, Nr. 71, Bd. III, Nr. 64; K. 1917 PV 7091 (Mji Dt Bd. XIII S. 147. F. 115 usw.).

[14]) PG § 147 Abs. 1 betont die letzteren, Abs. 2 hingegen die privatrechtlichen Wirkungen der Klageerhebung, ebenso § 184.

[15]) PG § 147, Abs. 2 und 184 denken in erster Reihe an diese Folge. K. 1917 PV 7091 (Mji Dt Bd. XIII S. 147, F. 115). (Sie sind aber nicht Wirkung der Klagerhebung.)

[16]) Siehe Anmerkung 10

sie bestimmt den Rang der einander ausschließenden Rechte[1]), sie schließt das Auftreten eines anderen Gesamtgläubigers bis zur Beendigung des Prozesses aus[2]).

Die privatrechtlichen Wirkungen sowohl der Klagerhebung als auch der Klagezustellung kommen auch der prozeßrechtlich fehlerhaften Klage zu, nur muß der Prozeßfehler innerhalb einer 30 tägigen Frist behoben werden[3]).

Ob die erwähnten Wirkungen bloß den Leistungs- oder aber auch den Feststellungsklagen zukommen, ist fraglich. Angemessen scheint die Annahme, daß die den Inhalt des klagweise geltend gemachten subjektiven Rechtes vergrößernden Wirkungen — demnach alle aufgezählten Folgen der Klagezustellung und mit Ausnahmen der Herausgabe der Nutzungen und der Unterbrechung der Verjährung auch die der Klagerhebung — den Feststellungsklagen abgesprochen werden müssen.

7. Die Klage bezweckt das Geltendmachen des subjektiven Rechtes. Hierzu ist erforderlich, daß der Berechtigte das Gericht von dem Dasein seines Rechtes überzeugt. Ihm obliegt daher die Pflicht, diejenigen rechtlichen Tatsachen zu behaupten und gegebenenfalls zu beweisen[4]), welche die Rechtslage zu seinen Gunsten verändern (Beweispflicht)[5]).

8. Der Beklagte kann den Behauptungen des Klägers verschiedentlich begegnen. Er kann sie leugnen, dann kommt es auf den Beweis an in welchem darzulegen ist, daß der Beklagte[6]) tatsächlich auch der Verpflichtete sei.

Es ist aber auch möglich, daß der Beklagte dies zugibt, jedoch seinerseits Gegenrechte behauptet, welche das Recht des Klägers entweder zeitweilig hindern, oder aber teilweise bezw. gänzlich vernichten (materielle Einreden).

9. Die Gegenrechte sind ein Schutzmittel des Verpflichteten. Sie verleihen ihm unter gewissen Umständen Gestaltungsrechte, kraft welcher er an dem Hauptrechte des Berechtigten zu seinen Gunsten materielle Änderungen herbeizuführen vermag. Die Ausübung der Gegenrechte erfolgt durch einseitige rechtsgeschäftliche Willenserklärung, in welcher der Verpflichtete die laut dem Hauptrechte geschuldete Leistung zeitweilig (aufschiebende Gegenrechte)[7]) oder endgültig[8]) (vernichtende Gegenrechte) verweigert.

10. Die Ausübung der aufschiebenden Gegenrechte

---

[1]) Vgl. EPG. § 12 Abs. 3—4.

[2]) Jogt. Közl. Dt alte Folge Bd. XXVII, S. 109.

[3]) PG §§ 147, Abs. 3, 184.

[4]) PG § 269.

[5]) PG § 269 schlichtet den alten Streit hinsichtlich der privatrechtlichen oder prozessualen Natur der Beweispflicht u. E. zugunsten des Privatrechts.

[6]) In dem Falle einer Widerklage gilt der Kläger als der Beklagte derselben Arg. PG § 189.

[7]) Z. B. HG § 335, welcher dem Schuldner des zweiseitigen Handelsvertrages bis zum Angebot der Zug um Zugleistung des Gegenstandes (von Ausnahmen abgesehen) ein Leistungsverweigerungsrecht verleiht. Vgl. meine: (ung.) Gegenrechte (90 S. Budapest 1900).

[8]) Vergl. EUG § 974 und § 1036, 1045.

beendigt[1]) bezw. hindert[2]) den Eintritt des Verzuges sowie den der sonstigen Folgen einer Unrechtmäßigkeit der Nichtleistung. Hauptfälle dieser Gegenrechte sind: das Zurückbehaltungsrecht[3]), die Ausübung des gesetzlichen Pfandrechts[4]) und die Einrede der Vorausklage des Bürgen.

II. Die vernichtenden Gegenrechte beseitigen entweder bloß die Klagbarkeit des Hauptrechts oder den ganzen Umfang desselben.

Die Klagbarkeit wird durch das Vorbringen der Verjährung beseitigt. Hierzu ist erforderlich: ein verjährbares Recht[5]), der ungestörte Verlauf der Verjährungszeit und die rechtsgeschäftliche Verweigerungserklärung. Die Verjährungszeit beträgt gewöhnlich 32 Jahre[6]), ausnahmsweise dem Staate gegenüber 100 Jahre, den anerkannten Kirchen gegenüber[7]) 40 Jahre[8]). Der Verlauf der Verjährungszeit kann ruhen[9]), unterbrochen[10]) oder kraft Gesetzes in seiner Vollendung gehemmt werden. Die Verjährungszeit wird von der Klagbarkeit des Rechtes an gerechnet[11]). Sie kann rechtsgeschäftlich verringert, nicht aber verlängert werden[12]).

Das ganze Hauptrecht wird durch die Gegenrechte der Anfechtung[13]), der Aufrechnung[14]) und des Rücktritts[15]) vernichtet. All diese entstehen kraft Gesetzes, erlöschen durch ihre Ausübung[16]) und sind mit Rückwirkung versehen[17]). Eigenschaften die in sinngemäßer Weise auch der Verjährung zugesprochen werden müssen.

---

1) Wenn der Verzug schon eingetreten war.

2) Vor Eintritt des Verzuges.

3) Z. B. HG § 309 usw.

4) Z. B. Verweigerung der Herausgabe der Fahrnissachen des Mieters GA LX, 1881 § 72.

5) Nicht verjährbar sind: Ansprüche aus der Rechtsgemeinschaft, Grenzberechtigung bezweckende (Trip. I, 84) dann aus manchen Familienrechten entstammende z. B. der Anspruch auf Wiederherstellung der ehelichen Lebensgemeinschaft, ferner Ansprüche auf Befriedigung aus dem Pfande usw.

6) Trip. I. 78 § 2. Der am 20. XI. 1917 von dem damaligen Justizminister Karl *Grecsák* eingereichte Entwurf über die Verjährung verkürzte diese Zeit für die den dort aufgezählten Geschäften des alltäglichen Lebens entstammenden Forderungen auf 3 Jahre. Die Neuerung wäre sehr erwünscht.

7) Ebendaselbst.

8) Fraglich ist, ob sich dieses Privileg auch auf die neurezipierten Kirchen sowie auf die israelitische Religionsgenossenschaft erstreckt. U. E. hinsichtlich der den Kultus- und Studienzwecken dienenden Grundstücke, — ja.

9) Z. B. wegen Minderjährigkeit des Hauptberechtigten (Arg. HG § 24), der Schadensersatzanspruch wegen der dem Unfalle nachfolgenden Beschäftigung des Verletzten durch den Verpflichteten K 1917, P. VI, 1925, 1926 (Mji Dt Bd. XI, S. 249 bis 251) ferner Mji Dt Bd. XII S. 147 F. 115 usw.

10) Durch erfolgreiche Klage K 1070/1895. Auch etwa durch die das Staatsleben betreffenden Katastrofen: Proletarierdiktatur K 1920 PV 3943 (MT Bd. II S. 81 F. 57) usw.

11) Ausnahmsweise von einem späteren Zeitpunkte z. B. hinsichtlich der Zinsen GA XXV, 1883 § 19, Abs. 1, (in drei Jahren von dem Jahresende ihrer Klagbarkeit).

12) Arg. K 1895, G 45, Grill. DT II. 2, S. 767 und Bpester T 717/1900 Jogt. Közl. Dt B. CI, S. 111.

13) Siehe oben.

14) Z. B. PG 389, Abs. 1 und 412.

15) HG § 353.

16) Vergl. die in Anmerkung 14 angeführten Gesetzesstellen ferner Ehg § 68 usw.

17) Besonders scharf bei der Anfechtung der Ehe durch Anmeldung Ehg §§ 67, 68.

Die Ausübung der Gegenrechte kann in einem Prozesse vorgenommen werden [1]), muß es aber nicht. Die Gegenrechte stehen dem Verpflichteten als reine Privatrechte zu, wirken daher auch auf dem Gebiete der außerprozessualen Rechtsausübung.

12. Ein Hauptergebnis des staatlichen Rechtsschutzes ist das gerichtliche Urteil. Es enthält die authentische Erklärung des Staates darüber, was er als zu Recht bestehend anerkennt und innerhalb der zulässigen Grenzen, wo es nottut, auch mit Anwendung von Gewalt zu verwirklichen beabsichtigt.

Von dem Standpunkte der für das streitige subjektive Recht wichtigen Tatsachen bedeutet das Urteil entweder bloß eine Aufzählung derselben, sowie die sich hieraus ergebende gerichtliche Folgerung (deklaratives Urteil), oder das Erbringen des Urteils fügt der Kette der sich auf das Recht beziehenden rechtlichen Handlungen ein neues Glied hinzu, schafft also eine letzte ebenfalls mit privatrechtlichen Folgen versehene neue juristische Tatsache (konstitutives Urteil).

Erfordert die privatrechtliche Änderung zwar die Erbringung eines Urteils, ohne daß jedoch die letztere selbst die Änderung hervorrufen würde, so liegt ein bloß im prozeßrechtlichen Sinne konstitutives Urteil vor [2]). Ist hingegen die Erbringung des Urteils selbst jene juristische Tatsache, welche die privatrechtliche Änderung des subjektiven Rechtes herbeiführt, so hat man es mit einem konstitutiven Urteile in materiellem Sinne zu tun [3]).

Die materiell-konstitutiven Urteile sind auch Tatsachen der privatrechtlichen Rechtsordnung, wirken daher nicht bloß zwischen den Prozeßgegnern, sondern auch Dritten gegenüber [4]).

13. Kann gegen das Urteil nach den Vorschriften des Prozeßrechts kein ordentliches Rechtsmittel [5]) eingelegt werden, ist also das Urteil vom Standpunkte des Prozeßrechtes aus rechtskräftig, so ist darüber endgültig entschieden, daß derselbe Anspruch [6]) nicht zum Gegenstande eines neuen Prozesses gemacht werden darf (materielle Rechtskraft) [7]).

Die materielle Rechtskraft hat das Gericht in späteren Prozessen von Amtswegen zu berücksichtigen [8]). Dies hindert sachlich jede weitere Entscheidung über Rechte, welche die Vorbedingung des in dem ersten Prozesse endgültig erledigten Rechtes bilden, ferner über solche vernichtenden Gegenrechte, welche dem Hauptrechte gegenüber schon in dem ersten Prozesse wirkungsvoll geltend gemacht wurden [9]), dann

---

[1]) PG §§ 389, 412 sehen prozessuale Ausübung vor, Ehg § 68, Abs. 3, sowie HG § 353 außerprozessuale. Erfolgt die Ausübung auch im Prozesse, so ändert dieser Umstand an dem rein privatrechtlichen Charakter der Gegenrechte nichts.

[2]) So das die Nichtigkeit einer Ehe aussprechende Urteil Ehg §§ 46, Abs. 1, 50 Abs. 1.

[3]) Z. B. ein Urteil, welches bei Teilung der Rechtsgemeinschaft an Grundstücken eine Wegedienstbarkeit schafft, usw.

[4]) Die auf Urteil gegründete Dienstbarkeit ist jedermann gegenüber entstanden.

[5]) Dies ist die im PG § 410 Abs. 1 geregelte prozessuale (formelle) Rechtskraft, welche man als Voraussetzung der materiellen zu betrachten hat.

[6]) Von der Wiederaufnahme des Verfahrens abgesehen PG § 563 ff.

[7]) PG § 411.

[8]) PG § 180, 411, Abs. 2.

[9]) Arg. eadem ratione PG § 412.

über das Bestehen des Rechts, dessen Teil dem Berechtigten schon zugeurteilt wurde [1]) usw.

Persönlich wirkt die materielle Rechtskraft bei (materiell) konstitutiven Urteilen jedermann gegenüber [2]), sonst zwischen den Parteien und ihren Gesamtnachfolgern [3]). Die vermögensrechtlichen Urteile haben aber auch den Rechtsvorgängern, sowie den Einzelnachfolgern der Parteien gegenüber Wirkung, jedoch nur soweit dies aus Gründen des öffentlichen Glaubens [4]) oder der Sicherheit des Verkehrs [5]) quellenmäßig besonders festgelegt wurde.

14. Dem Urteile gleich wirkt der Vergleich [6]). Nicht aber ein auf das klagweise geltend gemachte Recht sich beziehender Verzicht [7]) oder die Anerkennung des subjektiven Rechts der Gegenpartei [8]). Da die beiden letzteren nämlich nur auf dem Umwege eines Urteils der prozeßrechtlichen und hierdurch auch der materiellen Rechtskraft zugeführt werden können [9]), blieb ihnen trotz ihrer geschäftlichen und dem Vergleiche ähnlichen Natur die eigene prozeßrechtliche und materielle Rechtskraft versagt [10]).

Besonderer Teil.

Persönlichkeitsrecht.

1. **Jedem Rechtsträger kommt das absolute Recht zu, die ihm innewohnenden physischen, geistigen, moralischen und rechtlichen Kräfte zu sozialen Zwecken nach eigenem Gutdünken frei zu entfalten (Persönlichkeitsrecht)** [11]).

Dem Persönlichkeitsrechte entströmen: Bezeichnungsrechte, Bestimmungsrechte und Schutzrechte. Die beiden ersteren Ausstrahlungen der Persönlichkeit betonen mehr den **positiven** Kern des Persönlichkeitsrechts, die möglichst freie Ausbeutung der den Rechtsträgern innewohnenden schöpferischen Kräfte.[12]) Die Schutzrechte hingegen fassen eher den **negativen**: das Fernhalten der widerrechtlichen Beeinträchtigungen ins Auge.

---

[1]) Arg. eadem ratione PG § 7, Abs. 1.

[2]) Arg. Ehg §§ 46, 50 PG §§ 713, 720 usw.

[3]) Arg. PG § 465, Abs. 4.

[4]) So auf Grund der bücherlichen Anmerkung des Prozesses GO § 104, GA LX, 1881 § 220, Abs. 2 usw.

[5]) Z. B. Entlassung des Schuldners aus dem Prozesse; PG § 93 läßt die Rechtskraft auch dem entlassenen Schuldner gegenüber eintreten.

[6]) PG § 423, Abs. 3.

[7]) PG § 390.

[8]) Ebendaselbst.

[9]) Dies ist auf die positiven Vorschriften des PG zurückzuführen. Daß die erwähnten Verfügungen dennoch rechtsgeschäftliche sind, erhellt aus §§ 98, 105 PG.

[10]) Die Ähnlichkeit besteht in der materiellrechtlich gültigen, rechtsgeschäftlichen Verfügung des klagweise geltend gemachten Rechts.

[11]) Vergl. EUG §§ 17 ff., welche aber auf Grund der Erfahrungen des Krieges viel sozialer zu fassen sind. Sozialer Zweck ist auch die innerhalb der Schranken des Gesetzes bleibende Förderung der eigenen Entwicklung.

[12]) Vergl. meine „Wirkung des Krieges auf das Privatrecht", S. 11, 186 usw.

Der Inhalt der Bezeichnungsrechte ist die Absonderung der eigenen physischen, geistigen, moralischen oder rechtlichen Lebensäußerungen des Rechtsträgers. Demnach das Namens-[1]), Firmen-[2]), Autoren-[3]), Patent-[4]), Muster- und Warenzeichenrecht[5]), das Recht auf den Adel[6]), auf Führung eines Wappens[7]), auf äußere Ehrenzeichen[8]), auf Prädikate[9]) usw.

Durch die Bestimmungsrechte vermag der Berechtigte die sonstigen Umstände seiner Kräftebetätigung festzustellen. Also: den Ort[10]), die Art[11]), den wirtschaftlichen[12]) sowie den gesellschaftlichen Kreis[13]) seines Wirkens.

Die Schutzrechte schützen die physischen und moralischen Voraussetzungen des Wirkens der Rechtsträger, wie Leben[14]), Gesundheit[15]), körperliche Unversehrtheit[16]), Ehre[17]), Kredit[18]).

Jedes Recht verfolgt eigentlich genau denselben Zweck wie das Persönlichkeitsrecht. Will es doch und soll es auch die sozial gedachte Tätigkeit des Trägers fördern. Daher ist es zu erklären, daß jedes rechtliche Wirken — und nicht am wenigsten jedes vermögensrechtliche — dem Persönlichkeitsrechte verwandte Züge aufweist.

2. Die Ausstrahlungen des Persönlichkeitsrechts sind in den verschiedensten sonderrechtlichen Vorschriften verstreut und können innerhalb dieses kurzgefaßten Leitfadens des allgemeinen Privatrechts eben nur angedeutet werden. Allen Ausstrahlungen des Persön-

---

[1]) Vergl. Trip. I. 99 § 1, Ehg § 91, GA XXXIII, 1894 § 44, welch letzterer auch eine mittelbare Anerkennung des Rechts auf einen Künstler- und literarischen Decknamen enthält. Siehe auch K 5336/1901 Grill. DT Bd. I, S. 23.

[2]) GA XXXVII, 1875 §§ 10 ff.

[3]) GA XVI, 1884 § 1.

[4]) GA XXXVII, 1895 §§ 8 ff.

[5]) GA II, 1890 §§ 1 ff., XLI, 1895 §§ 1 ff.

[6]) Vergl. Trip. I. 7, § 1.

[7]) Ebendaselbst I, 6 § 1.

[8]) Vergl. Strfg. § 59, aus welchem folgt, daß das Tragen der Ehrenzeichen ein subjektives Recht des Ausgezeichneten ist. Dies muß zweifelsohne auch im privatrechtlichen Sinne gelten.

[9]) Trip. I, 7 § 1.

[10]) Vergl. PG §§ 19, 21, 26 usw.

[11]) So z. B. GA XVII, 1884, § 1 (Gewerbe). Die Beschränkungen der Qualifikationsgesetze erschweren nur die Voraussetzungen dieses Rechts.

[12]) Innerhalb der gesetzlichen Schranken, von denen die wichtigsten Ausschließungen von gewissen Beschäftigungen sind. So hinsichtlich der Richter, die in dem GA IV, 1869 §§ 8 ff. enthaltenen usw.

[13]) Daher ist der gesellschaftliche Boykott eine Verletzung des Persönlichkeitsrechts.

[14]) Der privatrechtliche Schutz desselben ist im ungarischen Rechte zwar in strafrechtliche Fassung gehüllt doch unverkennbar. Vergl. Strfg. §§ 292.

[15]) So urteilt K wegen Verkauf des der Gesundheit schädlichen Methylalkohols beständig Schadensersatz zu. Z. B. Mji Dt Bd. VIII, S. 76, K 1913, P. VI, 3742 usw.

[16]) Strfg. § 311.

[17]) GA XLI, 1914 § 28. Allenfalls auch die Wertschätzung der Zeitgenossen, daher Verletzung des Persönlichkeitsrecht durch Grabinschriften K. 1920 P III 2388/17 (Ü. L. 1920 Nr. 24 Klage der dort als lieblos bezeichneten Brüder des Verstorbenen) usw.

[18]) Ebendaselbst §§ 24, 28.

lichkeitsrechts gemeinsam ist: die Art ihres Schutzes[1] und die beschränkte Kraft der sie betreffenden rechtsgeschäftlichen Verfügungen.

3. Der privatrechtliche Schutz des Persönlichkeitsrechts ist dem der absoluten Vermögensrechte nachgebildet. Er geht auf Beseitigung der unrechtmäßigen Beeinträchtigung, welche unter Umständen mit Vernichtung der zu ihrer Verübung gebrauchten Mittel[2]) sowie mit der öffentlichen Kundmachung der durch die Beeinträchtigung verübten Rechtswidrigkeit[3]) verbunden sein kann, ferner auf ein die Wiederholung der Beeinträchtigung für die Zukunft ausschließendes Urteil.[4])

Erfolgte die Beeinträchtigung durch verbotene Handlung, so hat der Täter bei einzelnen Ausstrahlungen des Persönlichkeitsrechts[5]) sowohl den idealen und Vermögensschaden zu beseitigen als auch eine der Billigkeit angemessene Buße zu entrichten. Die letztere Vorschrift darf jedoch nicht erweiternd ausgelegt werden.

4. Bezeichnungs- und Bestimmungsrechte bereichern den Rechtskreis der natürlichen Personen beinahe in gleicher Weise wie den der juristischen[6]). Von den Schutzrechten hingegen bleiben diejenigen, welche den Körper der Menschen zum Gegenstande haben[7]), auf die letzteren beschränkt[8]).

5. Das Persönlichkeitsrecht und seine Ausstrahlungen kommen den Rechtsträgern grundsätzlich von dem Beginne bis zu dem Ende ihrer Rechtsfähigkeit zu. Manche dieser Ausstrahlungen werden sogar zugunsten Dritter[9]) noch über diesen Zeitpunkt hinaus geschützt. An dem erwähnten Grundsatze ändert auch der Umstand nichts, daß die Rechtsträger selbst nicht immer in der Lage sind, die gesamten Ausstrahlungen des Persönlichkeitsrechts zu betätigen.

Gibt es in der Ausübung des Persönlichkeitsrechts aber auch Hindernisse, so müssen diese — mögen sie nun dem öffentlichen[10]), dem Verwaltungs-[11]), oder dem Privatrechte[12]) entstammen — dennoch immer nur als zeitweilige betrachtet werden. Mit dem Wegfall dieser Hindernisse darf und soll jeder Rechtsträger die ihm innewohnenden Kräfte zu eigenem so wie zum Wohle des Staates frei entfalten.

---

[1]) Und zwar ihres privatrechtlichen. Es ist daher unrichtig die Klage des fälschlich als Mörder bezeichneten Verursachers eines tödlichen Jagdunfalles mit der Begründung abzuweisen, daß die Grabinschrift nur bei den Verwaltungsbehörden zu inhibieren sei. (Fall meiner Praxis.)

[2]) Strfg. § 62. Aut. G. § 21, Entfernung der Grabinschrift usw.

[3]) GA XIV, 1914 §§ 20—22.

[4]) Arg. EPG § 49.

[5]) Siehe die letzten Anmerkungen.

[6]) Vergl. das über die Rechtsfähigkeit der juristischen Personen S. 67 ff Gesagte.

[7]) Der Umfang derselben kann bloß in der Praxis festgestellt werden, den Grundsatz selbst siehe EUG § 15.

[8]) Hauptsächlich wird es sich dabei um gegen die Gesundheit, das Leben und körperliche Unversehrtheit gerichtete verbotene Handlungen handeln.

[9]) Der Familienmitglieder, vergl. GA XLI, 1914 § 23.

[10]) Vergl. das hierüber oben Gesagte.

[11]) Etwa wegen Fehlens der zu einem Berufe erforderlichen behördlichen Erlaubnis, GA XIV, 1884 § 10.

[12]) Erlaubte Konkurrenzklausel usw.

6. Sowohl das Persönlichkeitsrecht als auch seine einzelnen, als besondere Rechte schon anerkannten [1]), Ausstrahlungen sind erlaubte Rechte. Dies folgt erstens aus technischen Gründen, sind doch alle absoluten Rechte den erlaubten zuzuzählen, sodann aber auch aus dem Umstande, daß der Staat unmöglich den Rechtsträgern überlassen kann die Arten, den Umfang und Inhalt ihrer rechtlichen Betätigung, also des Persönlichkeitsrechts ganz zu bestimmen. Rechtsgeschäftliche Änderungen des Persönlichkeitsrechts sowie seiner Ausstrahlungen sind nur innerhalb sehr enger Grenzen zugelassen. Besonders scheint der Verzicht auf gewisse Bezeichnungs- [2]) und Bestimmungsrechte [3]) dann sozusagen auf alle Schutzrechte ausgeschlossen. Dem vermögensrechtlichen Verkehr sind manche der beiden ersteren Rechtsarten irgendwie, wenn auch in beschränktem Maße ohne Schädigung ihres gesetzlichen Inhaltes dennoch zugänglich [4]) geblieben und dürften es in der Zukunft noch mehr werden.

---

[1]) Vergl. Aut. G. Pat. G. Must. G. a. a. O. Die Rechtsordnung ist hier noch im Entwickeln. Sozusagen täglich kristallisieren sich neue Ausstrahlungen des Persönlichkeitsrechts zu besonderen subjektiven Rechten.

[2]) Vergl. EUG § 17, Abs. 2.

[3]) Z. B. Bestimmung der Religion der beschränkt Geschäftsfähigen, des Aufenthaltsortes, des Berufes in gewissen Beziehungen usw.

[4]) Der Inhalt der Schutzrechte ist grundsätzlich in zwingenden Vorschriften enthalten, vergl. EUG § 1468.

Familienrecht.

§ 1. Familie und Familienrecht.

1. Die Familie[1]) ist das rechtlich anerkannte Band der Ehegatten und Verwandten.

Das Familienband schafft zwischen den Mitgliedern der Familie ein eigenartiges Rechtsverhältnis. Die rechtlichen Tatsachen, welche zur Begründung dieses Verhältnisses führen sind: die Eingehung der Ehe und die Abstammung. Ihnen gleich zu erachten sind: die eine künstliche Verwandtschaft herbeiführenden familienrechtlichen Geschäfte: die Annahme an Kindesstatt[2]) und die väterliche Anerkennung des unehelichen Kindes[3]).

Die Verwandtschaft beruht innerhalb der mütterlichen Familie auf der gemeinsamen Abstammung. Die väterliche Familie zählt die durch eine ununterbrochene Reihe ehelicher Abstammungen verbundenen Individuen zu ihren Mitgliedern.

Rechtsgeschäftliche Begründung der Verwandtschaft wirkt in erster Reihe nur zwischen den vertragschließenden Parteien, wird aber innerhalb gewisser Grenzen auch auf die Abkömmlinge des in die Familie Aufgenommenen erstreckt[4]).

2. Das Familienrecht enthält die persönlichen und den wichtigsten Teil der vermögensrechtlichen Folgen des Familienverhältnisses.

Am innigsten erscheint das rechtliche Band der Familie zwischen den Ehegatten, den Eltern und den minderjährigen Kindern. Diese engere Familie ist eine organisierte Gemeinschaft, welche ihren Mitgliedern — den Ehegatten für die Dauer der Ehe, den Eltern und Kindern hingegen gewöhnlich[5]) bis zur Erlangung der Volljährigkeit der letzteren — eine Reihe gesetzlicher Pflichten auferlegt und sie mit Rechten ausstattet, welche in solcher Fülle, Dauer und Mannigfaltigkeit in keiner anderen privatrechtlichen Gemeinschaft vorkommen.

In der engeren Familie hat das Familienoberhaupt, regelmäßig der Ehegatte oder Vater, die Lebensgemeinschaft der Familie zu leiten[6]),

---

[1]) Vergl. K 7160/1906 Mji Dt Bd. II, S. 27.

[2]) VM. G. §§ 15 Abs. 2, 20, Punkt a, 36, 113, Punkt 3, usw.

[3]) GAX XXIII, 1894 § 44.

[4]) Z. B. Ehg. § 18, ferner Erbrecht der Abkömmlinge, das letztere wirkt sogar auch auf die Kinder des Annehmenden, so z. B. Einrechnung der nach der Annahme an Kindesstatt dem eigenen Kinde zugewandten Werte in dessen Erbteil zugunsten des Angenommenen K 1920 P I 3737 (MT Bd. II S. 99 F. 67) usw.

[5]) Ausnahmen, Volljährigkeitserklärung usw. s. an geeigneter Stelle.

[6]) Vorm. G §§ 15 ff., EUG § 22 ff. S. die nächsten Anmerkungen.

und für das leibliche und geistige Wohlergehen der Familienmitglieder zu sorgen [1]).

Die Familienmitglieder der engeren Familie sind verpflichtet den gesetzlich zugelassenen Anordnungen des Familienhauptes Folge zu leisten. Minderjährigen Kindern gegenüber gestattet die Rechtsordnung [2]) eine unmittelbare Erzwingung dieser Folgepflicht. Die Folgepflicht der Frau ist gesetzlich zwar nicht festgelegt, doch sind ihre Spuren in den Nachteilsfolgen der familienrechtlichen verbotenen Handlungen [3]) deutlich erkennbar.

Die Familienmitglieder der engeren Familie genießen die rechtlichen und gesellschaftlichen Vorteile der sozialen Stellung des Familienhauptes.[4]) Sie führen demnach seinen Namen, seinen Adel usw., doch sind sie auch verpflichtet, durch entsprechende Tätigkeit die Familiengemeinschaft zu fördern [5]). Mit der Volljährigkeit des Kindes hört die Gemeinschaft der engeren Familie auf. Die bisherigen Mitglieder der engeren Familie sind von nun an von dem viel loseren Bande der weiteren Familie umschlungen.

Lebensgemeinschaft, Leitung und Folgepflicht im rechtlichen Sinne werden also durch die Volljährigkeit des Kindes beendigt. An ihre Stelle tritt zwischen Vorfahren und Abkömmlingen eine viel mehr bedingte und gegenseitige Unterhaltspflicht. Die gegenseitigen Erbrechte und Pflichten, auf welche an geeigneter Stelle näher einzugehen ist, bleiben auch zwischen den Mitgliedern der weiteren Familie bestehen.

Einzelne Mitglieder der weiteren Familie kommen unter Umständen nur als berechtigt zum Antrage der Verlängerung der Minderjährigkeit und der Entmündigung gewisser Familienmitglieder [6]) in Betracht d. h. dort, wo sie als Anwärter eines möglichen Erbrechts hierdurch einen mittelbaren Anspruch auf Sicherung ihres Erbteils erlangen.

Das subjektive Familienrecht kann sowohl ein persönliches, als auch ein Vermögensrecht sein. Das persönliche Familienrecht geht auf ein dem Familienbande entsprechendes: familiengemäßes Verhalten. Es ist gewöhnlich ein relatives Recht, welches den Zweck hat, das familiengemäße Verhalten eines Familienmitgliedes hervorzurufen z. B. das Recht des Vaters die Folgepflicht des Kindes zu erzwingen [7]),

---

[1]) Hierauf beruhen die ehelichen Lasten des Ehegatten.

[2]) Vorm. G. § 10.

[3]) Z. B. hinsichtlich der Wahl des gemeinsamen Wohnortes K 1155/1903 Grill DT III, S. 60. Allerdings darf der Ehegatte sein diesbezügliches Recht nicht mißbrauchen. Vergl. K 1914 P. III, 3588, Mji Dt. Bd. IX, S. 68, Ehescheidung zu Ungunsten des Gatten, welcher diesen in mißbräuchlicher Weise bestimmte, etwa wenn er die Frau zwang mit seinen Eltern und Schwestern gemeinsam zu wohnen K 1917 P III 5494 (Mji Dt Bd. XII. S. 119, F. 96). Der Ehegatte hat bei seinen Anordnungen die Schlüsselgewalt K 1917 P III 1932 (III. daselbst S. 2 F. 3) der Frau, sowie ihre Einwendungen (V. daselbst) und Interessen zu berücksichtigen usw.

[4]) Er hat sie auch vor Angriffen Dritter zu beschützen. Diesbezügliche Versäumnisse z. B. Gewährenlassen seiner Mutter in Zank, Tätlichkeiten und die Frauenehre verunglimpfende Beleidigungen sind Scheidungsgründe K 1917 RP III 5212 (Mji Dt Bd. XII S. 82 F. 66).

[5]) Vergl. EUG §§ 26, 166 usw.

[6]) Vergl. PG §§ 703, 719.

[7]) Vorm. G § 10, Abs. 2.

das Recht des Gatten, die der Ehe entsprechende Lebensgemeinschaft gerichtlich zu erwirken usw.

Nun hört man oft von absoluten Familienrechten, und diesem Begriffe ist eine gewisse Berechtigung kaum abzusprechen. Erscheint nämlich auch die familienrechtliche Beziehung auf Herstellung des familiengemäßen Verhaltens immer als relatives Recht, so darf ein Dritter diese Beziehung ebensowenig stören, als er sich unbefugterweise in irgend eine andere persönliche Beziehung von Rechtsträgern einmengen darf. D. h. das dem Familienrechte entstammende Ausschließungsrecht Dritter ist eine absolute Folge des Familienrechts, macht das letztere jedoch seinem ganzen Inhalte nach kaum zu einem absoluten.

Die übrigens vereinzelt dastehende actio de liberis ducendis erkennt aber im Verhältnisse zu Dritten eigentlich nur das Familienoberhaupt als Rechtsträger des Familienrechts, während sie das Kind bloß als Gegenstand desselben betrachtet [1]. So kann man dem Begriffe des absoluten Familienrechts hier schwer ausweichen.

In allen anderen Familienrechten sind aber auch im Hinblick auf Dritte sowohl der Berechtigte als auch der Verpflichtete Rechtsträger und die erwähnten Rechte selbst sind als relative zu betrachten.

Die vermögensrechtlichen Familienrechte weichen zwar in ihrer Regelung von den verkehrsrechtlichen ab, weisen jedoch keine hier zu erörternden begrifflichen Eigentümlichkeiten auf.

3. Die Familie dient sozialen und sittlichen Zwecken. Von dem Standpunkte des Rechts aus ist sie ein Institut, in welchem die Befriedigung der wichtigsten Bedürfnisse der Menschen ermöglicht und organisiert wird.

Das Rechtsverhältnis der Ehegatten dient moralischen geschlechtlichen, und materiellen Zwecken. Die Ehe ist die einzige Institution des rechtlich anerkannten geschlechtlichen Lebens. Die Unterhaltspflicht der Ehegatten [2], sowie alle mit der Ehe verbundenen übrigen Rechte und Verpflichtungen sind von dem sittlichen Grundgedanken der engeren Familie getragen. In der Rechtssprache könnte dieser etwa so ausgedrückt werden, daß die vollständige Lebensgemeinschaft die Pflicht erzeugt, für das körperliche und geistige Wohlergehen der Gemeinschaftsgenossen zu sorgen.

Das Verhältnis zwischen Vorfahren und Abkömmlingen innerhalb der engeren Familie entstammt ebenfalls der erwähnten sittlichen Pflicht. Es bringt die Folgen dessen zum Ausdruck, daß der Kulturmensch innerhalb des Staates die Pflicht übernommen hat, das Wirken der heranwachsenden Generation zu ermöglichen, zu sichern und vorzubereiten [3].

Die Eigentümlichkeit des Verhältnisses der Ehegatten liegt in der Gegenseitigkeit. Rechte und Pflichten der Ehegatten sind zweiseitig. Es kann der aufmerksameren Beobachtung kaum entgehen, daß

---

[1]) Vergl. ebendaselbst.

[2]) Ehg § 90, betreffs der Frau K 1918 P III 2930 (Mji Dt Bd. XIII, S. 3. F 3).

[3]) Im verstärkten Maße obliegt diese den arbeitsfähigen und im wirtschaftlichen Leben tatsächlich wirkenden Mitgliedern gegenüber den minderjährigen und sonst erwerbsunfähigen. Vergl. VmG § 10 Jogt. Közl. Dt IV. Folge, Bd. I, S. 358 K 1323/1904 usw.

der gesetzlich geregelte Inhalt der ehelichen Lebensgemeinschaft und ihrer familien- sowie erbrechtlichen Folgen nur ein weiterer Ausbau der Gegenseitigkeit der Verträge des Personenrechts [1]) ist. Die moderne Rechtsordnung erkennt daher die Folgen der Gegenseitigkeit [2]) auch bei Eingehung der Ehe an.

Ist es bei der Ehe in letzter Reihe ein Rechtsgeschäft, welches die Gatten verpflichtet, für einander zu sorgen, so tritt bei der engeren Familie an die Stelle dieser rechtlichen Tatsache eine Rechtshandlung im engeren Sinne: die Zeugung. So stellt uns der Ausbau des Verhältnisses zwischen Vorfahren und Abkömmlingen vor die Idee der Kausalität. Trotz dieser, welche die Abhängigkeit der Abkömmlinge innerhalb der engeren Familie erklärt, sind ausnahmsweise rechtsgeschäftliche Elemente selbst in diesem Verhältnisse nicht wegzuleugnen. So die rechtsgeschäftlichen Surrogate der leiblichen Verwandtschaft: die Annahme an Kindesstatt, die Anerkennung von seiten des natürlichen Vaters usw. Dasselbe gilt von den materiellen Spuren der Gegenseitigkeit, von der gegenseitigen Unterhaltspflicht, von der Erbunwürdigkeit, der gegenseitigen Rechte hinsichtlich der Entmündigung [3]), u. a. m. All diese ändern aber wenig daran, daß der Grundgedanke des Rechtsverhältnisses zwischen Ehegatten, die auf einem Vertrage beruhende personenrechtliche Gegenseitigkeit, der des Verhältnisses zwischen Vorfahren und Abkömmlingen der engeren Familie hingegen die personenrechtliche Verantwortung einer kausal wirkenden Handlung ist.

Die Seitenverwandten sind im Laufe der geschichtlichen Entwicklung dem Pflichtenkreise der Familie entwachsen. Es verblieben ihnen bloß vereinzelte Unterlassungspflichten [4]) und sehr spärliche Rechte [5]).

Die eben ausgeführten Grundgedanken gelangen in den Eigentümlichkeiten der subjektiven Familienrechte unverkennbar zum Ausdruck.

Die subjektiven Familienrechte haben einen allgemeinen Inhalt. Sie umfassen den gesamten Interessenkreis der Personen der engeren Familie. Sie sind infolge der sittlichen Pflichten, welche sie zu verwirklichen haben, regelmäßig unübertragbar, höchstpersönlich auszuüben und grundsätzlich in zwingenden Vorschriften geregelt.

4. Der Grundgedanke der engeren Familiengemeinschaft: die Fürsorge für den aus sozialen, wirtschaftlichen, geistigen oder körperlichen Gründen zur entsprechenden Besorgung seiner Angelegenheiten unfähigen Familiengenossen, muß eine Erweiterung erfahren, wenn die sachlichen Grundlagen einer solchen Fürsorge vorhanden sind, die engere Familie hingegen ganz oder teilweise fehlt.

So gliedert sich das Recht der Vormundschaft und der Pflegschaft dem Familienrechte an. Die gesetzliche Pflicht der Annahme, der Vor-

---

[1]) Etwa der Überlassung eines Urheberrechts usw.

[2]) Vergl. als Folge dieser die zweiseitige Schuldigkeit bei Ehescheidungen Ehg § 85, Abs. 2 usw.

[3]) PG §§ 703, 719.

[4]) Vergl. das über die Erbunwürdigkeit im Erbrechte Gesagte.

[5]) Entmündigungsrecht PG §§ 703, 719.

mundschaft und Pflegschaft [1]) weitet die Fürsorgepflicht des engeren Familiengenossen zu der allgemeinen Fürsorgepflicht des Staatsgenossen aus [2]). Selbstverständlich ist die letztere erheblich leichter als die entsprechende Pflicht des Familienhauptes. Das Verhältnis zwischen Vormund und Mündel, Pfleger und Pflegling ist aber im Großen und Ganzen dennoch von derselben Art wie die erwähnten. Mit der Annahme der Vormundschaft oder der Pflegschaft sind daher nicht nur äußerlich, sondern ihrer Struktur und ihrem Inhalte nach, ähnliche Folgen verbunden, wie mit der Begründung des Familienverhältnisses.

Die Gleichheit des äußeren Zweckes, sowie die Ähnlichkeit des inneren Aufbaues der subjektiven Familienrechte und der Vormundschafts- und Pflegschaftsrechte führten zu dem Ergebnisse, daß die Grundsätze des Vormundschaftsrechts sowohl theoretisch [3]), als auch praktisch innerhalb des Familienrechtes behandelt werden.

Eherecht.

§ 1. Das Verlöbnis.

1. Das Verlöbnis ist das gegenseitige Versprechen zweier Personen verschiedenen Geschlechts, einander zu ehelichen.

Das Verlöbnis ist kein familienrechtlicher Vertrag, denn es entstammen ihm keine wie immer gearteten subjektiven Familienrechte. Es ist vielmehr das rechtlich wirksame Erklären einer Eheabsicht. Diese Absicht wird durch ihre Erklärung nicht verbindlich. Das Ehg schließt das Geltendmachen einer Klage auf Eingehen der Ehe ausdrücklich aus und verschärft diese Vorschrift noch dadurch, daß es jede für den Fall des Unterbleibens der Ehe versprochene Leistung als nichtig verwirft §§ 1, 2.

Ein Versprechen, welches nicht klagbar ist, welches mit Vertragsstrafen nicht verstärkt werden darf, wäre höchstens eine Art familienrechtlicher Naturalobligation. Diese Auffassung wird jedoch unseres Erachtens dadurch gegenstandslos, daß die neueren Gesetzgebungen die eheliche Verbindung von jedem psychologischen Zwange befreien wollen. Die Annahme einer familienrechtlichen Verpflichtung zur Eingehung der Ehe widerspricht daher der bei derselben erforderlichen vollständigen inneren Freiheit ebenso scharf wie das Ausbedingen irgendwelcher Vertragsstrafen.

Wird durch das Verlöbnis die Absicht, eine Ehe einzugehen auch nicht verbindlich, so erwirkt dasselbe dennoch, daß die erwähnte Absicht zu einer rechtlich bedeutsamen erstarkt. Das Verhältnis der Verlobten gelangt hierdurch über den bloßen Gefühlszustand hinaus und entwickelt sich zu einem Rechtsverhältnis. Den Anfang dieser Entwicklung, die begründende juristische Tatsache dieses Rechtsverhältnisses bildet die Erklärung des Verlöbnisses.

---

[1]) Vormundschaftsgesetz §§ 48, 49.

[2]) Noch weiter geht GA XXIII, 1911 und LII, 1912.

[3]) Das Recht der Vormundschaft und Pflegschaft wird daher in den Lehr- und Handbüchern auch als Teil des Familienrechts behandelt.

Zwar erzeugt selbst diese noch immer keine familienrechtlichen Wirkungen, doch bereitet sie solche schon vor und bezeichnet den Zeitpunkt, auf den sie nach Eingehung der Ehe zurückbezogen werden [1]).

2. Die persönlichen Voraussetzungen des Verlöbnisses müssen dem Ehg [2]), entnommen werden. Hat der beschränkt Ehefähige nur für die Folgen des mit Einwilligung seines gesetzlichen Vertreters eingegangenen Verlöbnisses einzustehen § 3 Abs. 3, so folgt daraus, daß die Erklärung des Verlöbnisses nur dann eine Rechtshandlung genannt werden kann, wenn sie selbständig von einem vollständig Ehefähigen vorgenommen wurde.

Das Verlöbnis der durch einen wirksamen Tatbestandsfehler und besonders durch einen Nichtigkeitsgrund von der Eingehung einer Ehe Ausgeschlossenen widerspricht der sittlichen Anschauung der monogamen Ehe. Die Erklärung eines derartigen Verlöbnisses gilt daher als in fraudem legis abgegeben und wird rechtlich nicht in Betracht gezogen [3]).

3. Das Verlöbnis fußt gewöhnlich auf einer ausdrücklichen Erklärung der Verlobten. Notwendig ist diese aber keineswegs, da mittelbare Willensäußerungen, etwa die bei dem Standesbeamten eingeleiteten, vorbereitenden Schritte, das Bestellen von Möbeln oder anderen gemeinsamen für den künftigen Haushalt bestimmten Gebrauchsgegenständen, das Mieten der gemeinsamen Wohnung und dergleichen die Absicht auch unzweifelhaft erkennbar machen können.

Persönliches Erklären des Verlöbnisses bezw. persönliches Verhalten scheint eher erforderlich, ob zwar dies auch kaum als unerläßlich erachtet werden kann. [4])

4. Die Wirkungen des Verlöbnisses folgen aus dem Begriffe der rechtlich bedeutsamen Absicht, die Ehe einzugehen. Die Erklärung des Verlöbnisses macht es beiden Verlobten möglich, Eheverträge abzuschließen [5]). Vorher besteht bloß eine vage Hoffnung, eine Gefühlssache, doch keine rechtliche Tatsache. Wohl ist es nicht ausgeschlossen, daß schon vor diesem Zeitpunkte Verträge geschlossen werden, deren Inhalt sich mit dem der Eheverträge mehr oder weniger deckt, doch sind sie bis zu der Erklärung des Verlöbnisses nur bedingte, vermögensrechtliche Verkehrsgeschäfte unter Lebenden, welche weder die Form der Eheverträge [6]) erfordern, noch Dritten, und besonders den Gläubigern der geschäftlichen Gegenpartei gegenüber als Eheverträge betrachtet werden [7]) und zwar

---

[1]) Vergl. GA VII, 1886 § 21 Punkt c, 22 Punkt b und c, 23 Punkt a und b, ferner Ehg § 3 und 89.

[2]) Zur Umgehung der Wiederholungen sei hier ein für allemal bemerkt, daß sich die im Eherechte ohne Angabe eines Gesetzes angeführten §§ auf das Ehg (GA XXXI, 1894) beziehen.

[3]) So Mji Dt Bd. IX, S. 7. K 845/1914 P. nennt ein solches Verlöbnis unmoralisch und versagt ihm jede Wirkung.

[4]) Andernfalls wäre dies dem Abs. 2 § 3 Ehg zu entnehmen.

[5]) Vergl. GA VII, 1886 §§ 21, 24.

[6]) Öffentlich notarielle Urkunde, vergl. die in der vorigen Anmerkung angeführten Gesetzesstellen.

[7]) Dies ist besonders von dem Standpunkte der zugunsten der Gläubiger bestehenden Unentgeltlichkeitsvermutung wichtig.

selbst dann nicht, wenn dieEhe zwischen den geschäftsschließenden Parteien später tatsächlich eingegangen wurde.

5. Die Erklärung des Verlöbnisses begründet die Erwartung, daß die Verlobten die Ehe tatsächlich eingehen. Wird diese Erwartung getäuscht, und tritt die eine Partei von dem Verlöbnis o h n e stichhaltigen Grund zurück, so ist sie sowohl dem anderen Verlobten als auch seinen Verwandten gegenüber zu dem Ersatze des hierdurch verursachten Schadens verpflichtet § 3.

Diese Ersatzpflicht wird dadurch begründet, daß der andere Verlobte oder dessen Verwandte, auf das rechtlich bedeutsame Verhalten des Zurücktretenden bauend Schaden erlitten. Folgerichtig wäre es gewesen, den Verwandten des Zurücktretenden das Recht auf Schadensersatz ebenfalls im Ehg selbst zu gewähren [1]).

Der Umfang der Ersatzpflicht erstreckt sich k r a f t G e s e t z e s auf die in Anbetracht der künftigen Ehe erfolgten Auslagen § 3. Die Praxis [2]), geht jedoch darüber hinaus und erkennt jeden durch den Rücktritt verursachten Vermögensschaden an.[3]) Die gesetzliche Ersatzpflicht ist weder als eine Folge einer verbotenen Handlung, noch als die eines Vertragsbruches anzusehen, sie muß vielmehr darauf zurückgeführt werden, daß im Rechtsverkehre ernst gemeinte Erklärungen auch ernst zu nehmen sind.

6. Die zum Zeichen des Verlöbnisses oder in Anbetracht der künftigen Ehe vorgenommenen Schenkungen oder unentgeltlichen Zuwendungen des anderen Verlobten sowie dessen Verwandten werden durch den unbegründeten Rücktritt gegenstandslos. Der grundlos Zurücktretende hat sie daher bezw. bis zur Höhe seiner Bereicherung ihren Wert zurückzuerstatten. Die zu seinen Gunsten erfolgten Schenkungsversprechen werden unwirksam § 3.

Das Rückforderungsrecht der unentgeltlichen Zuwendungen ist keine besondere Folge des Verlöbnisses, sondern nur ein eigentümlicher Anwendungsfall der Grundsätze der grundlosen Bereicherung.

Die wichtigste Abweichung zwischen den beiden besteht darin, daß der Bereicherungsanspruch von den Gründen, welche den Wegfall des beabsichtigten Erfolges verursachten, unabhängig ist, während der besprochene Anspruch des Ehg nur dann zur Geltung gelangt, wenn der Rücktritt vom Verlöbnisse ohne erhebliche Ursache erfolgt war. Der erwähnte Anspruch bedeutet daher eine Einengung des Rückforderungsrechts des grundlos zurückgetretenen Verlobten und seiner Verwandten. Es erscheint unbillig, daß die Verwandten des Zurücktretenden in dieser Beziehung in einer besseren Lage belassen wurden als die des anderen Verlobten. Die ersteren können nämlich [4]) beim Wegbleiben der Ehe nach den allgemeinen Grundsätzen der ungerechtfertigten Bereicherung die in

---

[1]) Ist ja auch ihnen gegenüber der Tatbestand der ungerechtfertigten Bereicherung oder sogar des unbegründet verursachten Schadens vorhanden.

[2]) So den Schaden wegen Auflassung der früheren Beschäftigung der Verlobten K 1920 P III. 85 (Mji Dt Bd. XIII S. 104 F. 81). Der Ersatz des nicht v e r m ö g e n s r e c h t l i c h e n Schadens wegen Kränkung (daselbst) usw.

[3]) Der Grundsatz wurde in der Entscheidung K 1915 Rp IL 3830 (Mji Dt Bd. X. S. 58 F. 48) anerkannt.

[4]) Arg. das Schweigen des sie unerwähnt lassenden § 3

Anbetracht der künftigen Ehe vorgenommenen Zuwendungen zurückfordern, während die letzteren außerhalb des Anwendungsgebietes des § 3 leer ausgehen, u. a. daher auch dann, wenn zwar eine Bereicherung des Zurücktretenden aber auch ein erheblicher Grund seines Rücktritts vorliegt.

7. Die Wirkungen des Verlöbnisses treten nur dann ein, wenn die Erklärung dazu geeignet war, rechtliche Folgen zu zeitigen. Bezüglich der Tatbestandsfehler der Erklärung des Verlöbnisses gelten die über die Tatbestandsfehler der Rechtsgeschäfte ausgeführten Grundsätze [1]). Sind wirksame Tatbestandsfehler des Verlöbnisses vorhanden, so vernichten sie dasselbe und geben den allgemeinen Vorschriften der ungerechtfertigten Bereicherung Platz. Ehg schweigt darüber, welche die erheblichen Gründe des Rücktritts von Verlöbnissen seien. Eine vollständige Aufzählung derselben scheint kaum möglich. Wenn einzelne Autoren dennoch von bräutlicher Gemeinschaft und bräutlicher Treue sprechen, so scheint dies ein wenig zu unbestimmt. Soll man zu einem brauchbaren Ergebnis gelangen, so müssen die Gründe des Rücktritts mit den Ehescheidungsgründen in Zusammenhang gebracht werden. Natürlich nicht in der Weise, daß man die beiden einfach identifiziert, da ja das Verlöbnis nicht den Anfangspunkt der Pflicht des ehegemäßen Verhaltens bedeutet. Doch immerhin soweit, daß Handlungen und Unterlassungen des Verlobten, welche eine Scheidung der Ehe erwirken würden, soweit sie die Person des anderen Verlobten betreffen, auch erhebliche Gründe des Rücktritts bilden. Dasselbe gilt auch, wenn der Verlobte einen ihm nicht zur Last fallenden Nichtigkeits- oder Anfechtungsgrund der Ehe entdeckt, ferner u. E. wenn der andere Verlobte ein derartiges Verhalten zur Schau trägt oder sonst ein Ereignis eintritt infolge dessen dem Zurücktretenden nicht zugemutet werden kann bei seiner Eheabsicht zu verharren.[2])

8. Das familienrechtliche Wesen des Verlöbnisses äußert sich darin, daß der Schadensersatz- und der Rückforderungsanspruch vor Erhebung der betreffenden Klage weder zediert noch gepfändet oder vererbt werden kann § 4, ferner, daß die Klage innerhalb eines Jahres nach dem Rücktritt [3]) verjährt (daselbst § 5).

§ 2. Begründung der Ehe.

1. Die Ehe ist die rechtlich geregelte vollständige Lebensgemeinschaft von Mann und Weib.

Das Ehg setzt den Begriff der Ehe als bekannt voraus, wie ja das DBGB auch. Der Inhalt des Eheverhältnisses muß daher einesteils den meist gewohnheitsrechtlichen Vorschriften über die persönlichen und vermögensrechtlichen Rechte und Pflichten der Ehegatten [4]), sodann aber auch den Ehescheidungsgründen Ehg § 76 ff. entnommen werden.

[1]) Eadem ratione.

[2]) Etwa Verschweigung des Umstandes daß die Einkünfte und das Vermögen das Vaters der Verlobten „miss Warrens profession" entstammen K 1920 P III. 4319 (MT Bd. II S. 104 F. 70). Dieser Rücktrittsgrund erinnert stark an den Eheaufschlußgrund § 55 Ehg.

[3]) Hier war augenscheinlich die Zeitspanne des § 57 maßgebend.

[4]) Vergl. aber EUG §§ 21 ff. 29.

Dieselben beruhen auf der Auffassung, daß die Ehe ein Institut des Privatrechtes sei, daß daher weder die Eingehung noch der Inhalt oder die Beendigung der Ehe[1]) öffentlich-rechtlichen Vorschriften unterstehe.

Der Inhalt der ehelichen Lebensgemeinschaft wird weiterhin ausführlich dargelegt. Zur allgemeinen Charakterisierung derselben genüge hier so viel, als ihr Zweck die Befriedigung sozusagen aller moralischen, geistigen, körperlichen, und wirtschaftlichen Bedürfnisse der Ehegatten bildet und das Mittel, welches diesem Zwecke dient, in einer Gegenseitigkeit der ehelichen Rechte und Pflichten besteht.

Im ungarischen Privatrechte ist die geschichtliche Entwicklung insoweit berücksichtigt, als dem Manne der Frau gegenüber formell das Recht des Familienhauptes nicht verliehen und die Frau dem Manne ausdrücklich untergeordnet wurde. Materiell hat jedoch der Mann im Eherechte und im Familienrechte — wenigstens in personenrechtlicher Beziehung — eine günstigere Lage als die Frau, wohingegen ihr in dem vermögensrechtlichen Teile des Familienrechts sowie im Erbrechte mehr Rechte verliehen wurden als dem Manne.

2. Die Eheschließung erfolgt dadurch, daß die zukünftigen Ehegatten vor dem amtierenden Standesbeamten gleichzeitig und persönlich[2]) die Erklärung abgeben, miteinander die Ehe einzugehen, § 39.

Die Eheschließung ist ein familienrechtliches Geschäft dessen Struktur mit der Feststellung dessen, daß sie ein erlaubter Vertrag sei, noch nicht klargestellt wird. Hierzu muß noch betont werden, daß die Eingehung der Ehe eigentlich in einer aus Zweckmäßigkeitsgründen erfolgten Vereinigung zweier einseitiger Rechtsgeschäfte besteht. Jeder der Eheschließenden gibt die Erklärung ab, mit dem anderen die Ehe einzugehen. Die Willenserklärung der Eheschließenden bezieht sich demnach nicht auf die Stellung des anderen Ehegatten, sondern auf die eigene. Der Standesbeamte verschmelzt diese beiden begrifflich selbstständigen Erklärungen in ein zusammengesetztes Rechtsgeschäft, § 39 Abs. 2. Zeitbestimmung und Bedingung sind bei der Eingehung der Ehe ausgeschlossen, § 39 Absazt 1.

Die Eingehung der Ehe ist somit ein aus zwei einseitigen Geschäften, durch die Erklärung[3]) des Standesbeamten zusammengefügter familienrechtlicher Vertrag.

§ 3. Tatbestandsfehler der Eheschließung.

1. Tatbestandsfehler der Eheschließung sind: Daseinsfehler, Ungültigkeitsgründe und aufschiebende Ehehindernisse.

[1]) Anders die wirksamen Tatbestandsfehler der Eheschließung, die zahlreiche öffentlich rechtliche Elemente enthalten.

[2]) Ausnahmsweise während des Krieges auch durch einen Bevollmächtigten 60 300/1916 VJM.

[3]) Der Standesbeamte erklärt die Parteien kraft Gesetzes als Ehegatten, bezw. die Ehe als geschlossen. § 39 Abs. 2.

Die Entwicklung dieser Tatbestandsfehler führt auf das Kirchenrecht zurück. Dies ist in der modernen Gesetzgebung und Theorie insoweit zu erkennen, als man sie im Familienrechte — u. E. unnötigerweise — zweimal behandelt. Einmal sollen sie nämlich negative Voraussetzungen der Eingehung der Ehe: Ehehindernisse sein, sodann wird der größte Teil derselben bei der Lehre der Tatbestandsfehler: der Ungültigkeitsgründe abermals wiederholt.

Dies scheint schon deshalb überflüssig, weil der Inhalt der in Frage stehenden Vorschriften durchaus derselbe bleibt, ob man auch bei ihrer Darstellung davon ausgeht, daß die fragliche Ehe schon eingegangen oder, daß sie vorläufig nur beabsichtigt sei.

Das Ehg läßt es sich dennoch nicht nehmen, die Ehehindernisse einer künftigen Ehe in dem zweiten Kapitel der §§ 6—27 die Wirkungen der wichtigsten derselben aber von dem Standpunkte der schon geschlossenen Ehe aus im 4. Kapitel §§ 41 ff. abermals zu würdigen. U. E. gibt es keinen inneren Grund dafür, daß man z. B. die Ehefähigkeit bald als Ehehindernis, § 6, bald als Ungültigkeitsgrund, § 44, behandelt, die Täuschung hingegen bloß unter den letzteren aufzählt, § 55.

Es kann und soll nicht geleugnet werden, daß die Vorschriften der Tatbestandsfehler in erster Reihe den gesetzespolitischen Zweck verfolgen, die fehlerhaften Eheschließungen schon von vornherein unmöglich zu machen oder doch wenigstens zu vermindern. Dies erhellt schon aus dem 8. Kapitel Ehg, sowie aus den empfindlichen Strafen der §§ 122—124, welche die einzigen gemeinsamen und nicht einmal privatrechtlichen Folgen der sogenannten Ehehindernisse bilden. Weshalb soll aber dieser rechtspolitische Gedanke die privatrechtliche Behandlung der Tatbestandsfehler beeinflussen? Gibt es keine getrennte Lehre der Hindernisse und der Ungültigkeitsgründe der Rechtsgeschäfte überhaupt, wozu soll eine solch künstliche Unterscheidung bei der Eheschließung dienen? Die geschichtliche Entwicklung hat das privatrechtliche Eherecht nun einmal über das Gebiet des Kirchenrechts hinweggeführt. Es ist nicht abzusehen, warum dies bloß hinsichtlich des Rechtsstoffes, nicht aber auch hinsichtlich seiner dogmatischen und praktischen Behandlung eingetreten sein soll.

Einteilung und Übersicht der Tatbestandsfehler der Eheschließung sind daher u. E. auf die leichteste Art bloß im Zusammenhange mit deren Wirkungen zu erlangen.

2. Hervorgehoben sei noch einmal die gemeinsame Wirkung, daß die vorherige Kenntnis eines Tatbestandsfehlers die Eingehung der Ehe zu einer verbotenen Handlung stempelt, §§ 122—124.

Zwei fernere Abstufungen der besonderen Wirkungen der Tatbestandsfehler der Eheschließung fallen auf. Mancher derselben ist nämlich so gewichtig, daß er sogar den Schein einer Ehe verhindert, die Ehe wird bei seinem Vorkommen überhaupt und ohne weiteres als nicht geschlossen betrachtet. Dies sind Daseinsfehler der Ehe.

Andere Tatbestandsfehler lassen zwar den Schein einer Ehe aufkommen, geben jedoch Grund zur rückwirkenden Beseitigung derselben.

Diese sind die Ungültigkeitsgründe, deren größter Teil auch den Namen trennender Ehehindernisse trägt.

Die dritte Gruppe der Tatbestandsfehler endlich ist von dem Standpunkte des Rechtsgeschäftes der Eheschließung eine lex imperfecta. Der Tatbestand der Eingehung der Ehe ist in dem Falle ihres Vorhandenseins dem Gesetze nicht genehm und fehlerhaft, diese Fehlerhaftigkeit zieht strafrechtliche Folgen nach sich, §§ 122—124, ohne daß diese jedoch die privatrechtlichen Wirkungen der Eheschließung irgendwie beeinflussen würden. Die Tatbestandsfehler dieser Art sind die aufschiebenden Ehehindernisse.

Das Ehg behandelt nur die letzteren sowie die Ungültigkeitsgründe Dennoch ist es unzweifelhaft, daß z. B. eine bloß kirchlich eingegangene Ehe oder eine solche die mit Anwendung eines die Grenzen des § 53 überschreitenden körperlichen Zwanges geschlossen wurde, ohne weiteres als nicht bestehend betrachtet werden muß. Die Daseinsfehler der Ehe sind eben die auch im Eherechte unberührt gebliebenen Anwendungen der allgemeinen rechtsgeschäftlichen Nichtigkeit.

Die Ungültigkeitsgründe bewirken die Nichtigkeit oder Anfechtbarkeit der Ehe, deren Wesen weiter zu erörtern ist. Es sei nur soviel erwähnt, daß vor sonstiger Beendigung der Ehe[1]) das Geltendmachen der Nichtigkeit eine die Erklärung des Nichtbestehens der Ehe bezweckende und jedermann gegenüber gültige Nichtigkeitsklage erheischt, während die Anfechtbarkeit das Recht verleiht, die Ehe durch einseitiges, rückwirkendes Rechtsgeschäft im Prozeßwege zu beseitigen, §§ 46—47.

Daseinsfehler, Ungültigkeitsgründe und aufschiebende Ehehindernisse sind einem Grundsatze entsprossen: die Ehe soll nämlich in rechtlichen Formen gewissen moralischen Anforderungen entsprechen. Dieser einheitliche Grundgedanke führt dahin, daß ähnliche Tatbestände mit einzelnen Abtönungen in mehreren oder sogar in allen Kategorien der Tatbestandsfehler wiederkehren.

3. Daseinsfehler der Ehe sind die im Ehg nicht erwähnten und dennoch wirkenden rechtsgeschäftlichen Nichtigkeitsgründe, insbesondere das Fehlen der gesetzlich vorgeschriebenen Eheschließung vor dem Standesbeamten, ferner die Anwendung des körperlichen Zwanges.

4. Von den Ungültigkeitsgründen sind die Nichtigkeits- und die Anfechtungsgründe gesondert zu behandeln.

Die scharf umrissenen Tatbestände der Nichtigkeitsgründe sind: das Fehlen der absoluten und der relativen Ehefähigkeit und das Nichteinhalten der Formvorschriften der Eheschließung [2]).

5. Absolut eheunfähig ist, wer eine gültige Ehe überhaupt, relativ, wer eine solche mit einer bestimmten anderen Person nicht eingehen darf.

Absolut eheunfähig sind: Kinder vor Vollendung ihres zwölften Jahres, Geisteskranke, ihrer Besinnung Beraubte während der Dauer dieses Zustandes, ferner wegen Geisteskrankheit oder verkehrs-

[1]) Nach ihrer Beendigung ist der Prozeß unnötig §§ 46, 67, 68.

[2]) Vorausgesetzt, daß diese keine Daseinsfehler verwirklichen (s. oben).

unfähiger Taubstummheit durch vor- oder nachwirkende Verfügung Entmündigte, endlich jene deren Minderjährigkeit wegen Geisteskrankheit oder verkehrsunfähiger Taubstummheit durch vor- oder nachwirkende Verfügung verlängert wurde, § 127.

Die Folge der absoluten Eheunfähigkeit ist Nichtigkeit, doch hält diese Folge nur bis zur Beendigung der Eheunfähigkeit an. Nachher kann die Eingehung der Ehe durch den nunmehr Ehefähigen bekräftigt werden: durch ausdrückliche Erklärung oder durch konkludentes Verhalten. Manche relativen Eheunfähigkeitsgründe machen [1]) jedoch eine solche Bestätigung kraftlos, § 44. Eine nachträgliche Bestätigung heilt bloß die absolute Eheunfähigkeit und mit ihr die Nichtigkeit der Ehe. Ist eine Anfechtbarkeit derselben etwa wegen unentwickelten Alters oder wegen Fehlens der Einwilligung des gesetzlichen Vertreters vorhanden, so bleibt dieselbe durch die hier fragliche Bestätigung unberührt, § 44 Abs. 5.

6. Relativ eheunfähig sind: jene die durch Beziehungen zueinander oder zu Dritten gehindert werden, eine gewisse Ehe einzugehen.

Die in Betracht kommenden Beziehungen sind teils gesetzliche: Verwandtschaft, Schwägerschaft und Bestehen einer anderen gültigen Ehe, teils Folgen einer gemeinsam verübten verbotenen Handlung, die privatrechtliche Strafe des Trachtens nach dem Leben eines früheren Ehegatten der Eheschließenden.

Relative Eheunfähigkeit erzeugende Verwandtschaft ist von der Ehelichkeit der Geburt unabhängig, halbbürtige wird für voll genommen. Relativ eheunfähig sind: Verwandte gerader Linie, Geschwister, der eine der Geschwister und der Abkömmling des andern, § 11 Punkt a, b, c.

Relative Eheunfähigkeit erzeugende Schwägerschaft besteht zwischen dem einen Ehegatten und den Verwandten gerader Linie des anderen. Sie wird durch die Beendigung oder Ungültigkeitserklärung der betreffenden Ehe nicht aufgehoben, § 11 Punkt d.

Relative Eheunfähigkeit verursacht das Bestehen einer nicht nichtigen Ehe des einen der Eheschließenden, § 12, es sei denn, daß die Todeserklärung des anderen Ehegatten der früheren Ehe schon erfolgt wäre, §§ 73—74.

Relativ eheunfähig sind ferner jene, die gemeinsam nach dem Leben eines ihrer früheren Ehegatten trachteten, § 13.

Die Folge der relativen Eheunfähigkeit ist die Nichtigkeit der Ehe, § 45, welche jedoch in dem Falle der Ehe mit Abkömmlingen der Geschwister sowohl vor der Eingehung, § 11 Abs. 3, als auch während der Dauer der Ehe bis zu dem Zeitpunkte ihrer Beendigung durch königlichen Dispens geheilt werden kann, §§ 11 Abs. 3, 45, Abs. 2.

7. Unbedingt erforderliche Formvorschriften der Eingehung der Ehe sind: die dem amtierenden, zuständigen Standesbeamten gegenüber unbedingt, unbefristet und persönlich [2]) abzugebenden Erklärungen der Parteien miteinander die Ehe einzugehen, § 39 Abs. 1.

---

[1]) Schwägerschaft gerader Linie, Bestehen einer früheren nicht nichtigen Ehe, Trachten nach dem Leben eines Ehegatten § 44 Abs 4.

[2]) Ausnahme während des Krieges VJM 60 300/1916.

Das Nichteinhalten dieser Formvorschrift führt zu der Nichtigkeit der Ehe, § 41. Diese Folge tritt jedoch nicht ein, wenn die Ehe vor jemand geschlossen wurde, der zwar nicht Standesbeamter war, aber in der Öffentlichkeit als solcher galt, ferner wenn der Standesbeamte die Eingehung der Ehe unrechtmäßig nicht in seinem doch in dem benachbarten Amtssprengel vornahm vorausgesetzt, daß beide Ehegatten bei Eingehung der Ehe den fraglichen Tatbestandsfehler nicht kannten, § 42.

Wurde die Eingehung der Ehe dem Standesbeamten gegenüber erklärt, so kann die Nichtigkeit wegen Fehlens sonstiger Formvorschriften durch das einjährige Zusammenleben der Ehegatten geheilt werden, § 43.

8. Sowohl bei den Anfechtungsgründen als auch bei den weiter unten behandelten aufschiebenden Ehehindernissen sind die Spuren der Nichtigkeitsgründe deutlich erkennbar. Die Nichtigkeitsgründe bilden den Superlativ, die Anfechtungsgründe den Komparativ und die auf schiebenden Ehehindernisse den untersten Grad der Folgen derselben Grundsätze. Es ist klar, daß die stufenweise Abschwächung der Rechtsfolgen in der entsprechenden Abtönung der betreffenden Tatbestände ihren Grund findet.

Anfechtungsgründe sind: das unentwickelte Alter der Eheschließenden, das Fehlen der Einwilligung des gesetzlichen Vertreters, bezw. der Eltern des minderjährigen Eheschließenden, endlich der Zwang, der Irrtum und die Täuschung des einen Ehegatten.

9. Der Anfechtungsgrund des unentwickelten Alters hält an: bei dem Manne bis zur Vollendung seines achtzehnten, bei der Frau bis zur Vollendung ihres sechzehnten Lebensjahres, §§ 7, 51. Der Justizminister kann von diesem Anfechtungsgrund entheben, § 7. Der Wegfall des Nichtigkeitsgrundes der absoluten Eheunfähigkeit hebt den hier behandelten Anfechtungsgrund noch nicht auf, § 44 Abs. 5.

10. Das Fehlen der Einwilligung des gesetzlichen Vertreters und der Eltern ist Anfechtungsgrund bei der Eheschließung eines Minderjährigen unter zwanzig Jahren. Ein Minderjähriger über zwanzig Jahren hat zur gültigen Ehe [1]) bloß die Einwilligung seines gesetzlichen Vertreters einzuholen, §§ 8, 44, 52.

Die Einwilligung der Eltern ist selbst dann erforderlich, wenn sie aus welchen Gründen immer keine gesetzlichen Vertreter des Minderjährigen sind. Wird die Einwilligung verweigert oder sind keine Eltern vorhanden, so kann die elterliche Einwilligung durch eine vormundschaftsbehördliche Genehmigung ersetzt werden. Letztere ist unnötig, wenn der Großvater der gesetzliche Vertreter des Minderjährigen ist, § 8 Abs. 2.

Einwilligungsberechtigt ist in erster Reihe der Vater, bei unehelichen Kindern oder beim Fehlen des Vaters die Mutter. Ist die Ehe der Eltern gerichtlich geschieden oder von Tisch und Bett getrennt, so ist die Mutter für das ihr anvertraute Kind einwilligungsberechtigt. Sollte sie jedoch aus irgend einem Grunde verhindert sein, so kann die Einwilligung des Vaters eingeholt werden.

---

[1]) Ehg § 8 vergl. jedoch das aufschiebende Ehehindernis des Ehg § 16.

Verhindert sind körperlich oder geistig kranke, abwesende oder der elterlichen Gewalt aus persönlichen Gründen entbehrende Eltern. Eine Verhinderung ist durch die Vormundschaftsbehörde klarzustellen.

War der Minderjährige an Kindesstatt angenommen, so kommt das Einwilligungsrecht dem Annehmenden, nicht aber den leiblichen Eltern zu, §§ 8, 9.

11. Wurde die Ehe infolge einer Drohung eingegangen und die Einwilligung durch begründete Furcht hervorgerufen, so liegt der Anfechtungsgrund des Zwanges vor, § 53.

Dieser Anfechtungsgrund weicht von den allgemeinen Grundsätzen des rechtsgeschäftlichen Zwanges bedeutend ab. Es bleibt nämlich im Anfechtungsverfahren der Ehe vollständig gleichgültig, ob der Zwang von der Gegenpartei oder von Dritten ausgeübt wurde, ob der andere Ehegatte von demselben Kenntnis hatte, endlich ob der den Zwang Ausübende durch die Eingehung der Ehe irgendwelche besonderen Vorteile erlangte, bez. ob der Gezwungene bestimmte Nachteile erlitt.

12. Der Anfechtungsgrund des Irrtums besteht in der falschen Vorstellung über den Inhalt der Eheschließung § 54 a, über die Person des anderen Ehegatten § 54 b oder über seine wichtigen Eigenschaften, § 54 c—f. Die Eigentümlichkeit der Irrtumswirkungen der Eheschließung besteht darin, daß das Gesetz einige wichtige Eigenschaften der eheschließenden Parteien besonders hervorhebt und die irrtümliche Annahme derselben ohne weiteres als genügenden Anfechtungsgrund betrachtet. Diese Eigenschaften sind: die Unbescholtenheit, die Fähigkeit dem debitum conjugale genüge zu leisten und die Voraussetzung, daß ein für tot Erklärter früherer Ehegatte des einen Eheschließenden nicht mehr am Leben sei.

Das Fehlen der Unbescholtenheit ist Anfechtungsgrund, wenn der eine Ehegatte vor Eingehung der Ehe ohne Wissen des anderen zum Tode, Zuchthaus, Kerker oder wegen eines aus Gewinnsucht verübten Vergehens zum Gefängnis verurteilt war und es nicht angenommen werden kann, daß die andere eheschließende Partei bei Kenntnis dieses Umstandes die Ehe eingegangen wäre, § 54 d. Außer diesen Fällen der allgemeinen Unbescholtenheit ist das Fehlen der weiblichen Unbescholtenheit Anfechtungsgrund, wenn die Frau zur Zeit der Eingehung der Ehe ohne Wissen des Mannes von einem anderen geschwängert war, § 54 e.

Die dauernde Unfähigkeit, dem debitum conjugale genüge zu leisten, ist Anfechtungsgrund, wenn sie schon zur Zeit der Eingehung der Ehe vorhanden war und der andere Ehegatte weder von ihr wußte, noch sie den Umständen nach voraussetzen konnte, § 54 e.

Kommt der für tot erklärte frühere Gatte des einen Ehegatten zum Vorschein, so entfällt damit die Voraussetzung, daß die frühere Ehe schon vor Eingehung der zweiten beendigt war, weshalb das Ehg § 54 f. auch diesen Umstand als Anfechtungsgrund gelten läßt.

13. Der Anfechtungsgrund der Täuschung ist nach § 55 ein hervorgehobener und von den Grundsätzen der sonstigen rechtsgeschäftlichen Täuschung unabhängiger Tatbestand.

Er liegt vor, wenn der eine Eheschließende bezw. mit seinem Wissen ein Dritter bei dem anderen hinsichtlich seiner erheblichen Eigenschaften falsche Vorstellungen hervorrief.

Die Täuschung bewirkt die Ungültigkeit der Ehe nur dann, wenn vorausgesetzt werden kann, daß der Getäuschte in Kenntnis der Wahrheit die Ehe nicht eingegangen wäre, § 55 Abs. 2.

Diese abgeschwächte Fassung der Vorschrift hindert das Gesetz daran, die erheblichen persönlichen Eigenschaften von dem Standpunkte der Täuschung einzeln aufzuzählen. Die als Irrtumsgründe in dem § 54 Punkt b—f erwähnten Eigenschaften dürften aber wohl auch als Täuschungsgründe wirken. Ob eine auf die Beschäftigung, Gesundheit, Religion, Herkunft, die geschlechtliche Unberührtheit der Frau [1]) bezügliche Täuschung einen genügenden Anfechtungsgrund bilde, muß trotz mancher sehr kategorisch lautenden gerichtlichen Entscheidung doch dem Sinne des § 55 Abs. 2 gemäß je nach den Lebensverhältnissen der Parteien, verschieden beurteilt werden.

14. Die aufschiebenden Ehehindernisse sind ebenfalls Tatbestandsfehler der Eheschließung, doch als solche nur leges imperfectae. Sie haben mit den übrigen Tatbestandsfehlern soviel gemein, daß der Standesbeamte bei ihrer Kenntnis die Vornahme der Eheschließung verweigert, ferner, daß es auch den Parteien verboten ist, eine derartige fehlerhafte Ehe einzugehen, §§ 122—124. Beide Vorschriften sind mit Strafandrohungen verschärft, ändern jedoch nichts daran, daß, die Fehlerhaftigkeit der Ehe nach ihrer Eingehung nicht mehr geltend gemacht werden kann.

Die aufschiebenden Ehehindernisse schmiegen sich den bisher ausgeführten Tatbestandsfehlern an.

Dem Nichtigkeitsgrunde der absoluten Eheunfähigkeit entspricht die Reihe der sich auf die Beschränkungen der Geschäftsfähigkeit beziehenden aufschiebenden Ehehindernisse. Diese sind: das Entmündigungsverfahren, das Fehlen der vormundschaftlichen und der elterlichen Einwilligung, wenn sie kein Anfechtungsgrund ist, das Fehlen der Einwilligung der kirchlichen bezw. der militärischen Obrigkeit, wenn sie erforderlich ist.

Das Entmündigungsverfahren wegen Geisteskrankheit oder verkehrsunfähiger Taubstummheit ist aufschiebendes Ehehindernis von dem Zeitpunkt einer vorläufigen Verfügung an, gleichgültig ob diese nun in dem Verhängen der Geschäftsfähigkeitssperre oder der Bestellung eines vorläufigen Vormundes besteht. Das Erbringen des Urteils hat dieselbe Wirkung, § 14.

Ähnliche Ehehindernisse bilden: bei Geistesschwachen sowie bei verkehrsfähigen Taubstummen das Fehlen der Einwilligung des Vormundes, § 15, bei Minderjährigen über zwanzig Jahre das Fehlen der Einwilligung der hierzu berechtigten Eltern und zwar auch dann, wenn der gesetzliche Vertreter der Ehe zugestimmt hat, § 16, bei Mitgliedern religiöser Orden, die ein kirchliches Zölibatsgelübde abgelegt haben, das Fehlen der Ein-

[1]) Verneinend K 4042/1903. Grill Dt I, S. 9.

willigung der kirchlichen Oberbehörde, § 25, endlich bei Angehörigen des Heeres, das Fehlen der Einwilligung der Militärbehörde, § 26.

Ähnliche aufschiebende Ehehindernisse sind ferner das Bestehen einer nichtigen Ehe der oder des Eheschließenden, § 21, sodann der Umstand, daß seit Beendigung der früheren Ehe der Frau noch keine zehn Monate verflossen sind, § 24. Das letztere Hindernis kann jedoch durch eine während der Wartezeit eingetretene Geburt oder dadurch behoben werden, daß die frühere Ehe der Frau wegen Impotenz des Gatten ungültig erklärt wurde, § 24.

Den bisherigen schließt sich die bewußte oder bewiesene Unrichtigkeit der Todesvermutung des früheren Gatten eines der Eheschließenden an, § 22.

Dem Nichtigkeitsgrunde der fehlenden Formvorschriften entspricht das aufschiebende Ehehindernis des fehlenden Aufgebotes, welches durch behördlichen Dispens behoben werden kann, § 27. Bei lebensgefährlicher Krankheit der eheschließenden Partei genügt hierzu eine an Eidesstatt abzugebende Erklärung, laut welcher mit dem Wissen der Erklärenden zwischen ihnen kein Tatbestandsfehler und kein aufschiebendes Ehehindernis vorliegt, § 36.

15. Die aufgezählten, aufschiebenden Ehehindernisse sind absolute Eheverbote. Sie bewirken die — allerdings schwache — Fehlerhaftigkeit jeder Ehe, welche trotz ihrer vorgenommen wurde. Sie sind eigentlich als die tiefste Stufe der absoluten Eheunfähigkeit zu betrachten. Der relativen Eheunfähigkeit entsprechen die relativen Eheverbote. Das relative Eheverbot der Verwandtschaft besteht zwischen Kusins ersten Grades und zwar sowohl solchen ehelicher als auch unehelicher Abstammung. Das Ehehindernis kann durch Dispens des Justizministers behoben werden, § 17.

Der Verwandtschaft ähnlich, aber zum Teil auch der Schwägerschaft nachgebildet ist das relative Ehehindernis der Adoption.

Das Ehehindernis der adoptiven Verwandtschaft liegt vor zwischen dem Annehmenden und dem Angenommenen, sowie dessen Abkömmlingen, § 18, wobei es ganz nebensächlich ist, ob die Geburt des letzteren vor oder nach der Annahme an Kindesstatt erfolgte.

Das relative Ehehindernis der adoptiven Schwägerschaft stellt das Gesetz auf: zwischen dem Annehmenden und dem Gatten (bezgl. der Gattin) des Angenommenen oder dessen Abkömmlingen, ferner zwischen dem Gatten (bezgl. der Gattin) des Annehmenden und dem Angenommenen sowie dessen Abkömmlingen, § 18.

Die eheliche Abstammung ist bei diesem Ehehindernisse nebensächlich, auch kann dasselbe durch Dispens des Justizministers behoben werden. Dem Ehehindernisse der Verwandtschaft nachgebildet ist das aufschiebende Ehehindernis der Vormundschaft, gemäß dem es dem Vormunde und dessen Abkömmlingen, gleichviel, ob sie ehelich oder unehelich sind, während der Dauer der Vormundschaft versagt bleibt mit dem Mündel eine Ehe einzugehen, § 19.

Das relative Ehehindernis einer gemeinsam verübten verbotenen Handlung besteht zwischen jenen, denen es wegen Ehebruches durch Scheidungsurteil verboten wurde, einander zu ehelichen, § 20. Ebenso besteht das relative Verbot, die Ehe mit demjenigen einzugehen, der als Täter oder Teilnehmer an einem gegen den Ehegatten des anderen verübten Mord, an vorsätzlicher Tötung oder einem Versuche dieser Verbrechen verurteilt worden ist.

Die beiden letzerwähnten relativen Ehehindernisse sind auf Vorschlag des Justizministers durch königlichen Dispens zu beheben, § 20, 23.

§ 4. Wesen und Geltendmachen der wirksamen Tatbestandsfehler.

1. Daseinsfehler und Ungültigkeitsgründe der Ehe sind wirksame Tatbestandsfehler der Eheschließung. Ihre Wirkung besteht darin, daß ihr Vorhandensein die Folgen der Ehe ausschließt oder wenigstens mit rückwirkender Kraft beendigen kann.

Die stärkste Wirkung kommt jenen Daseinsfehlern zu, bei denen die allgemeinen Vorschriften der rechtsgeschäftlichen Nichtigkeit angewendet werden. Diese erfordern keinen besonderen das Nichtbestehen der Ehe klarlegenden Prozeßweg [1]) und können sowohl von den eheschließenden Parteien, als auch von Dritten in jedem mit der Frage zusammenhängenden Rechtsstreite ungehindert vorgebracht und erwiesen werden [2]). Die Ungültigkeitsgründe und zwar sowohl die Nichtigkeits- als auch die Anfechtungsgründe hingegen werden während der Dauer der Ehe nicht in Betracht gezogen und können vor Beendigung derselben nur in dem Ungültigkeitsprozesse vorgebracht und bewiesen werden.

Von dem Standpunkte des materiellen Rechtes treten die Folgen der Ehe trotz Vorhandensein der Ungültigkeitsgründe einstweilen ein und es besteht bloß die Möglichkeit, dieselben mit rückwirkender Kraft zu beseitigen, §§ 46 Abs. 1, 67 Abs. 1.

Die Beseitigung erfolgt: vor Beendigung der Ehe durch Ungültigkeitsklage, nach Beendigung derselben bei den Nichtigkeitsgründen ohne jedes Hinzutun der Parteien durch das Gesetz selbst, §§ 46 Abs. 2, bei der Anfechtbarkeit durch die gerichtliche Anmeldung der Anfechtung, § 68.

Die Vorschriften des Ehg regeln die Beseitigung der ungültigen Ehen so gründlich, daß sie dieselben als von Anfang an als nicht geschlossen betrachten, §§ 46 Abs. 2, 67 Abs. 2. Fast ausdrücklich, § 67 Abs. 1, fast angedeutet, § 46 Abs. 1, findet sich in dem erwähnten Gesetze auch die Auffassung, daß vor Beseitigung der Rechtsfolgen der Eheschließung die ungültige Ehe in jeder Beziehung als voll zu gelten hat.

Nach Beendigung der ungültigen Ehe verbleiben aber auch und zwar trotz der diesbezüdlichen kategorischen Vorschriften des Ehg gar wichtige Wirkungen derselben aufrecht.

Einmal werden nämlich die aus den vermeintlichen doch un-

---

[1]) PG § 686 verleiht aber den Ehegatten, dem Staatsanwalt sowie jedem rechtlich Beteiligten die Möglichkeit, das Nichtbestehen der Ehe durch ein gegenüber jedermann gültiges Urteil feststellen zu lassen.

[2]) Allerdings nur mit Geltung für den betreffenden Prozeß.

gültigen Ehen stammenden Kinder weder durch die Ungültigkeitserklärung, noch durch die Beendigung der betreffenden Ehe unehelich [1]. Sodann verbleiben zugunsten des gutgläubigen Ehegatten auch die wichtigsten erbrechtlichen Folgen der bis zu dem Tode des anderen Gatten tatsächlich bestehenden ungültigen Ehe [2].

2. Die einzelnen Arten der Ungültigkeitsklagen sind: die Nichtigkeitsklage und die Anfechtungsklage. Der innere Aufbau der beiden ist voneinander verschieden, doch unterstehen sie denselben prozeßrechtlichen Vorschriften, PG § 639 ff. und weisen auch sonst einige Ähnlichkeiten auf. Diese sind: einmal, daß die Trennung von Tisch und Bett in beiden Prozeßarten von Amtswegen angeordnet werden kann, § 72, sodann die konstitutive Kraft des die Ungültigkeit aussprechenden Urteils vor sonstiger Beendigung der betreffenden Ehe, §§ 50, 70, 71, 72, endlich, daß die vermögensrechtlichen Wirkungen gegenüber gutgläubigen Dritten, welche mit den Ehegatten vor der Ungültigkeitserklärung der Ehe in rechtsgeschäftlichen Verkehr traten, aufrecht bleiben, § 133.

3. Die Nichtigkeitsklage ist eine negative Feststellungsklage. Ihre Aufgabe besteht darin, durch Urteil autoritativ darzulegen, daß die Ehe nicht gültig zustande gekommen war. Zugleich hat aber das Nichtigkeitsurteil auch die einstweilig eingetretenen Rechtsfolgen der Ehe rückwirkend zu beseitigen. Da diese Beseitigung vor sonstiger Beendigung der nichtigen Ehe ausschließlich nur durch das Nichtigkeitsurteil bewirkt werden kann, wohnt diesem eine konstitutive Kraft inne, deren wichtigste Folge darin besteht, daß das rechtskräftige Nichtigkeitsurteil gegenüber jedermann wirksam ist [3].

Die Nichtigkeitsklage kann jedermann erheben, der an ihrem Erfolge ein rechtliches Interesse hat. Ehg § 47 erwähnt als Interessenten besonders den früheren Ehegatten dessen Ehe noch zu Recht besteht und den späteren Ehegatten dessen zweite Ehe mit der Gültigkeit der ersteren fällt.

4. Die Nichtigkeitsklage kann nach Beendigung der nichtigen Ehe nicht erhoben [4] werden, § 49. Ist dies aber auch unmöglich, so bleibt der rechtlich interessierten Partei noch immer auf Grund des PG [5] die Möglichkeit einer negativen Feststellungsklage offen [6].

5. Durch die Anfechtung wird ein Gestaltungsrecht der dazu Berufenen ausgübt, welches mittels rechtsgeschäftlicher Willenserklärung die Ehe mit rückwirkender Kraft beseitigt.

Die Form des erforderlichen Anfechtungsgeschäftes ist während der Dauer der Ehe eine Klage, nach deren Beendigung eine dem Gerichte gegenüber abzugebende unwiderrufliche Anmeldung, § 68.

Das Anfechtungsurteil ist ebenfalls ein Feststellungsurteil. Während

---

[1] Vergl. EUG § 91 Abs. 2 K 441/1905, Mji Dt Bd. I, S 137.

[2] K 4089/1912. (Mji Dt VII. S. 97 F 65.)

[3] Ehg § 50, verschärft wird diese Wirkung noch dadurch, daß eine Wiederaufnahme des Prozesses ausgeschlossen ist, wenn das Urteil die Ehe als ungültig erklärte. § 682 PG.

[4] Doch u. U. kann eine solche Klage selbst in diesem Falle entschieden werden. Dann nämlich, wenn der Ehegatte während des Nichtigkeitsprozesses nach Beendigung der Berufungsverhandlung stirbt PG § 676 Abs. 2.

[5] § 130 (§ 686 ist nicht anwendbar).

[6] Siehe vorige Anmerkung.

aber die erfolgreiche Nichtigkeitsklage nur zu der Feststellung dessen führt, daß bei Eingehung der Ehe ein wirksamer Tatbestandsfehler vorgekommen war, sind bei der erfolgreichen Anfechtungsklage in dem Urteile zweierlei Feststellungen enthalten. Einmal die Feststellung dessen, daß bei Eingehung der Ehe ein wirksamer Tatbestandsfehler: der Anfechtungsgrund vorhanden war. Hierdurch wäre aber bloß die Möglichkeit der Beseitigung der anfechtbaren Ehe gegeben. Damit diese Möglichkeit zur Wirklichkeit werde, ist es noch notwendig, daß der Berechtigte sein Anfechtungsrecht ausübe und daß Anfechtungsgeschäft vornehme. So enthält denn das Anfechtungsurteil außer der erwähnten und auch in dem Nichtigkeitsurteile auffindbaren Feststellung des Tatbestandsfehlers auch noch die Feststellung dessen, daß das Anfechtungsgeschäft in entsprechender Weise vorgenommen wurde.

Das Nichtigkeitsurteil stellt die Fehlerhaftigkeit der Eheschließung, das Anfechtungsurteil hingegen außer dieser auch noch die Fehlerlosigkeit des Anfechtungsgeschäftes fest.

Die Feststellungen des Anfechtungsurteils beseitigen die Folgen der Ehe mit rückwirkender Kraft. Vor Beendigung der anfechtbaren Ehe ist dies nur auf dem Prozeßwege möglich, was die dem Nichtigkeitsurteile ähnliche konstitutive Kraft des Anfechtungsurteils erklärt, § 70.

6. Anfechtungsberechtigt sind: auf privatrechtlicher Grundlage der Ehegatte, zu dessen Ungunsten der Anfechtungsgrund eingetreten ist, und bei der Anfechtung wegen mangelnder Einwilligung die Eltern deren Einwilligung noch aussteht, §§ 56, 59.

Der Ehegatte kann das Anfechtungsrecht wegen unentwickelten Alters und wegen mangelnder Einwilligung nur nach Erreichen seines entwickelten Alters ausüben, § 56. Das Anfechtungsrecht der Eltern bedarf der ausdrücklichen, innerhalb von drei Monaten abzugebenden vormundschaftsbehördlichen Bestätigung. Die erwähnte Frist ist von der amtlichen Kenntnisnahme des Anfechtungsgrundes an zu rechnen, § 59 Abs. 2.

Aus öffentlich-rechtlichen Gründen anfechtungsberechtigt sind: bei dem Anfechtungsgrunde des unentwickelten Alters der zuständige königliche Staatsanwalt, bei der mangelnden Einwilligung die Vormundschaftsbehörde. Der Staatsanwalt kann nur auf Grund einer Ermächtigung des Justizministers vorgehen, § 56.

Das Anfechtungsrecht des Ehegatten ist ein höchst persönliches und von der behördlichen Anfechtung insoweit unabhängig, als der behördliche Anfechtungsprozeß beim Erreichen seines entwickelten Alters auf den anfechtungsberechtigten Ehegatten übergeht, § 69.

Manche Ereignisse sowie Rechtshandlungen berauben den Anfechtungsgrund seiner Kraft.

Solche Ereignisse sind: der Ablauf der gesetzlichen Anfechtungsfrist von einem Jahre, § 57, die gerichtliche Scheidung der Ehe, ihre Beendigung durch Todeserklärung und neue Eheschließung, ferner der Tod des Ehegatten, zu dessen Ungunsten der Anfechtungsgrund eintraf, endlich bei der Anfechtung wegen irrtümlicher Todeserklärung des ersten Ehegatten, der wirkliche Tod desselben oder die Beendigung der zweiten Ehe, § 61.

Der Ablauf der Anfechtungsfrist beginnt für den Ehegatten bei der Anfechtung wegen unentwickelten Alters und wegen mangelnder Einwilligung mit dem Anfangstage seines entwickelten Alters, für den Ehegatten, welcher bei der Eingehung der Ehe das entwickelte Alter schon erreicht hatte von dem Tage der Eheschließung an, bei den übrigen Anfechtungsgründen von dem Tage des Aufhörens der Lage welche den Grund zur Anfechtung bot [1]), § 57. Für die anfechtungsberechtigten Behörden läuft die Frist von dem Tage an an welchem sie von der Anfechtbarkeit der Ehe amtliche Kenntnis erlangten, für die Vormundschaftsbehörde schon von dem Tage der Eheschließung an, § 57. Die Kenntnis des gesetzlichen Vertreters oder der Eltern deren Einwilligung die Anfechtbarkeit ausschließt, ist der Kenntnis der Vormundschaftsbehörde gleich zu erachten [2]).

Hindert den Berechtigten Handlungsunfähigkeit oder höhere Gewalt[3]) an der Anfechtung, so ruht während der Dauer des Hindernisses der Ablauf der Anfechtungsfrist, § 60.

Rechtshandlungen, welche das Anfechtungsrecht aufheben, sind: nachträgliche Enthebung, nachträgliche Einwilligung und Bestätigung der Ehe, §§ 63—66.

Die Enthebung von dem Ehehindernisse des unentwickelten Alters kann bis zur Beendigung desselben, die nachträgliche Einwilligung von seiten des gesetzlichen Vertreters, der Eltern oder der Vormundschaftsbehörde bis zur Beendigung der Minderjährigkeit des Ehegatten, die Bestätigung der Ehe aber bis zum Ablauf der Anfechtungszeit erfolgen. Die erwähnten Rechtshandlungen können nach der gerichtlichen Ungültigkeitserklärung, nach der Anfechtungsanmeldung, sowie nach Beendigung der angefochtenen Ehe nicht vorgenommen werden, § 66.

§ 5. Persönliche Wirkungen der Ehe.

1. Die Eingehung der Ehe knüpft zwischen den Ehegatten ein enges Familienband, dessen Hauptfolge das gegenseitige Recht und die gegenseitige Pflicht [4]) des ehegemäßen Verhaltens ist.

Das ehegemäße Verhalten erfordert vor allem das Zustandebringen und das Aufrechterhalten der ehelichen Lebensgemeinschaft [5]). Hierunter ist keineswegs nur das Zusammensein zu verstehen. Die Ehegatten haben die Stellung einzunehmen, welche ihnen durch das Gesetz innerhalb der ehelichen Lebensgemeinschaft zugewiesen wurde. Sie haben die ge-

---

[1]) Also mit der Beendigung der Zwangslage, der Erkenntnis des Irrtums oder der Täuschung.

[2]) Bei verschiedenen Anfangszeitpunkten der Kenntnis gilt für die Fristberechnung die letzte. Die Kenntnis vor Ausüburgsmöglichkeit des Anfechtungsrechtes wird nicht in Betracht gezogen.

[3]) Höhere Gewalt ist hier schon der Verlauf des amtlichen Verfahrens behufs Ausfolgung eines Armutszeugnisses und Bestellung eines Armenadvokaten Arg. K 1921, P III, 209 (Mji Dt Bd. XIV S. 25 F 30).

[4]) Vergl. EUG §§ 21 ff.

[5]) Arg. Ehg § 77.

setzlich sie belastenden Leistungen zu erfüllen, die in ehelichen Angelegenheiten erforderliche Sorgfalt auszuüben [1]) und sich unsittlicher[2]) und ungesetzlicher [3]). Handlungen, welche die eheliche Lebensgemeinschaft gefährden, zu enthalten.

Auf der ehelichen Lebensgemeinschaft beruht[4]) die gegenseitige Unterhaltspflicht der Ehegatten [5]). Personenrechtlich erlangt die Frau den Namen und den Stand ihres Ehegatten[6]), seine Staatsangehörigkeit, seine Zuständigkeit [7]).

Die vermögensrechtlichen Folgen der Ehe sind im ehelichen Güterrechte, die erbrechtlichen im Erbrechte zu behandeln.

2. Die Pflicht der ehelichen Lebensgemeinschaft beginnt und endet mit der Ehe selbst. Sie kann aber durch richterlichen Bescheid oder durch richterliches Urteil zeitweilig aufgehoben werden. Richterlicher Bescheid ist hierzu während des Scheidungs- und Trennungsprozesses erforderlich und genügend [8]). Die Wirkung des Bescheides dauert bis zur Beendigung des Rechtsstreites an. Richterliches Urteil (Trennungsurteil) schiebt die Pflicht der ehelichen Lebensgemeinschaft bis zu der durch die Ehegatten vorzunehmenden gemeinsamen Anmeldung ihrer Wiederherstellung beiseite, § 106.

3. Der Mann hat in der ehelichen Lebensgemeinschaft die führende Rolle inne. Er hat das Bestimmungsrecht des gemeinsamen Wohn- und Aufenthaltsortes [9]) sowie das Entscheidungsrecht in allen rechtlich bedeutsamen Familienangelegenheiten[10]). Die Frau ist der Leitung des Mannes in dieser Beziehung aber nur bis zur Grenze des Rechtsmißbrauchs, unterworfen.[11])

Die Eingehung der Ehe läßt außer der allgemeinen Pflicht der Lebensgemeinschaft auch noch besondere gesetzliche Verpflichtungen beider Ehegatten entstehen.

Eng mit der ehelichen Lebensgemeinschaft verbunden ist die Schlüsselgewalt der Frau gemäß der sie das Recht und die Pflicht hat die Leitung des Haushaltes zu besorgen.

Soweit es die Lebensverhältnisse der Ehegatten begründen, belasten die Frau auch die gesetzlichen Pflichten der häuslichen Arbeit, der Unterstützung des Mannes in seiner Erwerbstätigkeit, endlich u. U. auch der

---

[1]) Diese kann aber nicht das Maß der quam in suis rebus übersteigen.

[2]) §§ 76, 79, 80 b, d.

[3]) §§ 77, 78, 80.

[4]) Ist jedoch nicht von der Dauer der ehelichen Lebensgemeinschaft abhängig.

[5]) *Grill* Dt II 1, 142—201, Unterhaltungspflicht der Gattin: Mj Dt IV. Folge Bd. I S. 358, K 1323/1904. K 1918 P III, 2930 (Mji Dt Bd. XIII, S. 3, F. 2). Vergl. EUG 23 ff.

[6]) Ehg § 94.

[7]) GA L, 1879 § 6, XXII, 1886 § 7.

[8]) Ehg § 99, PC § 665.

[9]) *Grill* Dt II 1 S. 59, K. 1155/1903, Mji Dt VIII S. 98, K 3066/1913.

[10]) Mji Dt IX S. 68 K 3588/1914, K 1917 P III. 1932 (Mji Dt Bd. XII S. 2. F. 3) vergl. EUG § 22.

[11]) Der Mann hat daher hierbei die berechtigten Gegengründe der Frau zu beachten. So darf der Wohnsitz weder für die Lebensgemeinschaft ungeeignet sein, noch die moralischen oder materiellen Interessen der Frau (z. B. Ausübung ihres Berufes) gefährden Vgl. K 2884/1914 (MT Bd. I F. 10).

eigenen Erwerbstätigkeit [1]. Die Quellen schweigen über die gesetzliche Pflicht der Erwerbstätigkeit des Mannes, doch ergibt sich dieselbe aus dem in zahllosen gerichtlichen Entscheidungen scharf betonten Grundsatze, der die ehelichen Lasten dem Manne zuteilt, von selbst.

Fraglich blieb im ungarischen Rechte das selbständige Erwerbsrecht der Frau. Da jedoch die Eheschließung die Rechtsfähigkeit der Frau nicht berührt, muß ihr dieses Recht zuerkannt werden. Selbstverständlich wird es durch die Pflicht der ehelichen Lebensgemeinschaft und das Entscheidungsrecht des Mannes in Familienangelegenheiten, welches hinsichtlich einzelner Erwerbstätigkeiten der Frau in den Quellen noch besonders anerkannt ist [2], begrenzt.

4. Das Ehg behandelt nicht die bei den vermögensrechtlichen Verhältnissen der Ehegatten erforderliche Sorgfalt. Ihr entspricht wohl die diligentia quam in suis rebus. Da die ehegemäße Sorgfalt bei den Ehescheidungsgründen oft auch von vermögensrechtlichen Verhältnissen unabhängig in Frage kommt, muß die erwähnte Vorschrift aber auch für das Gebiet der persönlichen Pflichten gelten. So kommen wir zu dem Satze: die Ehegatten sind einander gegenüber in dem ganzen Umfange des ehegemäßen Verhaltens zu jener Sorgfalt verpflichtet, welche sie in ihren eigenen Angelegenheiten anwenden. Dies kann aber u. E. weder vorbedachte Sorglosigkeit noch gewohnheitsgemäßen auffallenden Leichtsinn entschuldigen [3].

§ 6. Beendigung der Ehe.

1. Die Ehe wird durch den Tod des einen Ehegatten beendigt, § 73 a. Bei der gültigen Ehe bewirkt der Tod den Wegfall der meisten [4] persönlichen Wirkungen der Ehe für die Zukunft und den Eintritt der erbrechtlichen Folgen derselben für die Gegenwart.

War die Ehe nichtig, so beseitigt der Tod des Ehegatten die persönlichen Wirkungen der Ehe von dem Tage ihrer Eingehung an, § 46 Abs. 2. Die ungültige Ehe zeitigt jedoch zugunsten gutgläubiger Dritter, welche vor der Ungültigkeitserklärung mit den vermeintlichen Ehegatten Rechtsgeschäfte [5] abgeschlossen hatten, die Folgen der gültigen Ehe.

Der Tod des in dem Verlaufe einer anfechtbaren Ehe verstorbenen Gatten verwandelt das Recht, die Ehe klagweise anzufechten, in ein Recht, denselben Erfolg durch die bloße gerichtliche Anmeldung der Anfechtung zu erreichen, § 68. Erfolgt diese, so treten die Folgen der ungültigen Ehe ein, im entgegengesetzten Falle die der Beendigung der gültigen.

Stehen die persönlichen Wirkungen der Ehe in Frage, so muß der Tod des Ehegatten manchmal trotz der Todesvermutung bewiesen werden [6].

---

[1] Vergl. EUG § 26, und den S. 187 in Anmerkung 11 angeführten zweiten Fall.

[2] Z. B. Dienstvertrag GA XIII, 1876 § 9 usw.

[3] Sonst wäre eine Verantwortlichkeit gar nicht denkbar.

[4] Nicht aller, der Name, Stand usw des Verblichenen verbleibt der Gattin selbst nach dessen Tode.

[5] § 133. Trotz der allgemeinen Fassung der Vorschrift ist diese dennoch nur auf vermögensrechtliche Geschäfte zu verstehen, für die übrigen fehlt die ratio.

[6] Arg. Ehg § 73.

2. Die zweiseitig gutgläubige Eingehung einer neuen nicht nichtigen Ehe beendigt die frühere Ehe, wenn der frühere Gatte gerichtlich für tot erklärt wurde, § 73.

Dieser Beendigungsgrund ist aber erbrechtlich wirkungslos, Hinsichtlich der persönlichen sowie der familienrechtlichen Folgen hat er eine dem Tode des für tot Erklärten gleiche Wirkung.

Das Erscheinen des früheren Gatten ist in dem Falle der Gutgläubigkeit der neuen Ehegatten ein Anfechtungsgrund, § 54 f., sonst ein Nichtigkeitsgrund, § 12 Abs. 1.

3. Richterliches Urteil beendigt die Ehe rückwirkend bei dem erfolgreich auf dem Prozeßwege geltend gemachten Ungültigkeitsgründen, für die Zukunft in den Ehescheidungsfällen.

Das Recht auf Ehescheidung hat der Ehegatte, zu dessen Ungunsten der andere einen Ehescheidungsgrund verwirklicht.

Scheidungsgründe sind Verfehlungen gegen das ehegemäße Verhalten. Da das letztere — wie schon ausgeführt — die Hauptpflicht der Gatten bildet, muß die Verwirklichung der Scheidungsgründe als die schwerste Art der verbotenen Handlungen des Familienrechts betrachtet werden. Dieser Umstand erklärt es auch, daß die Einwilligung des anderen Ehegatten, in einem Falle[1]) sogar das bloße Kennen des Scheidungsgrundes, ferner das Verzeihen derselben seine Wirkung ausschließt, §§ 81, 79, Abs. 2, 82. Nur die erwähnte Auffassung kann als grundsätzlicher Ausgangspunkt der Vorschriften dienen, welche den Namens- und Rangverlust der schuldigen Frau, § 94, die Unterhaltspflicht des schuldigen Mannes, § 90, die gegenüber dem schuldigen Teile eintretende Unwirksamkeit der Schenkungsversprechen, das Rückforderungsrecht der schon verwirklichten Schenkungen, § 89, das relative Ehehindernis zwischen Ehebrechern, § 85 Abs. 5. betreffen. Nur sie erklärt auch die sonst unfaßbare Praxis, welche den geisteskranken Gatten während der Dauer seiner Krankheit selbst für die vor derselben verwirklichten Scheidungsgründe nicht zur Verantwortung zieht[2]).

4. Das Scheidungsurteil hat den Gatten, welcher einen Scheidungsgrund verwirklichte, als schuldigen Teil zu bezeichnen. Zweiseitige Schuld ist zulässig und kann selbst ohne Widerklage und auch auf Grund eines verjährten Scheidungsgrundes ausgesprochen werden, § 85 Abs. 1—5.

Das Recht auf Ehescheidung verjährt — wenn Handlungsunfähigkeit des Berechtigten, oder höhere Gewalt dies während ihrer Dauer nicht hindern (§ 83 Abs. 2) — schon während eines halben Jahres nach Kenntnis des Scheidungsgrundes und kann nach dem Verlaufe der präklusiven Frist von 10 Jahren überhaupt nicht ausgeübt werden, § 83[3]).

5. Die Ehescheidungsgründe sind demnach gesetzlich umschriebene und dem ehegemäßen Verhalten widersprechende, verbotene Handlungen des Familienrechts.

---

[1]) Verübung eines Verbrechens arg. § 79 Abs. 2.

[2]) Vergl. jedoch K 1526/1897 *Grill* Dt II 1 S. 53, welche Entscheidung das Trachten nach dem Leben des Ehegatten auch in dem Falle als Scheidungsgrund behandelt, wenn der Beklagte unzurechnungsfähig war.

[3]) Der Ablauf dieser Präklusivfrist ist von Amtswegen zu beachten, K 1916, P III 6625, Mji Dt XI S. 89.

Die schwersten Arten dieser verbotenen Handlungen sind unbeingte Grundlagen des Ehelösungsrechtes, die leichteren hingegen geben — selbst in dem Falle ihres Geltendmachens — bloß die Möglichkeit der Scheidung. Bei den letzteren bedarf es noch der Überzeugung des Richters, daß die Ehe gänzlich unterwühlt und die Fortsetzung der ehelichen Lebensgemeinschaft in Anbetracht der Lebensverhältnisse und der Individualität der Ehegatten für den verletzten Teil unmöglich sei, §§ 76—80.

Zwingende Ehescheidungsgründe sind:

1. das böswillige Verlassen. Eigentlich besteht dieser Scheidungsgrund in dem unbegründeten Nichtbefolgen der gerichtlichen Verpflichtung zur Wiederherstellung der ehelichen Lebensgemeinschaft von seiten des sie vorsätzlich und grundlos auflösenden oder nicht wiederherstellenden Ehegatten. Die Voraussetzungen des böswilligen Verlassens als zwingenden Scheidungsgrundes sind: gegenüber einem Ehegatten bekannten Aufenthaltsortes der Ablauf einer 6 monatlichen Frist, welche von dem Verlassen an gerechnet wird, die hierauf folgende gerichtliche Verpflichtung zur Wiederherstellung der ehelichen Lebensgemeinschaft innerhalb einer gerichtlich festgesetzten Frist und der erfolglose Ablauf derselben, § 77 Punkt a, gegenüber einem Ehegatten unbekannten Aufenthaltsortes der Ablauf eines Jahres seit dem Verlassen, die gerichtliche Aufforderung zur Wiederherstellung der Lebensgemeinschaft innerhalb eines weiteren Jahres und der erfolglose Ablauf der letzteren Frist, § 77 Punkt b.

2. Die gröbsten Verfehlungen gegen die sittlichen Anforderungen des ehegemäßen Verhaltens: der Ehebruch, die widernatürliche Unzucht, die bewußte Bigamie, § 76, die nach Eingehung der Ehe erfolgte Verurteilung zum Tode, zu einer Zuchthaus- oder zu Kerkerstrafe von mindestens 5 Jahren, § 79.

3. Die gröbsten Verfehlungen gegen die Anforderungen des ehegemäßen Verhaltens betreffs der Sicherheit des verletzten Ehegatten: das Trachten nach dessen Leben, die die körperliche Wohlfahrt und Gesundheit gefährdende, ihm vorsätzlich zugefügte schwere Schädiung, § 78 [1]).

Fakultative Scheidungsgründe sind:

1. Schwere Verfehlungen gegen die sittlichen Anforderungen des ehegemäßen Verhaltens: unsittlicher Lebenswandel, die erfolgreiche oder versuchte Verleitung eines der Familie des verletzten Ehegatten angehörigen Kindes zum unsittlichen Lebenswandel oder zur Verübung einer strafbaren Handlung, die nach Eingehung der Ehe erfolgte Verurteilung des schuldigen Ehegatten zu einer Zuchthaus- oder Kerkerstrafe unter 5 Jahren oder wegen eines aus Gewinnsucht verübten Vergehens zur Gefängnisstrafe, § 80 Punkt b, d.

2. Vorsätzliche Handlungen, welche gegen das ehegemäße Verhalten schwer verstoßen, § 80 Punkt a. Diese sind im Ehg nur negativ umschrieben. Die Praxis entwickelt aber

---

1) Z. B. Übertragung einer geschlechtlichen Krankheit Mji Dt Bd. X 185 K 1915 RP III 10 975.

langsam das Schema der hierher gehörigen ehelichen Pflichten und muß daher als die Rechtsquelle betrachtet werden, welche — wenn auch nicht die im § 80 Punkt a angedeuteten Handlungen so doch jedenfalls — die dort geschützten Rechtsgüter enthält. Die Scheidungsgründe des § 80 Punkt a verletzen u. a.: die Lebensgemeinschaft, die Unterhaltspflicht, die erforderliche Sorgfalt [1]), der Ehegatten, das Bestimmungsrecht des Mannes, die Namenspflicht [2]), die Schlüsselgewalt und die Pflicht der häuslichen Arbeit der Frau usw.

6. Die Scheidungsklage verursacht die richterliche Anwendung der Ausgleichs- und Nachteilsfolgen der durch den Scheidungsgrund verwirklichten, familienrechtlich verbotenen Handlung.

Dies erfolgt durch das Urteil, das letztere ist daher ein notwendiges Erfordernis der Beendigung der Ehe auf Grundlage einer verbotenen Handlung des Familienrechts, § 75. Bei dem Erbringen des Scheidungsurteils hat der Richter vor allem die Verwirklichung des Scheidungsgrundes festzustellen. Sodann hat er aber auch noch ein Machtwort zu sprechen, welches nicht etwa nur formell wie bei den Ungültigkeitsklagen, sondern auch materiell die Ehe löst. Das Scheidungsurteil besitzt daher eine materielle konstitutive Kraft [3]) und wirkt demzufolge bloß für die Zukunft, die Ehe wird am Tage seiner Rechtskraft beendigt, § 88.

Ausgleichsfolge der Verwirklichung der Scheidungsgründe ist die Beendigung der ehelichen Pflichten des nichtschuldigen Ehegatten, Nachteilsfolge hingegen der Verlust der persönlichen ehelichen Rechte und zu ungunsten des schuldigen Mannes außerdem noch die Fortdauer mancher ehelichen Pflichten [4]), § 90, der teilweise Verlust der über die gemeinsamen Kinder ausgeübten elterlichen Gewalt, § 95, Abs. 2, der Verlust des Namensrechtes der schuldigen Frau, § 94, ferner die Rückgabepflicht der von dem nichtschuldigen Ehegatten empfangenen [5]) Geschenke und die Unwirksamkeit der entsprechenden Schenkungsversprechen, § 89.

7. Der Ehescheidung nahe steht die richterliche Trennung von Tisch und Bett.

Das Recht der Trennung von Tisch und Bett ist eine zugunsten des sich hiermit begnügenden verletzten Ehegatten [6]) verliehene mildere Folge der oben ausgeführten verbotenen Handlungen des Familienrechts.

Die Trennung von Tisch und Bett selbst ist eine durch Urteil erfolgte, mit manchen personenrechtlichen [7]) und sämtlichen vermögensrechtlichen

---

[1]) Hinsichtlich der Verpflegung Mji Dt S. 47, K 4668/1910 oder der Sittlichkeit der Kinder Mji Dt XI S. 119, K 1916, P III 6108, Annahme einer unmoralischen Anstellung Mji Dt Bd. X S. 142, K 1915, RP III 9994. Der Hauptfall bleibt aber das böswillige Verlassen, wenn die Voraussetzungen des § 77 nicht vorhanden sind.

[2]) Arg. GA XXXIII, 1894 § 44, Ehg § 94.

[3]) Das Ungültigkeitsurteil hingegen nur eine prozessuale.

[4]) Z. B. Unterhaltspflicht des Mannes. Eine solche der Frau dürfte die Praxis ablehnen.

[5]) Zweiseitige Schuldigkeit läßt dieses Recht erlöschen. K 1921 P III. 501 (MT Bd. III S. 140 F. 95).

[6]) Sie wird hauptsächlich aus religiösen Gründen in Anspruch genommen (Katholikenehen).

[7]) Das debitum conjugale und die Pflicht der ehelichen Lebensgemeinschaft

Wirkungen der Ehescheidung verbundene richterliche Aufhebung der ehelichen Lebensgemeinschaft, § 105 Abs. 2.

Ihre Grundlage bildet die Verwirklichung irgend eines Scheidungsgrundes, § 104. Nach zweijähriger Dauer kann der Ehegatte die Umwandlung des Trennungsurteils in ein Scheidungsurteil verlangen, § 107. Es bleibt jedoch den Parteien unbenommen die eheliche Lebensgemeinschaft aus eigenem Antriebe wiederherzustellen, wodurch die Folgen des Trennungsurteils beiseite geschoben werden, § 106 [1]).

Eheliches Güterrecht.

§ 1. Vermögensrechtliche Wirkungen der Ehe.

1. Die Eingehung der Ehe ändert an der vermögensrechtlichen Lage der Ehegatten kraft Gesetzes nur wenig. Von Ausnahmen abgesehen verbleiben die Ehegatten einander gegenüber auch weiterhin unabhängige Vermögenssubjekte [2]). Die kraft Gesetzes einsetzenden Wirkungen der Eheschließung beschränken sich daher auf dem Gebiete des Vermögensrechtes bloß auf die Begründung einiger gesetzlicher Schuldverhältnisse.

Hierher gehören: vor allem das Tragen der ehelichen Lasten, also die gegenseitige Unterhaltspflicht der Ehegatten, die Unterhaltspflicht des Mannes hinsichtlich der minderjährigen, unterhaltsbedürftigen gemeinsamen Kinder sowie hinsichtlich der Kinder der Frau deren Existenz ihm bei Eingehung der Ehe bekannt war und die er in die eheliche Lebensgemeinschaft aufgenommen hat [3]) ferner die Verpflichtung des Mannes, alle Lasten des Familienhaushaltes zu tragen, weiter die in dem heutigen Rechte sich nur auf gewisse Volkskreise erstreckende [4]), gesetzliche Verpflichtung der Ehegatten, einander nach Beendigung der Ehe die Hälfte der Gemeinerrungenschaften zu überlassen [5]), endlich die Pflicht des Mannes in demselben Zeitpunkte, der Frau den gesetzlichen Treulohn auszufolgen [6]).

2. Die Eingehung der Ehe ändert auch den vermögensrechtlichen, rechtsgeschäftlichen Verkehr der Ehegatten.

Einmal formell: die vermögensrechtlichen Wirkungen der Ehe

---

fällt weg, das Namensrecht der Frau, sowie die Unterlassungspflichten der Gatten (unsittlicher Lebenswandel) verbleiben.

[1]) Der angeführte § Abs. 2 erfordert die gerichtliche Anmeldung der Wiederherstellung der ehelichen Lebensgemeinschaft, jedoch dürften die materiellen Folgen der Wiederherstellung von dieser unabhängig sein.

[2]) Arg. GA VII, 1886 §§ 21—24, Trip. I 110 Einleitung. Die erwähnten Ausnahmen bezwecken den Schutz der Gläubiger der Ehegatten. So die praesumptio Muciana, deren kräftigster Ausdruck darin zu erblicken ist, daß die in dem gemeinsamen Besitze der Ehegatten vorgefundenen Fahrnissachen von seiten der Gläubiger des Mannes pfändbar sind, GA LX, 1881 § 49, ferner die Unentgeltlichkeits- und Böswilligkeitsvermutung der zwischen den Ehegatten vorgenommenen Verkehrsgeschäfte, vergl. eadem ratione Mji Dt VIII S. 236, K 4160/1913, IX S. 126, K 1914 G 9 usw.

[3]) Vgl. K 1323/1904, Jogt. Közl. Dt IV. Folge Bd. I S. 358.

[4]) Trip III 29 § 2, GA VIII, 1840 § 8 usw.

[5]) Vergl. aber EUG § 46 ff., welche die Gemeinerrungenschaft auf alle Stände ausdehnen.

[6]) Trip I, 93, 95, 96, 105, 109, GA XXII, 1840 § 85 Punkt b, 1881, XVII § 267 usw.

können nur durch einen in einer öffentlich-notariellen Urkunde aufzunehmenden Ehevertrag geändert werden [1]).

Sodann auch materiell, denn die Eingehung der Ehe öffnet sowohl den Ehegatten als auch Dritten die sonst verschlossene Möglichkeit mancher vermögensrechtlichen Geschäfte unter Lebenden [2])

Gesetzliches Güterrecht.

§ 2. Absonderung der Vermögen der Ehegatten.

1. Die tatsächlichen und rechtlichen Berührungspunkte der Vermögen der Ehegatten machen es notwendig, diese voneinander gehörig abzugrenzen. Hier gilt der schon mehrfach erwähnte Grundsatz, nach dem die Eingehung der Ehe weder die Selbständigkeit des Vermögens des Mannes, noch die des Vermögens der Frau berührt.

Dieser Grundsatz ist in dem Verhältnisse der Ehegatten zueinander streng durchgeführt. Nicht ganz so streng ist aber die Abgrenzung Dritten gegenüber. Daher die verschiedenen Vermutungen, welche gewisse, äußerlich scheinbar dem Vermögenskreise des einen oder beider Ehegatten angehörige Rechtsgüter als dem Rechtskreise des anderen bez. eines angehörend betrachten. Hierher gehören: die Vermutung, daß die in der gemeinsamen Wohnung oder in dem gemeinsamen Besitze der Gatten befindlichen Fahrnissachen dritten Gläubigern gegenüber als Eigentum des Mannes gelten [3]), sodann jene, welche den während der Dauer der Ehe und der Lebensgemeinschaft erfolgten vermögensrechtlichen Erwerb als auf Kosten des Vermögens des Mannes eingetreten betrachtet [4]), endlich die dritte, welche die Gläubiger des einen Ehegatten dazu berechtigt, die von seiner Seite zugunsten des andern gemachten Zuwendungen bis zum Gegenbeweis als entgeltslose und auf die Vereitlung der Befriedigung ihrer Forderungen gerichtete [5]) zu betrachten.

2. Gewisse Übergänge sind aber selbst in dem inneren Verhältnisse der Gatten nicht zu umgehen. So bleibt es trotz des erwähnten Grundsatzes dem einen Ehegatten verwehrt, den anderen vor der gerichtlichen Trennung von Tisch und Bett von seinem Grundstücke bezgl. von der auf demselben innegehabten Wohnung zu entfernen [6]), so kommt ihm wegen der während der Dauer der ehelichen Lebensgemeinschaft zugunsten des Sondervermögens des anderen Ehegatten geleisteten, landwirtschaftlichen Arbeit kein besonderer Entgelt zu [7]), so kann kraft der tatsächlichen Übermacht der Mann über die in der gemeinsamen Wohnung befindlichen be-

---

1) GA VII, 1886 §§ 21—24, vergl. EUG § 80.

2) Z. B. die Bestellung der Mitgift und des rechtsgeschäftlichen Treulohnes.

3) GA LX, 1881 § 49. Vergl. EUG 36 Abs. 1.

4) Ausnahmen sind bloß die offenkundig dem Gebrauche der Frau dienenden Sachen, vergl. Oberster Gerichtshof 3941/1881 Márkus Magánjog Bd. I S. 272. Arg. GA LX, 1881 § 49.

5) Mji Dt VIII 236, K 4160/1913 I IX 126 K 1914 G. 9. Die Entscheidungen behandeln Rechtsgeschäfte der Verwandten, doch muß eadem ratione dasselbe auch für die Ehegatten gelten.

6) Mji Dt IV S. 198 I VIII 92 Budapester Tafel 1421/1913, XI S. 92, K 1916, P VII 3935.

7) Das. VIII, 260 K 4678/1913.

weglichen Sachen [1]), sowie über die während der Ehe erworbenen gemeinsamen Sachen im Zweifel [2]) verfügen [3]) usw.

Das alles sind jedoch Ausnahmen, welche nichts daran ändern, daß im übrigen das Vermögen des Mannes und der Frau auch während der Dauer der Ehe grundsätzlich sowohl in positiver als auch in negativer Richtung voneinander abgesondert bleibt.

Positiv dadurch, daß den Ehegatten einander gegenüber dieselben Rechte und Rechtsverhältnisse und besonders, daß zwischen ihnen — innerhalb der durch die Natur der Ehe gezogenen Grenzen — dieselben Rechtsgeschäfte erlaubt sind [4]) wie zwischen Dritten.

Negativ kommt der Gedanke der Absonderung dadurch zur Geltung, daß dem Manne kein Recht zusteht, die Frau in ihrer freien Verfügungsmacht zu behindern [5]) und, daß ein diesem Grundsatze widersprechendes Geschäft in der Praxis als nichtig gilt.

Der Frau wird demnach durch die Eingehung der Ehe ihr freies Frauengut weder entzogen [6]), noch vermindert. Dazu wäre vielmehr [7]) ein besonderes, formelles ehegüterrechtliches Geschäft erforderlich. Eine solche geschäftliche Rechtsminderung ist entweder endgültig, d. h. für die ganze Dauer der Ehe berechnet, oder zeitweilig. In die erstere Kategorie fällt die Mitgift, in die zweite die bis auf Widerruf zugunsten des Mannes erfolgte Überlassung der Verwaltung des freien Frauengutes. Die Praxis gibt einer solchen Überlassungshandlung die interpretative Bedeutung einer Ermächtigung, die Einkünfte des freien Frauengutes für die Zwecke der ehelichen Lasten aufzubrauchen [8]). Der Mann kann aber auch über die Einkünfte des ihm zur Verwaltung überlassenen Frauengutes, bis zu einer anderweitigen Willenserklärung der Frau [9]), nach seiner Wahl frei verfügen.

Eine der erwähnten ähnliche interpretative Bedeutung wird der von seiten der Frau erfolgten Übergabe ihrer zeitweilig wiederkehrenden Einkünfte [10]), ferner der Übergabe jedes anderen Vermögenswertes zugeschrieben, den der Mann als zeitweilig wiederkehrende Einkünfte der Frau betrachten konnte [11]).

---

[1]) S. die in *Grill* Dtar Bd. II 1 S. 210—211 aufgezählten Fälle.

[2]) Mji Dt Bd. I S. 277, K 4678/1913.

[3]) Sind solche in die Ehe gebrachten Fahrnissachen vorhanden, die zum gemeinsamen Besitz und Gebrauch bestimmt wurden (Bettzeug usw.), so darf die Gattin dieses Frauengut auch dann nicht an sich nehmen, wenn sie die Lebensgemeinschaft eigenmächtig beendigt. K 1918 P III. 2876 (Mji Dt XIII. S. 29 F 23).

[4]) Arg. GA VII, 1886 §§ 21—24. Wichtig ist dies besonders hinsichtlich der Erstattung der von seiten des einen Gatten zu Gunsten des Sondervermögens des andern erfolgten Aufwendungen, vergl. den schon angeführten Fall Mji Dt Bd. VIII S. 260

[5]) Das. Bd. IX S. 190 Budapester Tafel 1292/1914. Vergl. EUG §§ 32, 33 34.

[6]) Arg. K 1917 P V 6960 (Mji Dt Bd. XII S. 221 F. 164).

[7]) Hierher ist auch die unkündbare und zeitlich unbegrenzte Überlassung der Verwaltung des Frauengutes zu zählen. U. E. unrichtig die entgegengesetzte Entscheidung K 2142/1902 *Grill* Dt Bd. II 1 S. 208.

[8]) Arg. K 8205/1915 (MT Bd. I F. 16 [LXII.]).

[9]) Mji Dt II 228 K 6107/1907. Arg. auch das. IX 241, K 2890/1914 usw.

[10]) Daselbst VIII 193 K 2245/1913.

[11]) Daselbst II 228, K 6107/1907, entgegengesetzt daselbst VI 327, K 1912, G 95 X 112, K 1915, RP III 8205.

Die Überlassung der Verwaltung des freien Frauengutes ist nicht für die ganze Dauer der Ehe berechnet und kann im Zweifel durch einseitige Willenserklärung der Frau außer Kraft gesetzt werden[1]).

Gesetzliche Schuldverhältnisse der Ehegatten.

§ 3. Die Unterhaltspflicht.

1. Die vermögensrechtliche Wirkung der Eheschließung zeigt sich — wie schon mehrfach erwähnt — in dem Entstehen mancher gesetzlichen Schuldverhältnisse der Ehegatten. Das wichtigste dieser gesetzlichen Schuldverhältnisse ist die Unterhaltspflicht.

2. Kraft der Eingehung der Ehe belastet demnach die Ehegatten und zwar in erster Reihe den Mann: die gesetzliche Unterhaltspflicht.[2]) Sie ist gegenseitig und betrifft vor allem die Ehegatten, sodann aber auch die Kinder, da die Praxis die Unterhaltspflicht betreffs der gemeinsamen[3]) sowie zu Lasten des Mannes auch noch betreffs der mit seinem Wissen und Willen in die eheliche Gemeinschaft eingebrachten minderjährigen, erwerbsunfähigen, vermögenslosen Kinder der Frau[4]), ebenfalls als eheliche Pflicht auffaßt.

Der wichtigste Anwendungsfall dieser Unterhaltspflicht ist jedenfalls die Unterhaltspflicht des Mannes.

Während des Bestandes der gültigen[5]) Ehe kommt der Frau in erster Reihe Unterhalt in natura, sodann aber u. U. in Geld zu leistender vorläufiger[6]), nach der Scheidung der schuldlosen Frau hingegen ein entweder im Scheidungsprozesse selbst[7]) oder — doch nur auf Grund eines ausdrücklichen Rechtsvorbehaltes, — auf besonderem Prozeßwege später geltend zu machender[8]) endgültiger Unterhaltsanspruch zu. Es ist fraglich, inwieweit die Praxis gegebenenfalls diesen auch dem Manne zuerkennen wird[9]).

Erfordernis des Unterhaltsanspruches ist das ehegemäße Verhalten des Berechtigten[10]). Dasselbe liegt aber auch dann noch vor, wenn die ehewidrige Handlung durch Unzurechnungsfähigkeit des Berechtigten[11])

---

[1]) *Grill* Dt II 1 S. 210 f., K 11 476/1894, Budapester Tafel 1900 IG 212 vergl. EUG § 32.

[2]) Arg. Mj Dt IV 291, Jogt. Közl. Dt IV Folge I 358, K 1323/1904.

[3]) Arg. Ehg 95.

[4]) Siehe Anmerkung 2 Fall 2.

[5]) Arg. K 1086/1904 *Staud* S. 37.

[6]) Derselbe ist vor dem Bezirksgerichte PG § 1 Punkt 2 h oder innerhalb des Ehescheidungsprozesses vor dem Gerichtshofe Ehg § 102 geltend zu machen.

[7]) Arg. Ehg § 90.

[8]) K 1917, P III 1382, Mji Dt XI S. 255.

[9]) Zustimmend K 1918 P III 2930 (Mji Dt Bd. XIII F. 2).

[10]) Arg. *Grill* Dt II 1 S. 146, K 1902, G 300, Mj Dt XI 25, K 1916, P III 5479, daselbst S. 41, K 1916, P III 5483 hinsichtlich des vorläufigen, Ehg § 94 Abs. 1 betr. des endgültigen Unterhaltsanspruchs. Es muß auch noch nach der Beendigung der Lebensgemeinschaft andauern (Mji Dt XII S. 70 F 57. Marosvásárhelyer T. grunds. E. No. 11, das S. 72 F. 58, K 1917 P III 5480) nicht aber auch nach dem Scheidungsurteil (das. S. 117, F. 95 K 1917 P III 5553).

[11]) Mj Dt V S. 225 F 126, daselbst wurde der hysterischen Frau vorläufiger Unterhalt gewährt, obwohl sie in unzurechnungsfähigem Zustande auf den Mann schoß.

oder durch ehewidriges unerträgliches Verhalten des Verpflichteten [1]) verursacht wurde.

Handelt es sich um eine Unterhaltspflicht der Frau, so ist die Erwerbsunfähigkeit und Vermögenslosigkeit des Mannes ein weiteres Erfordernis des Anspruches [2]).

Der gesetzliche Maßstab [3]) des Unterhaltes bestimmt sich bei dem während des Bestehens der Lebensgemeinschaft geltend zu machenden Anspruche auf Naturalleistung, sowie bei dem auf Geld gerichteten endgültigen Anspruche nach der gesellschaftlichen Stellung des Mannes, nach der Vermögenslage des Berechtigten [4]) und nach den Einkünften des Verpflichteten [5]), bei den vorläufigen nach den unumgänglich notwendigen Bedürfnissen des Berechtigten [6]). Wurden die Umstände, welche den Maßstab des Unterhaltes bestimmen wesentlich andere, so kann eine zahlenmäßige Änderung der Unterhaltssumme gerichtlich erstrebt werden [7]).

Hinsichtlich des endgültigen Unterhaltsanspruchs der Frau ist auf dem letzthin erwähnten Wege bloß eine Erhöhung zu erzielen [8]).

Kraft des standesgemäßen Unterhaltsanspruches hat der Berechtigte die dem Stande des Ehemannes entsprechende Wohnung, Kleidung, Nahrung, sowie die Befriedigung der sonstigen leiblichen und geistigen Bedürfnisse zu fordern [9]). Während der Dauer der ehelichen Lebensgemeinschaft ist der Unterhalt in Naturalien[10]), sonst ist dessen Wert in monatlichen Geldraten im voraus[11]) zu tilgen. Betreffs des endgültigen Unterhaltsanspruches hat der Verpflichtete auf Verlangen Sicherheit zu leisten [12]).

Seinen eigenartigen Charakter bewahrt der Unterhaltsanspruch selbst dann, wenn ihm in Geld genüge geleistet wird. Demzufolge kann er nicht zum Anlasse einer Kapitalsansammlung mißbraucht werden, weshalb längere Zeit hindurch ohne gehörigen Grund nicht eingeforderte Unterhaltsgelder verfallen[13]). Der Verpflichtete kann jedoch den Wert des schon geleisteten Unterhaltes selbst dann nicht zurückfordern, wenn es durch obergerichtliches Urteil feststeht, daß wegen ehewidrigen Verhaltens des Verpflichteten eigentlich ein Unterhaltsanspruch überhaupt nicht vorlag[14]).

---

[1]) Mj Dt VII S. 302, K 1913, G 46.

[2]) Siehe Anmerkung 2 S. 195 Fall 2. Abweichend wendet K den Maistab des Unterhalts während der Dauer der Lebensgemeinschaft an (MT. Bd. II S. 89 F. 60), was m. E. nicht richtig ist.

[3]) Rechtsgeschäftliche Bestimmung des Anspruchs ist erlaubt. Ein Rechtsgeschäft der Verlobten jedoch, welches den Anspruch betrifft und alz ein indirektes Zwangsmittel zur Eingehung der Ehe wirkt, ist nichtig K 1921 P III 1293 (MT II S. 173 F 112).

[4]) Dieselbe steht mit der Höhe der Unterhaltssumme im umgekehrten Verhältnis.

[5]) Arg. Ehg § 90.

[6]) *Grill* Dt II 1 S. 185, K 1902, IG 662.

[7]) PG § 413, und K 1918 P III 181 (Mji Dt XII. S. 4 F. 3).

[8]) Ehg § 91. K 1918 P III. 181 (Mji Dt XIII S. 4 F. 3) behauptet zwar, daß der angeführte § durch PG § 413 ganz außer Kraft gesetzt wurde, doch dürfte dies an dem im Texte in favorem uxoris enthaltenen Rechtssatze nichts ändern.

[9]) Arg eadem ratione Mj Dt V S. 209, K 1911, G 120.

[10]) Das. S. 365.

[11]) Ehg § 90 Abs. 2.

[12]) Daselbst Abs. 3.

[13]) Mj Dt XI S. 156, K 1916 P V 7699.

[14]) Das. VIII 206 K 1913 P 3523.

Der Unterhaltsanspruch endigt mit dem Tode, mit der Eingehung einer neuen Ehe [1]), endlich mit dem ehewidrigen Verhalten des Berechtigten [2]). Der vorläufige auch dann, wenn der Verpflichtete von seinem ehewidrigen Verhalten abläßt [3]), ferner, wenn die Ehe aufgelöst wird, bezw. wenn dem Berechtigten ein endgültiger Unterhaltsanspruch zu- oder aberkannt wird [4]). Beides ist selbstverständlich nur durch richterliche Entscheidung möglich [5]).

Die Ehescheidung beendigt zwar den endgültigen Unterhaltsanspruch der Frau — sofern sie nicht als schuldiger Teil erkannt wurde — vor Eingehung einer neuen Ehe nicht, Ehg § 93, doch bleibt er von dem Scheidungsurteile keineswegs unberührt. Das Urteil verursacht nämlich die Änderung, das das bisher unbedingte Unterhaltsrecht[6]) der Frau von einer gesetzlichen Bedingung abhängig wird. Die letztere besteht darin, daß der eigene Erwerb oder sonstige Einkünfte der Frau zu ihrem standesgemäßen Unterhalte nicht reichen. § 90 Ehg. Wurde der Frau wegen der Vermögenslosigkeit des Mannes kein Unterhalt zugesprochen und verbessert sich die Lage des letzteren, oder verliert die Frau später die bei der Bewertung derselben in Betracht gekommenen Einkünfte ohne ihre Schuld Ehg § 91 [7]), oder ändern sich die bei der Bestimmung des Maßstabes des Unterbalts maßgebenden Umstände, so kann die Unterhaltssumme erhöht werden, PG § 413.

Der Tod des Verpflichteten berührt den endgültigen Unterhaltsanspruch der Frau nur insoweit, als [8]) die Erben dessen Minderung bis zur Höhe der reinen Einkünfte des Nachlasses verlangen dürfen.

§ 4. Gemeinerrungenschaft.

1. Die Eingehung der Ehe begründet — doch in der Gegenwart [10]) bloß für gewisse Volksklassen — die gesetzliche Forderung der Gemeinerrungenschaft oder Miterrungenschaft.

Die erwähnten Volksklassen sind: die früheren Hörigen, also die gesamte Bauernschaft[11]) und Arbeiterschaft, sowie die Handel- und Gewerbetreibende Bevölkerung [12]). Adeligen [13]), ferner den ihnen — sei es statutarisch [14]), sei es gesellschaftlich — gleich erachteten Ständen: den Hono-

[1]) Arg. Ehg § 93.

[2]) Arg. Mjgi Dt Bd. V S. 1, K 1910, G 247, daselbst 305, K 1911, G 106. Der vertragliche Unterhaltsanspruch wird hierdurch nicht berührt, Mj Dt IV S. 71.

[3]) Zurückberufung der treulos verlassenen Frau Mj Dt VIII S. 12, K 1913, G 106.

[4]) Vgl. Mj Dt XI 62, K 1916, RP III 5477 (Zuerkennen), daselbst VI 149, K 3833/1911 (Aberkennen).

[5]) Arg. PG § 413.

[6]) Eigenes Vermögen, oder besondere Einkünfte der Frau beeinflussen bloß das Maß, nicht aber auch den Bestand der Unterhaltspflicht K 1917 P III. 167 (Mji Dt XI, S. 192, F. 142 II).

[7]) Arg. K 1918 P III. 181 (Mji Dt XII, S. 4, F. 3).

[8]) Ehg § 92 Satz 2.

[9]) Ehg § 91.

[10]) Vergl. jedoch EUG § 46, welcher das Institut auf alle Volksklassen ausdehnt.

[11]) JKK I § 13, Trip III 29 § 2, GA VIII, 1840 § 8.

[12]) Ständige Praxis.

[13]) Trip I 48 *Grill* Dt II 1 S. 238, K 4409/1899.

[14]) Z. B. *Jasyger* und *Kumanier*, vergl. deren 5. Statut (1799) §§ 1—2.

ratioren[1]), den akademische Berufen[2]), den Künstlern[3]) usw. kommt die gemeinerrungenschaftliche Forderung gesetzlich[4]) nicht zu. Es steht nichts entgegen, daß die Angehörigen dieser Stände sich die Vorteile derselben auf dem Wege eines Ehevertrages dennoch sichern[5])[6]). Bei Standeswechsel des Mannes ist der Stand, dem der Mann zurzeit der Eingehung der Ehe angehörte, maßgebend[7]).

Die Gemeinerrungenschaft ist ein sich noch in fortwährender Entwicklung befindliches Rechtsinstitut[8]). Daher gilt die gemeinerrungenschaftliche Vermutung, d. h. es ist im Zweifel anzunehmen, daß die gemeinerrungenschaftliche Forderung dem Ehegatten zukommt[9]).

Daher ist es auch zu erklären, daß auf die zwischen den Gatten vertraglich festgelegte oder kraft statutarischen Rechts[10]) sonst vorhandene allgemeine Vermögensgemeinschaft im Zweifel ebenfalls die Grundsätze der Gemeinerrungenschaft anzuwenden sind[11]).

2. Die gemeinerrungenschaftliche Forderung verleiht jedem Ehegatten das Recht, nach seinem Belieben in natura[12]) oder in Geld[13]) die Hälfte des Mehrwertes zu fordern, mit welchem das in der Berechnungszeit vorhandene Vermögen des verpflichteten Ehegatten dessen zur Zeit der Eingehung der Ehe vorhandenes Vermögen übersteigt[14]).

Die gemeinerrungenschaftliche Forderung kommt jedem der Ehegatten zu. Dritten gegenüber gilt sie als unentgeltliche Forderung. Demgemäß kann ihre Sicherung im Hinblick auf die Gläubiger des verpflichteten Ehegatten kraft Gesetzes nicht verlangt werden[15]). Ja es verbleibt den erwähnten Gläubigern sogar nach Übertragung der Gegenstände

---

[1]) Offiziere kommt sie selbst dann nicht zu, wenn der Gatte zur Zeit der Eheschließung Handelsangestellter gewesen war. K 1920 P I. 2866 (MT Bd. II. S. 98, F. 66).

[2]) *Grill* Dt Bd. II 1 S. 63, K 7698/1900. Intelligenzberufe mit nicht akademischer Schulung, wie Elementarschullehrer Mji Dt IV 178, gerichtliche Kanzleibeamte XI S. 120, K 1916, P I 5834, Ökonomie-Inspektoren, daselbst VII S. 96, K 4219/1912 gelten nicht als Honoratioren.

[3]) *Grill* Dt II 2 S. 266, K 31 181/1883.

[4]) K 2698/1900 will dies auf das durch den Intelligenzberuf Erworbene beschränken. *Grill* Dt II 2 S. 263.

[5]) Trip I 102, Einleitung.

[6]) Z. B., was auch mittelbar erfolgen kann, durch Überlassung des Vermögens der Frau an den Mann mit der Bestimmung es zu einem weiteren Erwerb zu gebrauchen Mj Dt XI S. 42, K 1916 P VII 5207.

[7]) Arg. Mj Dt X 87, K 1915, RP VII 4646. Abweichend K. 1920 P I 2866 (MT Bd. II, S. 98, F. 66).

[8]) Vergl. EUG § 46.

[9]) *Grill* Dt II 1 S. 245, K 2551/1889.

[10]) Z. B. bei den siebenbürgischen Sachsen, Stat. II tit. 4 § 1.

[11]) Z. B. deren bis zur Beendigung der Ehe zu verstehende Dauer, Mj Dt VIII S. 33, K 1913, P III 441.

[12]) Dies ist infolge der Verhältnisse der Nachkriegszeit jetzt die bevorzugte Forderungsart vgl. K 1920 Rp. III 2381 (MT Bd. II S. 24 F. 14), K 1920 P I 2878 (das. S. 35, F. 22) usw.

[13]) K 9212/1883 *Márkus* I 316, Mj Dt VII S. 89, K 433/1912, *Grill* Dt II 1 S. 266, K 3054/1881.

[14]) Vergl. EUG §§ 46—47, Mj Dt V 323, K 1205/1911, *Grill* Dt II 1 S. 255, K 5500/1903 usw.

[15]) K VE 41.

der gemeinerrungenschaftlichen Forderung die Möglichkeit aus dem Vermögen des berechtigten Ehegatten auf Grund der früheren Schuld des verpflichteten Befriedigung zu erlangen [1]).

In dem Verhältnisse der Ehegatten zueinander ist die gemeinerrungenschaftliche Forderung mit den Eigenschaften der familienrechtlichen Gegenseitigkeit ausgestattet. Daher ist es zu erklären, daß der berechtigte Ehegatte sowohl Schenkungen [2]) als auch sonstigen bösgläubigen Übertragungen [3]) gegenüber geschützt erscheint, ferner, daß die schwersten Arten der verbotenen Handlungen des Familienrechts für die Zukunft den Verlust der gemeinerrungenschaftlichen Forderung zur Folge haben [4]).

3. Die Fälligkeit der gemeinerrungenschaftlichen Forderung tritt mit dem Zeitpunkte der Beendigung der Ehe, in dem Falle der Verschollenheit des verpflichteten Ehegatten aber vorläufig schon mit dem seiner rechtskräftigen Todeserklärung ein [5]).

Die Fälligkeitszeit bedeutet zugleich gewöhnlich den Schlußpunkt der Berechnungszeit des Mehrwertes. Ausnahmen bilden: die gerichtliche Trennung von Tisch und Bett [6]), sodann der bis zur Beendigung der Ehe, oder bis zur Todeserklärung andauernde endgültige Abbruch der ehelichen Lebensgemeinschaft [7]), endlich bei der tatsächlich oder rechtlich nicht unterbrochenen [8]) Lebensgemeinschaft manche schweren, doch in der Praxis noch nicht fest umgrenzten Verfehlungen gegen das ehegemäße Verhalten [9]). Bei diesen gilt das Trennungsurteil, der Abbruch der ehelichen Lebensgemeinschaft, bezw. die Verübung der familienrechtlich verbotenen Handlung als der bei der Berechnung des Mehrwertes maßgebende Zeitpunkt [10]).

4. Die gemeinerrungenschaftliche Forderung wurde in dem älteren

---

[1]) Arg. Mj Dt IX S. 191, K 1914, P VII 4488, daselbst VI S. 327, K 1912, G 95, K 1917 Rp. 5222 (daselbst Bd. XI, S. 305) usw. vergl. EUG § 63.

[2]) Vergl. EUG § 69, Arg. GA VIII, 1840 § 8.

[3]) Z. B. durch Verfügung von Todes wegen Mji Dt VII, S. 366, F. 226.

[4]) Mj Dt X S. 147, K 1915, RP 4658 „die Unwürdigkeit der Frau berührt ihren früheren gemeinerrungenschaftlichen Anspruch nicht".

[5]) Arg. Mji Dt VI S. 327, K 1912, G 95 und Begründung der 41 VE, ferner betr. des todeserklärten Ehegatten PG § 734 Abs. 4, vergl. auch EUG § 60. Aus dem Grundsatze, welcher jedem Ehegatten nur eine einheitliche gemeinerrungenschaftliche Forderung zugesteht, folgt, daß der Berechtigte dem Zurückgekehrten für tot erklärten Ehegatten die schon erlangten Vermögensobjekte nach den Grundsätzen der ungerechtfertigten Bereicherung zurückerstatten muß. Ausnahmen sind bloß jene Fälle, bei welchen die Todeserklärung und die ihr zufolge eingegangene neue Ehe die Beendigung der alten verursachten.

[6]) Arg. Ehg § 105 Abs. 2.

[7]) *Grill* Dt II 1 S. 275, K 9194/1890, Mj Dt V S. 302, K 752/1911 K 1920 P III, 4138 (MT Bd. II, S. 55, F. 37). Von diesem Zeitpunkte bis zur Befriedigung gelangen, hinsichtlich der Verwaltung die Grundsätze der Rechtsgemeinschaft zur Anwendung (daselbst) usw.

[8]) Z. B. Verbüßung der Zuchthausstrafe des Mannes, Mj Dt VIII S. 38, K 2671/1913, mit Einwilligung der Frau eingetretener Aufenthalt in Amerika, ebendaselbst XI S. 120, K 1916, RP III 6017 usw.

[9]) Wilde Ehe, Mj Dt VIII S. 216, K 4090/1913, ferner XI S. 120, K 1916, RP III 6017, nicht aber grober Undank, IX S. 75, K 4947/1914.

[10]) Vergl. die letzten Anmerkungen und EUG § 71.

ungarischen Rechte [1]) noch als ein dem gemeinsamen Eigentum der Ehegatten entstammender dinglicher Anspruch betrachtet. Die neuere Entwicklung konnte jedoch diese Auffassung, welche überaus geeignet war, die Sicherheit des vermögensrechtlichen Verkehrs zu gefährden, nicht beibehalten. Sie versagte folgerichtig die Sicherung des Anspruches während der Ehe [2]), und kam überhaupt nicht dazu, der auf der gemeinerrungenschaftlichen Forderung beruhenden Rechtsnachfolge dingliche Wirkung zuzuschreiben, demnach ihr die Prozeßanmerkung im Grundbuche [3]), oder Rechtsnachfolgern des verpflichteten Ehegatten gegenüber die Eigenschaft eines im Grundbuche eingetragenen Löschungsanspruches [4]) zuzusprechen. Ja neuere Entscheidungen scheuen es jetzt schon nicht, klipp und klar auszusprechen, daß die gemeinerrungenschaftliche Forderung ein schuldrechtlicher Anspruch sei [5]).

Er geht, wo es möglich ist, auf die Überlassung des Eigentums bezw. der Vollrechte an der Hälfte der während der Ehe von seiten des verpflichteten Ehegatten erworbenen Sachen [6]). Ist dies unmöglich [7]) oder untunlich [8]), so verwandelt sich der gemeinerrungenschaftliche Anspruch in eine Geldschuld. In diesem Falle, muß es sowohl dem Berechtigten, als auch dem Verpflichteten unbenommen bleiben, bei der Geldleistung zu verharren.

5. Der Umfang der gemeinerrungenschaftlichen Forderung umfaßt den halben Mehrwert, welcher sich in dem Vermögensstande des Verpflichteten in der Zwischerzeit von der Eingehung der Ehe bis zur Berechnungszeit der Forderung ergab [9]).

Es sind daher das Sondervermögen des Verpflichteten von einst und jetzt einander gegenüber zu stellen.

Zur Erleichterung der Berechnung stellt die Praxis die Vermutung auf, daß die in dem Vermögen des Verpflichteten vorhandenen Sachen und Werte im Zweifel sämtlich als während der Ehe erworben betrachtet werden [10]).

Vor Bestimmung des Mehrwertes müssen die Aktiven und die Passiven des Sondervermögens bestimmt werden. Zu den ersteren gehören u. a.: die bei der Eheschließung vorhandenen Werte, ferner die während der Dauer der Ehe ererbten, die in dieser Zeit durch unentgeltliche Rechtsgeschäfte [11]), auf Grund eines dem Sondervermögen zugehörigen Rechts [12]),

---

[1]) GA LXVII, 1622 §§ 3—4 sprechen von dem jus coaquisitionis seu proprietatis, demgemäß lautet auch noch § 12 des kaiserl. Patentes vom 29. XI. 1852.

[2]) 41 VE.

[3]) GO § 104, EPG § 12 Abs. 3 und PG § 39.

[4]) GO §§ 148 f.

[5]) Mj Dt VII S. 366, F. 226.

[6]) *Grill* Dt II 2 S. 272, K 3054/1881, 9212/1883, Mj Dt VII S. 364. Dasselbe gilt auch für Wertpapiere. Vgl. *Grill* Dt II 1 S. 220 (Einlagebuch), K 1900 I, G 564.

[7]) Daselbst Mji Dt VII. 364 S. 89, K 4033/1912.

[8]) Etwa wegen beträchtlicher Aufwendungen.

[9]) Mj Dt VII 364 F. 225 IX 276, K 1915, RP VII 121.

[10]) *Grill* Dt II S. 240, K 378/1891, Mj Dt Bd. VI S. 170, K 301/1912, K 1920 P I 3307 (MT II, S. 76, F. 52) usw.

[11]) K 1916, P VII 4251, Mj Dt XI 156.

[12]) Der Zuwachs daselbst VIII, S. 37, K 1520/1913.

nicht aber durch planmäßige Ausbeutung des Sondervermögens [1]) hervorgebrachten Werte, ferner die durch Ehevertrag dem Sondervermögen zugewiesenen, die in das Sondervermögen des anderen Gatten oder in gemeinsame Vermögenstücke aus dem eigenen Sondervermögen einverleibten Aufwendungen [2]).

Die Passiven des Sondervermögens sind Sonderschulden und Sonderlasten.

Sonderschulden sind u. a. alle zur Zeit der Eheschließung vorhandenen, sodann ohne Rücksicht auf ihre Entstehungszeit die dem Verpflichteten aus Erbgang, aus aktiven oder passiven unentgeltlichen Rechtsgeschäften [3]), aus dem Besitze der seinem Sondervermögen zugehörigen Sachen, die aus verbotenen Handlungen des Verpflichteten stammenden und das Maß der etwa durch dieselben erfolgten Bereicherung übersteigenden Verpflichtungen, der Wert der dem Sondervermögen zugehörigen und während der Dauer der Ehe vernichteten oder dem Verpflichteten entzogenen Vermögensobjekte [4]), die über das Maß des gewöhnlichen Gebrauches reichenden Wertverminderungen [5]), die während der Dauer der Ehe durch Verschwendung oder durch unerlaubte vorsätzliche Handlungen des Verpflichteten erfolgten Vermögensminderungen, sofern die letzteren nicht die gemeinerrungenschaftliche Forderung belasten usw.

Sonderlasten sind die den Tatbeständen der Sonderschulden entstammenden, doch nicht in Verpflichtungen bestehenden Wertverminderungen.

§ 5. Gesetzlicher Treulohn.

1. Zu Gunsten der Frau gelangt mit der Eingehung der Ehe auch die gesetzliche Treulohnsforderung zum Entstehen.

Dieselbe ist — der gemeinerrungenschaftlichen Forderung ähnlich — als Entgelt des ehegemäßen Verhaltens gedacht [6]). Die Höhe der gesetzlichen Treulohnsforderung wechselt je nach dem Stande des Mannes und beträgt 400 Gulden kurant [7]) für die Angehörigen des Hochadels, 200 Gulden für die des Adels und (der Praxis nach) der Honoratioren, sowie der Stadtbürger [8]), endlich 40 Gulden für die Angehörigen der bäuerlichen Landbevölkerung, sowie der Arbeiterklassen. Dies gilt jedoch bloß für die erste Ehe, in jeder folgenden vermindert sich die gesetzliche Treulohnsforderung um die Hälfte ihres letzten Wertes [9]).

Die gesetzliche Treulohnsforderung ist in der Gegenwart in Geld zu eisten, früher konnte sie auch durch Beitrag beweglicher Sachen beglichen werden [10]).

---

1) Daselbst IX, S. 190, 4216/1914.

2) Vergl. EUG § 49.

3) Mji Dt IX S. 78, K 2425/1914.

4) Mji Dt II S. 178, K 2434/1907, aus welcher Entscheidung die im Texte angegebene Auffassung zu entnehmen ist.

5) Arg. a contrario, Mj Dt X S. 328, K 1916, P I 2843.

6) Trip I 93 § 2.

7) GA XXII, 1840 (altes Konkursgesetz) § 85.

8) Mji Dt VI S. 269.

9) Trip I 96, Einleitung und § 1,

10) Ebendaselbst I 95.

Ihre Entstehung hatte einst die fleischliche Vollziehung der Ehe zur Voraussetzung [1]. Da jedoch in dem heutigen Rechte die Wirkungen der Ehe mit ihrer Eingehung eintreten, entsteht die gesetzliche Treulohnsforderung mit dem Momente der Eheschließung.

2. Die gesetzliche Treulohnsforderung ist demnach eine auf familienrechtlicher Grundlage basierende gesetzliche Geldschuld des Mannes. Sie geht den erbrechtlichen Forderungen vor [2], beeinflußt jedoch die eigenen erbrechtlichen Ansprüche der Frau [3] und wird dritten Verkehrsgläubigern gegenüber als gleichberechtigt [4], wenn auch als auf unentgeltlicher Grundlage beruhend, betrachtet.

3. Die Voraussetzung der gesetzlichen Treulohnsforderung ist außer der Eheschließung das ehegemäße Verhalten der Frau. Sie entfällt daher — wie nach einigem Schwanken der Praxis jetzt schon behauptet werden kann — mit der wissentlichen und zurechnungsfähigen Verwirklichung eines nicht verziehenen Ehescheidungsgrundes [5]. Die gerichtliche Ehescheidung oder Trennung von Tisch und Bett ist hierzu jetzt [6] wohl schon nicht mehr notwendig.

4. Die Fälligkeit der gesetzlichen Treulohnsforderung tritt ein: mit der von seiten der Frau schuldlosen oder schlimmstenfalls mit der zweiseitig schuldigen [7] Beendigung der Ehe. Ihr ist von dem ehegüterrechtlichen Standpunkte aus die gerichtliche Trennung von Tisch und Bett gleich zu erachten [8]. Die Auffassung des früheren Rechts, welches die Forderung nur mit dem Tode des Mannes fällig werden ließ [9], ist heute schon überholt [10].

Mit dem Konkurse des Mannes tritt zwar nicht die Fälligkeit der Forderung ein, doch ist sie in diesem Falle sicher zu stellen [11]. Vor der Geltung des neuen Konkursgesetzes [12] kam der gesetzlichen Treulohnsforderung im Konkurse ein bevorzugter Rang zu.

5. Die fällige gesetzliche Treulohnsforderung ist Gegenstand des vermögensrechtlichen Verkehrs. Sie war schon im alten ungarischen

---

[1]) Trip I 93 § 2 „merces feminarum legitime conjugatarum ob debitum matrimonii".

[2]) Trotzdem kann sie den Erben gegenüber grundbücherlich nicht vorgemerkt werden, Mj Dt IX S. 98 K 3458/1915, Mj Dt I S. 248, K 5377/1906, überläßt jedoch hinsichtlich des rechtsgeschäftlichen Treulohnes dem Pflichtteilberechtigten den Vorzug, weil das betreffende Rechtsgeschäft eine Schenkung von Todeswegen bedeutet.

[3]) U. U. besonders das Witwenrecht K 3426/1901, *Grill* Dt II 1 S. 301, ebenso Mj Dt VI S. 114, K 2655/1911. MT II 170 F. 110 K. 192 1 P I 1245. Sie wird aber nicht durch die gemeinerrungenschaftliche Forderung beeinflußt K 1920 Rp. III, 2381 (MT Bd. II, S. 24, F. 14).

[4]) Arg. GA XVII, 1881, § 67 und a contrario § 264.

[5]) Vergl. *Werböczy* Trip I 105 § 1, *Grill* Dt II 1 S. 104, K 6354/1899, daselbst S. 303, K 9564/1888, daselbst S. 299 usw.

[6]) Früher war es anders, Mj Dt VI S. 171, Budapester Tafel 658/1911.

[7]) Arg. *Grill* Dt II 1 S. 299, K 9564/1888, sodann Ehg § 89 Abs. 2 eadem ratione.

[8]) Arg. Ehg § 105 Abs. 2.

[9]) So noch K 4055/1886, Markus I S. 204.

[10]) Arg. Mj Dt II S. 104, K 10 787/1906; VI S. 171, Budapester Tafel 1911, G 658; VIII S. 86, K 854/1913, *Grill* Dt II 1 S. 299, K 21 356/1888 usw.

[11]) Arg. GA XVII, 1881 §§ 14, 68 Abs. 2 (Aufschiebende Bedingung ist das bis zur Beendigung der Ehe erforderliche ehegemäße Verhalten der Frau) ferner § 267.

[12]) Vergl. die eben angeführten Gesetzesstellen sowie GA XXII, 1840 § 85 Punkt 8.

Rechte vererblich [1]). Die ebendaselbst enthaltene Beschränkung, laut welcher der gesetzliche Treulohn der Mutter zugleich mit dem der Großmutter nicht gefordert werden konnte, ist heute schon veraltet. Ob die nicht fällige Forderung hinsichtlich ihrer Übertragungs- und Pfändungsmöglichkeit irgendwelchen Beschränkungen unterworfen ist, ist nach den Vorschriften des hier eadem ratione zutreffenden Ehegesetzes [2]), mehr als fraglich [3]). Jedenfalls bleibt es der Frau unbenommen, dem Manne die Forderung auf rechtsgeschäftlichem Wege unter Lebenden oder von Todeswegen zu erlassen [4]). Die hierbei etwa eingetretene unbefugte Beeinflussung von seiten des Mannes macht jedoch ein derartiges Geschäft anfechtbar [5]).

6. Die gesetzliche Treulohnsforderung ist von der Verjährung ausgenommen [6]). Zu dem Zwecke ihrer Befriedigung kommt der Frau betreffs jener Sachen, welche aus dem Anlasse ihrer Ehe in ihrem Besitze verblieben waren, ein Zurückbehaltungsrecht zu [7]).

§ 6. Gesetzliche Schuldverhältnisse der vermeintlichen Ehegatten.

1. Die durch Eingehung der Ehe zum Entstehen gelangenden gesetzlichen Schuldverhältnisse setzen die Gültigkeit der Ehe voraus. Was ist aber rechtens, wenn die Form der Eingehung der Ehe zwar den gesetzlichen Anforderungen entsprach, die Ehe jedoch an einem wirksamen Tatbestandsfehler leidet?

2. Für die während des Bestandes einer solchen Ehe geltend zu machenden gesetzlichen Forderungen — demnach hauptsächlich für den vorläufigen Unterhaltsanspruch — beantwortet sich diese Frage durch die §§ 46 Absatz 1, 67 Absatz 1 Ehg. Ist die ungültige Ehe bis zu ihrer Beendigung in jeder Hinsicht als eine gültige zu betrachten, so entstammen ihr und sind ihr zufolge auch geltend zu machen alle jene Ansprüche, welche sonst nur eine gültige Ehe begründen würde [8]).

Es bleibt der Praxis vorbehalten, ob sie dem Wortlaute des Ehg folgend diesen Grundsatz auf alle, demnach auch auf die beiderseitig böswillig eingegangenen, ungültigen Ehen anwenden, oder mehr sinngemäß ihn zugunsten des gutgläubigen Gatten bloß auf die von seiten eines oder beider in gutem Glauben [9]) geschlossenen vermeintlichen Ehen beschränken will.

3. Die mit der Beendigung der Ehe geltend zu machenden gesetzlichen Forderungen demnach: der endgültige Unterhaltsanspruch [10]), die Ansprüche auf den gesetzlichen Treulohn und auf die gesetzliche

---

1) Arg. Trip I 93 § 6, ferner 97.
2) § 89 Abs. 2.
3) Die Praxis hat sich u. W. diesbezüglich noch nicht geäußert.
4) Arg. Trip I 109 Einleitung.
5) Daselbst § 1.
6) Trip. I 78 § 5.
7) Arg. Trip. I, 98, § 2.
8) Grill Dt II, 1, S. 170, K 1899, IG 244.
9) Maßstab ist hier, wie in familienrechtlichen Fragen zumeist, die diligentia quam in suis rebus. Maßgebender Zeitpunkt ist die Eingehung der Ehe.
10) Ehg § 90.

Gemeinerrungenschaft entstehen — nach dem Wortlaute der angeführten Vorschriften des Ehg — zwar mit der Eingehung der Ehe, werden jedoch durch deren in voller Wirkung des Tatbestandsfehlers [1]), eingetretene Beendigung rückwirkend vernichtet [2]). Die Folge dieser Auffassung wäre das Versagen der Ansprüche.

Dies fand die Praxis allzu hart, sie verblieb daher bei der Auffassung Werböczys, der in dem Falle der vermeintlichen Ehe, der gutgläubigen Frau den gesetzlichen Treulohn zuspricht [3]). Ja, sie entwickelte den bei Werböczy vorhandenen Kern zu dem weiteren Grundsatze des auf einer Art juris quasi possessio beruhenden familienrechtlichen, gutgläubigen Rechtserwerbes. Sie legte es nämlich fest, daß die Folgen einer vermeintlichen Ehe darin bestehen, daß „aus einer derartigen Ehe zugunsten des gutgläubigen Teiles dieselben Vorteile entströmen, als ob die Ehe gültig gewesen wäre“ [4]).

Nun ist es ja allerdings klar, daß K. bei diesem Ausspruche hauptsächlich an erbrechtliche Vorteile dachte. Die familienrechtlichen sind aber von diesen schwer zu trennen. Um so schwerer, da sie ja eigentlich schon mit Eingehung der Ehe entstehen, wogegen die erbrechtlichen erst mit deren Beendigung, also auch der in dem Momente des Todes des Gatten noch vorhandenen Gültigkeit der Ehe bedürfen. Spricht K. demnach die mehrere Voraussetzungen erfordernden erbrechtlichen Ansprüche zu, so können dem gutgläubigen Gatten der vermeintlichen Ehe, die zu seinen Gunsten schon entstandenen familienrechtlichen unseres Erachtens auch nicht versagt bleiben.

Der endgültige Unterhaltsanspruch, der gesetzliche Treulohn und die gesetzliche, gemeinerrungenschaftliche Forderung kommen demnach dem gutgläubigen Ehegatten der vermeintlichen Ehe ebenfalls zu. Angemessen erscheint jedoch die Einschränkung, daß die vermeintliche Ehe bis zur Fälligkeit des Anspruches mit einer ehelichen Lebensgemeinschaft verstärkt sei [5]).

Rechtsgeschäftliches Güterrecht.

§ 1. Eheverträge.

1. Die gesetzlichen Folgen der Ehe bestehen von dem Standpunkte des ehelichen Güterrechts — wie schon bisher ausgeführt — in erster Reihe in der Begründung gesetzlicher Schuldverhältnisse. Dieselben können jedoch, soweit dies die ethischen Grundlagen der Ehe und die Anforderungen des gutgläubigen Verkehrs gestatten, durch Rechtsgeschäfte abgeändert werden.

---

[1]) Also die nichtige Ehe immer, die anfechtbare, wenn sie durch Klage oder Anmeldung angefochten wurde.

[2]) Ehg §§ 46, Abs. 2, 67, Abs. 2.

[3]) Trip. I, 106.

[4]) Mji Dt VII, S. 97, F 65, K 4089/1912. Der Fall behandelt gutgläubige Bigamie und erkennt der gutgläubigen bigamen Gattin das eheliche Erbrecht zu.

[5]) Ohne diese Verstärkung entfällt die Grundlage der hier fraglichen Ansprüche: der Schein eines treu erfüllten ehegemäßen Verhaltens. Vergl. den in der vorigen Anmerkung angeführten Fall.

Zweiseitige Geschäfte der Gatten oder Verlobten, welche die Änderung der gesetzlich-vermögensrechtlichen Folgen der Ehe erstreben, sind Eheverträge[1]).

2. Die Eheverträge unterstehen zwar grundsätzlich den allgemeinen Vorschriften der vermögensrechtlichen Rechtsgeschäfte, weisen jedoch einige Eigentümlichkeiten auf, welche besondere Behandlung erheischen.

Vor allem sind sie sämtlich formale Rechtsgeschäfte. Sie erfordern die Form einer öffentlich notariellen Urkunde[2]), worunter auch ein mit der Kraft einer notariellen Urkunde versehene Privaturkunde zu verstehen ist[3]).

Es liegt in der Natur der Sache, daß die Praxis den Kreis der förmlichen Eheverträge ziemlich weit zieht[4]). Liegt ja die Gefahr der Benachteiligung Dritter und besonders der Gläubiger des Verpflichteten des Ehevertrages überaus nahe. Diesen muß daher die Möglichkeit geboten werden, sich über den Zeitpunkt und den Inhalt der Eheverträge rechtzeitig zu orientieren Dies ist nur bei Wahrung der einigermaßen jedem zugänglichen[5]), notariellen Form möglich.

3. Die erwähnte Gefahr führt aber auch dazu, das zwischen den Ehegatten und Verlobten wichtige vermögensrechtliche Verträge auch dann nur in der Form einer öffentlich notariellen Urkunde eingegangen werden dürfen, wenn sie keine eherechtlichen Verfügungen enthalten[6]).

4. Die erwähnte Gefahr bewirkte jedoch nicht bloß den sie auch äußerlich verratenden Formzwang, sondern auch die materielle Folge des Argwohnes, welcher nahen Verwandten[7]) und eadem ratione auch der Frau gegenüber Platz greift. Diese besteht in einer Vermutung, laut welcher die zwischen Ehegatten und Verlobten vorgenommenen Zuwendungen hinsichtlich ihrer Entgeltlichkeit bis zur Widerlegung als vorgetäuschte und als die Schädigung der Gläubiger des Verpflichteten bezweckende betrachtet werden.

5. Dies gilt aber nur nach außen, dritten Verkehrsgläubigern gegenüber. In dem Verhältnisse der Ehegatten zueinander bestehen die

---

1) Vergl. EUG § 77, Abs. 1.

2) GA VII, 1886. § 22, Punkt a.

3) *Grill* Dt II, 1, S. 303, Debrecener T. 3, VE.

4) So erheischt sie die Förmlichkeit für die den Unterhalt der Gatten (Mji Dt XI, 155, K 1916, RP III, 7067), der gemeinsamen Kinder (daselbst 294, KG 387/1913 betreffenden Verträge.

5) Vergl. GA XXXV, 1874, § 146. Der Notar hat das Durchlesen zu gestatten und den Interessenten einfache oder beglaubigte Kopien auszufolgen.

6) GA VII, 1886, §§ 21—24. Diese sind: Kauf-, Tausch-, Lebensrentenvertrag, Übertragung des Eigentums oder eines Nutzungrechtes an Grundstücken, (seit § 77 GA XXXVI: 1920 ist die Schriftlichkeit solcher Verträge übrigens schon ganz allgemeines Erfordernis) die mehr als dreijährige Pacht oder Miete an denselben, Schuldanerkenntnis, Zession, allgemeine, sowie die sich auf Wechselverpflichtungen, Schuldanerkenntnisse, unentgeltlichen Verzicht. Übertragung, Belastung oder entgeltlichen Erwerb von Grundstücken beziehenden besonderen Vollmachten. Eine Bestätigung des formlosen Rechtsgeschäftes macht jedoch in der neueren Praxis die öffentliche Urkunde entbehrlich K 1915 RP IX 1051 (Mji Dt X, S. 47, F. 25 III).

7) Vergl. Mji. Dt IV, 208, IX, 124, 125, XI, 160 usw. Ferner GA XVII, 1881, § 28.

ernst gemeinten Eheverträge zu Recht [1]) und zwar selbst dann, wenn sie die Beschädigung der Verkehrsgläubiger des Verpflichteten anstrebten oder erreichten [2]).

Ja, in dem inneren Verhältnisse kehrt sich die eben erwähnte Argwohnsvermutung in eine die Festigkeit der Eheverträge verstärkende um, indem im Zweifel angenommen wird, daß die Eheverträge bis zur Beendigung der Ehe andauern [3]).

Der Vertragsfreiheit der Ehegatten stehen weder hinsichtlich der Unterhaltspflicht [4]) noch hinsichtlich der Zulässigkeit der Abweichungen von dem gesetzlichen Güterrechte — Schranken entgegen. Die Gatten dürfen daher Eheverträge selbst für den Fall der Scheidung eingehen [5]), jedoch nicht den ethischen Grundlagen der Ehe entgegen, sich zur Vorschubleistung der Ehescheidung verpflichten [6]).

Die wichtigsten Eheverträge haben Änderungen der g e s e t z l i c h e n Vorschriften der Gemeinerrungenschaft und des gesetzlichen Treulohnes zum Inhalte.

6. Die gesetzliche gemeinerrungenschaftliche Forderung kann durch Ehevertrag auf mannigfaltige Art geändert werden. Die Ehegatten dürfen, die in ihr enthaltene Gegenseitigkeit in Einseitigkeit verwandeln und bloß den einen Ehegatten mit dem Rechte der Gemeinerrungenschaft versehen [7]), die Gleichmäßigkeit des Ausmaßes zur Seite schieben und eine von dem Gesetze abweichende Teilungsquote bestimmen. Sie haben u. a. die Möglichkeit, den Inhalt der gemeinerrungenschaftlichen Forderung zeitlich zu begrenzen, durch Bedingungen einzuschränken, die gemeinerrungenschaftliche Forderung ganz auszuschließen, sie vor der Zeit der gesetzlichen Fälligkeit zu tilgen, eine auf sie bezügliche Vereinbarung außer Kraft zu setzen [8]), einen oder beide Ehegatten mit dem Rechte zu versehen, schon während der Dauer der Ehe bis zur Höhe seines Anteils an der gemeinerrungenschaftlichen Forderung Sicherheit zu verlangen [9]).

7. Überaus praktisch sind auch die rechtsgeschäftlichen Änderungen der gesetzlichen Treulohnsforderung, sowie überhaupt die vertragliche Ausbedingung des Treulohns.

V e r t r a g l i c h e r T r e u l o h n i s t d i e a l s E n t g e l t d e s e h e g e m ä ß e n V e r h a l t e n s d e m e i n e n E h e g a t t e n v o n s e i t e n d e s A n d e r e n o d e r D r i t t e r r e c h t s g e s c h ä f t l i c h v e r p f l i c h t e t e Z u w e n d u n g.

Stammt der vertragliche Treulohn von dem anderen Ehegatten oder

---

[1]) Z. B. Schenkung Mji Dt XI, 156, K 1916, P. VII, 4251.

[2]) Arg. *Grill* Dt II, 1, 311, K 3501/1902. Mji Dt VII, 76, K 3071/1912, läßt die Auflösung des Ehevertrages während der Ehe selbst dem schuldigen Gatten gegenüber nicht zu.

[3]) Ist dies d. h. die während der ganzen Ehe unwiderrufliche Bindung des einen Ehegatten aber der e i n z i g e Zweck des Vertrages, so wird derselbe wegen unmoralischen Inhaltes als nichtig betrachtet.

[4]) Ehg § 92. Mji Dt XI, 254, K 1917, P. III, 1062.

[5]) Das. VI, 210, K 5063/1911

[6]) Das. IX, 71, K 1911, G 157. Vergl. EUG § 80.

[7]) Arg. eadem ratione V. Statut der Jasyger §§ 1. 2.

[8]) Vergl. EUG § 79.

[9]) Vergl. EUG § 81.

Verlobten, so beruht er auf dem Ehevertrage. Immerhin gelten für den auf Zuwendungen Dritter fußenden vertraglichen Treulohn ebenfalls die folgenden — eigentlich den Zuwendungen des andren Ehegatten oder Verlobten angepaßten — Grundsätze.

Der vertragliche Treulohn ist begrifflich keine Geldforderung [1]), wird jedoch zumeist in Geld bestimmt und, bei Unmöglichkeit [2]) der Naturalleistung, in eine Geldschuld verwandelt. Die Höhe der Forderung ist von dem Range und der Beschäftigung des Mannes unabhängig: Die Forderung kann sowohl ausdrücklich als, auch soweit es eben möglich ist [3]), durch mittelbare Willenserklärung [4]) begründet werden, und ist bezüglich der Höhe an keine gesetzlichen Schranken gebunden. Der vertragliche Treulohn kann sowohl zugunsten der Frau, wie auch zum Vorteil des Mannes [5]), ausbedungen werden.

Die Bestellung des vertraglichen Treulohnes ist eine Schenkung [6]). Im übrigen gelten sowohl für die Voraussetzungen, als auch für den Inhalt des vertraglichen Treulohnes, die bei dem gesetzlichen entwickelten Grundsätze. Der vertragliche Treulohn kann daher ebenfalls nur bei Beendigung der Ehe, ja, wenn dies bedungen war, sogar ausschließlich nur nach dem Tode des anderen Ehegatten [8]) gefordert werden [7]), er kommt dem treulos verlassenden Ehegatten nicht zu [9]).

Die Privilegien der gesetzlichen Treulohnsforderung aber sind u. E. Ausnahmevorschriften und als solche auf den vertraglichen Treulohn nicht auszudehnen. Dies gilt sowohl für die dem Berechtigten günstigen [10]) als für die ihm ungünstigen Privilegien [11]).

Der vertragliche Treulohn verdrängt den gesetzlichen, beide können daher nebeneinander nicht geltend gemacht werden [12]).

§ 2. Bestellung und Wesen der Mitgift.

1. Die Mitgift ist ein zu Gunsten des Mannes und zu dem Zwecke der Erleichterung der ehe-

---

[1]) *Grill* DT II, 1, S. 302, 1899, IG 246, Garten- und Hausbenutzung usw.

[2]) Wegen Verkaufes des zugesicherten Grundstücks, daselbst VIII, 214, K 4547 1913.

[3]) Einigermaßen hindert dies die Förmlichkeit der Eheverträge, doch ist in der Praxis die Neigung zu finden, sich über dieses Hindernis hinwegzusetzen.

[4]) *Grill* DT II, 1, S. 294, K 1291/1892, daselbst S. 296, K 9056/1891 usw.

[5]) Vergl. den in der vorigen Anmerkung an zweiter Stelle angeführten Fall.

[6]) Arg. Mji Dt I, S. 248, K 5377/1906, doch betont die angeführte Entscheidung unzutreffend die Schenkung von Todeswegen allzusehr.

[7]) Mji Dt Bd. VIII, S. 86. K 854/1913.

[8]) Planum tabulare Dec. 24, ad acquis. mobil *Márkus* I, 306. Eine gegen den im Texte angeführten Grundsatz verstoßende Verabredung ist ungültig, *Grill* DT II, 1, S. 302, K 384/1896.

[9]) *Grill* DT II, 1, S. 299, K 9512/1895.

[10]) Ausnahme von der Verjährung, Zurückbehaltungsrecht, Geltendmachen im Konkurse, welches bei dem vertraglichen Treulohn laut § 65, GA XVII, 1881 ausgeschlossen erscheint.

[11]) Beschränkungen der Übertragung usw.

[12]) Erweist sich aber die vertragliche Verpflichtung als ungültig, so tritt die gesetzliche Treulohnsforderung in Kraft. *Grill* DT II, 1, S. 297, K 5952, 1895.

lichen Lasten rechtsgeschäftlich[1]) begründeter Nießbrauch[2]).

Rechtsgeschäfte, welche die Verpflichtung einer Mitgiftsbestellung begründen, sind[3]) formlose, vermögensrechtliche Verträge unter Lebenden dann, wenn die Mitgift von einem Dritten bestellt wurde[4]), förmliche Eheverträge dann, wenn die Bestellung der Mitgift von seiten der Frau erfolgt[5]).

Ist die Verpflichtung der Mitgiftsbestellung wirksam begründet, so erfordert die Begründung des Mitgiftsnießbrauchs selbst an Sachen ein entsprechendes, weiteres dingliches Rechtsgeschäft. Das Bestellen der Mitgift von seiten eines Dritten ist — gleichgültig ob es nun durch die Übergabe der Mitgiftssachen verstärkt wurde, oder nicht — insofern keine entgegengesetzte Abmachung vorliegt, ein zu Gunsten des Mannes und zugleich der Frau vorgenommenes Rechtsgeschäft.

2. Gegenstand der Mitgift sind Sachen und Werte, an welchen ein Nießbrauch begründet werden kann. Demnach: Bewegliche Sachen[6]), Grundstücke[7]), Wertpapiere[8]), Forderungen[9]) sowie andere übertragbare Vermögensrechte.

3. Umfang und Inhalt des Mitgiftsnießbrauchs bestimmen sich grundsätzlich nach den sachenrechtlichen Vorschriften des Nießbrauchs. Diese werden jedoch durch den gesetzlichen Zweck der Mitgift[10]), welcher dem Mitgiftsnießbrauche einen familienrechtlichen Einschlag verleiht, einigermaßen spezialisiert.

Hierüber gilt folgendes:

Vor allem fehlt — wegen des familienrechtlichen Hintergrundes — die gesetzliche Möglichkeit einer Sicherstellung der Mitgift[11]), sodann ist die Dauer des Mitgiftsnießbrauchs kraft Gesetzes[12]) der der Ehe

---

[1]) Eine gesetzliche Pflicht gibt es zwar nicht, *Grill* DT II, 1, S. 216, K 4537/1887, doch ist die Bestellung so allgemein, daß § 12, GA VI, 1885 den Abkömmlingen eines Verschwundenen zu diesem Zwecke aus dem Vermögen desselben eine „materielle Hilfe" zuspricht, deren Höhe die des Pflichtteils erreicht.

[2]) *Grill* DT II, 1, S. 225, F. 243, K 6333/1903, vergl. EUG § 37.

[3]) Formlose Mitgiftbestellung wird aber auch von seiten der Frau anerkannt, wenn die Mitgift aus Fahrnissachen besteht, in welchem Falle man sie als effektuiertes Geschenk betrachtet. So Übergabe eines Einlagebuches Grill DT II, 1, S. 220, F. 328, K 1900, IG 564, Einbringen von gemeinschaftlichen Gebrauchsgegenständen, Mji Dt XI, 154, K 1916, P. III, 7290.

[4]) Mji Dt VIII, 295, 5258/1913 daselbst X, 211, K 1916, I. III 854.

[5]) GA VII, 1886, § 22, Punkt a, vergl. EUG § 42, Abs. 1.

[6]) Mji Dt VIII, 14, K 1913, G 128, Möbel, Bettzeug, Tischzeug, Geschirr, *Grill* DT II, 1, S. 221, K 466/1902, Bargeld daselbst S. 231, K 1052/1886, XI, 154, K. 1916, 7290 usw.

[7]) *Grill* DT II, 1, S. 227, K 1901, IG 100.

[8]) Einlagebücher *Grill* DT II, 1, S. 220, K 1900, IG 564.

[9]) Appanageforderung daselbst, K 1901, IG 217, Mji Dt VIII, 2, 156, K 554 1913 usw.

[10]) Erleichterung der ehelichen Lasten.

[11]) *Grill* DT II, 1, S. 236, K 297/1898, rechtsgeschäftlich kann diese ausbedungen werden, daselbst K 1299/1888, Mji Dt IV, S. 361, daselbst III, 105, K. 5055/1908.

[12]) Es kann aber auch rechtsgeschäftlich anders verfügt werden Mji Dt IV, S. 340.

gleich. Vor ihrer Beendigung kann die Mitgift weder von der Frau [1]) noch von Dritten zurückgefordert werden. Ausgenommen dürften bloß die vor der Mitgiftsbestellung vorhandenen Gläubiger der Frau sein, denen gegenüber die Bestellung der Mitgift als unentgeltliche Zuwendung betrachtet wird [2]). Von dem Standpunkte der Rückforderung [3]) bleibt es ganz gleichgültig, ob die Lebensgemeinschaft der Gatten noch andauert oder nicht, ferner in letzterem Falle, welcher Ehegatte deren Aufhören verschuldete.

4. Während der Ehe verfügt der Mann als Nießbraucher über die Nutzungen [4]) und in dem Falle eines irregulären Nießbrauches [5]) auch über das Kapital [6]) der Mitgift. Die im Verlaufe dieser Zeitspanne erfolgten Verfügungen der Frau oder des Bestellers der Mitgift sind wirkungslos, sofern sie die Rechte des Mannes schmälern [7]). Andererseits vermögen weder der Mann, noch die gemeinsamen Verfügungen beider Ehegatten die hinsichtlich der Mitgiftssache schon erworbenen Rechte Dritter zu beeinträchtigen [8]).

5. Die Mitgiftssache oder der Mitgiftswert fällt mit der Beendigung der Ehe kraft Gesetzes in den Vermögenskreis des Bestellers oder der durch ihn bestimmten Person [9]). Ist die Mitgiftssache in natura zurückzuerstatten und vorhanden, so kommt das Eigentum des Berechtigten [10]) zur Geltung. Sonst hat der Mann [11]) den Mitgiftswert zu erstatten.

Die familienrechtliche Natur des Mitgiftsnießbrauchs äußert sich nun auch hierbei darin, daß der Mann von der Rückerstattung befreit wird, wenn ihn bloß ein Notstand der Familie dazu bewog [12]), die Mitgiftssache oder ihren Kapitalswert anzugreifen.

Familienrechtliche Eigenschaften des Nießbrauchs sind ferner die folgenden: die ihn bestellende Frau wird betreffs ihrer Rückforderung im Zweifel als befriedigt betrachtet, wenn ihr auf Grund der Ehe von seiten des Mannes durch Verfügungen von Todeswegen Zuwendungen zukamen, deren Wert den der Mitgiftssache erreicht oder übersteigt [13]), der Vorrang des Rückforderungsrechtes gegenüber erbrechtlichen Ansprüchen [14]), endlich

---

[1]) Vergl. den schon angeführten Fall Mji. Dt VIII, S. 14.

[2]) Arg. eadem ratione *Grill* DT II, 1, S. 224, K 668/1889, GA XVII, 1881, § 28, Punkt 3.

[3]) Doch nicht bei der Forderung der Übergabe der Mitgift so Mji. Dt VI, S. 90, K 3727/1911.

[4]) *Grill* DT II, 1, S. 224, K 1899, IG 605. Mji Dt XIII S. 287, F. 208, K 1918 PV 2917 (Verfügung über Nachwuchs an Tieren).

[5]) Geldmitgift.

[6]) Arg. GA VIII, 1840, § 14.

[7]) Mji. Dt IV, 159.

[8]) Daselbst VII, 58, K 2234/1912.

[9]) *Grill* Dt II, 1, S. 225, K 6333/1903.

[10]) Auch in dem Konkurse des Mannes GA XVII, 1881, § 52.

[11]) Oder seine Rechtsnachfolger.

[12]) Es müssen dies überaus wichtige Familienrücksichten notwendig erscheinen lassen, Mji Dt X, 328, K 1916, RP III, 782, etwa durch die Krankheit der Frau verursachte und anderweitig aus dem Vermögen oder den Einkünften des Mannes nicht bestreitbare Kosten und Auslagen, nicht aber die Kosten der zwischen den Ehegatten gepflogenen privatrechtlichen oder Strafprozesse, Mji. Dt V, 43, K 2896/1910.

[13]) *Grill* DT II, 1, S. 234, K 4636/1890.

[14]) GA VIII, 1840, § 14. Die Beweisvorschriften des angeführten Gesetzes,

der Umstand, daß der Frau — jedoch bloß für die Dauer ihrer Witwenschaft — hinsichtlich ihres Rückforderungsrechtes auf den Nachlaß ihres Mannes ein gesetzliches Zurückbehaltungsrecht [1]) zuerkannt wird.

Gesetzliches Verwandtenrecht.

§ 1. Verwandtschaft und Schwägerschaft.

1. Verwandtschaft ist: das Rechtsverhältnis von Menschen gemeinsamer Abstammung.

Die Arten der Verwandtschaft sind: Verwandtschaft gerader Linie und Seitenverwandtschaft. Die erstere besteht zwischen den voneinander Abstammenden, die letztere zwischen den gemeinsam von einem Dritten Abstammenden [2]).

Vorfahr ist der Verwandte, von dem die gemeinsame Abstammung hergeleitet wird. Abkömmling ist der Abstammende im Verhältnisse zu dem Vorfahr [3]).

Die Verwandtschaft der vollblütigen Seitenverwandten wird durch zwei, die der halbblütigen bloß durch einen gemeinsamen Vorfahr vermittelt.

Die Entfernung der Verwandtschaft bestimmen die Verwandtschaftsgrade. Die Zahl der Verwandtschaftsgrade hängt von der Zahl der Zeugungen ab, die zwischen den beiden fraglichen Geburten notwendig waren. Hier gelten die Grundsätze des Kirchenrechts [4]).

2. Die später ausführlich zu behandelnden Grundlagen der Verwandtschaft sind: mütterlicherseits die Geburt, väterlicherseits die Zeugung. Ohne sonstige Rechtshandlungen, welche ihr vorangehen oder folgen, verursacht die Zeugung zwischen Vater und Abkömmling nur gewisse Folgen der Verwandtschaft [5]).

Die volle väterliche Verwandtschaft vermittelnden Rechtshandlungen sind: die der Zeugung vorangegangene oder ihr nachfolgende Ehe der Eltern [6]).

Die väterliche Verwandtschaft in beschränkterem Maße vermitteln: die Legitimation durch königliche Gnade [7]), die Anerkennung von seiten des unehelichen Vaters [8]).

3. Die Verwandtschaft ist ein Rechtsverhältnis, dessen Folgen weit

---

sowie die des GA VII, 1886, § 22 sind prozeßrechtlicher Natur. Vergl. Mji Dt VII, S. 181.

[1]) K 6403/1902, *Staud* S. 67.

[2]) Arg. Ehg § 11, JKK I, §§ 9, 10, 11, PG § 58, Punkt 2 usw.

[3]) JKK I, § 12.

[4]) Vergl. K 1915, RP I, 10 976, Mji. Dt X, S. 231, eadem ratione. Die angeführte Entscheidung behandelt etwas eng nur die Katholiken und ausschließlich die Legitimation durch nachfolgende Ehe.

[5]) Die Ehehindernisse usw., doch kein Erbrecht.

[6]) K 1915, RP I, 4758, Mji Dt X, S. 1 usw. es genügt die Eingehung einer anfechtbaren Ehe, arg. Ehg § 67, ja sogar die gutgläubige Eingehung einer nichtigen arg. Trip. I. 106 und die Praxis.

[7]) Ständige Praxis.

[8]) GA XXXIII, 1894, § 41.

über das Privatrecht hinausreichen. Innerhalb der Grenzen des letzteren bewirkt die Verwandtschaft sowohl in der engeren, als auch in der weiteren Familie die gesetzliche Pflicht des familiengemäßen Verhaltens, deren Inhalt sich in die verschiedensten gesetzlichen Schuldverhältnisse auflöst.

Die väterliche Gewalt [1]), die natürliche und gesetzliche Vormundschaft der Mutter [2]), die Arbeitspflicht des Kindes[3]), die gegenseitige Unterhaltspflicht von Vorfahr und Abkömmling[4]), die zwingenden Vorschriften des Pflichtteilrechts[5]) sind Beispiele der gesetzlichen, der Verwandtschaft entstammenden auf ein Tun gerichteten Leistungen. Die auf der Verwandtschaft beruhenden [6]) Ungültigkeitsgründe der Ehe zeigen es, daß die der erwähnten Quelle entströmenden Schuldverhältnisse sich keineswegs auf ein Tun beschränken, sondern auch wichtige Unterlassungen zum Gegenstande haben können.

Die nachdrücklichst hervorgehobenen Vorschriften, welche in der letztangeführten Gesetzesstelle die uneheliche Verwandtschaft der ehelichen gleichstellen, liefern den Beweis dafür, daß die jetzt noch ziemlich allgemein verbreitete Verleugnung der unehelichen Verwandtschaft väterlicherseits eigentlich bloß für gewisse vermögensrechtliche und personenrechtliche Folgen zutrifft, aber keineswegs dahin aufzufassen ist, daß die Zeugung zwischen dem unehelichen Kinde und der väterlichen Sippe überhaupt kein verwandtschaftliches Verhältnis schaffe.

Der Inhalt der gesetzlichen Pflicht des familiengemäßen Verhaltens ist bei den Mitgliedern der engeren Familie der reichste und mannigfaltigste und verwischt sich bei den Mitgliedern der weiteren zu Unterlassungspflichten, deren Außerachtlassung mit größtenteils erbrechtlichen Nachteilsfolgen verbunden ist [7]).

Die Verwandten der weiteren Familie belasten demnach bloß dem familiengemäßen Verhalten entstammende Unterlassungspflichten, deren Verletzung gewisse Rechtsverluste des Verletzers zur Folge hat [8]).

Außer den der Pflicht des familiengemäßen Verhaltens entstammenden, begründet die Verwandtschaft auch andere Rechte: So die Bezeichnungsrechte des ehelichen[9]), des durch nachfolgende Ehe oder durch königliche Gnade legitimierten unehelichen [10]), sowie der Mutter gegenüber, des unehelichen Kindes [11]), das Recht zur Vormundschaft [12]) und zur Mitgliedschaft im Familienrate [13]), das Recht, die Entmündigung des Verwandten zu beantragen [14]), das gesetzliche Erbfolgerecht [15]).

---

1) VMG § 15.
2) Ebendaselbst § 35.
3) Daselbst § 10.
4) Ebendaselbst § 11.
5) JKK I, §§ 4, 7, 8.
6) Ehg § 11.
7) Z. B. bei Verwirklichung der erbrechtlichen Unwürdigkeitsgründe.
8) Siehe die vorige Anmerkung.
9) Trip. I, 22, § 3, 51, § 3 usw.
10) Arg. GA XXXIII, § 43.
11) Arg. die in Anmerkung 1 angeführten Quellenstellen.
12) VMG § 39, 40.
13) VMG § 156.
14) PG §§ 703, 719, 721.
15) JKK § 9 ff. (I).

Die Verwandtschaft wird durch erfolgreiche Anfechtung der ehelichen Geburt von seiten des Vaters oder der väterlichen Sippe insofern beendigt, als von der Unehelichkeitserklärung an das Kind in die Rechtslage eines unehelichen Kindes gerät.

5. Schwägerschaft ist das Rechtsverhältnis des einen Ehegatten zu den Verwandten des anderen.

Die Schwägerschaft wird durch die Eingehung der Ehe begründet, doch durch deren Beendigung nicht aufgelöst [1]. Sie wird — der Verwandtschaft gleich — nach Graden bemessen, deren Zahl sich nach dem Verwandtschaftsgrade bestimmt, in welchem der andere Ehegatte zu dem betreffenden Schwager steht. Je nach der Verwandtschaft in gerader oder in Seitenlinie des einen Ehegatten hat man die Schwägerschaft in gerader oder in Seitenlinie des anderen zu unterscheiden. Die Schwägerschaft in gerader Linie begründet eine dem familiengemäßen Verhalten ähnliche gesetzliche Verhaltungspflicht. Diese äußert sich in der Pflicht, die Eingehung einer Ehe mit dem Schwager, oder der Schwägerin in gerader Linie zu unterlassen [2], dann in der gesetzlichen Unterhaltspflicht des Mannes gegenüber den unterhaltsbedürftigen Kindern der Frau, deren Dasein ihm bei Eingehung der Ehe bekannt war [3], endlich in der Unterhaltspflicht des Schwiegervaters gegenüber der in seine engere Familiengemeinschaft gelangten Schwiegertochter [4].

§ 2. Begründungstatsachen der Verwandtschaft.

1. Geburt. Der Mutter und der mütterlichen Familie gegenüber ist die Geburt die unumstößliche Begründungstatsache der Verwandtschaft.

2. Zeugung. Gegenüber dem Erzeuger und dessen Familie kommt dem unehelichen Kinde — nach allgemeiner Auffassung — die Eigenschaft eines Verwandten nicht zu, doch wurde es schon hervorgehoben, daß dies bloß eine Verleugnung der wichtigsten, nicht aber der gesamten Folgen der Verwandtschaft bedeutet [5]. Insoweit Folgen der Verwandtschaft zwischen dem Vater und dem unehelichen Kinde eintreten, ist deren Begründungstatsache die Zeugung, welche hier allerdings bloß vermutet wird [6] [7].

Zeugungsakt in rechtlichem Sinne ist der während der Empfängniszeit stattgefundene geschlechtliche Verkehr mit der Mutter des Kindes [8].

---

[1] Arg. Ehg § 11, Punkt d, PG § 58, Punkt 2, usw. eadem ratione.

[2] Ehg § 11.

[3] K 1323/1904, Jogt. Közl. Dt IV. Folge, Bd. I, S. 358. Vergl. EUG § 161.

[4] So K 1920 P 3904 (MT II, S. 104, F. 70).

[5] Arg. Ehg § 11.

[6] PG § 58. Die rechtliche Vermutung ist von der biologischen einigermaßen unabhängig, daher ist es zu erklären, daß die Benutzung von empfängnis verhütenden Mitteln zu ihrer Entkräftung nicht genügt.

[7] Selbst in dem Falle der Anerkennung von seiten des unehelichen Vaters, welche wenn in eine öffentliche Urkunde gefaßt oder persönlich vor dem Standesbeamten vorgebracht, in das Geburtsregister eingetragen wird (GA XXXIII, 1894, § 91) und mit den Folgen der Zeugungsvermutung versehen ist.

[8] Arg. für eheliche Kinder Trip. II. 62, § 2, Satz 2. Mji Dt VIII, 102, K 1450, 1913, IX, 79, K 1865/1914, für uneheliche das. IV, 342.

Empfängniszeit ist die zwischen dem 182.—300. Tage vor der Geburt des Kindes verflossene Zeitspanne [1]).

Die Vermutung der außerehelichen Zeugung wird entkräftet, wenn die Mutter des Kindes während der Empfängniszeit einen notorisch-unmoralischen Lebenswandel führte [3]).

Die Folgen der außerehelichen Zeugung sind mütterlicherseits dieselben wie die der ehelichen, väterlicherseits hingegen die weiterhin auszuführende Unterhaltspflicht, sowie das Ehehindernis der außerehelichen Verwandtschaft [4]).

Innerhalb der Ehe hat man als Begründungstatsache der Verwandtschaft zwischen Vater bezw. väterlicher Sippe und Kind ebenfalls die vermutete Zeugung zu betrachten. Die Vermutung derselben gründet sich jedoch hier schon auf die bloße Tatsache der Geburt und auf die vor der Empfängniszeit geschlossene [5]), doch spätestens am Anfange derselben noch bestehende Ehe [6]) der Eltern.

Als innerhalb der Ehe geboren gilt das von dem Tage der Eingehung der Ehe bis inklusive zu dem 300. Tage nach ihrer Beendigung geborene Kind [7]). Die Gültigkeit der Ehe hat bei der Gutgläubigkeit auch nur eines Eheschließenden auf die Ehelichkeit des Kindes keinen Einfluß [8]).

Die innerhalb der Ehe erfolgte Geburt bildet die Grundlage einer doppelten Vermutung. Einmal gilt sie nämlich als Grundlage der Folgerung, daß der Mann der Mutter des Kindes während der Empfängniszeit geschlechtlich beigewohnt hat. Diese Folgerung greift ohne weiteres dann Platz, wenn die Empfängniszeit während der Ehe ihren Anfang genommen hat [9]). Im entgegengesetzten Falle ist sie davon bedingt, daß der Mann die Ehelichkeit des Kindes nicht anficht [10]).

Sodann entstammt der während der Ehe erfolgten Geburt auch noch die Vermutung, daß die geschlechtliche Beiwohnung mit der Zeugung des Kindes verbunden war [11]). Streng genommen ist demnach die eheliche

---

[1]) K 1920 P III, 4264 (MT II, S. 71, F. 47).

[2]) Arg. Mji Dt IV, 342, VII, 261, K 555/1912. EUG § 91 nimmt die Zeit zwischen dem 182.—302. Tage an. Die beiden Grenztage sind sowohl im heutigen, als auch in dem künftigen Rechte einzurechnen, vergl. EUG § 91, Abs. 1.

[3]) *Grill* DT II, 1, S. 350 ff., K 1900, IG 527, 1901, IG 334, K 1901, IG 569/1901 1898, IG 322 usw., EUG § 216, Abs. 2 erfordert erwerbsmäßige Prostitution. Keine Entkräftung bei dem in Kenntnis der Sachlage vertraglich verpflichteten Unterhalt K 1920 P 4264 (MT II, S. 71, F. 47).

[4]) § 11 Ehg.

[5]) Mji Dt VIII, 170, K 4859/1913.

[6]) *Grill* Dt II, 1, S. 317, K 4111/1895.

[7]) Mji Dt VIII, 102, K 1450/1913, *Grill* DT II, 1, S. 317, K 4111/1895. Anders, doch kaum richtig hinsichtlich des nach 4 Monaten und 19 Tagen nach Eingehung der Ehe geborenen Kindes, K 8253/1895, das. S. 137.

[8]) Trip. I, 108, K 441/1905, Mji Dt I, 137. Maßgebend dürfte der Zeitpunkt der Zeugung sein.

[9]) Das. VIII, 170, K 4859/1913. Nicht aber, wenn die Ehe während der Empfängniszeit von Tisch und Bett getrennt war Mji, Dt IX, 79, K 1865/1914.

[10]) Das VIII, 170 K 4859/1913.

[11]) Trip. II, 62, § 2, Satz 2. Selbst dann, wenn der vermutete Vater während der Empfängniszeit eingekerkert war, doch von der Mutter besucht wurde. *Grill* DT II, 1, S. 320, K 5545/1895.

Verwandtschaft auf eine vermutete Zeugung infolge einer ebenfalls vermuteten Beiwohnung gegründet [1]).

3. Der Zeugung nachfolgende und in mehr oder minder beschränktem Maße die eheliche Verwandtschaft hervorrufende Rechtshandlungen sind entweder Geschäfte oder erfordern wenigstens eine rechtsgeschäftliche Tätigkeit des unehelichen Vaters [2]).

In Betracht kommen hier: die Legitimation durch nachfolgende Ehe und durch königliche Gnade.

Die der Geburt des Kindes nachfolgende Eingehung der Ehe der Eltern stellt die eheliche Verwandtschaft zwischen dem Kinde, dem Vater und der väterlichen Sippe her. Einzige Voraussetzung ist, daß die Zeugung nicht durch Ehebruch erfolgte [3]).

Die Legitimation durch nachfolgende Ehe tritt von selbst ein [4]). Ihre Folgen können geltend gemacht werden, wenn nur bewiesen wird, daß der Vater der Mutter während der Empfängniszeit beigewohnt hat [5]). Hat der Vater die Beiwohnung anerkannt, so entsteht hierdurch die Vermutung, daß dieselbe auch tatsächlich stattgefunden hat [6]).

Die Legitimation durch nachfolgende Ehe bewirkt die gesamten Folgen der ehelichen Verwandtschaft [7]). Anfangszeitpunkt dieser Folgen ist die Geburt [8]) des Kindes.

4. Die Legitimation durch königliche Gnade ist ein die Verwandtschaft begründendes königliches Privileg, welches das Gewohnheitsrecht entwickelte [9]). Sie erfolgt auf Ansuchen des Vaters, oder falls er eine solche Absicht hegte, auch auf Ansuchen der Mutter oder des Kindes [9]). Die Praxis scheint die Einwilligung der beiden letzteren, nicht aber die der gesetzlichen Kinder des Vaters, zu fordern [10]).

Die Form des Privilegs ist eine königliche Verordnung. Seine Wirkung ist die Begründung der ehelichen Verwandtschaft, doch nur zwischen dem Vater, dem Kinde und dessen Abkömmlingen [11]), nicht aber zwischen diesen und den ehelichen Verwandten des Vaters.

---

[1]) Beide können aber — etwa durch ständige Abwesenheit in einem anderen Weltteile widerlegt werden.

[2]) Dieselbe ist eine rechtliche Tatsache innerhalb eines weiteren sie umfassenden Tatbestandes.

[3]) Mj Dt X 231 K 1915 RP 10 976. Kein Ehebruch wird jedoch angenommen, wenn die Eltern nur während eines Teiles der Empfängniszeit in anderer Ehe lebten, (Das.)

[4]) Ohne oder selbst gegen den Willen der Eltern, Mj Dt XI 296, K 1917, P I 1533. Es genügt selbst die einseitig gutgläubige Ehe, das. I 137, K 441/1905. An der ipso jure Wirkung ändern die verwaltungsrechtlichen Vorschriften GA XXXIII, 1894 § 41 nichts. (Förmlichkeiten der Ehelichkeitserklärung behufs Einverleibung in das Geburtsstandsregister).

[5]) Vorige Anmerkung Fall 1. Mj Dt X 355 K 1916, RP 5905.

[6]) Wichtig dritten Gegnern gegenüber.

[7]) Mj Dt X 1, K 1915, RP I 4758, ohne jedoch die erworbenen Rechte Dritter. (Erstgeborener hinsichtlich der Fideikommisse), das. X 232, K 1915, RPI 10,796 zu beeinträchtigen.

[8]) Das X 1, K 1915, RPI 4758.

[9]) Oberster Gerichtshof 4505/1878 (*Staud* S. 56). Mj Dt III 236, K 870/1909. Jetzt übt es auf Grund § 13 GA I 1920 der Reichsverweser aus, doch kann er hierdurch keinen Adel verleihen (arg. das.).

[10]) Arg. vorige Anmerkung Fall 2.

[11]) Arg. Anmerkung 9 Fall 1.

Rechtliche Tatsache, welche die Legitimation durch königliche Gnade verursacht und daher auch den Anfangszeitpunkt ihrer Wirkung bestimmen muß, ist der königliche Entschluß.

§ 3. Vernichtungstatsachen der Verwandtschaft.

1. Die Begründungstatsachen der Verwandtschaft sind mehrfach, ja beinahe durchwegs von Vermutungen abhängig. Es erscheint daher notwendig, dem Verpflichteten oder den sonstigen Beteiligten die Möglichkeit zu bieten, die Vermutungstatsachen zu widerlegen und hierdurch die Folgen der Verwandtschaft mit rückwirkender Kraft zu beseitigen.

Bei Lebzeiten des Verpflichteten erfolgt dies aus ähnlichen Gründen wie die förmliche Anfechtung der Ehe sowie der im Grundbuche eingetragenen Rechte — durch mehr oder minder förmliche Rechtsgeschäfte [1]).

Diese sind: die Anfechtung der ehelichen Geburt und der Legitimation durch königliche Gnade.

2. Die Anfechtung der ehelichen Geburt ist ein von seiten des Mannes vorgenommenes und die Ehelichkeit der Geburt mit rückwirkender Kraft beseitigendes Rechtsgeschäft. Notwendig ist dies bloß zu Lebzeiten des Mannes und des Kindes [2]). Nach deren Tode kann die uneheliche Abstammung des Kindes — soweit dies überhaupt statthaft erscheint, — von jedem daran Interessierten vorgebracht und bewiesen werden [3]). Statthaft ist dies aber nur dann, wenn der Mann die eheliche Geburt des Kindes entweder angefochten hat [4]) oder wenn er in der Ausübung seines diesbezüglichen Rechts wegen Unkenntnis der betreffenden Tatsachen [5]), wegen Handlungsunfähigkeit [6]) oder sonst [7]) bis zu seinem Tode behindert war [8]).

Voraussetzung der Anfechtung ist zum mindesten die — im familienrechtlichen Sinne bezw. in dem des Ehg [9]) gebrauchte — beschränkte Geschäftsfähigkeit des Mannes [10]). Die Geschäftsunfähigkeit des Mannes überträgt sein Recht auf den gesetzlichen Vertreter, welcher dasselbe

---

[1]) S. weiter.

[2]) Arg. PG § 700. Lebt der Mann, so kommt das Anfechtungsrecht ihm zu K 1919 P III 1386 (MT II S. 25, F. 15).

[3]) S. weiter. Beteiligte sind u. a.: die gesetzlichen Erben des Mannes, *Grill* Dt II 1 323, K 4793/1902, Mj Dt II 100 K 6817/1906, besonders die aus seiner ersten Ehe stammenden Kinder das III 241 K 869/1909, die den Angriffen des sonst pflichtteilsberechtigten Kindes ausgesetzten Beschenkten, das. IX S. 80, K 1914 P 3826, doch weder die Mutter des Kindes, *Grill* Dt II 1 S. 322, K 3098/1901, noch die zweite Frau des Mannes, Mj Dt II 100 K 6817/1906, es wäre denn, daß die letztere als Erbe des Mannes beteiligt wäre.

[4]) Und etwa während des Prozesses gestorben ist, weshalb kein Urteil erbracht wurde, Vergl. PG §§ 676, 700.

[5]) Mj Dt VII 55, K 1420/1912. Zweifelhaft, ob auch wegen Unkenntnis des Anfechtungsgrundes, bejahend daselbst X 323 K 1915 P VII 9768, verneinend daselbst S. 8 K 1915 RP 4841.

[6]) *Grill* Dt II 1 S. 331, K 4435/1900.

[7]) Mji Dt VII 5, K 1420/1912, *Grill* Dt II 1 S. 328, K 116/1901.

[8]) Nicht aber dann, wenn er Kenntnis davon hatte, daß die Frau bei Eingehung der Ehe mit dem Kinde schwanger war; das. II 35, K 7358/1907.

[9]) § 128 Ehg.

[10]) Arg. PG 698 Abs. 1.

jedoch nur auf Grund einer besonderen Vollmacht der Vormundschaftsbehörde ausüben kann [1].

Die Anfechtung muß zwar nicht persönlich vorgenommen werden, doch erfordert sie immerhin eine besondere Vollmacht [2].

Ihre Form ist zu Lebzeiten des Kindes eine gegen die noch lebende [3] Mutter gerichtete Klage [4]. Die materiellrechtliche Bedeutung dieser Formvorschrift ist darin zu erblicken, daß bei Lebzeiten des Mannes und des Kindes [5] ohne Einhaltung derselben sich weder der Mann selbst, noch Dritte auf die uneheliche Abstammung des Kindes berufen können. Liegt ein Tatbestandsfehler der Ehelichkeitsanerkennung vor, welcher nach den allgemeinen Grundsätzen der Rechtsgeschäfte Anfechtungsgrund ist, so muß dem Manne auch ein Anfechtungsrecht gegen diese zugestanden werden, hinsichtlich dessen Voraussetzungen und Rechtsfolgen [6] die Grundsätze der Anfechtung der ehelichen Geburt zu gelten haben.

4. Die Wirkungen der durch königliche Gnade vermittelten Verwandtschaft können ebenfalls durch Anfechtung beseitigt werden [7].

Anfechtungsberechtigt sind jene, deren Einwilligung zur Erwirkung der königlichen Gnade erfordert wird. Demnach: der Vater, das Kind [8] unbedingt; zweifelhaft, ob die Mutter [9], keinesfalls aber die übrigen Kinder des Vaters [10].

Hinsichtlich der Form, der Ausübung und der Wirkungen der Anfechtung gelten die bei der Anfechtung der Ehelichkeit ausgeführten Grundsätze.[11] Immerhin scheint eine inzidentelle, innerhalb des Rahmens eines anderen Prozesses erfolgende Anfechtung des königlichen Entschlusses wegen der Autorität desselben mehr als bedenklich. Man muß vielmehr gegebenenfalls auf der Notwendigkeit eines familienrechtlichen, gegenüber jedermann wirkenden, negativen Feststellungsurteiles beharren [12].

§ 4. Unterhaltspflicht der Verwandten.

1. Eine der wichtigsten Folgen der Verwandtschaft ist die gesetzliche Unterhaltspflicht. Ihrzufolge hat der Verpflichtete kraft Gesetzes für die Lebensbedürfnisse des Berechtigten zu sorgen. Sie ist demnach bald ein auf die Befriedigung der Lebensnotwendigkeiten, bald wieder ein auf Zahlung der hierzu erforderlichen Geldsumme gerichtetes gesetzliches Schuldverhältnis. Zur Gewährung des Unterhaltes verpflichten kraft Gesetzes: die

---

[1] PG § 698 Abs. 2.

[2] Mj Dt V 266 K 642/1911, PG §§ 696, 643 Abs. 1.

[3] PG § 697. Die Mutter muß selbst nach dem Tode des Mannes in dem betr. Erbschafts- und sonstigen Prozesse, in welchem die Unehelichkeit des Kindes in Frage steht, teilnehmen. Mj Dt V S. 377. Dies gilt jedoch bloß für ihre Person.

[4] Die Zurücknahme der Klage macht die Anfechtung wirkungslos, PG §§ 696, 666 Abs. 1.

[5] Arg. PG § 700.

[6] Eadem ratione.

[7] Arg. Mj Dt III S. 236 K 870/1909.

[8] Bezüglich dessen gesetzlicher Vertreter.

[9] Für die Verneinung eadem ratione, *Grill* Dt II 1 322, K 3098/1901.

[10] So Mji Dt III 236 K 870/1909.

[11] Eadem ratione.

[12] Auf Grund der Analogie, PG § 686.

Ehe [1]), dann innerhalb gewisser Grenzen Verwandtschaft [2]) und Schwägerschaft [3]) gerader Linie.

Die Verpflichtung belastet den Verpflichteten in gesetzlich festgelegter Reihenfolge. Allen Verwandten gegenüber geht jedoch die Unterhaltspflicht des Ehegatten vor [4]).

Innerhalb der ehelichen Familie sind zum Unterhalte verpflichtet:

1. Gegenüber minderjährigen Berechtigten während des Bestandes der Ehe der Eltern in erster Reihe der Vater, sodann die Mutter, [5]) endlich die Großeltern [6]), nach der Ehescheidung in erster Reihe und zwar dem Verhältnisse ihrer Einkünfte gemäß beide Eltern gemeinsam [7]), sodann die Großeltern [8]).

Die Verpflichtung dauert bis zur Volljährigkeit des Berechtigten [9]) oder bis zu seiner anderweitigen Versorgung [10]).

2. Gegenüber Volljährigen [11]): in erster Reihe nach dem Grade ihrer Verwandtschaft: die Kinder und Enkel [12]); in zweiter: der Vater; in dritter: die Mutter; in vierter: die Großeltern [13]).

Innerhalb der mütterlichen Familie: minderjährigen Berechtigten gegenüber in erster Reihe der Vater; solange derselbe gerichtlich nicht ermittelt ist [14]), die Mutter [15]), in zweiter Reihe die mütterlichen Großeltern [16]); Volljährigen gegenüber in erster Reihe nach den bei der väterlichen Familie schon entwickelten Regeln die Kinder und Enkel, hernach die Mutter [17]) und die mütterlichen Großeltern.

Die Verpflichtung dauert solange, als der Berechtigte unfähig ist, für sich selbst zu sorgen. Ist ein Berechtigter ganz oder teilweise unfähig, so hat der in der Reihenfolge Nächste die Leistung teilweise [18]) oder auch ganz zu besorgen [19]), ohne daß er aber hierdurch dem Vorgänger gegenüber kraft Gesetzes einen Rückgriff erlangen könnte [20])

---

1) § 90 s. oben.
2) VMG § 11 GA XLI, 1908 § 9.
3) Praxis, s. oben bei der Schwägerschaft.
4) Arg. die unbedingte Vorschrift, Ehg § 90.
5) Arg. Mji Dt XIII S. 27, F. 21, K 1918 P VI 3156.
6) VMG § 11 Abs. 1.
7) Ehg § 95 Abs. 3.
8) VMG § 11 Abs. 1. Ebenfalls gemeinsam K 1917 P I 209 (Mji Dt XI S. 155, F. 116).
9) Mji Dt III 415 K 3651/1909.
10) Annahme an Kindesstatt, solange der Annehmende für das Kind sorgt, das V 3, Budapester Tafel 1910 G 478.
11) Insoweit hier überhaupt eine Unterhaltspflicht vorliegt, worüber weiter unten.
12) Mj Dt VI 112 K 1729/1911, das. VII 247, K 1913 G 78., das. VIII 93, G 181 1913. Vergl. auch GA XX, 1877 § 11 Abs. 4.
13) Mji Dt V 3, Budapester Tafel G 478/1910, das. I 10, K 1906, IG 559, V 67, Marosvásárhelyer Tafel 1911, G 150, die Großeltern gemeinsam, das. XI 155, K 1917 P I 209.
14) Vgl. GA XX, 1877 § 11.
15) 16) Daselbst.
17) Arg. eadem ratione § 11, VMG besonders Abs. 2 und die Erwägung, daß die Praxis keine andere Reihenfolge kennt (Arg. Mji Dt IX 87. K 1914 G 279), EUG § 152 bestimmt die Reihenfolge folgendermaßen: Ehegatte, Abkömmlinge, Vorfahren.
18) Mit dem Vorgänger gemeinsam.
19) Arg. VMG § 11 Abs. 1.
20) Marosvásárhelyer Tafel 1911 G 150 Mji Dt V 267.

2. Voraussetzung der Unterhaltspflicht ist die Vermögenslosigkeit [1], sowie volljährigen Berechtigten gegenüber auch die Unfähigkeit des Berechtigten, für sich selbst zu sorgen [2].

Die Ursache der erwähnten Unfähigkeit [3] ist — insoweit nicht absichtlich hervorgerufen — nebensächlich [4]. Absichtliche Verursachung der Unfähigkeit, sowie die schwersten Verfehlungen gegen den Verpflichteten, vernichten m. E. die Unterhaltspflicht [5]. Allenfalls könnte dem Berechtigten höchstens notdürftiger Unterhalt zugesprochen werden [6]. Die Vermögenslosigkeit des Verpflichteten ist Ausschließungsgrund der Verpflichtung [7], aber nur dann, wenn deren Erfüllung in anbetracht seiner sonstigen Verpflichtungen die angemessene Lebensführung desselben gefährden würde [8], ja bei Eltern sogar nur dann, wenn sie sonst den größten Entbehrungen preisgegeben wären. [9].

3. Kraft der Unterhaltspflicht ist standesgemäßer Unterhalt zu gewähren. Dieser umfaßt Kleidung, Wohnung, Nahrung, Erziehung und Befriedigung der sonstigen leiblichen und geistigen Bedürfnisse des Berechtigten [10].

Der Unterhaltspflicht ist, in erster Reihe, in natura Genüge zu leisten. Aus wichtigen Gründen [11] kann jedoch der Berechtigte Geldleistung fordern. Wird der Unterhalt in Geld gewährt, so ist monatlich im voraus [12], sonst den Umständen gemäß [13] zu leisten. Die Leistung soll jedoch keinen Anlaß zu einer Kapitalansammlung bilden. Wurde sie daher zurzeit ihrer Fälligkeit nicht erfüllt, so können keine Verzugszinsen gefordert werden [14], ja eine unbegründete Unterlassung ihres Geltendmachens führt nach längerer Zeit [15] sogar zum Verlust der versäumten Raten [16].

Die besondere familienrechtliche Natur der gesetzlichen Unterhalts-

---

[1] GA XX, 1877 § 11 Abs. 1 Mj Dt VI 323, K 1912 G 110, IX 78 K 1914 G 215, VI 112 K 1729/1911 VII 247, K 1913 G 78 usw.

[2] Wegen Alters 3. und 4. Fall, wegen des Fehlens einer Qualifikation, nicht aber wegen Arbeitslosigkeit 2. Fall der vorigen Anmerkung.

[3] Die letztere bestimmt auch die Dauer der Unterhaltspflicht.

[4] Arg. Mj Dt I 103 K 1906 IG 559 spricht selbst der volljährigen und in dem Scheidungsurteil als schuldig erkannten Tochter Unterhalt zu.

[5] Arg. Ehg. § 90 eadem ratione, ferner die Rechtsinstitute der Erbunwürdigkeit und der Enterbung.

[6] Vergl. EUG § 156

[7] Mji. Dt VI 112 K 1729/1911

[8] Vergl. Mj Dt VII 88, Budapester Tafel 1913 G 1290/3. Mji Dt XIII, S. 28, F. 22.

[9] Mji Dt XII, S. 77, F. 133, K 1918 P VI, 98.

[10] Das. V 209 K 1911 G 120. Nicht aber über den Stand des Berechtigten hinaus reichende Ausgaben, etwa Institutskosten eines Mädchens, welches ihrem Stande nach keine Institutserziehung beanspruchen konnte.

[11] Etwa wenn mehrere Verpflichtete vorhanden sind, Mj Dt IV 156 VIII 93 K 1913 G 181 oder wegen des auf den Verpflichteten rückführbaren schlechten Einvernehmens VIII 247 K 1913, G 78, den Großeltern gegenüber der Umstand, daß die Mutter das Kind in ihrer Obhut behält IX 290 K 1915 P II 5480.

[12] Arg. Ehg § 90 Abs. 2 eadem ratione.

[13] Vergl. EUG § 157.

[14] Mji Dt VIII 296 K 1913 G 349.

[15] Ganz unabhängig von der Verjährung.

[16] Mji Dt VIII 288 K 1914, P 4269 X 101, K 1915, RP VI 1954. Kein genügender Grund sind Vergleichshandlungen XI 187 K 1917, P I 513.

forderung äußert sich einmal darin, daß ihr gegenüber die Aufrechnung ausgeschlossen ist [1]), sodann bei ihrer Eintreibung in der Herabminderung der von den Einkünften des Verpflichteten der gerichtlichen Pfändung entzogenen Mindestsumme [2]).

4. Sofern das Gesetz nichts anderes [3]) vorschreibt, beendigt der Tod des Verpflichteten die gesetzliche Unterhaltspflicht [4]). Mit dem Tode des Berechtigten wird sie gegenstandslos und entfällt. Dies hindert für das gegenwärtige Recht jedoch [5]) nicht die Einforderung der schon fälligen und noch nicht verfallenen Raten.

Rechtslage des ehelichen Kindes.

§ 1. Väterliche Gewalt.

Die väterliche Gewalt ist der Inbegriff der dem gesetzlichen Vater zustehenden Rechte und Pflichten [6]) in bezug auf die Person und das Vermögen des minderjährigen, ehelichen Kindes [7]). Die Begründungstatsachen der väterlichen Gewalt sind mit den Begründungstatsachen der ehelichen Verwandtschaft zwischen Vater und Kind identisch. Die unbeschränkte Ausübung der väterlichen Gewalt erfordert volle Geschäftsfähigkeit und makellose Lebensführung des Vaters. Wird er entmündigt, oder verfällt er wegen Verbrechens oder Vergehens einer ein Jahr übersteigenden Freiheitsstrafe, so ruht die väterliche Gewalt während der ganzen Dauer [8]) dieser Hindernisse.

Mißbrauch, wie Vernachläßigung oder Gefährdung der körperlichen oder moralischen Wohlfahrt des Kindes, führt zur Beschränkung oder zur Beendigung der väterlichen Gewalt [9]). Das Beschränkungs- [10]) bezw. das Beendigungsrecht [11]), gegen welches der Vater innerhalb dreier Monate gerichtlich vorgehen kann [12]), kommt der Vormundschaftsbehörde zu.

1. Den Inhalt der väterlichen Gewalt machen unveräußerliche dem Vater kraft Gesetzes über die Person und das Vermögen des Kindes zukommende Rechte, sowie die mit denselben verbundenen Pflichten aus.

Davon ist das wichtigste das Recht und die Pflicht, für das körperliche, moralische und seelische Wohlergehen des Kindes zu sorgen [13]).

---

[1]) Das. IX 166 K 1915, G 372.

[2]) § 9 GA XLI, 1908.

[3]) Z. B. Ehg § 92.

[4]) Arg a contrario von der vertraglichen Unterhaltspflicht, Mji Dt VIII 89 K 211/1914.

[5]) Anders EUG § 160.

[6]) Diesem wird der an Kindestsatt Annehmende gleich erachtet, sofern die väterliche Gewalt ihm zukommt, worüber weiter. Vmg. § 15, Abs. 2.

[7]) GA XX, 1877 (Vormundschaftsgesetz, welches in dem weiteren Teile des Familienrechts ohne jede andere Bezeichnung, bloß durch Angabe der § Zahl angeführt wird) § 15 Abs. 1.

[8]) § 23 a b.

[9]) Arg. § 22.

[10]) Z. B. in dem Konkurse des Vaters, § 23 letzter Absatz.

[11]) Arg. § 22 a majori.

[12]) PG §§ 730, 731.

[13]) § 22, 91 usw.

Danach hat z. B. der Vater das Recht, den Aufenthaltsort des Kindes zu bestimmen [1]) und demzufolge auch die Herausgabe des Kindes von jedermann, der es ihm widerrechtlich vorenthält, zu verlangen [2]), für die Erziehung[3]) des Kindes zu sorgen[4]), es zu einer entsprechenden Beschäftigung anzuhalten [5]).

Bei Unterbrechung der Lebensgemeinschaft der Eltern hat vor der Entscheidung eines diesbezüglichen Rechtsstreites die Vormundschaftsbehörde zu bestimmen, wo das Kind einstweilen unterzubringen ist, sowie welcher Elternteil für dasselbe zu sorgen hat [6]). Kommt es zur Scheidung der Eltern, so verfügt das Gericht über den Aufenthalt und die Fürsorge des Kindes, und zwar in erster Reihe der freien Vereinbarung der Eltern gemäß. Fehlt eine solche, so verbleiben die Kinder bis zur Vollendung ihres siebenten Lebensjahres bei der Mutter, hernach werden sie der Fürsorge des nichtschuldigen Elternteils anvertraut [7]). Bei beiderseitiger Schuld der Eltern werden die Knaben dem Vater, die Mädchen der Mutter überwiesen [8]). Das offenkundige Interesse der Kinder kann aber auch eine abweichende Verfügung und sogar die Fürsorge Dritter zur Folge haben [9]). Die Fürsorge über die Kinder der gerichtlich geschiedenen Gatten kann sowohl von Anfang an der Vormundschaftsbehörde überlassen werden, als auch infolge etwa veränderter Umstände später durch einen, von dem gerichtlichen abweichenden, vormundschaftsbehördlichen Beschluß geordnet werden[10]). Die vorläufige Fürsorge während des Scheidungsprozesses sowie während der gerichtlichen Trennung von Tisch und Bett hat das Gericht zu treffen [11]).

In den angeführten Quellenstellen blieb es ungeklärt, ob eine gerichtliche oder vormundschaftsbehördliche Verfügung, welche die Fürsorge über das Kind der Mutter überträgt, die väterliche Gewalt berühre oder nicht. Daraus jedoch, daß die derselben entstammende wichtigste Pflicht: die gesetzliche Unterhaltungspflicht, auch weiter zu Recht besteht [12]), ferner, daß weder das etwas patriarchalisch abgefaßte Vormundschaftsgesetz, welches die Tatbestände des Ruhens und des Verlustes der väterlichen Gewalt aufzählt [13]), noch das unvergleichlich genauere Ehegesetz hierüber ein Wort verlieren, muß gefolgert werden, daß die auf vormundschaftsbehördlichem oder gerichtlichem Geheiß beruhende mütterliche Fürsorge die väterliche Gewalt im übrigen nicht vermindert. [14])

2. Dem Vater kommt kraft der väterlichen Gewalt das Recht zu, den Gehorsam des minderjährigen Kindes mittels seines häuslichen Diszi-

---

[1]) §§ 22 und 14.
[2]) Das.
[3]) §§ 91, 26.
[4]) Arg. Mji Dt XII, S. 80. F. 65; § 14, § 91.
[5]) Daselbst § 26.
[6]) EPG § 21.
[7]) Ehg § 95.
[8]) § 95 Ehg.
[9]) Daselbst Absatz 3.
[10]) §§ 96, 96 Ehg.
[11]) Ehg § 102.
[12]) Daselbst § 95 Abs. 4.
[13]) §§ 21, 22.
[14]) Arg. Mji Dt Bd. XII S. 80, F. 65, I. K 1917 P III 5763.

plinarrechts zu erzwingen. Das letztere darf aber nicht zur Schädigung der Gesundheit des Kindes führen und nur den dem Haushalte des Vaters angehörigen und für ihren Unterhalt nicht selbst sorgenden Minderjährigen gegenüber angewendet werden [1]).

3. Ein weiterer Bestandteil der väterlichen Gewalt ist das Recht, die Arbeitskraft des hierzu körperlich fähigen, in dem väterlichen Hause Unterhalt und Erziehung genießenden Kindes zu gesetzlich nicht verbotenen, dem Stande des Vaters angemessenen häuslichen und wirtschaftlichen Arbeiten zu verwenden [2]).

4. Die väterliche Gewalt enthält das Recht und die Pflicht des Vaters, die Erziehung des Kindes zu leiten und den Beruf desselben zu bestimmen [3]). Ausschlaggebend hierbei sind die Fähigkeiten, die Neigungen, das Vermögen, das körperliche und das sittliche Interesse des Kindes [4]). Die Vormundschaftsbehörde hat auf dieses Bestimmungsrecht des Vaters insofern Einfluß, als sie betreffs der Erziehung befragt werden muß, wenn die Kosten derselben das Stammvermögen des Kindes angreifen, ferner insofern, als ein Minderjähriger über 16 Jahren daselbst die Änderung des väterlicherseits gewählten Berufes verlangen und erreichen kann [5]).

5. Die väterliche Gewalt umfaßt auch das Recht und die Pflicht, mit dem etwa nicht ihm anvertrauten minderjährigen Kinde zu verkehren, ja diese Pflicht ist auch dann anzunehmen, wenn der Vater die väterliche Gewalt nicht ausübt, vorausgesetzt, daß dies das Interesse des Kindes nicht gefährdet oder erheischt.

6. Der väterlichen Gewalt entspringt das weiterhin ausführlicher zu behandelnde und den übrigen hier angeführten Rechten gleich mit Pflichtelementen vermischte gesetzliche Vertretungsrecht des Vaters [6]).

7. Die vermögensrechtliche Folge der väterlichen Gewalt ist das ebenfalls weiter ausgeführte väterliche Verwaltungsrecht an dem Vermögen des Kindes [7]).

8. Die väterliche Gewalt ruht, d. h. sie wird zeitweilig zum Stillstand gebracht durch: 1. Entmündigung des Vaters wegen Geisteskrankheit, 2. rechtskräftige Verurteilung desselben wegen Verbrechens oder Vergehens, vorausgesetzt, daß auf eine ein Jahr übersteigende Freiheitsstrafe erkannt wurde.

Mit dem Wegfall des Hinderungsgrundes lebt die väterliche Gewalt kraft des Gesetzes von selbst wieder auf [8]).

Während des Ruhens und infolge des strafweisen Verlustes der väterlichen Gewalt entfallen, soweit das Gesetz keine Ausnahmen enthält, [9])

---

[1]) § 10 verleiht dieses Recht den Eltern, in erster Reihe ist jedoch der die väterliche Gewalt ausübende Vater gemeint.

[2]) Arg § 10 Abs. 2.

[3]) §§ 26, 90 ff. Der Mutter kommt dieses Recht neben dem Vater nicht zu K 1917 P III 5763 (Mji Dt XII, S. 80, F. 65).

[4]) § 26 Abs. 1.

[5]) §§ 91, 26, Vergl. EUG 179. Dasselbe muß auch der Mutter zugesprochen werden.

[6]) § 15; PG §§ 72, 73.

[7]) § 15 Abs. 3.

[8]) Daselbst Abs. 2.

[9]) Eine Ausnahme ist z. B. in § 24 Abs. 3 enthalten, welcher während des Ruhens

die in derselben enthaltenen Rechte, ohne daß die von denselben abtrennbaren und besonders die mit ihr verbundenen vermögensrechtlichen Pflichten berührt werden [1].

9. Dem Ruhen der väterlichen Gewalt ähnlich ist ihre vermögensrechtliche Herabminderung, deren Gründe und Umfang das Gesetz an verschiedenen Stellen einzeln aufzählt [2].

10. Die väterliche Gewalt beendigen:

1. Die Volljährigkeit des Kindes [3], 2. dessen Tod [4], 3. seine Annahme an Kindesstatt [5], 4. der Tod des Vaters [6], 5. der Entziehungsbeschluß der Vormundschaftsbehörde wegen eines gegen das Kind gerichteten familienrechtlichen Deliktes [7].

§ 2. Gesetzliche Vertretungsmacht des Vaters.

1. Die gesetzliche Vertretungsmacht des Vaters ist Grundlage einer allgemeinen gesetzlichen Vollmacht, welche sich darauf erstreckt, die nicht höchstpersönlich auszuübenden rechtlichen Angelegenheiten des minderjährigen Kindes zu besorgen [8]. Sie wird durch den Verlust oder das Ruhen der väterlichen Gewalt, welcher sie entstammt, ferner durch Interessenkollision des Vaters und des Kindes ausgeschlossen [9].

Rechtshandlungen und, soweit dies bei anderen rechtlichen Tatsachen in Frage stehen kann, wohl auch diese, welche ohne Vertretungsmacht des Vaters vorgenommen werden, sind unwirksam [10].

2. Der Umfang der väterlichen Vertretungsmacht ist grundsätzlich von seiten der Vormundschaftsbehörde keiner Beschränkung unterworfen. Einzelne Rechtshandlungen erfordern jedoch zu ihrer Gültigkeit vormundschaftsbehördliche Genehmigung. Dies sind aus dem Bereiche der Bestimmungsrechte des Vaters: die Annahme des Minderjährigen an Kindesstatt, die Eröffnung eines Fabrik-, Geschäfts-, oder Gewerbebetriebes desselben, die Übernahme oder das Aufgeben eines solchen, der Eintritt und Austritt des Minderjährigen aus einer offenen oder Kom-

---

oder der zeitweiligen Entziehung der väterlichen Gewalt die Möglichkeit gewährt, dem Vater aus den Einkünfteüberschüssen bis zur Höhe eines Drittel derselben eine Unterhaltssumme zukommen zu lassen.

[1] Z. B. § 23 Abs. 2, Konkurs des Vaters, welcher eine Beschränkung oder die Entziehung der Vermögensverwaltung hervorruft. Die Unterhaltspflicht sowie die Unterlassungspflichten behufs der Verwirklichung eines Enterbungsgrundes verbleiben aufrecht.

[2] § 23 Abs. 2, Konkurs des Vaters, welcher die Pflicht der Rechenschaftsablegung oder die Entziehung der Vermögensverwaltung zur Folge haben kann, § 24 usw.

[3] § 21 b.

[4] § 21 a.

[5] Sofern nicht anderes vereinbart wurde, § 15 Abs. 2.

[6] § 21 a.

[7] § 22, die nächsten Verwandten sind anzuhören. Der Vater kann gegen den rechtskräftigen Beschluß innerhalb 3 Monaten gerichtlich vorgehen. Arg. PG § 730 ff.

[8] § 15 Abs. 3 PG § 94, 95. Punkt 1 usw.

[9] Arg. § 30 a b. Der Kreis der in Betracht kommenden Angehörigen des Vaters dürfte jetzt schon gemäß PG § 59 zu bestimmen sein.

[10] Ungültigkeit der Rechtsgeschäfte, Mj Dt X 63 K 1915, RP VII 4461, Unwirksamkeit der Prozeßhandlungen, PG § 75 usw.

manditgesellschaft, die zugunsten des Minderjährigen vorzunehmende Bestellung eines Prokuristen. Aus dem Bereiche des Vermögensrechtes: Wechselverpflichtungen, Geldschulden, Löschungen im Grundbuche, Zessionen, Umänderungen des Grundstockes des Vermögens des Minderjährigen, entgeltlicher Erwerb, ferner jede Änderung [1] sowie jeder rechtsgeschäftliche Verlust von Grundstücken. Gewisse Rechtsgeschäfte wie Bürgschaft, Schuldübernahme, unentgeltliche Verpflichtungen oder Verzicht des Minderjährigen sind selbst dann ungültig, wenn sie die Vormundschaftsbehörde genehmigt [2] hätte.

§ 3. Vermögensverwaltung des Vaters.

1. Die Verwaltung des Kindesvermögens ist, von Ausnahmen abgesehen[3], ein Recht und eine Pflicht des die väterliche Gewalt ausübenden Vaters [4].

Die Verwaltung hat vor allem den Zweck, die standesgemäßen Bedürfnisse des Kindes zu befriedigen [5]. Verbleibt nachher noch ein Überschuß, so kann der Vater diesen für seine eigenen Zwecke verwenden [6]. Das Verwaltungsrecht des Vaters bezweckt demnach das Interesse des Kindes aber auch den Nutzen des Vaters. Dementsprechend hat der Vater den Grundstock des Kindesvermögens zu bewahren und dessen Einkünfte in erster Reihe den Zwecken des Kindes und besonders auch der Tilgung eventueller Schulden [7] zuzuführen. Der etwaige Überschuß aber fällt dem Vater selbst zu[8]. Sind Kindesschulden vorhanden, so kann die Vormundschaftsbehörde den Vater verpflichten, zwei Drittel des erwähnten Überschusses der Tilgung derselben zuzuwenden [9].

Das zweite Ziel der väterlichen Vermögensverwaltung, die Förderung der Vermögensinteressen des Vaters kommt darin zum Ausdruck, daß der Vater während der Dauer der Vermögensverwaltung grundsätzlich weder dem Kinde noch der Vormundschaftsbehörde gegenüber zur Rechenschaft verpflichtet ist[10]. Ausnahmen sind im Gesetze aufgezählt. Hierher gehören der Konkurs des Vaters[11] sowie das Fehlen der Übereinstimmung zwischen dem Vater und der Vormundschaftsbehörde hinsichtlich der Tilgung der Kindesschulden aus dem Überschusse der Einkünfte, welche eine Rechenschaftspflicht begründen können [12]. Nach Ablauf der Ver-

---

[1] § 20.

[2] § 20, letzter Absatz. Ausnahmen sind bloß die üblichen Gelegenheitsgeschenke. Diese Vorschriften enthalten zugleich Beschränkungen der Rechtsfähigkeit, da ja die Vornahme der verpflichtenden unentgeltlichen Geschäfte auch dem beschränkt Geschäftsfähigen persönlich nicht möglich ist.

[3] Z. B. § 24 dann nicht, wenn der Vater wegen Verschwendung (frauduloser Krida) oder sonst bemakelten Vorlebens zur Vermögensverwaltung ungeeignet erscheint.

[4] § 15 Abs. 2.

[5] Daselbst Abs. 1.

[6] § 16 Abs. 2.

[7] Das. § 16 Abs. 2.

[8] §§ 16—19.

[9] Das. § 16. Abs. 3.

[10] § 15 Abs. 3.

[11] § 23.

[12] § 16 Abs. 3, 4. Der Vater ist dann verpflichtet $^2/_3$ des Überschusses zur Tilgung der Kindesschulden zu verwenden (das.).

waltungszeit — ausnahmsweise schon früher — kann das Kind hinsichtlich des Stammes seines Vermögens Rechenschaft sowie [1]) die Herausgabe des letzteren verlangen [2]).

2. Das unbeschränkte Verwaltungsrecht des Vaters kommt ihm — von den weiter unten zu behandelnden Ausnahmen abgesehen — von dem Anfange bis zu dem Ende seiner väterlichen Gewalt zu und erstreckt sich auf das ganze, der freien Verfügung des Minderjährigen nicht überlassene Vermögen [3]).

Die Ausschließung des unbeschränkten Verwaltungsrechts begründen: der Konkurs des Vaters [4]), seine Entmündigung wegen Verschwendung [5]), sowie überhaupt die Beschränkung oder das Ruhen der väterlichen Gewalt [6]), ferner ein das Vermögen des Kindes bedrohendes Vorgehen der Gläubiger des Vaters und besonders die gerichtliche Pfändung der Einkünfte des Kindesvermögens [7]).

Die Gläubiger des Vaters haben übrigens auf die Einkünfte des Kindesvermögens nur insoweit Zugriff, als die Erziehung, der Unterhalt des Kindes, der Unterhalt des Vaters, sowie der übrigen Familienmitglieder, denen er Unterhalt zu gewähren hat, endlich die laut vormundschaftlichen Beschlusses zu tilgende Schuldenlast des Kindes schon früher Deckung gefunden hatten [8]).

Ein Ausschließungsgrund bringt das Verwaltungsrecht des Vaters endgültig, bezw. zeitweilig ganz zum Erlöschen [9]) oder läßt wenigstens eine Pflicht des Vaters entstehen, über seine Vermögensverwaltung Rechenschaft abzulegen [10]). In beiden Fällen kann jedoch dem Vater durch vormundschaftsbehördlichen Beschluß ein Drittel des Überschusses der Einkünfte als Unterhaltsbeitrag angewiesen werden [11]).

3. Der doppelte Zweck des väterlichen Verwaltungsrechtes sowie die Befreiung des Vaters von der jährlichen Rechenschaftspflicht machen verschiedene Sicherungs- und Kontrollvorschriften nötig. Diese sind die folgenden:

Geld sowie Wertpapiere des Kindes können dem Vater nur gegen Mündelsicherheit überlassen werden [12]). Solche bieten: hierfür als geeignet erklärte Wertpapiere bis zur Höhe der Hälfte ihres Nominalwertes, doch höchstens bis zwei Drittel ihres letzten Börsenkurses [13]), Hypotheken bis zu zwei Drittel des Wertes landwirtschaftlicher und bis zur Hälfte des

---

[1]) Arg. § 26.

[2]) Arg. § 131.

[3]) Nicht aber auf den Verdienst des für seinen Unterhalt sorgenden Minderjährigen, § 3.

[4]) § 23 letzter Absatz.

[5]) § 24.

[6]) Arg. §§ 23 letzter Absatz, 24.

[7]) § 25. Die Höhe der dem Zugriff der Gläubiger freien Summe bestimmt die Vormundschaftsbehörde, § 25.

[8]) Daselbst.

[9]) § 24 Abs. 2.

[10]) Daselbst Abs. 3.

[11]) § 24.

[12]) § 17.

[13]) § 18 Abs. 3.

Wertes sonstiger [1]) Grundstücke, Hypothekarforderungen, sofern der Pfandgegenstand den zweifachen Wert der Schuld sicherstellt [2]), Kostbarkeiten und Schmuck bis zur Hälfte ihres Schätzwertes [3]).

Hinsichtlich der beiden letzteren, sowie der Betriebskosten des Haushaltes oder des Geschäftes des Minderjährigen gilt jedoch die eben erwähnte Sicherungsvorschrift nur insofern, als sie das Interesse des Minderjährigen nicht gefährdet [4]). Allenfalls hat jedoch der Vater ein Inventar dieser Fahrnissachen der Vormundschaftsbehörde jährlich vorzulegen [5]).

Die Art der Sicherheitsleistung entspricht im übrigen den allgemeinen Vorschriften. Gestattet sind daher: Hinterlegung von Geld, Wertpapieren, Kostbarkeiten, Schmuckgegenständen, Bestellung von Hypotheken an Grundstücken und Grundbuchrechten [6]).

Wird das Vertrauen betreffs der Sicherheit der Vermögensverwaltung des Vaters erschüttert, so kann die Vormundschaftsbehörde sowohl jährliche Rechenschaftsablegung verlangen [7]) als auch die sonst erforderlichen Maßnahmen treffen [8]).

Rechtslage des unehelichen Kindes.

1. Unehelich sind die Kinder einer Unverheirateten, sodann die von einer Frau nach dem 300. der Beendigung der Ehe folgenden Tage geborenen, ferner die ehelich geborenen oder legitimierten Kinder, deren Ehelichkeit durch eine Vernichtungstatsache der Verwandtschaft beseitigt wurde.

Das uneheliche Kind wird in der mütterlichen Familie geboren. Seine Stellung, sein Name, sein Rang und daher auch sein Adel [9]) richten sich nach der rechtlichen Stellung der Mutter vor ihrer eventuellen Heirat [10]). Den mütterlichen Verwandten gegenüber hat es die Rechte und Pflichten des ehelichen Kindes [11]). Seine gesetzliche Vertretung und die Verwaltung seines Vermögens während der Minderjährigkeit steht der Mutter als dem „natürlichen und gesetzlichen" Vormunde zu [12]).

Die Begründungstatsache der familienrechtlichen Rechtsverhältnisse des unehelichen Kindes ist dem Vater gegenüber die Zeugung. Geschlechtliche Beiwohnung während der Empfängniszeit d. i. von dem 182. bis zu dem 300. Tage vor der Geburt des Kindes erweckt die Vermutung der unehelichen Vaterschaft [14]). Haben der Mutter während dieser Zeitspanne

[1]) § 18, das Gesetz spricht zwar bloß von Häusern, doch sind alle Arten nicht landwirtschaftlicher Grundstücke darunter zu verstehen.

[2]) § 18 Abs. 3.

[3]) Daselbst.

[4]) § 17.

[5]) Daselbst.

[6]) § 18.

[7]) Z. B. bei Konkurs des Vaters, § 24, oder wenn er als Verschwender entmündigt gewesen war, § 24.

[8]) Arg. eadem ratione § 139. Allerdings muß dem Vater dagegen auch der gerichtliche Weg offen stehen, Arg. PG § 730 ff.

[9]) Arg. Trip II 62 § 4, I 7, I 51 § 3.

[10]) Arg. die soeben angeführten Stellen, ferner GA XXXIII, 1894 § 41.

[11]) Arg. GA XX, 1877 § 11, ferner die erbrechtliche Praxis hinsichtlich des gesetzlichen Erbrechts der unehelichen Verwandten.

[12]) §§ 2 und 35.

[13]) Arg. Mj Dt IV 32, VIII 102 K 1456/1913.

[14]) Daselbst IV 342.

mehrere beigewohnt, so kann bis zur gerichtlichen Beilegung dieser Frage jeder von ihnen als unehelicher Vater belangt werden [1]).

Diese Vermutung ist nicht stichhaltig, wenn die Mutter während der Empfängniszeit einen notorisch unmoralischen Lebenswandel führte.

2. Der Vater wird rechtlich nicht in jeder Hinsicht als der Verwandte des unehelichen Kindes behandelt, doch besagt dies nur soviel, daß die allgemeinen familienrechtlichen Vorschriften hier durch besondere abgelöst werden, welche ihrer inneren Struktur nach aber ebenfalls den ersteren gleichen [2]).

Manche Unterlassungspflichten belasten die ehelichen und unehelichen Verwandten nach denselben Grundsätzen [3]), andere [4]) sind nur deshalb mit abweichenden Folgen versehen, weil zwischen dem unehelichen Vater und Kinde der Grundzug der ehelichen Verwandtschaft: die familienrechtliche Gegenseitigkeit, fehlt.

Immerhin bleibt die wichtigste Folge der unehelichen Vaterschaft die gesetzliche Unterhaltspflicht des Vaters. Das Maß derselben bestimmt sich nach dem den Erfordernissen der gesellschaftlichen Stellung der Mutter angemessenen [5]), doch auch die wirtschaftlichen Verhältnisse des Vaters nicht außer acht lassenden standesgemäßen Unterhalt des Kindes. Gewöhnlich ist der Unterhalt von dem Vater in Geld zu leisten, doch erscheint ein Naturalunterhalt u. U. auch nicht ausgeschlossen [6]).

Die Unterhaltspflicht des unehelichen Vaters dauert bis zu einer anderen vollwertigen, familienrechtlichen Versorgung [8]) bezw. bis zu der Erwerbsfähigkeit des Kindes, welche das Gericht nicht nach allgemeinen Kriterien, sondern von Fall zu Fall besonders festzustellen hat [9]). Hat das uneheliche Kind die Erwerbsfähigkeit einmal erreicht, so lebt die Unterhaltspflicht des Vaters auch dann nicht auf, wenn es sie später wieder verliert [10]). Besitzt das Kind eigenes Vermögen, so belastet den unehelichen Vater die Unterhaltspflicht nur insoweit, als die Einkünfte des Kindes nicht ausreichen [11]).

Unterhaltsberechtigter ist das uneheliche Kind selbst [12]) Seine Forderung kann jedoch — insoweit dies den weiteren Unterhalt des Kindes nicht gefährdet — kraft Gesetzes durch die den Unterhalt tatsächlich gewährende Mutter [13]) oder dem Kinderschutze dienende öffentliche Anstalt ausgeübt werden.

---

[1]) Daselbst IX 82 K 1914, K G 355.

[2]) S. dem unehelichen Vater kommt u. U. auch ein den Beruf des Kindes betreffendes Bestimmungsrecht zu. Arg. K 1921 P III. 1192 (MT II. S. 175 F. 113).

[3]) Ehg § 11.

[4]) Z. B. Verwirklichung eines Enterbungsgrundes

[5]) Die Erziehungskosten eines akademischen Berufes kann das uneheliche Kind einer allgemein bekannten Schauspielerin auch beanspruchen. K 1921 P III 1192.

[6]) Mji Dt VI 209 K 51/1921.

[7]) [8]) Annahme an Kindesstatt, solange der Annehmende für das Kind sorgt. Daselbst V 3. Budapester Tafel 478/1910.

[9]) Daselbst VIII 94 K 1913 G 164.

[10]) Daselbst IX 87 K 1914, G 279.

[11]) Arg. VMG §§ 11, 16, Abs. 1. a minore.

[12]) VMG § 11 Mji Dt II 40, K 1905 I G 644.

[13]) Diese Ausübung kann jedoch nicht zum Nachteile des Kindes gereichen. Demzufolge ist ein die Rechte des Kindes gefährdender Vergleich des Vaters mit der Mutter anfechtbar. Daselbst VIII 172 K 1913 P V 3773, IX 84, K 1914, G 258, ja in besonders nachteiligen Fällen bald unwirksam, daselbst IX 295 K 1236/1914,

Unterhaltspflichtig ist in erster Reihe der uneheliche Vater [1]), sodann die Mutter und die mütterlichen Großeltern.

Im übrigen gelten hinsichtlich der Unterhaltspflicht des unehelichen Vaters die bei der gesetzlichen Unterhaltspflicht der ehelichen Verwandten ausgeführten Grundsätze [2]).

Rechtsgeschäftliches Verwandtschaftsrecht.

§ 1. Begründungstatsachen: Annahme an Kindesstatt.

1. Die Annahme an Kindesstatt ist ein regierungsbehördlich [3]) zu bestätigender und rechtsgeschäftliche Verwandtschaft bewirkender Vertrag [4]). Vertragsschließende Parteien sind: der Annehmende und der Angenommene [5]). Persönliche Vornahme wird nicht erfordert [6]), hingegen vormundschaftsbehördliche Genehmigung [7]) im Interesse des Minderjährigen [8]), sodann die Einwilligung seines Vaters [9]) und seiner Mutter [10]) und außerdem die Einwilligung des Minderjährigen [11]), der sein 14. Lebensjahr überschritten hat.

Die bei der Annahme an Kindesstatt erforderliche Geschäftsfähigkeit ist die für die belastenden familienrechtlichen Geschäfte vorgeschriebene [12]).

Absoluter Tatbestandsfehler der Annahme an Kindesstatt ist das Fehlen des einer Generation entsprechenden 16 jährigen Altersunterschiedes [13]), dann das Vorhandensein eines feierlichen kirchlichen Zölibatsgelübdes [14]), relativer: ein Verhältnis, welches eine Annahme an Kindesstatt zwischen den in Frage stehenden Personen ausschließt [15]).

---

bald wenigstens — sofern die Mutter nicht für den Unterhalt des Kindes sorgt —, für die Zukunft nicht in Betracht kommend. Arg., daselbst IV 355. Marosvásárhelyer Tafel 1913 G 69/310.

[1]) Arg. VMG § 11.

[2]) Kraft der Kriegsverordnung 3982/1916 MER ist für die Dauer des Krieges die Schwängerung die Begründungstatsache eines der Mutter zustehenden, auf die Erstattung der durch die Geburt verursachten Kosten und Ausgaben gerichteten gesetzlichen Schuldverhältnisses. Die Forderung der Geschwängerten umfaßt die Geburtskosten, den sechswöchentlichen und zwar für zwei Wochen vor und vier Wochen nach der Geburt berechneten standesgemäßen Unterhalt der Mutter und die sonstigen durch die Schwangerschaft und die Geburt verursachten Kosten.

[3]) Von seiten des Justizministers 3091/1871 VJM.

[4]) Trip. I 8. Die Folgen des Rechtsgeschäftes sind mit den weiter auszuführenden Ausnahmen dieselben wie die der gemeinsamen Abstammung.

[5]) Mji Dt X 284 K 1916 RP I 1648.

[6]) Arg. 3456/1884 VJM I. Wohl aber die Mitwirkung des gesetzlichen Vertreters, daselbst.

[7]) §§ 20, 113.

[8]) Selbst wenn dieser einer väterlichen Gewalt untersteht.

[9]) § 16.

[10]) Arg. Mji Dt VI 1. F. 1.

[11]) 3546/1884 VJM VII. Die Einwilligung des Ehegatten des Annehmenden ist nicht erforderlich, 5327/1905.

[12]) Arg. eadem ratione Ehg § 127 ff.

[13]) 15 839/1890 VJM.

[14]) Arg. die ständige Praxis des Justizministers und eadem ratione 26 877/1891 VJM. Nicht aber das Vorhandensein mehrerer Kinder, 20 307, 1887 VJM.

[15]) Geschwister 26 877/1891 VJM, Ehe Arg. Ehg § 18, wilde Ehe, Verwandtschaft gerader Linie 1033/1890, 19 405/1887 VJM.

2. Die Form des Annahmevertrages ist eine urkundliche [1]. Sein Inhalt besteht in der unbedingten und unbefristeten Erklärung des Annehmenden, daß er die Gegenpartei an Kindesstatt annimmt, sowie in deren Einwilligung. Er muß aber auch die übrigen Rechte enthalten, welche der Anzunehmende hierdurch erlangt [2]. Die Struktur des Annahmevertrages ist die eines familienrechtlichen Vertrages, demnach eine Zusammenfügung gleich wirkender einseitiger Willenserklärungen.

3. Die Mitwirkung Dritter besteht in der schon oben erwähnten Einwilligung, welche unter Umständen [4] in eine Urkunde zu fassen ist. Sie muß an die vertragsschließenden Parteien oder an die zuständige Vormundschaftsbehörde, bezw. an das Justizministerium gerichtet sein und ist wohl unwiderruflich. Ihr Fehlen ist ein wirksamer Tatbestandsfehler des Rechtsgeschäftes und bewirkt Nichtigkeit [5].

4. Die Wirkung des Annahmevertrages ist das Entstehen einer ehelichen Verwandtschaft [6] zwischen dem Annehmenden und dem Angenommenen [7]. Der Angenommene kommt — doch immerhin mit gewissen Beschränkungen — in die Lage des ehelichen Kindes [8]. Der Annehmende erlangt hingegen in gewisser Hinsicht nämlich betreffs seiner Pflichten und der persönlichen, nicht aber der erbrechtlichen [9] Rechte, die Lage des gesetzlichen Vaters, bezw. der Mutter. Manche, — doch nicht alle —, der persönlichen Rechte [10] können in dem Annahmevertrage auch ausgeschlossen werden.

Kraft des Annahmevertrages erhält der Angenommene den Familiennamen des Annehmenden, bei Annahme von seiten einer Frau ihren Mädchennamen [11]. Die Führung dieses Familiennamens ist ihrer öffentlichrechtlichen Natur nach zugleich auch eine Pflicht des Angenommenen, doch bleibt es ihm — sofern nicht anders bedungen wurde — erlaubt, dem neuerlangten Familiennamen auch den alten hinzuzufügen [13]. Der Adel des Annehmenden geht nur mittels besonderer königlicher Erlaubnis über [14].

[1]) Arg. 3546/1882 VJM VIII, bei Volljährigen erfordert die Praxis eine öffentliche Urkunde. Eine solche ist auch das ausnahmsweise für genügend erklärte vormundschaftsbehördliche Protokoll, daselbst IX.

[2]) 3546/1884 JMV V.

[3]) Die bindende Kraft eines Antrages scheint unannehmbar.

[4]) Volljährige haben den Vertrag in eine öffentliche Urkunde zu fassen.

[5]) Praxis.

[6]) Immerhin ist dieselbe mit etwas schwächeren Wirkungen versehen, als die gesetzlich begründete.

[7]) Nur zwischen diesen, nicht aber zwischen dem Angenommenen und den Verwandten des Annehmenden 2242/1882 und 3708/1907 VJM. Immerhin kommen der Ehegatte des Annehmenden, die Abkömmlinge des letzteren (erbrechtlich anerkannt: K 1918 RP I 2527 (Mji Dt XII, S. 273, F. 198 II) sowie deren Ehegatten ebenfalls in ein Verhältnis zu dem Angenommenen Arg. Ehg § 18.

[8]) S. die vorige Anmerkung.

[9]) Mji Dt VII, S. 192, K 4679/1912.

[10]) So die väterliche Gewalt und die natürliche und gesetzliche Vormundschaft der Mutter GA XX, 1877, §§ 15, 35.

[11]) Arg. 3546/1884, VJM VI. 8201/1891 JM.

[12]) 22 246/1889 VJM.

[13]) 5250/1891 VJM.

[14]) Die Praxis läßt dies nur bei der Annahme von seiten eines Mannes zu 5250/1891 JM.

Hieraus folgt aber auch, daß die Annahme von seiten eines nicht Adeligen den Adel des Angenommenen nicht zum Erlöschen bringt [1]).

Die Annahme an Kindesstatt bewirkt auch eine gegenseitige Unterhaltspflicht der Parteien. In der Reihe der Unterhaltspflichtigen tritt der Annehmende vor die Blutsverwandten des Angenommenen [2]).

Die väterliche Gewalt, bezw. die natürliche und gesetzliche Vormundschaft über den Angenommenen, wird durch die Annahme — sofern dies bedungen wurde — nicht berührt [3]). Wurde anderes bedungen, so bleiben die Rechte des Angenommenen, sowie die Pflichten der leiblichen Eltern des letzteren und zwar unter Lebenden, soweit es die Notwendigkeit erheischt [4]), von Todeswegen aber in vollem Umfange dennoch in Kraft [5]).

§ 2. Vernichtungs- und Beendigungstatsachen.

1. Der Begründung der rechtsgeschäftlichen Verwandtschaft entsprechend, unterstehen die Beendigung und Vernichtung derselben im großen und ganzen ebenfalls rechtsgeschäftlichen Grundsätzen. Vernichtungstatsache der Annahme an Kindesstatt ist vor allem die Nichtigkeit und die Anfechtbarkeit des Annahmevertrages, auf welche die Grundsätze der Anfechtung der Ehelichkeit entsprechend anzuwenden sind [6]).

2. Beendigungstatsachen der rechtsgeschäftlichen Verwandtschaft sind: der Aufhebungsvertrag, die in die Form einer Klage gehüllte einseitige Aufhebungserklärung, endlich eine Heirat zwischen dem Annehmenden und dem Angenommenen.

Der Aufhebungsvertrag hat als actus contrarius die Form einer Urkunde.

Die in die Form einer Aufhebungsklage gekleidete einseitige Aufhebungserklärung hat die vorsätzliche Verwirklichung eines Enterbungsgrundes zur Voraussetzung [7]). Die Aufhebung wirkt im Gegensatze zu der oben behandelten Vernichtung nur für die Zukunft. Sie erfolgt durch konstitutives Urteil und erstreckt sich auch auf die Abkömmlinge des Angenommenen [8]).

Eine zwischen dem Annehmenden und dem Angenommenen eingegangene Ehe wirkt als gesetzliche auflösende Bedingung des Annahmevertrages, weil sie ein familienrechtliches Verhältnis schafft, welches mit dem Annahmevertrag unvereinbar ist [10]).

---

1) Eadem ratione.

2) Mji Dt V, 3. Budapester Tafel 1910 G 478.

3) VMG §§ 15, Abs. 2, 35.

4) Mji Dt V, 3. Budapester Tafel 1910 G 478.

5) Daselbst X, 241, 19—16, P. VII, 531.

6) Arg. PG § 696 ff.

7) Mji. Dt IV, 80, F. 5, ferner K 1915 P 9999 (MT. I, F. 3 [IV]); Mord, Notzucht und politische Führertätigkeit zur Zeit der Proletardiktatur, Diebstahl das Bd. II S. 22 Gerichtshof des Pester Landbezirkes 1920 P VI. 2432 Bpester Gerichtshof 3 6837/1919 daselbst F. 96, S. 110 usw.

8) Arg. hinsichtlich der Form des Aufhebungsgeschäftes und der Natur des Urteils PG §§ 696 ff.

9) Arg. Ehg § 18.

10) S. oben.

Vormundschaft und Pflegschaft.

§ 1. Vormundschaft.

1. Vormundschaft ist die behördliche Fürsorge für Minderjährige, welche keiner väterlichen Gewalt unterstehen[1]).

Die Vormundschaft kommt vor allem der Mutter als gesetzlichem und natürlichem Vormunde zu, doch nur insofern, als der gesetzliche Vater für den Bedarfsfall in gehöriger Form[2]) nicht einen anderen zum Vormunde des Minderjährigen bestellt hat.

Ist dies nicht geschehen, und ist auch keine Mutter vorhanden, oder kann sie die gesetzliche und natürliche Vormundschaft aus irgend einem Grunde nicht ausüben, so sorgen die hierzu bestimmten und somit eine staatliche Funktion ausübenden[3]) Vormundschaftsbehörden für das weitere. Sie haben von Amts wegen zu ermitteln, ob die Vorbedingungen einer Bestellung vorhanden sind[4]).

2. Ausschließungsgründe oder Unzulässigkeitsgründe verhindern die Zulassung gewisser Personen zur Vormundschaft.

Die Ausschließungsgründe bewirken die Nichtigkeit der Bestellung, der Minderjährige hat keinen wirklichen Vertreter und die Rechtshandlungen des scheinbaren Vertreters bleiben wirkungslos. Ausschließungsgründe sind: von der gesetzlichen und natürlichen Vormundschaft der Mutter abgesehen, das weibliche Geschlecht[5]), die Mitgliedschaft in einem geistlichen Orden[6]), der richterliche Beruf[7]), die Geschäftsunfähigkeit[8]) oder beschränkte Geschäftsfähigkeit[9]) und der Konkurs des Vormundes[10]), sein skandalöser Lebenswandel[11]), die Entziehung seiner väterlichen Gewalt[12]).

Die Unzulässigkeitsgründe führen je nach dem Zeitpunkte des Bekanntwerdens zur Verhinderung oder Beendigung der Vormundschaft.

Unzulässigkeitsgründe der Vormundschaft sind: die Ausschließung des betreffenden Vormundes durch den die väterliche Gewalt ausübenden Vater[13]), ferner Interessenkollision und besonders Prozeß zwischen dem

---

[1]) VMG § 2.

[2]) § 34. Erfordert wird die Form eines Testamentes oder öffentlich-notarielle Form. § 35.

[3]) Dies gilt, trotzdem die Vormundschaftsbehörden innerhalb des Rahmens der örtlichen Selbstverwaltung stehen.

[4]) Arg. §§ 27, 169 ff.

[5]) § 35, § 43 a.

[6]) § 43 d).

[7]) Gesetzliche sowie eine auf testamentarischer Anordnung beruhende Vormundschaft ist jedoch auch Richtern gestattet § 13 GA IV, 1869.

[8]) § 43 b).

[9]) Das.

[10]) Das.

[11]) Das.

[12]) Das.

[13]) § 44a.

Vormunde und dem Mündel [1]). Die Wirkungsdauer des Unzulässigkeitsgrundes hat in dem letzteren Falle die Vormundschaftsbehörde zu bestimmen [2]).

3. Gewissen Personen, welche das Gesetz gesetzliche Vormünder nennt, kommt ein Vorrecht zu, zum Vormunde bestellt zu werden. Diese sind: 1. hinsichtlich ehelicher Kinder die Mutter [3]), der väterliche Großvater [4]), der mütterliche Großvater [5]), die männlichen Seitenverwandten bis einschließlich des Kusins [6]), je nach ihrem Verwandtschaftsgrade [7]) zu dem Mündel. Die angegebene Reihenfolge ist bei der Bestellung des Vormundes einzuhalten, zwischen mehreren gleich nahen kann die Vormundschaftsbehörde frei wählen [8]). Bei dem unehelichen Kinde kommt die gesetzliche Vormundschaft ausschließlich der volljährigen Mutter zu [9]).

Das Vorrecht der gesetzlichen Vormünder ist ein subjektives Privatrecht, welches auch klagweise erzwungen werden kann [10]). Ausschließungs- und Unzulässigkeitsgründe, sowie Gefährdung der Interessen des Mündels heben es jedoch zeitweilig [11]) bis zur Hebung des fraglichen Hindernisses auf [12]).

4. Ist kein gesetzlicher Vormund vorhanden, so bestellt die Vormundschaftsbehörde nach Anhören der Verwandten und des Gemeindevormundes als Vertreter des öffentlichen Interesses [13]) einen geeigneten Vormund nach eigener Wahl, doch hat sie hierbei die persönlichen und die Vermögensinteressen des Mündels [14]), sowie des Vormundes zu berücksichtigen [15]).

5. Die Führung der Vormundschaft ist ein gesetzliches Recht und zugleich eine gesetzliche Pflicht des Vormundes [16]).

Ihre Natur ist — wie dies aus den weiter unten ausführlich behandelten Einzelheiten ersichtlich ist, — eine familienrechtliche. Sie belastet den Vormund als dauernde und vielfach zusammengesetzte, meistens auf ein Tun gerichtete Verpflichtung [17]), deren Verletzung außer mit öffentlich-

---

[1]) Diesem gleich ist ein Prozeß des Ehegatten, der Eltern, der Kinder, Geschwister des Vormundes § 44 b., bei dem Bruder sind die Kollisionen betreffs der Erbschaftsfragen noch besonders hervorgehoben § 47.

[2]) § 46.

[3]) § 35.

[4]) § 39.

[5]) § 39.

[6]) Das. Gemeint sind natürlich die Seitenverwandten ehelicher Abstammung

[7]) Das.

[8]) § 39, Abs. 2.

[9]) Vor ihrer Volljährigkeit ist dem Minderjährigen ein Vormund zu bestellen.

[10]) Arg. eadem ratione PG § 730.

[11]) § 46 und § 23 eadem ratione.

[12]) VMG § 46 erklärt hierfür die Vormundschaftsbehörde für zuständig dies gilt natürlich nicht, wenn das Vorrecht gerichtlich geltend gemacht wird.

[13]) § 66.

[14]) § 42.

[15]) Arg. §§ 41, 42 Abs. 1.

[16]) § 48.

[17]) § 48.

rechtlichen [1]) auch mit privatrechtlichen Folgen: Schadenersatz [2]) verbunden ist.

Somit erscheinen die Ausschließungs- und Unzulässigkeitsgründe von dem Standpunkte des Verpflichteten aus auch als Entschuldigungsgründe, welche ihn vor der Übernahme der umschriebenen gesetzlichen Verpflichtung bewahren.

Geht man von dem Standpunkte der Verpflichtung der Übernahme der Vormundschaft aus, so erscheinen demnach die Unzulässigkeitsgründe, und so sonderbar dies auch klingen mag, auch die Ausschließungsgründe als Tatbestände eines Vorrechtes, die Vormundschaft abzulehnen. Bei den erwähnten Tatbeständen ist dies jedoch immerhin bloß eine Reflexwirkung, während eine dritte Tatbestandsgruppe ein Vorrecht, die Vormundschaft abzulehnen, in dem Interesse des Vormundes begründet, also ein richtiges Privileg schafft.

Solche Ablehnungsgründe der Vormundschaft sind: a) auf körperlichen Ursachen beruhende wie das erreichte sechzigste Lebensjahr [3]), sowie Krankheit des Vormundes [4]), ferner Überbürdung und zwar die Sorge für fünf Abkömmlinge, die Führung von zwei leichteren oder einer mit größerer Mühewaltung verbundenen Vormundschaft oder Pflegschaft [5]), die weite Entfernung des Wohnortes des Vormundes von dem Sitze des Gutes oder von dem Wohnorte des Mündels [6]), endlich gewisse Stellungen, Berufe [7]) und Beziehungen [8]). Die Ausübung der Ablehnung erfolgt durch eine innerhalb von acht Tagen seit der Bestellung an die Vormundschaftsbehörde zu richtende Eingabe [9]), welche auch zur Vorschützung der Unfähigkeits- und Unzulässigkeitsgründe geeignet erscheint [10]).

§ 2. Führung der Vormundschaft.

1. Die Vormundschaft beginnt mit der Einsetzung des Vormundes durch die Vormundschaftsbehörde. Vor derselben darf einmal die Mutter als gesetzlicher und natürlicher Vormund [11]), sodann — wenn zu diesem Zwecke kein besonderer vorläufiger Vormund bestellt wurde [12]), auch der ernannte Vormund [13]), und muß der behördlich bestellte öffentliche Ge-

[1]) 400 Kronen Buße. § 53.
[2]) Arg. § 73.
[3]) § 49a.
[4]) Arg. § 41 eadem ratione.
[5]) § 49b. Nebensächlich ist, ob die letzteren schon beendigt sind oder nicht.
[6]) § 49g.
[7]) Minister, Abgeordnete, aktive Militärs, öffentliche Beamte, Lehrer, Weltpriester, wenn sie beweisen, daß die Vormundschaft mit ihrem Berufe unvereinbar sei § 49f.
[8]) Verwandtschaft in dem Falle einer Nennung des näheren zum gesetzlichen Vormunde besser geeigneten Verwandten § 51.
[9]) § 52.
[10]) Arg. § 45, Abs. 2.
[11]) § 67.
[12]) § 69.
[13]) § 68.

meindevormund die in dem Interesse des Mündels unaufschiebbaren Maßnahmen treffen [1]).

Die Einsetzung des Vormundes erfolgt durch Einhändigung der schriftlichen Bestätigung der Ernennung [2]).

Der Vormund hat seine Tätigkeit innerhalb von acht Tagen zu beginnen, welche Frist auf Verlangen auf vierzehn Tage verlängert werden kann [4]).

2. Die Vormundschaft beendigen: a) Gründe, die die Person des Mündels betreffen, wie Volljährigkeit [5]), Tod, sowie die Ausübung der auf ihn bezüglichen väterlichen Gewalt [6]), b) Gründe, welche sich auf die Person des Vormundes beziehen, wie Tod [7]), ein ihn betreffender Ausschließungsgrund [8]), Enthebung oder Entlassung. Die beiden ersten Gründe wirken kraft Gesetzes von selbst, die übrigen erheischen einen vormundschaftsbehördlichen Beschluß. Derselbe muß auch dann erbracht werden, wenn sich ein Ausschließungs- oder Unzulässigkeitsgrund nachträglich ergab oder ein Ablehnungsgrund nachträglich bekannt wurde [9]), sowie, wenn wegen pflichtwidrigen Vorgehens des Vormundes oder aus sonstigen wichtigen Gründen die Gefährdung der Interessen des Mündels wahrscheinlich ist [10]).

3. Der Inhalt der Pflichten und Rechte des Vormundes ist denen des Vaters, der die väterliche Gewalt ausübt, ähnlich. Sie beziehen sich ebenfalls auf die Person, die Vertretung und das Vermögen des Minderjährigen.

Hinsichtlich der Person des Mündels stehen dem Vormunde grundsätzlich dieselben Rechte zu wie dem Vater[11]), doch ist ihre Ausübung bedeutend mehr Beschränkungen unterworfen.

Vor allem ist die Fürsorge und die Erziehung des Mündels in Übereinstimmung mit der Mutter, bezw. den Großeltern oder den Verwandten des Mündels zu erledigen [12]). Die Vormundschaftsbehörde hat die Erziehungsart zu bestimmen, wenn folgende Fälle vorliegen[13]), die erwähnte Übereinstimmung zwischen Vormund und Verwandten fehlt oder das Mündel, das das 16. Lebensjahr vollendet hat, hat besondere Wünsche, falls eine unverhältnismäßige Belastung des Grundstockes oder der Einkünfte des Mündelvermögens vorliegt [14]). Das Bestimmungsrecht des Vormundes über den Minderjährigen erstreckt sich ohne vormundschaftsbehördlichen Beschluß weder auf die Auslandsansiedelung, noch auf die

[1]) Das. § 68.
[2]) § 71.
[3]) §§ 70—72.
[4]) § 72.
[5]) § 54.
[6]) Arg. § 2.
[7]) § 54.
[8]) Das.
[9]) § 54d.
[10]) Arg. §§ 22, 45, 54e.
[11]) Arg. §§ 10, 90 ff.
[12]) § 91.
[13]) § 91.
[14]) § 91. Abs. 2. 113. Punkt 1.
[15]) § 113, Punkt 4.

Genehmigung der Ehe desselben, ferner überhaupt nicht auf die Inanspruchnahme seiner Arbeitskraft [1]. Sonst gelten für das Bestimmungs-, Haus- und Disziplinarrecht des Vormundes die Grundsätze der väterlichen Gewalt [2].

5. Die Vertretung des Mündels obliegt dem Vormund in allen Angelegenheiten, die nicht ausschließlich von dem Mündel selbst erledigt werden müssen [3]. Ausnahmen sind bloß die der Vertretungsmacht des Vormundes entzogenen, ferner jene Rechtshandlungen, bei welchen dieselbe unzulässig, oder unzulänglich erscheint.

Der Vertretungsmacht des Vormundes entzogen ist der seiner Verwaltung kraft besonderer Verfügung entrückte Vermögenskreis [4], ferner die zu Lasten des Mündels erfolgenden Schenkungen [5], mit Ausnahme der gebräuchlichen Gelegenheitsgeschenke [6].

Unzulässig ist die Vertretung des Vormundes: kraft Gesetzes bei Prozessen und Geschäften, deren Gegenpartei der Vormund selbst, dessen Gattin, Verlobte, Verwandte oder Schwager gerader Linie, Seitenverwandte bis einschließlich des Kusins, die Gatten seiner Geschwister, die Geschwister seiner Gattin, oder sein anderes Mündel sind [7]; auf Grund des Beschlusses der Vormundschaftsbehörde bei allen Angelegenheiten, in welchen ihm die Vertretung wegen Interessenkollision oder wegen der Gefährdung der Interessen des Mündels entzogen wurde [8].

Unzulänglich ist die Vertretung des Vormundes, wenn zur wirksamen Erledigung der Angelegenheit die vorherige Einwilligung, oder die nachträgliche Genehmigung der Vormundschaftsbehörde erforderlich ist [9].

Vormundschaftsbehördliche Genehmigung erheischen besonders: einmal alle Angelegenheiten, welche auch der Vater trotz seiner väterlichen Gewalt der Vormundschaftsbehörde zu unterbreiten hat [10], sodann aus dem Bereiche des Personenrechts: die Ausübung des Bestimmungsrechts hinsichtlich der Erziehung, des Berufes [11] der Wahl eines ausländischen Aufenthaltsortes [12], der Eingehung einer Ehe des Mündels [13]; aus dem Bereiche des Vermögensrechts: die Ausführung neuer Bauten, wirtschaftlicher oder geschäftlicher Ein-

---

[1] Hier fehlt die Grundlage desselben: die mannigfaltigen vermögensrechtlichen Verpflichtungen des Vaters. § 113.
[2] S. S. 234 Anmerkung 11.
[3] § 87.
[4] § 3 eigener Verdienst des Mündels.
[5] § 113 letzter Absatz.
[6] Das.
[7] Arg. § 30a und eadem ratione PG § 59.
[8] Arg. § 46.
[9] §§ 113, 114.
[10] § 113, Abs. 1, Punkt 3, 6, 7, 9, 13, Abs. 2.
[11] Wenn der Minderjährige sich mit dem Beschlusse des Vormundes nicht zufrieden geben will, oder kann, das. Punkt 2.
[12] Punkt 4.
[13] Punkt 5. Ehg § 8.

richtungen[1]), die Verpachtung[2]), in gewissen Fällen die Eigenbewirtschaftung der Grundstücke, die Unterlassung der Feuerversicherung der Grundstücke und besonders der Bauten[3]), die den Minderjährigen belastenden, sein Stammvermögen vermindernden, seine Einkünfte überschreitende Verpflichtungen enthaltenden Vergleiche[4]).

Die Mutter als gesetzlicher und natürlicher Vormund hat nur in jenen Fällen die Genehmigung der Vormundschaftsbehörde einzuholen, in welchen dies dem die väterliche Gewalt ausübenden Vater obliegt[5]).

Rechtsgeschäfte und sonstige rechtliche Handlungen, welche der letztere selbst mit vormundschaftsbehördlicher Genehmigung nicht vornehmen darf, sind dem Vormunde selbstverständlich ebenfalls versagt[6]).

Das zeitweilige Fehlen der vormundschaftsbehördlichen Genehmigung beläßt das betreffende Geschäft oder die sonstige rechtliche Handlung in Schwebe, ihr endgültiges Wegbleiben verursacht das völlige Versagen desselben[7]).

3. Handelt es sich nicht um eine gesetzliche und natürliche Vormundschaft der Mutter, auf welche die Grundsätze[8]) der väterlichen Vermögensverwaltung anzuwenden sind, so untersteht das Vermögen des Mündels den folgenden Grundsätzen der vormundschaftlichen Vermögensverwaltung[9]).

Diese greift ausschließlich im Interesse des Mündels Platz. Daher das besonders scharfe Verbot, daß der Vormund das seiner Verwaltung unterstehende Vermögen des Mündels zu eigenen Zwecken verwende[10]).

Der Vormund übernimmt das Vermögen des Mündels mit einem Inventar, bei dessen Verfertigung er mitzuwirken hat[11]). Nach der Verfertigung des letzteren hat er der Vormundschaftsbehörde einen Verwaltungsplan vorzulegen, in bezug auf welchen die Eltern bezw. die Großeltern oder die Seitenverwandten vor der Genehmigung anzuhören sind[12]).

Kostbarkeiten, Schmuck, Schuldbriefe sowie andere wichtige Urkunden[13]), Bargeldbestände, welche zur Schuldentilgung nicht erforderlich sind, die die Höhe der Erziehungs- und Betriebskosten übersteigen, endlich Kapitals- und Einkunftsüberschüsse[14]) sind der Vormundschaftsbehörde

---

[1]) Punkt 8.
[2]) Punkt 10. In dem Falle von Schwierigkeiten oder einer mit der Gefahr einer Wertverminderung drohenden Verpachtung.
[3]) Punkt 12.
[4]) Das. Punkt 11.
[5]) § 35, Abs. 2.
[6]) § 114.
[7]) § 114.
[8]) Mit wenigen Ausnahmen z. B. Sicherheitsleistung der das Vermögen kraft Witwenrechts nutznießenden Mutter § 35 oder die Ablehnungsmöglichkeit der Vermögensverwaltung von seiten der Mutter § 38 usw.
[9]) § 98.
[10]) Arg. §§ 102, 105.
[11]) § 98.
[12]) § 99.
[13]) Gegebenenfalls hat der Vormund dieselben erst zu beschaffen §§ 100, 104
[14]) § 102. Andernfalls sind nebst anderen Straffolgen 8% Zinsen zu vergüten. § 103.

abzuliefern [1]; die Forderungen des Mündels sind sicherzustellen bezw. zu kündigen [2], die Gebäude gegen Feuerschaden zu versichern [3].

Die Vermögensverwaltung des Vormundes hat die Erhaltung des Grundstockes des Vermögens des Mündels vor Augen zu halten [4]. Dies gilt in verstärktem Maße für die Grundstücke und Buchrechte des Mündels. Demzufolge sind die landwirtschaftlichen Grundstücke zu verpachten. Eigenbewirtschaftung derselben sowie häusliche Verwaltung des Fahrnisvermögens sind nur ausnahmsweise gestattet [5].

Erfordern dies die Zwecke der Verwaltung, so darf der Vormund sowohl die Sachen, als auch die Räumlichkeiten des Mündels benutzen [6]. Die etwa nötigen Verkäufe hat der Vormund auf eigene Gefahr vorzunehmen [7].

Hinsichtlich der Vermögensverwaltung sowie überhaupt der ganzen Mühewaltung des Vormundes belastet denselben die Sorgfalt des guten Familienvaters, deren Außerachtlassung zum Schadenersatz verpflichtet [8].

Über die Vermögensverwaltung, sowie gewöhnlich [9] auch über die persönliche Lage des Mündels hat der Vormund jährlich Rechenschaft abzulegen, welche außer unter der der Vormundschaftsbehörde auch unter der Kontrolle der Angehörigen, endlich — nach dessen Volljährigkeit — unter der des Mündels steht [10].

Nach Ablaüf der Vormundschaft hat der Vormund das Vermögen dem Mündel [11] zu überantworten.

Alles in allem ist die Vermögensverwaltung des Vormundes eine gesetzliche Mühewaltung. Demzufolge hat der Vormund bloß die Erstattung der mit ihr verbundenen Auslagen — seine eigenen Berufsdienste [12] mit einbegriffen, also ausschließlich das Erstattungsrecht des Bevollmächtigten. Sind aber Einkünfte des Mündels vorhanden, so kann der Vormund [13] dennoch eine entsprechende Belohnung seiner Mühewaltung beanspruchen, deren Höhe zwar die Vormundschaftsbehörde bestimmt [14], deren Höchstsumme jedoch gesetzlich festgelegt ist.

---

[1] § 102.

[2] § 104.

[3] § 110.

[4] § 107.

[5] Dann, wenn die nötigen wirtschaftlichen Hilfsmittel und Werkzeuge vorhanden sind, die Volljährigkeit des Mündels nahe bevorsteht und die Verpachtung der Grundstücke schwer durchzuführen ist § 109, oder wenn das Fahrnisvermögen des Mündels leicht entbehrlich erscheint § 105.

[6] § 111.

[7] § 105. Bei Waldverwaltungen ist der Raubbau ausdrücklich verboten, dasselbe muß jedoch eadem ratione auch für andere Dauerverwaltungen (langfristige Pachtungen usw.) angenommen werden.

[8] § 73.

[9] § 96. Dann nicht, wenn der Vormund als Gegenwart der geringeren Einkünfte den Unterhalt und die Kosten der Erziehung des Mündels übernommen hat § 116.

[10] §§ 123, 132.

[11] § 131.

[12] §§ 77, 78.

[13] § 79.

[14] §§ 81—86. Dieselbe ist den Einkünften des Mündels zu entnehmen, ihre Höhe schwankt zwischen 1—10%. Nach vormundschaftbehördlich verwalteten Gel-

§ 3. Mitvormundschaft.

Erfordert dies der Umfang, die Qualität oder die Verwaltungsart des Vermögens, so kann die Vormundschaftsbehörde einen oder mehrere Mitvormünder bestellen.

Enthält das Gesetz keine abweichenden Verfügungen, so gelten für die Mitvormundschaft die bei der Vormundschaft entwickelten Grundsätze [1]. Der Wirkungskreis des Mitvormundes verringert sich — soweit derselbe keinen besonderen eigenen zugewiesen bekommt, — auf die Pflicht und das Recht der Kontrolle hinsichtlich der persönlichen und vermögensrechtlichen Mühewaltung des mit denselben vormundschaftsbehördlich beauftragten ersten Vormundes. Dementsprechend beschränkt sich auch seine Verantwortung auf die sorgfältige Ausübung dieser Pflicht[2].

§ 4. Vormundschaftsbehördliche Aufsicht.

1. Die Vormundschaftsbehörde hat sowohl über die Person und das Vermögen als auch über die Amtsführung des Vormundes ein Aufsichtsrecht. Es obliegt den komitatlichen, den städtischen und ausnahmsweise den gemeindlichen Waisenstühlen [3] und dem örtlichen Hilfsorgan derselben, dem Gemeindevormunde [4].

2. Die Vormundschaftsbehörde muß das Interesse des Mündels vor Augen halten. Fehlt daher ein Vormund, so hat sie die erforderlichen Maßnahmen zu treffen, gegebenenfalls auch wichtige und dringende Geschäfte abzuschließen und so den Vormund zu vertreten [5]. Dieser stellvertretenden Tätigkeit gesellt sich eine kontrollierende zu. Die wichtigste Tätigkeit der letzteren Art ist das Recht und die Pflicht der Vormundschaftsbehörde, den Vormund zur Übernahme der Vormundschaft zu zwingen [6], ferner das der Entgegennahme der jährlichen Rechenschaftsablegung [7].

3. Die letztere kann dem Vormunde betreffs der Einkünfte des Mündels nur dann erlassen werden, wenn die Kosten des Unterhaltes des Mündels sie offenbar übersteigen und wenn der Unterhalt des letzteren als Gegenwert der Einkünfte von dem Vormunde übernommen wurde [8].

Die Rechenschaftsablegung stützt sich auf das Inventar [9]. Sie hat die Einnahmen und die Ausgaben des Mündels ausführlich geordnet und — wo es nottut — auf Belege gestützt aufzuzählen[10]. Sie muß in einem,

---

dern und Werten ist grundsätzlich keine Belohnung zu geben, doch sind Ausnahmen zulässig.

[1] Arg. § 75.

[2] Das Vermögen gemeinsam verwaltende Mitvormünder haften solidarisch § 75 Abs. 3.

[3] § 174. mit ministerieller Erlaubnis.

[4] § 170.

[5] Arg. §§ 68—69.

[6] Mittels einer Buße bis zu 400 Kronen. §§ 52, 53.

[7] Diese kann weder von den Eltern noch von den Zuwendern des Vermögens des Mündels erlassen werden, §§ 115 ff.

[8] § 116.

[9] § 119.

[10] § 119 Abs. 1.

wenn sie größeren Umfang erreicht, in zwei Monaten nach Abschluß des Rechenschaftsjahres vorgelegt werden [1], welche Frist jedoch von der Vormundschaftsbehörde verdoppelt werden kann [2].

Die Vormundschaftsbehörde prüft die Rechenschaftsablegung, trifft die zu ihrer Verbesserung oder Änderung erforderlichen Veranstaltungen [3] und entlastet den Vormund (das Absolutorium) [4].

4. Nach Beendigung der Vormundschaft nimmt die Vormundschaftsbehörde dem Vormunde die Schlußrechenschaftsablegung ab [5], überprüft sie, benachrichtigt die Beteiligten, besonders den nunmehr Volljährigen oder dessen Rechtsnachfolger [6], welche sie innerhalb einer Ausschlußfrist [7] beanstanden können. Erfolgt eine Beanstandung, so versucht die Vormundschaftsbehörde einen Vergleich [8]. Mißlingt dieser, so ist innerhalb einer neuen Frist [9] eine gerichtliche Entscheidung der behaupteten Schadenersatzansprüche anzubahnen [10]. Unterbleibt eine Beanstandung, so bekundet die Vormundschaftsbehörde diesen Umstand, wodurch dem Vormund die Entlastung erteilt wird.[11]

5. Die Vormundschaftsbehörde hat sich über alle Angelegenheiten des Mündels die nötige Aufklärung zu verschaffen und zwar auch dann, wenn es sich um nichtvermögensrechtliche Angelegenheiten handelt. Dementsprechend hat sie außer der Rechenschaftsablegung jährlich auch eine die persönlichen Verhältnisse des Mündels umfassende Meldung des Vormundes[12] entgegenzunehmen und den Vormund sowie die Verwandte [13] auch sonst von Fall zu Fall in allen wichtigen Angelegenheiten des Mündels anzuhören [14].

Der erwähnten Aufsichtstätigkeit der Vormundschaftsbehörde entspricht es auch, daß sie bei den wichtigeren, die Person und das Vermögen des Mündels betreffenden und vormundschaftsbehördlichen Genehmigung erheischenden Angelegenheiten[15] alle Beteiligten, also sowohl den Minderjährigen, der das vierzehnte Lebensjahr überschritten hat, wie auch dessen Eltern, Großeltern bezw. Seitenverwandte — gegebenenfalls einen viergliedrigen Ausschuß derselben — anzuhören hat [17].

[1] § 121.
[2] Daselbst.
[3] §§ 129—130.
[4] § 130.
[5] § 131.
[6] § 133.
[7] Sechs Monate § 135.
[8] § 135.
[9] Ein Jahr § 137.
[10] Daselbst.
[11] § 136.
[12] § 96 Abs. 2, 3.
[13] §§ 142 ff.
[14] Arg. § 149. 142 a maiore, ferner § 96.
[15] §§ 142, 149 z. B. Eingehung der Ehe, Ehescheidungsprozeß, Änderung der Staatsbürgerschaft usw.
[16] § 142.
[17] § 143.

§ 5. Familienrat.

1. Der Familienrat ist eine durch behördliche Verfügung von Fall zu Fall ins Leben gerufene besondere Vormundschaftsbehörde[1]).

Er wird errichtet, wenn das reine, aktive Vermögen des oder der ihm zu unterstellenden Minderjährigen wenigtens 200 000 Kronen beträgt[2]). Zu seiner Errichtung ist erforderlich: 1. eine Verfügung von Todeswegen des die väterliche Gewalt ausübenden Vaters[3]) oder 2. der[4]) Antrag der Mutter, der Großeltern oder der Seitenverwandten, wenn das beträchtliche Vermögen des oder der Minderjährigen rasche und fachgemäße Aufsicht und Verwaltung erheischt[5]).

Präsident des Familienrates ist der Präsident oder der Stellvertreter des Präsidenten des zuständigen Waisenamtes[6]), Mitglieder hingegen vier[7]) von seiten des Vaters[8]), oder der erwähnten übrigen Verwandten vorzuschlagende[9]) und nötigenfalls durch den Minister des Innern zu ergänzende Personen, die gewöhnlich Verwandte des Mündels sein müssen[10]). Die Voraussetzungen der Mitgliedschaft sind sonst dieselben, wie die der Vormundschaft, nur werden auch Frauen zugelassen[11]), ferner ist die Zulassung Nichtverwandter eine Ausnahme[12]), endlich hat sich unter den Mitgliedern wenigstens ein väterlicher und ein mütterlicher Verwandter zu befinden[13]).

Die Mitglieder haben sich über die Annahme der Mitgliedschaft zu äußern[14]).

Der Familienrat kann seine Tätigkeit nur dann beginnen, wenn er behördlich bestätigt wurde. Dies besorgt auf Grund der Prüfung der Gesetzlichkeit der Errichtung entweder die Vormundschaftsbehörde oder in dem Falle der Errichtung durch den Minister des Innern, in der Form der Ernennung der Mitglieder, der letztere selbst[15]). Hernach erfolgt die Veröffentlichung der Errichtung im Amtsblatte[16]).

Der Familienrat ist als Kollegium organisiert, er erbringt seine Beschlüsse mit Stimmenmehrheit, hierzu ist die Stimme von zwei Mitgliedern und die des Präsidenten erforderlich[17]). Hinsichtlich der Amtswaltung und

---

1) § 161.
2) § Heute erscheint die Wertgrenze schon viel zu gering.
3) § 151.
4) Auch in eine Verfügung von Todeswegen aufnehmbare § 152 Abs. 2.
5) § 152. Die Höhe desselben ist eadem ratione hier auch in mindestens 200 000 Kronen zu bestimmen.
6) § 154.
7) § 153.
8) § 151.
9) § 154, §§ 159, 156.
10) § 156.
11) § 157.
12) § 156. Sie ist nur dann erlaubt, wenn dieselben mit der Familie befreundet sind.
13) § 156 Abs. 1.
14) § 159.
15) § 165 Abs. 1—3.
16) Daselbst Abs. 2.
17) § 162.

der Enthebung der Mitglieder, welche durch den Minister des Innern vorgenommen wird [1]), gelten die bei der Vormundschaft ausgeführten Grundsätze [2]).

Der Wirkungskreis des Familienrates ist mit wenigen Ausnahmen der einer Vormundschaftsbehörde [3]). Er hat bezüglich des Vermögensstandes des Mündels jährlich dem Minister des Innern Meldung zu erstatten [4]).

Er wird aufgehoben: einmal dann, wenn die Voraussetzungen der Aufhebung der Vormundschaft oder Pflegschaft vorhanden sind [5]), sodann wenn die vermögensrechtlichen Voraussetzungen seiner Errichtung entfallen [6]), endlich, wenn seine Tätigkeit die geistigen oder materiellen Interessen des Mündels gefährdet [7]).

§ 6. Pflegschaft.

1. Die Pflegschaft ist eine beschränkte gesetzliche Fürsorge. Sie greift Platz, sooft die Notwendigkeit einer gesetzlichen Vertretung auftritt, ohne daß es möglich, nötig oder zweckmäßig wäre, einen Vormund zu bestellen, oder den die gesetzliche Vertretungsmacht kraft väterlicher Gewalt [8]) ausübenden Vater mit der in Frage stehenden Angelegenheit zu betrauen.

Solche Fälle sind: 1. die Verhinderung des gesetzlichen Vertreters, in der betreffenden Angelegenheit vorzugehen [9]), 2. das zeitweilige Fehlen eines Vormundes [10]), 3. die Unbestimmtheit des Vertretenen [11]), 4. der Aufenthalt desselben an einem unbekannten Orte [12]) oder die Unfähigkeit der Führung der eigenen Angelegenheiten trotz des Bekanntseins des Aufenthaltsortes [13]), 5. körperliche oder geistige Defekte des volljährigen Pfleglings [14]) usw.

2. Für die Pflegschaft gelten im großen und ganzen die Grundsätze der Vormundschaft [15]). Hierbei darf jedoch nicht außer acht gelassen werden,

---

1) § 159 Abs. 2.

2) Daselbst.

3) § 161. Dies gilt auch hinsichtlich der vermögensrechtlichen Verantwortlichkeit (§ 160) der Mitglieder. Die erwähnten Ausnahmen sind: die Bestellung eines Vormundes, Pflegers, die Aufnahme des Inventars und die Volljährigkeitserklärung, welche der ordentlichen Vormundschaftsbehörde vorbehalten wurden. § 161.

4) § 168 Abs. 1.

5) Arg. § 21 eadem ratione.

6) Verlust oder bedeutende Wertverminderung des Vermögens oder Vereinfachung seiner Verwaltung. Arg. §§ 151, 152.

7) § 168 Abs. 2.

8) Derselbe Gesichtspunkt gilt auch für die die gesetzliche und natürliche Vormundschaft ausübende Mutter

9) Wegen Interessenkollision § 29 Punkt a, wegen Ausschließung von seiten des Vaters § 29a oder des Erblassers § 29c, wegen Weigerung der Mutter als gesetzlichen und natürlichen Vormundes, das Kindesvermögen zu verwalten § 29b usw.

10) § 30d, § 69.

11) Pfleger der unbekannten Erben eines Beklagten 42 VE und PG § 70, der ungeborenen Erben Vmg § 30c und d GA XVI: 1894 § 54.

12) Vmg § 28d.

13) Wegen Abbüßung der Kerkerstrafe § 28e.

14) Geisteskrankheit, Geistesschwäche, Taubstummheit, Verschwendung § 28 a—c usw.

15) Arg. §§ 41, 42, 43, 45, 48 usw.

daß der Umfang und Inhalt der Pflegschaft sich den einzelnen Tatbeständen, welche sie herbeiführen, anpaßt und demgemäß vielfache Abstufungen aufweist [1]).

3. Die Analogie der Vormundschaft und Pflegschaft gilt hinsichtlich der Voraussetzungen der Pflegschaft, hinsichtlich derer höchstens der Umstand zu erwähnen wäre, daß das gesetzliche Vorrecht der Pflegschaft vor allem dem mit dem Pflegling in ehelicher Lebensgemeinschaft stehenden Gatten bezw. Gattin desselben zukommt [2]), welchem der Vater und [3]) die übrigen Verwandten erst nachfolgen. Sie muß aber auch — soweit sich aus dem betreffenden Bestellungsgrunde nichts anderes ergibt — für den Anfang, die Dauer und den nicht etwa besonders festgelegten Wirkungskreis des Pflegers gelten.

---

[1]) Sie berührt z. B. die Handlungsfähigkeit des Abwesenden nicht K 1920 K 168 (MT Bd. I, F 44) die des Entmündigten hingegen ja usw.

[2]) § 40.

[3]) Daselbst.

Erbrecht.

Grundbegriffe.

1. Das Erbrecht im objektiven Sinne umfaßt die Grundsätze der Rechtsnachfolge von Todes wegen[1].

Streitig ist, ob die kraft dieser dem Rechtsnachfolger von Todeswegen zustehende günstige Rechtslage als ein besonderes subjektives Recht anzusehen ist oder nicht[2].

Die Antwort hängt davon ab, ob dem Rechtsnachfolger von Todes wegen eine besondere, von der des Rechtsvorgängers verschiedene Schutznorm zugesprochen werden kann. Dies ist aber m. E. nicht der Fall, vielmehr beschränken sich die Besonderheiten der Rechtslage des Nachfolgers von Todeswegen darauf, daß infolge des Todes des Rechtsvorgängers seine Vermögensrechte einer subjektiven Änderung unterworfen werden, welche in den prägnantesten Fällen auch ohne die rechtlichen Tatsachen der Einzelnachfolge unter Lebenden Platz greift.

Man bekennt sich daher wohl richtiger zu der negativen Beantwortung der aufgeworfenen Frage und betrachtet den Erbschaftsanspruch[3], Erbschaftsbesitz usw. als bloß äußerlich veränderte Wirkungen der auch schon dem Erblasser zustehenden Befugnisse[4], die sich besonders in prozeßrechtlichen[5] und sonstigen verfahrungsrechtlichen[6] Folgen zeigen.

Immerhin ist darüber nicht hinwegzukommen, daß das Erbrecht auch materielle Änderungen in der Rechtslage des Erblassers anerkennt und von diesem Standpunkte aus die wichtigsten Vermögensfolgen der rechtlichen Tatsache des Todes des Erblassers enthält, doch sind diese

---

[1]) Die Quellen des ungarischen Erbrechtes sind hauptsächlich: Die JKK. *Werböczy*, das Planum Tabulare, hinsichtlich der Erbunwürdigkeit, der gesetzlichen Erbfolge usw. die hier besonders glücklich schöpferische Praxis, der GA XVI, 1876, VIII, 1840 usw.

[2]) So ÖBGB § 532.

[3]) Der aktive Erbanspruch ist mit voller Wirkung von allen, der passive gegen alle Erbberechtigte geltend zu machen. Daher muß vor der Übergabe des Nachlasses auch der Kurator der unbekannten Erben in alle gegen die Gesamtnachfolger des Erblassers anhängigen Prozesse einbezogen werden 42. VE und Mji Dt XI 299 K 1916, P VII 4398. Die aktiven Prozesse der Gesamtnachfolger sind in diesem Zeitpunkte entweder durch einen in dem Verlaufe des Nachlaßverfahrens bestellten Kurator geltend zu machen, oder sie führen bloß zu gerichtlicher Hinterlegung der geschuldeten Summe, bezw. zu einem den nicht klagenden Erben gegenüber nicht wirksamen Urteil. Arg. GA XVI, 1894 § 90, Mji Dt VII 207 K 1481/1912.

[4]) Etwa in derselben Art, wie die dinglichen Ansprüche an Sachgesamtheiten.

[5]) PG § 43. Gerichtsstand usw.

[6]) Nachlaßverfahren GA XVI, 1894 §§ 1 ff.

keineswegs so zahlreich und hauptsächlich nicht so einheitlich beschaffen, daß sie die Annahme eines besonderen Erbrechtes in subjektivem Sinne zulassen.

2. Der Tod ist demnach auch eine vermögensrechtliche Tatsache: einmal weil er gewisse Vermögensrechte[1]) und Pflichten[2]) beendigt. Sodann aber weil er bisweilen die materielle Lage des Rechtsnachfolgers von Todeswegen im Verhältnisse zu der seines Vorgängers zu verschieben vermag. Und zwar: die Rechtslage des Nachfolgers als eines Berechtigten dadurch, daß u. U. infolge des Todes des Vorgängers eine von seinem Rechte abgezweigte konstitutive Rechtsnachfolge eintritt, was kraft Gesetzes besonders bei dem Witwenrechte[3]) dem Pflichtteilsrechte[4]) und dem Heimfallsrechte des Zweigerben[5]) zutrifft

Die Rechtslage des Nachfolgers von Todeswegen als eines Verpflichteten wird durch den Tod des Vorgängers so geändert, daß die bis dahin unbeschränkte Haftung des verpflichteten Vorgängers, sich in eine auf die Erbschaftsgegenstände, bezw. auf den Nachlaßwert beschränkte Haftung des Nachfolgers verringert[6]) [7]).

Alles in allem muß man wohl die Annahme eines subjektiven Erbrechtes dahin beschränken, daß der Tod des Rechtsvorgängers kraft der ihmzufolge in dem Rechtskreise des Gesamtnachfolgers eintretenden Rechtsbegründungen -Änderungen und -Aufhebungen als Bewegungstatsache der Vermögensrechte des Vorgängers zu betrachten ist[8]).

3. Der Vorgänger, dessen Tod die Rechtsnachfolge von Todes wegen verursacht, ist der Erblasser. Der Vermögenskreis, in welchem die Rechtsnachfolge eintritt, heißt der Nachlaß.

Sein Umfang reicht nicht über das Vermögensrecht hinaus, wenigstens in dem Sinne nicht, daß Rechte ohne vermögensrechtlichen Kern der Nachfolge von Todes wegen nicht unterstehen[9]).

Dies besagt jedoch nicht —, und hier liegt die Schwierigkeit einer grundsätzlichen Grenzziehung —, daß alle Vermögensrechte dem Nachlasse angehören. Vielmehr entfallen die persönlichen Dienstbarkeiten des

---

[1]) Persönliche Dienstbarkeiten: Nießbrauch *Grill* Dt I 574 K 5614/1888, Gebrauchsdienstbarkeit daselbst I 582 K 543/1891, manche nicht eingeklagten Forderungen wie: Schadenersatz- und Rückforderungsansprüche des Verlobten, Ehg § 4. Rückforderungsansprüche des schuldlosen Ehegatten § 89 Ehg u. a. m.

[2]) Persönliche Dienste usw.

[3]) JKK I § 16 s. weiter.

[4]) Daselbst § 7.

[5]) Daselbst § 9 ff.

[6]) Vergl. GA LX, 1881 § 14, 15. *Grill* Dt III 486 K 1906 I G 211 usw. Daher die Pflicht des Gläubigers, die Bezeichnung und Umschreibung des Nachlasses vorzunehmen, *Grill* Dt III 489 K 869/1890.

[7]) Daselbst III 50 K 1171/1895. Diese Folge tritt auch dann kraft Gesetzes ein, wenn die Grundlage der Rechtsnachfolge von Todes wegen ein Rechtsgeschäft bildet.

[8]) Betreffs der Nichtvermögensrechte, die er grundsätzlich zum Erlöschen bringt, ist er es natürlich noch in viel größerem Maßstabe.

[9]) Wohl aber die vermögensrechtlichen Ausstrahlungen der Persönlichkeitsrechte, Autorrecht. Immerhin kann dasselbe nicht dem Fiskus anheimfallen, GA XVI, 1884 § 3 Abs. 3, Patentrecht GA XXXVII, 1895 § 10 usw.

Erblassers [1], Mitgliedschaftsrechte und Gläubigerrechte, welche seiner Person anhängen [2], die durch ihn persönlich vorzunehmenden Leistungen [3] usw.

Der Nachlaß enthält die auf den Berechtigten kraft Nachfolge von Todes wegen überkommenen Rechte. Damit erscheinen alle jene ausgeschlossen, die ihm wenn auch aus dem Anlaß des Todes des Erblassers, doch nicht als Rechtsnachfolger, sondern als ursprünglichem Berechtigten [4] zukamen.

Die Umgrenzung des Nachlasses wird durch die Vermutung erleichtert, daß jedes Vermögensrecht des Erblassers im Zweifel [5] als ihm gehörend zu betrachten ist [6].

4. Die Rechtsnachfolge von Todeswegen tritt nur ein, wenn ihre Voraussetzungen vorliegen und Hinderungsgründe dies nicht vereiteln.

Voraussetzungen sind: der Tod des Erblassers, der Erbanfall und die — von seltenen Ausnahmen abgesehen — zu dieser Zeit erforderte Existenz des Nachfolgers [7]. Als Hinderungsgründe sind zu beachten die Erbunfähigkeit und die Erbunwürdigkeit des Rechtsnachfolgers.

Abgesehen vom Tode des Erblassers, der nur der Erwähnung bedarf [8], sind die übrigen in Frage stehenden Tatbestände näher auszuführen.

5. Der Tod des Erblassers bewirkt den Erbanfall, d. h. den Übergang der Rechte und Pflichten des Erblassers in den Rechtskreis des Nachfolgers. Gewöhnlich ist hierzu erforderlich, daß der Rechtsnachfolger in dem Zeitpunkte des Erbanfalles lebt [9]. Als Ausnahmen kommen in Betracht: die als Rechtsnachfolger von Todes wegen aller Art zugelassenen

---

[1]) Gebrauch, Nießbrauch.

[2]) Z. B. das Recht, eine staatsrechtliche Abfertigung zu fordern, *Grill* Dt III 2. Budapester Tafel 1900 I G 261, das Recht, eine den Pflichtteil außer Acht lassende Verfügung von Todes wegen anzufechten, Mji Dt XI S. 209 17 REE der Kurie, und zwar das letztere, trotzdem die Anwartschaft an den Pflichtteil vererblich ist, 43. VE der Kurie (*Grill* Dt III 3), das Schadenersatz- und Rückforderungsrecht des grundlos verlassenen Verlobten Ehg § 4, das Rückforderungsrecht des schuldlosen geschiedenen Gatten § 89 Ehg, die beiden letzteren jedoch nur vor Erhebung der sie geltend machenden Klage.

[3]) Persönliche Dienste, Lehr- und Künstlertätigkeit, nicht aber z. B. die Pflicht, Rechenschaft abzulegen. Jogt. Közl. Bd. 100 S. 171 K 1363/1904 usw.

[4]) Gleichgültig, ob er hierbei als unmittelbar Berechtigter oder etwa äußerlich als Erbe bezeichnet ist. So der Versicherungsbegünstigte, Mji Dt XI 257 K 1917 P XI 1061. Vergl. auch GA LX, 1881 § 66, welcher die Versicherungssumme von der Haftung für die Schulden des Erblassers ausschließt. Ein ursprüngliches Recht ist auch das der Familienmitglieder auf die aus Anlaß des Todes des Familienhauptes von seiten des Staates flüssig gemachten Summen, Mji Dt III 253 K 308/1907, welche übrigens auch nicht gepfändet werden können (GA LX, 1881 § 56).

[5]) Selbst dann, wenn der Erblasser schon vorbereitende Handlungen der Entäußerung vorgenommen hatte. (Etwa Geld auf den Namen seiner Kinder anlegte, ohne ihnen aber die betreffenden Sparkassenbücher auszufolgen, Mji Dt Bd. IV S. 61 F. 36).

[6]) Arg. Jogt. Közl. Dt Bd. 100 S. 36 K 560/1904.

[7]) Vergl. jedoch das später über den Nacherben S. 292 und den Vermächtnisnehmer S. 296 zu Sagende.

[8]) Es ist ja eine rechtliche Tatsache, welche auch in den übrigen Teilen des Privatrechtes eine Rolle spielt.

[9]) Mji Dt I S. 234 F. 157 K 10 227/1906.

juristischen Personen[1]), wenn sie auch zur Zeit des Erbanfalles noch keine Persönlichkeit erlangt hatten, die Leibesfrucht[2]), endlich die bloß als Nacherben und Nachvermächtnisnehmer anerkannten noch nicht gezeugten natürlichen Personen[3]).

6. Erbunfähig sind laut ihren Ordensregeln[4]) des vermögensrechtlichen Erwerbes unfähige Ordensgeistliche von dem Zeitpunkte der Ablegung des feierlichen[5]) Armengelübdes[6]). Einzelgesetze sprechen die Erbfähigkeit auch solchen Personen ab, die wegen ihrer körperlichen oder geistigen Mängel oder Gebrechen unfähig oder doch wenigstens ungeeignet sind, die Zwecke zu fördern, die der von Todes wegen zugekommenen Sache objektiv anhaften. So sind von der Vererbung der Heimstätten: Geisteskranke, Geistesschwache, Taubstumme zum Teil oder ganz ausgeschlossen, ähnliches gilt bezüglich der Heldengrundstücke (GA XXXVI, 1920 § 74 Abs. 4, VO 6650 1920, MER § 4 usw.).

Ausländer sind bloß auf Grund der Vorschriften des internationalen Privatrechtes aus Vergeltungsgründen erbunfähig[7]).

7. Erbunwürdigkeit liegt vor: wenn der Rechtsnachfolger von Todeswegen das Leben[8]), die Freiheit[9]), die Gesundheit[10]), die körperliche Unversehrtheit[11]) des Erblassers angreift, die ihm geschuldeten ehelichen[12]) oder kindlichen Pflichten[13]) schwer verletzt, die Vornahme oder die Durchführung der Verfügung von Todes wegen[14]) böswillig verhindert, endlich den Erblasser oder seine nächsten Angehörigen, bezw. deren Angedenken[15]) sonstwie offenkundig und schwerwiegend beleidigt[16]).

---

[1]) Besonders Stiftungen, s. daselbst.

[2]) Arg. GA XX, 1877 § 30, d) XVI, 1894 § 53 Abs. 2 PG § 70, ferner K 7025/1895 (*Staud* S. 147).

[3]) Kinder noch ungeborener Personen. Arg., Mji Dt I 234 K 10 227/1906. ferner GA XVI, 1894 § 53. Abs. 2.

[4]) Jogt. Közl. Dt Bd. 96 S. 212 K 674/1905.

[5]) Sonst nicht. Mji Dt VI 33 K 3305/1911.

[6]) *Grill* Dt III 26 K 2831/1903.

[7]) Arg. *Grill* Dt III 23 K 2242/1888.

[8]) *Grill* Dt III 35 K988/1888, daselbst 37, 11 895/1894, daselbst 38 K 10 020/1890 daselbst 41 K 9739/1892. Mji Dt I 276 K 2577/1906.

[9]) Arg. Trip I 52 § 5 a minore.

[10]) Arg. eadem ratione JKK I § 7, 8 Trip I 52 § 3.

[11]) *Grill* Dt III, 38. Györer Tafel 1334/1892.

[12]) *Grill* Dt III 40 K 1545/1901. Merkwürdigerweise hält die Praxis bei dem ehelichen Erbrechte (nicht aber bei dem Witwenrechte Mji Dt X 212 K 1916, RP I 924, was um so auffallender erscheint, weil K daselbst X, 283 das Witwenrecht als erbrechtlichen Anspruch anerkennt) bis an den heutigen Tag daran fest, hierzu die formelle Ehescheidung zu fordern, Mji Dt VIII 181 K 1913 P I 2649, daselbst 4750/1905. M. E. verstößt diese Auffassung gegen den Sinn PG § 676, ferner gegen die Gleichheit der Hinderungsgründe aller Rechtsnachfolge von Todes wegen. Sie erscheint mir endlich auch darum unannehmbar, weil sie es außer acht läßt, daß in dem Falle einer formellen Scheidung ein Erbanfall ja überhaupt ausgeschlossen erscheint.

[13]) Etwa Vertreibung der Eltern aus der gemeinsamen Wohnung, *Grill* Dt III 37 K 423/1891 usw.

[14]) Etwa durch Verheimlichung oder Vernichtung derselben, *Grill* Dt III 38 K 3378/1888.

[15]) Arg. GA XLI, 1914 § 22, 23.

[16]) Arg. eadem ratione JKK I § 7. *Werböczy* Trip I 52 § 1 „gravem et notabilem injuriam eis intulerit".

Die Erbunwürdigkeit ist die Rechtsunfähigkeit [1]) des Erbrechts [2]). Sie umfaßt alle Arten der Rechtsnachfolge von Todes wegen und bewirkt den Ausfall des Unwürdigen [3]) und die Berufung des nächsten zur Zeit der Verwirklichung, bezüglich [4]) des Todes des Erblassers innerhalb der gesetzlichen Erbfolgeordnung vorhandenen [5]), eventuell die des nächsten rechtsgeschäftlichen Erben oder Nacherben [6]). Die Erbunwürdigkeit entfällt bei Verzeihung des Erblassers.

8. Liegen die Voraussetzungen des Erbanfalles vor und wird derselbe nicht durch Hinderungsgründe vereitelt, so muß als die ihn erweckende rechtliche Tatsache der Tod des Erblassers betrachtet werden [7]). Und zwar ist derselbe entweder die den Erbanfall herbeiführende allein wirkende rechtliche Tatsache, oder aber bloß eine, wenn auch die Haupttatsache des die Nachfolge von Todes wegen herbeiführenden rechtlichen Tatbestandes.

Der erste Fall führt zu den Erscheinungen der in dispositiven Sätzen geregelten gesetzlichen Erbfolge, bei welcher es gleichgültig ist ob eine rechtsgeschäftliche letztwillige Verfügung des Erblassers überhaupt nicht vorliegt [8]) oder wegen gänzlicher Ungültigkeit, wegen Nichtannahme der Erbschaft, wegen Verzicht auf dieselbe oder sonst aus irgend einem anderen Grunde [9]) nicht in Kraft tritt. All dies sind Zufälle; tritt die gesetzliche Erbfolge auch nach ihnen ein, so wird sie doch nicht durch sie hervorgerufen, sondern ausschließlich durch den Tod des Erblassers [10]). Fügt sich hingegen die Rechtsnachfolge begrifflich aus einem rechtlichen Tatbestande zusammen, deren eine rechtliche Tatsache der Tod des Erblassers, deren andere hingegen eine wirksame [11]) von Todes wegen erlassene Verfügung desselben

---

[1]) Arg. Mj Dt X 212 K 1916, RP I 924.

[2]) Daher kann sie wohl auch von Amtswegen beachtet werden, doch nur dann, wenn es sicher erscheint, daß der Erblasser sie nicht verziehen hat. Arg. Mji Dt I 276 K 2577/1906. Anders, doch ohne Begründung des behaupteten Rechtssatzes (das Vorschützen der Erbunwürdigkeit ist ein subjektives Recht der hierdurch Vorteil erlangenden gesetzlichen Erben) K 1918 RP I 2527 (Mj Dt XII S. 273 F. 198).

[3]) Er wird so betrachtet, als wenn er vor dem Erblasser gestorben wäre. S. den in der vorigen Anmerkung angeführten Fall.

[4]) Wenn derselbe nach der Verwirklichung des Unwürdigkeitsgrundes eintrat.

[5]) Erfolgte das Ereignis, welches den Anspruchерhebenden in die gesetzliche Erbordnung einfügte, erst später, so entfällt die Einfügung, da der unwürdige Erbe außerhalb der Familie steht und daher auch andere ihr nicht angliedern kann. Daher hat m. E. *Grill* Dt III 35 K 988/1886 (der Urfall der Erbunwürdigkeit), welcher die in der Armensünderzelle des Muttermörders durch nachfolgende Ehe legitimierten Kinder des Unwürdigen (als Enkel) dennoch als Erbberechtigte anerkannte, nicht ganz unbedenklich entschieden.

[6]) Die der ersteren in den Fällen des Anwachsungsrechtes.

[7]) K 1917 P I 3250 (Mji Dt XII S. 60 F. 53).

[8]) Hiervon, als von dem weitaus gewöhnlichsten Falle geht JKK I § 9 aus.

[9]) Erbunwürdigkeit oder Unfähigkeit.

[10]) Deshalb sind auch die Voraussetzungen der gesetzlichen Erbfolge nach diesem Zeitpunkte zu beurteilen.

[11]) JKKI § 7 spricht zwar in dem Falle des Pflichtteiles von einem „diesbezüglich nichtigen Testament", doch bedeutete dies ein in jeder anderen Hinsicht gültiges und wirksames, ja selbst „diesbezüglich" treten nicht die Wirkungen der Ungültigkeit ein, welche zu einem dinglichen Rechte

darstellt[1]), so liegt rechtsgeschäftliche[2]) oder aber Pflichtteilserbfolge vor[3]), welche eigentlich in zwingenden Rechtssätzen die trotz der Verfügung von Todes wegen eintretende gesetzliche Rechtsnachfolge mortis causa enthält[4]).

9. Die Rechtsnachfolge von Todes wegen ist entweder Gesamtnachfolge, d. h. eine solche in das Vermögen des Erblassers als Ganzes, bezw. in dessen Bruchteile (Erbe, Nacherbe) oder aber Einzelnachfolge in einzelne Vermögensgegenstände des Erblassers, bezw. in Bruchteile solcher (Vermächtnisnehmer, Nachvermächtnisnehmer).

Der Unterschied wird bei der Haftung für die Verbindlichkeiten des Erblassers praktisch[5]). Bei der Abgrenzung, die in dem ungarischen Erbrechte wegen der an dem Errungenschafts- und dem Heimfallsvermögen verschiedenen gesetzlichen und Pflichtteilserbfolge[6]) besonders wichtig erscheint, ist gegebenenfalls nicht von dem Wortlaute der betreffenden Verfügung von Todeswegen[7]), sondern von ihrem Sinne auszugehen[8]).

Eine besondere, mittelbare, doch immerhin auf den Erblasser zurückführbare Einzelnachfolge von Todes wegen ist die kraft einer Auflage erfolgte. Sie tritt ein, wenn dem Erben, Nacherben, Vermächtnisnehmer, Nachvermächtnisnehmer von dem Erblasser eine Zuwendung an einen Dritten anbefohlen wird. Sie ist im Zweifel nach den Grundsätzen der Vermächtnisse[9]) zu behandeln.

10. Die Gesamtnachfolge von Todes wegen begründet mit ihren berechtigenden und verpflichtenden Wirkungen Beziehungen des Berechtigten zu der Vermögensmasse des Erblassers, die Einzelnachfolge hingegen solche zu den einzelnen Gegenständen dieser Vermögensmasse.

---

in dem Nachlasse des Erblassers führen würden, sondern die der Gültigkeit, die eine Geldforderung des Erbteilberechtigten zum Entstehen bringen. Es ist eigentlich erstaunlich, dass K unter dem Drucke der nachkrieglichen Verhältnisse den Text der JKK nicht dazu gebraucht, ein dingliches Recht des Pflichtteilberechtigten anzunehmen.

1) JKK I § 7. behandelt denn auch die rechtsgeschäftliche und die Pflichtteilserbfolge im Zusammenhange.

2) S. vorige Anmerkung.

3) JKK I §§ 4, 7, 8.

4) S. weiter. S. 308 ff.

5) S. weiter. S. 321 ff.

6) Vergl. JKK I §§ 7—16.

7) Die Praxis hat sich über die hier erwachsenden Schwierigkeiten dadurch hinweggesetzt, daß sie einesteils die Errungenschaftsvermutung, andernteils aber den Satz aufstellte, daß die Rechtsnachfolger an der Errungenschaft Gesamtnachfolger, die Pflichtteilserben und die Heimfallserben des Zweigvermögens hingegen Einzelnachfolger des Erblassers sind.

8) Der heres ex certa re wird je nach den Umständen des Falles bald Erbe Mji Dt IV S. 377, F. 242 bald wieder Vermächtnisnehmer, Mji Dt VII S. 9 K 1962/1912 sein.

9) Man kann kaum behaupten, daß in der ungarischen Praxis das Kriterium des BGB § 1940: das Versagen des Leistungsrechtes des Bedachten, durchgedrungen sei. So verleiht Mji Dt XI S. 125 K 1916 P I 7753 den mittels Auflage Bedachten das Klagerecht gegen die Erben des hierdurch Verpflichteten. Der Umstand, daß K hierzu eine rechtsgeschäftlichartige Grundlage konstruiert, welche darin erblickt wird, daß der Erbe die Auflage im Nachlaßverfahren als verpflichtend anerkannte und die Bedachten dies zur Kenntnis nahmen, ändert kaum daran, daß hier den Bedachten ein unmittelbares Leistungsrecht zugestanden würde.

Der Charakter eines jeden Erbrechtes im objektiven Sinne ist der in ihm zugelassenen Gesamtnachfolge zu entnehmen. Das ungarische Erbrecht zeigt hier zwei scharf betonte Eigentümlichkeiten: die eine ist die Unmittelbarkeit des Erbanfalles, die andere die beschränkte Haftung des Gesamtnachfolgers von Todes wegen.

Die Unmittelbarkeit des Erbanfalles hat dreierlei Folgen. Einmal bedarf es keiner besonderen Erberklärung: der Gesamtnachfolger wird durch den Tod des Erblassers berechtigt und verpflichtet und bleibt Erbe, sofern er nicht die Erbschaft ausschlägt, oder auf sie verzichtet [1].

Sodann bewirkt die Unmittelbarkeit des Erbanfalles die materielle Gleichgültigkeit im Verhältnis zum Nachlaßverfahren. Die Gesamtnachfolge von Todes wegen ist mit dem Tode des Erblassers zum Entstehen gelangt und kann auch vor dem Beginne oder dem Verlaufe des Nachlaßverfahrens geltend gemacht werden [2]. Wohl gibt es selbstverständlich auch Tatbestände, welche die Einleitung des Nachlaßverfahrens sogar von Amts wegen erforderlich machen [3], doch erfolgt dies bloß von dem Standpunkte des Rechtes der freiwilligen Gerichtsbarkeit oder allenfalls eines außerprozessualen Verfahrens, nicht aber von dem des materiellen Rechtes.

Die dritte Folge der Unmittelbarkeit des Erbanfalles endlich ist die grundsätzliche Gleichheit des Rechtes des Gesamtnachfolgers mit dem des Vorgängers. Ist daher den Quellen nichts anderes zu entnehmen, so kommt dem Erben auch ohne besondere [4] Begründungstatsache das Recht des Erblassers in derselben Art und in demselben Umfange [5] wie dem Erblasser zu.

Durch die Beschränkung der Haftung des Erben für die Verbindlichkeiten des Erblassers auf den Nachlaßwert, bezw. auf die Nachlaßgegenstände [6] wird jedoch diese Gleichheit zugunsten des Rechtsnachfolgers insofern geändert, als die bis dahin unbeschränkten Verpflichtungen des Erblassers u. U. — wenn nämlich der Nachlaß nicht zur Befriedigung aller reicht —, auf eine kleinere Befriedigungsbasis beschränkt werden [7].

---

[1]) Arg. *Grill* Dt III 50 K 1171/1895, Mji Dt IX 187 K 1884/1914, ferner die Begründung der 17. REE der Kurie (Mji Dt XI 209).

[2]) *Grill* Dt III 50 K 1171/1895, daselbst 51 K 6375/1900.

[3]) Entmündigung des Beteiligten, dessen Unbestimmtheit wegen des vorläufigen Fehlens der Persönlichkeit (ungeborene Menschen, künftige juristische Personen), wegen unbekannten Aufenthaltes, oder sonstiger Unbekanntheit, das Vorliegen einer Grundstücksnachfolge des grundbuchlich, oder außerbuchlich berechtigten Erblassers; K. 1917 P I 3250 (Mji Dt XII, 60 F. 53) GA XVI. 1894 § 2.

[4]) Z. B. auch ohne Einbuchung von seiten des Erben des Hypothekengläubigers. *Grill* Dt I 647 K 1897 I G 53.

[5]) Daher Buchrechte auch mit denselben Tatbestandsfehlern, vergl. GO §§ 72—74.

[6]) *Grill* Dt III 495 K 979/1890, daselbst S. 486 K 1900 I G 211, daselbst S. 489 K 869/1890, GA LX, 1881 §§ 14, 15 usw. Den Grundsatz selbst enthält Mji Dt XII. 60 K 1917 S. I 3250 in besonders reiner Fassung. Das Urteil spricht dem Erben zu, „das Eigentum all jener Vermögenswerte, welche in dem Momente des Todes des Erblassers dessen Vermögenskreise zugehörten".

[7]) Hierüber später S. 321 ff mehr.

II. Der Rechtsnachfolger von Todes wegen ist **berechtigt**, die Nachfolge anzutreten. **Verpflichtet** ist er dazu nach ungarischem Rechte **nicht**. Das beweist das einseitige Rechtsgeschäft der Ausschlagung nach dem Erbanfalle [1], sodann auch das zweiseitige des — sei es vor oder nach dem Erbanfalle — vorgenommenen Erbverzichtes [2].

Beide Arten der Rechtsgeschäfte sind grundsätzlich formlos [3] und erfordern volle Geschäftsfähigkeit. [4]

Die Ausübung des Ausschlags- und des Verzichtsrechtes ist zwar nicht an die Person des Ausschlagenden bezw. Verzichtenden gebunden [5], kann jedoch **außerhalb** des Konkurses von seinen Gläubigern gegen seinen Willen nicht entkräftet und auch nicht erzwungen werden [6], und zwar weder betreffs der dispositiven gesetzlichen Erbfolge, noch des Pflichtteiles [7] [8].

Die **subjektive** Wirkung des Erbverzichtes und besonders des entgeltlichen Erbverzichtes erstreckt sich im Zweifel auch auf die **gesetzliche** [9], nicht aber auch auf die **rechtsgeschäftliche** Erbfolge der Abkömmlinge des Verzichtenden [10].

Die **objektive** umfaßt das **gesamte** zur Zeit des Verzichtes **schon vorhandene oder später erworbene Vermögen** des Erblassers [11].

Diese Wirkung tritt jedoch sowohl hinsichtlich des Verzichtenden selbst, als auch hinsichtlich seiner Abkömmlinge nur dann ein, wenn bei dem Erbanfalle noch unbefriedigte gesetzliche Erben des Erblassers vorhanden waren [12]. Im entgegengesetzten Falle tritt gesetzliche Erbfolge ein, und der Verzicht wird gegenstandslos [13].

---

[1] Arg. Begründung der 17. REE der Kurie; vergl. auch EUG § 1524 Punkt 4.

[2] Derselbe ist vor dem Erbanfalle nur dann anerkannt, wenn er zwischen den Erben untereinander oder zwischen den Erben und dem Erblasser geschlossen wurde, *Grill* Dt III 52 K 206/1898, Mji Dt XI S. 307 K 1917 P I 1739; (Die Entscheidung beschränkt den Erbverzicht subjektiv auf einen Vertrag mit dem Erblasser, objektiv auf den Zeitpunkt vor dem Erbanfalle. Die Beschränkungen sind m. E. grundlos und engen den Anwendungskreis GA XVII, 1881 § 28 [Anfechtungsrecht des Massekurators] unnötigerweise allzusehr ein.) daselbst 22 K 1916 P VII 5208. Der Verzichtsvertrag kann zu Gunsten eines Erben oder Dritter (Beschenkter) lauten, muß es aber nicht, Mji Dt IX 246 K 5833/1914, Mji Dt X 206 K 1915 P I 9772, handelt es sich jedoch um vertragschließende Ehegatten, so wird natürlich eine öffentlich-notarielle Urkunde erfordert, Mji Dt VI S. 42 K 2946/1911.

[3] K 1915 P I 9772 Mji Dt X S. 206.

[4] Arg. Mji Dt VIII 45 K 1913 P 268 GA XX, 1877 §§ 20, 113 letzter Absatz besonders hinsichtlich der begrifflich unentgeltlichen Ausschlagung der Erbschaft.

[5] Wenigstens besteht kein Verbot der Anwendung eines Bevollmächtigten

[6] So die 17. REE der Kurie Mji Dt XI 209.

[7] Im Konkurse kann der Massekurator den Verzicht angreifen, GA XVII, 1881 § 28 Punkt 1.

[8] Fraglich, doch nach der 17. REE der Kurie eher zu verneinen, ob auch die Ausschlagung der Nachfolge von Todes wegen im Konkurse angefochten werden kann.

[9] Mji Dt VIII 296 K 857/1914.

[10] Hinsichtlich des Pflichtteiles Mji Dt XI 306. K 1917 RP I 2825, wo die Wirkung auf den Pflichtteil erstreckt wird.

[11] Daselbst.

[12] Mji Dt VIII. 115 K 1127/1913.

[13] Daselbst.

Gesetzliche Erbfolge.

§ 1. Übersicht.

1. Ist hinsichtlich des ganzen Nachlasses oder hinsichtlich eines Teiles desselben der Tod des Erblassers die die Rechtsnachfolge von Todeswegen bewirkende einzige rechtliche Tatsache, so tritt — gleichgültig, ob eine andere Tatsache überhaupt nicht hinzugetreten war [1]), nicht den ganzen Nachlaß [2]) oder denselben wenigstens nicht endgültig [3]) ergriffen hatte — gesetzliche Erbfolge ein.

Der kraft der gesetzlichen Erbfolge berufene Nachfolger von Todes wegen wird durch zwei für die Zeit des Erbanfalles erforderte einander ausschließende rechtliche Tatsachen bestimmt. Die erste ist das Vorhandensein, die zweite hingegen das Fehlen einer dem engeren oder weiteren Familienbande des Erblassers zugehörigen Person.

Die gesetzliche Erbfolge ist nächst der Unterhaltspflicht die wichtigste Wirkung des Familienbandes. Sie greift Platz, solange die Begründungstatsache des den Erblasser und den Nachfolger von Todes wegen verbindenden — noch so losen — gesetzlichen oder rechtsgeschäftlichen Familienbandes nicht vernichtet wurde [4]). Ihr subjektiver Wirkungskreis ist nach dem heutigen Rechte [5]) betreffs der Abkömmlinge, der Vorfahren und Seitenverwandten unbegrenzt.

Der kraft Gesetzes zur Nachfolge von Todeswegen in konkreto Berufene wird durch die Intensität des Familienbandes [6]) bestimmt. Demzufolge sind erbberechtigt: in erster Reihe die Abkömmlinge des Erblassers [7]), in zweiter [8]), und zwar — wie sich weiter unten ergeben soll — auch bald mit den Abkömmlingen, bald mit den übrigen Verwandten des Erblassers konkurrierend [9]), auf Grund mehrfacher Rechtsinstitute der Ehegatte. Und zwar beide Ehegatten kraft der ehelichen Erbfolge [10]), dann außer dieser kraft des Witwenrechtes [11]) und der Witwenerbfolge [12]) noch die Witwe.

In dritter Reihe erbberechtigt sind die Eltern des Erblassers bezw. bei ihrem Fehlen deren Abkömmlinge [13]), hernach die Großeltern, deren Abkömmlinge, die Urgroßeltern, deren Abkömmlinge usw.; unbegrenzt die ferneren Vorfahren des Erblassers samt ihren Abkömmlingen [14]).

---

[1]) JKK I § 9.

[2]) Mji Dt VII 9 K 1962/1912; die Verfügung von Todeswegen erstreckt sich nicht auf den ganzen Nachlaß.

[3]) Das Testament wurde erfolgreich angefochten; *Grill* Dt III 273 K 1178/1895, der rechtsgeschäftliche Erbe verzichtet auf die Nachfolge oder schlägt die Erbschaft aus, Mji Dt X 206 K 1915 P I 9772 usw.

[4]) S. das in dem Familienrechte Gesagte.

[5]) EUG § 1535 ist etwas enger; ein die Beschränkung der gesetzlichen Erbfolge bezweckender Gesetzentwurf, der dem Reichstage vorlag, war sogar noch enger.

[6]) S. weiter.

[7]) JKK I §§ 9.

[8]) S. weiter.

[9]) S. 258 ff.

[10]) JKK I § 14

[11]) JKK I § 16.

[12]) JKK I § 15.

[13]) JKK I § 10.

[14]) Unbegrenzt. JKK I § 12.

Konkurriert der Ehegatte mit den übrigen Familienmitgliedern des Erblassers, so wird er [1]) dessen Abkömmlingen gegenüber als Einzelnachfolger [2]), dessen Vorfahren sowie Seitenverwandten gegenüber hingegen als Gesamtnachfolger [3]) betrachtet, der aber hinsichtlich des den letzteren Verwandten zufallenden Vermögenswertes [4]) mit Vorrechten begünstigt erscheint, welche sonst nur Einzelnachfolgern zugute kommen [5]).

Die weiter unten enthaltenen Ausführungen der Rechtsinstitute der gesetzlichen Erbfolge weichen hinsichtlich der Reihenfolge etwas von der hier entsprechend der Wichtigkeit der gesetzlichen Erben gegebenen Übersicht ab, doch ist dies sowohl wegen der Übersichtlichkeit, als auch deshalb notwendig, weil sonst eine zweifache Behandlung des Heimfallsrechtes unabwendbar gewesen wäre.

2. Fehlt eine dem Familienbande des Erblassers angehörige Person, so tritt der Erbfall zugunsten der hl. ungarischen Krone bezw. des ungarischen Staatsfiskus ein [6]).

§ 2. Gesetzliche Erbfolge der Abkömmlinge.

1. Die gesetzliche Erbfolge in dem Nachlasse des Vaters und der Mutter kommt, insofern das Gesetz nichts anderes vorschreibt [7]), in gleichen Teilen vor allem deren gesetzlichen [8]) Abkömmlingen zu. Und zwar den Kindern einzeln, den weiteren Abkömmlingen hingegen in je nach einem ausfallenden Kinde gerechneten Stämmen [9]).

2. Dieser ursprüngliche Standpunkt des modernen ungarischen Privatrechtes [10]) wurde aber alsbald als zu eng befunden. Deshalb reihten sich den gesetzlichen Abkömmlingen, der schon lange eingewurzelten Auffassung Werböczys gemäß [11]), gar bald die einer — sei es auch nur von seiten eines

---

1) Arg. die eheliche Erbfolge JKK I § 14 a

2) Der Unterschied wird durch die verschiedene und weiter zu behandelnde gesetzliche Erbfolge betreffs der Errungenschaft und des Heimfallsvermögens möglich und nötig.

3) Eheliche Erbfolge IKK I § 14 a.

4) Kraft Witwenrechtes an dem Heimfallsvermögen, *Grill* Dt III S. 170 5997/1899.

5) Nutznießung s. weiter.

6) JKK I § 18.

7) So betreffs der behördlich als solcher erklärten unteilbaren Familienheimstätte. Diese kommt dem hierzu in einer Verfügung von Todes wegen ernannten gesetzlichen Erben zu. Fehlt eine Verfügung, so erbt der älteste männliche Abkömmling, ist keiner vorhanden, der älteste weibliche. Hernach kommt die Familienheimstätte unteilbar den nächsten gesetzlichen Erben zu, unter denen jedoch ceteris paribus die älteren den jüngeren und die männlichen den weiblichen vorgehen. (§ 74 G XXXVI: 1920). Die Vererbung der als unteilbar erklärten Familienheimstätte kann den Pflichtteil der zur Zeit der Erklärung schon vorhandenen Berechtigten nicht berühren. Der Pflichtteil anderer Berechtigter jedoch kann auf Grund der vorherigen Einwilligung des Landbesitzgerichtes außer acht gelassen werden § 75, 76 daselbst.

8) JKK I § 9. Hinsichtlich der früheren Hörigen, GA VIII, 1840 § 2.

9) JKK I § 9.

10) JKK I § 9 spricht von den gesetzlichen Kindern des Erblassers und von den „gesetzlichen" Hinterbliebenen derselben.

11) Trip II 62 § 4.

Ehegatten — vermeintlichen, also gutgläubig geschlossenen ungültigen Ehe Entsprossenen [1]) an.

3. Ein weiterer Schritt nach vorwärts erfolgte dadurch, daß die Praxis hinsichtlich der Erbfolge der gesetzlichen auch die rechtsgeschäftliche Begründung der Verwandtschaft gleich erachtet. Die Legitimierung durch nachfolgende Ehe [2]) vermittelt daher die gesetzliche Erbfolge zugunsten der Abkömmlinge [3]) ebenso wie die Annahme an Kindesstatt [4]) oder die Legitimierung durch königliche Gnade [5]).

4. Sowohl bei der letzteren, als auch bei der rechtsgeschäftlichen Begründung der Verwandtschaft ist es fraglich, ob die Begründungstatsache der Verwandtschaft auf die der gesetzlichen Erbfolge zeitlich zurückwirkt oder nicht. Die Praxis schwankt [6]). Richtiger erscheint die verneinende Lösung, da ja erst die wirkende Tatsache der Legitimation die gesamten Voraussetzungen des Erbanfalles vervollständigt und hier, wo es sich sozusagen immer um Rechte Dritter handelt, ohne besondere Quellenäußerungen eine rechtsmindernde Rückwirkung kaum begründet erscheint.

5. Die rechtsgeschäftliche Begründung der Verwandtschaft ändert die gesetzliche Erbfolge zugunsten, nicht aber zuungunsten des Angenommenen und seiner Abkömmlinge. Demzufolge erlangt er zwar ein gesetzliches Erbrecht nach dem Annehmenden, ohne aber dasselbe nach seinen Blutsverwandten zu verlieren [7]).

Dem Annehmenden gegenüber kommt dem Angenommenen [8]) grundsätzlich die erbrechtliche Lage des gesetzlichen Kindes zu [9]). Dies gilt nur mit zwei ganz bedeutenden Einschränkungen. Die eine äußert sich darin, daß die Annahme an Kindesstatt das gesetzliche Erbrecht des Angenommenen bezw. seiner Abkömmlinge bloß dem Annehmenden, nicht aber auch dessen Ehegatten, Abkömmlingen, Vorfahren und Seitenverwandten gegenüber begründet [10]). Die andere hingegen besteht darin, daß der Grundzug der auf einer gültigen Ehe

---

[1]) Arg. Trip. I 106 und 108. Einleitung, Mji Dt III S. 236, K 870/1909 ferner das in der Praxis Mji Dt VII, S. 97, F. 65 usw. auch anerkannte Erbrecht des gutgläubig bigamen Ehegatten.

[2]) Mji Dt X. 231 K 1915 RP 10 976, daselbst XI S. 296 K 1917 P I 1533.

[3]) Diese jedoch auch zu Gunsten der Vorfahren.

[4]) Die letztere jedoch bloß zu Gunsten der Abkömmlinge und nicht zu Gunsten der Vorfahren. Immerhin kann bei der Annahme an Kindesstatt auch ausbedungen werden, daß die gesetzliche Erbfolge des Angenommenen nicht eintrete. Arg. GA XX, 1877 §§ 15, 36 a minore, ferner *Werböczy* Trip I 8, wo aber zur Herstellung der hier in Frage stehenden Erbfolge noch eine besondere rechtsgeschäftliche Erklärung erfordert wird. Die letztere ist heute schon allerdings überholt. Der im Text aufgestellte Satz folgt aus *Grill* DT III, 85, K 2074/1892, das. 149 K 2240/1895 usw.

[5]) Arg. Oberster Gerichtshof 4505/1878 (*Staud* S. 56).

[6]) Bejahend *Grill* DT III, 35, K 988/1888, verneinend hinsichtlich der Erstgeburtsrechte bei Familienfideikommissen Mji. Dt X, 231, K 1915, RP I 10 976. Beide Entscheidungen betreffen Legitimierung durch nachfolgende Ehe. Richtig wohl die letztere Meinung; So auch K 1920 P I 3737 (MT II S. 99, F. 67) laut der das Erbrecht des Angenommenen, sich auf das zur Zeit der Annahme vorhandene und seitdem erworbene Vermögen erstreckt.

[7]) Mji. Dt X, 244, K 1916, P VII, 531.

[8]) Und natürlich seinen Abkömmlingen.

[9]) Daher steht ihm auch die Befugnis zu, das Witwenrecht der Gattin des Annehmenden zu beschränken. *Grill* Dt III, 149, K 2240/1895.

[10]) Arg. *Grill* DT III, 85, K 2074/1892.

beruhenden gesetzlichen Erbfolge: die Gegenseitigkeit [1]), derselben zu Lasten des Annehmenden fehlt.

6. Zwischen dem durch königliche Gnade Legitimierten und dem hierdurch authentisch als Vater Bezeichneten kommt zwar auch vom erbrechtlichen Standpunkte aus eine Verwandtschaft zustande, ohne daß sie jedoch — sofern es sich nicht um den Nachlaß des Vaters handelt — auf die ihr rechtlich fernstehenden Abkömmlinge [2]), Vorfahren und Seitenverwandten des Vaters einen erbrechtlichen Einfluß hätte.

Dementsprechend ist anzunehmen, daß die Legitimierung durch königliche Gnade zwischen dem Vater und dem Legitimierten zwar ein zweiseitiges gesetzliches Erbrecht begründet, sonst aber nach denselben erbrechtlichen Grundsätzen zu behandeln ist wie die Annahme an Kindesstatt. Demgemäß berechtigt die Legitimation durch königliche Gnade weder den Legitimierten zur gesetzlichen Erbfolge nach den Verwandten des Vaters, noch umgekehrt die letzteren zu der nach ihm [3]). Scheint dies auch etwas erkünstelt, so wird diese Rechtslage dennoch dadurch gemildert, daß die Legitimation durch königliche Gnade immerhin mit königlicher Autorität feststellt, daß der Legitimierte ein uneheliches Kind des als Vater Erklärten war, daß er daher wenigstens in familienrechtlichem Sinne selbst der väterlichen Familie gegenüber unmöglich als vollständig Fremder betrachtet werden könne [4]).

7. Die unehelichen Kinder waren dem Wortlaute der JKK gemäß [5]) von der gesetzlichen Erbfolge selbst innerhalb der mütterlichen Familie ganz ausgeschlossen. Die Praxis fand dies jedoch unerträglich und räumte mit glücklicher Hand und gesundem Sinne jedes Hindernis, welches sich der Anerkennung des gesetzlichen Erbrechtes der unehelichen Kinder wenigstens innerhalb der mütterlichen Familie entgegensetzte, zielbewußt hinweg.

Der erste Schritt hierzu war die Anerkennung des gesetzlichen Erbrechtes der unehelichen Kinder einer ohne gesetzliche Abkömmlinge verstorbenen Mutter [6]).

Der nächste Schritt führte zur 79. Vollentscheidung der königlichen Kurie, die im vollen Bewußtsein der hierdurch eingeführten Neuerung und mit Betonung dessen, daß der Standpunkt der JKK dem Zeitgeiste nicht mehr entspreche [7]), den Grundsatz aufstellt, daß der Tod der Mutter das gesetzliche Erbrecht der ehelichen und unehelichen Kinder in gleicher Weise zum Entstehen bringt.

---

[1]) Bezüglich einer vermeintlichen Ehe ist die Frage offen, wohl aber laut Analogie der Rechtslage des vermeintlichen Gatten zu bejahen. Vergl. Mji. Dt VII, 97, K 4089/1912. Die Gegenseitigkeit des gesetzlichen Erbrechtes zwischen dem Annehmenden und dem Angenommenen ist in dem Maße ausgeschlossen, daß VJM 590/1890 in einem konkreten Falle sogar die Aufnahme einer derartigen Klausel in den Annahmevertrag verweigerte. (S. *Staud* S. 57.)

[2]) Daher wird ihnen auch das Recht versagt, die Legitimation anzufechten K 870/1909 (*Staud* S. 56).

[3]) Arg. eadem ratione, vergl. auch EUG § 119.

[4]) S. Ehg § 11.

[5]) S. JKK I. § 9, wo dies doppelt betont wird.

[6]) S. Jogt. Közl. Dt Bd. XXV, S. 38, ferner *Grill* DT III, 79, K 1181/1885, 8964/1893.

[7]) Mji Dt I, S. 2.

Hiermit war aber den unehelichen Kindern noch immer weder das gesetzliche Erbrecht nach den mütterlichen Vorfahren [1]), noch nach deren Seitenverwandten [2]) zugestanden[3]). Doch die Kurie säumte nicht lange, auch diese entscheidenden Schritte vorzunehmen. Erst ließ sie die künstliche Scheidewand zwischen den unehelichen Geschwistern fallen [4]), wodurch erst die unehelichen Kinder in die erste Parentel der mütterlichen Familie ganz eingedrungen waren. Sodann anerkannte sie ihr gesetzliches Erbrecht nach den Seitenverwandten der vor ihnen verstorbenen Mutter[5]), endlich spricht sie sogar den Pflichtteil nach den mütterlichen Vorfahren zu,[6]) was selbstverständlich die gesetzliche Erbfolge nach denselben voraussetzt.

Der Abschluß der Entwicklung zeigt uns daher als Resultat den Grundsatz, daß innerhalb der mütterlichen Familie die unehelichen Kinder erbrechtlich den ehelichen vollständig gleichgestellt sind.

Dem Vater und der väterlichen Familie gegenüber sind die unehelichen Kinder hingegen erbrechtlich als Fremde zu betrachten, woran wohl das ungarische Gesetzbuch auch nicht viel ändern dürfte [7]), obwohl die Auffassung der Praxis sehr freisinnig ist [8]).

§ 3. Die gesetzliche Erbfolge der Vorfahren und Seitenverwandten.

1. Die gesetzliche Erbfolge der Vorfahren und Seitenverwandten ist der Natur des Nachlasses gemäß entweder Gesamt- oder aber Einzelnachfolge. Sie ist Gesamtnachfolge an dem Errungenschafts- und Einzelnachfolge an dem Heimfallsnachlasse des Erblassers [9]).

Um die hiermit verbundenen Schwierigkeiten zu umgehen, stellt die Praxis[10]) die Vermutungen der Errungenschaftsnachfolge[11]) und des Errungenschaftsnachlasses [12]) auf. Solange daher der Tatbestand der Heimfallserbfolge nicht nachgewiesen wird, tritt die betreffs des Errungenschaftsvermögens bestimmte Gesamtnachfolge ein.

---

[1]) So K 864/1908 (Grill DT Ersatzband des Jahres 1909, S. 148).

[2]) Arg. K 4332/1910 (*Staud* 166).

[3]) So noch (Mji Dt I, S. 181 F. 123) K 795/1906.

[4]) Mji Dt VI, S. 41, K 2892/1911.

[5]) Mji Dt IX, 33, K. 2488/1914, das. 185, K 6261/1914.

[6]) Mji Dt X, 209, K 10 609/1915.

[7]) Dies zeigt der heftige Widerspruch, der sich bei den Entwürfen in dieser Materie bemerkbar machte.

[8]) EUG §§ 1532 ff. schweigen sich diesbezüglich aus, dies dürfte u. U. nach einer gewissen Zeit innerhalb der väterlichen Familie einen ähnlichen Entwicklungsgang hervorrufen, wie der innerhalb der mütterlichen zum Abschluß gelangte.

[9]) S. weiter.

[10]) Wieder einmal im Gegensatze zu dem Wortlaute der JKK, deren I. § 10 (Abs. 1, 2) das Heimfallsvermögen als Hauptmasse des Nachlasses darstellen und den Errungenschaftsnachlaß in Abs. 3 mehr in den Hintergrund schieben. S. weiter Anmerkung 11, 12.

[11]) Kraft welcher im Zweifel nach jedem Erblasser die Errungenschaftsnachfolge Platz greift *Grill* DT III, 103, K 4606/1901, ferner K 541/1901 (*Staud* 171).

[12]) Diese weist jedem Nachlaßgegenstande und Nachlaßwerte bis zur Widerlegung die Rolle einer Errungenschaft zu, Mji Dt Bd. 97, S. 166, K 3337/1904, *Grill* DT III, 58, K 4/1899, das. K 6302/1902. Sehr genau K 1920 P I 3534 (MT II S. 103 F. 69.)

2. Sie schiebt beim Fehlen von Abkömmlingen den übrigen Verwandten des Erblassers den Ehegatten vor [1]).

Fehlt jedoch ein erbberechtigter Ehegatte, so fällt das Errungenschaftsvermögen des Erblassers in zwei gleichen Teilen seinem Vater und seiner Mutter zu [2]). Hierbei treten an die Stelle eines wegen Todes [3]) oder wegen eines sonstigen Grundes [4]) ausfallenden Elternteiles dessen Abkömmlinge [5]).

Fallen beide Eltern aus, so erlangen daher die Halbgeschwister des Erblassers nur halbe Anteile. Fehlen sowohl der eine Elternteil, als auch dessen Abkömmlinge, so wächst der ganze Errungenschaftsnachlaß dem überlebenden Elternteile, bezw. dessen Abkömmlingen zu [6]).

3. Ist die ganze Elternparentel leer, so kommt je ein Viertel des Errungenschaftsnachlasses je einem Großelternteile des Erblassers zu [7]). Das Fehlen eines derselben bewirkt stufenweise die Berufung seiner Abkömmlinge, seines Ehegatten, der Abkömmlinge desselben, endlich des anderen Großelternpaares nach den soeben ausgeführten Grundsätzen [8]) [9]).

4. Fehlen sowohl die Großeltern als auch deren Abkömmlinge, so erfolgt der Erbanfall an die Urgroßeltern, deren Abkömmlinge und so weiter zurück bis an die entferntesten Vorfahren des Erblassers, bezw. deren Abkömmlinge.

5. Anders steht die Sache bei der Heimfallserbschaft. Heimfallsvermögen ist entweder Heimfallsgut oder Heimfallswert. Das erstere ist ein Gegenstand, das letztere hingegen der Wert eines Vermögensgegenstandes, welcher einem Vorfahren des Erblassers entstammt und dem Erblasser kraft des Familienbandes [10]) auf unentgeltlichem Wege und durch Vermittlung des erwerbenden Vorfahrs oder dessen Abkömmlingen zukam [11])

Hier gilt die Regel: Heimfallsgut (und Heimfallswert) fällt an jenen Zweig der Familie zurück, dem es entstammt [12]). Dies erfolgt stufenweise nach rückwärts, d. h. vor allem an den l e t z t e n ihm nächsten Vorfahren, der den Erblasser mit dem erwerbenden Zweigvorfahren verband [13]). Fehlt er, so kommt das Heimfallsvermögen an seine lebenden Abkömmlinge, wobei die Grundsätze der erbrechtlichen Stellvertretung in Anwendung gelangen. Fehlen auch die Abkömmlinge des letzten, dem Erblasser näch-

---

1) S. weiter. S. 258 ff.

2) JKK I, § 10, Abs. 3.

3) Das. § 11.

4) Hinderungsgründe, Ausschlagung, die Abkömmlinge nicht berührender Verzicht.

5) Das. § 11.

6) Der Vater des Erblassers schließt daher diesbezüglich (anders bei dem Heimfallsvermögen) dessen mütterliche Großmutter aus Mji. Dt VI, 124, K. 4160.

7) JKK I, § 12.

8) Samt deren Abkömmlinge § 12 das.

9) JKK I, § 12.

10) Mji. Dt VII, 257, K 5768/1912. XI, 292, K 1917, PI 3113. Geringere Gelegenheitsgeschenke nicht K 1920 P I 3985 (Mji Dt XIV. S. 26, F 31).

11) Der moderne Begriff des ungarischen Heimfalles verdankt seine Kristallisierung der genialen Arbeit *Beni Großschmids*: Ererbtes und erworbenes Vermögen. (ung.) Budapest 1879.

12) JKK I, § 10, Abs. 1.

13) Daher bei dem väterlichen Heimfallsvermögen dem Vater selbst dann, wenn es einem entfernteren väterlichen Vorfahren entstammte Mji Dt I, 80, K 2225/1905.

sten verbindenden Vorfahren, so erbt der vorletzte Vorfahr, bezw. dessen Abkömmlinge usw. zurück bis der den Erbanfall des Heimfallsvermögens ins Rollen bringende, erste erwerbende Zweigvorfahr und dessen Abkömmlinge erreicht sind. Innerhalb dieser Zweigparentel schließt selbst der entfernteste dem Zweigvorfahren entstammende Seitenverwandte jeden außerhalb des Familienzweiges stehenden, noch so nahen Verwandten des Erblassers aus der gesetzlichen Erbfolge an dem Heimfallsvermögen aus [1].

Innerhalb der Zweigparentel erfolgt der Heimfall von einem den Erblasser mit dem Zweigvorfahren verbindenden Vorfahren zu dem anderen nach den Grundsätzen der erbrechtlichen Stellvertretung, d. h. zugunsten des entfernteren Vorfahren nur dann, wenn weder der nähere, noch dessen Abkömmlinge vorhanden sind. [2] Fehlen alle Heimfallsberechtigten, so entfällt das Heimfallsrecht, und die Errungenschaftserbfolge tritt ein [3].

5. Die Heimfallserbfolge ist Einzelnachfolge von Todeswegen [4]. Hieraus erklären sich ihre prägnantesten Eigentümlichkeiten, sowohl nach innen in dem Verhältnisse des Heimfallsberechtigten zu den übrigen Nachfolgern von Todeswegen, als auch nach außen den Gläubigern des Erblassers gegenüber.

6. In dem I n n e n v e r h ä l t n i s s e des Heimfallsberechtigten zu dem gesetzlichen Gesamtnachfolger kommt ersterem die Befugnis zu, die Ausfolgung des Heimfallswertes [5], nach der neueren Praxis aber auch hiermit alternativ die des in dem Nachlasse vorhandenen Heimfallsgutes [6] selbst, zu fordern [7].

Das Heimfallsrecht begründet eine zwar erbrechtliche und dem Range der Verkehrsschulden nachstehende [8], doch immerhin eine Nachlaßverbindlichkeit des Gesamtnachfolgers [9]. Der Errungenschaftsnachfolge wohnt daher ein aktiver Inhalt erst dann inne, wenn außer dem in natura vorhandenen Heimfallsgut, bezw. außer dem Heimfallswerte auch noch a n d e r e Vermögenswerte hinterblieben waren.

Ist dies nicht der Fall, so hat der g e s e t z l i c h e [10] Errungenschaftsnachfolger den Heimfallswert zu vergüten (Redintegration) [11].

Die Voraussetzung dieser Vergütungspflicht ist, daß der Nachlaß des Erblassers aktives Errungenschaftsvermögen enthält, an welchem die

---

[1]) Z. B. der Abkömmling des mütterlichen Urgroßvaters sogar den Vater des Erblassers Mji Dt VIII, S. 297, K 4614/1913.

[2]) Oberster Gerichtshof 155/1879 (*Staud* S. 172).

[3]) Arg. JKK I, § 14 b, ferner die schon ausgeführte Errungenschaftsvermutung.

[4]) So K 3157/1892 und 541/1901 (*Staud* S. 174).

[5]) JKK I, § 10. Wohl auch eines Heimfallsrechtes.

[6]) In natura Mji. Dt I, 166, K 6363/1904, V, 257, K 910/1911, VII, S. 9, K 1962/1912, VII, 165, K 4873/1912. Nur wenn die Naturalleistung wegen Untunlichkeit ausgeschlossen ist, hat sich der Heimfallsberechtigte mit der Vergütung des Heimfallswertes zu begnügen; Mji. Dt VI, 136, K 4549/1911

[7]) In natura.

[8]) Mji Dt IX, 279, K 1915. RP VII, 306.

[9]) Mji Dt III, 345, K 1833/1909.

[10]) Nur dieser, der r e c h t s g e s c h ä f t l i c h e nicht, dies ist der Hauptunterschied zwischen dem vor- und dem nachmärzlichen Heimfallsrechte.

[11]) JKK I, § 10, GA XLIX, 1723. Begründung der 41. VE der Kurie *Grill* DT II, 1, S. 288.

gesetzliche Erbfolge Platz greift [1]. Liegt hingegen eine den ganzen Nachlaß umfassende Verfügung von Todes wegen vor, so entfällt das Heimfallsrecht. Die Vergütungspflicht besteht auch dann zu Recht, wenn der Erblasser den Heimfallsgegenstand entgeltlich [2] oder unentgeltlich [3] veräußert hat, und erstreckt sich in diesem Falle auf den Veräußerungswert des Heimfallsgutes [4]. Reicht der der gesetzlichen Erbfolge unterstehende Nachlaß des Erblassers nicht aus, was besonders dann praktisch wird, wenn mehrere [5] Heimfallsrechte miteinander kollidieren, so hat sich jeder Heimfallsberechtigte mit einer verhältnismäßigen Beschränkung zufriedenzugeben [6].

Gegenstand des Heimfallsrechtes ist demnach in dem Falle des Vorhandenseins des Heimfallsgutes nach freier Wahl des Berechtigten [7] das Heimfallsgut selbst oder dessen zur Zeit des Erbanfalles vorhandener Verkehrswert [8]. Fehlt das Heimfallsgut, so ist als Heimfallswert der entsprechend der Zeit der Veräußerung berechnete Verkehrswert des Heimfallsgutes zu betrachten [9].

Es ist daher von einiger Wichtigkeit zu wissen, ob zur Zeit des Erbanfalles das Heimfallsgut selbst oder nur der Heimfallswert in dem Nachlasse vorhanden war. Der reichen — vielleicht allzureichen — Kasuistik der Praxis ist der Grundsatz zu entnehmen, daß nicht das von dem Zweigvorfahren entgeltlich erworbene und unentgeltlich weitergegebene Heimfallsgut, sondern dessen Entgelt als Heimfallswert der Gegenstand des Heimfallsrechtes ist [10].

Betrachtet man nun das Außenverhältnis des Heimfallsberechtigten zu dem Gläubiger des Erblassers, so äußert sich die Wirkung der Einzelnachfolge darin, daß der Heimfallsberechtigte als gesetzlicher Vermächtnisnehmer des Erblassers gilt [11] und für dessen Verbindlichkeiten nur in zweiter Reihe, d. h. dann haftbar gemacht werden kann, wenn aus dem Errungenschaftsnachlasse dem Gesamtnachfolger des Erblassers gegenüber keine Befriedigung erlangt werden konnte [12].

---

[1] Mji Dt IX, 276, K 1915, RP VII, 121, I, 257, K 7977/1906, Jogt. Közl. Dt Bd. 97, S. 268, K 4903/1904 usw.

[2] Mji. Dt I, 166, K 6363/1904.

[3] Etwa durch Testament Mji. Dt V, 79, K 2324/1910.

[4] Arg. Mji Dt V, 153, K 5103/1910, X, 93, K 1914, RP I, 6049.

[5] Väterlicher und mütterlicher.

[6] JKK, I § 10, Abs. 2—3.

[7] Wohl aber auch des Verpflichteten.

[8] Mji Dt X, 93, K 1914, RP 6049, V, 153, K 5103/1910. Jogt. Közl. Dt Bd. 97, S. 268. K 4903/1904. Dieser Rechtssatz zeitigt wegen der großen Wertverschiebungen der Nachkriegszeit für den Heimfallserben sehr unbillige Folgen.

[9] S. die in der vorigen Anmerkung angerufenen Fälle.

[10] Mji Dt V, 33, K 4202/1910, V, 330, K 1234/1911.

[11] Dies stellte *Großschmid* in seinem angeführten Werke fest.

[12] Mji Dt Bd. IV, S. 129. Fall 90.

§ 4. Gesetzliche Erbrechte der Ehegatten.

1. Das gesetzliche Erbrecht beider Ehegatten [1], die eheliche Erbfolge (successio conjugalis) [2] ist Gesamtnachfolge [3], das Witwenrecht (jus viduale) [4] und die Witwenerbfolge (successio vidualis) [5] bewirken hingegen Einzelnachfolge

2. Die erste Voraussetzung der ehelichen Erbfolge ist die bis zur Zeit des Erbanfalles bestehende Ehe des Erblassers mit dem hinterbliebenen Ehegatten. Die Ehe muß grundsätzlich gültig sein. Es genügt aber auch eine weder vorher, noch auch später [6] wirksam angefochtene anfechtbare [7], ja, eigentlich nicht ganz folgerichtig, der Praxis nach [8] auch eine gutgläubige, nichtige Ehe [9], sofern bis zum Tode des Erblassers die Lebensgemeinschaft andauerte.

Eigentümlicherweise hält die Praxis — wenn auch nach einigem Schwanken [10] — den Hinderungsgrund der Unwürdigkeit in schroffem Gegensatze zu den allgemeinen Grundsätzen vor dem gerichtlichen Geltendmachen der Scheidungsklage nicht für genügend, um die eheliche Erbfolge auszuschließen [11].

Diese Stellungnahme der Obergerichte berührt umso fremdartiger, als sie mit dem bei dem Witwenrechte wiederholt zum Ausdrucke gelangten richtigen [12] Standpunkte in krassem Widerspruche steht, ferner, weil ja die in den betreffenden Entscheidungen besonders betonte rechtskräftige Scheidung, oder die ihr ehegüterrechtlich [13] und demzufolge auch erbrechtlich [14] gleich erachtete Trennung von Tisch und Bett — wie dies aus der kaum mißzuverstehenden Vorschrift des Ehegesetzes erhellt [15] — den Eintritt der ehelichen Erbfolge schon a priori und ohne Rücksicht auf jeden erbrechtlichen Hinderungsgrund vereitelt.

In Anbetracht der unzweifelhaften Stellungnahme der Praxis muß aber wenigstens [16] daran festgehalten werden, daß die Erhebung einer — wenn auch zur Zeit des Erbanfalles noch nicht rechtskräftig entschiedenen — Scheidungsklage dem Erben des Ehegatten dennoch die Befugnis verleiht,

---

[1]) JKK I, § 14. GA 1687, XI.§ 1. GA VIII, 1840, §§ 8, 9. Trip. I 48 § 2.

[2]) JKK I, § 14.

[3]) Die Gesamtnachfolgenatur der ehelichen Erbfolge hebt *Grill* DT III. S. 103 K 4606/1901 sehr präzis hervor.

[4]) JKK I, § 16.

[5]) JKK I, § 15.

[6]) Ehg § 68 durch Anmeldung der Anfechtung, welche alle Folgen der Ehe kraft des Willens des Anfechtenden entkräftet.

[7]) Arg. Ehg § 67.

[8]) Obzwar gegen den Wortlaut des Ehg § 46.

[9]) Mji Dt VII, 97, K 4089/1912.

[10]) Entgegengesetzt auf Grund des böswilligen Verlassens *Grill* Dt III, 108, K 4484/1896, wegen Vorschub des Gattenmordes das. III, 40 K 10 020/1890.

[11]) So betreffs des böswilligen Verlassens *Grill* DT III, 105, K 7652/1902, 1153/1892, das. 106, K 212/1894, Mji Dt I, 81, K 4750/1905, X 148, K 1915, RP I, 8988, IX 187, K 1914, P. I 6257 anders aber betreffs der ehelichen Untreue und der wilden Ehe der Frau mit einem anderen *Grill* DT III, 108, K 7200/1895.

[12]) S. weiter S. 260.

[13]) Ehg § 105.

[14]) Eadem ratione, so auch *Grill* DT III, 115, K 4702/1897, ferner das. K 48/1891.

[15]) § 105.

[16]) Trotz PG § 676, welcher einen Umkehrsschluß geradezu herausfordert.

die eheliche Erbfolge wegen Unwürdigkeit des hinterbliebenen Ehegatten [1]) auszuschließen.

3. Als zweite Voraussetzung der ehelichen Erbfolge ist das Fehlen der erbberechtigten Abkömmlinge des Erblassers [2]) hervorzuheben, da sie ja in dem entgegengesetzten Falle erben.

Das Vorhandensein oder das Fehlen der übrigen Verwandten des Erblassers hingegen beeinflußt bloß den Umfang der ehelichen Erbfolge[3]).

4. Mittels der ehelichen Erbfolge wird der hinterbliebene Ehegatte Gesamtnachfolger des Erblassers an dessen Errungenschaftsvermögen [4]).

Das bedeutet aber kraft der schon erwähnten Vermutungen der Errungenschaftsnachfolge und des Errungenschaftsnachlasses zugleich, daß die eheliche Erbfolge jedes Vermögen des Erblassers ergreift, das von den Heimfallserben nicht als Heimfallsgut oder Heimfallswert dargelegt wurde [5]).

Ist Heimfallsvermögen und sind Heimfallsberechtigte vorhanden, was auch hinsichtlich der Redintegration nach den schon ausgeführten Grundsätzen zu beurteilen ist, so erstreckt sich die eheliche Erbfolge auf das Heimfallsvermögen nicht[6]). Fehlen hingegen die Heimfallsberechtigten, so erstreckt sie sich auch auf das einstige Heimfallsgut bezw. den einstigen Heimfallswert [7]), wodurch aber der erbende Ehegatte auch bezüglich ihrer Gesamt- und nicht Einzelnachfolger des Erblassers wird.

5. Das Witwenrecht begründet konstitutive Einzelnachfolge von Todes wegen[8]), deren Inhalt als Nutznießungsrecht anzusprechen ist[9])

Der Umfang des letzteren ist verschieden und hängt davon ab, wer der dinglich Verpflichtete ist. Steht nämlich die Witwe ihren mit dem Erb-

---

[1]) So nach dem Erbringen der beiden erstinstanzlichen Scheidungsurteile *Grill* DT III, 111, K 4391/1886, 10 413/1893.

[2]) JKK I § 14 Punkt a, b

[3]) Daselbst Punkt b.

[4]) Daselbst Punkt a.

[5]) Hierbei bleibt sowohl der Stand des Gatten (z. B. Adelige Mji Dt IV 131), als auch dessen Zugehörigkeit unter territoriale Statuten (etwa unter das kraft JKK I § 17 anzuwendende Statut der Jasyger und Kumanier V. Statut §§ 1, 2) grundsätzlich gleichgültig. Das letztere enthält aber doch gewisse Abweichungen, denen zufolge die miterwerbende Gattin kraft der ehelichen Erbfolge nur einen Kindesteil der Summe, welche in gemeinsam erworbenen Grundstücken angelegt wurde, fordern kann. Mji Dt VII 157 K 4156/1912 X 285 K 1916 P I 2683. Die nicht miterwerbende Ehegattin muß sich mit einem Kinderteile der Errungenschaftsfahrnissachen begnügen, der ganze Nachlaß kommt der Witwe nur dann zu, wenn Verwandte des Mannes überhaupt fehlen. Fraglich erscheint, wie es in diesen Fällen mit der ehelichen Erbfolge des Mannes zu halten sei? Zweckmäßig erscheint eine analoge Anwendung der soeben ausgeführten und für die Witwe geltenden Regeln. Kann man sich damit nicht befreunden, so müßte man die eheliche Erbfolge des jasygischen Ehegatten ganz verleugnen, was nicht gut angeht. Bei der ehelichen Erbfolge ist die Erwerbszeit des Vermögens und besonders der Umstand, ob dies während oder vor der betreffenden Ehe erfolgte, nur dann wichtig, wenn dies quellenmäßig besonders hervorgehoben wird (V. Statut der Jasyger § 2), sonst nicht Mji Dt X 285 K 2596/1916.

[6]) JKK I § 14 b. Wohl aber das Witwenrecht.

[7]) Daselbst.

[8]) So Mji Dt X 283 K 1916 P VII 1078.

[9]) Vgl. *Grill* Dt III 129 K 2071/1885.

lasser gemeinsamen Abkömmlingen gegenüber)[1], so erstreckt sich[2]) die Nutznießung auf den gesamten Nachlaß des Erblassers[3]). Sind die Hinterbliebenen bloß Abkömmlinge des Erblassers, so kommt der Witwe innerhalb gewisser Volkskreise[4]) mit geringen Ausnahmen bloß die Nutznießung eines Kinderanteiles[5]) zu. Fehlen hingegen die Abkömmlinge des Erblassers ganz und sind die Gegner der Witwe bloß Heimfallsberechtigte, so ergreift das Witwenrecht ausschließlich das Heimfallsvermögen.

6. Das Witwenrecht führt zu erbrechtlichen und nicht zu Ansprüchen des ehelichen Güterrechtes[6]). Demzufolge ist die Erbunwürdigkeit, die hier anders als bei der ehelichen Erbfolge nach materiellen und nicht nach formellen Gesichtspunkten zu beurteilen ist[7]), ein Hinderungsgrund des Witwenrechtes[8]).

Voraussetzung des Witwenrechtes ist die zur Zeit des Erbanfalles erforderte Ehe mit dem Erblasser. Hierüber gilt das bei der ehelichen Erbfolge Gesagte.

7. Eine Änderung des Witwenrechtes tritt durch gerichtliche Beschränkung[9]) oder Erweiterung[10]) ein.

Das Beschränkungsrecht kommt sowohl dem Abkömmlinge[11]) als auch dessen Rechtsnachfolgern[12]) zu, sofern die Quellen nichts anderes enthalten[13]). Die Beschränkung erfolgt durch Urteil und bis zu dem Maße

---

[1]) Dasselbe gilt für die an Kindesstatt Angenommenen, *Grill* Dt III 149 K 2240/1895.

[2]) Bis zu seiner etwaigen Beschränkung, durch Urteil K 1918 P 459 (Mji Dt XII, S. 251 F. 184) wovon weiter.

[3]) Arg. betreffs der früheren Hörigen GA VIII, 1840 §§ 16, 17, betreffs der Jasyger und Kumanier JKK I § 17 und das auf Grund dieser Vorschrift anzuwendende V. Statut derselben vom 1. 13. 1799. §§ 1, 2, betreffs der übrigen Volksklassen Trip I 99.

[4]) Bei den früheren Hörigen, also dem größten Teil der Landbevölkerung GA VIII, 1840 § 18. Das Wohnhaus und das Stadtgrundstück (Haus und Hof) kommen auch in diesem Falle ganz der Witwe zu. *Grill* Dt III 135 K 7319/1892, ebenso Mji Dt XII S. 251 F. 184. Anders bloß die gemeinerrungenschaftliche Forderung nicht auch das Witwenrecht zuurteilend K 1921 P I 1245 (MT II S. 170 F 110).

[5]) Selbst dieser nicht ganz, da der angeführte § bloß die während der Ehe der Erbin erworbenen Vermögensgegenstände erwähnt. Die Rechnung erfolgt in der Weise, daß die Witwe in loco pueri steht (maßgebend war hier wohl auch die über die Witwenerbfolge verfügende Stelle des Tripartitums I 98 § 1), sind daher drei Kinder des Erblassers vorhanden, so kommt ihr ein Viertel zu. *Grill* Dt III K 3792/1892, *Grill* Dt III 170 K 5997/1899.

[6]) Mji Dt X 283 K 1916 P VII 1078.

[7]) Die Witwe wurde für unwürdig erklärt wegen wilder Ehe, Mji Dt XI 165 K 1917 RP I 676, wegen Geburt eines Kindes (etwas zu weitgehend, weil von der bloßen Tatsache der Geburt ausgehend, was z. B. in der Zeit der Russeninvasion doch nicht genügend gewesen sein dürfte), Mji Dt XI S. 64 F 51 K 1916, RP I 6146 böswilligem Verlassen des Erblassers K 1917 P I 5927 (Mji Dt XII S. 87, F. 70 usw.

[8]) Dieselbe kann auch nachträglich eintreten, s. unten.

[9]) S. unten.

[10]) Wenn dies die ohne Hinzutun der Erben eingetretene Werterhöhung des Nachlasses oder dessen Nutzungen begründet, K 870/1911 (*Staud* S. 180), ferner PG § 414.

[11]) Hierher gehören auch die an Kindesstatt Angenommenen, *Grill* Dt III 85 K 2074/1892.

[12]) Dessen Witwe, daselbst 151 K 1902 I G 471/1902 (entgegengesetzt, Mji Dt III 89 K 2068/1908), ferner dem Käufer des Nachlasses, Mji Dt VIII 217, K 4117/1913, nicht aber auch Zweigerben des Abkömmlings, Mji Dt XII S. 169, F. 127.

[13]) So betreffs der nicht gemeinsamen Abkömmlinge der früheren Hörigen,

eines dem Umfange des aktiven Nachlasses angepaßten standesgemäßen Unterhaltes der Witwe [1]). Hierbei muß alles in Betracht gezogen werden, was der Witwe aus dem Anlasse des Todes ihres Ehegatten, sei es auf erbrechtlicher, sei es auf ehegüterrechtlicher Grundlage, zukommt.

8. Das Witwenrecht beendigen: a) Handlungen und zwar 1. Rechtsgeschäfte, über die hier nichts besonderes zu sagen ist, 2. verbotene Handlungen, insbesondere die dem Tode des Erblassers nachfolgende Verwirklichung eines Unwürdigkeitsgrundes.

Bei der Beurteilung der letzteren geht die Praxis davon aus, daß das Witwenrecht die Witwe für den Unterhaltsanspruch schadlos halten will. Dem entspricht, daß die bei dem Erbanfalle mit dem Erblasser nicht in ehelicher Lebensgemeinschaft lebende Gattin zu beweisen hat, daß nicht sie die Auflösung der Gemeinschaft bewirkt hat [2]), ferner daß u. U.[3]) auch eine pekuniäre Verstärkung des Witwenrechtes eintreten kann.

Eine nachträgliche Erbunwürdigkeit der Witwe wirkt nur für die Zukunft [4]).

Eine Beendigung des Witwenrechtes kann auch durch Ereignisse und zwar durch den Untergang, bezw. die Zwangsversteigerung des Nachlasses[5]), dann durch die Heirat[6]) und den Tod der Witwe[7]) eintreten.

9. Die dem Witwenrechte entströmenden Rechte und Verpflichtungen sind — sofern sich aus dem hier Gesagten nichts anderes ergibt — nach den Grundsätzen des Nießbrauches zu beurteilen [8]). Und zwar nach denen des Vermögensnießbrauches [9]), des Sondervermögensnießbrauches [10]), bezw. des Sach- oder Rechtsnießbrauches [11]), je nachdem die Witwe ver-

---

denen gegenüber GA VIII, 2840 § 18 den Umfang des Witwenrechtes fest bestimmt. Mji Dt XI 295 K 1917 P 217 und 1917 RP I 1074, Mji Dt II 378 K 2352/1908 verleiht das Beschränkungsrecht jedem Abkömmling einzeln.

[1]) JKK I § 16, *Grill* Dt III 144 K 5297/1892, Arg. GA VIII § 16, welcher eadem ratione auch für die übrigen Stände gelten muß, sodann auch Mji Dt X 326 K 1916 RP I 1282. Das geringste Maß des Witwenrechts ist wenigstens Wohnung und notdürftiger Unterhalt. K 1920 Rp. I 2868 (MT Bd. II S. 39, F. 24).

[2]) Mji Dt II 306 K 1177/1908.

[3]) K 870/1908 (*Staud* S. 180). S. Anmerkung 10 S. 260.

[4]) Demzufolge ist die Witwe bis zur Erbringung des rechtskräftigen Urteiles als gutgläubige Nutznießerin zu betrachten und zur Ersetzung der verbrauchten Nutzungen nicht verpfichtet, Mji. Dt Bd. X, 295 K 1916, RP I 2673, das. 212, K 1916, RP I 924 usw.

[5]) Arg. *Grill* DT III, 169 K 707/1902, das. 172 K 4447/1892, Jogl. Közl. Dt Bd. 100, S. 108 K 9524/1904.

[6]) Die letztere beendigt das gesetzliche (anders bei dem vertraglichen *Grill* Dt III 167 K 8183/1894) Witwenrecht unbedingt, auch dann, wenn die Heirat in fraudem creditorum geschlossen wurde. So K 1917 P I 1258 (Mji Dt XI 164), mit Betonung des Überwiegens der ethischen Bedeutung der Ehe über das Geldinteresse der Gläubiger der Frau. Die Heirat wirkt hier nicht als Handlung, sondern als Ereignis.

[7]) Hier kommt die ursprünglich bei dem Nießbrauche wichtige Tatsache zur ungestörten Geltung.

[8]) S. im Sachenrecht. Praktisch wird dies z.B. bei der Frage der Übertragbarkeit der Ausübung des Nießbrauches, welche *Grill* Dt III 167 K 2612/1897 bejaht.

[9]) Gegenüber den ihr Beschränkungsrecht nicht ausübenden Abkömmlingen.

[10]) Gegenüber den Heimfallserben auf das Heimfallsgut, bezw. den Heimfallswert, welchem in diesem Zusammenhange wohl die Selbständigkeit eines Sondervermögens zugesprochen werden muß.

[11]) Gegenüber den beschränkenden Abkömmlingen.

schiedenen Erbberechtigten gegenübersteht und je nach dem Gegenstande des Witwenrechtes. Eine etwas altertümliche, auf Werböczy zurückgeführte [1]) Verringerung des Umfanges des Vermögensnießbrauches der Witwe äußert sich darin, daß die Praxis ihr an solchen Vermögensteilen, die nicht in die tatsächliche Gewalt des Gatten gekommen waren [2]), ein Nutznießungsrecht nicht anerkennt.

10. Von wichtigeren Abweichungen ist zu erwähnen:

Die Sicherungspflicht der nießbrauchenden Witwe wird nur in der äußersten Gefährdungsgefahr des Nießbrauchsgegenstandes [3]) und selbst dann nur in der Weise anerkannt, daß die von dem Berechtigten verlangte Sicherungsart die Ausübung des Witwenrechtes weder erheblich erschwert, noch auch dessen Umfang verringert [4]).

Hingegen haben die Heimfallserben zwecks der Ausübung des Witwenrechtes ihrerseits ohne weiteres Sicherheit zu leisten [5]).

Die Ausfolgepflicht der nutznießenden Witwe wird durch das ihr zu dem Zwecke der Sicherung ihres Treulohnes [6]) sowie ihrer gemeinerrungenschaftlichen Forderung gewährte [7]) Zurückbehaltungsrecht hinsichtlich jener Vermögensgegenstände, die kraft des Witwenrechtes in ihrer Macht verblieben waren, ziemlich gemildert.

Den Schuldnern des Erblassers gegenüber kann die in ihrem Witwenrechte noch unbeschränkte Witwe klagend auftreten [8]), hingegen hat sie es zu dulden, daß die Gläubiger desselben sich ohne Rücksicht auf ihr Witwenrecht aus dem Nachlasse befriedigen [9]). Wurde ihr Witwenrecht beschränkt, so müssen auf ihre Haftung die Grundsätze der Einzelnachfolge von Todes wegen angewendet werden.

11. Kraft des Witwenrechtes erlangt die Witwe demnach einen erbrechtlichen [10]) und gewöhnlich [11]) auf der gesetzlichen Erbfolge beruhenden Anspruch. Derselbe wird jedoch auch gegen unentgeltliche Verfügungen von Todes wegen [12]) sowie gegen solche Zuwendungen unter Lebenden geschützt, ist daher u. U. auch als Pflichtteil der Witwe zu betrachten. Der Kürze und Übersichtlichkeit halber sei das hierüber Auszuführende schon hier gesagt.

Die Witwe kann die Befriedigung ihres Witwenrechtes auch gegenüber

---

[1]) Trip I 98 § 1.

[2]) Daher nicht an Buchrechten, denen keine tatsächliche Übereignung folgte, z. B. an bloßem Bucheigentum, Mji Dt Jogt. Közl. Bd. 99, S. 361 K 1421/1905.

[3]) Daselbst Bd. 100 S. 224 K 2998 ex 1906, Mji Dt II 377 K 2055/1908.

[4]) Mji Dt IX 282 K 1915 RP I 1874 läßt Sicherung durch eine Hypothek zu.

[5]) Arg. eadem ratione für alle Volksklassen der bloß hinsichtlich der früheren Hörigen verfügende GA VIII, 1840 § 16, ferner GA, XVI 1894 § 81 Abs. 1, endlich betreffs des in dem Nachlasse vorgefundenen Bargeldes, Mji Dt IX 282 K 1915 P VII 806 (gerichtliche Hinterlegung).

[6]) Trip I 98 § 2.

[7]) *Grill* Dt III 137 K 7790/1892.

[8]) *Grill* Dt III 168 K 2374/1888.

[9]) Daselbst 169 K 707/1902.

[10]) Mji Dt X 283 K 1916 P VII 1078.

[11]) Er kann aber auch durch eine Verfügung von Todes wegen bestimmt oder gar vergrößert werden, *Grill* Dt III 145 K 3410/1901, GA VIII, 1840 § 16.

[12]) K 1920 RP I 2868 (MT Bd. II S. 39, F. 24).

dem Beschenkten verlangen [1]), wobei wohl von dem Erbanfalle an [2]) die entsprechenden Grundsätze des Pflichtteilschutzes angewendet werden müssen [3]).

Wurde der Umfang des Witwenrechtes durch eine Verfügung von Todes wegen bestimmt, so ist vor allem diese maßgebend. Bleibt jedoch die testamentarische Verfügung unter dem Mindestmaße: dem ranggemäßen Unterhalte der Frau, so kann die Witwe trotz des Testamentes eine gerichtliche Feststellung des Witwenrechtes veranlassen [4]).

12. Der Anspruch der Witwe kraft Witwenerbfolge ist der eines Einzelnachfolgers von Todes wegen an gewissen beweglichen Sachen des erblassenden Ehegatten [5]). Die Witwenerbfolge beruht heute auf dem § 15 JKK und wird gerne als eine in unsere Zeit hineinragende Ruine des vormärzlichen ständischen Erbrechts [6]) dargestellt, was solange keine Berechtigung hat, als die gesetzliche Gemeinerrungenschaft nicht das Gemeingut aller Volksklassen geworden ist [7]).

Die Voraussetzung der Witwenerbfolge ist nebst dem [8]) bis zu dem Erbanfalle erforderten Bestande der Ehe mit dem Erblasser das Fehlen der gesetzlichen Gemeinerrungenschaft der Frau [9]), d. h. der Mann muß dem adeligen oder dem Honoratiorenstand angehören, ferner müssen Abkömmlinge vorhanden sein [10])

Die Erbunwürdigkeit ist bei der Witwenerbfolge [11]) der der ehelichen Erbfolge [12]) gleich zu beurteilen.

---

[1]) Mji Dt I 321 K 9141/1905 II 92, K 5174/1906, III 178 K 5473/1908 usw.

[2]) Früher nicht, Pflichtteilssperre ist ausgeschlossen, da diese durch JKK I § 4 ausdrücklich auf den Pflichtteil beschränkt wurde.

[3]) Der Praxis liegt dieser Gedankengang so nahe, daß sie die Schenkung des Nachlaßgutes an einen Dritten als eine mittelbare Willenserklärung des Erblassers betrachtet, welche den Umfang des Witwenrechtes auf den standesgemäßen Unterhalt der Witwe beschränkt, Mji Dt III 90, Budapester Tafel 1908 G 741.

[4]) S. den in der vorigen Anmerkung angeführten Fall.

[5]) S. weiter.

[6]) Sie wurde demzufolge auch von dem EUG nicht übernommen. Nach der Entscheidung der Kurie 1814/1904 (*Staud* S. 177) war es überhaupt zweifelhaft, ob das Institut noch zu Recht besteht. K verneint es, obzwar der oberste Gerichtshof (Jogt. Közl. Dt I. Folge, Bd. IV S. 134 5320/1871) es noch nachdrücklich bejaht hatte. Die Auffassung der K schien mir aber nicht ganz unanfechtbar. Das Institut hat vielmehr als Gegenmittel der Härte der geschichtlichen Entwicklung zu bestehen, welche die Frauen des Mittelstandes (Honoratioren, Kleinadel) von der Wohltat der gesetzlichen Gemeinerrungenschaft ausschließt. Zuzugeben ist, daß die Gerichte überaus wenig Gelegenheit haben, sich des Instituts anzunehmen. Dies ist aber bei einem familien-erbrechtlichem Institut der intelligenteren Volksklassen noch kein sicheres Zeichen dessen, daß es auch schon tatsächlich ausgestorben sei. Richtig erkennt das Bestehen dieses Institutes K 5887/1918, Mji Dt Bd. XIII S. 56 Fall 47.

[7]) S. das eheliche Güterrecht, EUG erweitert dasselbe auf die ganze Nation, kann sich daher den Luxus erlauben, das Institut wegzulassen.

[8]) Maßgebend sind hierbei die bei der ehelichen Erbfolge ausgeführten Grundsätze.

[9]) Der rechtsgeschäftlichen macht nichts aus.

[10]) Arg. Trip I 99, der sich nur auf die Adeligen bezieht. Vgl. auch Mji Dt XIII S. 56, F. 47.

[11]) Verleiht sie doch ein Erbrecht kraft der Ehe.

[12]) Als im Endresultat doch zu einem dinglichen Vollrechte führend steht sie der ehelichen Erbfolge näher als dem Witwenrechte, es muß daher von diesem aus

Die Witwenerbfolge erstreckt sich: 1. einmal auf gewisse den unmittelbaren Bedürfnissen des Erblassers sowie der Ehegatten dienende Fahrnisse, wie auf dessen Garderobe[1]), Wagen[2]) samt Gespann[3]), die der Witwe ganz zufallen, 2. sodann auf einen Kinderteil gewisser während der Ehe erworbener beweglicher Sachen[4]). Bei der Berechnung steht auch die Witwe in loco pueri[5]), 3. auf einen[6]) Kinderteil aller beweglichen Sachen, gleichgültig ob sie vor oder während der Ehe erworben sind.

Fraglich ist, ob der Witwe kraft der Witwenerbfolge Forderungsrechte an den betreffenden beweglichen Sachen zustehen oder ob nicht sie vielmehr als Einzelnachfolger in sachenrechtlichem Sinne zu betrachten ist[7]). Dies ist wohl im ersteren Sinne zu bejahen.

Sicher erscheint m. E. hingegen, daß[8]) das Kriterium der Errungenschaftsfahrnissachen schon wegen der bei den ehelichen Erbrechten auch sonst anerkannten Errungenschaftsvermutung nicht als undurchführbar, die Witwenerbfolge daher aus diesem Grunde auch nicht als veraltet bezeichnet werden kann[9]).

§ 5. Gesetzliche Erbfolge der hl. ungarischen Krone.

1. Voraussetzung des gesetzlichen Erbrechtes der hl. ungarischen Krone, das ist hier des ungarischen Fiskus[10]), ist das Fehlen jedes anderen[11]) rechtsgeschäftlichen und gesetzlichen Rechtsnachfolgers.

Liegt diese Voraussetzung vor, was laut der positiven Vorschrift des Gesetzes[12]) in dem Verlaufe des hier zwingend vorgeschriebenen[13]) Nachlaßverfahrens zu klären ist[14]), so erstreckt sich das gesetzliche Erbrecht des Fiskus auf den gesamten Nachlaß[15]). Ausnahmen sind quellenmäßig festgelegt[16]).

analogisiert werden, wenn dies auch bei der Erbunwürdigkeit zu etwas bedenklichen Ergebnissen führen sollte.

[1]) Trip a. a. O. „vestem potiorem".

[2]) Ob heute auch das Auto und das Luftfahrzeug?

[3]) „equos curriferos", a. a. O.

[4]) Trip I 101: Pferdegestüte unter 50 Stücken, wohl veraltet; wenn nicht, ob auch bei Rennpferden?

[5]) Arg. Trip I 99 § 1 „et tot in partes, quot personae sunt in domo non divisae".

[6]) Ebenso berechnet.

[7]) Nahe liegt die letztere Annahme, besonders bei den unter 1 gezählten Fahrnissachen.

[8]) Entgegengesetzt, doch nicht überzeugend K 1814/1904 (*Staud* S. 177).

[9]) Mji Dt XIII, S 56 F. 47 schließt dies auch aus.

[10]) GA XXVI, 1715, jetzt hauptsächlich, JKK I § 18. Es lag jedoch dem Reichstage ein GE vor, der die gesetzliche Erbfolge des Fiskus bedeutend erweitern wollte.

[11]) Kommt ein solcher nach der Übergabe der Erbschaft während der Verjährungszeit zum Vorschein, so hat der Fiskus ihm den Nachlaß zu übergeben. Arg. GA XVI, 1894 § 116.

[12]) Daselbe §§ 114—116.

[13]) Daselbst § 2 Punkt 4.

[14]) Zu der Anmeldung erbrechtlicher Ansprüche ist eine einjährige Frist vorgeschrieben, doch sind innerhalb der Verjährungszeit auch spätere Anmeldungen zulässig, daselbst §§ 115, 116.

[15]) JKK I § 18.

[16]) Z. B. das Autorrecht, GA XVI, 1884 § 3 Abs. 2, die Hälfte des der Verfügung von Todes wegen zugänglichen Vermögens der katholischen Geistlichen des Hochklerus (1703 er conventio Kolonichiana IV.)

2. Der Fiskus ist in diesem Falle Gesamtnachfolger von Todes wegen mit allen Rechten und Pflichten eines solchen. Übt er das Ausschlagungsrecht aus, so wird der Nachlaß hierdurch herrenlos [1]).

Rechtsgeschäftliche Erbfolge.

§ 1. Allgemeines.

1. Rechtsgeschäftliche Erbfolge wird durch einseitige Verfügungen von Todes wegen: Testamente, oder durch zweiseitige: Erbverträge, begründet. Beide Arten sind förmliche [2]) und erlaubte [3]) Rechtsgeschäfte, auf die — beim Fehlen irgendwelcher besonderen — die allgemeinen Grundsätze der Rechtsgeschäfte anzuwenden sind [4]).

2. Subjektive Voraussetzungen der Verfügungen von Todes wegen sind hinsichtlich dreier Gruppen von Personen zu beachten. Diese sind: die bei der Verfügung Mitwirkenden, demnach a) der Erblasser und b) die hierbei erforderlichen Hilfspersonen [5]), ferner c) die durch die Verfügung Bedachten.

3. Um die letzteren gleich vorwegzunehmen, so ist auf das hinsichtlich der Hinderungs- und Ausschließungsgründe Gesagte zu verweisen.

4. Was den Erblasser betrifft, so gilt folgendes:

Von dem Standpunkte der Verfügungen von Todes wegen geschäftsunfähig ist der im eherechtlichen [6]), nicht der im vermögensrechtlichen Sinne Geschäftsunfähige. Die beschränkte Geschäftsfähigkeit hat zwei Stufen, auf der niederen stehen Minderjährige, die ihr 18. Lebensjahr nicht vollendet haben, ferner Stumme und Taubstumme [7]). Die Wirkung dieser Stufe der beschränkten Geschäftsfähigkeit äußert sich darin, daß der beschränkt Geschäftsfähige nur gewisse Arten der Verfügungen von Todes wegen vornehmen kann [8]). Diese sind die öffentlichen Testamente [9]) Die höhere Stufe der beschränkten Geschäftsfähigkeit umfaßt die übrigen Kreise der wohl auch im eherechtlichen Sinne zu verstehenden beschränkt Geschäftsfähigen und berechtigt zu der Vornahme aller Arten einseitiger Verfügungen von Todes wegen. Geschäftsfähigkeit, d. h. die Möglichkeit, alle Arten von Verfügungen von

---

1) Die Ansicht, daß der Fiskus die Erbschaft abnehmen müsse, ist m. E. nicht begründet.

2) Gesetz über die Förmlichkeiten der Verfügungen von Todes wegen (FG GA XVI, 1876) §§ 1 ff, 33.

3) Dies folgt schon aus ihrer Förmlichkeit.

4) S. 109 ff.

5) Amtspersonen und Zeugen.

6) Eadem ratione. Vergl. auch die die Testierfähigkeit der Blinden anerkennende Entscheidung, Mji Dt VII 87 K 2892/1912, die das Testament des auf eigenes Ansuchen wegen Schwachsinns und Verschwendung Entmündigten als gültig betrachtende Jogt. Közl. Dt Bd. 97 S. 210 K 383/1891, dann die das gesetzliche Alter des Trip I 111 (12-Jahre) anrufende *Grill* Dt III 181 K 7008/1891.

7) FG § 21.

8) Die in den niederen Grad der beschränkten Geschäftsfähigkeit Gehörigen nur öffentliche Testamente, die in den höheren Grad Gewiesenen nur Testamente.

9) FG §21.

Todes wegen vorzunehmen, verleiht die volle vermögensrechtliche unbeschränkte Geschäftsfähigkeit [1]), welche besonders hinsichtlich der Erbverträge wichtig ist [2]).

5. Zwischen den bei den Verfügungen von Todes wegen erforderten Hilfspersonen hat der das öffentliche Testament bezw. den öffentlichen Erbvertrag aufnehmende Richter [3]) und Notar [4]), gegebenenfalls auch deren Stellvertreter [5]) und Protokollführer [6]), den persönlichen Anforderungen seines Amtes Genüge zu leisten.

Betreffs der Zeugen stellt das Gesetz absolute und relative Unfähigkeitsgründe auf.

Absolut unfähig als Zeugen zu wirken sind: diejenigen, die ihr 18. [7]), bei öffentlichen Testamenten, die ihr 16., bei außerordentlichen Privattestamenten, die ihr 14. (GA XXXV, 1874 § 72 FG § 30) Lebensjahr noch nicht vollendet haben [8]), ferner die durch Taubheit [9]), Blindheit [10]) Stummheit [11]) oder durch irgend ein anderes körperliches Übel Verhinderten [12]), endlich bei Privattestamenten und Privaterbverträgen die wegen eines aus Gewinnsucht verübten Verbrechens oder wegen falschen Zeugnisses rechtskräftig [13]) Verurteilten [14]). Bei öffentlichen Testamenten und Erbverträgen genügt hierzu schon jede andere gewinnsüchtige strafbare Handlung und die Erhebung des Strafverfahrens wegen falschen Zeugnisses [15]).

Relative Ausschließungsgründe der Zeugnisfähigkeit sind: bei Privatverfügungen das Nichtkennen des Erblassers [16]), ferner die völlige Unkenntnis der Sprache und u. U. auch der Schrift [17]) der letztwilligen Verfügung [18]) des Erblassers, endlich das Vorliegen einer Interessen-

---

[1]) Da ja die eine Art derselben einen entgeltlosen Verzicht (auf die Rückziehbarkeit) enthält und daher bloß von Geschäftsfähigen vorgenommen werden kann, arg. VMG §§ 20, 113 letzter Absatz.

[2]) Vergl. die die Ausschließung der Rückziehbarkeit als das Kriterium der Erbverträge hervorhebenden Entscheidungen: Mji Dt X 92 K 1915, RP VII 2625, X 337 K 1916, RP I 3418.

[3]) Vergl. GA IV, 1869 § 6 PG § 59.

[4]) GA XXXV, 1875 §§ 49. GA VII: 1886 § 1.

[5]) GA XXXV, 1874 § 72, 1886 VII bez. § 2.

[6]) PG § 69.

[7]) Ausnahmsweise ist das 14. Jahr genügend.. FG § 30.

[8]). FG § 2.

[9]) Daselbst.

[10]) FG § 2.

[11]) FG § 2.

[12]) Arg. FG § 3 und Mji Dt II 289 K 2797/1907, daselbst 234 K 5622/1907, Etwa Kurzsichtigkeit, Mji Dt XII 57 K 1917 P I 4599, GA XXXV, 1874 § 72.

[13]) FG § 2, doch nur während der Dauer der Aufhebung ihrer politischen Rechte, Mji Dt VI 82 K 3741/1911.

[14]) FG § 2.

[15]) GA XXXV 1874 § 72 b, c.

[16]) § 3. Mji Dt II 289 K 2797/1907, II 234 K 5622/1907, VII 6 K 1899/1912

[17]) Dann, wenn nicht mindestens zwei, bei öffentlichen Testamenten eine der Zeugen sprach- und schriftenkundig ist FG § 4 NG § 72, Mji Dt XII S. 123 F. 99.

[18]) Bei holographischen Privattestamenten sowie bei öffentlichen genügt ein (Mji Dt VI 131 K 5062/1911 FG § 4) bei allographischen Privatverfügungen zwei (daselbst), bei mündlichen Privattestamenten genügen vier (FG § 5) Zeugen, die die in Frage stehende Sprache verstehen.

kollision [1]) mit den gesetzlichen Erben. Sie hindert jedoch bloß [2]) das Inkrafttreten der hierdurch berührten einzelnen Verfügungen, nicht aber des ganzen Rechtsgeschäftes [3]). Ja u. U. kann sogar diese auch durch gehörige Verstärkung wirksam gemacht werden [4]). Die Verfügung von Todes wegen muß von dem Erblasser selbst stammen. Eine Stellvertretung ist unzulässig [5]).

§ 2. Formvorschriften.

1. Die Verfügung von Todes wegen erfolgt entweder mit oder ohne Heranziehung einer hierzu befugten Behörde. In letzterem Falle ist sie eine private, im ersteren Falle eine öffentliche.

2. Bei den privaten Verfügungen von Todes wegen kann man ordentliche und außerordentliche unterscheiden. Beide Arten sind ihrer Form nach entweder schriftliche oder mündliche.

3. Die ordentliche schriftliche Verfügung von Todes wegen besteht aus drei Teilen.

Der erste enthält die letzwillige Verfügung selbst. Diese hat eine in gewöhnlicher Schrift abgefaßte [7]), mit dem Ausstellungsorte und der Ausstellungszeit versehene [8]) Urkunde darzu-

[1]) Sie liegt vor, wenn der Schreiber, der Verfasser (Mji Dt V 292 K 902/1911), der Zeuge oder dessen Vorfahren, Abkömmlinge oder Seitenverwandte einschließlich der Abkömmlinge seiner Großeltern, sein Ehegatte, dessen Vorfahren, Abkömmlinge und Geschwister, dann die Ehegatten seiner Vorfahren, Abkömmlinge und Geschwister bedacht wurden. Betreffs der Zeugen der Privattestamente sind diese im FG § 9, betreffs der der öffentlichen in den §§ 49 b, c 72 d GA XXXV, 1874 enthalten. Die Praxis versteht die angeführten Verwandtenkategorien wenigstens innerhalb der väterlichen Familie für gesetzliche Verwandte, Mji Dt III 52 K 1066/1908.

[2]) Auch betreffs der öffentlichen Testamente, GA XXXV, 1874 § 68, kann man keine Unteilbarkeit des Geschäftes dort annehmen, wo FG § 10 selbst die Privatverfügungen von Todes wegen als teilbar betrachten.

[3]) Diesbezüglich wird das Rechtsgeschäft kraft Gesetzes als teilbar anerkannt FG § 10. Zwischen dem Interesse des Presbyters und seiner Kirchengemeinschaft Mji Dt 96 K 1915 RP I 4246, des Gemeinderichters und der durch ihn vertretenen Gemeinde, daselbst X 208 K 1915 RP I 9390, des Gymnasiallehrers und dem Gymnasium, an dem er wirkt, daselbst V 144 K 5765/1900, des Kapitels und des ihm angehörenden Kanonikus Mji Dt V 17 K 2639/1910 wurde keine derartige Gemeinschaft erkannt, die die Zeugnisfähigkeit der erwähnten Personen beeinträchtigen würde.

[4]) Hierzu wird erfordert: a) die eigenhändige Handschrift oder besondere Unterschrift der betreffenden besonderen Verfügung innerhalb des Testamentes, oder b) die besondere eigenhändige in das Testament aufgenommene oder vor den Zeugen erfolgte mündliche Bestätigung der in Frage stehenden Verfügung, FG § 10.

[5]) Arg. FG §§ 1, 5, 6, 15, 23, GA XXXV, 1874 § 82 a, 83 b.

[6]) Diese sind die viel öfter vorkommenden Verfügungen, daher Konversion der als solchen ungültigen öffentlichen Verfügungen, wo dies möglich erscheint, in private, so wenn das Testament bloß von dem hierzu nicht befugten Hilfspersonal des öffentlichen Notars in dessen Kanzlei vorgenommen wurde und als öffentliches Testament deshalb ungültig war, Arg. Mji Dt VII 92 K 2862/1912.

Laut dem letzteren liegt Interessenkollision schon bei Anstellung bei dem öffentlichen Notar oder bei dem Erblasser vor.

[7]) FG § 11. Maschinenschrift genügt K 1920 P I 3236 MT II, S. 4, F. 2.

[8]) FG § 7. Es muß jedoch nicht immer ein kalendermäßiges Datum sein. So genügt mit dem Kalenderjahr die Bezeichnung „am Ostersonntag, am St. Michaelistag", Mji Dt II; 384 K 1492, K 1908. „Kmft" (verkürzt) Datum wie oben, genügt, wenn das Datum aus der Verfügung selbst erhellt, Mji Dt X 95 K 1915, RP I 7034.

stellen. Erstreckt sie sich auf mehrere Schreibbogen [1], so sind dieselben bei sonstiger Nichtigkeit des ganzen Rechtsgeschäftes mit einer Schnur zusammenzuheften [2] und sowohl mit dem Siegel des Erblassers, als auch — falls Zeugen erfordert werden — auch mit dem wenigstens eines Zeugen [3] zu befestigen.

Der zweite Teil der schriftlichen Privatverfügung von Todes wegen ist die Bekräftigung seitens des Erblassers, welche sich wieder aus zwei Elementen zusammenfügt. Das erste ist die Unterfertigung der letztwilligen Verfügung und zwar entweder in Gegenwart der Zeugen [4] oder vorher in ihrer Abwesenheit. Das zweite ist die mündliche Erklärung des Erblassers, daß die Urkunde seine letztwillige Verfügung enthält, sowie in dem Falle, daß der Erblasser sie nicht in Gegenwart der Zeugen unterfertigt hatte, auch die Anerkennung dessen, daß die Unterschrift von ihm herstamme [5]. Die Bekräftigung ist ebenfalls ein Abschnitt der feierlichen Geschäftshandlung, hat daher während derselben und in dem Beisein der Zeugen zu erfolgen [6].

Der dritte Teil der schriftlichen Privatverfügung von Todes wegen besteht aus der Mitwirkung der Zeugen [7]. Sie beschränkt sich bei dem von dem Erblasser (handschriftlich) angefertigten und unterfertigten sowie bei den bloß von ihm unterfertigten Verfügungen auf die schriftliche, an der Urkunde selbst der Wahrheit gemäß vorzunehmende Bescheinigung dessen, daß der Erblasser die Urkunde als seine Verfügung von Todes wegen bezeichnet und bei diesem Anlasse auch die Unterfertigung vor den Zeugen erfolgt oder wenigstens von dem Erblasser bekräftigt worden sei [8].

Liegt hingegen, sei es wegen Unkenntnis des Lesens und Schreibens überhaupt, sei es wenigstens der Sprache der Verfügungsurkunde oder eines anderen Grundes [9] von seiten eines Erblassers, der nicht fähig war

Ist das Testament und die Bestätigung der Zeugen mit besonderem Datum versehen, so ist das letztere maßgebend, Mji X 281 K 1916, RP I 1536. Eine Differenz des mit Ziffern und mit Buchstaben geschriebenen Datums macht nichts aus, Jogt. Közl. Dt. Bd. 100 S. 300 K 5527, 1905.

[1]) FG § 8.

[2]) Dies ist in Gegenwart aller Zeugen bei der Erklärung des letzten Willens vorzunehmen, Mji Dt X 95 1915, RP I 7034.

[3]) Mji Dt I 229 K 3649, 1916 (Nichtigkeit, weil nur der Siegel des Erblassers angebracht wurde), FG § 5.

[4]) FG §§ 5, 6.

[5]) Die Erklärung muß bei der Vornahme des Geschäftes erfolgen, eine spätere besondere Erklärung ist nicht genügend, Jogt. Közl. Dt. Bd. 97 S. 291 K 4923, 1905.

[6]) FG § § 5, 6. S. die vorige Anmerkung.

[7]) Erforderlich sind: zwei Zeugen bei den selbstgefertigten und unterfertigten, vier bei den selbst unterfertigten Testamenten.

[8]) FG § 5. Dies kann auch durch mehr mittelbare Aussprüche erfolgen, z. B. durch dessen Erklärung, daß er das ganze Dokument selbst angefertigt und eigenhändig geschrieben habe, Mji Dt VIII 298 K 1914 P I, 2331, mehr formalistisch, Mji Dt X 119 K 1915 RP 5252. (Ungültigkeit trotz der Erklärung des Erblassers, daß er seinen letzten Willen „mit gesundem Verstande und vollem Willen vor den unterfertigten vier Zeugen geäußert habe", wegen Fehlens der Bekräftigung der Unterfertigung von seiten des Erblassers.)

[9]) Krankheit, *Grill* Dt III 207 K 5525, 1907 usw.

oder es unterließ, die letztwillige Verfügung in eigener Handschrift selbst anzufertigen oder zu unterfertigen, eine derartige Urkunde nicht vor [1]), so erweitert sich die Tätigkeit der Zeugen auch auf die Kenntnisnahme des Inhaltes der Verfügung von Todes wegen [2]). Es ist daher hier nötig, daß die Urkunde von einem der schriftkundigen Zeugen vorgelesen wird, ferner daß der Erblasser hierauf die mündliche Erklärung abgibt [3]), daß die Urkunde seine letztwillige Verfügung enthält und sie in Gegenwart der Zeugen mit seinem Handzeichen versieht [4]). Ein schriftkundiger Zeuge muß dem Handzeichen auch die Namensunterschrift des Erblassers beifügen [5]), schließlich müssen alle Zeugen die Einhaltung der soeben beschriebenen Förmlichkeiten an der Urkunde selbst [6]) bekräftigen.

4. Die außerordentlichen Privatverfügungen von Todes wegen enthalten gewisse Erleichterungen der Förmlichkeiten, schmiegen sich aber im übrigen den Anforderungen der ordentlichen an.

Die Erleichterungen fußen entweder auf dem Inhalte der Verfügungen, oder in einer Ausnahmelage des Erblassers.

5. Der Inhalt erleichtert die Förmlichkeiten der schriftlichen Privatverfügung von Todes wegen dann, wenn er sich ausschließlich auf die Rechtsnachfolge von Todes wegen des Ehegatten [7]) und der Abkömmlinge[8]) des Erblassers bezieht [9]). Zeugen sind dann bei den eigenhändigen [10]) Verfügungen nicht erforderlich. Das Gesetz erklärt die Verfügungen in dieser Beziehung für teilbar. Andere Verfügungen, welche in ihnen enthalten sind, erlangen hierdurch daher keine Wirksamkeit [11]), berühren aber ebensowenig die Gültigkeit der außerordentlichen Verfügung.

---

[1]) FG § 6. Darüber, daß bei Unkenntnis der Sprache der Urkunde von seiten des Erblassers dasselbe gilt, vgl. Mji Dt VII 162 K 1912 P 8 I 4699.

[2]) Wenn diese nicht aus der Bekräftigungsklausel erhellt, ist die Verfügung nichtig, Mji Dt VII 146 K 1912 P I 3872. Die Klausel kann aber selbstverständlich auch in dem Texte der Verfügung enthalten sein, Mji Dt XI 84 K 1916 RP I 7521. Sie kann auch sofort bei der Aufnahme der Urkunde in dem Beisein aller Zeugen in einem anderen Raume der Wohnung erfolgen, in welcher der Erblasser liegt, das. 83 K 1916 RP I 8120.

[3]) Einfaches „ja" genügt ebensowenig (Mji Dt IV S. 6), wie bejahendes Kopfnicken auf eine an den Erblasser gerichtete Frage, *Grill* Dt III 200 K 1946, 189

[4]) Landesüblich und genügend ist, wenn der des Schreibens unkundige Erblasser die ihm zu dem Zwecke der Unterfertigung des Handzeichens hingereichte Feder bloß ergreift, Mji Dt VI 17 K 2607, 1911 usw. Die Hervorhebung des vorlesenden Zeugen ist nicht notwendig, Mji Dt XI 118 K 1917 RP I 462 VII K 1922 P I 2221, die des Namenschreibers ja, FG § 6, doch genügt hierzu, daß dieser sich unter dem Handzeichen des Erblassers als Namenschreiber unterfertigt K 1917 P I 6964 (Mji Dt XII S. 122 F. 98). Ist eine Übersetzung oder Erklärung des von dem Erblasser oder von den einzelnen Zeugen nicht verstandenen Textes nötig, so hat sie ein dem rechtsgeschäftlichen Tatbestande zugezogener Zeuge vorzunehmen, sonst ist die Verfügung nichtig, Mji Dt X 245 K 1916 RP I 459.

[5]) Das Fehlen derselben ist Ungültigkeitsgrund, Mji Dt XI 129 K 4788, 1911.

[6]) Das Gesetz warnt besonders eindringlich davor, die Zeugenbekräftigung an dem Briefumschlag anzubringen. FG §§ 5, 6.

[7]) FG § 23. Betreffs der Gültigkeit der hierzu erforderten Ehe dürfte wohl dasselbe gelten, wie bei der gesetzlichen Erbfolge. S. 258 ff.

[8]) Gesetzliche und bezüglich der Mutter auch uneheliche. Oder sollte die Praxis hier den favor testamenti im Auge behalten?

[9]) FG § 32.

[10]) Daselbst, also selbstgefertigten und unterfertigten.

[11]) Daselbst.

6. Als Ausnahmelagen, welche eine außerordentliche Verfügung von Todeswegen begründen, gelten Umstände, in denen ein plötzlicher Tod des Erblassers mit Wahrscheinlichkeit zu erwarten ist, sie werden durch das Gesetz ein für allemal festgelegt [1]).

Solche Umstände sind: schnellverlaufende Massenepidemien oder Seuchen an dem Aufenthaltsorte des Erblassers [2]), sein Aufenthalt am offenen Meere [3]), dann während des Krieges, von der Mobilisierung an, der Aufenthalt innerhalb eines Umkreises von acht Kilometern [4]) von dem Schlachtfelde oder von einer belagerten Ortschaft [5]), endlich die Zugehörigkeit des Erblassers zu einer kämpfenden Truppe [6]).

Die Erleichterungen beziehen sich hier durchaus auf die Mitwirkung der Zeugen. Die eigenhändige Verfügung bedarf überhaupt keiner Zeugen [7]), die bloß eigenhändig unterfertigte hingegen nur zweier, hinsichtlich derer auch von weiteren Erfordernissen abgesehen wird. So ist das zeugnisfähige Alter auf das vollendete 14. Jahr herabgemindert, das Erfordernis der Schriftkundigkeit [8]) auf einen Zeugen beschränkt und das der gleichzeitigen Mitwirkung der Zeugen in dem Falle der ansteckenden Seuchen und Epidemien weggefallen [9]).

Die zeitliche Wirkung der auf Ausnahmelagen des Erblassers beruhenden außerordentlichen Verfügungen von Todeswegen ist auf den Verlauf d r e i e r Monate nach Beendigung der Ausnahmelage beschränkt [10]). Erfolgt daher der Tod des Erblassers in einem späteren Zeitpunkte, so sind die Förmlichkeiten der o r d e n t l i c h e n Verfügungen von Todes wegen maßgebend. War jedoch der Erblasser von dem Ablaufe der Geltungszeit der außerordentlichen Verfügung an bis zu dem Eintritte seines Todes dauernd unfähig, eine letztwillige Verfügung zu treffen [11]) oder wurde er wegen der in Frage stehenden Ausnahmelage [12]) später

---

[1]) Die Gefahr ist hier bloß die ratio legis, ohne auch Tatbestandselement des Rechtsgeschäftes geworden zu sein.

[2]) FG § 27.

[3]) FG § 28.

[4]) Die Entfernung erscheint der Tragfähigkeit der Kanonen des Weltkrieges kaum angemessen.

[5]) FG § 29.

[6]) Daselbst. Und zwar schon von der Einhändigung des Einberufungsbefehls an, K 1918 P I 2903 (Mji Dt XII S. 5, F. 4).

[7]) FG § 30.

[8]) Daselbst.

[9]) FG § 30.

[10]) FG § 31. Die Ausnahmelage ist subjektiv nach den Verhältnissen des Erblassers zu betrachten, dies hindert jedoch nicht die Anerkennung der außerordentlichen Form selbst dann, wenn der Angehörige einer kämpfenden Truppe nach der auf sie bezüglichen Mobilisationsorder (deren Ausgabe den Anfangszeitpunkt der Erleichterungen bedeutet) vorläufigen Urlaub erlangt, Mji Dt X 298 K 1916 P VII 1541.

[11]) Der Beweis obliegt dem, der sich auf das Testament, bez. auf die Verfügung beruft. FG § 31.

[12]) Maßgebend sind, obzwar EPG keine hierauf zielende Verfügung enthält, jetzt die Vorschriften PG (Arg. die hier nur mittelbar zutreffende Vorschrift EPG § 9). Die außerordentliche Verfügung von Todes wegen gilt daher auch dann, wenn ein Schiffbruch auf dem Meere kraft PG § 733 Abs. 2 bloß vermutet werden muß. Die Anrufung GA LIV, 1868 § 523 c ist eben jetzt mit dem an die Stelle des angeführten § geratenen Rechtsstoffe auszufüllen.

für tot erklärt, so bleiben die außerordentlichen Verfügungen in Kraft [1]).

7. Das ordentliche m ü n d l i c h e Privattestament [2]) fügt sich ebenfalls aus drei Teilen zusammen.

D e r e r s t e ist die in zusammenhängender, mündlicher Erklärung vorzunehmende Ä u ß e r u n g des letzten Willens von seiten des Erblassers [3]), der zweite die unzweifelhafte, doch keineswegs an die Ausdrücke des Gesetzes gebundene Bekräftigung dessen, daß er seine Äußerung als m ü n d l i c h e s Testament betrachtet wissen will [4]). Der d r i t t e das hier übrigens ganz passive Mitwirken von vier die Sprache des Erblassers verstehenden Zeugen [5]), welches sich allerdings auch auf die Kenntnisnahme des Inhaltes des Testamentes zu erstrecken hat [6]).

Das Gesetz scheidet die beiden, die schriftliche und mündliche Form der Privatverfügung von Todes wegen, scharf voneinander. So scharf, daß es die Konversion des mündlichen Testamentes in eine schriftliche Verfügung von Todeswegen selbst nach einer eventuellen Abschrift desselben nur als eine n e u e den Erfordernissen der schriftlichen Verfügungen von Todes wegen in allem entsprechende schriftliche anerkennt [7]), ferner, daß es die nicht gelungene oder nicht vollendete schriftliche Verfügung als mündliche nur dann gelten läßt, wenn sämtliche Erfordernisse des mündlichen Testamentes eingehalten wurden und besonders nur, wenn auch eine Willensäußerung des Erblassers vorliegt, daß er die Verfügung als m ü n d l i c h e betrachtet wissen wolle [8]).

Die Wirkungen des mündlichen Testamentes sind z e i t l i c h und i n h a l t l i c h beschränkt.

Z e i t l i c h dadurch, daß sie gewöhnlich nur d r e i M o n a t e

---

[1]) Daselbst.

[2]) Von dem allgemeineren Ausdrucke der Verfügung von Todes wegen nahm ich hier wegen der weiter unten aufgezählten inhaltlichen Beschränkungen desselben Abstand.

[3]) FG § 15. Nicht genügend ist eine einfache Bejahung der an den Erblasser von den Zeugen gerichteten Frage. Das Wort Testament muß zwar nicht benutzt werden (Mji Dt VI 201 K 5122, 1911), ja es kann sogar „Heiratskontrakt" benannt sein K 1919 P I 188 (MT Bd. II, S. 121, F. 80), der Wille, ein solches zu errichten, muß aber über alle Zweifel erhaben sein. Nicht genügend ist, auf die Frage des Zweckes ihrer Berufung den Zeugen zu antworten, „damit ihr es erfahret, daß ich all mein Vermögen meinem Vater lasse", (Mji Dt XII S. 58, F. 50, K 1917 P I 2478).

[4]) Dies kann und muß in dem Verlaufe der Geschäftshandlung, sei es am Anfange, in der Mitte oder an dem Ende (K 1185, 1891 *Grill* Dt III 222, Mji Dt VIII 40 K 1913, P I 371) durch inhaltlich unzweifelhafte, ebenfalls nicht an die Worte des Gesetzes gebundene (Mji Dt XI 43 K 1917 P VII 2778) Ausdrücke erfolgen.

[5]) FG § 15.

[6]) Sonst wäre das Erfordernis des Verständnisses der von dem Erblasser gebrauchten Sprache unverständlich und der Beweis des Testamentes ganz unmöglich. Arg. auch die sonst unverständlichen §§ 30—33 der GA XVI: 1894, die das Verhör und die Übernahme der Aufzeichnungen der Zeugen behandeln.

[7]) FG § 18. Die „pro memoria" Aufzeichnung des mündlichen Testamentes genügt nicht, selbst wenn diese sowohl von den Zeugen, als auch von dem Erblasser unterfertigt wurde, Mji Dt VII 160, K 1912, 4000 P I).

[8]) FG § 19. Es genügt, wenn der Erblasser eine schriftliche Verfügung treffen wollte, doch nach der ihm von den Zeugen gewordenen Aufklärung, daß dies auch mündlich geschehen könne, antwortete „es ist gut, sei es so". Mji Dt V 206 K 5747, 1910 I.

lang Geltung haben [1]. Ist der Erblasser nach dem Ablaufe dieser Zeit gestorben, so bewahrt es nur dann seine Geltung, wenn er von dem Ablaufe dieser Zeit an dauernd unfähig war, eine neue letztwillige Verfügung zu treffen [2].

Inhaltlich zeigt sich die Beschränkung des ordentlichen mündlichen Testamentes in zwei Richtungen. Einmal darin, daß gemeinsame Testamente der Ehegatten, welche in den übrigen sowohl ordentlichen als auch außerordentlichen Formen gestattet sind [3], in mündlicher Form nicht zugelassen werden [4]. Sodann aber auch darin, daß diese Form den Erbverträgen ebenfalls nicht zugänglich gemacht wurde [5].

8. Die zeitlichen und inhaltlichen Beschränkungen der mündlichen Privattestamente beweisen es hinlänglich, daß das Gesetz selbst die ordentliche Abart derselben nicht als voll betrachtet [6]. Dies gilt natürlich für die außerordentliche noch in größerem Maße.

Diese ist bloß als Ausnahmezustandstestament zugelassen. Hierbei wurde die Zahl der nötigen Zeugen auf zwei herabgemindert [7] und bei ansteckenden Epidemien und Seuchen auch von der Gleichzeitigkeit ihres Erscheinens abgesehen [8]. Im übrigen gilt betreffs der zeitlichen Grenzen der Wirkung des Testamentes und ihrer Verlängerung hier auch das bei den außerordentlichen schriftlichen Privattestamenten Gesagte [9].

9. Die öffentlichen Verfügungen von Todeswegen sind ebenfalls schriftliche und mündliche. Die ersteren weisen zwei Arten auf:

Die eine ist die bei dem öffentlichen Notar hinterlegte, die zweite die die Kraft einer öffentlichen Urkunde erlangt habende Privatverfügung.

Die Herstellung einer bei dem öffentlichen Notar hinterlegten Privatverfügung von Todes wegen fügt sich aus vier Teilen zusammen.

Der erste ist die Verfertigung der die letztwillige Verfügung enthaltenden Urkunde, welche nach den bei der schriftlichen Privatverfügung von Todes wegen behandelten Grundsätzen zu erfolgen hat. Erlaubt ist demnach sowohl eigenhändige wie auch die Verfertigung von fremder Hand, der neueren Praxis nach, trotzdem das Gesetz hierüber schweigt [10], wohl auch die Verfertigung des Erklärungstextes mit der Schreibmaschine.

Der zweite Teil des rechtsgeschäftlichen Tatbestandes besteht in der

---

[1]) FG § 17.
[2]) FG § 17.
[3]) FG §§ 13, 21 Abs. 3.
[4]) Weder die selbständigen, noch die korrespektiven gemeinsamen Testamente. S. weiter.
[5]) FG § 33. Abs. 1.
[6]) Dies erhellt auch daraus, daß das Nachlaßgericht verpflichtet ist, nach dem Todesfalle ein Verhör des Zeugen vorzunehmen (bald ohne, bald mit eidlicher Bekräftigung) und so den Inhalt des mündlichen Testamentes festzulegen, GA XVI, 1894 §§ 30 ff.
[7]) FG § 30.
[8]) Das. Abs. 2.
[9]) S. dort.
[10]) Dies scheint zwar durch das Erfordernis der „fremden Handschrift“, FG § 23, ausgeschlossen. Die Praxis wird hier aber gewiß bald (so schon K 1919 P I 188 [MT II S. 121 F 89]) Erleichterung schaffen.

Unterschrift der Erklärungsurkunde. Bei eigenhändig geschriebenen Urkunden muß diese von dem ersten Teile gar nicht unterschieden werden, bei solchen von fremder Hand hingegen muß die Unterschrift oder wenigstens die Anerkennung derselben vor zwei Zeugen erfolgen [1]).

Hieran schließt sich der dritte Teil: die an der Urkunde selbst nach den Vorschriften der schriftlichen Privatverfügungen zu erfolgende wahrheitsgemäße Bescheinigung der Zeugen, daß die Unterschrift der Urkunde in ihrer gleichzeitigen Gegenwart vorgenommen oder wenigstens von dem Erblasser anerkannt wurde [3]).

Der vierte endlich umfaßt die Amtshandlung vor dem öffentlichen Notar. Sie beginnt damit, daß der Notar sich von der Identität des Erblassers überzeugt [4]), ihn darauf aufmerksam macht, daß die Verfügung von Todes wegen nur dann wirksam ist, wenn sie betreffs der Urkunde und deren Unterschrift den soeben entwickelten Anforderungen entspricht [6]), über die Amtshandlung ein Protokoll aufnimmt [7]), demselben die in einen Umschlag einzuschließende Verfügung von Todes wegen anheftet und den Umschlag sowohl mit seinem, als auch auf dessen Wunsch mit dem Siegel des Erblassers ansiegelt [8]). Vorher muß aber der Erblasser die Verfügung dem öffentlichen Notar selbst übergeben und ihm gegenüber erklären, daß das Dokument seinen letzten Willen enthält [9]). Hierauf wird die Amtshandlung durch die Unterschrift des Protokolles [10]) geschlossen. Die bei dem öffentlichen Notar hinterlegte Verfügung ist mit dem Zeitpunkte entstanden, in welchem alle Erfordernisse einer schriftlichen Privatverfügung von Todes wegen vorhanden sind, fehlen dieselben vorher, dann erst mit der Hinterlegung bei dem Notar [11]). In diesem Falle verliert die Urkunde ihre Kraft, wenn sie von dem Notar zurückgenommen wurde [12]).

Im übrigen werden die bei dem öffentlichen Notar hinterlegten Privatverfügungen von Todes wegen nach den Grundsätzen der Hinterlegung anderer Urkunden bei dem öffentlichen Notar behandelt [13]).

10. Die mit der Kraft einer öffentlichen Urkunde versehene schriftliche Privatverfügung von Todes wegen entsteht nach den Regeln der öffentlichen Urkunden. Außer diesen sind für den geschäftlichen Tatbestand noch folgende Tatsachen wichtig:

Bezüglich der Verfertigung der Erklärungsurkunde gilt das bei der soeben behandelten Abart der öffentlichen Verfügung von Todes wegen

---

[1]) FG § 23.

[2]) § 23 bezieht sich auf den § 5 FG.

[3]) Daselbst.

[4]) Das Fehlen dieser Klausel ist Ungültigkeitsgrund, Mji Dt I 184 K 1613, 1906.

[5]) Der Inhalt der Urkunde braucht dem öffentlichen Notar nicht bekannt zu sein, das Schriftstück kann ihm auch in einem geschlossenen Kuvert überreicht werden, Jogt. Közl. Dt. Bd. 96 S. 249 K 7070, 1904.

[6]) § 24 Abs. 3. Die Erklärung des Notars muß in das Protokoll kommen.

[7]) FG § 24. Hierüber gelten die Vorschriften der Notariatsurkunden.

[8]) FG § 24 Abs. 2. Die Zusammenstellung und Siegelung der einzelnen Bogen der Urkunde ist unnötig, Mji Dt IX 153 K 1914 P VII 3958.

[9]) FG § 23.

[10]) FG § 24 Abs. 3.

[11]) FG § 25.

[12]) FG § 25.

[13]) Arg. NG (Notariatsgesetz, GA XXXV, 1874) § 83 a.

Gesagte mit der Abweichung, daß die Unterfertigung derselben auch ohne Zeugen gültig ist [1]).

Hierauf folgt die persönliche Übergabe der offenen Urkunde an den öffentlichen Notar zugleich mit der Erklärung dessen, daß die Urkunde das Testament bez. die Verfügung von Todes wegen des Erblassers enthält. Die Übergabe bedeutet schon einen Teil der Amtshandlung des öffentlichen Notars [2]),

Sie hat in der Gegenwart zweier Zeugen [3]) oder eines anderen Notars vor sich zu gehen [4]). Vorher muß sich der Notar davon überzeugen, daß der Erblasser die Abfassungssprache der Erklärungsurkunde in Wort und Schrift versteht [5]). Nach der Übernahme hat der Notar über die Amtshandlung ein Protokoll aufzunehmen [6]).

II. Das mündliche öffentliche Testament kann sowohl von einem öffentlichen Notar als auch von einem Bezirksrichter aufgenommen werden [7]).

Hierzu ist erforderlich: die persönlich in einer der Behördeperson amtlich zugänglichen [8]) Sprache zu erfolgende mündliche Erklärung des letzten Willens gegenüber der amtlich vorgehenden Behördeperson, sodann die Gegenwart zweier Zeugen oder eines anderen öffentlichen Notars bei der Amtshandlung, endlich die Aufnahme derselben in eine öffentliche Urkunde, deren Vorschriften durchaus einzuhalten sind [9]).

§ 3. Änderung der Verfügung von Todes wegen.

I. Die ziemlich schwerfälligen [10]) Formvorschriften haben fast bewirkt, daß die Änderung einer Verfügung von Todes wegen praktisch ganz ausgeschaltet wird. Enthält doch das Förmlichkeitsgesetz die vielsagende Einschränkung, daß zum ausdrücklichen Widerruf der Testamente und der widerruflichen Schenkungen von Todeswegen [11]) dieselben Förm-

---

[1]) Daselbst b.

[2]) Daselbst.

[3]) NG § 83 b.

[4]) Diese haben aber unbedingt bloß der eventuellen Vorlesung, Bekräftigung und Unterfertigung der etwa schon früher verfertigten Urkunde beizuwohnen, 80. Vollentscheidung der Kurie, Mji Dt II 129.

[5]) NG § 83 a, das Gesetz spricht zwar nur vom Lesen und Schreiben, doch kann es nicht gut anders verstanden werden.

[6]) NG § 83 c.

[7]) 12. VE der Kurie, *Grill* Dt III 233 FG § 21. Die Zusammenheftung und Siegelung des hierüber aufgenommenen Protokolles ist zwar in NG § 68 vorgeschrieben, doch ist dies bloß eine Sollvorschrift, Mji Dt VIII 17 K 1285, 1913 P I.

[8]) Der öffentliche Notar in der Sprache, in welcher er berechtigt ist, Urkunden auszustellen, NG §§ 60, Notariatsnovelle § 26, der Bezirksrichter in der von ihm beherrschten Sprache, Mji Dt III 290 K 2353, 1909, NG § 83 b. Sonst muß ein Dolmetscher angestellt werden, NG § 78.

[9]) Arg. NG 82 Abs. 1. Der Notar hat die Urkunde bei sonstiger Nichtigkeit mit seinem Amtssiegel zu versehen. NG §§ 68, 82 K 1917 P I 7034 (Mji Dt XII, S. 112, F. 91).

[10]) EUG §§ 1571 ff. anerkennen bloß die vor dem Richter, bezw. Notar zu errichtenden öffentlichen, ferner die eigenhändigen und die vor drei Zeugen zu errichtenden privaten, endlich die Ausnahmetestamente, doch diese mit bedeutend weniger Förmlichkeiten als FG.

[11]) FG § 35.

lichkeiten erfordert werden, wie zu ihrer Errichtung [1]). Diese Vorschrift wird zwar durch den Zusatz gemildert, daß bezüglich der übrigen Arten des Widerrufs die bestehenden Rechtssätze in Geltung bleiben, doch ist dies in der Rechtsschöpfung des Anfanges des neuen verfassungsmäßigen Zeitalters die schon beinahe typische Ausdrucksweise, um die Ungewißheit darüber zu verdecken, was eigentlich rechtens ist. Andernteils wird bei den einzelnen Arten der Verfügungen von Todes wegen in dem FG stets hervorgehoben [2]), daß ihre Ergänzung mit denselben Förmlichkeiten zu versehen ist, wie die ursprüngliche Errichtung. So bleibt dem Erblasser zur ausdrücklichen Änderung nur die Wahl zwischen der einen Formart und der anderen.

Die Praxis hat diese Fesseln des Gesetzes schrittweise, doch stetig und zielbewußt gelockert.

Erst lehnte sie es noch ab, einen Widerruf selbst dort anzunehmen, wo der Erblasser seinen unzweifelhaften Willen aussprach, das Schriftstück, welches die Verfügung enthält, zu vernichten, doch diese Absicht wegen Vorspiegelung falscher Tatsachen oder wegen Nachlässigkeit des hiermit Beauftragten[3]), nicht verwirklichte. Später bequemte sie sich schon wenigstens dazu, die Förmlichkeitsvorschriften des Widerrufs[4]) nicht ganz so streng zu beurteilen wie die der Errichtung der Verfügungen von Todes wegen: sie variiert die strengeren Errichtungsformen mit weniger strengen Widerrufsformen [5]), sie läßt die bei der Errichtung verpönte einfache Bejahung einer diesbezüglich von seiten der Zeugen an den Erblasser gerichteten Frage als gültige, förmliche Widerrufserklärung zu [6]), sie nimmt keinen Anstand daran, die seinerseits mit Absicht herbeigeführte Verstümmelung der Urkunde als Rückziehungserklärung des Erblassers anzusprechen [7]) usw. Endlich rafft sie sich sogar zu der grundsätzlichen Erklärung auf, daß die Zurückziehung nicht bloß in den im FG vorgeschriebenen Formen der Verfügungen von Todes wegen, sondern auch ohne Förmlichkeiten vor sich gehen kann [8]). Dies bedeutet dem Gesetze gegenüber, das noch zwischen unmittelbaren und mittelbaren Rückziehungserklärungen unterscheidet, trotz der vorsichtigen Fassung des betreffenden Urteils einen ganz bedeutenden Fortschritt [9]).

---

[1]) Eine Variation der einzelnen Formarten ist aber nicht ausgeschlossen. S. weiter.

[2]) FG §§ 14, 20, 26. Nach §§ 33 blieb zwar eine ähnliche Vorschrift weg, doch ist es schon kraft des argumentum a majore augenfällig, daß ein Ausnahmetestament auch ein Kodizil enthalten darf. Dasselbe gilt auch für die Erbverträge.

[3]) Mji Dt IV 382, F. 244. Der Beauftragte behauptete, die Urkunde sei schon zerrissen. K billigt bloß Schadensersatz gegen denselben zu, anerkennt aber das Testament als gültig.

[4]) Mji Dt III 129 K 4581, 1908 I. Ebenfalls mit der Betonung der eventuellen Erbunwürdigkeit und der Schadensersatzverpflichtung des nachlässigen Beauftragten.

[5]) Ein öffentliches Testament kann auch durch eine private Verfügung von Todes wegen widerrufen werden, Mji Dt IX 38 K 987, 1914 P I.

[6]) Daselbst II 301, F. 168 K 1025, 1908.

[7]) Daselbst VIII 219 K 2902, 1913 P I. Sie legt die Beweispflicht dem auf, der behauptet, daß das Zerreißen der Verfügungsurkunde unabsichtlich geschah (Mji Dt XII, S. 164 F. 124).

[8]) Daselbst V 124 K 4654, 1910.

[9]) „Testamente können nicht bloß in der laut § 35 GA XVI, 1876 geregelten

Ob das Ergebnis der Entwicklung schon jetzt so aufgefaßt werden kann, als ob die Praxis sich über das Gesetz einfach hinweggesetzt habe und formlose Widerrufsgeschäfte in demselben Maße anerkenne als förmliche, muß dahingestellt bleiben. Begnügt man sich aber auch damit zu sagen, daß vorderhand bloß die „mittelbaren" Widerrufserklärungen in erweiterndem Sinne geklärt werden müssen, so ist es m. E. dennoch ganz unzweifelhaft, daß die Praxis sich in der Richtung der formlosen Widerrufsgeschäfte und nicht bloß in der der formlosen Widerrufshandlungen i. e. S. bewegt[1]. Das vorläufige Resultat dieser Bewegung kann wohl darin gefunden werden, daß die einseitigen Verfügungen von Todes wegen sowohl durch jede Art ebensolcher, als auch durch Erbverträge und sogar durch besonders augenfällige Willensäußerungen des Erblassers auch dann zurückgezogen werden dürfen, wenn diese den Förmlichkeiten der erwähnten Rechtsgeschäfte zwar nicht voll genügen, doch ihnen immerhin nahestehen. Sonstige Rechtshandlungen des Erblassers, welche die Erklärungsurkunde vernichten, verstümmeln oder absichtlich verschwinden lassen[2], führen denselben Erfolg auf nicht rechtsgeschäftlichem Wege herbei.

Daran jedoch, daß von dem hier fraglichen Standpunkte aus bloß Handlungen des Erblassers, nicht aber auch die Vorzeigung der betreffenden Originalurkunde erschwerende oder auch unmöglich machende Ereignisse[3] mit der Wirkung versehen sind, die rechtsgeschäftliche Nachfolge von Todes wegen zu beeinflussen, muß — allerdings innerhalb der Grenzen, welche die Beweisvorschriften diesem Satze ziehen — festgehalten werden[4].

2. Gemeinsame Testamente der Ehegatten unterstehen bezüglich ihres Widerrufes den bisher entwickelten Grundsätzen nur dann, wenn sie keine korrespektive, d. h. miteinander eng verknüpfte und gegenseitig als eine Art Entgelt zu betrachtende Verfügung enthalten. Ist dies hingegen der Fall, so sind zwei Möglichkeiten vorhanden. Entweder haben die Eheleute durch die Errichtung des gemeinsamen Testamentes oder der voneinander diesbezüglich unabhängigen und selbständigen einzelnen[5] Verfügungen desselben ausdrücklich[6] oder stillschweigend[7] auf das Recht des Widerrufs verzichtet, dann liegt ein Erbvertrag vor[8]. Im ent-

---

testamentarischen Form, sondern auch ohne Förmlichkeiten durch Zerreißen aufgehoben werden."

[1]) S. besonders den in Anmerkung 7 S. 275 angerufenen Fall, welcher die Absicht des Erblassers hervorhebt.

[2]) S. Anmerkung 7 S. 275.

[3]) Verlust oder zufälliger Untergang des Schriftstückes, Mji Dt IV 230, F. 150 II daselbst X 89 K 1915 RP I 7611.

[4]) Sowohl Form wie auch Inhalt der Verfügung von Todes wegen müssen bewiesen werden, doch kann dies außer bei den mündlichen Verfügungen nur im Prozesse erfolgen. Arg. GA XVI, 1894 §§ 30—33 a contrario.

[5]) Arg. Mji Dt X 337 K 1916 RP I 3418, ferner das. XI 43 K 1916 P I 6706, daselbst 119 K 1916 RP I 6963, daselbst III 137 K 5228, 1908, daselbst II 141 K 2136, 1907 (die beiden letzteren Fälle teilen das Testament in korrespektive und unabhängige Verfügungen).

[6]) Daselbst ferner VI 20 K 2960, 1911.

[7]) Dies ist den Umständen des Einzelfalles zu entnehmen, Nagyvárader Tafel 1841, 1915 I daselbst V 89 K 4984, 1910.

[8]) So Mji Dt X 92 K 1915 RP VII 2625, daselbst X 337 K 1916 RP I 3418, Mji Dt II 237 K 5251, 1907 VII.

gegengesetzten Falle aber verbleibt das Widerrufsrecht des Erblassers trotz der Gemeinsamkeit des Testamentes bis zu dem Tode des anderen Erblassers aufrecht und wird nur durch den letzteren beendigt, was — der Praxis nach — ebenfalls auf eine quasi erbvertragliche Grundlage zurückzuführen ist [1]).

3. Erbverträge und zwar sowohl die einseitigen, die bloß für den Tod des einen Vertragschließenden und in dem Interesse des anderen vorsorgen [2]), als auch die zweiseitigen, welche dies in dem Interesse beider und für den Fall der Nachfolge von Todes wegen nach beiden tun, können rechtsgeschäftlich durch Verfügungen von Todeswegen oder selbst durch unentgeltliche Zuwendungen unter Lebenden [3]) ohne den Willen der Gegenpartei nicht geändert werden. Dies schließt jedoch bloß ein selbständiges Änderungsrecht aus, ohne zugleich das Geltendmachen der dem Erblasser kraft Gesetzes zustehenden Ausschließungsgründe zu verhindern. Verwirklicht daher der bedachte Vertragschließende einen Erbunwürdigkeitsgrund [4]), so fällt dem anderen mit dem Rechte der Enterbung zugleich auch das demselben innewohnende der Verringerung des Erbanteiles auf die Höhe des Pflichtteiles oder das einer zuungunsten des Erbunwürdigen vorzunehmenden anderen Änderung des Erbvertrages zu.

4. Handelt es sich um einen Widerruf des Widerrufs und hierdurch um ein Wiederaufleben einer früheren Verfügung von Todes wegen, so gelten für dieselbe die soeben für den Widerruf selbst entwickelten Grundsätze, doch muß der Erblasser darauf achten, daß die ihre Kraft wieder erlangende Verfügung noch mit den formellen [5]) und materiellen Voraussetzungen versehen sei, die eine rechtsgeschäftliche Nachfolge von Todes wegen ermöglichen.

5. Teilweise Änderungen der Verfügungen von Todes wegen sind auch in dem Sinne möglich, daß einzelne Bestimmungen des früheren Testamentes oder Erbvertrages — wenn die materielle Möglichkeit einer derartigen Änderung gegeben ist — durch andere, abweichende, abgelöst werden (Kodizil). Die Förmlichkeiten sowie die materiellen Voraussetzungen solcher Kodizile sind die gleichen wie die der Errichtung der Verfügungen von Todes wegen. Selbstverständlich können hierbei die verschiedenen Formarten miteinander abwechseln [6]).

---

[1]) Die Annahme der Verfügungen von Todes wegen während der Nachlaßverhandlung wird darin erklärt, daß der überlebende Ehegatte die Gegenseitigkeit des gemeinsamen Testamentes anerkannte, Mji Dt VIII 183 K 2288, 1913 V 191 K 5207 ex 1907. Die Praxis läßt es hier außer acht, daß der Erbvertrag ein förmliches Rechtsgeschäft ist, das nicht durch konkludente Tatsachen errichtet werden kann.

[2]) Mji Dt II 189 K 2097, 1907 erkennt diese ausdrücklich an.

[3]) Arg. Mji Dt IX 156 K 6173, 1914. Daselbst V 20 K 4397, 1910, daselbst VI 87 K 3499, 1911 usw.

[4]) Arg. bezüglich der Erbunwürdigkeit, Mji Dt VI 87 K 3449, 1911. Dasselbe gilt für einen Akt des groben Undankes, wobei die Unentgeltlichkeit des Erbvertrages eine Rolle spielt, Mji Dt VI 87 K 3449, 1911.

[5]) Dies ist laut der ausdrücklichen Verfügung des Gesetzes nicht der Fall, wenn das bei dem öffentlichen Notar hinterlegte Testament, welches nur durch die Hinterlegung die gesetzlich erforderte Form erhielt, FG § 25, von dem Notar zurückgenommen wurde.

[6]) Dies folgt aus dem Grundsatze der grundsätzlichen Gleichheit der einzelnen

Die Frage, inwieweit ein oder mehrere Kodizile den Inhalt einer früheren Verfügung von Todes wegen berühren, ist nach den Grundsätzen der Auslegung der Verfügungen von Todes wegen zu behandeln [1]).

§ 4. Tatbestandsfehler der Verfügungen von Todes wegen.

1. Die Verfügungen von Todes wegen sind ihrem Hauptinhalte nach unentgeltliche Zuwendungen [2]), unterstehen daher auch hinsichtlich ihrer Tatbestandsfehler den hierüber in dem allgemeinen Teile entwickelten Grundsätzen [3]).

W i l l e n s f e h l e r der Verfügungen von Todes wegen sind besonders der Irrtum im Beweggrunde — etwa der hinsichtlich des Daseins eines Pflichtteilserben [4]) —, der Irrtum betreffs der Zugehörigkeit des Gegenstandes der Verfügung zu dem Vermögensbereich des Erblassers [5]), der seelische Zwang [6]), deren Tatbestand und Folgen alle nach denen der unentgeltlichen Zuwendungen zu beurteilen sind.

Zu bemerken ist jedoch, daß die Praxis die Verfügungen von Todes wegen — soweit sich aus deren Inhalt nicht augenscheinlich das Gegenteil ergibt, — durchaus als z u s a m m e n g e s e t z t e, d. h. grundsätzlich als mehrere voneinander abteilbare Bestimmungen enthaltende Rechtsgeschäfte betrachtet, daher die Tatbestandsfehler und deren Folgen, wenn nur irgendwie möglich, bloß auf die durch den Fehler unmittelbar berührte e i n z e l n e Bestimmung beschränkt [7]).

In bezug auf die Förmlichkeitsfehler ist dieser Grundsatz dem FG zu entnehmen [8]), hinsichtlich der übrigen kommt er bald offen [9]), bald etwas verdeckt dadurch zum Ausdruck, daß sowohl betreffs der den Fehler des

---

Formen der Verfügungen von Todes wegen, trotzdem aus den §§ 14, 20, 26 FG eigentlich auch das Gegenteil gefolgert werden könnte.

[1]) S. weiter S. 282.

[2]) Auch die Erbverträge gelten Dritten gegenüber als unentgeltliche Zuwendungen.

[3]) S. dort S. 130 ff.

[4]) Mji Dt IV 123, F. 87 daselbst II 288 K 141, 1907 erhärtet es, daß die gemeinsamen Testamente sowie die Erbverträge hinsichtlich der Tatbestandsfehler gleichen Grundsätzen huldigen. Der Irrtum muß nicht, kann aber durch den Bedachten hervorgerufen sein. Er genügt auch schon dann, wenn er den Erblasser zu der berechtigten Erwartung führte, daß der Bedachte gleichzeitig seinen letzten Willen auch zugunsten des Erblassers aufsetzen werde und dies unterließ oder später durch Widerruf gegenstandslos machte, Mji Dt IV 18 F. 7. (Liebesleute setzten zu gleicher Zeit zugunsten des anderen lautende Testamente auf, welches der bedachte Erbe noch zu Lebzeiten des Erblassers ohne Wissen desselben widerrief.)

[5]) *Grill* Dt. III 275 K 6176, 1902. Der Irrtum muß nicht auf den Bedachten zurückführbar sein.

[6]) Krankheit verbunden mit der Entfernung der (langjährigen) Ehegattin desselben und Gegenwart des Bedachten bei der Aufnahme des Testamentes, daselbst 277 K 4361, 1898.

[7]) Oft bei den gemeinsamen Testamenten.

[8]) Vergl. FG §§ 9, 10, 12.

[9]) So nach der ursprünglichen Auffassung JK I § 7 auch betreffs der den Pflichtteil schädigenden Verfügungen von Todes wegen, Mji Dt IV 37 F. 19, spricht den Grundsatz aus, daß die Annahme der günstigen Bestimmungen der Verfügung von Todeswegen keineswegs die Anfechtung anderer, von diesen abteilbarer, hindert.

Rechtsgeschäftes geltend machenden Personen[1]) als auch des vorgebrachten Tatbestandsfehlers streng[2]) an dem festgehalten wird, was dem entscheidenden Gerichte vorgelegt wurde.

Besonders augenfällig ist diese Auffassung bei den Inhaltsfehlern und deren gerichtlicher Geltendmachung ausgeprägt. Erklärt sie es ja allein, daß trotz der in ihr enthaltenen einzelnen ungültigen, verbotenen, gesetzwidrigen, unsittlichen und unmöglichen Bestimmungen die Verfügung als ganze dennoch aufrecht zu verbleiben vermag[3]).

2. Die Arten der Tatbestandsfehler sind bei den Verfügungen von Todes wegen ebenso wie bei den Zuwendungen unter Lebenden Ungültigkeit[4]) (Nichtigkeit, Anfechtbarkeit)[5]) und Unwirksamkeit. Trotzdem ist es aber fraglich, ob in Anbetracht der Förmlichkeit, welche zugunsten der formell entsprechenden Verfügungen eine starke Gültigkeitsvermutung[6]) und hierdurch eine Annäherung der Nichtigkeits- und Anfechtbarkeitsgründe der Verfügungen von Todes wegen bewirkte, die beiden ersteren Fehlerarten noch immer scharf voneinander geschieden werden können. Dies scheint umso zweifelhafter weil die Praxis es einerseits dem Erblasser überläßt, zuungunsten des in der Verfügung Bedachten das Geltendmachen der Tatbestandsfehler überhaupt zu verbieten[7]), andererseits auch den Bedachten und Übergangenen nicht die Möglichkeit entzieht, sowohl nichtige[8]) als auch anfechtbare Verfügungen von Todes wegen in dem Verhältnisse zueinander[9]) als gültig anzuerkennen, wodurch die zwingende Natur der die Wirkung der Verfügung versagenden Vorschrift ganz in den Hintergrund tritt.

3. Das Geltendmachen der Nichtigkeits- und überaus oft[10]) auch das der Unwirksamkeitsgründe erfolgt in der Form der Anfechtung der Verfügung von Todes wegen, weshalb ihre folgenden Besonderheiten auch für die anderen Arten der Tatbestandsfehler gelten müssen.

Von diesen Besonderheiten ist vor allem der Kreis jener Personen zu nennen, denen das Recht zusteht, die Tatbestandsfehler der ihrer Form

---

[1]) Der Fehler muß nur gegenüber (Grill Dt III 273 K 9438, 1896) also m. E. auch nur von den Personen geltend gemacht werden, welche durch die in Frage stehenden Bestimmungen berührt werden.

[2]) Mji Dt X 336 K 1916, PV 2114.

[3]) Die gesetzwidrigen Bestimmungen sind als nicht vorhanden zu betrachten (berühren aber die Gültigkeit der Verfügung selbst nicht). Mji Dt XI 309 K 1917 P I 3400.

[4]) Vergl. Mji Dt VIII 41 K 1913, P VII 5093.

[5]) Vergl. daselbst ferner GA XXVII, 1715 § 3 (fraus et dolosae circumventiones). Die Unwirksamkeit wird aber nicht allzu oft bei ihrem Namen genannt.

[6]) Sie hat zur Folge, daß von seiten des Nachlaßgerichtes dem rechtsgeschäftlichen Nachfolger gegenüber der gesetzliche auf die Geltendmachung der Ungültigkeits- oder Unwirksamkeitsklage verwiesen wird, ferner, daß zwischen den rechtsgeschäftlichen Nachfolgern diesbezüglich die zweiseitige Verfügung vor der einseitigen den Vorzug genießt, GA XVI, 1896 § 85.

[7]) Mji Dt VII S. 220 F. 140 K 4043, 1912 I.

[8]) Daselbst II 5 K 7271, 1906 I. Trotz eines solchen Verbotes darf der Nachfolger von Todes wegen ohne rechtlichen Nachteil dennoch die Echtheit und den Sinn der Verfügung gerichtlich feststellen lassen, bezw. angreifen, Kolozsvárer Tafel 1917 P III 1500 (Mji Dt XII S. 180 F. 136).

[9]) Für den Konkurs gilt anderes, GA XVII, 1881 § 28.

[10]) Die Praxis schwankt bei den Benennungen.

nach bestehenden Verfügungen geltend zu machen. Dieser beschränkt sich auf die durch die angefochtene Bestimmung unmittelbar Berührten[1]), demnach in erster Reihe auf die gesetzlichen Erben, die durch Umstoßung des Testamentes ihr gesetzliches Erbrecht[2]) geltend machen könnten, sodann auf diejenigen rechtsgeschäftlichen Nachfolger von Todes wegen, die ein erbrechtliches Interesse daran haben, daß nicht die angefochtene, sondern etwa eine frühere oder spätere, ihnen günstige Verfügung von Todes wegen Wirksamkeit habe[3]).

Die Frage, ob die Anfechtung ein höchst persönliches Recht der Beteiligten sei oder aber auch von seiten ihrer Nachfolger und besonders ihrer Gläubiger ausgeübt werden könne, ist — wegen der entgegengesetzten Auffassung des Konkursgesetzes, das die Anfechtung des Erbverzichtes dem Massekurator zugesteht[4]) und der 17. Rechtseinheitsentscheidung der königlichen Kurie[5]), die die Anfechtung des Terinmentes behufs Erlangung des von dem Berechtigten nicht einpinorderten Pflichtteiles den Gläubigern des letzteren versagt, — zweifelhaft, doch wohl außerhalb des Konkurses[6]) in dem Sinne der Rechtseinheitsentscheidung zu lösen.

Die Anfechtung ist von dem Tode des Erblassers, und zwar bei den gemeinsamen Testamenten von dem Tode des überlebenden Ehegatten[7]) an innerhalb der Verjährungszeit geltend zu machen. Handelt es sich um einen Erbvertrag, so kann es den Vertragschließenden unmöglich versagt sein, die Anfechtung schon vor dem Tode auch nur eines von ihnen vorzunehmen[8]).

Der Berechtigte kann natürlich auf das Anfechtungsrecht verzichten. In der Annahme eines Erbvergleiches liegt der Praxis nach schon ein Verzicht auf die Anfechtung wegen Formfehler[9]), u. U. sogar auch wegen materieller Anfechtungsgründe[10]).

4. Die Anfechtung führt die Ungültigkeit der Verfügung von Todes wegen nur innerhalb desjenigen Personen- und Tatbestandskreises herbei, gegenüber dem bez. in welchem sie geltend gemacht wurde[11]).

---

[1]) [2]) Mji Dt IX 308 K 1915 RP I 2617.

[3]) So bezüglich eines vertraglichen Erben, Mji. Dt. XI 257 K 1917 P I 2680.

[4]) KG § 28.

[5]) Mji Dt XI S. 209.

[6]) So die Begründung der angeführten REE a. a. O. 214.

[7]) Mji Dt V 292 K 902, 1911.

[8]) Dies ist die Folge dessen, daß der Abschluß des Erbvertrages auch schon vor dem Tode eines der Vertragschließenden selbständige Folgen (Schutz gegen Übertragungen) zeitigt.

[9]) Mji Dt V 21 K 2454, 1910.

[10]) Wegen falscher Voraussetzungen, z. B. wenn der Vergleich mit dem Nacherben deshalb geschlossen wurde, weil der Vorerbe damals noch kinderlos war, später jedoch Nachkommen bekam, wodurch die Bedingung der Nacherbschaft entfiel.

[11]) Den Erben gegenüber, die nicht an dem Anfechtungsprozesse teilnahmen (Mji. Dt. IX 310 K 1915 RP VII, 1948), sowie hinsichtlich der nicht geltend gemachten Anfechtungsgründe (arg. Mji Dt II 5 K 7271, 1906 und II 90 K 782, 1907, XII, S. 136, F. 108, Kolozsvárer Tafel 1917 P III 1500) tritt keine Ungültigkeit ein.

§ 5. Willensbeschränkungen der Verfügungen von Todes wegen.

1. Der Inhalt der Verfügungen von Todes wegen kann innerhalb der dem Erblasser überhaupt freistehenden [1]) Zone durch Bedingungen und Befristungen beschränkt werden. Die Bestimmung solcher Selbstbeschränkungen ist Tatbestand der Verfügung, hat daher den Förmlichkeiten derselben — wenn auch etwa in einer besonderen Verfügung — zu entsprechen.

Eine Ausnahme bilden bloß die den Umständen des Falles [2]) und besonders den vermeintlichen oder wahren Rechtsverhältnissen des Erblassers und des Rechtsnachfolgers entstammenden und in die Verfügung von Todes wegen durch Auslegung hineinverstandenen — wenn man so will — „gesetzlichen" Bedingungen, welche trotz des Fehlens einer förmlichen Selbstbeschränkung dennoch bald eine Anfechtung der Verfügung, bald wieder eine Erstarkung der letzteren herbeizuführen vermögen.

Zu der Anfechtung der letzwilligen Verfügung führt z. B. die fälschliche Annahme des Erblassers, daß er außer den ihm bekannten keine andere erbberechtigten Abkömmlinge besitze [3]). In der Zulassung dieser Anfechtung liegt der Gedanke verborgen, daß die Erbeinsetzung, bezw. das Vermächtnis unter der auflösenden Bedingung des Nichtdaseins von Abkömmlingen erfolgt sei.

Eine Erstarkung der letztwilligen Verfügung tritt ein, wenn es klar wird, daß die bis zu dem Tode des Erblassers tatsächlich bestandene [4]) Ehe bloß eine vermeintliche gewesen war. Dieser Umstand müßte nach dem Ehg die letztwillige Verfügung des vermeintlichen Ehegatten ihrer Kraft berauben, doch kann der Praxis der gesetzlichen [5]) Erbfolge immerhin der Grundsatz entnommen werden, daß die Geltung einer derartigen Verfügung von Todes wegen bloß von einer gutgläubigen, bis zu dem Tode des Erblassers fortgesetzten ehelichen Lebensgemeinschaft bedingt, nicht aber auf die Voraussetzung einer gültigen Ehe gebaut sei [6]).

2. Als Bedingung und Befristung kann in den Verfügungen von Todes wegen jede Tatsache festgelegt werden, welche hierzu auch bei den übrigen Rechtsgeschäften geeignet ist. Ja, da es sich hier um eine unentgeltliche und von der Gesetzgebung bevorzugte Art der Zuwendungen handelt, muß dieser Satz sogar noch in zwei Richtungen erweitert werden. Einmal macht dies die aus der schon erwähnten Teilbarkeit der Verfügungen von Todes wegen zu erklärende Absonderung der einzelnen Bestimmung voneineinander nötig. Diese verursacht nämlich eine völlige Außerachtlassung der unerlaubten Bedingungen dort, wo es sich um die Gültigkeit der ganzen

---

[1]) Der Pflichtteil darf durch dieselben nicht berührt werden. S. weiter S. 314.

[2]) Hier hat die Auslegung nicht formeller Tatsachen festzustellen, ob die äußerlich unbestimmte Vorschrift tatsächlich bedingungsweise erfolgt war, z. B. bezüglich gemeinsamer Testamente, Mji Dt IX 314. Nagyvárader Tafel 1845, 1915 I (Gegenseitigkeit wird aus der späteren Annahme von seiten des überlebenden Ehegatten gefolgert.)

[3]) Mji Dt IV 123. F. 87. *Grill* Dt I 1 K 7487, 1889.

[4]) S. das bei dem gesetzlichen Erbrechte der vermeintlichen Ehegatten S. 258 ff. Gesagte und die dort angeführten Fälle.

[5]) S. a. a. O.

[6]) Es geht nicht an, die gesetzliche Erbfolge in dem Sinne aufzufassen, wie es die Praxis tut und einer rechtsgeschäftlichen Verfügung von Todes wegen eine entsprechende Deutung zu versagen.

mehrere Bestimmungen enthaltenden Verfügung handelt [1]. Sodann werden aber die unerlaubten, gesetzwidrigen, unsittlichen und unmöglichen Bedingungen auch innerhalb e i n e r u n t e i l b a r e n Bestimmung — wenn es nur irgend angeht — ganz außer acht gelassen und als nicht bestehend betrachtet [2].

Endlich gelangt das Bestreben, die Verfügungen von Todes wegen zu stützen, auch darin zu Worte, daß die Zulässigkeit der Bedingungen gewissen Inhaltes — etwa des Beharrens oder des Wechselns der Religion des Nachfolgers [3] — nicht nach allgemeinen, grundsätzlichen Regeln, sondern mit einer sonst ganz seltenen minutiösen Würdigung des einzelnen Falles, meist in dem Sinne des Bestehens der letztwilligen Verfügung, entschieden werden.

3. Besonders wichtig sind von dem hier in Frage stehenden Standpunkte aus die potestativen Bedingungen, über die der Praxis bisher in zweifacher Hinsicht Andeutungen zu entnehmen sind.

Vor allem ist wohl die schon während der Lebenszeit des Erblassers erfolgte und durch den Nachfolger hervorgerufene Unmöglichkeit der Erfüllung einer aufschiebenden Bedingung als Hinderungsgrund der Erbfolge anzusehen [4].

Sodann muß auch die eine Unterlassung des Nachfolgers von Todes wegen enthaltende a u f s c h i'e b e n d e Bedingung in eine die Übertretung des Unterlassungsgebotes enthaltende a u f l ö s e n d e umgedeutet [5] werden.

3. Im übrigen kann auf die allgemeinen Grundsätze der rechtsgeschäftlichen Willensbeschränkungen verwiesen werden [6]. Dies gilt jedoch nur insoweit, als die Selbstbeschränkung des Erblassers keinen derartigen Inhalt hat, welcher ihm selbst zukommende Entschlüsse Dritten überläßt.[7]

§ 6. Auslegung der Verfügung von Todes wegen.

1. Die Auslegung der Verfügungen von Todes wegen ist eine solche u n e n t g e l t l i c h e r Z u w e n d u n g e n , demzufolge in dem Sinne der letzteren zu handhaben [8].

---

[1]) Vergl. EUG § 1713.

[2]) Arg. Mji Dt XI K S. 309, F. 216, 1917 P I 3400, welche Entscheidung sowohl für die unbedingten als auch für die bedingten Bestimmungen gelten muß.

[3]) *Grill* Dt III 286 K 8545, 1895, ebenso die auflösende Bedingung der Heirat mit einer andersgläubigen oder einer Person anderer Nationalität K 1918 P II 3839 (Mji Dt XIII S. 33, F 26). Anders EUG § 1612.

[4]) Diesen Grundsatz entnehme ich eadem ratione der Entscheidung Mji Dt VI 199 K 1699, 1912 (Wegbleiben der Nachfolge wegen — mit Hilfe des als Nachfolger Eingesetzten — erfolgten früheren Verkaufes des Grundstückes des Erblassers), vergl. EUG § 1614. (Der letztere freilich die frühere Verwirklichung der Bedingung betreffend.)

[5]) Vergl. EUG § 1613; K 7969, 1890 (*Staud* S. 506 doch nicht zu entnehmen, ob es sich um einen erbrechtlichen Vertrag handelte, allenfalls gilt der Grundsatz auch für die übrigen Verfügungen von Todes wegen).

[6]) Siehe Rechtsgeschäfte § 13, S. 142 ff.

[7]) Die Praxis kommt aber auch hier zu immer freieren Ergebnissen. So wurde ein Testament als gültig anerkannt, welches der Mutter mehrerer Erben die Wahl ließ, die Teilung der Erbschaft zwischen ihren Kindern nach eigenem Gutdünken vorzunehmen, Mji Dt XI 309 K 1917 P I 3400.

[8]) S. das hierüber im allgemeinen Teile S. 146—147 Gesagte.

Immerhin kann dies bloß als ganz allgemeiner, ergänzender Grundsatz gelten, da die Gleichheit der häufig wiederkehrenden Fragen hier auch besondere Auslegungsregeln geschaffen hat, die kaum in einem neueren Gesetzbuche und gewiß in keiner modernen Praxis fehlen.

Allerdings pflegt man diese bei den Grundsätzen der Auslegung nicht vollständig aufzuzählen da sie ja sonst wohl den größten Teil der Lehre der Erben-, Nacherben- und Ersatzerbeneinsetzung[1]) sowie des Vermächtnises und Nachvermächtnisses sozusagen ganz überflüsseig machen würden[2]). Einige von ihnen sind aber nicht gut zu umgehen.

2. Die Form der Verfügung muß den Errichtungstatsachen gemäß ausgelegt werden [3]). Eine Konversion der einen Formart in die andere, also eine freiere Auslegung der Formen ist nur dann gestattet. wenn den Anforderungen der in zweiter Reihe erstrebten Form in allem bewußt entsprochen wurde [4]).

Eine inhaltliche Ergänzung der Verfügung von Todes wegen kann, von den schon erwähnten[5]) Ausnahmen abgesehen, nur Urkunden, und zwar nur solchen Urkunden entnommen werden, welche den Förmlichkeiten der Verfügungen von Todes wegen Genüge leisten [6]). Dies gilt besonders für den Fall, wenn der noch fehlende oder lückenhafte Sinn der Bestimmung aus einer anderen Urkunde entnommen werden soll [7]). Ist jedoch dieser schon aus der ursprünglichen Verfügung insoweit zu erkennen, als die Zuwendung auch kraft der letzteren allein stattfinden kann, so steht dem, daß einzelne unerhebliche Zweifel anderen, nicht förmlichen Urkunden [8]) oder sogar ganz formlosen Handlungen und Unterlassungen des Erblassers entnommen werden [9]), nichts entgegen.

3. Die wichtigsten Auslegungsfragen betreffen die Person des Nachfolgers und die Bestimmung der Art, des Inhaltes, sowie des Gegenstandes der Nachfolge selbst.

Hier gilt der Grundsatz, daß die von dem Erblasser gebrauchten Ausdrücke in ihrem gewöhnlichen Sinne, doch möglichst so erklärt werden, daß der wahre Wille des Erblassers zur Geltung komme und das von ihm erstrebte Ziel erreicht werde.[10]) Ist in der Verfügung eine Belastung des Gesamtnachfolgers enthalten, so hat man diese im Zweifel zugunsten desselben zu erklären [11]). Hinsichtlich der potestativen Bedingungen gilt das schon oben [12]) Ausgeführte. Von dem Standpunkte der Auslegung sind

---

[1]) Besonders das Verhältnis zwischen Ersatz- und Nacherbeneinsetzung ist größtenteils Auslegungsfrage.

[2]) Dasselbe gilt auch für das Verhältnis zwischen Ersatz- und Nachvermächtnis.

[3]) Doch enthält hier die meisten Auslegungsregeln das FG. S. das über die Formvorschriften Gesagte. S. auch folgende Anmerkung.

[4]) Arg. FG §§ 18, 19.

[5]) Vergl. das über die gesetzlichen Bedingungen der Verfügungen von Todes wegen in dem vorigen § Ausgeführte. Eine neue mündliche Verfügung von Todes wegen kann aber die alte selbstverständlich ergänzen.

[6]) FG §§ 12, 16, 21.

[7]) Arg. FG § 12.

[8]) S. a. a. O. letzter Satz.

[9]) S. das hierüber bei den förmlichen Geschäften S. 120 Gesagte.

[10]) Mji Dt I 326 K 272, 1906.

[11]) Mji Dt IV 297, F. 187.

[12]) Siehe S. 282 Punkt 3.

die einzelnen Bestimmungen der Verfügungen — wo dies die Umstände nicht ausschließen [1]), ebenfalls getrennt zu beurteilen. Ungesetzliche, unsittliche, unmögliche Bestimmungen beeinflussen also grundsätzlich weder die Gültigkeit noch den Sinn der übrigen [2]).

4. Ist die Person des Erben, bezw. des Nachfolgers von Todes wegen nicht namentlich, sondern ihren Eigenschaften nach unzweifelhaft [3]) angeführt, was durchaus zulässig erscheint, so muß der Auslegung das Verhältnis des Erblassers und des Nachfolgers zugrunde gelegt werden [4]). Fehlt ein solches, so ist eher von einer engeren als von einer weiteren Auslegung auszugehen [5]). Ist die Eigenschaft, welche in der Verfügung enthalten war, keine dauernde, so muß die zur Zeit des Erbanfalles bestehende in Betracht gezogen werden [6]).

5. Die Art der Nachfolge ist dem Sinne, nicht aber dem Wortlaute der Verfügung zu entnehmen. Besonders wichtig wird dies bei der Unterscheidung des Erben und Vermächtnisnehmers einerseits, bei der des Vorberechtigten, Nachberechtigten und Ersatzberechtigten andererseits [7]).

6. Der Inhalt der Nachfolge wird besonders dann zweifelhaft, wenn der unmittelbar Bedachte nicht nach Bruchteilen des Vermögens, sondern nach Vermögensstücken ernannt wurde und es zweifelhaft erscheint, ob er als Erbe oder als Vermächtnisnehmer zu betrachten ist [8]), ferner, wenn das Anwachsungsrecht der gemeinsam Bedachten in Frage steht [9]). Die Entscheidung muß den Umständen des Falles Rechnung tragen; allgemeine Grundsätze hierbei sind wohl in manchen Lehrbüchern enthalten, scheinen jedoch mehr oder minder willkürlich.

7. Der Gegenstand der Bestimmung erheischt des öfteren Auslegung dann, wenn der Erblasser sein Vermögen nicht den ein-

---

[1]) So z. B, wenn die Gegenpartei das gemeinsame Testament im Ganzen angenommen hatte, Mji Dt IX 314 Nagyvárader Tafel 1845, 1915, oder wenn das Hauptaugenmerk der gemeinsamen Erblasser auf eine Hauptbestimmung (etwa eine Stiftung, das. II 237 K 5251, 1907) gerichtet war und alle anderen Bestimmungen dieser unterordnet wurden.

[2]) Hier gilt auch, daß die fehlerlosen Bestimmungen selbständig zu erklären sind, Mji. Dt. XI 309 K 1917 P I 3400 (gesetzeswidrige Verfügungen werden in ihren fehlerhaften Teilen als nicht bestehend betrachtet) gilt eben auch von dem Standpunkte der Auslegung.

[3]) „Meine Geschwister", Mji. Dt. II 299 K 7482, 1907.

[4]) Kinder = alle Abkömmlinge des Erblassers, also wenn es nottut, auch die Abkömmlinge des ausfallenden unmittelbaren Abkömmlings, Mji Dt X 150 K 1915 P I 9099, daselbst S. 334 K 1916, RP I 2140 (nicht aber auch die Abkömmlinge der an Kindes Statt Angenommenen), ferner (K 1918 P I 2301 Mji Dt XII S. 230 F. 169) betreffs der Abkömmlinge (daselbst S. 228 F. 168) K 1918 P I 2262 Kinder eines Dritten sind bloß dessen Abkömmlinge ersten Grades, Mji Dt VIII 157 K 408 1914 P I usw.

[5]) Vergl. EUG § 1608.

[6]) z. B. „meiner Pflegerin" (*Grill* Dt III 282 K 2262, 1899).

[7]) So erklärte K II 299 K 7482, 1907 die Bestimmung, nach der die Geschwister des Erblassers „in dem Falle des eventuellen Todes meiner Kinder" erben sollen, nicht als einfache Nacherbeneinsetzung, sondern als auf Trip. III 30 beruhende substitutio pupillaris.

[8]) Vergl. Mji Dt III 173 K 3916, 1908.

[9]) Vergl. daselbst und Mji Dt VI 191 K 5591, 1911.

zelnen Gegenständen und Werten nach aufzählt [1]), sondern nach den Eigenschaften derselben gruppiert.

Wird in dieser Weise Grundeigentum und Fahrnis einander gegenübergestellt, so sind wohl die gebuchten Rechte dem ersteren zuzuzählen [2]). Ist Grundeigentum als der Gegensatz des Bargeldvermögens gedacht, so hat man dem letzteren im Zweifel auch die Wertpapiere und besonders die Sparkasseneinlagebücher anzureihen [3]). Hingegen gelten diese, sofern eine entgegengesetzte Absicht des Erblassers nicht nachzuweisen ist, nicht als Wertpapiere, wenn die letztwillige Verfügung zwischen Wertpapieren, Aktien und dem übrigen Vermögen schlechthin unterschied, welchem in diesem Falle auch die einfachen Schuldbriefe angehören [5]).

8. Die Auslegung der Verfügungen von Todes wegen unterscheidet sich auch dadurch von der anderer Rechtsgeschäfte, daß bei den letzteren gewöhnlich der bei dem Abschlusse des Geschäftes vorhandene Wille der geschäftsschließenden Parteien gesucht und ermittelt wird, während bei den letztwilligen Verfügungen oft auch der zur Zeit des Erbanfalles vorhandene in Betracht kommt. Dies wäre bei den Testamenten nicht weiter zu verwundern, da bei ihnen ja der ihn verpflichtende rechtsgeschäftliche Tatbestand erst mit dem Tode des Erblassers zum Abschlusse kommt. Doch kann man auch dieselbe Erscheinung bei der Umwandlung der gemeinsamen Testamente in eine Art Erbverträge beachten [6]), wo sie schon etwas befremdlicher wirkt.

§ 7. Inhalt der Einzeltestamente.

1. Die Einzeltestamente sind die Grundform aller Verfügungen von Todes wegen. Soweit daher für eine bestimmte Art von ihnen keine besonderen Grundsätze gelten, ist bezüglich des zulässigen Inhaltes auf die Einzeltestamente zurückzugehen [7]).

2. Der Hauptinhalt der Einzeltestamente betrifft die Zuwendung von Todes wegen. Die Arten der letzteren: die Erbeinsetzung, die Einsetzung des Ersatz- und Nacherben [8]), die Bestimmung der Vermächtnisse, der Vermächtnisnehmer, Ersatz- und Nachvermächtnisnehmer sowie die Verringerung der Zuwendungen durch Auflagen, welche weiter ausführlich behandelt werden, bilden daher den Kern der testamentarischen Verfügungen. Immer jedoch bloß in dem Sinne, daß sie weder einzeln noch in ihrer Gesamtheit als ausschließliche Kennzeichen der

---

[1]) Dies birgt die Gefahr in sich, daß einzelne weggelassen werden und so den gesetzlichen Erben zukommen.

[2]) Arg. die gemeinsamen Erwerbsgeschäfte derselben. S. das hierüber im Sachenrechte Gesagte.

[3]) Mji Dt IX 154 K 1914 P I 4647.

[4]) Einer ähnlichen Auffassung entstammt auch Mji Dt VII S. 362, F. 224 wo die Kurie bei Verfügungen über das ganze Vermögen die Sparkassenbücher dem Fahrnisvermögen zuteilte.

[5]) Mji Dt XI 298 K 1917 P I 1547.

[6]) So besonders Mji Dt II S. 237 F. 132, K 5251, 1907 usw.

[7]) Äußerlich kommt dies in dem FG dadurch zum Ausdruck, daß den Einzeltestamenten bloß je ein § gewidmet ist.

[8]) GA XXVII, 1715 § 4 betont jedoch, daß dies keineswegs ein Kriterium der Einzeltestamente sei.

Testamente angesehen werden dürfen. Liegt daher ein Testament vor, so enthalten zwar dessen wirksame Zuwendungen eine der soeben angeführten Arten, es bleibt jedoch dem Erblasser noch immer freigestellt, welche und wie er dieselbe anwenden will [1].

3. Neben diesem Hauptinhalte kann das Testament noch andere Nebenbestimmungen enthalten, welche in den Quellen einzeln aufgezählt werden. So die Ausschließung gewisser Personen von der Erbfolge [2], die Ernennung eines Vormundes für den minderjährigen Abkömmling [3], die eines Testamentvollstreckers und Nachlaßverwalters [4].

4. Endlich muß man auch die Zulässigkeit jener anderen nicht erbrechtlichen rechtsgeschäftlichen Erklärungen behaupten, die als einseitige nicht an eine gewisse Person zu richtende Rechtsgeschäfte auch sonst anerkannt sind [5].

Sonstige Bestimmungen der Einzeltestamente sind mehr oder minder ohne rechtliche Bedeutung [6].

§ 8. Die Erbeinsetzung.

1. Unter Erbeinsetzung versteht man die Bestimmung eines Gesamtnachfolgers von Todes wegen.

Sie kann unmittelbar dadurch erfolgen, daß der Erblasser den Erben namentlich bezeichnet, doch ist dies keineswegs notwendig: eine Eigenschaft, ein Verwandtschaftsgrad [7], eine Anstellung [8], ja sogar eine Tätigkeit [9] des Erben genügen, wenn sie nur über die Identität desselben keinen Zweifel übrig lassen. Eine mittelbare Erbeinsetzung ist aber ebenfalls von dem Erblasser vorzunehmen, eine dritte Person kann mit der Bestimmung des Erben nicht beauftragt werden [10].

2. Wie die Bezeichnung des Erben, so kann die Bestimmung der Art der Nachfolge ebenfalls auch mittelbar erfolgen. Unmittelbar ist die Erbeinsetzung von diesem Standpunkte aus, wenn die Nachfolge ausdrücklich zu dem ganzen Vermögen des Erblassers oder zu einem gewissen Bruchteil desselben in Beziehung gebracht wird [11]. Mittelbar hingegen dann, wenn äußerlich nur eine Nachfolge in gewissen Gegenständen

[1] Da die möglichen Arten dieser Zuwendungen demnach gesetzlich festgelegt sind, müssen das Testament sowie überhaupt alle Verfügungen von Todes wegen als erlaubte Rechtsgeschäfte betrachtet werden.

[2] Enterbung der Pflichtteilsberechtigten JKK I § 7.

[3] GA XX 1877 § 34.

[4] *Grill* Dt III 292 K 2079, 1887.

[5] Dies folgt daraus, daß das Testament ebenfalls ein einseitiges Rechtsgeschäft ist.

[6] Sie können es aber u. U. sein. Z. B. die Ausschließung des Anwachsungsrechtes hinsichtlich gewisser Bedachter usw. Gefühlsergüsse des Erblassers (z. B. der Wunsch, daß der Erbe eine gewisse Person heiraten solle, *Grill* Dt III 271 K 4112, 1898) bleiben, solange sie keine Bedingungen enthalten, ohne Einfluß.

[7] Z. B. „die Kinder des X.", Mji Dt VIII S. 157, F. 123, K 1914 P I 408.

[8] „Meine Pflegerin", *Grill* Dt III 292 K 2262/2899.

[9] Etwa mein Zimmermaler usw.

[10] Arg. GA XXVII, 1715 § 4, welcher davon schweigt. Anders EUG § 1631.

[11] Dies muß aber keineswegs in streng mathematischen und juristischen Ausdrücken erfolgen. Die Bestimmung der Nachfolge über „mein Haus und das andere" bedeutet Gesamt- und nicht Einzelnachfolge (S. den in Anmerkung 8) angeführten Fall).

und einzelnen Vermögenswerten bestimmt wird, jedoch aus dem Inhalte der Verfügung unzweifelhaft hervorgeht, daß der Erblasser dennoch eine Erbeinsetzung wollte [1]. Hier wird es erst durch Auslegung klar, ob Einzel- oder Gesamtnachfolge von Todes wegen eingetreten ist [2].

3. Der Umfang [3] der Erbeinsetzung ist dem Testamente zu entnehmen [4]. Verfügt das letztere bloß über einen Teil des Nachlasses, so ist es klarzustellen, ob der Erblasser nicht dennoch über das ganze Vermögen verfügen wollte. In diesem Falle tritt ein Anwachsungsrecht der eingesetzten Erben ein [5]. Ist diese Auslegungsfrage zu verneinen, so muß der freie Teil des Nachlasses den gesetzlichen Erben überlassen werden [6]. Dasselbe gilt auch dann, wenn der Anteil des einen eingesetzten Erben frei wird und die Voraussetzungen des Anwachsungsrechtes zugunsten der übrigen nicht vorhanden sind [7].

Verfügt der Erblasser über mehr als sein Vermögen ausmacht, so ist vor allem festzustellen, ob kein Irrtum vorliegt. In dem letzteren Falle geht der Erbe, welcher nachweisbar auf den nicht vorhandenen Teil des Vermögens ernannt wurde, leer aus [8]. Ist eine irrtümliche Erbeinsetzung nicht zu erweisen, so hat verhältnismäßige Beschränkung der gesamten Erbteile stattzufinden [9].

4. Die Erbeinsetzung kann sowohl unter einer aufschiebenden [10] als auch unter einer auflösenden [11] Bedingung, ferner unter einer Anfangs- oder Endfrist [12] erfolgen. Hier gilt durchaus das bei der Auslegung Angedeutete. Die bedingte oder mit einer Befristung versehene Erbeinsetzung führt bei Eintritt der auflösenden Bedingung, bezw. der Endfrist, sowie während der Schwebezeit der aufschiebenden Bedingung, bez. vor dem Beginn der Anfangsfrist zu einer Vor- und Nacherbschaft, worüber noch mehr zu sagen ist.

5. Sind die Erben unmittelbar auf Bruchteile des Nachlasses ernannt und ist es klar, daß der Erblasser über das ganze Vermögen verfügen wollte [13], so kann es noch immer fraglich bleiben, was mit einem frei werden-

---

[1] Er verfügt z. B. über sein Grundeigentum und sein Barvermögen, Mji Dt IX S. 154 K 1914 P I 4647 usw.

[2] So bestimmte K durch Auslegung, daß nicht Vermächtnis, sondern Erbeinsetzung vorlag, *Grill* Dt III 288 K 6819, 1903.

[3] [4] Bei Erbeinsetzung nach Vermögensstücken und Werten ist hinsichtlich der Haftung der Wert des ererbten Gutes maßgebend.

[5] S. weiter Punkt 5.

[6] So Mji Dt XI 116 K 1916 P I 7429.

[7] S. den soeben angeführten Fall, bei dem ein Erbteil wegen der Verwandtschaft eines Zeugen mit dem Erben auf Grund § 9 FG frei wurde.

[8] So bezüglich des auf gewisse Gegenstände ernannten Erben, Mji. Dt III 173 K 3916, 1908 (in dem Falle, wenn der betreffende Gegenstand nicht vorhanden ist), dasselbe muß eadem ratione auch hier gelten.

[9] Vergl. EUG § 1627 Abs. 2.

[10] „Meine Erbin sei jene meiner Stieftöchter, die mich bis zu meinem Tode pflegen wird", *Grill* Dt. III 285 K 2946, 1890.

[11] „Sollte der Erbe einen Religionswechsel vornehmen, so kommt das den Pflichtteil übersteigende Erbteil dem ungarischen Staate zu." *Grill* Dt III 288 K 8545, 1891. Ähnlich Mji Dt Bd. XIII, S. 33, F. 26 K 1918 P II 3839.

[12] Dies folgt aus der Zulässigkeit der Bedingungen.

[13] Sonst kommt der freie Teil den gesetzlichen Erben zu, Mji Dt XI 116 K 1916 P I 7429.

den Erbteil zu geschehen habe. Dies ist dann der Fall, wenn der Erbteil wegen eines teilweisen Formfehlers, wegen eines Hinderungsgrundes [2]), wegen des Fehlens einer materiellen Voraussetzung des Erbanfalles [3]) oder wegen Ausschlagung der Erbschaft von seiten eines eingesetzten Erben [4]) dem letzteren oder seinen Nachfolgern nicht zukommen kann.

Hier gilt der Grundsatz, daß vor allem klarzustellen ist, ob der Erblasser den ernannten Erben den ganzen Nachlaß oder aber jedem derselben eben n u r den Anteil zukommen lassen wollte, welchen er ihm in der Verfügung ausdrücklich vermachte [5]). Gelangt man zu dem letzteren Ergebnis, so ist für das Anwachsungsrecht kein Raum. Sonst aber und zwar ganz gleichgültig, ob die Erbteile unmittelbar bestimmt waren [6]), ferner ob sie gleich oder ungleich sind [7]), kommt das A n w a c h s u n g s r e c h t zur Geltung.

Das letztere besteht darin, daß der freigewordene Erbteil eines rechtsgeschäftlichen Erben [8]) verhältnismäßig, d. h. den ihnen schon bestimmten Teilen gemäß den übrigen rechtsgeschäftlichen Erben zugute kommt [9]).

Das Anwachsungsrecht vergrößert den Erbteil aller rechtsgeschäftlichen Gesamtnachfolger [10]). Wurden jedoch mehrere auf einen b e s t i m m t e n Teil des Nachlasses von den übrigen Bedachten a b g e s o n d e r t [11]) berufen, so tritt vor allem das Anwachsungsrecht der auf denselben Nachlaßteil gemeinsam berufenen Miterben in Kraft [12]).

Das Anwachsungsrecht ist ebenso der Verfügung des Erblassers unterworfen, wie die letztwillige Bestimmung selbst. Es kann daher in der Verfügung von Todes wegen auch ausgeschlossen werden [13]). Wird es ausgeübt, so vereinigt es den ursprünglichen und den angewachsenen Erbteil organisch. Die Haftung [14]) sowie die der Anwachsung folgenden auf die Erbschaft bezüglichen Rechtsgeschäfte erstrecken sich daher auch auf den angewachsenen Teil [15]). Hinsichtlich der der Anwachsung vorangehenden

---

[1]) S. den angeführten Fall, in welchem ein Teil wegen Verwandtschaft des Zeugen mit dem einen Erben nicht ausgefolgt werden konnte.

[2]) Unwürdigkeit.

[3]) Früherer Tod des Erben, vorausgesetzt, daß dessen Erben nicht an seine Stelle zu kommen haben, was besonders bei Erbeinsetzung von Abkömmlingen stattfindet, Mji Dt X 150 K 1915 P I 9099, daselbst 334 K 1916 P I 2140.

[4]) Mji. Dt. VI 191 K 5591, 1911.

[5]) So z. B. Mji. Dt. XI 116 K 1916 P I 7429.

[6]) So hinsichtlich der auf ein gewisses Vermögen, ohne Bestimmung der Größe des Erbteils, gemeinsam Ernannten, Mji Dt IX 204 K 1914 P VII 6260.

[7]) Mji Dt I 123 K 7343, 1905.

[8]) Bei gesetzlichen Erben vergrößert sich der Erbanteil automatisch.

[9]) Vergl. EUG § 1631.

[10]) Hinsichtlich der Einzelnachfolger später.

[11]) So Mji Dt IV, 383 F. 245,und IX, 204, F. 200, K 1914 P VII 6260.

[12]) Arg Mji Dt XI, 116, K 1916, P I, 7429.

[13]) Bezüglich der gesetzlichen Erben s. *Grill* DT III, 294, K 2579, 1901. Dasselbe muß auch betreffs der rechtsgeschäftlichen gelten. Vergl. EUG § 1631 Absatz 3, 4. Heute kann die Beschränkung, daß der hl. ungarischen Krone kein freiwerdender Erbteil zufalle, auf Grund JKK, welche in I § 18 nur dann das Erbrecht der Krone anerkennt, wenn „weder gesetzliche noch testamentarische Erben e x i s t i e r e n", ebenfalls behauptet werden. Eine einschlägige Praxis konnte ich jedoch nicht auffinden.

[14]) Sowohl den Gläubigern als auch den Mitbedachten gegenüber.

[15]) Die Anwachsung bedeutet eine rein zahlenmäßige Veränderung der Erbteile.

ist es schwer, eine allgemeine Regel zu geben. Es entsteht vielmehr von Fall zu Fall die Frage der Auslegung, ob die Anwachsung dem ursprünglichen Inhalte der Erbschaft ein neues Element anfüge oder nicht [1].

§ 9. Einsetzung von Ersatzerben.

1. Einsetzung des Ersatzerben ist die Bestimmung eines Gesamtnachfolgers für den Fall, daß ein anderer Gesamtnachfolger aus irgendwelchem Grunde die Erbschaft nicht antreten will oder kann [2].

Die ungarische Praxis nennt die Einsetzung des Ersatzerben, wohl noch unter der starken Wirkung des ÖBGB [3], im Gegensatze zu der Einsetzung eines Nacherben, welche als fideikommissarische Substitution bekannt ist [4], gemeine Substitution.

Die Einsetzung eines Ersatzerben geht dem Anwachsungsrechte vor [5].

Da die Praxis hartnäckig daran festhält, daß die Einsetzung des Ersatzerben gemeinsame Kennzeichen mit der eines Nacherben habe, ist vor allem das Verhältnis der beiden klarzustellen.

Sie bilden eigentlich Gegensätze, da die Einsetzung des Ersatzerben für den Fall bestimmt ist, daß der an erster Stelle genannte Erbe nicht Nachfolger des Erblassers wurde [6], die eines Nacherben hingegen das Gegenteil voraussetzt. Die Praxis betrachtet aber die Nacherbeneinsetzung als eine Mehrbegünstigung des in zweiter Stelle Bedachten, demzufolge nimmt sie im Zweifel an, daß eine Ersatz- und keine Nacherbeneinsetzung vorliege [7], und gegebenen Falles wohl auch, daß die Nacherbeneinsetzung die Ernennung eines Ersatzerben in sich enthält.

Der Ersatzerbe muß von dem Erblasser bezeichnet werden, doch begnügt sich die Praxis hier mit einer etwas laxeren Bestimmung als bei dem Erben angenommen wurde. Sie läßt nämlich die Einsetzung des Ersatzerben auch schon dann gelten, wenn der Erblasser bloß den Kreis jener Personen genau bezeichnet, innerhalb dessen der Ersatzerbe von einer dritten Person gewählt werden kann [8].

Die Einsetzung des Ersatzerben wird nur solange praktisch, als der eigentliche Erbe nicht den Besitz der Erbschaft ergriffen hat [9]. Sonst liegt auch dann Einsetzung eines Nacherben vor, wenn sie für den Fall des innerhalb einer kurzen Zeit nach dem Verscheiden des Erblassers ein-

---

[1] Wichtig bei Erbschaftskauf, Verzicht auf den Zuwachs usw. Besonders praktisch aber bei dem körperlich aufgeteilten Erbschaftsbesitze.

[2] Vergl. EUG § 1633.

[3] § 604 (alte Fassung).

[4] ÖABG § 608. Arg. *Grill* DT III, 302, K 1617/1895. Vergl. EUG § 1633.

[5] So *Grill* DT III, 298, K 1807/1894.

[6] Diese Auffassung muß dem § 608 des ÖBGB ebenso nachgefühlt werden, wie die in der vorigen Anmerkung gegebene dem § 614 desselben. Vergl. Jogt. Közl. Dt Neue Folge Bd. XIII, 195.

[7] So hinsichtlich der Nacherben Mji Dt VIII, 157, K 1914, P 408. Dasselbe muß a maiore auch für den Ersatzerben gelten.

[8] Arg. eadem ratione (die die Nacherben behandelnde Entscheidung) Mji Dt VIII, S. 157, K 408, 1914, wo das Wahlrecht dem Vorerben überlassen wurde. Die Unterlassung der Wahl führt zur Zuwendung den ganzen Personenkreis (das.).

[9] Vergl. K 685/1901 (Staud S. 199). Die Besitzergreifung muß aber die Natur einer pro herede gestio haben. Nur hiermit verlieren die eventuellen übrigen Einsetzungen von Ersatzerben ihre Bedeutung Mji Dt IX, 41, K 1914, P I, 4002.

getretenen Todes des an erster Stelle genannten Erben vorgenommen wurde [1].

Die Voraussetzungen und Hinderungsgründe des Antrittes der Ersatzerbschaft sind nach dem Zeitpunkte des Erbanfalles, d. h. für den Ersatzerben ebenfalls nach denselben Grundsätzen zu beurteilen, wie bei dem an erster Stelle Genannten [2]. Es liegt kein Hindernis vor, nicht bloß einen, sondern auch eine ganze Reihe von Ersatzerben einzusetzen, doch fällt diese schon dann weg, wenn auch nur einer der Genannten die Erbschaft angetreten hatte [3]. Handelt es sich um Ersatzerben, so fallen sie unter dieselben Schranken, wie die Erben [4]. Da jedoch auch die Einsetzung von Ersatznacherben gestattet ist [5], so muß der Existenz des letzteren dieselbe Zeitspanne zugelassen werden wie den an erster Stelle genannten Nacherben [6].

Während der Schwebezeit, welche es noch unentschieden läßt, ob der Fall der Ersatzerbschaft eintritt, sind die Ersatzerben bloß an dem Nachlaß interessierte Dritte, denen keine materiellen Rechte, sondern höchstens nur auf Grund des Nachlaßverfahrens [7] oder auf Grund einer Gefährdung andere lediglich auf dem Verfahren fußende Sicherungsrechte [8] zustehen.

§ 10. Einsetzung des Nacherben.

1. Die Einsetzung des Nacherben ist die Bestimmung eines Gesamtnachfolgers für den Fall, daß die Gesamtnachfolge des an erster Stelle Ernannten, des Vorerben, ihr Ende erreicht [9].

Es ist möglich, daß der Erblasser zugleich das Ereignis bezeichnet, welches der Gesamtnachfolge des Vorerben ein Ende bereiten soll. Dies kann entweder durch die Festlegung eines Endtermins oder einer auflösenden Bedingung erfolgen [10]. Es ist aber auch nicht ausgeschlossen, daß die Absicht der Einsetzung des Nacherben auch ohne besondere Hervorhebung des das Recht des Vorerben beendigenden Ereignisses klar wird; in diesem Falle ist davon auszugehen, daß sie von dem Tode des Vorerben bedingt wird [11].

---

[1]) K 1617/1895, *Grill* DT III, 302.

[2]) Der Ersatzerbe muß daher bei dem Eintritte des Erbanfalles am Leben sein usw.

[3]) Mji Dt IX, 41, K 1914, P I, 4002.

[4]) S. Anmerkung 2.

[5]) S. weiter.

[6]) S. weiter S. 292 ff.

[7]) GA XVI, 1894 § 78.

[8]) Sicherungssperre GA LX, 1881 § 237, EPG § 54.

[9]) Begründung der 47. Vollentscheidung der Kurie *Grill* DT III, 330, EUG § 1636.

[10]) „Für den Fall des Todes (des Vorerben) oder für e i n e n a n d e r e n F a l l dem Nacherben überlassen". Der „andere Fall" umfaßt die Befristung und die Bedingung.

[11]) Daher die Praxis, daß ein in der Verfügung von Todes wegen zugunsten einer gewissen Person enthaltenes Veräußerungs- und Belastungsverbot auch ohne weiteres die Einsetzung des Bedachten als Nacherben bedeute. Mji Dt IX, 39, K 1914., P I, 1922.

Die Frage, ob die Verfügung von Todes wegen eine Ersatz- oder Nacherbeneinsetzung enthält, muß als eine Auslegungsfrage behandelt und von den gebrauchten Wortwendungen, wenn die betreffende Absicht des Erblassers der Verfügung sonst zu entnehmen ist, nicht zu sehr abhängig gemacht werden [1]. Die gebräuchlichen Wendungen aufzuzählen [2] wäre wohl zwecklos. So viel muß aber dennoch bemerkt werden, daß eine Nacherbeneinsetzung bloß dann vorliegt, wenn der Erblasser zugunsten genannter Personen die Absicht geäußert hat, die Verfügungsfreiheit des Vorerben wenigstens einigermaßen zu beschränken [3]. Der Grad dieser Beschränkung kann verschieden sein. Er erstreckt sich von dem Verbote der entgeltlichen Belastung und Entäußerung [4] bis zur einfachen Bestimmung, daß der Teil der Erbschaft, welcher noch beim Tode des Vorerben vorhanden sein sollte [5], den Nacherben auszufolgen sei [6]. Wo jedoch die rechtliche Verfügung über das Vermögen, oder einen Bruchteil desselben aufhört und die Bitte des Erblassers anfängt, bei dem Eintritte gewisser Ereignisse diese oder jene Person in Betracht zu ziehen, dahin reicht das Gebiet der Einsetzung des Nacherben nicht mehr [7].

Enthält die Verfügung von Todes wegen die Bestimmung, daß jemand zum Nacherben eingesetzt wird, ohne daß ihr oder einer anderen zu entnehmen wäre, wer zum Vorerben bestimmt wurde, so sind die gesetzlichen Erben als Vorerben zu betrachten [10]. Dasselbe muß auch für den Fall angenommen werden, wenn der Nacherbe unter einer aufschiebenden Bedingung oder Anfangsfrist eingesetzt wurde [11].

Die Praxis betrachtet die substitutio pupillaris, d. h. den Fall, daß ein oder beide Elternteile das Vermögen oder deren Bruchteil ihrem geschäftsunfähigen Kinde mit der Beschränkung vermachten, daß es nach dessen Tode einem Dritten zufalle, als von der Einsetzung des Nacherben verschieden [12]. Dies ist seit der 47. Vollentscheidung der königlichen Kurie [13] veraltet: diese Entscheidung wies darauf hin, daß seit der JKK die Beeinträchtigung des Pflichtteiles selbst auf dem mittelbaren Wege der Bestellung eines Nacherben auf das gesamte Vermögen unzulässig sei und das Verfügungsrecht des Abkömmlings bezüglich des den Wert seines Pflichtteiles nicht übersteigenden Vermögens von dem Erlangen der

[1] „Sollte einer meiner Söhne mit dem Tode abgehen, so..." (Mji Dt III, S. 260 F. 172, K 2260/1909), „stirbt meine Tochter ohne gesetzliche Erben" (das. VII, 2, K1751/1912) gelten als Nacherbeneinsetzungen.

[2] Manchmal werden in der Praxis künstliche Unterschiede gemacht, so z. B. zwischen der Nacherbeneinsetzung und der substitutio pupillaris Mji Dt II, 299, K 7482/1907.

[3] S. weiter.

[4] S. Anmerkung 11 S. 290.

[5] Das. X, 301, K 1916, P I, 2779.

[6] Die Verfügung verhindert auch die unentgeltliche Veräußerung. S. a. a. O.

[7] Mji Dt IV, 181. Anders, wenn solche Bestimmungen als Teile eines Erbvertrages oder als korrespektive Bestimmungen gemeinsamer Testamente gemacht werden. Mji Dt X, 53, K 1915, RP VII, 3641.

[10] Dies folgt daraus, daß laut GA XXVII, 1715 § 4 das Testament selbst ohne Einsetzung des Erben, also auch dann bestehen kann, wenn ausschließlich Nacherben ernannt wurden.

[11] Eadem ratione.

[12] So Mji Dt II, 299, K 7482/1907.

[13] *Grill* DT III, 329.

Verfügungsfähigkeit an nicht behindere. Man muß mithin die pupillarische Substitution als bloßen Anwendungsfall der Nacherbeneinsetzung betrachten. Dieser ist allerdings dann, wenn der Tod des Vorerben während der Zeitspanne eintritt, in der er seine Testierfähigkeit noch nicht erlangte, mit der besonderen Wirkung versehen, daß die gesetzliche Erbfolge nach den Vorerben auch betreffs des Pflichtteiles ausgeschlossen bleibt [1].

2. Als Nacherbe kann eingesetzt werden: einmal jede erbfähige [2] lebende physische, bezw. jede bestehende juristische Person [3], sodann aber auch die Leibesfrucht [4] und innerhalb gewisser Grenzen sogar die noch nicht lebende physische, bezw. die noch nicht vorhandene juristische Person [5].

Maßgebend ist hierfür der Zeitpunkt des Erbanfalles. Existiert daher die zum Erben ernannte Person zu dieser Zeit noch nicht, so ist im Zweifel anzunehmen, daß sie als Nacherbe eingesetzt wurde und bis dahin die gesetzlichen Erben als Vorerben zu betrachten sind [6]. Ausnahmen dürften bloß die in der Verfügung errichteten juristischen Personen bilden, die als Erben betrachtet werden [7].

Die erwähnten Grenzen beziehen sich auf die Wiederholung der Einsetzung, ferner, obzwar die Praxis sich hierüber nicht klar ausspricht, auch auf die Zeitspanne, innerhalb deren die Einsetzung des Nacherben gültig bleibt.

Hinsichtlich der ersterwähnten Schranke anerkennt die Praxis bloß die einmalige Einsetzung des Nacherben [8]. Das will selbstverständlich nicht besagen, daß der Erblasser in der Bestimmung mehrerer einander folgender Nacherben behindert wäre [9], jedoch tritt die letztere außer Kraft, wenn auch nur ein Nacherbe die Erbschaft schon endgültig [10] angetreten hatte [11]. Dies ist besonders in jenen nicht allzu seltenen Fällen [12]

---

[1]) Vergl. den in Anmerkung 12 S. 290 angeführten Fall. Eigentlich ist dies die Folge dessen, daß der Erblasser zwar verpflichtet ist, dem Vorerben seinen Pflichtteil ungeschmälert zu hinterlassen, doch nicht auch für die nicht pflichtberechtigten Erben seines Kindes zu sorgen.

[2]) Hinderungs- und Ausschließungsgründe vereiteln die Einsetzung des Nacherben in demselben Maßstabe wie die des Vorerben.

[3]) Arg. GA XVI, 1894 § 2.

[4]) Das. Punkt 1.

[5]) Daselbst.

[6]) Diesbezüglich zutreffend Grill Dt III, S. 53, K 4134/1902. Die Entscheidung selbst erkennt noch nicht erzeugte Personen als bedingte Erben an und ist wohl kaum stichhaltig. Vergl. EUG 1638. Sie kann nur dann behauptet werden, wenn die Geburt der betreffenden Personen zwar nach der Errichtung der Verfügung, doch vor dem Erbanfalle, bei Erbverträgen und korrespektiven gemeinsamen Testamenten nach dem des zuletzt verstorbenen Erblassers eingetreten war.

[7]) Arg. GA XVI, 1894 § 2 Punkt 1. EUG § 1523. S. z. B. Mji Dt II 237, K 5251/1907: Zuwendung des gesamten Vermögens der Ehegatten in einem gemeinsamen Testamente an eine zu errichtende Stiftung, wogegen die überlebende Gattin mit der Nutznießung desselben bedacht und befriedigt wurde.

[8]) *Grill* Dt III, 325, K 6280/1896, das. 326, K 7913/1898.

[9]) So K 7479/1904 (Márkus III, S. 958).

[10]) Nachträgliche Klärung der Erbwürdigkeit, oder der Erbunfähigkeit dürfte wohl hierbei nicht mitzählen. Der Grundsatz selbst folgt aus den in den vorigen Anmerkungen angeführten Fällen.

[11]) Mji Dt IX, 41, K 1914, P I, 4002.

[12]) *Grill* Dt III, 326, K 7913/1898, das. 328 K 964/1897, das. 329, K 4377, 1902 usw.

wichtig und praktisch, wenn der Erblasser die Errichtung eines Familienfideikommisses beabsichtigte und die Vereitelung [1]) dieser Absicht dazu führt[2]), daß die betreffende letztwillige Bestimmung wenigstens als Nacheinsetzung verwirklicht werde [3]).

Eine zeitliche Grenze des Antrittes der Nacherbschaft hat die Praxis bisher m. W. noch nicht klar aufgestellt [4]). Immerhin hat sie mit der Auffassung des älteren ungarischen Rechtes, das die Verjährung der Erbrechte nicht anerkannte, bereits gebrochen und zählt die Verjährung des Rechtes des Nacherben schon von dem Tode des Erblassers an [5]).

Diese Stellungnahme in Verbindung mit jener anderen, welche den soeben angeführten Entscheidungen ebenfalls unzweifelhaft zu entnehmen ist und die zeitlich zu weite Wirkungen der letztwilligen Verfügungen nicht zulassen will, endlich jene dritte, die die Einsetzung des Nacherben auch schon dann vereitelt sieht, wenn der Vorerbe alle Nacherben überlebt [6]), berechtigt wohl auch schon in dem heutigen ungarischen Privatrechte [7]) zu der Annahme, daß der Antritt der Nacherbschaft innerhalb einer von dem Tode des Erblassers an gerechneten gewissen Zeitspanne erfolgen müsse. Natürlich kann es sich hier in Ermangelung einer Quellenvorschrift nicht um die mechanische Grenze der Verjährungszeit handeln. Doch müßte man gegebenenfalls m. A. nach doch davon ausgehen, daß nach ihrem Ablauf höchstens nur noch jene Einsetzung des Nacherben Geltung erlangen könne, welche mit dem Tode des Vorerben zeitlich zusammenfällt.

3. Von dieser Ausnahme abgesehen, die sich dem bisher Ausgeführten gemäß sowohl auf das Dasein des Nacherben, wie auch auf den Antritt der Nacherbschaft bezieht, gelten hinsichtlich der Voraussetzungen und Hinderungsgründe für den Nacherben dieselben Grundsätze wir für den Vorerben [8]).

4. Die Einsetzung des Nacherben bewirkt die Beschränkung des Rechtes des Vorerben durch eine auflösende Bedingung oder durch einen Endtermin und verleiht dem Nacherben eine Anwartschaft auf den Nachlaß oder dessen Bruchteil [9]). Diese Anwartschaft verdichtet sich zu einem Vollrechte, wenn die beschränkte Rechtsnachfolge des Vorerben ihr in der Verfügung von Todes wegen bestimmtes Ende erreicht [10]).

Vor diesem Zeitpunkte kommt dem Vorerben — sofern die Verfügung

---

[1]) Etwa wegen Wegbleibens der königlichen Zustimmung.

[2]) Durch Auslegung der Verfügung von Todes wegen.

[3]) Vergl. die in der Anmerkung 12 S. 292 angeführten Fälle.

[4]) Anders EUG § 1650, welcher die Grenze von 32 Jahren aufstellt.

[5]) Mji. Dt VII, 90, K 2757/1902.

[6]) So betreffs des Gebietes der JKK Kolozsvárer Tafel 1915, P II, 920. Mji Dt X, S. 209, F. 133, K 1905 I G 28 (Márkus III. Bd., S. 957). Der Erblasser kann aber auch anders verfügen K 7539/1906 (Staud S. 201).

[7]) Anders im EUG § 1650.

[8]) Dies folgt daraus, daß der Nacherbe der unmittelbare Nachfolger des Erblassers und nicht des Vorerben ist.

[9]) So, wenn auch ungenau, von einem zu erhoffenden Rechte sprechend *Grill* Dt III, 314. K 6746/1899.

[10]) Vergl. Mji Dt XI, 313. K 1917. P I, 3484.

von Todes wegen nichts anders enthält — eine Rechtslage[1]) zu, welche die Praxis nach einigem Schwanken als die eines Nutznießers[2]) anspricht. Dies kann natürlich schwerlich als eine den theoretischen Anforderungen in allem entsprechende Konstruktion[3]) betrachtet werden, genügt jedoch immerhin dazu, um etwaige Zweifel und Schwierigkeiten der Rechte und Pflichten des Vorerben zu lösen. Dementsprechend anerkennt die Praxis von den Sicherungspflichten des Nutznießers die Pflicht, die Rechtslage des Nacherben — wo es nottut — durch ein Feststellungsurteil umgrenzen zu lassen[4]), dann gewöhnlich[5]) die Pflicht, grundbuchliche oder sonstige Sicherung gegen die Gefährdung des Nachlasses zu leisten[6]), von den Erhaltungspflichten wenigstens den Schutz gegen die unentgeltlichen Veräußerungen des Vorerben[7]) und, wo der Erblasser dem letzteren keine so weiten Verfügungsrechte zusicherte, auch den gegen die entgeltlichen[8]), weiter den dem soeben entwickelten gleichen Schutz gegen die Belastungen des Nachlasses von seiten des Vorerben und seiner Gläubiger[9]). Von den Ausfolgepflichten des Nutznießers hebt die Praxis hervor: die Pflicht und gegebenenfalls auch das Recht[10]), den Nachlaß oder einen Bruchteil desselben bei dem Eintritt des die Nacherbfolge begründenden Ereignisses oder Zeitpunktes oder[11]) auch früher dem Nacherben zu überantworten[12]), endlich die Ersatzpflicht, und zwar diese selbst in dem Falle, wenn der Gegenstand der Nachfolge durch Fehler oder wegen der Verpflichtungen[13]) des Vorerben nicht ausfolgbar ist.

Diese Stellungnahme und besonders die wiederholte Hervorhebung dessen, daß den Vorerben die Rechte und Pflichten des Nießbrauchers zukommen[14]), lassen keinen Zweifel daran, daß — natürlich nur solange dies zu keinen perplexen Folgerungen führt — auch die übrigen Pflichten

---

[1]) Die Praxis bezeichnet sie nicht als solche.

[2]) *Grill* Dt III, 319. K 8622/1887, das. 320. K 8219/1895, das. 328. K 964/1897.

[3]) Sie läßt es außer acht, daß dem Nießbraucher gegenüber ein bestehendes Recht des Eigentümers geltend gemacht werden kann, während der Vorerbe sich bloß einer Anwartschaft gegenüber findet. Daher sind auch zu erklären: das Fehlen der Duldungspflichten der Verbesserungen von seiten des Nacherben, das Fehlen der Verbesserungspflichten des Nacherben usw.

[4]) So Mji Dt III, 341. K 1942/1909.

[5]) Nicht, wenn es der Erblasser ausgeschlossen hatte Mji Dt IX, 43. K 1914. P I, 1413, oder wenn es sich um das Nacherbenrecht des in einem gemeinsamen Testamente zum Nacherben beider Ehegatten Ernannten handelt und der Vorerbe der überlebende Gatte ist Mji Dt VII 4. K 1526/1912.

[6]) Diesen gewöhnlich Mji Dt X, S. 301 F. 181, K 1916. P I, 2779, das. V 142. K 5711/1910.

[7]) Arg. der an letzter Stelle angeführte Fall.

[8]) Vgl. Mji Dt XI, S. 176 F 131, K 1917 P 175, ferner das IX. 39 K 1914 P I 1922.

[9]) *Grill* Dt III, 319. K 8622/1887, das. 8219/1895, ferner Mji Dt X, 52. K 1915. RP VII, 6793.

[10]) Wenn er es will Mji Dt XI, 313. K 1917 P I, 3484.

[11]) Wenn der Vorerbe es so will.

[12]) Mji Dt XI, 313. K 1917. P I, 3484.

[13]) Wenn der Nachlaß wegen seiner Schulden der Zwangsversteigerung anheim fiel Mji Dt III, S. 292, F. 202 K 393/1909. Hat er ihn Dritten übertragen, so sind diese nur dann nicht verpflichtet ihn auszufolgen, wenn sie nicht fahrlässig vorgegangen sind. Mji Dt X, 52. K 1915. RP VII, 6793.

[14]) S. *Grill* Dt III, 319, 320, die diesbezüglich schon wiederholt angeführten Fälle.

des Vorerben etwa Versicherungs-, Verständigungs-, Erhaltungspflichten, die Pflicht der Herausgabe der zur Zeit der Beendigung seines Rechtes noch nicht abgetrennten Früchte und Nutzungen usw. ebenfalls nach den Grundsätzen der Nießbrauchsvorschriften zu lösen sind.

5. Der Nacherbe ist vor Eintritt der Nacherbfolge bloß Anwärter; er kann jedoch seine Anwartschaft — sofern aus der Verfügung von Todes wegen zu entnehmen ist, daß der Erblasser sie als veräußerbar ansehen wollte — veräußern [1]) und jedenfalls belasten [2]). Veräußerbare Anwartschaften der Nacherbfolge gehen auch kraft Gesetzes auf die Gesamtnachfolger des Nacherben über, unveräußerbare entfallen mit dem Momente, in welchem der Nacherbe vor dem Erblasser, dem Vorerben oder vor dem Eintritte des die Nacherbschaft begründenden Ereignisses stirbt [3]).

6. Tritt die Nacherbfolge ein, so wird der Nacherbe zu einem Vollberechtigten, dessen Rechte und Pflichten Dritten gegenüber gemäß den für die Erben festgelegten Grundsätzen zu beurteilen sind. Dem Vorerben gegenüber sind betreffs der Auseinandersetzung — sofern sich aus dem Bisherigen nichts anderes ergibt —, die Vorschriften der Auseinandersetzung des Eigentümers und des Nießbrauchers anzuwenden [4]).

7. Wird der Eintritt der Nacherbfolge vereitelt, so fällt das Hindernis der Endgültigkeit des Rechtes des Vorerben weg, und er wird, solange nicht eine verbotene Handlung seiner selbst in Frage steht [5]), oder die Verfügung von Todes wegen nichts anderes bestimmt, Vollberechtigter.

§ 11. Vermächtnisse.

1. Unter Vermächtnis versteht man die Bestimmung einer Einzelnachfolge von Todes wegen [6]). Hinsichtlich der Bezeichnung des Bedachten: des Vermächtnisnehmers, gelten die betreffs des Erben ausgeführten Grundsätze [7]). Dasselbe muß wohl auch betreffs des Umfanges der Bedingungen, des Anwachsungsrechtes sowie so mancher anderer Rechtssätze behauptet werden, weshalb hier eine weitere Ausführung nicht geboten ist. Die folgenden Erörterungen beschränken sich daher auf jene Abweichungen, die hinsichtlich der Vermächtnisse in der Praxis entwickelt wurden. Hierbei muß man in einem Gewohnheitsrechte keinesfalls eine derartig genaue und ziselierte Kasuistik erwarten, wie sie in dem BGB und in dem EUG enthalten ist. Sind ja doch im ungarischen Privatrechte sogar die grundlegenden Fragen des Vermächtnisrechtes bisher unseres Wissens quellenmäßig noch nicht aufgeworfen, geschweige denn gelöst.

---

[1]) K 5526/1909 (Staud S. 201).

[2]) Arg. GO § 74.

[3]) Arg. K 7539/1906 (Staud 201).

[4]) Arg. die in Anmerkung 13 S 294 angeführten Fälle.

[5]) Die würde die Erbschaft wohl endgültig von ihm entfernen und dem Nacherben zukommen lassen. Arg. die Praxis der Erbunwürdigkeitsgründe; vergl. EUG § 1649.

[6]) Vergl. EUG§§ 1678, 1676.

[7]) So z. B. mittelbare Umschreibung des Willens, ein Vermächtnis zu bestimmen: „die Erben mögen gefälligst die ihnen vermachte Summe dem ihnen bekannten Zwecke zuwenden", berührt die Gültigkeit des Vermächtnisses nicht K 4728/1894. (*Grill* Dt III, 352) usw.

2. Vermächtnisnehmer kann jede physische oder juristische Person sein, gleichgültig, ob sie zur Zeit des Todes des Erblassers existiert oder noch nicht erzeugt ist, bezw. ihre rechtliche Persönlichkeit noch nicht erlangt hat [1]).

Ist dei Vermächtnisnehmer zur Zeit des Erbanfalles noch nicht vorhanden oder etwa wegen des Schwebens einer Bedingung noch nicht bestimmt, so muß hinsichtlich des Antrittes des Vermächtnisess und hierdurch auch des Daseins des Bedachten [2]) dieselbe Zeitgrenze gezogen werden, die für den Antritt der Nacherbfolge behauptet wurde [3]). War der Vermächtnisnehmer schon vor dem Erbanfalle oder vor dem Eintritt der aufschiebenden Bedingung, an welche das Vermächtnis geknüpft wurde, verstorben, so entfällt es [4]).

3. Die Hauptfrage des Vermächtnisrechtes: die dingliche, oder schuldrechtliche Natur des Anspruches des Vermächtnisnehmers, wird in den Lehr- und Handbüchern zwar kategorisch, aber ohne rechte Beweisgründe gelöst. Die Praxis schweigt und entscheidet die mit ihr zusammenhängenden Fragen mit Vorliebe auf Umwegen [5]). Auf Grund der unmittelbaren Nachfolge, die im ungarischen Erbrechte nicht nur bezüglich der gesetzlichen und rechtsgeschäftlichen Gesamtnachfolge[6]), sondern auch in der gesetzlichen Sondernachfolge: bei dem Witwenrechte [7]) und einer Auffassung nach der Witwenerbfolge[8]) anerkannt ist, müßte man selbst dann eine dingliche Rechtsnachfolge des Vermächtnisnehmers annehmen, wenn diese durch keine besondere Quellentaste erhärtet wäre. Nun scheinen uns aber manche Äußerungen des Nachlaßverfahrengesetzes ohne die Annahme dieses Rechtssatzes geradezu unerklärlich. Wie könnte man es denn sonst begreifen, daß der angeführte Gesetzesartikel davon ausgeht, daß das nicht auf den Namen des Erblassers gebuchte Grundstück durch das Vermächtnis auf den Vermächtnisnehmer „übergeht“ und unmittelbar von dem Vorgänger des Erblassers [9]) oder von dem Erblasser selbst[10]), und zwar auf

---

[1]) Z. B. die zu errichtende ungarische Bank, *Grill* Dt III, S. 339. K 4471/1886.

[2]) Eadem ratione, die Dauer der Gültigkeit der Verfügung von Todes wegen kann nicht davon abhängen, ob der Bedachte Erbe oder Vermächtnisnehmer sei, besonders geht es nicht an, daß der letztere seine Ansprüche längere Zeit hindurch geltend machen könne als der erstere.

[3]) S. S. 292 ff.

[4]) Der Vermächtnisnehmer muß die Voraussetzungen des Anfalles des Vermächtnisses erfüllen: diese sind mit dem Unterschiede, daß für die Anfallszeit nicht immer der Tod des Erblassers, sondern manchmal auch ein späterer Zeitpunkt in Betracht kommt, dieselben wie die des Erbanfalles.

[5]) Etwas klarer erhellt die unmittelbare Kraft des Vermächtnisses aus Mji Dt XII, 60. K 1917. P I, 3250: „Es ist ein Rechtssatz, daß . . . der testamentarische Gesamtnachfolger der rechtsmäßige Eigentümer all jener Vermögensgüter sei, die in dem Zeitpunkte des Todes des Erblassers dessen Rechtskreise angehörten, sofern das Testament betreffs dieser nicht zu Gunsten Dritter verfügt.“

[6]) Dies allein wäre — wie es das Beispiel des BGB zeigt — noch nicht genügend, vergl. §§ 1942, 2147.

[7]) Die Witwe ist kraft dessen konstitutiver Einzelnachfolger (Nießbraucher) des dinglich vollberechtigten Erblassers.

[8]) Die Witwe ist gesetzlicher, dinglicher Nachfolger des Erblassers an gewissen Gegenständen des Nachlasses. S. S. 259 ff. dieses Werkes.

[9]) § 72 Absatz 3 des GA XVI, 1894.

[10]) § 82 Absatz 1 des angeführten Gesetzes.

Grund des Rechtes auf den Gegenstand des Vermächtnisses [1]), auf den Vermächtnisnehmer übertragen werden kann und u. U. muß?

Sodann: ist es denn denkbar in Ungarn, daß die Gläubiger des Belasteten den Gegenstand des Vermächtnisses dem Bedachten durch Pfändung vorwegnehmen können [2]), daß in dem Konkurse des Belasteten der Vermächtnisnehmer als einfacher Gläubiger, nicht aber als Absonderungsberechtigter vorgehen müßte [3]), daß er mit einer gegen die Pfändung des Gegenstandes des Vermächtnisses gerichteten Anspruchsklage keinen Erfolg haben würde?

Wenn aber diese Fragen alle nur in dem Sinne des dinglichen Rechtes des Vermächtnisnehmers gelöst werden können, woran m. E. nicht zu zweifeln ist, dann hat man sich auch nach quellenmäßiger Prüfung zu dem Rechtssatze zu bekennen, daß das Vermächtnis eines bestimmten und in den dinglichen Machtkreis des Erblassers gehörigen Gegenstandes und besonders das Vermächtnis solcher Sachen kein Forderungsrecht, sondern ein dingliches Recht des Vermächtnisnehmers begründe. Wenigstens hat dies solange zu gelten, als der Erblasser, dem dies nicht gut verwehrt werden kann, nichts anderes vorschreibt [4]).

4. Allerdings muß schon in einer derartigen Bezeichnung des Gegenstandes, welche einen dinglichen Anspruch nicht begründen könnte, auch eine Verfügung des Erblassers gesehen werden, den Vermächtnisnehmer auf das schwächere Forderungsrecht zu beschränken [5]). Liegt jedoch eine derartige Beschränkung nicht vor, so muß sowohl betreffs der beweglichen Sachen als auch der Grundstücke angenommen werden [6]), daß das dingliche Recht des Erblassers durch den Anfall des Vermächtnisses kraft Gesetzes an den Vermächtnisnehmer übergeht.

5. Das Objekt eines Vermächtnisses kann jeder Vermögensgegenstand bilden: demnach Rechte [7]), Sachen [8]), Rechtsverhältnisse [9]), der Rechtsherrschaft unterworfene Naturkräfte [10]), Geisteserzeugnisse [11]) Mit der

---

[1]) Das Gesetz spricht von dem „Rechte zu dem Vermächtnisse".

[2]) Dies müßte Platz greifen, wenn der Vermächtnisnehmer bloß zu einer Forderung ad dandum berechtigt wäre.

[3]) Das Konkursgesetz (GA XVII, 1881) § 52 hebt als Kriterium das „dingliche Recht" des Absonderungsberechtigten hervor. Es würde meines Erachtens gegen das ungarische Rechtsbewußtsein scharf verstoßen, wenn man den Vermächtnisnehmer in die Klasse der einfachen Konkursgläubiger verweisen würde.

[4]) S. weiter.

[5]) Etwa in dem Vermächtnisse einer Geldsumme: 100 Goldstücke *Grill* Dt III, 339. K 4471/1886, Erziehungskosten, das. 344. K I. G 304/1896.

[6]) Arg. §§ 82, Abs. 1, 72 Abs. 3, GA XVI: 1894.

[7]) Schuldrechte s. die Anmerkung S. 5, Schulden, was den Erlaß derselben bedeuten kann: Jogt. Közl. Dt alte Folge, Bd. XXIII, 47, manchmal aber auch die Anerkennung dessen, daß die von dem Erblasser bisher behauptete Schuld nicht besteht. Dem entspricht auch die durch Vermächtnis anerkannte Schuld des Erblassers, so *Grill* Dt II, 34e. K 5166/1884 bezüglich des geschuldeten Arbeitslohnes usw.

[8]) Grundstücke *Grill* Dt III, 344. K 9586/1894, Fahrnissachen.

[9]) Sofern diese übertragbar sind, vergl. EUG §1678, welcher jede in dem Schuldrechte mögliche Vermögensleistung als Gegenstand des Vermächtnisses anerkennt.

[10]) Etwa der Industrie dienstbar gemachte Wasserfälle usw.

[11]) Urheberrechte oder bloß das Manuskript als solches (in diesem Sinne werden besonders die Museen oft bedacht), Familienarchive usw.

Bestimmung des Vermächtnisses kann ein Zweck desselben verbunden sein [1]), welcher unter Umständen auch dessen Umfang beeinflußt [2]), doch ist dies keineswegs nötig [3]).

Sind Sachen oder eine absolute Herrschaft sichernde Rechte vermacht, so gehen sie in dem Zustande auf den Vermächtnisnehmer über, in welchem sie der Tod des Erblassers traf [4]). In diesem jedoch samt all ihren Bestandteilen und Zubehören [5]).

Persönliche Dienstbarkeiten [6]) und den persönlichen Bedürfnissen des Bedachten dienende wiederkehrende Forderungen sind [7]) hinsichtlich ihres Umfangs den Verhältnissen des Bedachten in dem erwähnten Zeit punkte anzupassen. Dasselbe darf wohl von den Vermächtnissen der Gattungssachen behauptet werden [8]).

Handelt es sich um ein Vermächtnis bestimmter Sachen oder Wertpapiere, welche zur Zeit des Todes des Erblassers in dem Nachlasse nicht vorgefunden werden, so ist es erst durch Auslegung klarzustellen, ob der Erblasser das Vermächtnis durch Veräußerung [9]), Veränderung [10]), Verbrauch [11]) oder sonst durch irgend eine unzweifelhafte Willensäußerung oder Handlung [12]) nicht widerrufen hatte oder ob die Erfüllung des Vermächtnisses sonst aus nicht von dem Beschwerten abhängigen oder doch wenigstens nicht von ihm zu vertretenden Umständen unmöglich gemacht wurde. Ist dies der Fall, so wird das Vermächtnis seiner Kraft beraubt [13]). In dem entgegengesetzten Falle aber hat der Beschwerte den Gegenstand des Vermächtnisses zu beschaffen oder, sofern dies unmöglich oder wegen Unerschwinglichkeit ihm nicht zumutbar wäre, Schadensersatz zu leisten [14]).

Das Vermächtnis einer Forderung bewirkt wohl eine der cessio legis ähnliche Rechtslage [15]). War der Bedachte der Schuldner, so ist darin bald

---

[1]) Erziehung des Bedachten s. Anmerkung 5 S. 297.

[2]) A. a. O. wo hierdurch der gesellschaftliche Stand des Bedachten als Gradmesser des Umfanges des Vermächtnisses herangezogen wird.

[3]) So *Grill* Dt III, 352. K 4728/1894.

[4]) So *Grill* Dt III, 344. K 9586/1894. Jogt. Közl. Dt III. Folge, Bd. I, 58.

[5]) Arg. der in der vorigen Anmerkung an erster Stelle angeführte Fall, der bloß die später hinzugefügten Bestandteile einer anderen Behandlung unterwerfen will.

[6]) Wohnung, Mji. Dt XI, 255. K 1917. K P I, 2484.

[7]) Vergl. den in der vorigen sowie den in *Grill* Dt III, 344 K 304/1896 angeführten Fall.

[8]) Vergl. EUG § 1688.

[9]) Mji Dt VIII. S. 91, F. 70. K 3126/1913. Nicht aber die grundbuchliche Anmerkung der Enteignung, das.

[10]) Verarbeitung, Vermischung usw., welche die Wirkung der Veräußerungen haben, vergl. EUG § 1691.

[11]) Hinsichtlich von Forderungen; Eintreibung *Grill* Dt III, 363. Bpester T. 21 268/1883, K das. 1233/1884.

[12]) Widerruf durch spätere anderweitige Verfügung von Todes wegen, Jogt. Közl. Dt Alte Folge XVIII, 105.

[13]) Es wäre denn, daß der Beschwerte trotzdem verpflichtet worden wäre, den Gegenstand des Vermächtnisses zu beschaffen, Jogt. Közl. Dt III. Folge, Bd. XV, 131.

[14]) Dies folgt daraus, daß den Beschwerten eine Schuld belastet, welche nur in gewissen von der Praxis besonders hervorgehobenen Richtungen von den allgemeinen Grundsätzen abweicht.

[15]) Dies muß die Wirkung der unmittelbaren Rechtsnachfolge betreffs der Forderungen sein, welche es auch verursacht, daß das Vermächtnis im Zweifel gleich mit

ein Erlaß der Forderung [1]), bald ein Widerruf ihrer Geltendmachung [2]) zu erblicken. Das Vermächtnis der eigenen Schuld des Erblassers bedeutet eine Anerkennung derselben [3]).

Im übrigen sind auf die Vermächtnisse der Schuldrechte die gewöhn lichen Grundsätze der betreffenden Schuldart anzuwenden, was sowohl hinsichtlich der Leistung, deren Surrogaten, des Verzuges und der Unmöglichkeit derselben behauptet werden kann [4]).

Als allgemeiner Grundsatz der Vermächtnisforderungen muß jedoch hervorgehoben werden, daß die auf einem Vermächtnisse fußende Forderung im Zweifel mit dem Tode des Erblassers fällig wird [5]). Dieser Zeitpunkt wirkt jedoch nicht als ein dem kalendermäßig bestimmten gleicher, demzufolge die Verzugszinsen erst von der Mahnung an laufen [6]) und den persönlich schuldlosen Beschwerten nur in dem Verhältnisse des ihm zugekommenen Nachlaßwertes [7]) belasten.

6. Handelt es sich um ein dingliches Vermächtnis, so hat es absolute Kraft, und es erscheint überflüssig, von einem besonderen Beschwerten zu sprechen [8]). Was in diesen Fällen die Lage des Gesamterben von der Dritter unterscheidet, ist bloß der tatsächliche Umstand, daß er gewöhnlich den Gegenstand des Vermächtnisses in seinem Machtbereiche hält [9]) Anders, wenn ein schuldrechtlicher Vermächtnisanspruch in Frage steht und der Vermächtnisnehmer sich nicht dem Schuldner des Erblassers gegenüber befindet [10]).

Hier taucht denn die Frage auf, wer kann mit einem solchen Vermächtnisse beschwert werden?

Die Antwort weist vor allem auf die Nachfolger des Erblassers von Todes wegen, also auf den Erben, Nacherben [11]), welcher Art immer sie auch

---

dem Tode des Erblassers fällig wird. Praktisch wird der Satz, wenn die Gläubiger des Beschwerten vor der Ausfolgung des Vermächtnisscheines die Forderung gerichtlich pfändeten.

[1]) Samt deren Zinsen Jogt. Közl. Dt Alte Folge Bd. XXIII, 47.

[2]) Wenn der Vermächtnisnehmer dieselbe bestreitet.

[3]) Z. B. des geschuldeten Arbeitslohnes *Grill* Dt III, 342. K 5166/1886 (bemerkenswert, weil dieser Inhalt des Vermächtnisses erst durch Auslegung des Testamentes festgelegt wurde, wobei auch Zeugen in Betracht kamen).

[4]) Dies folgt daraus, daß das Vermächtnis hier eben nur als eine besondere Begründungsart der Forderung gelten kann.

[5]) Mji Dt I, 164. K 10 661/1904, das. I, 225. K 5334/1906. *Grill* Dt III, 353. K 3320/1884 usw. Die Entscheidung kann auch als Beweis des dinglichen Vermächtnisses gelten.

[6]) S. den soeben an zweiter Stelle angeführten Fall.

[7]) Mji Dt IX, S. 158. Budapester Tafel 1815. G 945.

[8]) EUG § 1680, welcher als dinglich Belasteten bloß den Erben erwähnt, ist daher kaum zu empfehlen.

[9]) Oder ist der dingliche Anspruch gegen den Drittbesitzer der dinglich vermachten Sache ein von dem den Erben gegenüber zustehenden verschiedener? Meines Erachtens nicht.

[10]) Besonders, wenn das Vermächtnis die betreffende Schuld zum Entstehen bringt. Der Übergang der schon bestehenden Forderung hingegen weist durch die hier gebotene Analogie der cessio legis schon eher Ähnlichkeiten mit dem dinglichen Rechtsübergang an den Vermächtnisnehmer, vergl. Mji Dt XII, 60. K 1917, P I 3250, auf.

[11]) Auf diesem jedoch nur dann, wenn er die Nacherbschaft antritt. Sind nur Vermächtnisse in dem Testamente enthalten, so haben die sich hieraus ergebenden An-

seien, sodann auf den Vermächtnisnehmer, Nachvermächtnisnehmer [1], aber auch auf den Beschenkten von Todes wegen [2]. Auf diese jedoch nur insofern, als sie innerhalb der ihnen vermachten oder zugefallenen Zuwendung fähig sind, der Belastung Genüge zu leisten [3]. Im Zweifel sind in erster Reihe die Gesamtnachfolger, und zwar unter diesen wieder der rechtsgeschäftliche Gesamtnachfolger, als beschwert zu betrachten [4]

Man muß aber auch die **Schuldner** des Erblassers als Belastete in Betracht ziehen. Einmal solche, die sich hierzu in Rechtsgeschäften unter Lebenden [5] verpflichtet hatten. Sodann aber auch die übrigen, sofern die Belastung nicht die Grenzen der von ihnen geschuldeten Leistung überschreitet [6].

7. Dem Beschwerten gegenüber kommt den Vermächtnisnehmern ein zwar erbrechtliches, daher den Verkehrsgläubigern nachstehendes [7], jedoch den Gesamtnachfolgern von Todes wegen vorgehendes Recht zu [8]. Den Einzelnachfolgern von Todes wegen gegenüber sind die Vermächtnisnehmer — sofern das Gesetz keine Ausnahmen gestattet [9], — gleichberechtigt [10].

Ist der Beschwerte der Nachfolger von Todes wegen des Erblassers, so hat er, sobald er es vermag, das seinerseits Erforderliche zu tun, damit der Vermächtnisnehmer zu dem Gegenstande des Vermächtnisses komme [11]. Sind mehrere solcher Beschwerter vorhanden, so haben sie diese Verpflichtung in dem Verhältnisse der bei ihnen befindlichen Nachlaßgüter und Werte gemeinsam [12].

Liegt ein dingliches Vermächtnis an gebuchten Grundstücken oder an Buchrechten vor, so greifen betreffs des Rechtsüberganges die Grundsätze des außerbuchlichen Erwerbes der Grundstücke und Buchrechte

---

sprüche die gesetzlichen Erben, und zwar unter diesen wieder vor allem der Gesamterbe, zu befriedigen Mji. Dt IV, S. 129, F. 90, II.

[1]) Vergl. EUG § 1680.

[2]) Sowohl der Vermächtnisnehmer, als auch der Beschenkte von Todes wegen können diesbezüglich in keiner besseren Lage sein als der Gesamtnachfolger von Todes wegen.

[3]) Der Vermächtnisnehmer kann diesbezüglich nicht mehr beanspruchen als der Verkehrsgläubiger. Der Pflichtteilsberechtigte muß sich seinen Pflichtteil durch Vermächtnisse ebensowenig schmälern lassen, wie die Witwe das Witwenrecht, oder der Vertragserbe sein ihm zugesichertes vertragliches Recht. *Grill.* Dt III, 355. K 9878/1893.

[4]) Arg. *Grill* Dt III, 337. K 3341/1890.

[5]) Etwa in Verträgen zugunsten Dritter.

[6]) In diesem Falle gilt die Bestimmung des Vermächtnisses als ein den Rechtsnachfolger des Gläubigers bestimmendes Geschäft.

[7]) Vergl. Mji Dt IX, 158. Bpester Tafel 1915. G 945.

[8]) Es sei denn, daß ein bestimmter Gesamtnachfolger als Bedachter eines schuldrechtlichen Vermächtnisses genannt wird.

[9]) Z. B. den unbedingt gesicherten Pflichtteil JKK I, §§ 4, 7.

[10]) Dies gilt aber hinsichtlich des Heimfallserben, der laut JKK auch schon dann weichen muß, wenn nur irgendwelche rechtsgeschäftliche Verfügung von Todes wegen vorliegt (JKK I §§ 8 ff.), nicht.

[11]) Versäumt er dies, so belasten ihn die Verzugsfolgen, Arg. Mji Dt I, 164, 225 (die schon angeführten Fälle).

[12]) Mji Dt IX, 158. Bpester Tafel 1915. G 945.

Platz [1]), wobei aber von den besonderen Erwerbshandlungen dieser Rechte, an deren Stelle der auf das Vermächtnis zurückführbare Rechtsübergang kraft Gesetzes tritt, abgesehen wird [2]).

Entfällt die Zuwendung des Beschwerten, so kommen die ihn belastenden Pflichten dem gesetzlichen Erben, bezw. demjenigen zu, der hinsichtlich des die Belastung tragenden Nachlaßteils als Nachfolger von Todes wegen erscheint [3]). In dem Konkurse des Nachlasses kommen dem Vermächtnisnehmer bloß die Rechte eines unentgeltlichen Rechtsnachfolgers des Erblassers zu [4]).

7. Die Haftung des Vermächtnisnehmers gegenüber den Verkehrsgläubigern des Erblassers [5]) sowie gegenüber jenen nicht verkehrsrechtlichen [6]), die mit einem Befriedigungsprivilegium versehen sind, soll zwar in anderem Zusammenhange erörtert werden [7]). Bemerkt sei jedoch, daß der Vermächtnisnehmer bis zur Höhe seiner Zuwendung von den Gläubigern erst in zweiter Reihe, d. h. dann in Anspruch genommen werden kann, wenn die Gesamtnachfolger von Todes wegen die Forderung nicht befriedigen konnten [8]). Sind mehrere Vermächtnisnehmer vorhanden, so müssen sie den Gläubigern gegenüber — innerhalb der soeben angegebenen Grenze — als Gesamtschuldner behandelt werden [9]), während in dem inneren Verhältnisse zueinander eine an der Höhe der Zuwendungen und des Gesamtnachlasses zu messende verhältnismäßige Aufteilung der getilgten Schuld des Erblassers erfolgt [10]).

§ 12. Ersatz- und Nachvermächtnisse.

1. Der Inhalt der Verfügungen von Todes wegen ist kraft Gesetzes nur insoweit beschränkt, als ausschließlich jene Arten von Zuwendungen in ihnen enthalten sein dürfen, welche das Gesetz zuläßt. Das besagt auch, daß die Bestimmung von Ersatz- und Nachberechtigten keineswegs auf die Einsetzung des Erben beschränkt bleibt. Es steht dem Erblasser vielmehr frei, sowohl Ersatz- wie auch Nachvermächtnisnehmer zu bestimmen [11]).

---

[1]) Diesbezüglich gilt dasselbe wie bei der Erbschaft. Arg. eadem ratione das betreffs des Nacherben entscheidende Urteil Mji Dt X, 52. K 1915. RP VII, 6793.

[2]) Vergl. bezügl. der Hypotheken *Grill* Dt I 649 K 1897 G 53 (hinsichtlich ihrer Zugehörigkeit zur Erbschaft), dasselbe muß auch für die Vermächtnisse gelten.

[3]) Es sei denn, daß aus der Verfügung das Gegenteil ersichtlich ist.

[4]) Er wird daher gegebenenfalls dinglich Berechtigter, doch muß sein dingliches Recht innerhalb der kritischen zwei Jahre dem Anfechtungsrechte des Massekurators auf Grund GA XVII, 1881 § 28 Punkt 1 (unentgeltliche Rechtsgeschäfte des Gemeinschuldners) weichen.

[5]) *Grill* Dt III 359 K I G 707, 1902.

[6]) Pflichtteilsberechtigte JKK I §§ 4, 7.

[7]) S. weiter S. 316 ff.

[8]) S. den in Anmerkung 11 S. 300 angeführten Fall. Desgleichen EUG § 1679.

[9]) Den Gläubigern des Erblassers gegenüber kommen die Vermächtnisnehmer, sofern sie überhaupt in Anspruch genommen werden, in keine bessere Lage als die Erben.

[10]) Hier greift ebenfalls die Analogie der Erben Platz.

[11]) Betreffs der Nachvermächtnisnehmer vergl. *Grill* Dt III 348 K 1898 I G 589, EUG § 1706.

Hierüber gelten im allgemeinen die hinsichtlich der Ersatz- und Nacherben aufgestellten Grundsätze [1].

2. Kraft der unmittelbaren Rechtsnachfolge, die, wie es schon oben [2] erwähnt war, auch hinsichtlich der Vermächtnisse gilt, erlangt der Vorvermächtnisnehmer ein beschränktes, dem Rechte des Nutznießers ähnliches Recht, indes dem Nachvermächtnisnehmer schon während der Schwebezeit eine dingliche Anwartschaft zukommt.[3] Diese fügt den Gegenstand des Vermächtnisses — sei dieser nun eine Sache, ein Recht, oder eine Forderung — dem dinglichen Machtkreise des Vorberechtigten nur lose an. D. h. mit dem Eintritt des die Nachberechtigung begründenden Ereignisses, welches als auflösende Bedingung wirkt, wird der Gegenstand des Vermächtnisses dem Rechtskreise des Vorvermächtnisnehmers nach den Grundsätzen der Vorerbschaft wieder entrissen und dem dinglichen Machtbereiche des Nachberechtigten zugewiesen.

§ 13. Auflagen.

Auflagen sind in den Verfügungen von Todes wegen enthaltene Verpflichtungen eines Rechtsnachfolgers des Erblassers, denen jedoch kein Recht des hierdurch zu einem Vorteil Gelangten entspricht, das ihm einen Anspruch auf Erfüllung geben würde [4].

Trotzdem die Erscheinung auch bei unentgeltlichen Zuwendungen unter Lebenden anzufinden ist [5], wird sie dennoch gewöhnlich ausschließlich im Erbrecht behandelt.

Hinsichtlich der Person des Beschwerten, sowie des Inhaltes der Auflage gelten im Großen und Ganzen die bei den Vermächtnissen ausgeführten Grundsätze [6].

Der Bedachte wird unentgeltlicher Nachfolger von Todes wegen, jedoch als solcher nach den für ihn günstigsten Grundsätzen des Nacherben und Nachvermächtnisnehmers behandelt [7].

Kraft des Testamentes, bezw. der Verfügung von Todes wegen a l l e i n kommt ihm zwar kein Erfüllungsanspruch zu, doch kann er in dem Verlaufe des Nachlaßverfahrens — etwa durch ausgesprochene Selbstunterwerfung des Erben unter die Auflage auch dazu gelangen ohne, daß hierdurch die Natur der Auflage eine Änderung erleiden würde [8].

Ist dem Bedachten auch kraft der Verfügung von Todes wegen allein

---

[1] Eadem ratione S. EUG § 1706 Abs. 3.

[2] Z. B. in dem in der Anmerkung 5 S. 301 angeführten Falle eine Forderung von 10 000 Gulden.

[3] K 589/1898 Grill Dt III S. 347, F. 247 spricht von beschränktem Eigentum derselben.

[4] Vergl. EUG § 1708, welcher aber dem Verpflichteten gegenüber jedes Forderungsrecht ableugnet, was m. A zu weit geht.

[5] Hierauf hat *Grosschmid*, der diese Erscheinung legatum und fideicommissum inter vivos nennt, aufmerksam gemacht. Vergl. Kapitel Bd. I S. 91 ff. 114 II 196, 1300.

[6] Eadem ratione.

[7] Eadem ratione. Vergl. EUG § 1712.

[8] So Mji Dt XI 125 K 1916 P I 7753. Es handelte sich um ein gemeinsames Testament, das die Frau als Erbin einsetzte mit der Auflage, daß sie nach ihrem Tode die Verwandten des Mannes ebenso wie ihre eigenen bedenken solle. Die Frau nahm diese Auflage bei der Nachlaßverhandlung als solche an, vermachte jedoch später ihr Vermögen trotzdem ihren eigenen Verwandten. Die Entscheidung fiel zugunsten der Verwandten des Mannes.

ein Erfüllungsanspruch versagt, so bleiben seine Interessen dennoch nicht ganz ohne Schutz. Es muß vielmehr sowohl dem hierzu kraft seines Amtes als befugt zu betrachtenden Testamentsvollstrecker, als auch dem erbrechtlichen Gegeninteressenten des Beschwerten, sei dieser nun der gesetzliche Erbe oder ein anderer [1]), und unter Umständen bei den Auflagen, die einem öffentlichen Interesse dienen, auch den behördlichen Organen[2]), zugestanden werden, die Erfüllung der Auflage mit den hierzu geeigneten Mitteln [3]) zu erstreben.

Ist dies wegen der nicht dem Beschwerten zur Last fallenden Unmöglichkeit nicht erreichbar, so entfällt die Auflage [4]), in dem entgegengesetzten Falle gelten die Vermächtnisregeln [5])

§ 14. Inhalt der gemeinsamen Testamente.

1. Der Inhalt der diesbezüglich gültigen Verfügungen von Todes wegen wird nicht dadurch beschränkt, daß sie von mehreren Personen gemeinsam vorgenommen werden [6]). Dies gilt vor allem für die gemeinsamen Testamente der Ehegatten, welche ebenso Erbeinsetzungen, Vermächtnisse, die Einsetzung von Nacherben und Nachvermächtnisse [7]) enthalten können wie die Einzeltestamente.

Eine umfangliche Erweiterung derselben ist darin zu erblicken, daß es den Ehegatten[8]), bezw. da das Privilegium des gemeinsamen Testamentes solchen vermeintlichen Ehegatten ebenfalls nicht versagt werden kann, deren vermeintliche Ehe bis an den Tod des einen durch die eheliche Lebensgemeinschaft verstärkt war [9]), auch den vermeintlichen Ehegatten frei steht, ihre beiderseitigen Vermögen zu dem Zwecke des gemeinsamen Testamentes in eine Vermögensmasse zu verschmelzen und über dieselbe einheitlich zu verfügen [10]).

2. Durch die Gemeinsamkeit des Testamentes der Ehegatten wird dasselbe aber kraft Gesetzes nicht eine einzige und noch viel weniger eine einheitliche Willenserklärung[11]). Daher ist es auch zu erklären, daß sowohl die Fehlerhaftigkeit desselben von dem Standpunkte jedes der Ehegatten selbständig zu beurteilen ist[12]), als auch. daß die Auslegung der einzelnen

[1]) EUG § 1711 Abs. 1, 2.

[2]) Wohl dem Vertreter der öffentlichen Stiftungen, vergl. *Grosschmid* a. a. O. I 117.

[3]) Gerichtliche Zeitfrist zur Erfüllung, sonst Geldstrafe und Eintreibung des Geldwertes der Leistung. Arg. EPG § 49.

[4]) Es bleibt niemand, der sie fordern könnte.

[5]) Eadem ratione.

[6]) S. weiter das über die Erbverträge Gesagte. Immerhin ist dies ein Privileg, das nur Ehegatten und Personen zukommt, die einen Erbvertrag schließen. FG §§ 13. 33. Andernfalls ist die gemeinsame Verfügung nichtig. FG §§ 13. 21. 33.

[7]) Auch solche, durch welche ausschließlich Dritte bedacht werden. *Grill* Dt III 364 K 2543, 1892.

[8]) Nur ihnen, sonst sind die betreffenden schriftlichen Privatverfügungen nichtig F. G. § 13.

[9]) Arg. die bei den gesetzlichen Erbrechten der vermeintlichen Ehegatten S. 258 Anm. 9 angeführten Entscheidungen. Die rechtsgeschäftliche Verfügung kann unmöglich an schärfere Voraussetzungen gebunden werden als die gesetzliche Erbfolge.

[10]) So betreffs der in Vermögensgemeinschaft lebenden Ehegatten, *Grill* Dt III 366 K 839, 1892, betreffs anderer daselbst 364 K 2543, 1892.

[11]) Arg. FG § 13.

[12]) Anfechtung, *Grill* Dt. III 368 K 7017, 1889.

Bestimmungen des gemeinsamen Testamentes [1]) und besonders die Frage, ob dieselben miteinander in wechselseitigem Zusammenhange stehen [2]), für jede einzelne Bestimmung besonders aufzuwerfen und zu lösen ist [3]).

3. Wird die letztere Auslegungsfrage in verneinendem Sinne beantwortet, so liegen zwei in eine Urkunde gefaßte Einzeltestamente der Ehegatten vor. Dasselbe gilt auch für die Beurteilung jener Verfügungen des gemeinsamen Testamentes, die als nicht wechselseitig angesprochen werden müssen [4]).

Anders steht es jedoch mit den wechselseitigen, d. h. den Bestimmungen, welche in Anbetracht und bedingt von einer entsprechenden Bestimmung des anderen Ehegatten getroffen wurden [5]).

Sind diese wechselseitigen Bestimmungen ausdrücklich [6]) oder aus den Umständen erkennbar [7]) mit dem Verzichte eines Widerrufsrechtes verbunden, so verstärkt sich das gemeinsame Testament zu einem Erbvertrage, welcher auch die Verfügungen unter Lebenden ausschließen kann [8]).

Sonst steht es zwar jedem der Ehegatten bis zu dem Tode des anderen frei, über sein Vermögen auch von dem Inhalte des gemeinsamen Testamentes abweichend, sowohl unter Lebenden, als auch von Todes wegen [9]), und zwar gleichgültig ob mit [10]) oder ohne Wissen des anderen Ehegatten, zu verfügen. Mit dem Tode des anderen Ehegatten aber erlischt dieses Recht, ja mit dem Antritte der dem überlebenden Ehegatten kraft des gemeinsamen Testamentes zugedachten Zuwendungen wird dieses sogar mit der Wirkung eines Erbvertrages versehen [11]).

4. Weder die Gemeinsamkeit, noch die Wechselseitigkeit des Testamentes vermag jedoch den überlebenden Ehegatten daran zu hindern, daß er die Tatbestandsfehler der Verfügung von Todes wegen geltend mache [12]):

---

[1]) So Mji Dt II 141 K 2136, 1907, III 137 K 5228, 1908 usw.

[2]) Z. B. die Bestimmung, daß einer der Ehegatten sein Vermögen seinen Verwandten hinterließ, kann eine selbständige sein, vergl. den zuletzt angeführten Fall.

[3]) Das kann dann selbstverständlich teilweise Ungültigkeit, Unwirksamkeit usw. zur Folge haben.

[4]) Der Zufall, daß die beiden Einzeltestamente in eine Urkunde gefaßt sind, hat weiter keine Folgen.

[5]) So — sehr genau — Mji Dt XI 43 K 1916 P I 6706.

[6]) Wenn sie als gegenseitige Bestimmungen gefaßt sind, Mji Dt X 92 K 1919 RP VII 2625, daselbst X 337 K 1916 RP I 3418 usw.

[7]) So Mji Dt V 89 K 4984 ex 1910, daselbst S. 148 K 1242, 1911, daselbst IX 314 Nagyvarader Tafel 1845, 1905 usw.

[8]) S. die an letzter Stelle angerufene Entscheidung, ferner sehr klar K 1918 P I 2261 (Mji Dt XII, S. 228, F. 168 II).

[9]) *Grill* Dt III 364 K 1543, 1892.

[10]) Arg. der an letzter Stelle angeführte Fall.

[11]) So betreffs eines gemeinsamen Testamentes, welches die Errichtung einer Stiftung bestimmte, Mji Dt II 237 K 5251, 1907.

[12]) Wird ja diese Wirkung selbst von einander unabhängigen, besonderen Testamenten solcher Personen (Liebesleute) zugeschrieben, die davon ausgingen. daß die Gegenpartei ihr zugunsten des Erblassers errichtetes Testament nicht widerrufen werde, Mji Dt IV 18 F. 7, spricht in einem solchen Falle geradezu von Täuschung des Erblassers.

Bringt dieses Geltendmachen das gemeinsame Testament, bezw. dessen wechselseitige Bestimmungen zu Falle, so wirkt dies auch auf die fehlerlosen zurück, da ja das Bestehen der gegenseitigen Bestimmungen voneinander abhängig ist [1].

Andernteils muß dem Widerrufe des einen Ehegatten — sofern derselbe überhaupt wirksam ist — die Reflexwirkung zugesprochen werden, die wechselseitige Bestimmung auch der Gegenpartei gegenstandslos zu machen [2]. Die Erben derselben haben daher das Recht, das Testament auf Grund des Widerrufes des erbenden Ehegatten anzufechten.

5. Die Rechte, welche in dem gemeinsamen Testamente dem überlebenden Gatten [3] oder Dritten verliehen werden, müssen dem Inhalte der Verfügung entnommen werden. Jedenfalls sind sie Nachfolgerechte von Todes wegen, unterstehen daher sowohl hinsichtlich ihrer Voraussetzungen [4] wie auch ihres Inhaltes [5] den allgemeinen Grundsätzen.

§ 15. Inhalt der Erbverträge.

1. Erbverträge haben zum Inhalt Bestimmungen und Verfügungen, wie sie die Testamente enthalten [6]. Der Unterschied liegt bloß darin, daß der durch die Verfügung von Todes wegen Bedachte [7] oder der interessierte Dritte [8] ein Recht dazu erlangt, nach dem Tode des Erblassers die vertraglich bestimmte Nachfolge von Todes wegen geltend zu machen.

Dieser Umstand beeinträchtigt aber weder die Voraussetzungen [9] — besonders die Hinderungs- und Ausschließungsgründe [10] — noch die Folgen der Nachfolge von Todes wegen, auf die daher verwiesen wird.

2. Vor dem Tode des Erblassers kommt dem Bedachten eine erbrechtliche Anwartschaft zu, die wegen des Verbotes der Übertragung und Belastung der Erbschaft eines Lebenden [11] zwar nicht vollkommen ver-

---

[1] Arg. der soeben angeführte Fall.

[2] Diese kann sowohl Vorerbe sein (Mji. Dt. VII 4 K 1526, 1912) als auch Erblasser des ganzen Vermögens, der durch das in dieser Beziehung als Vertrag zu behandelnde Testament dazu verhalten ist, das Vermögen gewissen Personen zu hinterlassen. Welche dieser Auslegungen in dem einzelnen Falle vorzuziehen ist, ist nach dem Inhalte des Testamentes zu bestimmen.

[3] Vgl. FG § 13, Abs. 1.

[4] Erbunfähigkeit, Unwürdigkeit, Unwirksamkeit wegen des Wegfalls einer Voraussetzung (Ehe, Verlöbnis) usw.

[5] Arten der Zuwendungen, die Abgrenzung der einzelnen Bestimmungen voneinander, die Auslegung usw.

[6] Nebenbestimmungen (Ernennung eines Vormundes für gemeinsame Abkömmlinge usw.) sind auch nicht ausgeschlossen.

[7] Bei den zweiseitigen Erbverträgen immer, bei den einseitigen dann, wenn sie Zuwendungen an die Gegenpartei enthalten. Arg. Mji Dt II 189 K 3092, 1907.

[8] Wenn es sich um einen Erbvertrag zugunsten Dritter handelt, *Grill* Dt III 389 K 1490, 1911 (Schenkung von Todes wegen zugunsten Dritter).

[9] Wird z. B. der bedachte Ehegatte nach Abschluß des Erbvertrages Ordensgeistlicher, so sind die allgemeinen Grundsätze der Erbunfähigkeit anzuwenden.

[10] Erbunwürdigkeit, *Grill* Dt III 389 K 1490, 1901.

[11] S. weiter S. 329.

kehrsfähig [1]), doch immerhin gegen Handlungen des Erblassers, die zu ihrer Benachteiligung oder Vereitelung führen würden, geschützt ist.

Daher darf der Erblasser den Gegenstand des Erbvertrages — sofern nichts Gegenteiliges bestimmt ist[2]) – unter Lebenden unentgeltlich weder veräußern [3]), noch belasten [4]), zerstören[5]), oder überhaupt eine Handlung vornehmen, die denselben ohne Gegenwert dem Vermögenskreise des in dem Vertrage Bedachten entziehen würde [6]) Eine Sicherung dieser Anwartschaft findet jedoch vor dem Tode des Erblassers nicht statt [7]).

Eine Verfügung von Todes wegen kommt dem Erblasser betreffs des Gegenstandes des Erbvertrages nach dessen Abschluß nicht mehr zu [8]). Erforderlich ist, daß der Erblasser, der infolge des Erbvertrages mit dem Verzichte des Widerrufes zweifellos seinen Rechtskreis bedeutend verringert, volle Geschäftsfähigkeit besitzt [9]), die Gegenpartei aber bloß über jene Geschäftsfähigkeit verfügt, die sie befähigt, das ihr Zugedachte entgegenzunehmen [10]).

4. Die Form des Erbvertrages ist schriftliche Privatverfügung oder öffentliche Verfügung von Todes wegen. [11])

5. Beide Parteien müssen, sofern sie Erblasser sind, den Erbvertrag persönlich abschließen[12]). Das gilt auch von den zulässigen vertraglichen Änderungen [13]). Die Partei, welche nicht Erblasser ist, kann sich auch vertreten lassen.

6. Eine besondere Art der Erbverträge sind die Schenkungen von Todeswegen [14]). Die letzteren unterscheiden sich von denen unter Lebenden darin, daß der Tod des Schenkenden nicht bloß die Bedingung der Zuwendung ist [15]), sondern auch als ihr Beweggrund betrachtet

[1]) Laut GO § 74 kann sie immerhin von den Gläubigern des Bedachten bedingungsweise gepfändet werden.

[2]) Dies ist zulässig, arg. Mji Dt XI 119 K 1916 RP I 6963.

[3]) Mji Dt IX 156 K 6173, 1914.

[4]) Unentgeltlich! (Eadem ratione.)

[5]) Eadem ratione.

[6]) Hierher gehören: Verarbeitung, Verbauen, Vermischen usw. Sie verpflichten den Erblasser zum Schadensersatze.

[7]) Arg. Mji Dt VII 4 K 1526, 1912, *Grill* Dt III 390 K 4975, 1899.

[8]) Die Praxis betrachtet als Kennzeichen des Unterschiedes zwischen gemeinsamen Testamenten und Erbverträgen eben die Unwiderruflichkeit, bezw — wie sie es auszudrücken liebt — den Verzicht auf die Widerrufbarkeit der Verfügung. So Mji Dt X 337 K 1916 RP I 3418 daselbst X 92 K 1915 RP VII 2625, daselbst II 237 K 5251, 1907 usw.

[9]) *Grill* Dt III 375 K 3934, 1903. Beschränkt Geschäftsfähige haben die Genehmigung des gesetzlichen Vertreters einzuholen. Die erwähnte Entscheidung erfordert sogar vormundschaftsbehördliche Einwilligung.

[10]) S. das bei der Geschäftsfähigkeit über diese Frage S. 116 Gesagte. FG § 33.

[11]) Vgl. FG § 33.

[12]) Es ist erlaubt mehrere Verfügungen von Todes wegen in einen derartigen Vertrag zu fassen. FG § 13.

[13]) Dies ist eine der Grundlagen des GA XVI, 1876, vergl. EUG § 1767.

[14]) GA XVI 1876 §§ 33, 35 lauten sogar so, als wenn die Schenkungen von Todes wegen von den Erbverträgen verschieden wären, doch wird dieser Unterschied durch keine praktischen Folgen erhärtet. Er ist daher als theoretisch fehlerhaft und praktisch wertlos fallen zu lassen.

[15]) In diesem Falle wären sie Schenkungen unter Lebenden, Mji Dt V 334 K 1577, 1191.

wird, der eine Nachfolge von Todes wegen mit all ihren Voraussetzungen [1]) und Folgen [2]) herbeiführen soll [3]). Ist hierbei dem Schenkenden ein Widerrufsrecht verblieben [4]), so handelt es sich trotz der eventuellen Annahme von seiten des Beschenkten bloß um ein Einzeltestament des Schenkenden [5]). Wurde vereinbart, daß der Schenkende die Verfügung nicht mehr widerrufen könne, so liegt ein Erbvertrag vor, der eine Vermächtnisbestimmung enthält.

7. Die Tatbestandsfehler der Erbverträge sind denen der Einzeltestamente gleich zu beurteilen [6]). Hierbei ist jedoch darauf zu achten, daß der Erbvertrag auf der Heranziehung und der Mitwirkung der Gegenpartei beruht [7]), daher wohl jener Teilbarkeit der einzelnen Bestimmungen kaum teilhaftig werden kann, die bei den Einzeltestamenten wiederholt hervorgehoben wurde [8]). In Ermangelung einer bewußten Praxis und bei Fehlen jedes Anhaltspunktes der Quellen kann man aber auch die absolute Unteilbarkeit des Erbvertrages kaum behaupten [9]). Man muß sich vielmehr hier wieder einmal mit dem Hinweis auf die Auslegung des Vertrages zufrieden geben.

8. Außer wegen eines Tatbestandsfehlers können die Wirkungen des Erbvertrages auch durch einseitige oder zweiseitige Willenserklärung der Parteien entkräftet werden.

Die zweiseitige Willenserklärung ist ein actus contrarius der Parteien, also entweder ein gemeinsam vorgenommener förmlicher Erbvertrag, welcher den ersten außer Kraft setzt [10]) oder eine gemeinsam vollbrachte „mittelbare" Widerrufshandlung, hinsichtlich deren kein Grund vorliegt, sie wegen der Vertragsform der Verfügung von Todes wegen nicht gelten zu lassen.

Ein einseitiges Rücktrittsrecht erhält der Erblasser durch die nachträgliche Verwirklichung eines Ausschließungsgrundes [11]), ferner durch die Nichtinnehaltung einer in dem Erbvertrage eingegangenen und in dem Verhältnisse zwischen Erblasser und Bedachten [12]) als eine Art Entgelt

---

[1]) Betreffs der Ausschließungsgründe (grober Undank), arg. Mji Dt VI 87 K 3449, 1911.

[2]) Demnach ist der Beschenkte kein Verkehrsgläubiger, sondern Vermächtnisnehmer, Mji Dt VII 295 K 6368, 1912.

[3]) Demnach Eigentum auch ohne Übergabe usw.

[4]) Was hier ebenfalls Auslegungsfrage ist, vergl. *Grill* Dt III 389, K 1490, 1901,

[5]) Die Annahmeerklärung des Beschenkten kommt erbrechtlich gar nicht in Betracht, deshalb kann GA XVI, 1876 § 35 von einer widerrufbaren Schenkung von Todes wegen sprechen, Mji Dt VII 295 K 6368, 1912.

[6]) Arg. eadem ratione.

[7]) Auch dann, wenn diese nur bedacht ist.

[8]) S. S. 278.

[9]) Anders EUG § 1783, übrigens auch nur dann, wenn die Parteien nichts anderes beabsichtigen.

[10]) Arg. GA XVI, 1876 § 35, welcher übrigens die Erbverträge nicht erwähnt, doch folgt die zweiseitige Widerrufbarkeit aus der heute ganz allgemeinen der Verträge, die Förmlichkeit hingegen aus der Gleichheit des contrarius actus mit dem Begründungsgeschäfte.

[11]) Mji Dt VI 87 K 3449, 1911 (grober Undank).

[12]) Dritten gegenüber ist der Erbvertrag als entgeltloser zu behandeln.

zu betrachtenden Verpflichtung von seiten des Bedachten [1], endlich durch den Wegfall einer Voraussetzung des Vertrages: z. B. die Beendigung der bestehenden oder das Nichtzustandekommen der geplanten Ehe der Vertragschließenden [2], die nachträgliche Geburt eines Pflichtteilserben des Erblassers [3] u. dergl. m.

Die Pflichtteilserbfolge.

1. Die Pflichtteilserbfolge tritt ein, wenn gültige [4] und unentgeltliche Zuwendungen des Erblassers das gesetzlich gewährleistete Nachfolgerecht von Todes wegen der Pflichtteilsberechtigten außer acht lassen. Gleichgültig ist, ob die fraglichen Zuwendungen des Erblassers solche unter Lebenden [5] oder von Todes wegen sind [6], ferner ob formlose Schenkungen [7], Verfügungen von Todes wegen [8]. Die unbegründete Entziehung des Pflichtteiles [9] Scheinverkäufe der Nachlaßsachen und -werte von seiten des Erblassers [10] und andere ähnliche Tatbestände bringen das Pflichtteilsrecht in gleicher Weise zum Entstehen.

Die Pflichtteilserbfolge ist demnach eine gesetzliche Nachfolge von Todes wegen zwingender Natur zugunsten gewisser privilegierter Personen.

Die Pflichtteilsberechtigten müssen positive und negative Voraussetzungen erfüllen.

Positive Voraussetzung ist eine gewisse Verwandtschaft mit dem Erblasser. Und zwar sind zu dem Pflichtteile berechtigt: die ehelichen [11] — und innerhalb der mütterlichen Familie jetzt auch schon die unehelichen — Abkömmlinge [12], sodann die an Kindes statt Angenommenen [13] und ihre Abkömmlinge [14] nach den Grundsätzen des Vertretungsrechtes,

[1] Vernachlässigung des zur Pflege übernommenen Erblassers usw. Das Rücktrittsrecht kann auch von den Nachfolgern des Erblassers ausgeübt werden.

[2] Arg. Ehg §§ 89, 105.

[3] Arg. eadem ratione der von dem Einzeltestamente handelnde Fall, K 7487, 1889 (*Grill* Dt III, S. 373, F. 265).

[4] JKK I § 7 Abs. 2 meinte noch, daß die Verfügung von Todes wegen, soweit sie den Pflichtteil außer acht ließ „diesbezüglich nichtig" sei. Die Praxis hat es jedoch abgelehnt, die Folgerungen dieser Auffassung zu ziehen und besonders auszusprechen, daß der Pflichtteil als dingliches Recht an den Erbschaftssachen zu behandeln sei, was sich jetzt sehr unvorteilhaft fühlbar macht. GA XVI, 1894 § 77 betont im Gegenteil wiederholt die als Pflichtteil geforderte Summe, was darauf deutet, daß das Testament gültig und bloß mit der gesetzlichen Belastung vermindert erscheint, die Pflichtteilssumme auszufolgen.

[5] JKK I § 8.

[6] Daselbst § 7 Abs. 1.

[7] *Grill* Dt III 450 K 878, 1887.

[8] Etwa, wenn der Pflichtteilsberechtigte zwar bedacht wird, jedoch auch hinsichtlich seines Pflichtteiles mit einem Nacherben belastet wurde, Mji Dtar XI 114 K 1916 RP I 7628.

[9] Ist sie begründet, so liegt Enterbung vor.

[10] Mji Dt IX 46 K 1887, 1914 usw. Hier wird die im Familienrechte erwähnte Bösgläubigkeitsvermutung von seiten des Erblassers besonders praktisch.

[11] Eine gleiche Behandlung wird auch den aus vermeintlichen Ehen stammenden Kindern zuteil, Trip. I 106.

[12] Mji Dt X 209 K 1915 RP I 10 609.

[13] Arg. der in der vorigen Anmerkung angeführte Fall.

[14] Die Angenommenen nach dem Vermögensstande des Erblassers bei der Annahme, Mji Dt V 10 K 4082, 1890. S. weiter.

die bei der gesetzlichen Erbfolge ausgeführt wurden, endlich die Eltern, d. h. der eheliche Vater und die — sei es eheliche, sei es uneheliche — Mutter [1]).

Negative Voraussetzung der Pflichtteilserbfolge ist das Fehlen eines Hinderungsgrundes der Nachfolge von Todes wegen. Trotzdem JKK I. § 7 mit Beziehung auf Tripartitum I, 52, 53, betont, daß das Pflichtteilsrecht ausschließlich den dort aufgezählten Enterbungsgründen zu weichen hat, muß man auf Grund der Praxis dennoch dabei beharren, daß die veralteten Tatbestände Werböczys bloß als die etwas schwerfällige Umschreibung des gesetzespolitischen Gedankens dienen, der jeden der Erbfolge Unwürdigen auch des Pflichtteils beraubt.

Man hat demnach die Handanlegung an die Eltern, die falsche Anschuldigung derselben, den Anschlag auf ihr Leben, das Verprassen der väterlichen Güter in Gesellschaft von Taugenichtsen, endlich die Nichtauslösung der Eltern aus der Kriegsgefangenschaft ebenso wie die entsprechenden und hinsichtlich des Kindes aufgezählten Tatbestände [2]) Werböczys in dem heutigen Sinne zu verstehen und in die Kriterien der Erbunwürdigkeit zu fassen, die bei der Erläuterung der Grundbegriffe schon ausgeführt wurden [3]).

Die Erbunwürdigkeit des Pflichtteilsberechtigten schließt ihm daher nach der Wahl des Erblassers von der Erbfolge ganz aus oder beschränkt die letztere auf den Pflichtteil, soweit der Erblasser es so für gut befindet [4]).

Schweigt der Erblasser, so bleibt es seinen rechtsgeschäftlichen unentgeltlichen Nachfolgern, die von den Pflichtteilsberechtigten zur Tilgung ihrer Ansprüche herangezogen werden, noch immer unbenommen, die Erbunwürdigkeit des Berechtigten zu erweisen und so von der Befriedigung des Pflichtteiles befreit zu werden [5]).

Im übrigen sind die bei den Voraussetzungen der Nachfolge von Todes wegen ausgeführten Grundsätze entsprechend anzuwenden.

---

[1]) Arg. JKK I § 8 und die Praxis hinsichtlich der unehelichen Kinder.

[2]) Vergl. die in Trip. I 52, 53 angeführten Aufteilungsfälle des gemeinsamen Vermögens zwischen Vater und Kind, welche JKK als Enterbungsgründe anruft. Die Praxis war erst geneigt, sie wörtlich zu nehmen, verstand sie aber dann — allerdings ohne dies auch bewußt zum Ausdrucke zu bringen — in dem angeführten Sinne. Zugunsten des Kindes betrachtet *Werböczy* als Aufteilungsgründe: Verprassen oder unbegründete, den Abkömmling schädigende Entziehung der Vermögensgüter, Vernachlässigung des Vermögens, unbegründete und unverschuldete scharfe körperliche Züchtigung des Abkömmlings, das Verbot der Eingehung einer Ehe, den Zwang des Abkömmlinges, eine verbotene Handlung zu verwirklichen. Trip. I 53.

[3]) Schon *Werböczy* erfaßte den Sinn der Enterbungsgründe in der trefflichen Formel „si . . . aliam gravem et notabilem injuriam eis (je nach dem parentibus, oder pueris) intulerit".

[4]) Er hat das Recht, die Enterbung mit einer das gesetzliche Erbrecht an Umfang nicht erreichenden Beteiligung zu ersetzen.

[5]) Dies folgt daraus, daß der Pflichtteilsberechtigte gemäß der 43. Vollentscheidung der Kurie (*Grill* Dt III 3) sowie K 2345, 1902 (daselbst 397), welche in der Klageerhebung wegen des gesetzlichen Erbteiles auch die Forderung des Pflichtteiles erhoben sieht, als Nachfolger von Todes wegen zu betrachten ist und einem solchen gegenüber den übrigen und besonders den Gesamtnachfolgern die Geltendmachung der Unwürdigkeitsgründe unmöglich versagt werden kann.

3. Der Pflichtteilsanspruch verleiht ein Sondernachfolgerecht von Todes wegen[1].

Er verleiht dem Berechtigten ein Nachfolgerecht von Todes wegen, erfordert daher alle Voraussetzungen eines solchen[2]) und wird, sei es von Todes wegen[3], sei es gewöhnlich auch unter Lebenden[4], erst dann übertragbar, wenn er infolge des Todes des Erblassers[5] zum Entstehen gelangt war.

Er ist aber auch als Sondernachfolgerecht von Todes wegen zu betrachten. Einmal, weil er gewöhnlich in einer Geldforderung besteht[6], deren Größe zwar in letzter Reihe von der Größe des Nachlasses abhängt[7], ohne daß er aber grundsätzlich als ein Bruchteil des ganzen Nachlasses aufzufassen wäre und den Pflichtteilsberechtigten mit der Vermögensmasse des Erblassers in derartige unmittelbare Beziehungen brächte, die den Erben kennzeichnen[8].

Wird daher — was gewöhnlich der Fall ist — der Pflichtteil in Geld zu befriedigen sein, so muß man ihn als ein gesetzliches Geldvermächtnis betrachten[9]. Kommt es hingegen dazu, daß der Berechtigte die Befriedigung in natura erstreben darf, was u. U. dann eintritt, wenn der Pflichtteilsberechtigte mit seinerseits angenommeenn und in den Pflichtteil einzurechnenden Sachvermächtnissen bedacht wird[10], oder wenn es wegen der Verhältnisse nicht gut möglich ist, den Bargeldwert des Nachlasses zu bestimmen[11], dann kommt dem Berechtigten nicht ein schon kraft Gesetzes dem Rechte des Erblassers gleiches dingliches Recht an der Sache zu, sondern bloß eine Forderung auf ihre Überlassung[12].

---

[1]) Vergl. die in der vorigen Anmerkung angeführten Fälle, die die Nachfolge von Todes wegen unzweifelhaft machen, obzwar sie in der Art gehalten sind, als ob der Pflichtteilsberechtigte Gesamtnachfolger wäre, was aber durch die klare Fassung GA XVI, 1894 § 77, der beständig von einer Geldforderung des Pflichtteilsberechtigten spricht, sowie durch die unten angegebenen Folgen der Pflichtteilserbfolge widerlegt erscheint.

[2]) Nach der soeben angeführten 43. VE der Kurie übergeht das Recht, sofern der Berechtigte es nicht geltend gemacht hatte, auch auf dessen Nachfolger von Todes wegen, nicht aber (gegen dessen Willen) auf seine Gläubiger (17. REE der Kurie Mji Dt XI 209).

[3]) Innerhalb der Grenzen der gültigen Verträge über die Erbschaft eines Lebenden und auf Grund GA XVI: 1894 § 77, kann es aber, wenn auch auf Umwegen, dennoch unter Lebenden einen Verkehrsgegenstand bilden.

[4]) S. die vorige Anmerkung.

[5]) Über die Wirkung der Todeserklärung s. S. 51 ff.

[6]) Vergl. GA XVI, 1894 § 77, Mji Dt IX 156 K 1914 P 3619.

[7]) JKK I § 7 setzt die Höhe des Pflichtteils der Kinder auf die Hälfte dessen fest, was sie als gesetzliche Erben erhalten würden.

[8]) S. weiter.

[9]) Der Gedanke des Vermächtnisses de lege, den *Grosschmid* für das Heimfallsvermögen verwertete, leistet auch bei der Erklärung des Witwenrechtes, der Witwenerbfolge und der Pflichtteilserbfolge ausgezeichnete Dienste.

[10]) So der in Anmerkung 6 angeführte Fall. Sodann auch, wenn die Gesamtnachfolger dagegen keinen Einspruch erheben, Mji Dt III 349 K 1969, 1909.

[11]) Etwa wegen der von dem Pflichtteilserben nicht angefochtenen Anfangsfrist oder Bedingung. So *Grill* Dt III 416 K 3453, 1897. (Der Pflichtteilserbe war als Vorerbe eingesetzt.) Jetzt wohl auch wegen des rasch wechselnden Geldwertes.

[12]) Daher ist auch bei Ansprüchen auf gebuchte Grundstücke die Anmerkung des Prozesses, welche die Praxis ausschließlich dinglichen Ansprüchen vorbehält (11 VE der Kurie *Grill* Dt I 391), nicht zugelassen, Mji Dt IX 270 K 1915 Pk. V 150.

Die Forderung des Pflichtteilsberechtigten muß aber nicht nur wegen ihres Umfanges und Inhaltes, sondern auch wegen der mit ihr verbundenen Haftung als eine Sondernachfolge von Todes wegen angesehen werden.

Die Haftung gegenüber den Verkehrsgläubigern des Erblassers steht zwar selbstverständlich fest, ja man kann eigentlich vor der Befriedigung derselben von keinem Pflichtteilsrechte sprechen. Die Reihenfolge der Haftung [1], welche den Gesamtnachfolger und [2] unbedingt auch jene Einzelnachfolger des Erblassers, die dem Pflichtteilsberechtigten zu weichen haben: wie den Vermächtnisnehmer [3], die kraft ihres Witwenrechtes die Verlassenschaft oder den Heimfallsvermögensteil nutznießende Witwe [4] in die erste Reihe stellt und den Pflichtteilsberechtigten nur in dem Falle verantwortlich macht, wenn der Verkehrsgläubiger von diesen keine Befriedigung mehr erlangen kann [5], beweist es m. E. ganz unzweifelhaft, daß der Pflichtteilsberechtigte nicht bloß ein Sondernachfolger von Todes wegen des Erblassers ist, sondern sogar unter dessen Sondernachfolgern eine geradezu privilegierte Stelle einnimmt, die sich übrigens auch in dem Verhältnisse der unentgeltlichen Nachfolger des Erblassers untereinander äußerte [6].

4. Die Eigentümlichkeit der Sondernachfolge des Pflichtteilsberechtigten kommt auch in der Person des grundsätzlich zur Tilgung des Anspruches Verpflichteten zum Ausdrucke. Verpflichtet erscheint nämlich grundsätzlich von dem Standpunkte des Pflichtteilsanspruches aus der Gesamtnachfolger von Todes wegen. Die Einzelnachfolger sind nur dann verpflichtet, wenn der Gesamtnachfolger nach den Grundsätzen der beschränkten Haftung hierzu nicht angehalten werden kann [8].

Von den Einzelnachfolgern kommen vor allem die Nachfolger von Todes wegen in Betracht, und zwar sowohl die rechtsgeschäftlichen: die Vermächtnisnehmer [9], als auch — wenn es nottut — die gesetzlichen: die Witwe kraft der Witwenerbfolge oder kraft ihres Witwenrechtes [10].

---

[1] In erster Reihe sind die Gesamtnachfolger verantwortlich, Jogt. Közl. Dt. Alte Folge Bd. IX 207.

[2] Daselbst.

[3] Arg. *Grill* III 426 K 1244, 1899, nach der die Forderung der Vermächtnisnehmer der des Pflichtteilsberechtigten im Range nachsteht.

[4] Arg. Mji Dt VI, S. 9, F. 6, K 3329, 1911, dieses Urteil stellt das Witwenrecht nur dann nicht dem Pflichtteilsrechte nach, wenn die Witwe ihren Unterhalt nicht befriedigen kann.

[5] Der Grund ist gleichgültig. (Unzulänglichkeit der Erbschaft oder deren Vergeudung, Verpfändung, wobei jedoch darauf zu achten ist, daß den Gläubiger keine Fahrlässigkeit belaste.)

[6] Besonders durch die Abstufung der Verantwortung und die Sicherungsmöglichkeiten des Pflichtteilsberechtigten. S. weiter.

[7] GA XVI, 1894 § 89 usw.

[8] Arg. *Grill* Dt III 451 K 2704, 1898, Mji Dt VII 294 K 12, 1913.

[9] Arg. Jogt. Közl. Dt. Alte Folge IX 207.

[10] Arg. hinsichtlich des Witwenrechtes, Mji Dt VI S. 9, F. 6 K 3329, 1911, hinsichtlich der Witwenerbfolge die ratio der Verantwortung der Vermächtnisnehmer. Eltern können aber ihren Pflichtteil nur nach Beendigung des Witwenrechtes fordern, Mji Dt IX 242 K 4711, 1914.

Dieses hat aber dem Pflichtteile unbedingt nur dann zu weichen, wenn die Witwe aus der Nutznießung der ihr kraft desselben zufallenden Vermögensgüter und Werte die zu ihrem Unterhalte nötigen Bedürfnisse befriedigen kann [1]. Sonst hat der Pflichtteilsberechtigte mit der Befriedigung seines Anspruches bis zur Beendigung des Witwenrechtes zu warten [2]. Die Sondernachfolger von Todes wegen sind in zweiter, doch nicht in letzter Reihe für den Pflichtteilsanspruch verantwortlich. In dritter und letzter Reihe kann sich der Berechtigte an die unentgeltlichen Sondernachfolger des Erblassers unter Lebenden wenden, vorausgesetzt, daß die unentgeltlichen Zuwendungen das nach den weiter unten auszuführenden Grundsätzen zu berechnende Vermögen des Erblassers um mehr als die Hälfte desselben verringerten [3].

Die Reihenfolge der unentgeltlichen Zuwendungen, deren Erwerber von seiten des Berechtigten zur Ergänzung des Pflichtteiles angehalten werden können, ist der neueren Praxis nach nebensächlich [4]. Ebenso nebensächlich muß auch die Zeit der Zuwendung betrachtet werden, obzwar man sich gegebenenfalls wohl kaum [5] dem Gedanken der Verjährung gegenüber, der auch betreffs des Pflichtteiles in mehrfacher Hinsicht zu Worte gelangte [6], ganz taub stellen könnte. Sind mehrere zur Befriedigung Verpflichtete gleichen Ranges zur Verantwortung zu ziehen, so muß wohl innerhalb der einzelnen Kategorien eine der nötigen Ergänzung des Pflichtteiles und dem Rechnungswerte der Zuwendung angemessene verhältnismäßige Aufteilung behauptet werden [7]. Wenigstens in dem Bereiche der Sondernachfolger, während die Gesamtnachfolger bis zur Höhe ihrer Erbschaft für den Pflichtteil dem Berechtigten eben so verantwortlich sind wie den Verkehrsgläubigern [8].

5. Die Höhe des Pflichtteiles beträgt bei Abkömmlingen die Hälfte dessen, was sie als gesetzliches Erbteil erlangen würden [9], bei Eltern hin-

---

[1]) S. Mji Dt VI 9 K 3329, 1911. Gemeint ist wohl der standesgemäße Unterhalt der Witwe.

[2]) Daselbst. Dasselbe gilt auch, wenn das Nachlaßvermögen mit dem (Verkehrs-)Nutznießungsrecht eines Dritten belastet ist, Mji Dt V 35, F. 21, K 4072, 1910, K 1917 P I 4420 (Mji Dt XII, S. 59, F. 51).

[3]) S. weiter. JKK I §§ 4 Abs. 2, 8.

[4]) Arg. Mji Dt XII 59 K 1917 RP I 5886 usw. Eigentümlicherweise werden die innerhalb der gesetzlichen Erbfolge stehenden Beschenkten nicht nach dem Verhältnisse der ganzen Zuwendung, sondern nur jenes Teiles derselben verantwortlich gemacht, welcher ihren gesetzlichen Erbteil übersteigt, Mji Dt X 90 K 1915 RP I 8144 usw. Die Praxis wäre zu verstehen, wenn sie das Minimum der verantwortungsfreien Schenkung mit der Höhe des Pflichtteiles bestimmen würde. So scheint sie aber eine übermäßige Begünstigung des Beschenkten zu enthalten.

[5]) Arg. *Grill* Dt. III 431 K 4320, 1885, wo — zwar mit anderer Begründung — die Einrechnung einer vor 1848 erfolgten Schenkung in den Rechnungswert des Pflichtteiles (s. weiter) nicht zugelassen wurde.

[6]) So betreffs der Verjährung des Pflichtteilsanspruches (zwar während der Geltungszeit des ÖBGB), *Grill* Dt. III 397 K 9128, 1894.

S. auch den in *Grill* Dt III 430 enthaltenen (K 4320, 1885 schon angeführten) Fall.

[7]) Arg. hinsichtlich der Beschenkten, Mji Dt XII S. 59, F. 52 K 1917 RP I 5886, ferner 1917 P I 7115 (Mji Dt XII S. 252, F. 185).

[8]) Mji Dt VII 294 K 12, 1913.

[9]) JKK I § 7 Abs. 2, der bezüglich der Eltern nicht sehr glücklich gefaßt wurde.

gegen die Hälfte dessen, was ihnen und zwar jedem Elternteil ganz unabhängig von dem anderen als Heimfallsgut oder als Heimfallswert zufallen würde [1]).

Die Rechnungsbasis bildet daher der Nachlaß des Erblassers in dem Zeitpunkte seines Todes [2]). Als Aktiven kommen jedoch nicht bloß die damals wirklich in seinem Vermögenskreise vorhandenen Werte und Rechte in Betracht, sondern auch die sei es dem Pflichtteilsberechtigten [2]), sei es Dritten gemachten [3]) unentgeltlichen Zuwendungen unter Lebenden, und zwar diese in dem Werte, den sie zur Zeit der Zuwendung hatten [4]). Kommt bei der Berechnung Heimfallsgut oder Heimfallswert in Betracht, welcher zur Zeit des Erbanfalles schon nicht dem Vermögensbereich des Erblassers gehörte, so muß dessen Entgelt in Rechnung gezogen werden [5]). Deckt eine scheinbar entgeltliche Veräußerung ganz oder teilweise eine unentgeltliche, so ist sie als solche in der Höhe des vorgetäuschten, den wirklich geleisteten übersteigenden Scheinentgeltes zu betrachten [6]).

Ist der Berechnungswert des Nachlasses festgelegt, so wird die Höhe des Pflichtteiles klar, wenn man bei Abkömmlingen die Höhe des Nachlasses mit der zweifachen Zahl der hinsichtlich ihres Pflichtteiles unbefriedigten [7]) Kinder des Erblassers teilt. Dies bildet jedoch bloß den ideellen Wert des Pflichtteiles eines Stammes. Der wahre wird gefunden, wenn man die den Berechtigten einzurechnenden unentgeltlichen Zuwendungen abzieht. Von den einzurechnenden Zuwendungen sind die in den Verfügungen von Todes wegen enthaltenen besonders zu erwähnen. Bezüglich der übrigen muß auf die betreffs der Einrechnung der Nachfolger von Todes wegen unten [8]) zu erfolgenden Erörterungen verwiesen werden. Innerhalb eines Stammes erfolgt die Berechnung des Pflichtteiles nach den allgemeinen bei der gesetzlichen Erbfolge schon ausgeführten Grundsätzen der Vertretung. [9])

Der Pflichtteil der Eltern besteht aus der Hälfte des Heimfallsgutes oder vielmehr in den meisten Fällen des Heimfallswertes [10]), der dem Erblasser von dem Zweige der Familie zukam, dessen Zweigvorfahr oder verbindendes Mitglied der in Frage stehende Elternteil ist. Betreffs der Ein-

---

[1]) *Grill* Dt III 412 K 2620, 1884.

[2]) Arg. Mji Dt V 11 K 3657, 1910.

[3]) Dieselbe Behandlung wird auch jenen Werten zuteil, die dem Ehegatten des Berechtigten unentgeltlich zugekommen sind, Mji Dt V 154 K 296, 1911. Die besondere Berechnung nach jedem Elternteil, die sich übrigens aus der Rechnungsbasis: dem Heimfallsvermögen auch von selbst ergibt, betont scharf Mji Dt VII 213 K 4799, 1913.

[4]) Daselbst. Den Wertzeitpunkt betont Mji Dt XI 295 K 1917 P I 1407.

[5]) Dies folgt aus dem Gedanken der Redintegration, welche bei der Berechnung des Pflichtteiles der Eltern nicht außer acht gelassen werden darf.

[6]) Bezüglich der Scheingeschäfte, wo die Unentgeltlichkeitsvermutung der Geschäfte zwischen Verwandten eine wichtige Rolle spielt, vergl. u. a. Mji Dt IX S. 46, F. 41, K 1914 P I 1887. Die Entscheidung hebt auch die in dem Texte erwähnten gemischten Geschäfte hervor.

[7]) Arg. Mji Dt IX 275 Fall 268, K 1914 P III 5196 (welche Entscheidung das freie Verfügungsrecht des Erblassers enthält).

[8]) Siehe S. 316.

[9]) Siehe S. 254.

[10]) Wird doch der Pflichtteil der Eltern grundsätzlich ebenso in Geld ausgefolgt, wie der der Abkömmlinge. Hier gilt das schon Ausgeführte.

rechnung vorauserhaltener Zuwendungen gilt hier dasselbe, wie bei dem Pflichtteil der Abkömmlinge, und besonders ist hier auch die in umgekehrter Richtung des öfteren verwertete Vermutung in Betracht zu ziehen, daß unentgeltliche Zuwendungen, die Abkömmlinge von ihren Eltern erworben hatten, zur Hälfte als von dem Vater, zur anderen Hälfte hingegen als von der Mutter stammend zu gelten haben [1].

6. Der Pflichtteil ist dem Berechtigten, von den soeben behandelten begründeten Einrechnungen abgesehen, von jeder inhaltlichen und zeitlichen Beschränkung frei auszufolgen.

Als inhaltliche und zeitliche Beschränkung wird auch jede Belastung desselben mit einer Nacherbschaft betrachtet [2]. Zwar kann der Erblasser die Anfechtung des Testamentes mit der Wirkung verbieten, daß der Pflichtteilsberechtigte nach der Anfechtung desselben, wenn auch die letztere bloß die ungekürzte Ausfolgung des Pflichtteiles bezweckte, ausschließlich den Pflichtteil, nicht aber auch die ihm in der Verfügung von Todes wegen gemachte rechtsgeschäftliche Zuwendung erlange [3]. Hat jedoch der Erblasser keine derartige Bedingung gestellt, so liegt kein Hindernis vor, die rechtsgeschäftliche Verfügung als teilbar zu betrachten und einesteils den Pflichtteil ungekürzt dem Berechtigten auszufolgen, andernteils hinsichtlich der der freien Bestimmung des Erblassers überlassenen Verfügung die dem Pflichtteilserben vorgeschriebene Beschränkung gelten zu lassen [4].

6. Die Pflichtteilsforderung wird mit dem Zeitpunkte des Erbanfalles fällig [5]. Daher hat der Verpflichtete dem Berechtigten von diesem Zeitpunkte an die gesetzlichen Zinsen zu vergüten [6]. Dies begreift auch den Satz in sich, daß, wenn der Pflichtteil wegen der schon erwähnten außerordentlichen Umstände nicht in Bargeld zu befriedigen ist, von dem Zeitpunkte der Fälligkeit an dem Berechtigten, soweit die Parteien keine andere Vereinbarung getroffen hatten, auch die Nutzungen und Früchte der in natura auszufolgenden Sachen oder Rechte zu vergüten sind [7].

Die unentgeltliche Natur und der dem Unterhaltsanspruche ähnliche rechtspolitische Grundgedanke des Pflichtteilsrechtes: die möglichste

---

[1]) Mji Dt VII 213 K 4799, 1913.

[2]) Sei es nun, daß der Pflichtteilsberechtigte als Vorerbe oder als Nacherbe eingesetzt wird. Dies gilt aber u. U. dennoch nicht als unerlaubte Beschränkung, und zwar dann nicht, wenn der Pflichtteilserbe hierdurch einen Vermögensvorteil erlangt, welcher den Wert des Pflichtteils erreicht, oder gar übersteigt. Arg. Mji Dt VII 61 K 2541, 1912.

[3]) So Mji Dt XI 114 K 1916 RP I 7628, daselbst X 52 K 1915 RP I 6793, daselbst IX 41 K 1914 P 4002 usw., Mji Dt X 12 K 1915 RP I 2285 enthält in klarer Fassung den Rechtssatz, daß in dem Falle der in dem Texte erwähnten Teilbarkeit der Leistung der Pflichtteilsberechtigte die Beschränkung nur betreffs des ihm gegen die Verfügung von Todes wegen nicht zukommenden Teiles zu dulden hat.

[4]) S. den in der letzten Anmerkung angeführten Fall.

[5]) *Grill* Dt III 421 F. 299 K 9911, 1891.

[6]) Daselbst, ferner arg. S. 422 K 6663, 1901

[7]) Dies folgt daraus, daß die Zinsen die Nutzungen des Geldwertes vergüten sollen, der Berechtigte kann daher nicht deshalb zu Schaden kommen, weil der Pflichtteil wegen zufälliger Umstände nicht in Geld, sondern in natura befriedigt wird. Besonders klar ist dies in den Fällen, wenn die Naturalleistung nicht auf ausschließlichen Wunsch des Berechtigten erfolgte, doch kann dessen Benachteiligung auch in diesem Falle nicht gebilligt werden.

Aufrechterhaltung der Lebensführung des Berechtigten, kommt dadurch zur Geltung, daß die unbegründete, längere Zeit hindurch andauernde Versäumnis der Geltendmachung des Pflichtteiles dem Berechtigten [1]) auch die bis dahin fälligen Nutzungen, Früchte und Zinsen des Pflichtteils entzieht.

7. Die Pflichtteilsforderung genießt einen besonderen Schutz, welcher einerseits geeignet ist, die ihre Hintertreibung bezweckenden unentgeltlichen Zuwendungen des Erblassers zu verhindern, andererseits aber auch die schon vorgenommenen ihrer schädlichen Wirkung nach Möglichkeit zu entkleiden.

Den Pflichtteil schädigende unentgeltliche Verfügungen unter Lebenden werden durch die den Pflichtteil sichernde gerichtliche Sperre verhindert [2]). Sie erfolgt, wenn verschwenderische Handlungen des Erblassers den Pflichtteil des Berechtigten gefährden [3]). Die Entmündigung des Erblassers ist hierzu nicht erforderlich [4]). Ist jedoch ein Entmündigungsverfahren anhängig gemacht, so kann die Sicherungssperre ohne die Einwilligung des Berechtigten nicht vor dem Zeitpunkte beendigt werden, in dem endgültig [6]) feststeht, daß eine Entmündigung wegen Verschwendung nicht eintreten wird [7]). Das Verfahren kann selbstverständlich auch wegen Verschwendung, Geistesschwäche, Geisteskrankheit oder Taubstummheit eingeleitet sein, die Sicherungssperre erfolgt aber dennoch nur von dem Gesichtspunkte aus, ob das Verhalten des Erblassers Grund zu der Annahme gibt, daß er den Pflichtteil verprassen würde [8]):

Die Sicherungssperre erfolgt auf dem gewöhnlichen Wege der Sperre: hinsichtlich der Fahrnissachen [9]) und Rechte durch gerichtliche Zusammenschreibung und Einführung eines Sperreverwalters, hinsichtlich gebuchter Grundstrücke durch grundbucliche Anmerkung und hinsichtlich der Nutzungen derselben auf die Art, wie bei den Fahrnissachen [10]).

Die Sicherungssperre bewirkt die Unwirksamkeit der ihr folgenden unentgeltlichen und den Pflichtteil schädigenden Zuwendungen des Erblassers, ohne daß sie jedoch während der Lebzeiten des Erblassers dem Pflichtteilsberechtigten ein Anfechtungsrecht der betreffenden unentgeltlichen Zuwendungen verleihen würde [11]).

8. Nach dem Tode des Erblassers steht dem Berechtigten ein solches Anfechtungsrecht bis zur Höhe seiner Forderung jedoch

---

1) Mji Dt IX 314 K 1915 RP I 2522.
2) JKK I § 4 Abs. 1.
3) JKK a. a. O. spricht von „Fällen der Verschwendung"; ohne konkrete Tatsachen, aus welchen die verschwenderischen Handlungen erhellen, kann die Sicherungssperre nicht Platz greifen, Mji Dt X 140 K 1916 P II 9122.
4) Arg. *Grill* Dt III 459 K 437, 1898.
5) Arg. daselbst.
6) Durch rechtskräftiges gerichtliches Urteil oder aber durch einen Einstellungsbeschluß. Mji Dt XI 3 K 1916 Pk V 4930.
7) Erstinstanzliche Abweisung beendigt daher die Sicherungssperre nicht.
8) Arg. der soeben angeführte Fall.
9) Ebenso hinsichtlich der ungebuchten Grundstücke.
10) GA LX, 1881 § 240.
11) Mji Dt X 140 K 1916 P II 9122.

zu [1]). Sein Anspruch hat sich in diesem Falle auf die Herausgabe der Zuwendung oder darauf zu richten, daß derjenige, der den unentgeltlichen Vorteil erlangt hat[2])[3]), seine Befriedigung aus dem Gegenstande der Zuwendung [4]) zu dulden, bezw. bis zur Höhe des nach der Zeit der Zuwendung berechneten Wertes[5]) desselben den Pflichtteil des Berechtigten zu ergänzen habe [6]). Mehrere Beschenkte haften nach den oben ausgeführten Grundsätzen [7]).

Dem Texte der JKK nach müßte man zwar hier auch wie bei den Verfügungen von Todes wegen eine Ungültigkeit [8]) der Zuwendung annehmen, doch bevorzugt die Praxis eher die Analogie der ungerechtfertigten Bereicherung.

Die Rechtslage der Nachfolger von Todes wegen.

§ 1. Verhältnis untereinander.

1. Die Erbfolgeregeln bestimmen die Rechtslage der Nachfolger von Todes wegen von dem Standpunkte des Erblassers. Sie muß aber auch von dem der Nachfolger zueinander und zu Dritten ins Auge gefaßt werden. Sind mehrere Nachfolger von Todes wegen vorhanden, so kommen sie durch die Unmittelbarkeit der Gesamt- und gewöhnlich der Sondernachfolger [9]) in eine Rechtsgemeinschaft, welche mit dem Erbanfalle beginnt, und mit der Auseinandersetzung ihr Ende erreicht.

Die Natur dieser Gemeinschaft muß — in Ermangelung besonderer Vorschriften — beiläufigen Quellenäußerungen und dem materiellen Inhalte der in den bisherigen Erörterungen entwickelten Arten der Nachfolge von Todeswegen entnommen werden.

Als beiläufige Quellenäußerungen haben die §§ 58, 59 des Nachlaßverfahrensgesetzes zu gelten. Das erwähnte Gesetz sorgt für jene Fälle, in denen die Miterben in der Vermögensgemeinschaft verbleiben oder „auch weiterhin" die einzelnen Gegenstände des Nachlaßvermögens in einer Eigentumsgemeinschaft zu bestimmten Bruchteilen erhalten wollen. Diese Äußerungen erlangen ihre wahre Beleuchtung erst durch die Auffassung der Praxis, welche die juristische Persönlichkeit des Nachlasses

---

1) JKK I §§ 4, 8.

2) Mji Dt IX 256 K 1915 RP VII 314.

3) Selbstverständlich nur die unentgeltlichen Rechtserwerber, selbst diese aber nur dann, wenn der Beschenkte schon ohne Erfolg zur Verantwortung gezogen war. Jogt. Közl. Dt Bd. 99 S. 316, K 817, 1905.

4) Es genügt, wenn der Beschenkte den Berechtigten die geschenkte Sache insoweit überläßt, als die Schenkung den Pflichtteil beschränkt. Dasselbe gilt auch dann, wenn die unentgeltliche Zuwendung in einer Verfügung von Todes wegen enthalten ist. Arg. Mji Dt IV 83, F. 54.

5) Arg. K 1917 P I 7115 (Mji Dt XII, S. 252, F. 185 II).

6) Arg. das. S. 59, F. 51 u. 52.

7) Die Ergänzung erfolgt in Bargeld, oder durch die Überlassung des geschenkten Gegenstandes, also in denselben Formen, wie die Haftung des Beschenkten gegenüber den Verkehrsgläubigern.

8) JKK I § 4 Abs. 2 spricht von der Beschränkung des Schenkungsrechtes.

9) S. das hierüber bei der Erbeinsetzung, den Vermächtnissen und den Grundbegriffen des Erbrechtes Gesagte.

ablehnt [1]) und schon bei der gesetzlichen und der Pflichtteilserbfolge und selbstverständlich noch mehr bei der rechtsgeschäftlichen Nachfolge von Todes wegen eine Verschiedenheit der den einzelnen Nachfolgern von Todes wegen zukommenden Rechte zum Vorschein kommen läßt, die dem einen Eigentum [2]) oder ein sonstiges Vollrecht [3]), dem andern Nießbrauch [4]), dem dritten Forderungsrechte [5]) zuteilt. Und zwar allen von dem Tode des Erblassers an und trotzdem die Vermögensmasse des Nachlasses äußerlich durch dessen Tod noch keine Änderung erleidet und notgedrungen eine kürzere oder längere Zeit hindurch in ihrem alten Zustande verbleiben muß. Ein einheitlicher Zweck: der der Auseinandersetzung der Nachfolger und wenn irgend möglich auch der Befriedigung der Gläubiger des Erblassers hält das Nachlaßvermögen selbst dann zusammen, wenn ein Nachlaßverfahren nicht erfolgt [6]). Dieser einheitliche Zweck schafft enge Beziehungen der Nachfolger von Todes wegen untereinander, die aber nicht genügen, um eine neue juristische Person zu begründen. Eine einfache Rechtsgemeinschaft anzunehmen, hindert die Verschiedenartigkeit der Rechte und Pflichten der einzelnen Nachfolger von Todeswegen. So bleibt denn nichts anderes übrig, als eine Rechtsgemeinschaft mit qualitativ verschiedenen Rechten und Pflichten, die man wegen der völligen Fremdheit dieses Begriffes in dem ungarischen Privatrechte wohl kaum [7]) als Gesamthandgemeinschaft bezeichnen kann, die aber inhaltlich dieser nahesteht [8]).

3. Die Verhältnisse der einzelnen Nachfolger von Todes wegen sind vor der Auseinandersetzung auf dieser Grundlage zu behandeln, obzwar diese Behandlung wegen der nicht allzu reichen Praxis wohl auf Schwierigkeiten stoßen dürfte.

Immerhin darf und muß so viel gelten, daß während der Gemeinschaft kein Rechtsgenosse Handlungen [9]) und Rechtsgeschäfte vornehmen kann [10]),

---

[1]) Dies ist der in allerjüngster Zeit durch eine Vollsitzung der königlichen Kurie in Kraft erhaltenen 42. Vollentscheidung zu entnehmen, die in bewußtem Widerspruche mit § 811 des ÖBGB die Erben, nicht aber die Masse des Nachlaßvermögens als hinsichtlich der Schulden des Erblassers geeignete Beklagte bezeichnet.

[2]) Dem rechtsgeschäftlichen Erben und dem gesetzlichen Erben des gesamten Nachlasses und des Errungenschaftsvermögens.

[3]) Bei Forderungen des Erblassers.

[4]) Der Witwe kraft Witwenrechtes.

[5]) Dem Heimfalls- und dem Pflichtteilserben selbst dort, wo dem Erblasser ein dingliches Vollrecht zukam.

[6]) Vergl. GA XVI, 1894 §§ 1 ff.

[7]) So *Szladits* (*Fodor*, Privatrecht V 649).

[8]) Auch deshalb, weil einzelnen Nachfolgern selbst unter Gleichberechtigung gewisse Privilegien zukommen, z. B. dem ältesten Bruder die Obhut der Familienpapiere, Trip I 42, Mji Dt X 160 K 1915 RP VI 2711, die ständig der Gemeinschaft verbleiben, das väterliche Haus kommt dem jüngsten zu, Trip. I 40, 41.

[9]) Tut er es dennoch, so ist er schadensersatzpflichtig. Als nicht zulässig hat die Praxis die Streichung der Firma des Erblassers erklärt. Budapester Tafel 133, 1908. (*Márkus* Bd. III 974.)

[10]) Sie müßten als nichtig angesprochen werden. In diesen Zusammenhang gehören auch die wider das bessere Wissen des Erwerbers mit Benachteiligung des Nacherben erfolgten Übertragungen der Grundstücke, die gelöscht werden können. Mji Dt X 52 K 1915 RP VII 6793.

die den Zweck der Gemeinschaft gefährden würden. Damit soll aber [1]) nicht gesagt sein, daß der Berechtigte während des Bestehens der Gemeinschaft innerhalb dieser Grenzen über seinen Anteil, beziehe sich derselbe nun auf bestimmte Sachen, Rechte oder auch auf Bruchteile, bezw. auf qualitativ verschiedene Abzweigungen der ganzen Vermögensmasse, nicht frei verfügen dürfte. Zwar gab es in dem ungarischen Privatrechte früher Rechtssätze, die dies verboten hatten [2]), doch sind diese mit dem Wegfall der dinglichen Kraft des Heimfallsrechtes, welches in dem vormärzlichen ungarischen Privatrechte die Rolle des Pflichtteiles einnahm, gegenstandslos geworden.

4. Sicherungsmaßregeln — worunter hier auch die Eintreibung der Außenstände zu verstehen ist [3]) — kann jeder Gesamtnachfolger und in dem Rahmen seines Interesses wohl auch jeder Sondernachfolger [4]) vornehmen. Übereignungen können vor der Auseinandersetzung nur mit der Einwilligung aller hieran interessierten Nachfolger von Todes wegen, dann aber auch unmittelbar von dem Erblasser auf den Erwerber durchgeführt werden [5]).

Ausnahmen bilden bloß die wegen der Unhaltbarkeit der Nachlaßsachen [6]) oder wegen der Befriedigung eines Nachlaßgläubigers nötigen Veräußerungen [7]), die von der nach dem Werte der Zuwendungen zu berechnenden Mehrheit der Gesamtnachfolger wirksam beschlossen werden können.

Die Nutzungen und Früchte kommen von dem Tode des Erblassers an grundsätzlich jenen Berechtigten zu, die die Nutzsache zu beanspruchen haben [8]). Zueinander sind die Nachfolger von Todes wegen und zwar in erster Reihe die Gesamtnachfolger, sodann aber — sofern dies nötig erscheinen sollte und dieselben den Gläubigern des Erblassers gegenüber verantwortlich wären — auch die Sondernachfolger nur nach dem Verhältnisse ihrer Zuwendungen verantwortlich [9]).

Diesen vereinzelten Regeln, die den überaus spärlichen Quellen und der geringen Praxis alle nicht einmal klar entnommen werden können [10]),

[1]) So auch *Szladits* a. a. O., der das Gegenteil für das ungarische Recht nicht behauptet.

[2]) GA XLVII, 1723 § 4.

[3]) Natürlich nur soweit sie die Erhebung der Klage betrifft, das Urteil erlangt aber bloß gegen den eintreibenden Nachfolger Rechtskraft, Mji Dt VII 207 K 1481, 1912, oder die Verurteilung lautet bloß auf gerichtliche Hinterlegung der dem Erblasser geschuldeten Summe, daselbst Bd. VI, S. 194 K 3428, 1911.

[4]) Eadem ratione.

[5]) Arg. GA XVI, 1894 § 91. Ist dies selbst in dem Rahmen des Nachlaßverfahrens, daher dann die Regel, wenn die Auseinandersetzung der Nachfolger von Todes wegen mit der Zuziehung einer gerichtlichen Behörde erfolgt, so muß es auch für die Fälle gelten, wenn die Nachfolger dieselbe ganz ohne behördliche Mitwirkung vornehmen.

[6]) Arg. a. a. O. § 95 b.

[7]) Arg. § 95 Punkt c daselbst.

[8]) Vergl. das hierüber bei den einzelnen Arten der Nachfolge von Todes wegen Gesagte. Dies folgt auch aus der Unmittelbarkeit dieser Nachfolge. Ausnahmen müssen rechtsgeschäftliche Grundlagen haben, *Grill* Dt Bd III, S. 468, K 1901 I G 426.

[9]) Daselbst III S. 466, F. 338 K 467 K 1901 G 201.

[10]) Aus dem Nachlaßverfahrensgesetze müssen dieselben nur mittels der in Anmerkung 3 enthaltenen, m. E. aber zwingenden Schlußfolgerung entnommen werden.

sind noch höchstens Verweisungen auf die allgemeinen Grundsätze über die Rechtsgemeinschaft hinzuzufügen, die allerdings nur so lange Besonderheiten aufzuweisen haben, als die Miterben und Mitsondernachfolger durch Erbvergleich keine rechtsgeschäftliche Grundlage der Gemeinschaft geschaffen haben [1]).

5. Eine der Rechtsgemeinschaft der Nachfolger von Todes wegen entströmende eigentümliche Pflicht ist die Ausgleichungspflicht, welche die gesetzlichen Nachfolger beider Grade: d. h. sowohl die gesetzlichen Nachfolger e. Sinnes, als auch die Berechtigten der Pflichtteilsnachfolge, belastet [2]).

Die Ausgleichungspflicht kann zwar von dem Erblasser auch den rechtsgeschäftlichen Nachfolgern von Todes wegen auferlegt werden [3]), kraft Gesetzes belastet sie aber bloß die gesetzlichen Nachfolger von Todes wegen und die Pflichtteilsberechtigten [4]). Sie besteht aus zwei Elementen. Das eine dient der Aufklärung und der Feststellung dessen, was eigentlich die aufzuteilende Masse enthält. Es beruht auf der Offenbarungspflicht des Rechtsgenossen, den der Tod des Erblassers mit seinen Mitnachfolgern in eine Rechtsgemeinschaft gebracht hat [5]). Kraft der Offenbarungspflicht hat der Nachfolger von Todes wegen seinen Mitberechtigten darzulegen, ob ihm von dem Erblasser unter Lebenden der Ausgleichungspflicht unterworfene unentgeltliche Zuwendungen zugekommen waren [6]) und worin diese bestanden hatten.

Die Aktiven des Nachlasses sind mit diesen, und zwar nach ihrem Werte in der Zuwendungszeit [7]), zu vergrößern und die Grundlage der Aufteilung bildet ideell die also vergrößerte Masse [8]).

Der Zeitpunkt der Zuwendung ist nebensächlich [9]). Die Frage, ob alle unentgeltlichen Zuwendungen der Ausgleichungspflicht unterliegen, läßt sich eher durch Umschreibungen als durch grundsätzliche Klarstellung lösen. Sicher ist, daß jene Gelegenheitsgeschenke [10]) und Zuwendungen, die den Pflichtteil nicht vermindern [11]), und bezüglich deren der Erblasser die

---

[1]) Mit derselben tritt eine einfache Rechtsgemeinschaft ein, vergl. *Szladits* a. a. O.

[2]) S. weiter.

[3]) Jogt. Közl. Dt. Bd. 99 S. 307 K 2276, 1904.

[4]) Man pflegt die beiden Arten der Ausgleichung voneinander getrennt zu behandeln, doch sehe ich hierfür keinen Grund.

[5]) S. oben S. 317.

[6]) Ohne die Annahme einer solchen Pflicht wären die dem Nachfolger ohne Kenntnis der Zuwendung ausgefolgten Werte nicht rückforderbar, was mir unangebracht erscheint. Anders steht es jedoch mit der Beweislast, die hier den die Ausgleichungspflicht behauptenden Nachfolger belastet. Arg. PG § 269.

[7]) Mji Dt I 368, F. 231, Arg. auch eadem ratione Bd. XII, S. 59, F. 51—52 S. 252 F. 185 usw.

[8]) Dies erfolgt im großen und ganzen nach denselben Grundsätzen, wie die analoge Bestimmung des Pflichtteils, s. dort S. 312 ff.

[9]) Mji Dt VII 230 K 5081, 1912. Der Fall spielte sich zwar auf dem Gebiete des ÖBGB ab, doch gilt der Rechtssatz eadem ratione auch für jenes der JKK.

[10]) Arg. VG §§ 113, 20 letzte Absätze eadem ratione.

[11]) Mji. Dt. II 377 K 986, 1908. Arg. eadem ratione, was zugunsten der Pflichtteilsberechtigten im allgemeinen gilt, muß auch zugunsten des Bedachten gelten, wenn er auch ein solcher ist.

Ausgleichungspflicht, sei es ausdrücklich[1]), sei es mittelbar, erlassen hatte[2]), der Ausgleichung entrückt sind. Sicher ist ferner, daß der Erblasser auch berechtigt ist, der Ausgleichung sonst nicht unterworfene Zuwendungen ebenfalls ohne Beeinträchtigung des Pflichtteiles auch durch einseitige, doch nicht nach dem Zeitpunkte der Zuwendung erfolgte Bestimmung als ausgleichungspflichtige zu bezeichnen[3]). Kraft Gesetzes ausgleichungspflichtig sind die aus Anlaß der Verheiratung[4]), ihrer Selbständigkeit [5]), ihrer Erzielung, an die Abkömmlinge erfolgten [6]) Zuwendungen.

Das zweite Element der Ausgleichungspflicht ist die Duldung dessen, daß die ihm von seiten des Erblassers gemachte unentgeltliche Zuwendung in den dem fraglichen Nachfolger von Todes wegen zukommenden Vermögensvorteil voll eingerechnet werde [7]). Hinsichtlich der gesetzlichen Erben i. e. Sinne und der Pflichtteilsberechtigten ist nur darin ein Unterschied zu finden, daß die Höhe der Zuwendung des Pflichtteilsnachfolgers von vornherein bestimmt erscheint, während dies bei einzelnen der gesetzlichen Nachfolger von Todes wegen und besonders bei den gesetzlichen Gesamtnachfolgern nicht der Fall ist [9]).

Die Ausgleichung ist eine die gesetzlichen Nachfolger von Todes wegen beider Grade belastende gesetzliche Pflicht, deren Außerachtlassung von der Nachfolge ausschließt [10]) Dies gilt besonders betreffs der Duldung der Einrechnung, welche sich jedoch, solange es sich nicht um die Ergänzung eines Pflichtteiles handelt[11]), niemals in eine Pflicht, die Zuwendung an die Nachlaßmasse zurückzugeben, umwandelt. Hat daher der Berechtigte eine zwar seinen Pflichtteil übersteigende Zuwendung erhalten, ohne daß er aber deshalb zugleich angehalten werden könnte, den Pflichtteil seines Mitnachfolgers zu ergänzen [12]), so kann er der Auseinandersetzung in der Weise entgehen, daß er die Einrechnung verweigert und hierdurch aus der gesetzlichen Erbfolge scheidet. Hat der Nachfolger hingegen die Offenbarungspflicht außer acht gelassen, so muß er je nach seiner Gut- oder Bösgläubigkeit bloß die hierdurch verursachten Kosten oder auch den dadurch entstandenen Schaden vergüten [13]).

---

[1]) Mji Dt III 64 K 2431, 1908.

[2]) Ob die Schenkung eine stillschweigende Erlassung der Ausgleichungspflicht sei oder nicht, ist von Fall zu Fall zu entscheiden. Anders, doch kaum richtig der in der vorigen Anmerkung angeführte Fall.

[3]) Sonst wäre ein Vertrag nötig.

[4]) GA VIII, 1840 § 2, welcher eadem ratione auch bei den übrigen Volksklassen anzuwenden ist.

[5]) Jogt. Közl. Dt 97 S. 213 K 4815, 1905.

[6]) Erziehungskosten des Sohnes zu einem Geistlichen bei einem Angehörigen der ärmeren Landbevölkerung, Jogt. Közl. Dt Bd. 99 S. 120, K 5730, 1905.

[7]) Arg. *Grill* Dt III 419 K 652, 1891.

[8]) [9]) Das Schwanken der Praxis bezüglich der bei den beiden Arten der Ausgleichung anzuwendenden Grundsätze scheint mir deshalb unbegründet.

[10]) Die Weigerung ist als Ausschließungsgrund aus der Rechtsgemeinschaft zu betrachten, welcher mit dem Verlust der noch nicht liquidierten Rechte des betreffenden Nachfolgers verbunden ist.

[11]) Dies ist aber bei den gesetzlichen Erben nur dann der Fall, wenn die Zuwendung die Höhe ihres gesetzlichen Erbteiles überschritten hat.

[12]) S. Mji Dt X 90 K 1915 RP I 8144 usw.

[13]) Etwa die bis dahin unrechtmäßigerweise gezogenen Nutzungen den Mitnachfolgern ausfolgen, Mji Dt VIII 15 K 267, 1913, die Sache nach den Grundsätzen des bösgläubigen Besitzers zurückerstatten usw.

6. Die Auseinandersetzung der Nachfolger von Todes wegen erfolgt in den meisten Fällen ohne Mitwirkung einer Behörde [1]), anders nur in jenen und zwar nicht nach materiellrechtlichen Standpunkten geregelten Tatbeständen, für welche das Nachlaßverfahrensgesetz die richterliche Abwicklung des Nachlaßverfahrens vorschreibt [2]). Sonst haben Erben und Sondernachfolger des Erblassers die Auseinandersetzung selbst vorzunehmen, wofür zwar keine Frist bestimmt ist, was daher innerhalb der Verjährungszeit und bei gemeinsamer Verwaltung der Nachlaßmasse sogar auch darüber hinaus [3]) erfolgen kann, der Absicht des Gesetzes nach aber schon vorher erfolgen soll [4]). Üblich ist die Naturalaufteilung [5]). Ist eine Auseinandersetzung auf der Grundlage der Übereinstimmung nicht zu erreichen, so hat in dem Nachlaßverfahren der auf den Prozeßweg gewiesene Beteiligte [6]), sonst derjenige, der eine endgültige Auseinandersetzung herbeiführen will, den gerichtlichen Weg zu beschreiten [7]).

Das auf Grund einer solchen Klage ergangene Urteil erfordert das Mitwirken sämtlicher Beteiligten [8]) und wird wohl neben den meisten deklarativen Verfügungen auch manche andere enthalten.

Wurde die Auseinandersetzung auf der Grundlage des Erbvergleiches erzielt, so gelangt hierdurch eine rechtsgeschäftliche Gemeinschaft [9]) oder eine endgültige Teilung zum Entstehen, hinsichtlich deren die Tatbestandsfehler und Voraussetzungen der vermögensrechtlichen Geschäfte gelten.

§ 2. Verhältnis zu Dritten.

1. Der Nachlaß besteht aus Vermögensrechten und vermögensrechtlichen Verpflichtungen des Erblassers. Dritte, zu denen die Nachfolger von Todes wegen kraft der Nachfolge in Beziehungen geraten können, sind daher vor allem die Personen, die im Zusammenhange mit diesen Rechten und Pflichten schon dem Erblasser gegenüberstanden, ferner aber solche, die er wegen der Abwicklung des Nachlasses selbst den Nachfolgern gegenübergestellt hatte. Die ersteren sind die schon dem Erblasser gegenüber Berechtigten und Verpflichteten [10]), die letzteren die Testamentsvollstrecker

---

[1]) Schon Trip. I 40—42 gehen stillschweigend hiervon aus.

[2]) GA XVI, 1894 §§ 1 ff. Das Verfahren ist eine Art freiwilliger Gerichtsbarkeit, beginnt mit der Aufnahme des Nachlasses, wird mit der durch einen Notar vorzunehmenden Verlassenschaftsverhandlung fortgesetzt und mit einem gerichtlichen Beschluß, der die tatsächlichen Besitzverhältnisse und die Anweisung zur Erhebung der etwa nötigen Erbschaftsprozesse zu enthalten hat, beendigt.

[3]) Ist doch in diesem Falle eine unverjährbare Eigentumsgemeinschaft vorhanden.

[4]) Arg. § 4 GA XVI: 1894 Nachdem das Nachlaßverfahren hinsichtlich des Grundstücksnachlasses zu eröffnen ist, wenn dies innerhalb dreier Monate nach dem Tode des Erblassers nicht angebahnt wurde.

[5]) Vergl. Trip. I 40 ff.

[6]) §§ 84 ff. des angeführten Gesetzes.

[7]) Will doch dieser der Rechtsgemeinschaft der Gesamt- und Sondernachfolger des Erblassers ein Ende bereiten.

[8]) Arg. bezüglich der Beklagten 42. VE der Kurie, *Grill* Dt III 479. Wird körperliche Teilung der Nachlaßsachen angeordnet, so ist die konstitutive Kraft des Urteils nicht zu bezweifeln.

[9]) Nachlaßverfahrensgesetz § 58.

[10]) S. weiter.

und Nachlaßverwalter. Als dritte Gruppe kann diesen noch jene beigefügt werden, die aus Personen besteht, welche zwar aus dem Anlasse der Nachfolge von Todes wegen, aber ohne engeren inneren Zusammenhang mit ihr dem Gesamt- oder dem Einzelnachfolger des Erblassers entgegentreten. Hierher gehören: der Nachlaßbesitzer, der Nachlaßerwerber und die Gläubiger des Nachfolgers von Todeswegen, die als Befriedigungsbasis den nunmehr zu einem Bestandteile des Vermögens des Nachfolgers verschmolzenen und ihm zugekommenen Vorteil in Anspruch nehmen.

2. Den Gläubigern des Erblassers gegenüber sind die Nachfolger von Todes wegen entweder schon formell als verpflichtete Schuldner von vornherein legitimiert oder aber die Gläubiger müssen sich diese Legitimation in dem Prozesse selbst schaffen.

Formell legitimiert erscheinen jene Nachfolger, und besonders, da ja den Gläubigern diese in erster Reihe verantwortlich sind [1], die durch einen rechtskräftigen Übergabebeschluß des Nachlaßgerichtes als solche bezeichnet wurden. Solange dieser Beschluß durch ein späteres Urteil nicht [2] umgestoßen wird, sind die Gläubiger berechtigt, sich an die dort bezeichneten Nachfolger zu halten [3]. Dasselbe muß auch von den den Übergabebeschlüssen gleich zu erachtenden Erbschaftsscheinen und Vermächtnisscheinen gelten [4], die demgemäß den in ihnen als Nachfolger von Todes wegen Bezeichneten — Dritten gegenüber — sowohl in aktiver als auch in passiver Richtung hinsichtlich der Rechte und Pflichten des Erblassers legitimieren [4]. In dem ungarischen Recht muß daher sowohl der Übergabebeschluß als auch der Erbschafts- und Vermächtnisschein auch gegenüber solchen gelten, die betreffs der materiellen Richtigkeit derselben begründeten Zweifel hegen [5]. Immerhin kann man dennoch nicht behaupten, daß der Erbschaftsschein oder Übergabebeschluß betreffs der Legitimierung eine Fiktion schaffen, da diese Auffassung selbst eine böswillige Leistung und Eintreibung auf Grund derselben als berechtigt erscheinen ließe, was entschieden zu weit geht.

Fehlt eine formelle Beglaubigung der Nachfolger von Todes wegen als solcher, so hat der Gläubiger des Erblassers zu unterscheiden, ob der Nachlaß bereits aufgeteilt wurde oder nicht. In dem ersteren Falle steht es ihm frei, gegen jeden beliebigen Gesamtnachfolger und — wenn es nottut, d. h. wenn er seine Forderung von den Gesamtnachfolgern nicht eintreiben konnte [6] — auch gegen jeden beliebigen Einzelnachfolger vorzugehen

---

[1]) *Grill* Dt III 501. Szegeder Tafel G 191, 1901.

[2]) Arg. Mji Dt XII 60 K 1917 P I 3250, welche Entscheidung diesen Grundsatz betreffs der G e s a m t nachfolger und im Hinblick auf die Nachlaß f o r d e r u n g e n betont. Er muß aber auch betreffs der Nachlaß v e r b i n d l i c h k e i t e n und — natürlich nur in dem sie betreffenden engeren Rahmen — hinsichtlich der S o n d e r nachfolger des Erblassers angewendet werden.

[3]) Dem Urteil ebenbürtig gilt der Erbvergleich. Arg. GA XVI, 1894 § 58.

[4]) Arg. GA XVI, 1894 §§ 101 ff

[5]) Es liegt eine behördliche Bescheinigung dessen vor, ob und inwiefern der betreffende als Nachfolger von Todes wegen des Erblassers zu betrachten sei, diese bleibt insolange in Kraft, als sie deren nicht beraubt wurde. Man kann hier an eine Art der beschränkten außerprozessualen Rechtskraft denken, obzwar ja natürlich viele wichtige Unterschiede nicht bezweifelt werden können.

[6]) Grill Dt III, S. 358 F. 255 K 1902 I G. 707.

und seine Forderung bei diesem geltend zu machen [1]. Besteht jedoch die Rechtsgemeinschaft der Nachfolger von Todes wegen noch und fehlt demzufolge auch ein Übergabebeschluß, ein Erb- oder Vermächtnisschein, so hat der Gläubiger — wenn er die Sache endgültig beilegen will[2], alle Gesamtnachfolger des Erblassers [3] und, sofern dies nötig erscheint [4], auch alle Sondernachfolger desselben vor das Gericht zu bringen [5]. Es obliegt dem Gerichte, von Amts wegen zu prüfen, ob die Beklagten verantwortliche Nachfolger des Erblassers seien, und ob alle nötigen verantwortlichen Nachfolger desselben verklagt wurden [6].

Hiermit hat der Gläubiger aber noch immer nicht alle Voraussetzungen der Verantwortung der Nachfolger erwiesen. Dies erfolgt erst dann, wenn er den Beweis erbringt, daß der Nachfolger auf Grund der ihm zukommenden Zuwendung auch wirklich zur Verantwortung gezogen werden kann, ferner, wie der Umfang dieser Verantwortung beschaffen ist: dem Gläubiger obliegt es daher, die Höhe des Nachlasses, sowie der Zuwendung des zur Verantwortung gezogenen Nachfolgers klarzustellen[7].

3. Die bisher entwickelten Umstände sind Voraussetzungen, wenn man will, Begründungstatsachen der Geltendmachung des Rechtes der Gläubiger des Erblassers gegenüber dessen Nachfolgern von Todes wegen. Nun ist klarzustellen, worin eigentlich die Haftung der letzteren besteht? Es wurde schon erwähnt, daß das ungarische Erbrecht die unmittelbare Haftung der Gesamtnachfolger[8], die mittelbare, weil nur in zweiter Reihe in Anspruch zu nehmende der Einzelnachfolger und die beschränkte Haftung jeder Art Nachfolger von Todes wegen anerkennt.

4. Durch die unmittelbare Haftung der Gesamtnachfolger[9] entsteht dem Gläubiger nach seiner freien Wahl eine Duldungs- oder Leistungspflicht.

Eine Duldungspflicht liegt vor, wenn der Gläubiger den Nachfolger zur Duldung veranlaßt, daß er sich bis zur Höhe seiner Forderung

---

[1] Sind in einer Kategorie (sei es unter den Gesamt- oder Einzelnachfolgern) mehrere Personen, so darf der Gläubiger innerhalb der weiter unten zu gebenden Grenzen gegen jeden derselben nach seiner Wahl frei vorgehen. Begründung der 42. VE der Kurie *Grill* Dt III 479—480.

[2] Daselbst. Sonst setzt er sich der Gefahr aus, wegen formeller Gründe abgewiesen zu werden oder ein den nicht einbezogenen Nachfolgern gegenüber nicht rechtskräftiges Urteil zu erlangen.

[3] Daselbst.

[4] Wenn die den Gesamtnachfolgern zugekommenen Zuwendungen nicht genügende Deckung bieten. Arg eadem ratione.

[5] Die 42. VE spricht zwar bloß von der Besitznahme des Nachlasses, doch ist hierunter zweifellos die der Aufteilung folgende endgültige Besitznahme zu verstehen.

[6] Dies gilt besonders für die Zeit, welche der Auseinandersetzung vorangeht, *Grill* Dt III 486 K 1897 I G 11.

[7] *Grill* Dt III 486 K 1900 I G 211.

[8] S. auch den in der vorigen Anmerkung angeführten Fall. Vergl. das hierüber bei den Grundbegriffen des Erbrechtes Gesagte.

[9] Vergl. *Grill* Dt. III 486 K 1900 I G 211.

aus den Nachlaßsachen und Rechten in natura befriedige. Die Verwirklichung dieser Duldungshaftung erfolgt auf dem Wege der gerichtlichen Pfändung der Nachlaßsachen und Rechte [1]. Den Gläubigern des Erblassers steht jedoch selbst in diesem Falle kein gesetzliches Vorrecht zu, sie müssen daher den etwa früher vorgehenden Gläubigern des Erben weichen [2].

Wählt der Gläubiger die Leistungshaftung, so ist der Nachfolger verpflichtet, nach den allgemeinen Grundsätzen [3] bis zur Höhe seiner Zuwendung den Gläubiger in Bargeld zu befriedigen. Ist der Erblasser schon nach dem Urteil verstorben, so kommt dem Gläubiger das Recht, zwischen den beiden Arten der Haftung zu wählen, noch während der Zwangsvollstreckung zu [4], sonst muß er sich wohl bis zur Verkündung des Urteils entscheiden [5].

5. Die mittelbare Haftung der Sondernachfolger ist eigentlich eine unmittelbare Haftung zweiten Grades. Ihre besondere Voraussetzung ist noch die von dem Gläubiger zu erweisende Unzulänglichkeit der Zuwendungen der Gesamtnachfolger [6]. Sonst gelten für sie die soeben entwickelten Grundsätze.

6. Die Beschränkung der Haftung äußert sich darin, daß die Befriedigungsbasis der Forderung der Gläubiger sich nicht über jene Sachen und Werte erstreckt, welche dem Nachfolger von Todes wegen kraft dieser Nachfolge zugekommen waren [7].

Die Beschränkung der Haftung der Nachfolger von Todes wegen bedeutet bloß eine grundsätzliche Verringerung ihrer Verantwortlichkeit. Diese entfällt jedoch dann, wenn die zur Verantwortung gezogenen Nachfolger die sie den Gläubigern des Erblassers gegenüber in viel intensiverer Weise als ihren Rechtsgenossen gegenüber belastende Offenbarungspflicht außer acht ließen.

Demgemäß entwickelte sich in der Praxis die Auffassung, daß die Gesamtnachfolger — doch gegebenenfalles unzweifelhaft auch die Einzelnachfolger — des Erblassers verpflichtet sind, die ihnen bekannten Schulden und Lasten des Erblassers [8] sowie des Nachlasses [9] den Gläubigern be-

---

[1] Arg. GA LX, 1881 § 14. Daselbst § 15. Die Berechnungsbasis bildet der gesamte Wert der Zuwendung. Hierbei kommt es nicht in Betracht, daß die Zuwendung sich eventuell auch auf solche Gegenstände erstreckte, die der Zwangsvollstreckung kraft Gesetzes entzogen sind. Vergl. Mji Dt IV S. 277.

[2] Mji Dt VIII 299 K 93, 1914 P V.

[3] S. jedoch die in der Bemerkung 1 angeführte Eigentümlichkeit, die unter Umständen die Duldungshaftung mit etwas größerem Umfang ausstattet, als die Leistungshaftung.

[4] S. die angeführten §§ des GA LX, 1881.

[5] Sonst müßte der Nachfolger unnütze Kosten tragen, da er sich eventuell der gewählten Haftung gleich von Anfang an gefügt hätte.

[6] Arg. *Grill* Dt III 502 Szegeder Tafel 1901 G 191.

[7] Nicht aber auch auf jene, die dem Nachfolger schon im voraus ausgefolgt wurden und bloß der Ausgleichungspflicht unterworfen sind. Arg. *Grill* Dt III S. 507 K 3619, 1885 wo diesbezüglich grundsätzlich bloß die Verantwortung des Beschenkten zugelassen wird. Der Unterschied liegt in der Beschränkung der Haftung auf die zur Zeit der Zuwendung schon entstandenen Forderungen.

[8] Lasten, z. B. Dienstbarkeiten.

[9] Besonders Preis des Grabsteins, Umfriedung des Grabes, Mji Dt V 329 K 1524, 1911; Begräbniskosten, Mji Dt III 92 K 3783, 1908 usw.

kanntzugeben und sie hierdurch in die Lage zu setzen, einen Konkurs des Nachlasses herbeizuführen [1]). Unzweifelhaft, obzwar meines Wissens in der Praxis bisher noch nicht genügend betont, muß auch die Pflicht des Nachfolgers angenommen werden, den Schulden und Lasten des Erblassers nachzuforschen [2]), doch kann man bezüglich der hier erforderten Sorgfalt des Nachfolgers, da ja der betreffende Nachlaßwert mit dem Zeitpunkte des Erbanfalles kraft Gesetzes gewöhnlich von selbst in seinen unmittelbaren Vermögenskreis fällt, schon wegen der Verleugnung der juristischen Persönlichkeit des Nachlasses in dem ungarischen Rechte nicht über das Maß der in den eigenen Angelegenheiten des Nachfolgers erforderlichen Sorgfalt hinausgehen.

Verschweigt der Nachfolger die ihm bekannten Lasten und Schulden des Nachlasses, so ist er bis zur Höhe der Zuwendung und in dem Verhältnisse der durch die Gläubiger kr ft dieser erlangbaren Befriedigung [3]), auch dann haftbar, wenn er schon früher andere Gläubiger befriedigt hatte [4]). Dasselbe gilt auch dann, wenn der Nachfolger in Erfahrung gebracht hatte, daß der Nachlaß überlastet sei und es unterließ, den Konkurs anzumelden oder die verhältnismäßige Befriedigung innerhalb des Prozesses [5]) oder des außerkonkurslichen Zwangsvergleichsverfahrens [6]) zu versuchen. Will daher der Nachfolger von Todes wegen seine grundsätzliche beschränkte Haftung nicht jedem einzelnen Gläubiger gegenüber in ungeschwächter voller Kraft belassen, so muß er den passiven Stand des Nachlasses erforschen, den Gläubigern kundgeben und bei Überlassung desselben bloß eine quotenmäßige Befriedigung leisten [7]). Gutgläubig und ohne Verletzung dieser Pflichten geleistete Zahlungen kann der Nachfolger von Todes wegen jedoch den sich später meldenden Gläubigern in vollem Werte entgegen halten [8]).

7. Mehrere Nachfolger des Erblassers sind dessen Gläubiger innerhalb der erwähnten Grenzen als Gesamtschuldner haftbar [9]). Vor Beendigung der Erbengemeinschaft hat der Gläubiger

---

[1]) Anders ist die Erweiterung der Haftungsgrenzen nicht gut verständlich. Der Grundsatz ist m. E. aus den in der Anmerkung 6, 7 angeführten Fällen zu entnehmen.

[2]) Der Schuldner hat seinen Gläubigern gegenüber die Pflicht, seinen Vermögensstand zu erforschen und gegebenenfalls um den Konkurs anzusuchen. Arg GA XVII, 1881 §§ 118, 119 und die hierauf beruhenden Verfügungen der Strafgesetze, den Kreditbetrug mitinbegriffen. Dasselbe muß auch dann gelten, wenn der Konkurs nicht auf das ganze Vermögen des Schuldners, sondern auf den Nachlaß als Sonderteil desselben angeordnet wurde. Arg. GA XVII, 1881 § 1 Abs. 2, welcher stillschweigend von dieser Voraussetzung ausgeht.

[3]) So K 1917 RP 4980 (Mji Dt XII S. 275, F. 199).

[4]) Mji Dt. X 280 K 1915 RP II 3138 *Grill* Dt. III 496 K 9451, 1894, daselbst 492 K 755, 1897, daselbst 493 K 1369, 1900 v usw.

[5]) Eadem ratione.

[6]) Vergl. V des Ministeriums 4070, 1915 § 1 Abs. 5. Das Verfahren kann nur auf Antrag aller Gesamtnachfolger eingeleitet werden. Die Verordnung denkt aber nicht an den Fall, wenn ausschließlich Sondernachfolger hinterblieben, in welchem man eine analoge Vorschrift annehmen muß.

[7]) Die vorhandene Offenbarungspflicht erhellt besonders aus der Entscheidung *Grill* Dt III 493 K 1369, 1900.

[8]) *Grill* Dt III S. 498 K 3116, 1895.

[9]) *Grill* Dt III 499 Szegeder Tafel 1900 G 202.

sie gerichtlich alle zur Verantwortung zu ziehen [1]. Steht ihm jedoch schon ein gegen den Erblasser erbrachtes vollstreckbares Urteil zur Verfügung, so kann er ebenso vorgehen wie nach der Beendigung der Erbengemeinschaft [2].) Nach diesem Zeitpunkte steht es ihm frei, den Schuldner auszuwählen [3]. Natürlich darf er hierbei nur innerhalb der gesetzlichen Reihenfolge und des ihm verantwortlichen Personenkreises bleiben, nicht also etwa mit Auslassung der Gesamtnachfolger unmittelbar an einen Sondernachfolger herantreten [4].

8. Die Unmittelbarkeit der Nachfolge von Todes wegen kommt sowohl den Gläubigern als auch den Schuldnern des Erblassers gegenüber darin zum Ausdruck, daß die Fälligkeit der Rechte und Pflichten des Erblassers durch dessen Tod eigentlich unberührt bleibt [5].

D e r S c h u l d n e r des Erblassers soll [6] und kann [7] daher nach dem Tode des ursprünglichen Gläubigers ganz ohne Rücksicht darauf, ob ein Nachlaßverfahren im Gange ist oder nicht, ebenso leisten wie vorher. Höchstens bleibt ihm die Möglichkeit, sich der Schuld wegen Ungewißheit der Berechtigten durch Hinterlegung bei Gericht zu entledigen [8]. Andererseits kann jeder Gesamtnachfolger die Forderung des Erblassers auch vor der Beendigung der Erbengemeinschaft selbständig geltend machen [9]. Der Schuldner kann jedoch sowohl auf dem Prozeßwege [10] als auch außerhalb desselben darauf beharren [11], nur zur Hinterlegung bei Gericht, bez. zur Leistung zu Händen a l l e r Beteiligten angehalten zu werden.

Ja die Praxis geht hier sogar noch einen Schritt weiter, indem sie die Verwandten des Erblassers auch schon dann zu der umschriebenen Geltendmachung der Forderung berechtigt, wenn ihre Eigenschaft als Gesamtnachfolger zwar nicht voll erwiesen, jedoch vor dem Gerichte glaubhaft gemacht wurde [12].

Die Eintreibung der dem Erblasser zukommenden Forderungen ist eigentlich eine Anwendung des dem Gesamtnachfolger als solchem zukommenden Erbschaftsanspruches.

8. D e r T e s t a m e n t s v o l l s t r e c k e r ist ein Bevollmächtigter des Erblassers, dem auf Grund einer Verfügung von Todes wegen die Be-

---

[1] Arg. die schon angeführte und Mji Dt IX 243 K 1914 G 240 als zu Recht bestehend betonte. 42. VE.

[2] Arg. GA LX, 1881 §§ 14, 15.

[3] Ständige Praxis.

[4] Dies wäre eine Umgehung der gesetzlichen vorgeschriebenen Reihenfolge.

[5] Daher kann die Forderung des Erblassers während des Nachlaßverfahrens auch durch einen von dem Nachlaßgerichte bestellten Kurator eingetrieben werden, GA XVI, 1881 § 90.

[6] Bei sonstigen Folgen des Verzuges: Zinsen und Nutzungen sind dem Nachfolger herauszugeben, *Grill* Dt III 518 Budapester Tafel 1901 I G 255, daselbst 520 Szegeder Tafel 1901 G 177.

[7] S. die in der folgenden Anmerkung angerufene Entscheidung.

[8] *Grill* Dt III 519, K 1790, 1896.

[9] Mji Dt VII S. 207 F 143 K 1481, 1912. VI 194 K 3428, 1911.

[10] Vergl. den in der vorigen Anmerkung an zweiter Stelle angeführten Fall.

[11] Eadem ratione.

[12] *Grill* Dt. III 519 K 1899 I G 486 hält hierzu schon die laut der Todesaufnahme behördlich als Erben Bezeichneten berechtigt.

friedigung der Gläubiger des Erblassers [1]) sowie der Nachfolger von Todes wegen obliegt [2]). An seiner Vollmacht vermögen die Nachfolger nichts zu ändern. Dies bildet jedoch kein Hindernis, den Nachlaß durch Erbvergleich endgültig zu regeln [3]).

Seine Ernennung hat, um die Nachfolger von Todes wegen zu binden, in einer Verfügung von Todes wegen zu erfolgen, darf jedoch keine zeitliche Hinausschiebung des Pflichtteiles bezwecken [4]). Er ist weder der Vertreter des Nachlasses [5]) noch der Nachfolger [6]). Er hat sogar — sofern die ernennende letztwillige Verfügung nichts anderes enthält [7]) — nicht einmal das Verwaltungsrecht des Nachlasses. Sein Wirkungskreis beschränkt sich daher auf den eines Liquidators einer offenen Handelsgesellschaft, [8]) abzüglich des Vertretungsrechtes, hinsichtlich dessen vielmehr die allgemeinen Grundsätze der Legitimierung der Nachfolger von Todes wegen gelten.

Seine Verpflichtung beruht auf der Annahme der Betrauung, die wohl nach der Analogie der einseitigen erbrechtlichen Erklärungen ohne erheblichen Grund nicht widerrufbar erscheint [9]). Diese Annahme bedeutet aber nicht zugleich die Übernahme der vermögensrechtlichen Verantwortlichkeit für die Verwaltung des Nachlasses, hinsichtlich deren einerseits eine besondere Verfügung des Erblassers oder eine besondere behördliche Betrauung, andererseits eine unzweifelhafte Annahme derselben erfordert wird [10]).

Ist ein Nachlaßverfahren im Gange, so kann die Betrauung des Testamentsvollstreckers, der, trotzdem sein Name ihn nur auf e i n e Art der Verfügungen von Todes wegen zu beschränken scheint, selbstverständlich auch in einem Erbvertrage bestellt werden kann, durch behördliche Verfügungen erweitert werden [11]).

9. D e r N a c h l a ß v e r w a l t e r ist ein Bevollmächtigter des Erblassers, der während der von ihm bestellten Dauer, längstens aber während der Erbengemeinschaft für die Sicherung, Verwaltung und gehörige Ertragsfähigkeit des Nachlasses zu sorgen hat [12]). Seine Bestellung unterliegt,

---

[1]) Diese in erster Reihe, auch dann, wenn der Erblasser dies nicht besonders hervorgehoben hatte, denn diese ist von öffentlichem Interesse.

[2]) Arg. *Grill* Dt III 292 K 963, 1891.

[3]) Arg. der ganz unbedingt lautende § 58 der GA XVI, 1894.

[4]) Vergl. das bezüglich der zeitlichen und inhaltlichen Beschränkungen des Pflichtteiles S. 314 Gesagte.

[5]) *Grill* Dt III 484 K 5389, 1892.

[6]) Nach Übergabe der einzelnen Gegenstände des Nachlasses bestehen daher die allgemeinen Vertretungsregeln, wie wenn ein Testamentsvollstrecker vorhanden wäre.

[7]) S. den in Anmerkung 5 angeführten Fall, ferner *Grill* Dt III 292 K 2079, 1887, endlich K 1920 P I 198 (Mji Dt XIII, S. 116 F. 92). In dem Prozesse über die Gültigkeit der Verfügung von Todes wegen hat er selbst in diesem Falle keine Rolle (daselbst).

[8]) Ein allgemeiner Grundsatz muß hierfür gefunden werden, und eine andere Analogiebasis ist nicht gut zu entdecken.

[9]) Arg. der in Anmerkung 5 angeführte Fall, aus dem erhellt, daß der Testamentsvollstrecker zwar formell ein einseitiges Geschäft vornimmt, in der Tat aber eigentlich eine vertragliche Verpflichtung eingeht.

[10]) Mji Dt II 303 K 340, 1908.

[11]) Arg. der in der vorigen Anmerkung angeführte Fall.

[12]) Arg. *Grill* Dt III 292 K 2079, 1887.

sofern sie die Erben binden soll, denselben Formen und Beschränkungen wie die des Testamentsvollstreckers [1]). Sein Wirkungskreis ist der Verfügung von Todes wegen zu entnehmen [2]). Im Zweifel scheint die Annahme berechtigt, ihm jene Grenzen zu ziehen, welche das Nachlaßverfahrensgesetz den behördlichen Verfügungen bestimmt. Demgemäß kommt ihm zu: das Recht, um eine Sicherungssperre des Nachlasses nachzusuchen [3]), bezüglich des Erzielens von Früchten und Nutzungen behördliche Anweisungen zu holen [4]), solche, sofern sie in der Verfügung von Todes wegen enthalten sind, durch behördliche Verfügungen ergänzen zu lassen und in den Fällen dringender Notwendigkeit mit behördlicher Genehmigung sogar Zwangsverkauf vorzunehmen [5]).

Die Verantwortung des Nachlaßverwalters untersteht den allgemeinen Grundsätzen der Vermögensverwaltung [6]). Hinsichtlich der behördlichen Anweisungen und Genehmigungen scheint das Nachlaßgericht auch dann zuständig, wenn kein Nachlaßverfahren anhängig ist [7]).

10. Die Gesamtnachfolger sind die berechtigten Besitzer der Nachlaßsachen und Werte, die ihnen zukommen. Nun ist es aber wegen der Unbekanntheit der Verfügung von Todes wegen oder wegen anderer Gründe [8]) ziemlich oft der Fall, daß nicht der kraft der Erbfolge hierzu Berechtigte, sondern unbefugterweise Dritte in dem tatsächlichen Genusse der Nachlaßsachen und Werte sind oder sogar als scheinbar berechtigte Besitzer derselben auftreten.

Liegt dieser Tatbestand bloß hinsichtlich einzelner dem Nachlasse angehöriger Sachen und Rechte vor, so ist hierüber nichts besonderes zu sagen. Kommen doch dem Gesamtnachfolger die für solche Fälle vorgesehenen Schutzmittel in demselben Maße zu wie dem anderen Vollberechtigten auch.

Da es jedoch oft vorkommt, daß unbefugte Dritte sich nicht nur in den Besitz einzelner Nachlaßgegenstände, sondern geradezu der gesamten Erbschaft oder eines ansehnlichen Bruchteils derselben gesetzt haben, begnügt sich die Rechtsordnung nicht hiermit, sondern verleiht dem Gesamtnachfolger auch die Möglichkeit, den ganzen ihm zustehenden Nachlaß, bezw. dessen Bruchteil als solchen mittels eines Erbschaftsanspruches wieder zu erlangen.

---

[1]) Eadem ratione.

[2]) S. den in der Anmerkung 12 der S. 327 angeführten Fall.

[3]) Die Grundlage der Analogie bildet die Erwägung, daß der Erblasser davon ausgehen darf, daß die Beteiligten auch ohne besondere Vorschriften in demselben Maße geschützt werden, wie wenn ein behördliches Verfahren im Zuge wäre. Bei größeren Nachlässen wird dies übrigens auch meistens der Fall sein. GA XVI, 1894 §§ 90 ff.

[4]) Daselbst § 91.

[5]) Daselbst §§ 95, 96.

[6]) In zweiter Reihe gelten wohl (nach den Vorschriften des Nachlaßverfahrensgesetzes) die Grundsätze GA LX, 1881 §§ 237 ff.

[7]) Ein hieraus sich ergebender Prozeß kommt auf Grund § 42 Abs. 1 PG vor dasselbe, bez. wenn die Summe dessen Geschäftskreis übersteigt, vor den Gerichtshof desselben. Hieraus ist die im Text gegebene Auffassung abzuleiten.

[8]) Die Ungültigkeit der Verfügung von Todes wegen stellt sich oft erst im Verlaufe vieler Jahre heraus, Mji Dt VI 123 K 3985, 1911 (z. B. 14 Jahre).

[9]) Erbunwürdigkeitsgründe: Verheimlichung des Testamentes von seiten des übergangenen gesetzlichen Erben usw.

Der Erbschaftsanspruch bedeutet einmal eine formelle Einheit. Er ist vor dem Nachlaßgerichte oder vor dem Obergerichte kraft einer besonderen Zuständigkeit geltend zu machen [1]).

Er bedeutet aber auch eine materielle Einheit, weil er sowohl die Verpflichtung des Schuldners als auch die Berechtigung des Erben vereinheitlicht und sich auf den Nachlaß als solchen bezieht.

Demzufolge gilt der Besitzer des gesamten oder wenigstens eines Bruchteiles des Nachlasses als Besitzer eines Sondervermögens und hat sich nicht bloß bezüglich der einzelnen Sachen und Werte, sondern hinsichtlich des ganzen ihm von dem Erblasser zugekommenen Sondervermögens als solcher zu verantworten [2]).

Die Folge davon ist, daß die Gut- und Bösgläubigkeit des Erbschaftsbesitzers sowie seiner Gesamtnachfolger nicht auf die einzelnen Bestandteile, sondern auf die Erbschaft als solche bezogen wird [3]), daß der unbefugte Besitzer trotz seiner Gutgläubigkeit die Zinsen und Nutzungen, die er gezogen hatte [4]), dem Gesamtnachfolger des Erblassers dennoch zu vergüten hat, daß die Verjährungszeit des Erbschaftsanspruches nicht nach der Besitzergreifung der Bestandteile des Nachlasses, sondern der Erbschaft als solcher berechnet wird [6]), endlich, daß der Scheinerbe sowohl hinsichtlich der einzelnen Erbschaftssachen und Werte als auch hinsichtlich der Erbschaft als solcher unter Umständen als Nichtberechtigter betrachtet werden kann, der sie wirksam an gutgläubige entgeltliche Erwerber weiter zu veräußern vermag [7]).

11. Auch den Sondernachfolgern, wie den Heimfallserben und der das Witwenrecht ausübenden Witwe wird der Erbschaftsanspruch verliehen werden müssen [8]). Die Praxis hat dieses Problem noch nicht entschieden; aber das ungarische Rechtssystem, das die gesetzliche und bedeutende Teile des Nachlasses umfassende Sondernachfolge anerkennt, spricht für meine Ansicht.

12. Der Gesamtnachfolger und wohl auch die erwähnten gesetzlichen Sondernachfolger sind — soweit dies der Inhalt des auf sie übergegangenen

---

[1]) PG § 43, welcher geradezu von den „die Erbschaft betreffenden" Prozessen spricht.

[2]) Wichtig besonders bei der dinglichen Substitution der einzelnen ausgeschiedenen und durch andere ersetzten Sachen, sowie bei Beurteilung der fahrlässig nicht gezogenen Nutzungen usw.

[3]) Das Gegenteil würde den Nachfolger von Todes wegen vor unüberwindliche Schwierigkeiten stellen.

[4]) Mji Dt VIII 185 K 2428, 1913. Nicht aber dann, wenn der Erbe unbegründeterweise mit der Erhebung des Erbschaftsanspruchs zögerte. In diesem Falle (s. weiter, es handelte sich um eine 14 jährige Verzögerung) kommen dem Erben die Zinsen bloß von der Erhebung an der Klage zu, Mji Dt VI 123 K 3985, 1911.

[5]) [6]) Arg. GA XVI, 1894 § 89, welcher den Erbschaftsanspruch des Erben besonders hervorhebt.

[7]) Der Erbe muß die Einheitlichkeit seines Anspruches ebenso gegen sich geltend machen lassen, wie sie zu seinen Gunsten dient.

[8]) Es scheint ganz ausgeschlossen, die erwähnten gesetzlichen Sondernachfolger dem Besitzer des Nachlasses gegenüber in eine schlechtere Lage zu versetzen als dem Gesamtnachfolger gegenüber.

Rechtes nicht hindert [1]) — berechtigt, ihre Nachfolge nach dem Erbanfalle [2]) zu veräußern.

Nach dem Erbanfalle deshalb, weil vorher ein gesetzliches Verbot die Veräußerung der Erbschaft nach einem Lebenden verhindert [3]). Das Verbot erstreckt sich jedoch nur auf Erwerber, die außerhalb der gesetzlichen Erbfolge stehen [4]). Hingegen vermögen Abkömmlinge schon zu Lebzeiten ihrer Vorfahren, sei es mit oder ohne, ja sogar gegen deren Willen und Zutun, die Erbschaft nach ihnen schon im voraus zu ordnen und ihre Anteile einander auch zu veräußern [5]).

Die Veräußerung der Erbschaft bedeutet die Übertragung aller mit ihr verbundenen übertragbaren Rechte und Pflichten. Also vor allem auch die der Rechte der Annahme und der Zurückweisung der Erbschaft, der Anfechtung der Verfügung von Todes wegen, der Beschränkung des Witwenrechtes [6]), der Ergänzung und der Einrechnung des Pflichtteiles usw.

Sie umfaßt diese Rechte auch dann, wenn diese sonst kraft Gesetzes nicht auf die Sondernachfolger des Erben übergehen würden [7]).

Der Erwerber muß sich auch alle Gegenrechte gefallen lassen, die den Miterben und Nachlaßschuldnern dem veräußernden Nachfolger gegenüber zustanden [8]). Er kommt eben als Berechtigter und als Verpflichteter in die Lage seines Rechtsvorgängers, die für ihn besonders hart werden kann, wenn er wegen der nachträglichen Unwürdigkeit desselben des erworbenen Vermögensvorteiles wieder verlustig wird [9]).

Fraglich ist, ob der Erwerber der Erbschaft — besonders vor der Übergabe an den Erben — verpflichtet ist, die einzelnen Sachen des Nachlasses, sei es Stück für Stück, sei es wenigstens symbolisch, insgesamt zu übernehmen, oder ob er von dem Momente der Veräußerung an dinglich Berechtigter wird.

Will man den Gedanken des Erbschaftsbesitzes und der Erbschaftsübertragung konsequent durchführen, so muß man zu dem Ergebnis einer Gesamtnachfolge des Erwerbers und hierdurch auch zu dem der Entbehrlichkeit der besonderen Übereignungshandlungen kommen. Dazu führen auch einzelne Spuren des Nachlaßverfahrensgesetzes [10]) sowie die Anforderungen

---

[1]) Wichtig bei den Vorerben und bei dem Witwenrechte, das letztere selbst ist nicht übertragbar, fraglich und wohl zu bejahen, ob Ausübung desselben?

[2]) S. weiter.

[3]) Mji Dt IV 223, F. 145 daselbst VII 229 K 5080, 1912, VI 222 K 3287, 1911.

[4]) S. den an letzter Stelle angeführten Fall.

[5]) Mji Dt VII 229 K 5080, 1912. Der Vertrag verpflichtet auch ihre Abkömmlinge, und zwar selbst dann, wenn der Vertragschließende vor dem Erblasser verstorben war (das.).

[6]) Mji Dt VIII 217 K 4117, 1913 läßt dasselbe bei dem nach dem Erbanfalle vorgenommenen Erbschaftskauf auf den Erwerber übergehen.

[7]) Die 17. REE der Kurie, nach der der Gläubiger des Erben nicht berechtigt ist, behufs der Geltendmachung des Pflichtteils desselben die Verfügung von Todes wegen anzufechten und den Verzicht des Berechtigten umzustoßen, kann sich unmöglich auf einen solchen Gläubiger beziehen, dem der Erbe den ganzen Rechtskreis, innerhalb dessen auch dieses Anfechtungsrecht liegt, freiwillig veräußert hat.

[8]) Dies folgt aus dem Grundgedanken der Rechtsnachfolge.

[9]) Wichtig besonders bei der Nachfolge der Witwe.

[10]) Besonders der § 89, nach dem der Erbschaftsanspruch auch dem Erwerber der Erbschaft zugesprochen werden müßte (das Gesetz erwähnt ihn aber nicht).

der Zweckmäßigkeit. Trotzdem ist es schwer, den Satz mit Bestimmtheit als eine geltende Vorschrift des bestehenden ungarischen Privatrechtes zu beweisen.

Das Innenverhältnis zwischen dem Erben und dem Erwerber der Erbschaft bestimmt der Inhalt des Erwerbsgeschäftes. Je nach dem Vorhandensein und der Höhe des Entgeltes wird sich dieses bald als Erbschaftskauf, bald als Erbschaftsschenkung oder als gemischtes, halb entgeltliches, halb unentgeltliches Rechtsgeschäft darstellen. Der Inhalt dieses Geschäftes bestimmt auch den Einfluß des Ausbleibens der Erbschaft auf dasselbe.

13. Die Gläubiger des Nachfolgers von Todes wegen erlangen kraft der Unmittelbarkeit der ungarischen Erbfolge eine Erweiterung ihrer Befriedigungsbasis, die sie sich von dem Zeitpunkte des Erbanfalles an und zwar bezüglich der Grundstücke und Buchrechte auch schon vor der Buchung [1], jedoch nur nach dem kraft Gesetzes erfolgten außerbuchlichen Rechtsübergange [2] dienstbar machen können.

Erlangen sie hierdurch ein bedingtes Pfandrecht auf die dem Nachfolger von Todes wegen zufallenden Grundstücke und Buchrechte [3], so entfällt das letztere dennoch dann, wenn der Gegenstand der Hypothek nicht dem Nachfolger von Todes wegen zukam [4]. Dieser Grundsatz soll den Miterben die Freiheit des Erbvergleiches wahren, nicht aber ihnen die Hintertreibung der Ansprüche der Gläubiger des Nachfolgers von Todeswegen sichern [5].

Obzwar die GO diesbezüglich bloß von den Gesamtnachfolgern spricht, scheint es der richtigen Ansicht nach dennoch kaum zweifelhaft, daß dieses Privileg jedem Gläubiger irgend eines Nachfolgers von Todes wegen zugebilligt werden muß [6].

Ist zur Erlangung des Gegenstandes des Rechtes, das der Gläubiger als Befriedigungsbasis benutzen will, ausnahmsweise die Einleitung eines Nachlaßverfahrens erforderlich, so kann der Gläubiger auch diesen Weg betreten [7]. Sonst bleiben ihm nur jene offen, welche die Zwangsvollstrekkung hinsichtlich der Rechte des Zwangsvollstreckers zuläßt [8].

Gegen den Willen des Nachfolgers von Todes wegen kann jedoch sein Gläubiger weder die Verfügung von Todes wegen anfechten [9], noch die Zurückweisung der Zuwendung außerhalb des Konkurses [10] und die des Pflichtteiles, sei es innerhalb, sei es außerhalb desselben, für kraftlos er-

---

[1]) GO § 74 verleiht ihnen von dem Zeitpunkte der Erberklärung, also auf dem Gebiet der JKK von dem Erbanfalle an ein bedingtes Hypothekenrecht, das von dem Zeitpunkte an, in welchem das Buchrecht in den Rechtskreis des Nachfolgers von Todes wegen fällt, zum unbedingten wird.

[2]) Vergl. GA XVI, 1894 § 105.

[3]) GO § 74. Hierdurch ist zwischen dem Fahrnis- und Buchrechtnachlaß auch Dritten gegenüber ein scharfer und ganz unbegründeter Unterschied statuiert.

[4]) 34. VE der Kurie Grill DT I, 630.

[5]) So treffend Szladits a. a. O. S. 642.

[6]) Es liegt kein Grund vor, diesbezüglich einen Unterschied zwischen Einzel- und Gesamtnachfolger von Todes wegen anzunehmen.

[7]) Arg. GA XVI, 1894 § 3. Punkt 3. GA LX, 1881 § 138.

[8]) §§ 124—126, 220.

[9]) 17. REE der Kurie Mji Dt XI, 209.

[10]) Innerhalb des Konkurses erlaubt dies KG § 28.

klären lassen [1]. Kommt das von dem Gläubiger des Nachfolgers von Todes wegen ergriffene Recht dem letzteren zu, so bestimmt sich die Frage des Ranges der Pfändung sowohl den Gläubigern des Erblassers [2] als auch jedem Dritten gegenüber nach den allgemeinen Regeln.

[1]) Arg. die Begründung der 17. REE der Kurie.
[2]) Mji Dt VIII, 299. K 1914, P V, 93.

Roderdruck von C. G. Röder G. m. b. H., Leipzig

FSC
www.fsc.org
MIX
Papier | Fördert gute Waldnutzung
FSC® C083411

Kolibri 360 GmbH
Ferdinand-Jühlke-Straße 7
99095 Erfurt, Deutschland
produktsicherheit@kolibri360.de